国家与民俗

周星 主编

中国社会科学出版社

图书在版编目（CIP）数据

国家与民俗/周星主编．—北京：中国社会科学出版社，2011．4

ISBN 978-7-5004-9733-2

Ⅰ．①国…　Ⅱ．①周…　Ⅲ．①民俗学—文集　Ⅳ．①K890-53

中国版本图书馆 CIP 数据核字（2011）第 066940 号

出版策划　任　明
特邀编辑　乔继堂
责任校对　王　筠
封面设计　戴东明
技术编辑　李　建

出版发行　中国社会科学出版社
社　　址　北京鼓楼西大街甲 158 号　　邮　编　100720
电　　话　010—84029450（邮购）
网　　址　http：//www. csspw. cn
经　　销　新华书店
印　　刷　北京奥隆印刷厂　　装　订　广增装订厂
版　　次　2011 年 4 月第 1 版　　印　次　2011 年 4 月第 1 次印刷
开　　本　710×1000　1/16
印　　张　27
字　　数　525 千字
定　　价　62.00 元

目　　录

导　言

周　星

民俗学是一门研究传统民俗文化与当代民众生活方式及生活文化的学科。民俗学以造福民众为学科基本宗旨，致力于调查、研究、描述和记录不同地方或族群人们的生活文化及其诸多形态，进而分析其机制和原理。中国民俗学的起源和民国初年的文学革命及五四运动有着密切的关系，它自20世纪20年代以北京大学的“歌谣运动”为标志诞生以来，至今已获得了很大的成就。但是，若和民族学、人类学、社会学等相邻的学科相比较，民俗学却经常被认为缺乏理论性，学科的整体研究水平受到质疑。当前，中国正在全面迈进小康社会，国民的生活方式和生活文化也正在以前所未有的急剧方式发生着变化，与此同时，各种传统民俗文化的复兴也形成了醒目的时代潮流，所有这些都对中国现代民俗学提出了急迫的需求，也带来了崭新的挑战和机遇。如何才能迅速地提高中国民俗学的整体学术水平，如何才能尽快地积累起大量的实证研究经验与成果并逐渐提升其理论性，这些都已是中国民俗学者当前不能回避、并有能力承担起的责任。

国家与民俗：中国民俗学必须直面的基本课题

中国民俗学的“民俗志”撰述活动有一个颇为明显的倾向，那就是大都把“民俗”定格或固化为清末民初或民国年间。这种倾向意味深长，其背后潜在的一些有关民俗的假设很值得深入探究。它似乎可以说明，中国各地的“民俗”恰好是在中华民国作为近代国民国家（民族国家、多民族国家）兴起和成长的过程中被发现和定义的[①]。大体上，截至目前仍有很多学者依然沿用着这样的民俗观。

与上述民俗观密切相关，民俗学者们曾热衷于民俗的“残留说”，追求原初性与本真性（实质主义），重视民俗的原生态，强调民俗文化的纯粹性。在建构民俗学学科而逐渐形成的以固定的民俗分类为特点的概论、概说和原理之

① 周星：《国家与民俗——中国民俗学必须直面的研究课题（提要）》，中国民俗学会第六届代表大会暨“新世纪的中国民俗学：机遇与挑战”学术研讨会，北京，2006年3月。

类的框架里，通常都是把乡土、民俗理解为自在于国家体制之外的世外桃源。长期以来，民俗学者描述和归纳的乡俗社会或民众生活基本上是自给自足的、田园风光式的、寄托浪漫情怀的、令人怀旧感伤的，却有意、无意地无视或回避了国家与民俗的关系这一具有根本性意义的问题。民俗学者常倾向于把民俗描述成为世外桃源式的生活，此种情调直接影响或妨碍民俗学者对民俗作更为深刻的洞察，因为真正纯粹的“民俗”，主要只存在于浪漫主义民俗学者的想象之中。

民俗学与文化人类学的研究者远离喧闹的城市去乡下的村落访问或调查时，很容易错觉那些村落社会似乎是与外界隔绝的孤立社会。但是，随着调查和访谈的深入，倾听村民的讲述和深入观察村落社区的生活，很自然地就会发现国家的存在，亦即所谓“国家的在场”①。构成中国民俗、民间文化之主要载体或基础的地方乡村与村落，确实具有某种程度的自律性，往往可以相对地独自拥有或成就一个生活世界的形态。但与此同时，它们和外部、周边均发生着千丝万缕的关联，并且总是被组合进某种形态的国家体制之内，成为国家基层组织结构的一环，或是其基础，或是其末梢。

在近代以来的中国，一方面，政府在推进现代化进程的运作中，往往忽视民众的文化生活传统，甚或把老百姓的生活方式定义为“迷信”，贬斥为“落后”，把它们看做需要予以改造的对象。这主要是因为中国各民族、各地方的民俗往往是在被置于与所谓现代化、发展等范畴的对比之中得以解说的，例如，在有关现代化的论说谱系中，民间文化在相当程度上就很容易成为科学的对立面和迷信的代名词。但另一方面，新兴的国民国家为了实现全体国民的整合，又必须致力于“国民文化”的建设，而要建设国民文化，自然也就无法回避如何面对被视为传统的民俗文化这一关键性的问题。特别是当国民国家的凝聚、认同和团结迫切地需要以国民文化的实现予以支撑时，乡土传统和民俗文化又往往会被看做中国文明或中华文化的根基与源泉②。于是，特别是在像中国这样被动地、被迫以现代化为指向的新兴国家的意识形态当中，由于不同时期国家文化建设的重心不同而往往致使民俗与传统逐渐地具备了两重属性：一是把民俗看做封建、迷信、落后的“四旧”，是应该被摈弃和予以克服的“负”遗产；二是把民俗或传统理解为民众生活情感的结晶与历史性的创造，进而也往往会把它们当做“民族精神”得以依托的“故乡”或祖国文化的源泉。20

① 高丙中：《民间的仪式与国家的在场》，见郭于华编《仪式与社会变迁》，社会科学文献出版社2000年版，第310—337页。

② 周星：《民间文化的可能性：公共性与国民文化》，在“海峡两岸民间文化学术论坛”上的发言，北京，2007年3月17—18日。

世纪50年代以来，国家大凡涉及民俗的文化政策与社会政策，基本上都是在上述两种认知悖论之间钟摆式地动摇，30多年前破旧立新的“文化大革命”[①]和眼下大范围、大规模的民俗文化复兴，便是上述悖论的显而易见的例证。

无论是把民俗看做国民文化建设的资源或依据，抑或是把它看做国家进步的包袱或阻碍，民俗都会在国家的文化体制与社会公共政策中反复不断地被重新定义和不断地被“再生产”出来。我们大多数人都曾经历过国家以各种途径和方式对民俗文化进行的定义和再定义，如什么是“不文明”或“迷信”的，什么是“健康”或“积极向上”的，等等，这事实上就构成了对民间文化的强力干预。正如鲁西南地区以“书本子”[②]为代表的传统女工文化的整体性式微，实际上与20世纪50—60年代的扫盲运动、书本下乡及持续展开的各种社会政治运动密切相关一样，旨在追求现代化和以建设“文明”的国民文化为宗旨的各级政府往往通过普及法制、义务教育、计划生育、推广普通话等政策或运动，直接、间接地导致了许多传统形态的民俗与文化走向没落。

国家一直在通过努力推广学校教育体制等方式，试图把每一个人都培养（社会化）成为合格的具有爱国心的国民。于是，在乡村，学校教育就逐渐地切断了地域社会里民俗文化传承（民俗化）的链条。然而，即便是在现当代的中国，人们在作为“国民”之“民”的同时，往往还同时又是地域社会和乡俗传统里的“民俗”之“民”。民俗既然是人民多种多样的生活方式，那么，国家管理国民的各种社会与文化制度就有可能遭遇到“民俗”之“民”以各种“俗”的方式所进行的反应，其中包括回避、消解或抵触、对抗等。80年前，国民党人在广州市进行的风俗改革就曾遭遇过挫折[③]，还有近20年来北京市和国内很多城市围绕着春节期间禁放鞭炮的争议和反复等，都一再说明国家若无视民俗，就可能会出现各种社会及文化的问题。

近十多年来，在中国社会科学各个领域（如政治学、社会史、法学、社会学、人类学等）的学术研究中出现的趋势之一，便是重视国家与社会，尤其是与所谓“市民社会”的关系问题。形成这类趋势的背景和机缘颇为复杂，其中包括国际学术思潮的影响和出于对国家各种体制改革的预期[④]。在我们看来，

① 周星：《“文革”中的民俗文化现象》，中国民俗学会第三次全国代表大会暨第五次学术讨论会论文，北京，1993年10月26—29日。

② “书本子”是指鲁西南一带农村妇女的鞋样本子。参见潘鲁生、赵屹《谁家的书本子》，《民间文化论坛》2004年第6期。

③ 潘淑华：《“建构”政权，“解构”迷信？——1929年至1930年广州市风俗改革委员会的个案研究》，见郑振满、陈春声主编《民间信仰与社会空间》，福建人民出版社2003年版，第108—122页。

④ 见邓正来、［英］J. C. 亚历山大编《国家与市民社会——一种社会理论的研究路径》“导论”，中央编译出版社2005年版。

其在中国的形成可能还与由中国经济的持续高速增长所带来的一系列社会文化变迁，尤其是社会结构的变革和社会生活民主化的走向有关；正是这些变革和变迁，使得国家旧有的社会和文化管理体系诸如机制和方式明显滞后，从而面临着进一步改革的压力。然而，民俗学领域对于国家与民俗，同时也是对于国家与文化、国家与人民生活方式之间关系的研究，尽管可以在上述国家与社会的分析框架中得到某种程度的理解，但基本上还主要是从民俗学自身的学术实践中逐渐成长起来的一个新的课题。

20世纪60年代以后国际民俗学的发展趋势之一，在某种意义上，可以说是对国家与民俗之类课题的觉醒和新拓展。在德国，民俗学对曾与纳粹合作的历史进行了清算与反思[①]，从而促成了民俗学的现代转型。慕尼黑学派的“历史民俗学”揭示，民众生活非常强烈地受制于当时当地的经济和政治领域的社会关系，深受政权与法律的影响，并出现了文化传统上的转变和断裂[②]。比慕尼黑学派较晚出现的图宾根学派更加关注现当代社会的问题，其代表人物便是赫尔曼·鲍辛格。美国民俗学者丹·本—阿莫斯在为鲍辛格的名著《科技世界中的民间文化》英译本所写的序言中指出，鲍辛格将民俗研究导入当代社会，直面当下社会的变迁，剥去了对民俗的浪漫情思和对传统生活的美化；其民俗学观念之一就是民俗的非民族化，认为这才是现代社会对待民俗应有的态度。民俗曾被当做一个民族的立国之本，但鲍辛格则认为，作为正确论析的前提，必须低估民俗的民族意义。为此，他倡导将民俗研究作为一种分析理解人类行为的途径，而非发掘国家民族地位的工具[③]。显然，若要真正做到如鲍辛格所说，反倒是需要民俗学者对于国家与民俗之类的课题有深刻的自省和警觉。在美国，由于对“美国的”和“民俗”之类术语的理解差异，导致究竟什么是“美国民俗”的问题曾经使不少民俗学者感到困扰[④]，但这一点也不妨碍后来兴起的公共民俗学（或译“公众民俗学”）在民俗学的应用领域里与联邦及各州政府的密切合作，以至于出现了为数众多的“州属民俗学者”[⑤]。此外，美国民俗学者有关美国认同、文化民族主义、民俗学与意识形态的关系等问题的

---

① 河野真『ドイツ民俗学とナチズム』，创土社，2005年8月，第619—658页。

② 沃尔夫冈·卡舒巴（Wolfgang Kaschuba）：《面对历史转折的德国民俗学》，吴秀杰译，《民间文化论坛》2007年第1期；简涛：《德国民俗学的回顾与展望》，见周星主编《民俗学的历史、理论与方法》，商务印书馆2006年版，第808—858页。

③ ［美］丹·本—阿莫斯：《〈科技世界中的民间文化〉序言》，见李扬译著《西方民俗学译论集》，中国海洋大学出版社2003年版，第95—96页。

④ ［美］J. H. 布鲁范德：《美国民俗学》，李扬译，汕头大学出版社1993年版，第20—27页。

⑤ 杨利慧、安德明：《美国当代民俗学的主要理论和方法》，见周星主编《民俗学的历史、理论与方法》，商务印书馆2006年版，第595—638页。

研究，也都有不少重要的成果[①]。在日本，民俗学很早就被视为一门“新国学”，它也一直以“经世致用”为宗旨。日本民俗学对于政府致力于民俗“保护”的政策曾施加过很多影响，与此同时，民俗学者对于“政治和民俗”的关系也持有颇为明确的认识[②]。针对国家致力于保护“民俗文化遗产”的多种政策实践，近些年来有不少日本民俗学者开展了批评性的研究，这些研究既有针对涉及民俗、民俗文化遗产和民俗博物馆的文化政策的研究[③]，也有试图在民俗学的学科体系中纳入“国家与民俗”这一分析框架的尝试[④]。

不言而喻，国家与民俗的关系，也是中国民俗学理应关注的理论性课题。中国民俗学者往往是在“采风”的政治文化传统的谱系或其文脉的延长线上谈论国家与民俗的关系，例如对于“民俗与国情”的论说，便是如此[⑤]。同时，中国民俗学者也并不讳言通过民俗学去整理和研究民俗文化的目的之一，正是要使民俗文化能够裨益于当代国民的文化生活，也是为了增强国民的民族意识和感情[⑥]。进入20世纪90年代，年轻一辈民俗学者对于此类涉及国家与民俗之关系的课题更加关注，并出现了不少基于实证的调查与研究成果。特别值得一提的是，中国民俗学会与北京民俗博物馆于2005年2月在北京联合举办了“民族国家的日历：传统节日与法定假日国际研讨会”，这次国际性的学术活动，不仅意味着中国民俗学的课题意识发生了崭新的变化，同时也标志着中国民俗学已颇为明确地把国家与民俗、把政府的文化行政与民众生活方式和生活文化的关系视为是必须直面的重要课题了。

参与文化遗产行政：中国民俗学新的可能性

近些年来，中国政府的文化政策调整、文化体制改革和着力推动的有关“非物质文化遗产”的行政运作，极大地缓解了国家和民俗及民间文化之间长期以来持续存在的张力关系，使得民俗和民间文化在当代中国社会的公共话语和公共空间中重新登堂入室，甚至在相当程度上还获得了某种合法性。涉及非

---

① 参阅岩竹美加子编译『民俗学の政治性——アメリカ民俗学の100年目の省察から』，未来社，1996年8月。

② 福田アジオ「政治と民俗 民俗学の反省」，桜井徳太郎编『日本民俗の伝統と創造』第23—39页，弘文堂，1988年1月。

③ 丸山泰明「文化政策としての民俗博物馆——国民国家日本の形成と『国立民俗博物館』構想」、『年報 人類文化研究のための非文字資料の体系化』第53—77页，神奈川大学21世紀COEプログラム研究推進会議，2006年3月。

④ 佐野贤治等编『现代民俗学入门』，吉川弘文馆，1996年3月，第246—288页。

⑤ 钟敬文：《民俗与国情》，杂志复刊词，《民俗》1992年第1期；刘锡诚：《民俗与国情备忘录》，《报告文学》2002年第4期。

⑥ 钟敬文：《建立中国民俗学派》，黑龙江教育出版社1999年版，第36—39页。

物质文化遗产的政府文化行政，非常迫切地需要民俗学者们的专业知识。由于所谓“人类口头和非物质文化遗产”的定义和民俗之“俗”有着一定的重合①，因此，民俗学也就更加有了用武之地。这确实可以说是此前一直处于较为边缘地位的中国民俗学的一个空前机遇，同时，也是民俗学者服务于人民（“民俗”之“民”）和贡献于国家文化建设事业的大好机遇。争先恐后地积极参与各种涉及非物质文化遗产的学术研究、业务咨询，甚至介入遴选、申报和登录等工作，已是目前中国民俗学者的普遍姿态，而这样的学术实践实际上不可避免地具有了应用民俗学和公共民俗学的属性。

从中国“学以致用”的传统和民俗学之作为“国学”之一门类的属性而言，目前此种民俗学者有机会参与国家文化遗产行政的局面固然值得庆幸，然而，在知识分子较为缺少学术独立传统的中国社会，在绝大多数民俗学者均不同程度地处于国家学术－文化体制之内或其影响之下的格局中，民俗学者在介入与文化行政相关的学术应用性实践活动时，不仅应该明确自己作为具有学术独立性的专业研究者的立场，还应该对国家与民俗的关系之类课题持有深刻的自觉和清醒的学术洞察。对于当前的中国民俗学而言，也理所当然地应该把国家与民俗及民间文化的关系这一类问题提升到其学术关注的焦点上面来。

中国政府对世界遗产和非物质文化遗产的高度重视以及相关的文化行政，突出地反映了国家通过参加国际公约、承担相应的权利和义务而得以实现的对于本土传统文化态度的巨大转变，与之伴随的将是中国社会与文化体制的一系列深刻变革。眼下，至少有相当一部分曾被认定为革除对象的非物质文化遗产需要大力地抢救和保护，这自然就会促成对于相关文化政策进行必要的反省。与以物质形态为主的文化遗产较多地反映了古代王朝文化的情形有所不同，“人类口头与非物质文化遗产”的理念和实践，意味着必须对那些涉及普通民众的日常生活及其民俗文化给予更多的关注。在一定程度上，这正是对以往那种以意识形态为背景的“文化观”的突破。基于新的“文化观”而展开的涉及非物质文化遗产及民俗文化的各种社会实践与学术应用，将构成国家和国内各民族可持续发展的重要前提，还将增进国民个人的文化权利与选择机会，并可激发国民依托文化传统进一步发挥创造力的能动性。中国现代民俗学显然可以在上述社会文化机制的转型过程以及很多具体的社会－文化政策的制定、推行与调整过程中发挥自己的学术专业特长。由于民俗学者对于民俗及非物质文化遗产的传承机制和社区基础等有着比其他学科更多的调查与研究，因此，他们

---

① “民俗”和“非物质文化遗产”的概念范围并不能等同，前者更为一般化，后者则特指经过筛选、被认为具有正面价值的文化事项。因此，对于民俗学者来说，参与和非物质文化遗产有关的调查、研究或咨询等，只是其学术活动的一部分。

往往就能有更多的参与机会去影响政府的文化遗产行政。

在国家文化政策持续不断地界定、规范、采借和宣传中，民间文化和传统民俗极尽变通和适应之能事，其新的生成、建构、延展和创新，往往以“民俗主义”和“公共民俗”的各种不同形态（如北京东岳庙会、各地传统手工艺的旅游产品化、春节联欢晚会等）而不断地衍生和展现出强大的生命力。民俗或民间文化传统在现当代中国社会生活与文化格局中的可能性之一，是经由其地域和族群的公共性（作为地方性的公共文化，如屈原故里的龙舟竞渡、南宁民歌节、妈祖庙会等）而延伸或升格为国民文化的累积。国家和各级地方政府通过“非物质文化遗产代表作名录”而对民间民俗文化的征用，意味着将民间文化和传统民俗通过地域或族群公共性的中介提升至国民文化的高度。显然，中国民俗学也正因此而面临很多新的可能性。它除了作为一门学问更加得到全社会的关注和认可，除了可以积累更多的专业知识、学术资料和田野研究经验，并提升民俗学的学术理论与研究方法的水准等之外，中国现代民俗学还有一些全新的可能性值得期许，例如，民俗学在现当代的中国社会里，还应该可以发挥诸如“社会评论”、“文化批评”和“政策建议”之类的功能。

但是，只有坚持民俗学的专业学术立场，以学术的、专业的精神做出大量具有扎实的资料和田野基础及较高理论水准的研究成果，才有可能较好地发挥上述几方面的可能性。正是由于民俗学长期以来对于节庆假日之类“时间民俗”有很多深入的研究，它才有可能指出现代国民国家的时间制度必须兼顾历史传承和体现为民俗民间活动的节日、承载现代国家意识和国民文化的官方纪念日和其他各种法定假日，使其之间获得某种程度的均衡，也才能针对现有的诸多失衡问题及相关的社会文化现象发表评论或提出批评，进而对国家现行节假日制度的改革提出合理并切合实际的政策建议。民俗学者显然更加倾向于提出在民间节庆和官方纪念日之间的妥协方案，以求能够反映国家与民俗之间应该有的适当关系①。类似这样的课题还可以举出很多，例如，由国家支撑的学校教育体系日甚一日地改变着少年儿童的教养、意识甚至游戏方式，它和传统的家庭教育之间有着怎样的关系？国家计划生育政策和民众传统的生育观念之间形成了怎样的对峙或互动关系？乡规民约的习惯法文化传统和国家的法制建设应如何接轨？中国社会又该如何在普及普通话、克服地域歧视和保护方言文化之间取得较好的协调？曾经局限于地域熟人社会里的民间互助性借贷和“标会”之类的融资习俗，在规模较大的现代都市化社会里可能发生哪些变异，出现哪些问题？政府又该采取哪些对策？国家推行的科学普及运动、爱国卫生运

① 高丙中：《文化自觉与民族国家的时间管理》，中国民俗学会、北京民俗博物馆编《节日文化论文集》，学苑出版社 2006 年版，第 1—15 页。

动等，一定要以民间庙会上的“迷信”行为作为打击的靶子吗？以推行火葬为主要目标的殡葬改革政策和民众以土葬为核心的丧葬习俗之间[①]，又会有哪些问题发生？诸如此类，对于困扰现当代中国社会与文化的很多现实问题，民俗学都有可能通过自己的专业性研究成果有所回应。中国民俗学若能更加深入地研究国家与民俗的关系以及政府的管理与民众生活方式、生活文化之间的关系，那也就意味着它能够对中国民众的社会文化生活有更多的发言权和更大的解释力。国家与民俗的关系是现代国家国民文化建设的关键性课题之一，民俗学则应该是最有能力去关注、揭示和阐明所有与之相关的民众生活方式和生活文化问题的一门学科。

在当前的中国，标准语言和普世性国民文化的成长有目共睹；文化的全球化进程和国际性的文化交流不断地输入着新的文化理念，并不断地刺激着国民的文化自觉（如针对和服、韩服的“汉服运动”，针对“洋节”泛滥的传统节庆复兴等），所有这些全新的社会与文化格局或动态，将使民俗和民间文化传统在现当代中国的公共话语体系中获得重新论述的机会。与此相关联，中国民俗学研究也将面临现当代中国民间文化的全面复兴以及民俗民间文化和大众文化、国民文化密切互动的全新状态。中国民俗学只有努力扩展自己的学科触角和解释力，并把翔实的田野调查与公共民俗学、应用民俗学等新的学科方向相结合，同时，积极参鉴社会学、人类学和“文化研究”领域的经验与成就，方能无愧于改革开放的伟大时代对于中国现代民俗学的期待。为此，民俗学必须牢固树立起关注现当代中国社会文化多元共生之基本现实的课题意识，而国家与民俗的关系在此类课题意识中正具有举足轻重的意义。

本书的结构与内容

本书是一部集中讨论国家与民俗之关系的民俗学专业的学术文集。本书所收论文主要分为两大部分。第一部分 9 篇论文分别从民俗学的学术史与观念史、现代性、民俗与基本国情的关系、民俗文化保护政策、公众民俗学等不同的角度切入，主要聚焦于理论性的思考，大体上相当于对国家与民俗这一民俗学课题领域的有关理论与方法的探讨。第二部分共 16 篇论文，主要是分别以研究者各自的个案或专题性的实证研究，来探讨国家与民俗这一课题领域的不同层面或侧面的一些重要问题，它们大体上相当于个案研究的积累与实证检验性的探索。第二部分的论文，具体地又可以进一步分为四个小单元，分别从节庆假日、口头传统（民间文学）、民俗宗教和信仰祭祀仪式、民间习惯法传统

① 田村和彦：「国家政策と漢族の葬儀」，『アジア遊学』No. 58，勉诚出版，2003 年 12月，第 24—35 页。

等不同的专题及角度出发，试图彻底揭示国家与民俗之间关系的主要形式及其本质。

刘晓春博士的论文《从维柯、卢梭到赫尔德——民俗学浪漫主义的根源》，以学术观念史的立场简要陈述了欧洲早期民俗学历史上的浪漫主义传统得以形成的历程，揭示了这一传统的几位主要代表人物的思想观念特点，指出浪漫主义的民俗学传统以怀旧的心态看待民俗，将民俗理解为自然的和真实的，同时往往倾向于认为在地方性的乡俗文化中内涵着民族的精神或共同意识。特别重要的是，作者实际上指出了民俗学的浪漫主义传统乃是构成民族国家之意识形态的民族主义的源头之一。吕微研究员的论文《现代性论争中的民间文学》，集中探讨了中国民俗学早期历史上"民间"等范畴的基本意蕴，在将民间理念作了一番深入的中西比较之后，作者认为五四以来的民间范畴具有底层性、体制外的民间性等语义，伴随着西方学术话语的本土转换，民间范畴进一步具备了阶级、劳动人民等语义，甚至还被象征性地转换成为本土现代性及现代（多）民族国家的建构原理。作者明确地指出，与此相对应的是，以农民为传承主体的民间文学（其发展的目标即"国民文学"）终于成为中国近现代政治民族主义的文化依据，同时，也成为了（多）民族国家文化建设的地方性资源及其象征。

对于刘锡诚研究员的《民俗与国情备忘录》一文，可以在中国传统的政治文化（如采风传统）的文脉中去理解，作者突出地强调了民俗作为基本国情之组成部分以及民俗在促成群体、民族和国家的凝聚力等方面的重要性；尖锐地批评了"左"倾意识形态对民俗文化的错误态度及其导致的各种恶果；指出人文知识界长期以来对于下层民俗文化和少数民族文化的轻视导致无法正确把握中华民族的文化精神。从作者深入浅出的论说中，读者可以体会到深刻的文化忧患意识以及对民俗研究之应用于社会和国家的殷殷期待。彭伟文的长篇论文《方言、共同语与民族国家——略论中国共同语的推广运动》，详细地梳理了清末至今长达一百多年以来官话、国语和普通话之作为国家"共同语"的逐渐形成及其推广运动的具体历程，指出了其在中国建构（多）民族国家的过程中所发挥的重要作用，并揭示了在共同语作为跨地域、跨族际交流工具的功能之上凝聚的国家意识形态的意义。作者认为，作为民俗与地方性文化之载体的方言和共同语之间的关系，将会长期存在很多复杂的问题。

现代（多）民族国家的建构，除了政治体制和民族经济之外，最为重要的就是国民文化的建设了，应该说涉及民族国家文化建设的几乎所有命题都直接、间接地形塑或制约着国家与民俗的关系。加治宏基博士的论文《中国的世界遗产政策与民俗文化》，从国际政治学的角度探讨了中国作为"世界遗产大国"的内外政策。作者指出，中国对内提出创建"和谐社会"的政治目标，对外提出追求“和谐世界”的外交方略，同时为了提高国家的软实力，政府对内致力于复兴传统文化，对外大力开展文化外交。正如作者指出的那样，在中国，文化及文化行政往往是作为政治的一个侧面发挥功能的，近年在加入了联合国教科文组织推动的非物质文化遗产保护国际条约的前提下，中国出现了自上而下地将各种民族民俗文化重新定义和建构为中华民族文化的动向。另一位日本学者田村和彦的论文题为《民俗学视野中的日本民俗文化保护政策》，则主要是从民俗学认识论的角度，对国家与民俗这一课题展开了深入的探讨，作者认为不应把国家和民俗看做各自领域中固有、自在的事实，否则就将无法澄清它们彼此之间关系的本质，他主张从新的亦即“民俗观”的角度来接近这一命题。在回顾了民俗学的知识体系得以成立的背景之后，指出了存在主义民俗观的局限以及建构主义民俗观的合理性。作者通过对日本经验的归纳和对一个日本山村的个例所进行的分析，揭示了地域社会的民俗在受到来自外部的定义和定性评价（例如，受《文化遗产保护法》之定义和规范的影响）时将可能产生的各种问题，认为正视这些问题构成了当代民俗学重新思考的出发点。

美国学者杰伊·麦克林（Jay Mechling）在其论文《论多元文化社会的民俗共有与美国认同》中，关注到美国社会在文化多样性基础之上的民俗与文化的共享因素，尽管探索共享的问题也就意味着涉及意识形态或权力，但知识分子仍需要有勇气寻找理论与实践的学术空间以揭示美国人文化共享的意义。作者相信，理解民俗共享的意义对于民俗学具有重要的理论和方法论的价值。作者具体地是通过对“民俗研究”和“文化研究”这两个学术领域的理论及方法进行反思来探索新的学术空间，指出在这两个领域之间相互理解、交流与合作的可能性，并认为此类合作在身份认同等问题上将对人们在多元社会中和平、公正地生活的理念与实践作出贡献。安德明博士题为《美国公众民俗学的兴起、发展与实践》的论文和杨利慧博士题为《美国公众民俗学的理论贡献与相关反思》的论文，可以看做是一篇更为全面地介绍美国公众民俗学（或“公共民俗学”）的论著的两个不同的组成部分。公众民俗学是20世纪中后期以来在美国民俗学界逐渐兴起的一个重要的分支领域，它主要是指对民俗加以展现或应用的实践活动以及关于这类实践的理论探讨。安德明博士指出，公众民俗学在其兴起和发展过程中曾备受争议，长期受到学院派民俗学者的批评和排斥，但正是在与学院派民俗学的争论中，美国民俗学得以就纯学术与应用的关系、学术研究的目的、民俗学在当代社会的角色转换等一系列问题展开深入的讨论，这些讨论的成果最终巩固了公众民俗学的地位。作者通过具体案例（例如，史密森美国民间生活节的实践活动）说明公众民俗学对于美国的社会政策、公共教育与社区建设、文化传统的保护与传承以及美国认同的建构等均产生了重要的影响。杨利慧博士的论文对公众民俗学的实践成就与理论贡献进行了归纳，指出公众民俗学的应用实践为民俗学理论的深化提供了动力。正如作者介绍的那样，公众民俗学者的工作实际上就是“系统的文化干预”，此类干预自然会给社区的生活、政府的有关政策以及公共领域、大众记忆和文化认同等均带来颇为复杂的影响。

本书第二部分有关国家与民俗之关系及其机制的各种专题及个案研究的论述，前已述及可分为四个小单元。第一组6篇论文集中探讨民俗学的基本领域亦即节庆假日的有关问题。左玉河研究员的长篇论文《南京国民政府的废除旧历运动》，详细论述了20世纪20—30年代中国政府推动废除旧历运动的过程。放弃中国传统的阴历，采用国际通用的阳历并将其称为“国历”，这无疑是政府致力于国家转型、与世界接轨的重大战略性举措。作者指出，一个沿用了数千年并与民众日常生活息息相关的时间制度体系，实在是无法仅凭激进的政府命令而马上消解的，因此，废除旧历运动导致政府与民众在历法问题上的尖锐对峙与冲突。作者认为，政府采取的政治强制性举措显示了移风易俗的决心，但仅能在一定范围内发挥作用，同时还会引起民众对政府行为的反感与抵制，所以，政府在推行具有移风易俗性质的社会变革时应采取和平渐进的方式。高丙中教授的论文《文化自觉与中国节假日制度的改进》，从民俗学的立场出发对中国现当代的节假日制度进行了一番系统的整理，在对中国传统节日体系的形成与演变脉络予以概括的基础上，作者指出，现当代中国的节日体系具有一种二元结构（官方节日与民众节日），一些全民性的重大节庆活动却没有得到国家制度层面的认可。在对现有节假日制度作了深刻反思之后，高丙中教授基于对传统节日民俗之文化价值的判断，还就如何改进现行的国家节假日制度提出了一些值得重视的建议。

马潇硕士的论文《国家权力与春节习俗变迁——家庭实践视野下的口述记忆》，集中探讨了春节习俗的变迁以及国家权力在此种变迁中所曾发挥的影响，其中包括直接和强力的行政介入。作者通过口述史的方法，分别展现了国家在改造春节时两个方面的努力，一个是通过集体化的生产、生活方式“破旧”，另一个便是通过对公共活动的设置和宣导“立新”，作者指出，虽然国家在相当程度上重塑了春节的意象，但民众通过家庭却尽可能地保存了有关春节的传统仪式及意义。徐赣丽教授的论文《当代节日传统的保护与政府管理》，以贵州省台江县苗族的姊妹节为案例，描述了民族自治地方的地方政府是如何积极地参与管理甚至是“主办”当地的民间传统节日的，她对地方政府介入民间节日的动机、意图和导向及其在传统节日保护中的作用和得失利弊等问题均进行了必要的探讨。作者意味深长地指出，在政府深度介入民间节日操作的情形下，实际上也就形成了节日的两种模式亦即官方组织的和民间自发进行的，而在其间存在着复杂的互动关系。日本学者松冈正子教授题为《羌历年与国民文化》的论文，则对另外一个也是由民族自治地方的地方政府——四川省阿坝藏族羌族自治州政府于20世纪80年代制定的羌族“传统新年”——羌历年进行了深入的研究。作者指出，构成羌历年之前身或其基础的羌族民间的秋季祭山会，原本是以祭奠山神之类的宗教性活动为核心而展开的，但其在政府主导、主办的羌历年中却基本上被淡化了，正因为如此，目前仍有不少羌族民众对这个新创的羌历年不大能够接受。作者认为，所谓羌历年的创制，实际上是将民族认同置于国家认同（国民文化）的框架之内的一种尝试。韩国学者张长植教授的论文《韩国国家节庆假日与传统岁时风俗之变化》，展示了韩国自1885年采用公历之后出现的新年与春节之间的尖锐对立，指出直至1985年把春节确定为国家节日之前所曾经发生过的争议表明，此前只依据公历实施国家节假日的做法明显违背了节日文化应有的生态。作者认为，依据公历实施节假日制度导致韩国岁时风俗被简化，进而也导致某些传统节日趋于衰退和消亡。张教授最后指出，有必要把节假日的制定方式从国家单方面制定改为以多种途径来确定，特别是应该促成地方政府考虑把本地区的特定岁时风俗也能够制定为具有地域性的节假日。

第二组4篇论文，集中探讨民俗学的另一个传统的课题领域即涉及口头传统和民间文学的有关问题。美国学者理查德·鲍曼（Richard Bauman）的论文《民俗的国家化与国际化：以斯库科拉夫特的“吉特希高森”为例》，通过对一个印第安人口承文学的文本个案的分析，深入和细致地探讨了口承文学的采集和文本处理中复杂的语境化过程。作者指出，文本产生于本民族的语境之中，它经过讲述、采集、转述和活字化等程序而逐渐地脱离了原先的语境，并被“重置”语境，每一次脱离语境，同时又都是重置语境和再次文本化，反复进行这样的过程，文本就从本土、本民族走向了国家化（称为美国文学的一部分）与国际化。日本学者樱井龙彦教授的论文《被发掘的与被利用的“神话”——地方开发中传统文化的作用》，以中国浙江省德清县三合乡为例，细致地考察了流传在当地的防风神话和相关传统之被发掘、利用和再发现、再创造的全过程，颇为清晰地论述了传统在现代化背景下发生的变化以及在这些变化之中，政治权力、地域社会、学者及文化精英、媒体和民众所分别发挥的作用。作者指出，基于现实功利目的而对神话传说的采集、整理和研究施加人为影响，将使民俗学的学术研究面临质疑。

中国各地民间的口承文艺拥有非常丰富的形态和传承模式，西北地区的“花儿”主要是通过自发的“花儿会”得以展示和传承的。徐素娟的论文《国家对民间文化的参与和民间文化的再建构——对甘肃省莲花山“花儿会”的思考》，以自己的田野调查为依据，探讨了政府参与民间文化的过程与方式以及花儿这种民间文化如何在政府及市场经济的影响之下实现重构或再建构的过程。作者非常重视花儿会这一花儿演唱的语境，在深入分析了以花儿会为纽带而连接起来的各种社会关系的基础上，具体地揭示了政府通过“花儿歌手大奖赛”、举办“莲花山旅游节”、利用花儿会场景进行各部门的政策宣导活动以及直接以“公家”身份成为“掌柜的”[①] 等多种形式对花儿会的介入，进而还揭示了花儿由此而发生的变化，诸如演唱方式的变化、歌手评价的变化、“政策花儿”的出现、商业性演出的出现等。

和绝大多数体裁的口承文学形式均在现代社会发达的大众媒体和市场经济冲击之下趋于衰微有所不同，讽刺民谣这种民间口承文学的式样却在当代中国社会获得了长足的发展。刘祖云教授的论文《解读“民谣”——对“政风”的社会评价》，主要是从公共行政管理科学的角度，把在当前中国社会各阶层流行颇广的讽刺民谣看作一般民众对于作为行政主体的官僚体系之“政风”（行政作风）的一种社会性的评价。刘祖云教授认为，作为“民”对“官”的一种口碑式的评价方式，民谣反映了群众作为公共行政价值之评价的主体性。论文进一步指出，民谣对于政风的评价基本上是消极的、否定性的和偏于伦理性的，同时，由于此类评价具有颇为广泛的群众基础，因此，它所反映的各种问题很值得政府从民谣中体察民情、倾听民声和“审乐知政”。如果从国家与民俗的分析框架来看，刘祖云教授的研究表明，民间社会和民俗并不总是只能被动地接受国家的定义、引导甚至切割、肢解，它实际上还总是在以各种形式和路径不断地对国家作出反应、反馈、抵制和反抗，民间讽刺性的时政谣谚正是民众以民俗的方式对“国家”（官僚弊政）作出反馈的一个典型例证。

第三组 4 篇论文，主要聚焦于民俗宗教和信仰祭祀仪式。陈志勤博士题为《传统文化资源利用中的政府策略和民俗传承》，主要是通过对浙江省绍兴地区利用信仰祭祀民俗的若干案例的详细分析，探讨国家和民俗的关系具体的亦即政府策略和民俗传承的关系。作者指出，在地方文化建设、发展经济和开发旅游产业等诸多努力中，政府经常利用当地的传统民俗文化作为资源，但在这个过程中，如何发现和尊重民俗传承人，如何在自然和人文景观的建设中融入无形民俗文化的内涵，如何在政府策略中反映出地方民俗文化传统的传承性等，都是不容忽视的重要课题。宋颖博士的论文题为《历史与现实之间的大端午——“西塞神舟会”田野考察》，她主要研究湖北省黄石西塞山区所谓“大端午”上的“神舟会”，其本义是指组织端午祭祀活动的民间组织，但同时也被用来指称由该组织牵头在每年端午前后所进行的为期 40 天的民间祭祀活动。作者通过对“西塞神舟会”的主要仪式、历史沿革及相关情况的田野考察，试

---

① “掌柜的”是指在“花儿会”上雇佣或组织花儿歌手进行演唱的人，大体上可以将他们理解为“花儿会”上不同“花儿摊子”的实际赞助商。

图从民俗学和文化研究的角度来把握其仪式内涵、文化价值和社会功用，进而探讨其作为中国“国家级”非物质文化遗产的意义以及它所面临的现实危机。

王晓葵博士的论文《国家权力、丧葬习俗与公共记忆空间》，以30多年前发生的唐山大地震殉难者的埋葬与祭祀为例，集中讨论了在此次重大灾害的善后过程中，国家权力是如何无视甚或抹杀民间丧葬和祭祀的传统习俗，而致力于营建以政治话语和意识形态为主导的意义陈述和记忆空间的。作者深刻地揭示了国家权力、商业资本和个人（死者家属）之间围绕着震灾殉难者的纪念与祭祀，彼此间既对立又相互利用及融和等复杂的互动关系。作者指出，国家权力通过构筑公共纪念空间、举行纪念仪式及有选择地“征用”某些个人体验，把灾害事件的书写与叙述定形化，但由于无视死者“灵魂”问题的存在而无法满足个性化祭祀的民俗心理需求，因此，民间依然以变通方式保留了“烧纸”的传统祭祀。周星的论文《“民俗宗教”与国家的宗教政策》，试图说明中国民众宗教生活的基本特征、中国宗教问题的复杂性以及揭示国家政策对于民众宗教信仰生活的影响。作者认为，不应该把广大民众的各种民间信仰视为“迷信”，而应该将其看作与所谓“普遍宗教”或“世界宗教”具有同等意义的“民俗宗教”；在对民俗宗教予以界定、对民俗宗教的相关问题予以阐明的基础上，作者进一步讨论了民俗宗教与国家宗教政策的关系，指出应该在国家的宗教分类体系中增加民俗宗教，并进一步调整宗教政策，从而也能为更加具有普遍性的民众信仰生活亦即民俗宗教提供合法的保护。

最后一组两篇论文，探讨的是民间习惯法的文化传统与国家法制之间的关系问题。张百庆博士的论文题为《“为人”与“懂事”——从一个华北乡村的社区研究看中国法治之“本土资源”》，基于在鲁西南一个乡村进行的田野调查，作者发现了以“为人”和“懂事”为核心的一系列在当地社区具有深刻含义的民俗概念，进而清晰地阐释和揭示了支撑乡村社会秩序、建构乡民人生意义的“社区人”的整个“民俗系统”。作者以这些民俗概念或民俗语汇所涵盖的地方性知识为基础，对有关中国社会及其法治问题的研究进行了反思。此文在分析“人”的建构与规范建构之间的关联，在说明国家“法治”与社区“礼治”之间的复杂关系等方面多有独到见解。周星题为《民俗、习惯法与国家法制》的论文，以在四川省大凉山的社会及民俗调查为依据，细致描述了旧凉山的民俗、社会组织及其法文化传统的基本特点，并论述了其在现代凉山彝族社会中的延续与变迁。作者指出，大凉山彝族民众生活具有多重性的现实，人们生活在由习惯法和国家法制相互纠葛而形成的多元法制社会中，于是，在地方或民族的民俗及传统法文化与正在推进中的国家法制建设之间就存在着涉及文化摩擦的各种问题。作者主张从当地民众的实践中探索促成地方法文化传统与国家法制建设相互有所结合的空间与途径。

如上所述，本书收录了中国、日本、美国和韩国多位民俗学者的专题学术论文，这些论文多具有较为扎实的民俗学实证调查的基础，同时也大都强烈关注现当代中国社会与文化的各种现实问题，又都从不同的视角或方法围绕着国家与民俗这一课题展开了富于理论建设性的思考。编者希望本书的出版能有助于提高中国民俗学在这一课题领域里实证研究与理论分析的水平，促使民俗学更好、更快地应对当前国家发展（国民文化建设）与民众生活方式变迁、传统民俗复兴的时代需求，进而在积累具有普世性价值的学术成果的同时，也能够发挥其造福民众与评论或批评国家文化政策等方面的应用性功能。此外，本书对中国知识界截至目前有关国家与社会问题的讨论或许也能构成一定的补充与深化。除了与民俗学的学科专业相对口之外，本书或许还可成为政治学、社会学、文化人类学（民族学）以及文化遗产保护等专业领域的参考文献。

2009年3月31日
于爱知大学

从维柯、卢梭到赫尔德

——民俗学浪漫主义的根源

刘晓春

引　言

浪漫主义是民俗学的伟大传统。自民俗学形成之初，浪漫主义就已深刻地烙印在民俗学的学术传统中。民俗学往往以怀旧心态看待民俗，将民俗看作是自然的、真实的，试图追寻民俗的本原，在空间和时间上远离现代文明的人们是传承民俗的主体，地方性的民俗文化往往成为民族文化的象征。……所有这些，以一种潜在的方式不仅影响着民俗学的学术意向，而且同样明显地影响了民俗学的表述方式。今天，当我们意识到民俗学自身存在的问题时，回过头来思考民俗学曾走过的历史以及历史背后的支配话语，可能比单纯的抛弃学科历史而思考学科问题更具反思意义。在某种意义上，民俗学学科的发展史与复杂的文化建构相互关联，这种相互建构的关系持续影响着我们界定学科基本术语与学术实践的方式，学科的历史话语往往决定了我们如何思考和讨论问题。正是从这一意义上，本文将从学术史、观念史角度，探讨民俗学形成之初浪漫主义的观念及其表现形式对民俗学学科的影响，因材料所限，意在抛砖引玉①。

维柯：发现野蛮人的历史②

时间、空间上与近现代社会相距遥远的久远过去或异域他乡的人们的生活，在西方近现代被纳入知识界的视野，成为一种近现代知识体系。在西方近现代民俗学产生时，异域的、本土过去的野蛮人及其生活成为民俗学关注的对象，一开始作为西方近现代社会文化的参照系出现，并带有浓厚的尚古主义与浪漫主义色彩。

16世纪的地理大发现，特别是新大陆的发现迫使西方学者开始重新思考

---

① 本文是教育部人文社会科学研究2006年度一般项目“民俗与民族国家认同”系列成果之一，项目批准号06JA850009。

② 本小节的部分内容曾以《维柯的“诗性智慧”——民俗学史的视野》为题发表在《民间文化论坛》2006年第1期，此处引用是为了保持论题的完整性，敬请读者谅解。

与风俗、制度有关的许多问题，并将在新大陆发现的风俗、制度与欧洲的风俗加以比较，进而产生了现代的民族志与民俗学[①]。随着美洲的发现，欧洲知识界创造和强化了欧洲文化史上具有丰富创造力的神话：高贵的野蛮人的神话。旅行家、传教士及历史学家，将居住在遥远他乡的人群理想化，并与古希腊、罗马人进行比较。此后，直到启蒙时代，知识界基本上将野蛮人看作高贵的野蛮人，无论是蒙田（Montaigne）以及欧洲民俗学的先驱培尔（Pierre Bayle），还是封特内（Fontenelle），甚至孟德斯鸠、伏尔泰等人，无一不将野蛮人看作真正“自然的”人。蒙田甚至批判所谓的文明民族对于野蛮人的傲慢，他认为，野蛮保存着生机、活力与真实，以及有用的自然品质与营养，而在文明社会，所有这些都已被改造了，被改造成为用来愉悦我们的已败坏了的品味[②]。在整个17世纪，文明人与野蛮人之间的比较越来越具有一种政治的、文化的反叛意味，思想家认为和谐是野蛮人生活的基本要素，欧洲人则深深地为虚荣和野心所折磨[③]。启蒙思想家对于真正的“自然的”人的探究，并不仅仅只是一个科学计划，更是一种试图革新社会的政治、社会计划，高贵的野蛮人包含了对一种新价值的肯定，高贵的野蛮人的观念成为人们检验古典与现代世界的试金石，并构成了民俗学历史的开端，特别是当这一观念与人种志连在一起的时候[④]。

更关键的是，西方思想家将与原始人、东方民族有关的问题引入到关于社会、宗教、政治观念之起源的研究中，他们利用历史的证据，也利用在亚洲和美洲等新大陆的旅行和探索所提供的新文献，强调人类风俗的多样性，特别是不同的自然因素，具体而言是地理因素对不同的人类社会发展造成的影响，它们导致了制度和世界观的不同，这又造成了信仰和行为的巨大差别。[⑤] 这些观点强调人类价值的相对性，强调包括历史事实在内的社会事实之解释的相对性，这在一定程度上挑战了启蒙运动的理性主义，但还没有在根本上撼动启蒙运动的基本信条，即自然法和永恒真理的真实性。启蒙理性认为，这组普遍而不变的原则支配着世界，人类只有遵守它们，才能够变得聪明、幸福和自由，一旦背离它们，人类就会陷入犯罪、邪恶和悲惨的境地。[⑥]

---

① Giuseppe Cocchiara，1981，*The History of Folklore in Europe*，tranlated from Italian by by John N. Mcdaniel. ISHI，p. 7.

② Ibid，p. 16.

③ Ibid，pp. 20—21.

④ Ibid，p. 28.

⑤ ［英］伯林：《反潮流：观念史论文集》，第3页。

⑥ 同上书，第3—4页。

按照以赛亚·伯林的观点，在这场反对启蒙理性运动中发挥决定性作用、具有革命意义的是意大利的思想家维柯（Giambattista Vico，1668—1744）。[①] 维柯的《新科学》深刻影响了西方民俗学的发展。如果说民俗学的对象是在民众生活中，那么研究民俗学历史的时候，首先要提到的就是意大利的维柯。维柯可能从来没有想到，自己关于古代民众即野蛮人创造的历史文化之真实性的论述，以及这些论述形成的文化相对主义的观念，在撼动启蒙理性的同时，会对另外一个国家即德国的思想家赫尔德（Johann Gotterried Herder，1744—1803）产生重大影响，并因此奠定了一个学科即民俗学的学科基础。[②]

维柯的思想对18世纪德国思想家赫尔德产生了极大影响，维柯的思想经过赫尔德的吸收改造，从而奠定了19世纪初期德国民俗学的学科基础，对民俗学的学术取向产生了直接影响。维柯探寻历史规律所运用的历史材料以及这些历史事件的实践者，奠定了民俗学研究的基本对象。他强调，历史学家不能也不应该忽视启蒙思想家已经或正在拒绝的大众（popular）传统。[③] 与启蒙哲学家不同，维柯感受到传统的重要，他将传统看作历史当中有效力的、能不断生长的元素。维柯与启蒙思想家不同的地方，在于他还认为寓言、谚语、轶事是历史的一部分，而且他并不将它们视为人类精神的谬误。[④] 维柯谈论的、感兴趣的、试图理解的世界，有其自己的声音；这是一个已经文明化的原始世界，作为总体精神发展的一个方面进入了历史，这种总体精神包括了文明人与野蛮人的人性。[⑤] 从象形文字、古朴的歌谣、神话与传说、舞蹈与律法以及烦琐的宗教仪式——这些在伏尔泰等启蒙思想家看来仅仅是野蛮往昔的无用残留，或是一堆蒙昧主义的骗术——中，维柯发现了其中蕴涵的特定观点，从中追溯人类的成长和发展历史。[⑥] 正是在这种意义上，伯林将维柯的"新科学"看作一种反启蒙的历史科学，认为维柯在反对启蒙的运动中发挥过决定性的作用。

维柯视"民众"为文化的创造者、传承者，他在《新科学》一书中，通过阐释"诗性智慧"的观念，发掘了被启蒙思想家抛弃的神话、歌谣、寓言等民俗的历史价值，认为这些古代民众创造的民俗文化具有历史的真实性。在《新

---

① ［英］伯林：《反潮流：观念史论文集》，第4页。

② ［日］松尾幸子：《德国民俗学的发展和现状》，见王汝澜等译《域外民俗学鉴要》，宁夏人民出版社2005年版。

③ Guseppe Cocchiara，1981，*The History of Folklore in Europe*，tranlated from Italian by by John N. Mcdaniel. ISHI，p. 110.

④ Ibid，p. 106.

⑤ Ibid，p. 106.

⑥ ［英］伯林：《反潮流：观念史论文集》，第120页。

科学》中，维柯通过研究古代神话、歌谣、寓言的价值，探讨各个民族的原始祖先创造的历史是否具有真实性，他们创造的神及其神迹是否具有真实性。在他看来，凡是民俗传说都必然具有公众信仰的基础，由于有这种基础，传说才产生出来，而且由整个民族在长时期中流传下来，只是由于岁月迁移以及语言和习俗的变化，原来的事实真相已经被虚伪传说遮掩起来，他的新科学的任务就是重新找到这类事实真相的根据。① 在《新科学》中，维柯对荷马史诗的研究，不仅颠覆了古典诗歌的观念，而且也将荷马这样的诗人看作未开化的行吟诗人，演唱粗鲁的、野蛮的习俗，通过荷马的史诗演唱，人类最基本的生活本能变得崇高、壮丽起来。②

维柯足足花了20年光阴，去发现异教世界中最初的人类思维是怎样建立起来的。维柯采用的方法是回到远古，与古人对话，进入原始人的精神世界。在他看来，既然民族世界确实是由人类创造出来的，它的面貌也必然要在人类心智本身的种种变化中发现。③ 维柯指出，这些异教民族的原始祖先都是人类的儿童，他们是以这种创造天帝约夫的思维方式创造了历史。他们的创造方式与神不同，神是用最真纯的理智认识事物，在认识中就创造了事物，异教民族的原始祖先则是在其粗鲁无知中凭一种完全肉体方面的想象力，他们以惊人的崇高气魄去创造，这种崇高气魄伟大到使原始祖先自身都非常惶恐。④ 所有异教民族的历史都从寓言故事开始，都有神话故事性的起源。⑤ 村俗人们总有制造寓言故事的习惯，他们制造的寓言故事总是围绕着一些人物，这些人物以某种优点出名，处于某种环境中，这些故事都是理想的真理，符合村俗人们所叙述的人物的优点。⑥ 然而，维柯并不仅仅满足于揭示神及其神话传说的产生机制，他更关注这些神及神话在各民族的永恒历史中具有的意义。维柯要做的是穿越神话传说，直达历史真相。维柯认为，古希腊的寓言（神话）就是这些最古老的希腊各民族习俗的真实可靠的历史。因为诸天神的寓言就是当时的历史，其时粗鲁的异教人类都认为，凡是对人类必要或有用的本身都是些神，这种诗的作者就是最初的各族人民，他们全是神学诗人。⑦

在神创历史之外，维柯发现了民众创造的历史，应如何理解民众在远古时

---

① ［意］维柯：《新科学》，朱光潜译，商务印书馆 1989 年版，第 105 页。

② Giuseppe Cocchiara，1981，*The History of Folklore in Europe*，tranlated from Italian by by John N. Mcdaniel. ISHI，p. 110.

③ ［意］维柯：《新科学》，第 164—165 页。

④ 同上书，第 182 页。

⑤ 同上书，第 119 页。

⑥ 同上书，第 119 页。

⑦ 同上书，第 9 页。

期创造的历史？民众是以一种什么方式记忆他们创造的历史？这是《新科学》探讨的主要问题。在维柯看来，既然所有异教民族的历史都有神话故事性的起源，任何产生或制造出来的事物都流露出起源时的粗糙，那么，就应根据这种粗糙情况来考虑诗性智慧的各种起源。① 维柯因此将诗性智慧的起源追溯到一种粗糙的玄学（metaphysic）。这些原始人没有推理能力，却浑身是旺盛的感觉力和生动的想象力。各种感官就是他们认识事物的唯一渠道。这些玄学就是他们的诗。② 原始人惊惧于自然宇宙万物的变化，于是用自己的身体感官去想象自然，把天空想象为一种像自己一样有生气的巨大躯体，当理性战胜感性时，也就是诗消失的时候。现代人之所以没有能力去体会原始人的巨大想象力，是因为抽象的思想观念限制了现代文明人的心智，抽象的语言抽空了现代人的感性。维柯认为，古人的智慧是凡俗的智慧（诗性智慧），而非玄奥智慧（哲学智慧）。诗性智慧以粗糙的、朴野的、充满敬畏的方式，通过人类感官的渠道创造了各门科学的世界起源，描绘了人类智慧的大致轮廓。

维柯更多地着眼于探讨诗性智慧时代人类的心智特征，考察神话故事中的诗性人物性格是如何产生的，进而从发生学角度揭示神话、史诗等“真实的叙述”③ 产生的心理机制。维柯认为，神话故事的精华在于诗性人物性格，产生这种性格的需要在于当时人按本性还不能把事物的具体形状和属性从事物本身抽象出来。因此诗性人物性格必是按当时全民族的思维方式创造出来的，这种民族在极端野蛮时期自然就有运用形象思维的必要。维柯在分析“诗性智慧”时指出，神话故事是想象的“类概念”，神话必然是与想象的“类概念”相应的一些寓言故事。④ 在“寻找真正的荷马”一章中，维柯以阿喀琉斯（Achilles）、攸里赛斯（Ulysses）两位大神为对象进行了具体阐释。阿喀琉斯原是史诗《伊利亚特》的主角，希腊人把英雄所有的一切勇敢属性及这些属性产生的一切情感和习俗，例如暴躁、拘泥繁文缛节、易恼怒、顽固而不轻饶他人、凭武力争夺一切权力这些特征都归到阿喀琉斯一人身上。攸里赛斯是史诗《奥德赛》的主角，希腊人把来自英雄智慧的一切情感和习性，例如警惕性高、忍耐、好伪装、口是心非、诈骗、爱说漂亮话而不愿采取行动、引诱旁人自堕圈套、自欺等特性都归到攸里赛斯一人身上。⑤ 维柯认为，这两种人物性格是全民族创造的，自然具有一致性，共同创造出来的神话构成了一个民族的共同意识，在维柯的观念中，共同意识是一整个阶级、一整个人民集体、一整个民族

① ［意］维柯：《新科学》，第 171 页。
② 同上书，第 181—182 页。
③ 同上书，第 454 页。
④ 同上书，第 199 页。
⑤ 同上书，第 452 页。

乃至人类共有的不假思索的判断[1]；有关这些神祇的故事都是凭生动的想象创造的。因此，这些史诗具有两种永恒的特性，一种是史诗具有崇高性和通俗性，另一种是这些由人民创造出来的英雄人物性格成为光辉的典范，人们是从这些典范性的英雄人物性格出发来理解一个民族的习俗。“诗歌既非博学的作家自觉发明的成就，也不是以记忆的形式表现出的神秘智慧——它是我们遥远的古人在集体生活中共同自我表达的直接形式；荷马不是哪一个诗人的声音，而是整个希腊民族的声音。”[2] 在维柯的观念中，神话、史诗及各种今天称之为民间文学的类型，都是一个民族的集体创造，从这些神话史诗作品，可以发掘一个民族的精神面貌，一个民族的历史文化及社会习俗。

在今天的知识界看来，维柯的思想观点是人所共知的常识，但在那个时代却具有革命性的意义。远古时代的神话和诗歌是一种世界观的具体表现，就像希腊哲学、罗马法和我们开明时代的诗歌和文化一样真实可信——它们较为古老和粗陋，与我们相隔遥远，但也有属于它们自己独特文化的声音。每个时代的文化都表达着自身的集体经历，人类发展阶梯的每一步，都有各自同样真实可靠的表现手段。维柯的文化独特性的观点，否定了从亚里士多德以来作为西方传统之核心的永恒的自然法学说，为后来的比较文化人类学、比较历史语言学、比较美学和比较法理学奠定了基础。[3] 正如伯林所说，维柯在他的时代开启了比较神话学、哲学、人类学、考古学、艺术史以及人类古代史相互关系的研究，他的研究在黑格尔、马克思、康德、涂尔干、韦伯、弗洛伊德等人的理论体系中得以延续。他以经验的方式洞察了社会变迁过程中繁复历史经验下的秩序与意义，认为我们与早期人类之间存在巨大距离，这一看法使得任何试图解释遥远社会的人们都必须具有强有力的——但并非不可能——想象力的跨越。[4] 这种想象力的跨越就是维柯在《新科学》中实践的，通过理解原始人创造的神话、史诗、歌谣、寓言等，运用“内部”的、共鸣的视野直达原始人的内心世界，理解原始人创造历史的过程，维柯的重构性想象力使他能进入遥远时代、遥远异域他乡人们的观念世界。维柯这种“人类学的历史主义”在建构历史主义过程的同时，强调一种与这一历史发生、发展过程相一致的系统的精神科学。在《新科学》的实践中，只有通过研究人类精神创造的语言、艺术作品、法律、习俗、神话、史诗等，才能建构这一人类社会历史的新科学。他所采用的“内部的”、共鸣的视野，以想象、理解、直觉、同情、移情等方式理解远古历史。

① ［意］维柯：《新科学》，朱光潜译，第 103－104 页。
② ［英］伯林：《反潮流：观念史论文集》，第 120 页。
③ 同上书，第 120 页。
④ Isaiah Berlin，1976，Vico and Herder，New York：The Viking Press，p. 56.

按照伯林的说法，维柯是希望用一种康德式的先验方法理解人类积累起来的古代遗产，他希望理解神话等古代文化中呈现的特定社会究竟是什么模样。[①] 他的这一理解方式揭示了一种以往未被明确区分出的知识，它后来成长为一棵德国历史主义的参天大树，其中包括理解、同情的洞察力、直觉的同情、历史的移情等。这种知识是通过我的“内在”状态或利用同情的眼光看待别人这种状态而“直接得到”的知识，获得这种知识可能需要水平极高的想象力。[②] 只有努力进入这些不同的精神类型，才有可能理解与自己时代相距遥远的历史和文化，换言之，只有通过想象再现过去，才能进入与自己相异的精神类型。

卢梭：自然状态与高贵善良的野蛮人

让·雅克·卢梭（Jean Jacques Rousseau，1712—1778），浪漫主义运动之父，是从人的情感来推断人类范围以外的事实这一派思想体系的创始者。[③] 在传播善良、高贵的野蛮人这一观念方面，卢梭比其他人做得更多，他使这一观念流行开来，并为欧洲人所熟悉。[④]

卢梭一生有两篇重要的应征论文，《论科学与艺术》（1750）和《论人类不平等的起源和基础》（1753），都是卢梭应法国第戎科学院的征文而写。《论科学与艺术》一文回答的“科学与艺术的复兴是否有助于敦风化俗”这一征文论题，卢梭在征文的具体论述中给予否定回答。这篇论文的核心是自然是美好的，出自自然的人生来自由平等，因此应以自然的美好来代替“文明”的罪恶。他认为：“在艺术还没有塑成我们的风格，没有教会我们的感情使用一种造作的语言之前，我们的风尚是粗朴的，然而却是自然的。”[⑤] 艺术、科学、社会风尚等改变了人的天性，人不得不屈从于风尚、礼节及社会群体的种种永恒的束缚。在卢梭看来，这种种束缚被人们称之为时代的文明，其背后隐藏的“是怎样一长串的罪恶在伴随着这种人心叵测啊！再也没有诚恳的友情，再也没有真诚的尊敬，再也没有深厚的信心了！怀疑、猜忌、恐惧、冷酷、戒备、仇恨与背叛永远会隐藏在礼义那种虚伪一致的面幕下边”[⑥]。因此，“随着科学与艺术的光芒在我们的地平线上升起，德行也就消逝了”[⑦]。科学不仅对人类

---

① ［英］伯林：《反潮流：观念史论文集》，第 123 页。

② 同上书，第 139 页、140—141 页。

③ ［英］罗素：《西方哲学史》（下），马元德译，商务印书馆 1963 年版，第 213 页。

④ Giuseppe Cocchiara，1981，*The History of Folklore in Europe*，tranlated from Italian by by John N. Mcdaniel. ISHI，p. 116.

⑤ ［法］卢梭：《论科学与艺术》，何兆武译，商务印书馆 1963 年版，第 9 页。

⑥ 同上书，第 10 页。

⑦ 同上书，第 11 页。

战斗品质有害，而且对道德品质更加有害。科学与美德势不两立，科学与艺术都是从人类的罪恶中诞生。“天文学诞生于迷信；辩论术诞生于野心、仇恨、谄媚和撒谎；几何学诞生于贪婪；物理学诞生于虚荣的好奇心；所有一切，甚至于道德本身，都诞生于人类的骄傲。”① 在这篇论文中，卢梭已经提出了曾风靡整整一个历史时代的返于自然的思想，这一思想深刻影响了18世纪西方各国的思想家、政治家及19世纪初的浪漫主义思潮。他对自己想象中的人类原始时代的淳朴景象充满向往，“我们对风尚加以思考时，就不能不高兴地追怀太古时代淳朴的景象。那是一幅全然出于自然之手的美丽景色，我们不断地向它回顾，并且离开了它我们就不能不感到遗憾”②。他认为早期波斯人正是因为没有沾染上现代人的虚浮知识，他们以自己的德行造就了自己的幸福并成为其他民族的榜样，波斯人学习德行犹如现代人学习科学一样，他们因此轻易地征服了亚洲。③

卢梭对于人类自然状态及原始野蛮人理想生活的想象，在《论人类不平等的起源和基础》一文中得到更深入的描述。在该文中，卢梭开篇认为人类存在着两种不平等，一种是自然、生理上的不平等，另一种是精神或政治的不平等。研究过社会基础的哲学家们都认为有追溯到自然状态的必要，但没有一个人曾追溯到这种状态，他们论述的是野蛮人，描绘的却是文明人。卢梭指出，要正确判断人的自然状态，必须从人的起源来观察人类。但卢梭坦承自己在这些问题上，只能作一些近于想象的笼统猜测。④ 正如勒赛克尔介绍卢梭这篇论文时所说，卢梭关于“善良的野蛮人”的论题从蒙戴尼开始，不断为人们所阐释。无数的水手、商人、传教士从野蛮民族那里旅行回来，都极端赞扬这些民族的道德品质，而鄙弃文明民族的道德品质，卢梭看过许多旅行家的记述，关于人的善良天性的乌托邦式描写，在18世纪到处可见。⑤ 因此，卢梭关于野蛮人的描述不是最早，影响却是最大。

卢梭想象的野蛮人究竟是怎样的面貌？卢梭描述了这样一幅野蛮人的图景：漂泊于森林中的野蛮人，没有农工业、没有语言、没有住所、没有战争，彼此也没有任何联系，他对于同类既无所需求，也无加害意图，甚至也许从来不辨认他同类中的任何人。这样的野蛮人不会有多少情欲，只过着无求于人的孤独生活，所以他仅有适合这种状态的感情和知识。他感觉到的只限于自己的

① ［法］卢梭：《论科学与艺术》，第21页。

② 同上书，第27页。

③ 同上书，第14页。

④ ［法］卢梭：《论人类不平等的起源和基础》，李常山译，商务印书馆1962年版，第27页。

⑤ 同上书，第37—38页。

真正需要，注意的只限于他认为迫切需要注意的东西，他的智慧并不比他的幻想有更多的发展。即使他偶尔有所发明，也不能把发明传授给人，因为连他自己的子女都不认识。技术随着发明者的死亡而消灭。这种状态中既无所谓教育，也无所谓进步，一代代毫无进益地繁衍下去，每一代都从同样的起点开始。许多世纪都在原始时代的极其粗野的状态中过去；人类已经古老，但人始终幼稚。[①] 这是一群离群索居、各自孤独生活、相互之间几乎没有交往、极少欲望、思想简单的远离现代文明的人，这是一个文明几乎停滞的世界，也是一个已被现代人类学、考古学材料证明根本不存在的世界，但正是卢梭凭借其天才的想象力创造出的这一幅乌托邦式的图景，却成为“检验人类本性的试金石”[②]。

卢梭认为，人类自我完善化的能力使人类逐渐脱离了自然状态，“这种特殊而几乎无限的能力，正是人类一切不幸的源泉；正是这种能力，借助于时间的作用使人类脱离了他曾在其中度过安宁而淳朴岁月的原始状态；正是这种能力，在各个时代中，使人显示出他的智慧和谬误、邪恶和美德，终于使他成为人类自己的和自然界的暴君，这对我们来说，就未免太可悲了”[③]。在卢梭心目中，人类社会真正幸福的时期既不是悠闲自在的原始时期，也不是他看到的人类自尊心极度膨胀的现代社会，而是介于两者之间的一个发展阶段，卢梭认为，他从各种旅行家的记述看到现存的野蛮人就处于这样一个时代，“尽管自然的怜悯心已有了某种程度的变性，但是人类能力的这一发展阶段是恰恰处于介乎原始状态中的悠闲自在和我们今天自尊心的急剧活动之间的一个时期，这应该是最幸福最持久的一个时期。……我们所发现的野蛮人，几乎都是处在这种状态。从他们的事例中，似乎可以证实：人类生来就是为了永远停留在这样的状态。这种状态是人世的真正青春，后来的一切进步只是个人完美化方向上的表面的进步，而实际上它们引向人类的没落”[④]。

因此，卢梭想象的自然状态与想象的野蛮人形象紧密相连，野蛮人的生活与精神世界就是他想象中人的自然状态，人在自然状态中，人本性善。人本性善的观点，与霍布斯的人本性恶之观点针锋相对。他指出：“我们尤其不可像霍布斯那样作出结论说：人天生是恶的，因为他没有任何善的观念；人是邪恶的，因为他不知美德为何物；人从不肯为同类服务，因为他不认为对同类负有这种义务。”而应该说，“由于自然状态是每一个人对于自我保存的关心最不妨

---

① ［法］卢梭：《论人类不平等的起源和基础》，第 106—107 页。

② Giuseppe Cocchiara，1981，*The History of Folklore in Europe*，tranlated from Italian by by John N. Mcdaniel. ISHI，p. 120.

③ ［法］卢梭：《论人类不平等的起源和基础》，第 84 页。

④ 同上书，第 120 页。

害他人自我保存的一种状态，所以这种状态最能保存和平，对于人类也是最为适宜的”①。他认为，野蛮人所以不是恶的，正因为他们不知道什么是善。阻止他们作恶的不是智慧的发展，也不是法律的约束，而是情感的平静和对邪恶的无知，“这些人因对邪恶的无知而得到的好处比那些人因对美德的认识而得到的好处还要大些”②。

卢梭想象的人类曾经的自然状态及野蛮人的形象，对后世人们的观念产生了巨大影响。人们从卢梭的作品中接受的是他对自然状态的颂扬，以及背后的“尚古主义”姿态。但洛夫乔伊认为，这实际上是一个历史错误。③ 其实，卢梭从没有企图让我们回到洞穴穿上兽皮。他很清楚地看到这既不可能也不符合人们的愿望，但他同时看到生活被文明扰乱后的错综复杂和人类精神中一些宝藏的毁失；这些宝藏若遭辱谩，人类必受惩罚。这些就是他说的自然。④ 白璧德虽也承认，卢梭的审美浪漫主义所鼓励的特殊的幻想形式是对素朴生活的梦想，就是返回从未存在的自然，这种梦想对一个正经受着过度的矫揉造作和因袭旧俗的时代来说具有特殊的吸引力。但白璧德指出，我们可以肯定地说卢梭高贵的野蛮人，连同席勒的希腊人，赫尔德林的希腊人，诺瓦利斯笔下的中世纪人在现实中从来就没有对应者。他认为，真正的野蛮人，可能只有孩子是例外，是最因循守旧和最有模仿性的人，而不是像卢梭说的不服从任何人，除了自己的意志不遵守任何法则，因而表现出独立性和独创性。⑤

卢梭描述的野蛮人世界中的自然状态，与其说是重建人类曾经存在过的自然状态，不如说是借远古时代野蛮人生活的想象，表达对现代文明的批判。卢梭出生于日内瓦的小资产阶级，早年漂泊不定，生活饱受磨难，“他憎恨知识分子，憎恨那些脱离生活的人，憎恨专家、憎恨将自己禁锢在某个特殊小圈子里的人”。“因此，那些坐在古老橡树下的质朴农民，与城里的那些衣冠楚楚、自命不凡、过分考究、老于世故的高雅之士相比，他们对生活以及自然的理解更为深刻。他不仅仅把自然等同于质朴，而且等同于真正厌恶文雅、精致、复杂和艺术或科学价值观的东西”⑥。卢梭认为，“如果我们能够始终保持自然给我们安排的简朴、单纯、孤独的生活方式，我们几乎能够完全免去这些不幸。

---

① ［法］卢梭：《论人类不平等的起源和基础》，第 98 页。

② 同上书，第 99 页。

③ ［美］A. O. 洛夫乔伊：《观念史论文集》，吴相译，江苏教育出版社 2005 年版，第 14 页。

④ ［美］雅克·巴尊：《古典的，浪漫的，现代的》，侯蓓译，江苏教育出版社 2005 年版，第 20 页。

⑤ ［美］欧文·白璧德：《卢梭与浪漫主义》，孙宜学译，河北教育出版社 2003 年版，第 68 页。

⑥ ［英］以赛亚·伯林：《自由及其背叛》，赵国新译，译林出版社 2005 年版，第 42 页。

如果自然曾经注定了我们是健康的人，我几乎敢于断言，思考的状态是违反自然的一种状态，而沉思的人乃是一种变了质的动物。”① 正如科基拉亚所说，卢梭试图将人类从社会的超级结构中摆脱出来，将人返回纯洁的、未被污染的社会，试图赋予人类尊严。卢梭关于自然状态与野蛮人形象的想象，将理性传送到遥远的野蛮人世界，在那里，他发现了一种很久以前使人成为人类的魔力状态，而现在却被社会和科学、艺术所腐蚀。他认为，野蛮人是自由个体，而个体的自由是社会契约的基础，因此，卢梭的野蛮人世界是一个理想国。在卢梭笔下，美丽的风景，乡村之梦，是自我的再发现，而自然与文明的对比往往转换成一种诗意，他又将这种诗意转换成民众的传统财富，那些生活在乡村和小镇的民众依然是自然的一部分。在卢梭的进步观念中，历史与传统作为人的基本要素，他信仰人的自然与完美，以此来支持他的进步观念。② 卢梭相信，那些曾帮助他认识人类，以及作为他的政治与教育学理论之刺激的野蛮人，依然充满活力地生活在乡村贫穷的民众中，在他们身上，感情与诗意并没有死亡。③ 卢梭希望的是能够重新获得、重新捕捉人类原初、纯真的自然状态，那么，自然的和谐、幸福和仁慈将再次成为人类社会的命运，在这种自然状态下，人们还未受到许多强烈情感、还未受到许多卑鄙和邪恶冲动的折磨，这些强烈的情感、卑鄙和邪恶的冲动都是文明孕育在人们胸中的。④ 可以说，自然状态与野蛮人形象都是卢梭哲学的合法虚构，是卢梭为理解人的社会本性设想出来的、人类似乎存在过的一种状态。他意图表明，人性的邪恶、统治他人的欲望、人类社会的不平等是历史发展的产物，无论是关于自然状态的想象还是野蛮人形象的想象，都有一种历史形式，属于遥远的过去，社会的人是按不同发展阶段逐步进化的。卢梭的论著表达的是对西方文明命运的总体绝望，“他是第一个就人类历史本身来看待人类历史总体，而先前人们都是在超越的世界中——在神圣天命中、在理性的不变世界中——来看待人类历史”⑤。

赫尔德：自然之诗与浪漫的民族主义

赫尔德，18世纪德国古典哲学家、德国启蒙运动思想家，与歌德、席勒一起领导“狂飙突进运动”，其哲学思想尤其是历史哲学思想和美学思想对 18

① ［法］卢梭：《论人类不平等的起源和基础》，第 79 页。

② Giuseppe Cocchiara，1981，*The History of Folklore in Europe*，tranlated from Italian by by John N. Mcdaniel. ISHI，pp. 116—124.

③ 同上书，p. 120.

④ ［英］以赛亚·伯林：《自由及其背叛》，第 40—41 页。

⑤ ［英］凯斯·安塞尔－皮尔逊（Keith Ansell-Pearson）：《尼采反卢梭——尼采的道德－政治思想研究》，宗成河等译，华夏出版社 2005 年版，第 6 页。

世纪末、19世纪初欧洲各国的思想进程、精神生活产生了重要作用，黑格尔、费尔巴哈及歌德等人的哲学思想、世界观的形成都受到他的深刻影响。赫尔德“在传播反对理性主义、科学方法以及法律的普遍权威的过程中，他刺激了单一主义、民族主义以及文学、宗教、政治的非理性主义的发展，在促进后世人类的思想与行动的转型方面扮演了重要的角色”[①]。具体表现在文学、民俗学领域，赫尔德关注民歌，对民歌的历史价值及民族文化价值有过深入的探讨和发掘，从民歌引申出“自然诗”的理论，并由此引发了兴起于德国，后蔓延到欧洲中、东部的浪漫的民族主义（romantic nationalism）思潮。

按照以赛亚·伯林的说法，在某种程度上，卢梭在浪漫主义运动中的角色被夸大，卢梭的观点不过是认为我们生活在道德堕落的世界，生活在一个不道德的、虚伪的社会，人与人之间相互欺骗、残杀；虽然如此，人们还是可以发现真实，但必须在简单的、未堕落的人类——高贵的野蛮人、孩童的内心世界才能寻找。因此，卢梭的信念与百科全书派没有任何差别[②]。他认为，赫尔德、康德才是真正的浪漫主义之父。[③] 从观念史角度看，赫尔德的论著中表现的民粹主义（Populism）、表现主义（Expreesionism）、多元主义思想（Pluralism），对浪漫主义运动影响巨大。[④] 罗杰·豪舍尔在为伯林的《反潮流：观念史论文集》作的“序言”中指出，这些观念不但在他那个时代极为新颖，时至今日依然活力十足。这三个观念都与西方源远流长的主流传统背道而驰，而且和启蒙运动的中心价值和关键信条格格不入，无论它们是道德的、历史的还是美学的。[⑤]

具体而言，赫尔德的民粹主义相信只有当人们属于一个以传统、语言、习俗、共同的历史记忆为根基的单一群体或文化时，他们才能达到充分自我实现的信念[⑥]。作为18世纪启蒙思想的反对者，与其他人相比较，赫尔德走向了与启蒙思想更为针锋相对的立场，他将理性与知识从属于民族主义、直觉、恐法病（Gallophobia）以及对传统不加批判的信仰。他认为，人的正确生活应是生活在自然统一体中，即生活在由共同文化组成的社会中，自然创造了民族而非国家，也没有使某些民族优于其他民族。民族是由气候、教育与近邻的关系及其他可变的和经验的因素构成，而不是一种难以捉摸的内在本质或如种族、肤

---

① Isaiah Berlin，1976，*Vico and Herder*，New York：The Viking Press，p. 146.

② Isaiah Berlin，2000，*The Roots of Romanticism*，Pimlico，p. 52－53.

③ Ibid，p. 56.

④ Isaiah Berlin，1976，*Vico and Herder*，New York：The Viking Press，p. 57.

⑤ 罗杰·豪舍尔“序言”，《反潮流：观念史论文集》（伯林著，冯克利译），译林出版社2002年版。

⑥ 同上。

色等其他不可更改的因素构成。赫尔德相信亲缘、社会的团结一致以及民族，他诅咒和谴责任何形式的集权、高压统治。因此，尽管德国浪漫主义运动的其他人如费希特（Johann Gottlieb Fichte，1762—1814）、施莱格尔（Friedrich von Schlegel，1772—1829）等人的思想发生变化，但赫尔德的民族主义形式终生未变，他的民族情感不是政治的而是文化的。① 赫尔德之前的18世纪启蒙思想家均是从政治意义上理解什么是民族以及什么是民族共同体的基础等宏大问题，赫尔德则从文化意义上理解这一问题。他从德意志社会特定的文化背景出发，认为民族应是一种有机、自然的共同体，其基础是精神和文化的，而不是政治或其他的外在因素。②

赫尔德的表现主义认为人类的所有作品“首先是言语的声音”，是表达或交流的形式，包含着一种完整的人生观。他的多元主义则承认文化和价值系统具有潜在的无限多样性，它们有着同样终极的价值，没有相互衡量的共同标准。③ 赫尔德的多元主义受卢梭影响，倾向于将“人民”等同于穷人、农民、普通俗民、平民大众，他们未被富裕的城市生活腐蚀，在他所处的时代，卢梭思想刺激了民间文化的爱好者、平权主义者及地方自治的鼓动者、简单生活的艺术与技艺的捍卫者，以及所有类型的天真的乌托邦。④ 赫尔德与启蒙运动完全不同的核心观念在于相对主义，他尊敬每一种真正的文化，他坚持必须根据其自身发展阶段、目的和前景，从内部理解不同的文明。⑤

赫尔德思想的核心在于上述思想体现的文化相对主义主张，对于多元文化的重视以及发现不同民族文化的独立价值等，这些观念与启蒙运动的理性主义、世界主义观念背道而驰。可以说，赫尔德是18世纪启蒙思想背景下成长起来的思想异数。从他的思想观念中，可以看到康德、哈曼、维柯、卢梭等人的思想观念及赫尔德个人的人生经验的影响。

1744年8月25日，赫尔德生于东普鲁士一个小城摩隆根。18岁进入哥尼斯堡大学神学系，大学期间，赫尔德不仅研究各门神学，而且研究世俗的科学和文艺，他的观念越来越倾向于泛神论和唯物主义。这一时期，哈曼⑥、康德、卢梭的作品深深吸引着赫尔德，并对其思想观念的形成产生了决定性影响。赫

---

① Isaiah Berlin，1976，Vico and Herder，New York：The Viking Press，pp. 156—163.

② 李宏图：《论赫尔德文化民族主义思想》，《华东师范大学学报》（哲社版）1996年第6期。

③ Isaiah Berlin，1976，Vico and Herder，New York：The Viking Press，p. 153.

④ Ibid，p. 184.

⑤ Ibid，p. 174.

⑥ 哈曼（Johann G. Hamann，1730—1788），普鲁士基督教思想家，信仰主义者，康德的友人，认为真理必然是理性、信仰和经验的统一。

尔德在大学期间真正有价值的经历是与康德相识，他激动不已地追随这位杰出的老师。康德在他的自然地理课程中，讲述某些民族的自然环境时，也讨论它们的文化史和宗教史，美洲、非洲和远东都进入康德的研究视野，这些都深刻影响了年轻的赫尔德。赫尔德在《促进人道》的书信集中这样描述康德："他也以同样的精神研究和评价当时出版的卢梭著作，包括《爱弥尔》和《爱洛绮丝》，以及每一个他熟悉的新发现，他总是提到要不抱成见地认识大自然，他反复讲到人的道德价值。人的、民族的和自然的历史，自然科学、数学和经验是他借以推动自己的讲学和与人交往的源泉……这个人，这个我用感激不尽和无限崇敬的心情提到的人就是伊曼努尔·康德。"可以看出康德那时也深受卢梭影响，而卢梭则是赫尔德通向康德的一座桥梁，因为他几乎无法弄明白康德的认识论。这一时期，康德研究的目标是人、人在宇宙中的地位、人和周围世界的关系、人的存在和人应该怎样。赫尔德正是从康德那里学习这一切。①

哈曼对赫尔德原创性思想的形成也具有重大影响。至少不迟于1764年春天，赫尔德与哈曼就已相识。赫尔德向哈曼学习英文，两人合作试译莎士比亚的《哈姆莱特》，并一起学习意大利文。重要的是哈曼使赫尔德懂得了语言和诗歌，哈曼拒绝一切抽象的模式，而注重经验和观察，注重用感官和感情来把握事实。哈曼反对理性，反复推崇我们的思维和想象的自然依据。哈曼认为中东的诗和东方的民歌都有着同样的根源及其独特之处，这些诗歌中表现出来的生活比理论更重要。哈曼的这些思想激发了赫尔德的创造天才。② 在伯林看来，如果说维柯只是想撼动他那个时代启蒙运动的支柱，哈曼则是要摧毁这一支柱。哈曼的观点是建立在这样一种信念基础上：所有真理都是特殊的而非普遍的；理性没有能力证明任何事物的存在；它只是一个方便分类和组织材料的工具，但它根据的模式与实在并不一致；所谓理解，就是同人或上帝交流。③哈曼的研究提醒赫尔德对特定的历史与文化现象保持敏感，避免因为体系化和普遍化的冲动而使自己的敏感走向衰竭。同哈曼一样，赫尔德对粗糙的、不规则的，由感觉、想象、宗教启示、历史、艺术所提供的，并不总是可以描述的资料有自觉的反应。赫尔德拒绝为了能够预见和控制它们，而将经验的异质之流导向同质的统一体，将它们分类，置于理论的框架中。④

1768年，赫尔德从邓尼斯（Michael Denis）那里获得了一份 *Die Gedichte Ossi-*

---

① ［德］卡岑巴赫：《赫尔德传》，任立译，商务印书馆1993年版，第12—13页。

② 同上书，第13—14页。

③ ［英］伯林：《反潮流：观念史论文集》，第8页。

④ Isaiah Berlin，1976，*Vico and Herder*，New York：The Viking Press，p. 56.

ans eines alten celtischen Dicters，这本书主要由麦克菲森（James Macpherson，1736—1796）《莪相的诗》组成，其中附有切萨罗蒂（Melchiorre Cesarotti，1730—1808）为麦克菲森的意大利文译本撰写的注释，后由邓尼斯负责翻译。切萨罗蒂的注释主要依据维柯的《新科学》，特别是维柯关于诗歌和历史的理论。经由这些注释，赫尔德接受了维柯的两种观念，后成为其哲学的基石。第一，社会发展具有不同的历史时代，每一时代都是从前一个时代自然发展过来，历史具有连续性。在赫尔德看来，事物之间相互依赖，并且从另外的事物中产生。祖国来自于我们父辈，它唤醒了所有在我们前面的浮华生活的记忆，这种观念很快就具有了巨大的民族意义。第二，每一个历史时期形成独立的文化实体，它的不同部分相互整合并形成一个有机整体，每一民族与任何其他民族是有机的不同，每个民族渴望掌握自己的命运。[①] 此外，维柯在《新科学》中指出，一个民族远古的神话、歌谣是一个民族的真实历史。这对赫尔德理解认识神话、歌谣的历史文化价值及民族意义产生了深刻影响。

赫尔德悲叹于德国贫穷、饥饿、为他人鄙视的事实，讲日耳曼语的人四处流浪，流亡到英国、美洲、俄罗斯及斯拉夫地区，富有天才的艺术家和发明家被迫离开故乡，尽管如此，他依然认为掠夺不是解决问题的答案。他梦想祖国恢复统一，梦想自己的人民与其他民族生活在和平和友谊中。在《促进人道》一书中，他提出七个和平纲领，其中有厌恶战争、较少崇拜英雄主义、厌恶虚伪的国事艺术、文明的爱国主义以及对其他民族的正义感等。1764年，赫尔德到里加的一个教会学校任职，很快就在讲德语的上层社会成为受欢迎的人。里加作为一个港口城市，多人种聚居，多文化交融，扩大了赫尔德的眼界，使他毕生保持了民族性与世界性的视野，他参加里加当地人（拉脱维亚人）的节日活动，看他们跳舞，听他们唱歌，农民独特的生活习惯、衣着、装饰引起了他极大注意，在他心中萌生了要发现和提升本民族财富的愿望。[②] 赫尔德的作品充满着深刻的人道主义关怀和关于后代幸福生活的向往。某种程度上，赫尔德与马克思一样，在他看来，那些压迫剥削他人、将自己的制度强加于他人的人，是他们自己的掘墓人。[③]

这位伟大的思想家毕生搜集整理研究民歌、探讨民族精神、建构历史哲学等，对德国民俗学的形成具有关键意义，并使德国民俗学发展出一条与英美民俗学不同的学术路径。“英美民俗学研究作为学者绅士的业余活动，是受风俗、习

---

① William A Wilson，1973，“Herder，Folklore and Romantic Nationalism”，Journal of Popular Culture，6.

② ［德］卡岑巴赫：《赫尔德传》，任立译，商务印书馆1993年版，第16—17页；［苏］阿·符·古留加：《赫尔德》，侯鸿勋译，上海人民出版社1985年版，第174页。

③ Isaiah Berlin，1976，Vico and Herder，New York：The Viking Press，p. 161.

性以及口头传统这些被称为大众的古代历史——1846年重新命名为民俗学——的影响。随着19世纪后半叶进化论人类学诞生，以及强调民俗事项是农民当中的古代实践与信仰的残余，民俗成为泰勒（Edward Taylor）、朗（Andrew Lang）等人主要关注的对象。从此，英美民俗学家花费大量时间研究遗留物、过去的历史建构或当今民俗的历史形态。但在欧洲大陆，严肃认真的民俗学研究开始得更早，并形成另一路径。在这里，一开始就直接与浪漫的民族主义的出现相联系，在这场运动中，热心的爱国学者寻找过去的民俗记录，不仅是为了了解历史上的人们如何生活——主要兴趣在于古代历史，是为了发现重新塑造现在，建构未来的'历史的'模式。"①

赫尔德的著作为民间文学、民俗学研究者所熟知并对他们产生影响，直接的是因为他对民歌的搜集、整理与研究。赫尔德对民歌的兴趣，与民俗学史上几部重要的伪民歌集有关。1760年，麦克菲森（James Macpherson，1736—1796）出版了《古诗残篇》（Fragments of Ancient poetry collected in the Highlands of Scotland and translated from the Gaelic or Erse Language），1962年发表了《芬歌儿：一首英雄叙事诗》（Fingal：An Ancient Epic Peom），1763年发表《帖莫拉》（Temora）。1765年，麦克菲森以《莪相之歌》（Poems of Ossian）的名义将上述作品整理成册出版。同年，珀西（Thomas Percy，1729—1811）出版《英诗辑古》（Reliques of Ancient English Poetry）②。赫尔德对《莪相之歌》及《英诗辑古》推崇备至，对珀西的灵感大加赞赏，他本人还翻译了珀西《英诗辑古》，并写作了《关于莪相与古代民歌的书信摘要》一文，虽然直到1773年才发表在《德意志文艺杂志》。1766年，赫尔德发表《关于近代德意志诗歌的断想》，明确表示反对理性主义的诗学，认为不应把抒情诗看作教养和思想丰富的知性的结果，而应把"审美力原则"作为诗歌评论的标准。赫尔德指出，应该在诗歌语言的早期阶段寻找民族文学的伟大诗歌，他极为推崇荷马的有节奏的诗的语言。但他并没有把荷马作为一种固定标准，而是从荷马的时代和环境来历史地看待荷马。他号召搜集口头流传的民族诗歌，强调指出，口头流传的民族诗歌不仅是历史珍品，而且是美学珍品。在这本书中，他第一次强调了民歌的意义，并开始注意莎士比亚和古代德意志诗歌。③赫尔德关于诗歌创作及民族诗歌的思想，极大地启蒙了歌德。赫尔德向歌德指出，语言和诗歌是世界性和民族性的天赋，民族诗歌的天空中并不只是闪烁着少

---

① William A Wilson，1973，"Herder，Folklore and Romantic Nationalism"，*Journal of Popular Culture*，6.

② 关于这两部作品的真实性问题，参阅［美］阿兰·邓迪斯《伪民俗的制造》（周惠英译），《民间文化论坛》2004年第5期。

③ ［德］卡岑巴赫：《赫尔德传》，第22—23页；［苏］阿·符·古留加：《赫尔德》，第174页。

数几颗星星，还有《圣经》、荷马、莪相和莎士比亚，这令歌德感叹不已，歌德开始搜集阿尔萨斯的民歌。此后，赫尔德发表了《论中古英国和德国诗歌的相似性及其他》(1777)、《荷马——时代的宠儿》(1795) 等探讨民歌的论文，并于 1778 年、1779 年分别出版了他的《民歌集》第一、二部分。虽然莪相之歌等的真实性遭到怀疑，甚至被认为是最早成文的符合条件的伪民俗作品之一。但正如邓迪斯所说，这件伪民俗作品显示出不可估量的影响，激起了全欧洲平民对诗歌的兴趣，从苏格兰高地引出的口头诗歌的源流意味着史诗不仅来自古代，同样可以来自现代未受教育的农民。由此开始出现浪漫主义、尚古主义和民族主义的奇特融合，盛行于 19 世纪，并一直相携发展。①

总体看，赫尔德关于民歌的研究发展出一个核心概念，这就是“自然诗”(Naturpoesie)。Naturpoesie 这个词，按赫尔德的理解，不能简单翻译为“自然之诗”。一方面，它意指我们可以看作是狭义的民俗，即表现在民歌、民间故事、神话、传说当中的普通民众的口头传统；另一方面，也包含大量“民间天才”的作品，如荷马史诗、索福克勒斯和莎士比亚的戏剧、古梵语文学、莪相之歌及《圣经》。赫尔德选择 Naturpoesie 这个词，是因为它与本质和自然相连，两者都意味着没有人工限制。在简单而自然的 Naturpoesie 的表述中，他看到一种在时空中传承的普遍的诗歌。“人类的声音”似乎来自于它，以灵魂和心灵的语言跨越语言和民族的边界向所有人诉说。赫尔德认为，Naturpoesie 是唯一没有被现代文明的分裂性力量摧毁的人类经验。民歌、神话、史诗反映了一种依然保留在晚近诗歌中的经验共同体。根据他的理论，这种共同体是思想与感觉、认识与感觉的共同体。在艺术中，它仅能通过非预期的和自动的表达方式才能实现。为什么希腊史诗具有长久而有力的影响？很简单，是因为它一开始就是普通民众自发传唱的英雄传说歌。人们只需要将希腊史诗的六韵步诗行与古希腊的普通谈话节奏进行比较，就可发现两者的“自然”一致，反映了即兴演唱的节奏。②

赫尔德的自然诗观念，与他的历史哲学有关。他认为，各族人民的发展仿佛构成一个统一的链条，链条上每一个环节都必然与前后环节相联系。每一个民族都利用前辈的成就并且为继承者准备基础。赫尔德指出，所有民族的发展过程都服从于从原始神话阶段发展到现代文明的世纪。他把这一发展看作有机的必然。关于民族衰亡，他也看作自然而有机的，一如人的衰老与死亡。赫尔德将自我更新的基础置于 Naturpoesie 的搜集与记忆上。对他来说，记忆不仅意味着忧郁的怀乡情结，也是从民族的“生活资源”中积聚力量，充满活力之行为的新开

---

① ［美］阿兰 · 邓迪斯：《伪民俗的制造》。

② Christa Kamenetsky，1973，“The German Folklore Revival in the Eighteenth Century：Herder’s Theory of Naturpoesie”，*Journal of Popular Culture*，6.

始。在他看来，古代的民族一如古代的语言，要比新的民族和新的语言有活力，更健康，它们依然保留了人类孩童时代最鲜明的品性：强烈的幻想，具体的感知，自然的表达，以及思想与感情最基本的和谐。在这一意义上，关注古代的 Naturpoesie 意味着将古代的民族看作人类的老师。他希望从这一教育中，民族能够积聚新的力量，有新的开端。①

赫尔德的自然诗理论，对德国民俗学产生了重大影响。在德国浪漫主义中，可以看到人们强烈地关注农民、关注风景、关注过去的传统遗产。格林兄弟来到乡村记录古代农民的故事，农民不仅是特定社会阶层的人群，在他们的古代习俗、神话、故事、传说中依然可以感受到过去历史的碎片，为生活的丰富性、经验的直觉性提供证据。人们认为这些不是伪造，而是真实的。这些民俗现象反映了祖先的精神，也反映了黄金时代人们与上帝和自然的和谐相处。在自然诗歌中，人们希望重新捕捉纯真的艺术。重新在文化中发现自然，消除理性与激情、艺术与生活、哲学与诗歌之间业已形成的尖锐差异，是德国浪漫主义的伟大梦想。赫尔德对民俗的复兴具有独特贡献，他认为，民俗的复兴不仅对德国的文化新生，而且对世界所有民众文化的复兴至为关键。②

赫尔德的自然诗理论催生了兴起于德国，后蔓延到欧洲中东部的浪漫的民族主义思潮。16世纪末期，曾充满巨大希望的德国知识分子开始颓废。18世纪开始，经历了改革、反改革及三十年战争的分裂后，德国处于混乱中，没有贸易和工业的共同体。更糟糕的是人们为了外国的——特别是法国的——模式放弃自己本土的文化模式。令赫尔德失望的是，德国贵族已开始模仿凡尔赛宫廷的奢靡生活，并产生了不幸的后果，法国的观念与风俗渗透到中产阶级，扩大了他们与普通民众的裂痕。法语被认为是高雅的语言与文化，而普通人的德语则是粗鄙语言。在文学领域，德语写作者不仅将法语作为他们表达的基本媒介，也将作品内容和形式建立在法兰西和古典模式的基础上，极力颂扬启蒙思想的世界主义观念。赫尔德认识到，在中世纪末期，德国已开始丧失其民族的真正精神，遗忘其曾经的历史祖先。在这一时期，本土传统已被文艺复兴引入的外来影响打断。为重拾失落的民族精神，德国人必须回到中世纪（中断发生的时期），恢复从那时开始的文化发展。赫尔德一再强调，健康、持久的文化必须建立在本土基础上。赫尔德希望将他的人民引领到民族的过去，民族情感的源泉。

德国将如何弥合现在与过去间的裂缝？如何重新发现失落的精神？对赫尔

① Isaiah Berlin, 1976, Vico and Herder, New York: The Viking Press, p. 56.; ［苏］阿·符·古留加：《赫尔德》，第 57—74 页。

② Christa Kamenetsky, 1973, "The German Folklore Revival in the Eighteenth Century: Herder's Theory of Naturpoesie", Journal of Popular Culture, 6.

德来说，只有一个途径——通过民间诗歌。德国人可通过研究那些依然存活在农民中的民歌研究他们的历史事件，民众的民歌最好地表达了民族精神和文化模式。民歌是民族的档案，是一个民族精神的印记，民族活着的声音。从民歌中人们能了解到民族思想的模式及其情感语言。民间诗人与他们的文化有机地统一，与民族精神最为协调。通过自由运用他们的想象，依赖于他们的情感而不是理性，他们使民族性格的创造性力量与他们相伴随，并成为真正的民歌的创作者；诗歌打上了产生于其中的物质与文化背景的印记。因此，民间诗人是民族的诗人，通过这一代理人，一个民族真正的性格得以自我表现，荷马与莎士比亚是伟大的诗人，是因为他们在其作品中最恰当地表达了自己的民族。关于这些古代诗人，赫尔德认为，他们是我们的祖先，他们的语言是我们语言的源头，他们粗糙的民歌是古代德国人心灵的写照。在赫尔德看来，每一个民族都是一个历史的、自然的有机统一体，具有其自身特有的文化；一个民族作为一个民族生存下来，并为整体的人类发展作出贡献，必须培植民族文化，根据过去的历史经验制定的路线发展；一个民族总体的文化与历史模式——民族精神——在民歌中得到了最好的表达；民族发展的持续性被中断后，唯一的救赎之路在于搜集残存的民歌，利用它重新恢复民族精神，使民族的未来在自我基础上发展。①

赫尔德坚信，莪相之歌使英格兰文学逐渐变得伟大，英格兰民族也随之强大，因为英格兰文学持续地发展出这些古代的文化价值，如莎士比亚的许多作品就来自于古代的民歌、民间故事和神话。相反，日耳曼文学及日耳曼民族却变得衰弱，因为日耳曼的诗人不像英格兰的诗人，已不再保持本土的真实传统。赫尔德说："自古以来，我们绝对没有一种鲜活的诗歌作为民族诗歌之流的支脉，我们的新诗可以从这一支脉生长出来。其他的民族已经进步了许多个世纪，并且在其自身的基础上从人们的信仰和品味以及历史的遗存中得以发展。以这种方式，他们的文学和语言发展成为民族的文学和语言。人民的声音被运用并且得到珍视，而且在这些方面，他们比我们获得了更多的公众。我们可怜的德国人从一开始就注定了不再是我们自己，总是外族的立法者和仆从，他们的命运的引导者，以及他们用来交换的、榨取血汗的、贫穷的奴隶。"② 他表现得急切而焦虑，希望能发掘民族的历史声音："日耳曼人！你们没有莎士比亚。难道你们也没有可以夸耀的祖先的歌声？瑞士人、斯瓦比亚人、法兰克人、巴伐利亚人、威斯特伐利亚人、撒克逊人、文德人、普鲁士人——难道你们都一无所有？你们祖先的

① William A Wilson，1973，"Herder，Folklore and Romantic Nationalism"，*Journal of Popular Culture*，6.

② Sammtliche Werke，ed. Bernhard Suphan（1877－1913；rpt. Hildesheim，Germany，1967—1968），IXvols，p. 528. 转引自 William A Wilson，1973，"Herder，folklore and Romantic Nationalism"，*Journal of Popular Culture*，6.

声音越来越微弱，沉寂在历史的尘埃之中。拥有英雄习俗、高贵美德和语言的民族，对于你们来自远古的声音难道是无动于衷？无疑地，它们曾经存在，或许仍然存在，但是它们淹没在泥沼之中，不为人识，并为人所蔑视。……我的兄弟们，伸出你的手，看看我们的民族究竟是什么，不是什么，我们的民族过去是如何思考和感觉，今天又是如何思考和感觉的。"①

他身体力行，开始搜集民歌，并持续经年。1778－1779年，在其著名的《民歌集》（Volksliede）中出版了部分民歌。这本著作连同他持续不断地警醒应该保护民族古老的文学，最终克服了反对者们对于普通人诗歌以及很早就开始了的民歌搜集的蔑视。从格林时代开始，人们持续地保持着搜集民歌的热情。一如赫尔德所希望，民歌的复兴使德国文学摆脱了启蒙运动的理性主义与世界主义，赫尔德相信，已引入到一种几乎不可能的统一（uniformity）状态，并且建立在民众的非理性与创造力基础上。他曾说，除非我们的文学建立在"民"（Volk）的基础上，否则我们没有自己的民众、民族、语言和诗歌。第一批跟随赫尔德的狂飙突进文学家，像赫尔德一样，反抗启蒙运动的权威，强调自然和独创，认为民间是真实民歌的主要来源。对他们而言，创造性的天才和民众（Volk）几乎是同义词。19世纪初期，浪漫主义的注意力集中在民众身上。在深受赫尔德影响的施莱格尔等人领导下，他们转向过去的文学（中世纪和民间的诗歌）寻找现在与未来文学的理念。在这些材料基础上，他们创造一种文学，相信这种文学曾表达了民族的精神，一种人们寻找其民族认同的文学，能表达力量与灵感。当然，赫尔德的同道们面对的最大部分是神话的历史，伟大而高贵的民族希望重建的主要是自身丰富想象的产品。他们以他们认为曾是一个古老民族的形象创造了一个新的民族。

浪漫的民族主义运动发现了民俗的价值，为重新塑造民族形象，建构民族精神产生了积极作用。后来，本菲在（T. Benfey）评价民俗在新日耳曼的创造中所起作用时认为，这场运动认识到德国民歌的伟大价值，在德国民族精神的其他创造与表达中唤醒了人们的兴趣。人们以同样的热情考察、搜集和研究传说、民间故事、风俗习惯。民俗对其他人文领域（法律、政治、宗教以及所有生活形式）发生了影响，并被人们所认识并发现。这唤起一种全新的文明史的观念，尤其是尊敬和热爱我们的人民，很久以来这在德国都已丧失了。人们认识到个人必须植根于自己的人民，他必须感觉自己是人民的一部分，并感觉到人民的精神，只有在这片土地上，他才能成熟，自我独立，具有完整意识，充满活力地生活。……随着对民族的爱的增长，对于民族的责任感也变得强烈起来。所有人开始全神贯注于集合所有力量的想法，以重新获得已丧失的独立

---

① Ibid，pp. 530－31.

性，并通过共同体的重建使民族性得以实现。[1]

赫尔德种植的民族主义的种子在许多领域生根发芽。每一个民族只有通过发展其自身的文化基础才能为人类进步作出贡献，中欧和东欧欠发达的族群强烈地接受这一观念。它意味着在自我内部能感受到一种救世主式的平等。赫尔德引起这种感觉，并使这些群体具有民族意识，特别是通过激励他们培植自己的民族文学。赫尔德在斯拉夫人中的影响最大，被尊称为“真正的斯拉夫人民复兴之父”；在同处殖民统治之下的芬兰、挪威知识分子身上也产生了重大影响，他们通过搜集整理自己民族的古老神话、歌谣，重建正在失去的民族精神。[2]

显然，18—19世纪在欧洲的东、中部发展起来的浪漫的民族主义，是一个在赫尔德倡导下，由这些地方的知识分子共同实践的民俗学运动。在这些地区，社会、政治普遍落后于西部，民族的边界与既存的国家边界并不一致。在这里，民族主义成为一种运动并不是使人们摆脱专制国家的不平等，更多的是试图重新划定政治边界以切合民族共同体的边界。民族主义的支持者接受了卢梭的平权思想，但他们认为，每一个民族是与其他民族相异明显的有机体，而个人仅在确实是民族共同体之一分子的情况下才能自我实现。因此，对于民族的愿望，个体变得次要，服务于民族国家成为个人最高的忠诚。与自由民族主义明显区别的是，强调情感、直觉而非理性，强调民族差异而非共同的愿望，总之，民族建立在历史的传统与神话基础（也就是民俗）之上，而非当下的政治现实。[3]

结　语

民俗学浪漫主义的传统是浪漫主义、尚古主义和民族主义的奇特结合。如果说赫尔德最终构建了民俗学浪漫主义传统的大厦，那么，维柯是这一大厦的奠基者。正如克罗齐所说，几乎所有种种价值史——诗歌史、神话史、法律史、语言史、法制史、解释的或哲学的理性史等，连同对它们内在统一的意识，都被维柯预料并大致介绍。[4] 如果说维柯关于野蛮人精神世界的理解是建立在历史真实基础上的丰富想象，那么，这种想象力则使民俗学赋予民俗无限丰富的诗意想象。如果说维柯、赫尔德关于诗歌、神话的研究为民俗学提供了

---

① T. Benfey，Geschichte der Sprachwissenschaft und orirentalischen Philologie in Deutschland（munich，1869）. 转引自 William A Wilson，1973，“Herder，folklore and Romantic Nationalism”，*Journal of Popular Culture*，6.

② William A Wilson，1973，“Herder，folklore and Romantic Nationalism”，*Journal of Popular Culture*，6.

③ Ibid.

④ ［意］克罗齐：《历史学的理论和历史》，田时纲译，中国社会科学出版社 2005 年版，第 192—193 页。

一系列学科规训的传统，那么，卢梭及他的著作使高贵的、善良的野蛮人这一观念在欧洲普及，使欧洲自卢梭以降弥漫着浓郁的尚古主义（尽管洛夫乔伊认为这是人们主观臆度的一个历史误读[①]）和浪漫主义情绪，则是笼罩着民俗学挥之不去的学科氛围，成为一种若隐若现的浪漫主义和尚古主义传统。一如罗素指出，从18世纪后期到今天，艺术、文学和哲学，甚至于政治都受到广义所谓的浪漫主义运动特有的一种情感方式积极的或消极的影响。[②] 如果说卢梭大量宣扬的自然状态、高贵的野蛮人及平权思想等观念使赫尔德具有人道主义关怀，发现了以农民为主体的人民的价值，那么，自然诗的理论则是他关注民间创作、搜集民间诗歌、从民间诗歌中寻找民族文学发展源泉的具体实践。"在赫尔德那里，民众的诗正如野蛮人的诗，充满活力、自由，高贵的野蛮人的观念再次转变为民众诗的观念，野蛮成为其美学观念的基础。因此，在赫尔德的观念中，'野蛮人'并不是民族志意义上的，他将所有美丽、真诚的东西与原始相等同，而且将民众与所有纯粹、真实的东西相等同。……民众，作为一个基本的、原初的观念，使艺术与历史和谐一致；在赫尔德看来，艺术与历史的原初的、野蛮的因素获得了一种新的重要性，因为这些因素包含在历史与艺术之中，是民族性格的关键。"[③] 但必须指出的是，赫尔德虽具有强烈的民族情感，民族统一和民族主权的思想贯穿终生，然而他既是启蒙运动的叛逆，同时也是启蒙之子，他的民俗学浪漫主义没有发展成为狭隘的民族主义和沙文主义，他始终具有两种视野："一种是民族的，另一种则是世界的。"[④]

在民俗学的浪漫主义传统中，农民被重新命名为"民"，农民被人们充满怀旧情感地描述为"绅士"，其言谈与歌声代表了"本土的智慧"，农民被看作大众情感与实践的代表，共同情感的提供者，甚至承载了地方和民族的性格。"民"是一个群体，经过数千年历史，具有自己的语言、神话及他们自己的文化。"民"是生活在一定时间和空间范围内、有明显组织的实体，因此，除了其起源、历史以及将过去与现在相连接的转型轨迹之外，没有其他的东西可以界定"民"。[⑤] 民俗学的浪漫主义传统在批判西方社会"过度文明"的同时，赋予民俗学一种向后看和独特的"反"现代化视野。民俗学的浪漫主义传统具有独特的修辞方式，在他们的作品中往往建构一个远离现代生活的简单社会，

---

① ［美］A. O. 洛夫乔伊：《观念史论文集》，第12—33页。

② 罗素：《西方哲学史》（下），第213页。

③ Giuseppe Cocchiara，1981，*The History of Folklore in Europe*，tranlated from Italian by by John N. Mcdaniel. ISHI，pp. 170—172.

④ Ibid，p. 169.

⑤ Roger D. Abrahams，1993，"Phantoms of Romantic Nationalism in Folkloristics"，*The Journal of American Folklore*，Vol. 106，No. 419（Winter，1993）3—37.

一群人生活在这个几乎与世隔绝的社会，这些人的生活方式远离现代文明，生活简单陈旧，但他们本性善良，几乎从没有离开过土生土长的家园，这些人往往成为人们另类理想建构出来的另类人群，且往往被类型化，不是高贵的野蛮人，就是绅士般的牧羊人或农民，他们的生活听命于自然变化，与大自然亲密和谐。关于民俗表演情境的经典描述，这种修辞方式同样深刻影响了我们关于民俗的想象。在漫长的严冬和凉爽的仲夏夜晚，农活也许并不是太急时，还记得那些年轻时学来的故事、歌谣的老人们，围坐在冬天的炉火旁，或仲夏夜坐在走廊上、围坐在篝火旁，深夜似乎唤起乡村人的记忆，许多代人的存在及过去的记忆，在过去的时代人们聆听老人讲故事，演唱民歌。① 在民俗学浪漫主义的话语中，民是前现代的人，过着前现代生活，民被建构成为一个“本土的他者”。

然而，悖论是在很大程度上，人们对“民”的正面的、肯定性的界定之外，由于其意义的不确定性和游移性，对于“民”实际又暗含了诸多负面的、否定评价。民俗学“在使用一系列与陌生人、外来者包括流浪艺人群体相联系的特征的时候，关于‘民’的刻板成见已经形成。这些与粗俗自然相联系的特点，在稍作修正的结构之中，同样属于原始人、野蛮人以及头脑简单的农民。这种成见因此形成，并且形成一些共同的特点，这些特点是（1）粗俗的、自然的（在更为贬损的方面，重新解释意味着野蛮、落后、不开化、纵欲者）；（2）烹饪与饮食的奇异感觉，这是本土的，反映了地形与气候的特点（再一次否定性地编码为未开化的、粗俗的，通常指涉的是不洁净的东西，如粪便、腐肉以及其他人种）；（3）说话的方式是平淡、简朴、具有古老的诗学意味（用否定性的词汇就是翻译成为‘糟蹋语言’或者‘语无伦次’，再就是像动物一样叽里咕噜）；（4）对于与性有关的事情，抱着多产和自由的态度（否定性的再阐释就是，由于缺乏性沟通的规则，没有能力控制一个人的性欲，最为极端的描述是，有乱伦、嗜粪癖、恋尸狂倾向）”②。

今天看来，民俗学的浪漫主义传统对民俗学的意义，不仅在于发现了民俗学研究的对象，更在于发掘了原始野蛮人创造的神话、史诗、歌谣这些被启蒙思想家视为人类知识谬误的历史传统的意义，真正将这些由蛮荒世界的野蛮人创造的传统纳入人类精神世界的知识体系，这对整个西方知识界来说，其意义应该更在于维柯、卢梭、赫尔德等人对这些蛮荒精神世界的研究中所倡导的文化相对主义的知识追求，对于现代人、现代社会的反思意义，以及民俗作为知

① Roger D. Abrahams，1993，“Phantoms of Romantic Nationalism in Folkloristics”，The Journal of American Folklore，Vol. 106，No. 419（Winter，1993）3—37.

② Ibid.

识在生产过程中产生的文化政治、社会政治的意义。民俗学正是在这种大的知识背景下发现居住在遥远时代、遥远异域他乡人们的习俗与文化，这些习俗与文化由于其时间、空间的遥远距离，往往被人们过度赋予了与现代文明的成熟相比较的简单、自然、感性、粗糙、朴野等种种观念。今天，我们依然可以看到浪漫主义传统创造的一系列话语成为民俗学界的学者理解、（或应该更恰当地说是）想象、研究、表述民俗的支配话语，被学者不加鉴别地运用于文明发达的国家、民族的民俗文化研究中，并无视社会历史变迁对于民俗文化的影响，想象民俗文化永远都是停滞在远离现代文明的另一个世界，传统与现代、野蛮与文明、落后与先进等典型的二元对立话语成为民俗学难以逾越的学术传统。

维柯、赫尔德运用想象达到的同情的理解，认为神话、史诗、歌谣、古代礼仪等背后蕴涵了一个民族的真实历史。对民俗学来说，更多地是继承了他们创造的对于神话等历史传统背后的真实历史的索解，这种关于人类精神世界的科学体系的建构一方面极大丰富了人类精神世界的知识体系，但另一方面，却也确立了民俗学一个至今难以跨越的学术传统，这就是探求民俗事项之本真性的传统，民俗学想象在无限变异的民俗事项中，总有一个真实的本原，追寻真实的本原成为民俗学的重要任务，这种追求本原的学科原始冲动成为不断刺激民俗学建构民俗事项本原的动力。更重要的是，在维柯、赫尔德等探求神话、史诗、歌谣等传统背后真实历史的同时，他们往往将这些历史传统与一个民族的历史、精神联系起来，神话、史诗、歌谣等是民族历史之真实、民族精神之象征的叙述，成为民俗学学科最经典的话语表述。因此，民俗学浪漫主义传统关于古代神话、史诗、歌谣的研究，基本上奠定了民俗学的学科对象、学科的学术意向、学科话语关键词以及由此所决定的表述方式。

思考民俗学浪漫主义的传统在今天可能还有另一层特别的意义。时下非物质文化遗产保护运动炙手可热，但在热闹运动的背后，存在着背离联合国教科文组织保护非物质文化遗产初衷的隐忧，民俗一旦被赋予太多的社会－政治意义，就越来越脱离生活的语境，成为政治、资本与知识分子手中的玩偶。浪漫的民族主义赋予民俗文化政治意义，使民众成为一个社会－政治符号，乃是民俗学学科形成以来民俗学挥之不去、伴随至今的幽灵。

现代性论争中的民间文学*

吕　微

本土前现代的“民间”，无论视其为传统文化结构内部的对抗性力量，还是视其为依附性的亚结构或反文化，至少在20世纪初的学者们看来，尚未生成为与国家分离的、可自我定义的社会实体。“民间”成为具有现代意义的、自律的社会表象是“五四”以来中国学者在想象中不断转换的结果。在想象和转换过程中，中国学者不仅重新阐释了引进的民间文学学科理念，还借助民间文学表象对现代性方案作出本土性的思考，从而既获得了操作民间文学表象以改造传统并整合多元民族文化的话语权，也用20世纪的中国经验为世界贡献了一份独特类型的现代性设计，从而形成了一种本土的主体性新传统。本文从主观的学科角度分析、理解这一主体性新传统，希望以此为学科发展的未来走向和学者身份的自我理解提供一些学理和思想的资源。

中国现代民间文学学科是“五四”新文学运动引进西方现代学科 folklore 的结果。英语的 folklore 既用以指称学科门类和学科对象，同时也是学科的核心理念，通过赋予学科对象以抽象理念，folklore——民间文学就成为现代学者想象民间社会、民间文本时借以表达并整合多种现代性原则的表意对象。作为现代性问题的知识产品，现代学科的各门类都在不同程度上回答了不同层面、侧面的现代性问题。现代学者将不同的现代性原则（如民族主义、社会主义和个人主义）投射于民间文学表象，形成了多种民间文学理念之间相互竞争以及在民间文学表象整合功能作用下以不同方式相互组合的深层关系。作为民间生活的“自在”知识，民间文学能够成为具有现代意涵的学科表象当然是学者主观阐释、操作的结果，诸多民间文学理念是学者对不同现代性主张的学科式转述。中西方现代民间文学家对不同学科理念的侧重与整合方式反映了不同文化主体对特定现代性方案的独到选择，就此而言，对中

---

* 本文原载《文学评论》2000年第2期，收入本书时有增删。

国民间文学学科核心理念的分析可在象征层面成为20世纪中国现代主体性之自我理解的有效途径。

“民间”理念的中、西差异：边缘性与下层性

英语folklore是一个十分歧义的复合词语。folk在汉译时，作为名词可从种族、民族、亲属、家属、人民或人们等多种语义予以理解；作为形容词有汉语“民间的”意思。lore的本义是经验、知识或学问，引申为特殊科目的知识，据此folklore被译为民俗或民俗学。在传统的共同体中，民族和民间的大部分知识往往依赖口头形式相承，以书面形式相承的只是传统知识的一部分（尽管是主导部分），因此lore也有口头传说的意思。folklore既可译作民俗，亦可译作民间传说，民间文学又多以口头传说形式存在，加上自民俗学诞生以来民间传说、民间文学始终是各国民俗学最主要的研究对象，在有些民俗学者那里甚至是唯一的对象，因此folklore也被视作民间文学的同义语。folklore的歧义是人们（包括各派学者）在长期使用中不断阐释、不断赋予其新义而累积下来的结果；folklore的汉译也一样。①

威廉·汤姆斯（W. J. Thoms）1846年最早提议使用folklore一词以界定民俗与民间文学，欧洲学者“对民俗兴趣的日益增长是与19世纪浪漫主义和民族主义的学术思潮紧密联系的”②。19世纪的欧洲学者发展了一种反启蒙主义的浪漫立场，为对抗理性主义的世界性扩张，浪漫主义者诉诸地方性和民族性的感性主义传统，认为这种地方、民族传统（如神话）尽管正在消逝，但依然以蜕变形式保存于无文字群体的民众（准确地说是农民）的口头文本（如童

---

① 费孝通指出：Folklore一词是folk和lore拼起来的。Folk在普通的英华字典作“人民”讲，但没把含义说清楚。它不是指一般的“人民”，而是具有亲切乡土关系的人们。近于中文的“老乡”、“乡下土里土气的人们”。它作为形容词，近于“民间”、“土风”之意。Lore字典上作“学问”讲，其实也不确切，它近于“天方夜谭”中的“谭”，或“逸闻、传说”。如直译，Folklore用“民间传说”比较接近。如咬文嚼字地推考，译成“民俗”似乎广了些，因为“俗”不限于“说话”，还包括行为、仪式等在内。我们不必跟西方传统走，我们不妨有一门研究“民间风俗之学”，称之为民俗学。参见费孝通《谈谈民俗学》，载张紫晨编《民俗学讲演集》，书目文献出版社1986年版，第1页。

② ［美］阿兰·邓迪斯：《世界民俗学》，陈建宪等译，上海文艺出版社1990年版，第5—9页。意大利学者科奇亚拉将欧洲民俗学的历史追溯到地理大发现，他认为，欧洲人对异民族——野蛮人群及原始文化的发现激发了对本民族中落后人群——“民”以及由“民”所负载的民族文化遗产的兴趣，于是，对何谓“民”的界定构成了民俗学的特殊问题。Cocchiara，Giuseppe：*The History of Folklore in Europe*，English Translation by J. N. Mcdaniel，Preface，p. 2—5，Philadephia：Institute for the study of human Issues，Inc.，1981. 参见户晓辉《现代性与民间文学》，社会科学文献出版社2005年版。

话）中。在浪漫主义者看来，农民的就是地方的和民族的，口头文本则是农民与民族之间的纽带。只有农民才是地方性和民族性的代表，这种浪漫主义思想渗透到19世纪诸多学科中，甚至成为一些实证学科得以成立的价值预设，这也是特洛尔奇（E. Troeltsch）所谓“现代性原则含混”的表征之一[①]，民俗、民间文学学科正是其典型。

勃兰兑斯（G. Brandes）指出：19世纪的浪漫主义“直接反对的是十八世纪的某些思想特征，它那枯燥的理性主义，它对感情和幻想的种种禁忌，它对历史的错误理解，它对合法民族特色的忽视，它对大自然索然无味的看法和它对宗教的错误概念……”[②] 浪漫主义者反对以城市文明、工业文明为标志的现代理性及其世界扩张，他们把对民族感性传统的想象投射到乡村和农民身上，认为居住在偏远地方的农民未受或少受现代理性中心之文明教育的污染，最大限度地保持了民族共同体的传统感性生活方式。[③] 在他们看来，民间文学不仅是民族性的建构基础，也是普遍性的解构资源，从而成为价值知识的真正言说。这种关于乡村和农民道德生活的浪漫观点为19世纪以来西方多数民间文学家所秉承，无论他们对“民”的释义有多少分歧，其共识便是认为“民”乃乡俗即真正价值知识的持有者。因此，folk的准确释义只能是乡民或农民，生活在城市和工业文明中的市民等其他公民或国民都不能作为民族传统的充分代表。

由于只有乡民和农民才是充分意义上拥有完整而未分化的民族传统的“民”[④]，因此在浪漫主义者界定“民”之性质的词汇表中，中心词只能是古代性和边缘性，即汤姆斯所云“消失的传说”和“地方的传统”[⑤]，而非下层性和现代性。农民当然也是现代下层的生活群体，但就浪漫主义的关注焦点而言，“民”的现代性和下层性不是问题的本质。如将folk译作“民间”，则19世纪浪漫主义者的“民间”将不包括曾高举启蒙义旗的市民，罗素（H. Rus-

---

① 刘小枫：《现代性社会理论绪论——现代性与现代中国》，上海三联书店1998年版，第185—191页。

② ［丹麦］勃兰兑斯：《十九世纪文学主流》第一分册，张道真译，人民文学出版社1980年版，第4页。

③ 是否接受过现代教育，一直被泰勒以来的民俗学家视为承载民俗之民众主体的重要标志，在诸多民俗调查报告，民俗主体是否“读过书”、“接受过教育”、“具有读写能力”总是一项重要的调查内容。泰勒、兰、哈特兰、万斯、博尔尼（旧译班恩）、夏普、邓迪斯等人关于未接受过现代教育的民俗传统保持者之身份特征的论述，参见户晓辉《现代性与民间文学》，社会科学文献出版社2005年版。

④ 高丙中：《民俗文化与民俗生活》，中国社会科学出版社1994年版，第10—31页。

⑤ ［美］阿兰·邓迪斯：《世界民俗学》，陈建宪等译，第5—9页。

sell）说过："在浪漫主义者看来，穷人决不是都市里的，决不是工业界的。"①然而正是在此，folk 的"民间"汉译发生了明显的词义转换。与 folk 在西语中对立于市民不同，汉语"民间"一词的对应指涉多是官方，汉语"民间（非官方）"概念可以包括生活在城市中的平民或市民，如我们在"五四"民间白话——通俗文学概念中首先看到的是宋元以来市民语言的身影。于是，folk 汉译以后，"民"的古代和边缘性就不知不觉地转化为含有近代和下层意义的范畴，显示出不同的语义侧重。

中国现代民间文学家的"民间"概念所涵盖的市民（宋元以来的市井之民）并不等于现代西方学者用以定义市民社会（civil society）的市民。19 世纪初期欧洲主要国家（如英、法）的市民生活已建筑于资本主义的基础上，据此马克思称近代以来的欧洲市民社会为资产阶级市民社会。比较之下中国前近代以来的市民尚未获得充分的资本主义生活经验②，20 世纪初中国的市民和农民都还未最终突破传统四民（士农工商）的历史范畴，也就是说前近代以来的中国市民仍可视为生活于市井中的农民。中国现代民间文学家与其西方同行一样将学问对象定位于农民即 folk 和"民间"，并在将农民生活、农民知识道德化、理想化这一点上，都表现出浪漫主义的价值态度，不同的是一个是民族整体性的浪漫主义，一个却是社会分层性的浪漫主义。换言之，同样是农民，现代欧洲农民持有的道德知识是民族性的，现代中国农民持有的道德知识则始终是阶层或阶级性的。在"五四"学者看来，传统的分化已如此久远似乎自古皆

---

① ［英］罗素：《西方哲学史》下卷，何兆武译，商务印书馆 1976 年版，第 214 页。必须强调的是，浪漫主义"乡民"观念的提出又是以现代"市民"观念为前提和基础的，只是因为有了"市民"，才会有与之对立的"乡民"，户晓辉引述威廉斯的看法指出，"民"这个术语产生于新的工业社会和城市社会的一系列复杂反应的语境中，"民"所代表的兴趣在 18 世纪以后得到迅速发展，赫尔德和格林兄弟的著作又为这些兴趣赋予了正式地位。布朗纳也说过："当西方社会更多地意识到正在兴起的现代行为方式与四面楚歌的传统生活之间的差异时，民俗学家出现了。"他还说："当社会感到自己突然转入一个现代工业时代时，一个新兴的职业即民俗学家开始帮助它理解身后所撇下的东西。"户晓辉认为，因为要解释和证明"人类文化的进步"，为欧洲现代文明的发展提供借镜和依据，现代意义的民俗学和民间文学研究才应运而生。Raymond Williams，*Keywords：A Vocabulary of Culture and Society*，Revised Edition，New York：Oxford University Press，p. x，p. 136—137，1985. S. J. Bronner：*American Folklore Studies：An Intellectual History*，Preface p. xiii，pp. 29—30，University press of Kansas，1986. 显然，民俗学和民间文学关于"他者"之"民"的描述对现代文明和西方文化有双重意义，前者是后者的对立物，又是其起源和依据，即文明与文化的"他者"之"根"。这是一个"异"与"同"的双重的复杂关联，正因为如此，对"民"之"他者"进行历史的重构就成为现代学者界定现代性的理性手段。参见 A. dundes：*Interpreting Folklore*，pp. 1—19，Bloomington and Indianapolis：Indian University press，1980.

② "前近代"概念参见［日］沟口雄三《中国前近代思想之曲折与展开》，陈耀文译，上海人民出版社 1997 年版。

然。当19世纪欧洲浪漫主义者诉诸中世纪或前中世纪的地方传统以表达天才式的个人情感对庸众式的世界理性之异化力量的反抗时，其浪漫主义毋宁说是一种贵族式的伤感[①]。反观“五四”民间文学家借助传统民间或下层群体的感性力量并将其发挥为现代话语权以打倒正统体制的礼教束缚时，其浪漫主义已转换为平民式的乐观。在不同语境，操作相同的能指符号甚至所指对象，却可指向相异甚至相反的（启蒙或反启蒙）目标。

汉语“民间”也是一个指涉含混的词汇。“民间”一词源于日常语言并长期未获学术定义，人们使用时一般只能从其否定的方面即“非官方”之义加以理解，凡官府、体制之外的领域均可以“民间”视之。甘阳指出：“‘民间社会’这一看上去相当简单的中文词中，实际隐含着一种极其根深蒂固的、中国人看待政治生活和政治社会的传统方式，这就是‘民间对官府’这样一种二分式基本格局。”“民间社会”概念的含混性与“动员民众对抗官府”的态度取向有关，人们使用“民间社会”时的“着眼点多不在‘民间社会’自身内部的种种结构性差异，而是特别突出了‘民间社会’在面对官府官方时的整体性、一致性、同质性，从而也就是‘战斗性’”[②]。“五四”学者用“民间”迻译folk，正是借助对非正统文学中民间自我描述的发掘来启发下层民众的自我意识，从而达到针对正统文学制约下民间对官府依附性生存的启蒙效果。

“五四”学者用“民间”迻译西语folk，用“俚俗”迻译lore，指涉非官方、体制外的下层知识。与“民间”一样，“俗”也需从“雅”的否定方面来定义，郑振铎曾描述“俗”的内涵：“俗文学就是不登大雅之堂，不为士大夫所重视，而流行于民间，成为大众所嗜好，所喜悦的” “文体”[③]。汉语中“俗”有约定俗成、通俗和庸俗等多重语义，“五四”学者摒弃其中贬义的庸俗，仅在通俗之褒义和价值中立的约定俗成方面使用“俗”字。将“俗”的价值置于“雅”的知识地位之上，用胡适的话说，这是“五四”学者希望提供给

---

① 安德森指出：“种族主义的梦想的根源事实上存在于（贵族）阶级的意识形态，而不是民族的意识形态之中：特别的统治者对神命与‘蓝色’或‘白色’血统的主张，以及贵族对‘教养’的主张。”[美] 本尼迪克特·安德森著、吴睿人译：《想象的共同体：民族主义的起源和散布》，上海世纪出版集团2003年版，第177页。欧洲现代民俗学和民间文学研究中的贵族倾向和感伤基调，许多研究者都注意到了。在努力发现本民族文化价值的过程中，“民和他们的俗对于那些试图扩大其土地的文化价值的人（贵族——笔者注）来说都变成了有用的东西……现代民俗学和民间文学研究正是出自这种回望的或反现代性的视角”。参见R. D. Abrahams：*Phantoms of Romantic Nationalism in Folkloristics*，*Journal of American Folklore*，Vol. 106，No. 419，1993.

② 甘阳：《“民间社会”概念批判》，载张静主编《国家与社会》，浙江人民出版社1998年版。

③ 郑振铎：《中国俗文学史》，作家出版社1954年版，第1—2页。

时代的“几个根本见解”[①]。“五四”学者公开声明自己的价值立场站在平民之俗而非贵族之雅一边。在“五四”学者看来“俗”是与“雅”相对的道德化知识，在现代生活中“俗”与“民间”已获得道德评价的正面语义，“雅”则失去道德依据。这显然与19世纪欧洲浪漫学者的民族－贵族性倾向决然异趣。

较早使用“民间文学”这一汉语概念的中国学者有“研究过西洋文学史”的梅光迪。1916年3月19日，他给胡适的信中说：“文学革命自当从‘民间文学’（Folklore，Popular poetry，Spoken language）入手。”[②]梅光迪还使用“俚俗文学”一词解释、限定民间文学，据此推断他说的民间文学含有下层文学之意，这就向上接通了自周秦以来汉语文化传统一以贯之的“雅、俗”知识、道德与阶层分化的思想脉络。梅光迪之后，胡愈之试图予folklore——民间文学概念以更清晰的定义，他指出：“民间文学的意义，与英文的‘folklore’大略相同，是指流行于民族中间的文学。民间文学的作品，有两个特质：第一，创作的人乃是民族全体，不是个人。……所以民间文学和普通文学的不同：一个是个人创作出来的，一个却是民族全体创作出来的；……”[③] 胡愈之的定义十分清晰，表述方式相当学术化。与梅光迪误读的下层社会性理念不同，胡愈之的翻译和阐释更忠实于19世纪欧洲浪漫主义的folklore边缘民族性理念，但却没得到“五四”学界的一致认同。甚至学界长期没有关于民间文学的统一命名，或称“民众文学”、“大众文学”、“平民文学”，或与“通俗文学”有梳理不清的瓜葛。[④] 但相异中也有相近之处，自“五四”新文学运动以来的几代学者中，无论给民间文学怎样命名，多数学者（梅光迪、胡适、陈独秀、傅斯年、徐家瑞、董作宾、顾颉刚、郑振铎、杨荫深[⑤]）始终将民间文学定性为共同体下层的知识现象，民间文学是与官方的、上层的、贵族的、圣贤的、庙堂的、正统的、经典的、书面的文学相对立的文学形态，而不是胡愈之理解的那样属于“民族全体”。

19世纪欧洲浪漫主义民间文学思想中蕴涵的反启蒙倾向，对“五四”学

---

① 胡适：《中国新文学大系》第一集《建设理论集·导言》，良友图书印刷公司，1935年。收入《胡适学术文集·新文学运动》，中华书局1993年版，第241页。

② 胡适：《逼上梁山——文学革命的开始》，《东方杂志》第三十一卷第一期，1934年。

③ 愈之：《论民间文学》，《妇女杂志》第七卷第一号，1921年。

④ 娄子匡、朱介凡说：“俗文学的名称歧异。一般的，多称民间文学、民众文学、平民文学、通俗文学、民俗文学，而文学两字或称文艺。又有称为大众文学、农民文学、乡土文学、口耳文学、口碑文学，或讲唱文学、或大众语文学。——但还没有叫风谣文学、谣俗文学的。虽然民国以来，有关风谣、谣俗的调查和研究，其主要部分，都涉及俗文学的范畴。”《五十年来的中国俗文学》“导论”，台北正中书局1963年版。

⑤ 陈平原：《中国现代学术之建立——以章太炎、胡适为中心》，北京大学出版社1998年版，第193－202页。

者来说难以理解和不可接受，于是梅光迪等多数中国学者最终没有在边缘—民族文学而是在下层—民间文学的意义上翻译了 folklore。“五四”学者在接受和处理域外观念时常显示相当的自信，这源于他们先入为主的日常之见，正是这种先入之见最终导致无意识过程中“有意的误读”。梅光迪在用俚俗文学限定民间文学一词时曾决然断定“此无待言”，民间文学的概念在梅光迪看来是自明和无需定义的。欲理解“五四”学者的民间文学观念即他们对 folklore 的阐释，首先应理解他们通过“民间”理念表达的“民反官”式的常识与成见，以及他们对这种常识与成见的现代应用背景。

总之，“五四”学者对 folklore 的歧义理解是多方面原因造成的，其中既有西方学术语汇固有的多重释义空间（边缘性和下层性是 folk 的双重内涵），也有中国学者的本土知识（常识）背景提供的前理解条件。中国学者接受 folklore 的下层—民间性文学理念而非边缘—民族性文学理念，与“五四”学者当年集中关注的现实问题即本土文化共同体上层与下层的关系有直接关联。学者站在平民文学和民间文学的立场认为，传统文化的症结是“雅”对“俗”即上层官方对下层民间的文化压制，于是现代知识取代传统知识的救治之道或许能够实现于现代知识与传统下层知识—民间之俗相结合并取代传统上层知识—官方之雅的努力中，而不能像 19 世纪欧洲浪漫主义那样以边缘文化的地方性知识解构中心文化的世界性知识为目的。“五四”学者的确在本土传统的民间文学中发现了类似于 19 世纪欧洲浪漫思潮高扬的非理性—感性诉求，中国现代民间文学家倾向于认为，传统绝非不可分割的整体，曾生活于传统中的下层民众分有了传统中最富有道德价值的部分内容，这部分被压抑的传统（如胡适说的“白话传统”）正是传统中可转化或激活为现代性要素的内容，持有这部分传统的下层民众也自然成为“五四”学者瞩目的走向现代而不是回到古代的现实力量。一个 19 世纪的欧洲问题转换为一个 20 世纪的中国问题：反启蒙的 folklore——民间文学如何可能成为启蒙的现代性力量？为此，需要回到本土传统的文化秩序或价值结构中寻找答案。

“人”的现代主题之表达异式：民族与社会

近代西方学者对民众问题的研究与社会结构的转型，与君主政制向民主政制的过渡相伴而生。与社会结构和政治制度变迁相关的是人们社会、历史观念的改变，信仰式的神圣一英雄历史观、社会观向理性化的世俗一民众历史观、社会观发生位移。从价值结构角度看，是圣（神）、俗（人）二分的彼岸一此岸性对立的文化秩序被转换为世俗一元的纯粹此岸性文化秩序。由此产生了研究和说明社会、历史主体之民众的现实学术要求，催生出以“人”或“民”为主题的一系列社会科学和人文学科。①

18世纪和19世纪欧洲文化秩序的世俗化、人本化过程是通过建构现代民族国家这一政治平台得以实现的，在启蒙理性的世界主义、普遍主义知识无法为现代民族国家提供更充分的合法性论证的情况下，各国民间文学研究应运而生。尽管民间文学思潮直接脱胎于民族主义，但其逻辑前提却应追溯到民本主义，正是这一历史逻辑使 folklore 一词含有了边缘－民族性与下层－民主性的双重含义②。日本民俗学家关敬吾就是这样理解现代西方民间文学核心理念之双重意蕴的，他指出："民族（Volk）在德语中可理解为两重意义。一方面，对于其他民族集团来说，是政治的、国家的、种族的统一体。另一方面，对于同一国民集团中在文化上、经济上占指导地位的少数上层部分来说，又是在社会上、经济上、精神上、文化上处于落后状态的广大阶层。……由于民族概念有两重意义，由于它的理解方法不同，民俗学的目的、课题、方法也就不同，其性质会产生很大差异。"③ 这就涉及本文希望接近的一个重要问题：现代民俗与民间文学研究的基本学科问题究竟是什么？主要是为了解决边缘民族性还

---

① 户晓辉指出，欧洲民俗学和民间文学研究的发生和发展不是孤立的，而是欧洲社会史和思想史的有机组成部分，社会史和思想史从深层制约着民俗学和民间文学研究的理论和范式，制约着对"民"的界定或界说，民俗学和民间文学研究的理论和方法几乎无不围绕着对"民"或"民俗"的界定而展开，这种界说本身已形成一个传统，"民"这个概念的演变隐含着民俗学和民间文学研究看待其对象的特定方式的转变，也是研究范式转换的内在依据。从现代性角度看，"现代民俗学和民间文学（研究）的发生和发展历程与现代性问题的出现是同步进行的一个过程，或者说，现代民俗学和民间文学（研究）是在现代性的语境中得以发生和发展的，如果说现代性是一个宏大叙事，那么现代民俗学和民间文学研究正是这个宏大叙事的一部分"。户晓辉引安蒂宁的说法，传统这个概念与现代性的观念和经验密不可分……对这个概念以及被认为是传统的社会过程的讨论必须与现代性和现代主义的社会构成性话语联系起来，并在这种话语中被语境化。作为一个西方概念的"folklore"，植根于把文化他性（cultural otherness）——通常被认为是非现代性——视为对象以及把在这种他性中（如在收集的文学和博物馆、档案馆之类现代设施中）"发现的"特定交流形式作为记录和表述而保存起来的现代兴趣之中。既然民俗和传统本质上是现代的概念，它们试图描述和意指的也是现代的。没有现代的中介（modern mediation），现代性就不能表述非现代性，现代的中介使非现代性的表述变得现代了。既然非现代性只能作为现代性的他性才能加以讨论，所以，有关非现代性的现代话语同时也是关于现代性的话语。P. J. Anttonen: *Folklore, Modernity, and Postmodernism: A Theoretical Overview*, in P. J. Anttonen and Reimund Kvideland (ed.), *Nordic Frontiers: Recent Issues in the Study of Modern Traditional Culture in the Nordic Countries*, pp. 17－18, Turku: Nordic Institute of Folklore, 1993. ……现代性的出现使传统和民俗成为一个问题，成为现代性自我表述的一种话语形式。参见户晓辉《现代性与民间文学》，社会科学文献出版社 2005 年版。

② 现代民俗学和民间文学研究的基本问题所透露的学术思想——民主性（启蒙）和民族性（寻根）的双重取向，被户晓辉概括为"眼光向下"（民主性）和"眼光向后"（民族性）的学术姿态。

③ ［日］关敬吾：《民俗学》，王汝澜等译，中国民间文艺出版社 1986 年版，第 9－10 页。

是下层社会性问题？哪个问题更具有实质性？固然，无论边缘民族性问题还是下层社会性问题，其实都是近代以来人、神景观转换中“人”的代词或表达异式，但首先是从下层社会性的途径还是首先从边缘民族性的途径来表达“人”的现代主题，在各国则依具体的否定性前提和阶段性进程之不同而呈现差异。所谓否定性前提即是指价值结构或文化秩序的传统样式，只有在20世纪从传统向现代转型的中国语境中，“五四”学者最终采用民间社会的常识理念译解folklore并作为“人”的现代主题的表达语式才是一个可理解并有意义的问题，而“五四”民间文学运动也为重新理解和阐释19世纪欧洲浪漫主义民间文学思想提供了一个新的经验视角。

本土传统的文化秩序或价值结构与西方的差异，可借杜维明的话加以描述：自从古希腊和古希伯来时代以来，西方的文化秩序一价值结构及其超越途径一般表现为“存在（being，杜氏原译“存有”）的断裂”，即神圣世界与世俗世界的宗教性空间划分，此岸世界的终极价值由彼岸世界（上帝）提供；而古代中国的文化秩序一价值结构及其超越途径表现为“存在的连续”，即神圣世界与世俗世界被置于历史性的时间两端，现代世界的终极价值由古代世界（大同时代的先公、先王）提供。[①] 终极性的价值本体存在于历史长河，并由历史源头提供，即内在（于历史）的超越而不是外在（于此岸）的超越，祖先崇拜而不是上帝信仰构成了中国式准宗教的价值结构以及对价值本体的“史学”式体认方式。[②] 文化秩序或价值结构的上述差异决定性地影响了中西方现代学者在表达“人”的主题时选择不同的理念和语式。面对神、人二分的文化秩序及政、教分离的社会制度，西方学者为确立人的现代主体性，先以普遍感性兼理性的自然一文化的人（文艺复兴），继以普遍理性的社会的人（启蒙思潮），再继以特殊感性的民族的人（浪漫思潮），于是西方的现代性过程既呈现为历时性逻辑，也呈现为分化性的（人性、社会性、民族性）目标。同样的现代性过程在中国则显现为共时性场域中的整合性目标，这与西方历时性知识的共时性示范效应相关，更与本土现代性的否定前提直接关联。连续存在的价值结构与官、民二分的社会结构一体化、同构化导致社会结构与价值结构合而为一，于是在“天地君亲师”的价值图式中，君亲师作为天人之际价值知识（祖

① 杜维明：《生存的连续性：中国人的自然观》，载《儒家思想新论——创造性转换的自我》，江苏人民出版社1996年版。

② 安德森认为，古代的文化秩序或价值结构都是连续性的，不存在文化间的差异，他说：在历史上，“统治者……既是通往存有之路，同时也内在于存有之中。……宇宙论和历史无法区分，而世界和人类的起源在本质上是相同的。”［美］本尼迪克特·安德森：《想象的共同体：民族主义的起源和散布》，吴睿人译，上海人民出版社2003年版，第6、20—21页。

训而非圣言）传达者的角色几乎包揽了价值中介的全部功能，君“为民父母”，民“以吏为师”，皇帝是天子，清官是青天，天代表价值本体。在本土文化秩序中，神、人之分以政、教合一的官、民对立的现世形态呈现出来。正是由于中国近代以前官、神认同和民、人（在古汉语中，民、人往往可以互训）认同的圣、俗价值结构，进入现代以来，民反官的造反模式才被一次次地认定为本土反对正统的神圣信仰兼专制统治，以表达“人”之民本主题和民主抗议的切实途径。“民间”理念和语式被选择来用人性颠覆神性，同时，也是用民权颠覆皇权的本土独特的现代性方案。“五四”学者将现代性问题的解决诉诸传统共同体中下层性民间社会力量，是传统文化秩序与价值结构的历史积累先验地决定的。

但“五四”以来，对本土的民间社会是否有能力充分表达“人”的现代主题是有争论的，争论的起因在于中国民间社会性质的模糊性。汉语“民间”一词始终需要其否定的方面一官方来定义，说明民间不是一个具有自身统一规定的实体，而是一个与官方保持既分既合关系的价值一社会连续体，因此民间无法自我定义，民间始终没有生成为与国家真正分离的社会，将民间等同于现代西方意义的社会是“五四”以来的知识错觉。现代性的实质在于人的本质是由人自我定义而不是由神（或官方）来定义。中国民间的本质需要官方从其否定方面加以定义，说明民间仍然或只能作为传统文化秩序一价值结构中的反文化、反价值力量而很难作为具有现代性质的新文化、新价值力量而存在。其次，由于“存在之连续”的文化秩序、价值结构，无论神圣的人（祖先）还是世俗的人（百姓）都以“人”为能指符号，这更造成了本土传统的“人”的含混性，官方的“人”当然是具有宗教身份的人，而民间的“人”却未必就已是纯然世俗的人。所谓世俗的人按照韦伯（M. Weber）的思想应指能够合理化地自我规定的现代的人，显然本土传统民间的“人”与此尚有距离。在传统官方与民间的结构关系式中，由于官方垄断了价值认同的基本源泉和渠道，因此民间价值规范（祖训）的原始文本只能由官方提供。民间世界的自我定义必须时时依赖官方世界从而显现出依附性，就此而言，民间只是传统的社会结构与价值结构整体中一个亚结构或反结构（依附性地与主导、正统结构共生共存），民反官的理念及语式因而也只能是一种传统结构正文之外的异文。就本质言，民间异文以官方提供的本文为原型，民间异文的变异范围难以超逾官方本文的规定，民间造反语式无法根本否定传统共同体的共时性深层结构。尽管民间异文是以官方本文的反文本状态存在和传承，但民间异文的功能仅在于对官方本文的补充与调整，并可达成对官方本文与民间异文共同拥有的深层结构的类型认知。本土传统民间的“人”的上述双重性（对神圣的“人”的反抗与依附以及既使用“人”的符号又不具备“人”之自律性本质）引发了“五四”学者对国民性的争论，国民性的争论主要出自对本土传统民间的“人”作为现代性力量的期望与失望。①

与本土传统的民间社会相比，近代以来西方的市民社会（civil society）则已生成为能自我定义的结构实体。市民社会从封建制度的缝隙中滋生，有统一的市场基础和独到的价值准则—自律的“人”的现代主题，市民社会的世俗世界和民主生活构成对宗法社会的神圣世界及君主生活的真正否定。既然与市民社会相比，民间社会尚未构成一种真正意义的自律社会，因而也无法实质性地承载自律的“人”的现代主题，“五四”学者为何仍给予民间社会以超前的厚望？合理的解释有两种：第一，在现代西方的知识示范面前，民间社会是中国现代知识精英可能动员的唯一真正具有现实力量的群体。第二，尽管民间社会仍从属于传统的社会与价值结构，但本土价值结构给予了民间生活以一定的自由空间，② 加上前近代以来民间社会的确已发生了一些引人注目的变化，于是“五四”学者在民间文学、民间文本中发现了“借男女之真情，发名教之伪药”（冯梦龙《叙山歌》）等“人”的主题的“现代”表达。

尽管民间之“民”尚未最终突破“四民”的传统范畴，但同时也须承认，宋元以来随着国家、社会一体化程度的降低，官方一民间的二分连续模式已悄悄发生一些“法变”，即随着民间领域与官方领域的进一步分离，民间开始向民间社会过渡，民间社会不再仅是官方以外互不统属的庞杂范畴的否定性集合，而是朝着有一定自身基础及自律空间的肯定性方向演变。在民间社会，一些类似近代以来西方自律的人的因素日渐显现。新的因素包括：经济领域随着土地所有权的私有化，相对于国家依附农民的社会独立农民的涌现，其制度性标志是对自营农民的政策一法律承认（明代的一条鞭法和清代的地丁银制），私有土地和独立农民（包括自营或经营地主）已构成中国前近代民间社会的重要基础；思想领域对政治专制的批评、对道德自律的提倡，艺术领域如民间文学对自然自我的表达，对于“私”（个体主体性欲求）之合理性的肯定。③ ,问题在于如何看待这些新的现象，这些“新变”究竟是传统结构内部出现的（自由资本主义）崭新要素，还是传统结构（自由封建主义④）本身配置的必要条件？由于上述现象本身可作“传统一现代”两歧性解释的模糊性，“五四”以来学者们对民间社会作为传统内部的对抗性力量是否同时可被提升为现代生活

① 鲁迅最典型地表达了对民间的“人”的矛盾态度：对民众麻木状态的理性认识以及对民间复仇精神的浪漫想象，后者参见《铸剑》和《女吊》。

② 刘小枫：《现代性社会理论绪论——现代性与现代中国》，第 185—191 页。

③ ［日］沟口雄三：《中国的思想》，赵士林译，中国社会科学出版社 1995 年版。

④ 秦晖、苏文：《田园诗与狂想曲——关中模式与前近代社会的再认识》，中央编译出版社 1996 年版，第 162—166 页。

的建构性力量展开长期争论。中国民间社会兼有传统性和现代性的身份紧张使其对现代性方案的表达必然是既有效（就对传统的破坏而言）同时也有限（就对现代的建设而言）。在理论争论中并在实践过程中，民间社会一方面被用为实现现代目标的符号与实体力量，另一方面又展开对民间社会从现代性角度予以批判性的阐释与转换（如对民间文学中封建性糟粕的扬弃和对民主性精华的继承，民间社会既被认作是启蒙的依靠力量同时也是启蒙的改造对象）。"五四"并非"全面反传统"，认为"五四"学者对传统持有整体的否定态度是惑于"五四"学者的激烈言词，"五四"学者只是借助传统中的小传统打倒大传统。[①] 由于相当多的"五四"学者坚持传统中的民间力量可被激活并转换成为现代性要素，故"五四"学者才对进化论持特别欢迎的态度（如胡适即持进化的文学历史观，认为传统中由进化而生成的民间话语——白话实是一种现代性力量）；但也由于中国现代性方案中的民间内容，使得这一方案始终保持了与传统的深刻联系。

中国的现代性进程的确呈现出内在理路（inner logic）。[②] 中国的现代性问题是在西方冲击下由知识精英明确提出的，但现代性目标的实现只能诉诸本土现实的社会力量，而无论这种力量是否已经成熟得足以承载起这一目标，况且本土现实的民间社会似乎已表达过朦胧的现代性要求，"五四"的功绩就在于将这种朦胧的表达发掘出来，并解释和转换或说将其激活为真正现代性的力量（胡适之于白话文学，周作人之于平民文学、民间文学，胡、周在发掘、解释白话、平民、民间文学时都诉诸本土传统）。站在内在理路的立场可以认为，中国现代民间文学学科不是西方现代学术的整体移植，只是借助了西方学术的表层语汇，其深层理念无疑已本土化，将民族性目标的边缘性理念转化为民主性目标的下层性理念，显然与新文化、新文学运动的基本问题——借助本土传统的世俗民间世界否定神圣官方世界——内在地相关。

从边缘性的 folk 到下层性的"民间"，只是对西方学术话语加以本土转换的开端。民间社会并非承担现代问题的理想类型，民间社会有明显的传统胎记，民间社会曾是传统这一整体的一个组成部分甚至构成条件。民间社会要成为真正的现代性力量，就必须对它予以结构重组。中国现代民间文学学科对其核心理念——"民间"不断阐释的过程即是这一实际的改造进程在象征层面的

① 雷德斐尔德（R. Redfield）分析传统文化时使用了"大传统"和"小传统"的概念（Peasant Society and Culture，Chicago University Press，1956），"大传统"主要与官方、上层、书面的传统相关，"小传统"主要与民间、下层、口头的传统相关。本文的"传统"一词包括雷氏的"大传统"和"小传统"，"正统"一词基本对应于雷氏的"大传统"，"民间……"基本对应于雷氏的"小传统"。

② 余英时：《中国思想传统的现代诠释》，江苏人民出版社 1989 年版，第 209 页。

隐喻；反过来说，中国现代民间文学之核心理念——“民间”的释义变化也为实践行动提供了相应的知识建议。[①] 对下层性“民间”理念的进一步释义，主要是由中国化的马克思主义－毛泽东思想的阶级论提供概念工具的，即用阶级论重新构造语义含混的民间论。当中西方发生面对面知识冲突时，本土传统的民间社会尚未成熟到拥有一个自律、统一的基础空间，还是一个相当松散的、只能由其否定方面－官方来定义的准实体结构。民间社会之现代转换的一个重要目标，就是如何使其获得自身的统一性和自律性基础，用阶级民间论释义等级或阶层民间论即在此意义上发生。

“五四”的“民间”理念是在与“官方”理念的对立中被设定和把握的，这时的民间与大众、民众、人民、平民、小民等语义含混的词汇混淆在一起，所谓民间在相当程度上是官方以外各色人等的非同质集合，民间的平民、小民包括“工匠、商贩、兵卒、妇女、游侠、优伶、娼妓、仆婢、堕民、罪犯、小孩……”[②] 但很快，无产阶级的概念就奔入民间，如主张民间文学“是一般民众——不论其为智识阶级或无智识阶级”的“演述口传文学”的杨荫深，1930年写作《中国民间文学概说》时已开始认为民间文学是属于无智识阶级、无产阶级平民的文学，与智识阶级、资产阶级贵族的文学相对立[③]。当杨荫深将无产阶级平民文学纳入民间文学的释义范围时，民间文学与folklore“乡民知识”本义的误差已谬以千里。正如罗素指出的：“‘无产阶级’……的概念，也许是同样浪漫化了的，却完全是另一种东西。”[④] 由于“五四”学者先已为“民间”作出下层性的定位，这就为日后接纳同样来自底层社会的、无产阶级的口传文学举行了成功的奠基。

50年代以后，中国现代民间文学家对“民间”的释义进入阶级论一统天下的时代，用“人民”和“劳动人民”来释义“民间”，劳动人民又被进一步限定为从事体力劳动的生产者，主要指工人和农民，也包括士兵，士兵被认为是穿上军装的工农。比较“五四”学者和新中国学者对“民间”的释义，民间的构成显然已发生重大变化。如果说20年代学者讨论“民间”理念时目光还面对着传统的农业－乡土社会，他们的“民间”理念还包含传统共同体中的市民范畴；那么新中国学者讨论“人民”理念时已把目光投向现代，在“劳动人民”、“体力劳动者”等概念中无疑已包含现代产业工人，而传统市民及“资产

① 李欧梵为洪长泰《到民间去：1918－1937年的中国知识分子与民间文学运动》（哈佛大学出版社1985年版）一书写的序言，董晓萍译，上海文艺出版社1993年版。

② 顾颉刚：《民俗·发刊辞》，《民俗》第一期，1928年3月21日。

③ 杨荫深：《中国民间文学概说》，华通书局1930年版。

④ ［英］罗素：《西方哲学史》下卷，何兆武译，商务印书馆1976年版，第214页。

阶级知识分子”却被排除在用“体力劳动”、“生产”限定的“人民”之外。[①]同样是上、下层的二分模式，贵族、平民之分与劳动生产者、非劳动生产者之分已不可同日而语，在生产者、劳动者背后，有马克思主义经济学范畴的知识援助，通过“被剥削阶级”这一范畴，民间至少在象征层面获得了自身的统一性、自律性并被寄予了实现多种现代性原则（如公有制基础和民主集中制、科学历史观等上层建筑原则）的期望。民间社会于是被象征性地转换为本土现代社会、现代国家的建构原理和建构力量，民间文学也就成为以“现代人”为主题、以“阶级论”为语式的本土化现代性方案在象征层面的知识表达。

然而，经过现代阐释的民间是否就此真正拥有了表达现代性原则的能力（正如农民依附于土地，工人也只能存在于资本的结构中，工人、农民都不是无所依凭的自由群体）？20世纪中国提供的实践经验证明，当“五四”启蒙学者浪漫地将民间想象为推进现代性的现实力量时，无论民间还是人民都仍面临着被符号化的危险。就20世纪的中国来说，造成这一危险的主要原因在于被提升为现代国家建构原理并被赋予了建构任务的民间社会的传统性质，非自律的、难以自我定义的民间只能模拟和再造一个与传统文化价值秩序雷同的现代官、民秩序，这样的“现代”秩序只能结构性地替代传统秩序，从而导致民间受制于新一代的知识精英。[②] 就此而言，经阶级论阐释和转换的“民间”理念如何被虚构为国家实体的建构符号就不再难以理解了。官方与民间文化价值关系的连续性和一体化，国家与社会之分化的不充分，都是“五四”民主社会原则最终被符号化的历史根源。“民间社会”的现代理念只是中国现代学者借以表达人的现代主题时对初具现代倾向或许可被激活为现代力量的传统要素的想象，而对任何不具实体基础的实在的浪漫想象最终都难免被符号化。[③]

---

① 高丙中：《民俗文化与民俗生活》，中国社会科学出版社1994年版，第10—31页。

② 汪晖：《从文化论战到科玄论战——科学谱系的现代分化与东西文化问题》，《学人》第九辑，江苏人民出版社1996年版，第134页。

③ 笔者是从“现实的实体”的立场看待民间社会的，认为一些关于民间社会的客观性理论最终将民间社会符号化了。但若从“想象的实在”的符号学立场看待有关民间社会的话语，那么，对于民间社会是否是一个“现实的实体”的问题可采取“不设定”的现象学态度而专注于有关民间社会的话语分析，即专注于符号的“内在指涉”或学科的“建构对象”而不是所谓的“客观对象”。站在话语分析的立场，我们可以把有关民间社会的现代理论视为现代性的“他者话语”，在现代性的“他者话语”中，民间社会成为现代性的“他者抽象物”或“他者想象物”，或如雷德菲尔德所言，过去的、已逝的形象的“创造物”。户晓辉指出，现代民俗学和民间文学研究正是作为现代性的“他者话语”而产生的，作为“他者话语”的现代民俗学和民间文学研究正是现代性的无意识，至于“民”和“民俗”等概念作为被建构的现代性“他者”或“映象”具有虚构和想象的性质。参见户晓辉《现代性与民间文学》，社会科学文献出版社2005年版。

民间文学：政治民族主义的文化依据

19世纪的英语folk表达了以农民为主体的边缘性、民族性理念，迻译为20世纪的汉语“民间”，表达了同样以农民为主体但却是下层性、社会性的理念，“民间”理念的进一步阐释、转换则是援引阶级论介入。经过阶级论释义后，“民间”在象征层面就不再是一个无法自我定义的日常语汇，“民间”获得了自律的、统一的结构性基础：体力劳动者或生产者阶级。当以劳动人民为主体的“民间”理念上升为现代国家的建构原则时，“民间”也就共时性地重新获得了民族性意涵。当然，在思想史和学术史上并不存在一个“民间”理念丧失并重获民族性意涵的实在过程，在胡适和周作人的“民间”理念中，社会性和民族性本融为一体，无论胡适以国语文学作为民间一白话文学的终极目标，还是周作人希望从“全国近世歌谣”中产生“民族的诗”以表达“国民心声”①，都可证明“五四”的“民间”社会分层性理念一开始就承载着民族全体性目标的论证负担，本文关于“民间”理念消解并重获民族性意涵的过程毋宁说只是一个存在于笔者思想中的逻辑关系，正如马克思所说：“从抽象上升到具体的方法，只是思维用来掌握具体并把它当做一个精神上的具体再现出来的方式。”②但笔者仍坚持，对于“民间”表象的上述理念分解与逻辑重建在认识上是必要的，非如此不足以理解用“劳动人民”规定的“民间”话语如何参与设计了“人民民主”民族国家的现代性方案及其与西方“自由民主”民族国家现代性方案之间的重大区别。

“五四”以来在讨论民族主义问题时，学者多将中国现代民族主义与古代民族主义相区别。不少学者坚持，中国古代原不存在现代意义的民族主义即政治民族主义，认为古代即使出现过民族主义，勉强定义至多只是文化民族主义。政治民族主义及其实践成果——民族国家乃是一组现代的首先是西方的产物，最早出现于近代以来的欧洲历史，而在古代中国只有所谓“王朝国家”。华夏式文化民族主义理念的内涵是“文化”而不是“种族”，“夷夏之辨”不是种族间而是文化间的差异，由于没有政治民族主义的历史传统，政治民族主义之于现代中国人来说相当陌生。汉语学者通过将中国古代的文化民族主义与西方现代的政治民族主义加以对比，提出中国现代民族主义的政治化应然模式。但是否存在可与文化脱节的政治民族主义首先是一个问题；况且认为中国古代完全不存在政治民族主义的判断也与一般的历史知识发生诸多背离。

在此使用“主义”这个术语有失妥当，也许使用像政治性民族意识或文化

① 周作人：《发刊词》，《歌谣周刊》第一号，北京大学，1922年12月17日。
② 《马克思恩格斯选集》第二卷，人民出版社1972年版，第103页。

性民族意识之类的概念更为准确。笔者以为，用文化民族主义指涉汉民族形成以前的中国历史尚可，用来指涉汉民族形成以后的中国历史则会造成实用主义的知识偏颇。就民族与国家的关系而言，中国古代自秦汉帝国以后就形成了以汉族为主体的国家正统意识，在这种正统意识中，汉民族的种族意识、政治意识和文化意识融为一体。正因为如此，“五胡乱华”等历史约定的歧视性话语才被用来描述“非正常”的历史现象而载入史册；元、清两朝被视为正统只是汉族士大夫迫不得已的违心之论，反元与抗清志士始终可诉诸种族、政治意识来发动民众而无论元、清两朝统治者如何服膺汉文化。这说明种族、政治与文化的统一始终是中国古代民族意识即所谓“正统”的理想类型。正统意识是在汉族中央政权与少数民族地方政权的长期对峙中被培育起来，因此政治性的民族意识在古代从来就不陌生。就民族与国家的重叠关系而言，中国历史早就提供了可据以分析的先例，那种认为民族与国家的直接相关仅与近代欧洲具有历史约定的观点是西方中心论的产物。当然中国古代的“民族国家”绝非现代民族主义的实践成果，不是现代民族主义的国家建构，而仅与古代民族意识相关。对于现代中国来说，最重要的是在古代民族意识基础上建构现代民族主义，而不是从文化民族主义到政治民族主义的质变。任何政治民族主义背后都隐含着文化问题，文化始终是政治的实在背景和终极依据。以近代欧洲兴起的现代民族国家而论，其建构历程需同时反对两种中世纪传统即统一的宗教文化和分裂的封建政权，欧洲现代民族国家的建立不只是封建政治割据的结束，同时也是拉丁文化统治的终结，在建立现代民族国家过程中，中世纪和前中世纪的、异于《圣经》的 ethnical（种族的、异教的）文学得到空前重视和发掘。①ethnical 一词的本义是“种族的”，并有“少数民族的”意思，ethnical 含有 pagan（异教）的词义并成为欧洲现代民族国家的建构理念之一，说明民族国家的建构并不只是一个政治行动，同时还是一个 ethnology 式的文化和文学行动，这方面当年格林（J. Grimm 和 W. Grimm）兄弟和缪勒（M. Muller）等人的工作十分典型。

源于民间的种族文学为建构现代民族的象征符号提供了重要文本，特定群体因此能据以自我想象为独立、统一的文化共同体②。张瑜认为：“每一个民

---

① Cocchiara，Giuseppe：*The History of Folklore in Europe*，English Translation by J. N. Mcdaniel，Preface，pp. 2—5，Philadephia：Institute for the study of human Issues，Inc.，1981. G. L. gomme 也认为，民俗是“在正教与正史上未见其位置”的文化，参见杨成志《现代民俗学——历史与名词》，《民俗》一卷一期，1936 年 9 月 15 日。

② “想象的共同体”、Imagined Communities，语出 Benedict Anderson：Imagined Communities：Reflections on the Origin and Spread of Nationalism，First published by Verso，1983，吴睿人中译本，上海人民出版社 2003 年版。

俗团体，都有它的特殊的民俗，这民俗就是人民的幻想，也是人民的感情的表现。”“民俗是一个民俗团体的幻想，有了这种幻想，所以每一团体才有它的特殊传说的历史和文物。”① 通过发掘蕴藏在民间的文学传统，一个想象中的文化共同体就被虚构出来，这个现代共同体在历史上是否以种族和国家形态存在过并不是最重要的。现代国家赖以奠基的民族主义意识形态的确是一个重新发掘、转换某种文化传统的建构结果。欧洲现代国家信奉的民族主义在终极意义上仍然是文化性的而非单纯政治性的，其实从来都不存在没有文化依据的政治民族主义，即使像历史短暂的美国民族，民间文学也参与了其现代民族主义意识形态——美国之梦的奠基，如关于美国建国之父华盛顿的种种民间传说。②

在建构现代民族主义过程中，现代民族主义显示出与古代民族意识的根本差异，二者对民族共同体价值结构即文化秩序的设计决然不同。圣、俗二分的文化秩序对于任何古代民族共同体来说都是本质性的，古代民族无不以某种神圣起源定义民族的本质，当某一民族建立了某种形式的国家政权后，上述神圣起源就转而构成该政权形式（如王朝国家）的法理基础，因而古代民族意识的内涵由宗教神本知识规定。近代以来，民族的历史起源逐渐隐去了自己的神圣身影，民族的本质只能依据自身来加以说明，当民族通过自我想象、自我立法，将自身绝对化、本体化并作为国家的法理基础（意识形态化）后，古代民族意识就转化为现代民族主义，现代民族主义的内涵由世俗民本知识规定。现代民族主义并非以政治排斥文化，而是以现代政治文化替代传统政治文化，即现代民族本身是否中断了与神圣起源的联系并将自身（民众）奉为绝对本体。③ 从民族意识到民族主义的政治、文化转型是同步的，据此，欧洲现代民族国家才是现代民族主义的最早实践成果。

在古代民族意识和现代民族主义的所有构成变量之间，种族要素从来都是一项较弱的变量，而经济、政治、文化等变量的功能要更强。民族共同体自古至今始终处在不断想象、不断建构的过程中，现代民族的重新定义只是民族共同体自我想象的历史上最近的一次有效实践。对于拥有单一古代民族、文化遗

① 张瑜：《民俗学的性质、范围和方法》，《晨报》“社会研究”副刊，北平，1934年6月6日。

② Dorothea Wender：The Myth of Washington，Edited by Alan Dundes：*Sacred Narrative —Readings in the Theory of Myth*，University of California Press，1984 .

③ 安德森指出：“区别不同的共同体的基础，并非他们的虚假/真实性，而是他们被想象的方式。”安德森认为，古代宗教、王朝共同体的合法性源于神授，而非民众，尽管古代共同体也是由民众所组成，然古代的民众应当被理解为臣民（subjects），而不是公民（citizens）。但笔者认为，浪漫主义者眼中的民众仍不能以公民论处。参见［美］本尼迪克特·安德森《想象的共同体：民族主义的起源和散布》，吴睿人译，上海人民出版社2003年版，第20—21页。

产的现代国家来说，关于现代民族共同体的文化想象较为容易，但对拥有多元古代民族、文化遗产的国家如中国来说，从文化上想象现代民族共同体较为困难。中国现代汉语学者在为政治民族主义提供文化依据（即从文化上想象现代民族共同体——中华民族）时颇为踌躇。即使正统的儒家文化没有被现代学者打倒，儒学文本的历史叙事也很难为多元民族、文化国家提供一个易被一致接纳的元叙事。在此困境中，汉语学者就提出了民族主义政治、文化类型的命题，通过悬置文化问题作策略性考虑。文化问题难以回避，政治需要有文化的依据并得到文化的支援，没有文化依据的政治没有内在深度，得不到文化支援或只得到较弱文化支援的政治难以持久。文化又非可即时创造之物，文化是历史的产物，是传统的延续，因此，现代政治一文化民族主义总要回到传统寻根，传统文化始终是想象现代民族共同体最重要的源泉。据此可以理解 19 世纪欧洲浪漫主义者为何要到古代历史文化中去为现代民族国家发掘精神资源了，现代国家政治的民族性、文化性依据始终需要通过学术活动到传统中去发掘，文化大传统若与现代性发生暂时抵牾，人们就将目光转向小传统。安德森曾建议说："我们应当将民族主义和一些大的文化体系，而不是被有意识信奉的各种政治意识形态联系在一起来加以理解，这些先于民族主义出现的文化体系，在日后既孕育了民族主义，同时也变成民族主义形成的背景。只有将民族主义和这些文化体系联系在一起，才能真正理解民族主义。"①

在世界范围内文化秩序从"神"的主题到"人"的主题的现代转换中，被重新阐释的民族与社会成为"人"的现代主题的表达异式，它们都借助了特定的文学语式。20 世纪的中国，现代国家的建构着重借助了民间文学语式以期共时性地表达民主社会原则兼民族国家原则，中国现代民间文学的学科知识在此语境中发生。为表达和实现现代性诸原则，仅挪用传统（无论大、小传统）的文化符号是不够的，还必须对传统文化符号加以现代阐释与转换，使之能承载民主社会、民族国家等多种现代主题。"五四"时期，从传统发掘的"民间"表象首先被用来表达社会性和现代性理念，与此同时，"五四"学者也表示了将"民间"表象用于表达民族性理念的期望。学者们和革命家很快发现，"民间"表象和理念可超越狭隘的历史民族观念。最早明确表达民间性之超历史民族性的"五四"学者是董作宾，他在《为〈民间文艺〉敬告读者》一文中指出："我们所谓'民间'，不限于汉族，如苗、瑶、畲、蛋、罗罗等等皆是。"②民间性之超越狭隘民族性对于现代多元民族、文化国家来说有相当重要的意义，特别是在用阶级论进一步阐释民间论之后，民间论由此获得的绝不仅仅是

① ［美］本尼迪克特·安德森：《想象的共同体：民族主义的起源和散布》，第 13 页。
② 董作宾：《为〈民间文艺〉敬告读者》，《民间文艺》第一期，1927 年 11 月 1 日。

更严格的理论形态。通过将各民族中的被剥削、被统治、被压迫阶级同质化，现代多元民族国家在象征层面就获得了空前的整合能力，“民间”一词也就整合了多元的而非单一的、包容的而非边缘的不同于近代西方 folk 的民族性意涵，作为整合多元民族文化、象征现代国家力量的民间文学由此也就获得了意识形态化的学科话语权力（请回忆 50—60 年代的“民间文学主流论”[①]）。

“民间”一词因其社会性、现代性以及它的整合民族性取向逐渐成为本土化现代性诸方案中最有力的话语形式。尽管“民间”是一本土传统的民俗语汇，但正是在语言的历史约定中，中国的现代性方案才显现出与传统的联系以及本土风格。从 folk 和“民间”话语中都曾直接生发出“人民”的现代理念，但由于边缘性和下层性等取向的不同，“人民”一词对于西方学者和中国学者也就呈现出不同的语义负载。对西方民间文学家来说，人民首先意味着农民这一边缘群体，其次意味着民族全体；对中国民间文学家来说，人民首先意味着农民和市民这些下层阶级，其次意味着经过阶级整合的多元民族。于是，“民间—人民”理念就成为中国现代学者批评传统或正统体制，同时整合多元文化、建构民族国家的基本范畴。由于下层性的“民间—人民”范畴能赢得各民族中多数群体的认同，故可达到整合多元民族文化、建构现代民族国家的目的。洪长泰认为，20 世纪 20 年代中期以后，“中国知识分子头脑中的‘民众’概念逐渐与‘民族’概念统一起来”[②]，这时的民间文学、民众文学或平民文学以民族精神之代表的身份出现，但必须指出的是，这种以“民众”、“平民”为基础的民间文学观念是以将民族全体中的一部分人（上层统治阶级或掌握书面文本的知识阶级）作为民族国家的敌对力量先验地加以排斥为代价的，这就是“人民国家”与“民族国家”理念在内涵上的重要区别。民国时代的结束和人民共和国时代的开始，标志着“人民国家”理念已在革命实践中彻底战胜了“民族国家”理念，从而完成了 19 世纪以来西方民族国家观念东渐后本土化的一次最重要的创造性阐释与转换，文学概念之辨其实只是反映了不同现代性方案之间的争执，也就是说首先从民族性还是首先从社会性进入现代性这一世界性论争之内在张力的外化。

“下层—民间”理念是中国现代学者从本土小传统中发掘并加以阐释、转换的现代权力话语，从传统文人的“俚俗”到“五四”学者的“民间”，再到共产主义者的“人民”，正是一个本土的传统话语向着蕴涵民族、民主观念的

---

① 《中国文学史讨论集》之“关于民间文学在文学史上的地位和作用问题”，中华书局，1959 年。

② ［美］洪长泰：《到民间去：1918—1937 年的中国知识分子与民间文学运动》，董晓萍译，上海文艺出版社 1993 年版，第 30 页。

现代话语的生成过程，在此过程中“民间”理念曾发挥了重要的传导作用。中国共产主义者在利用民间文学方面曾相当成功，在用“阶级”、“人民”重新定义“民间”之后，民间文学成为中国现代多元民族共同体——中华民族文化同一性的象征符号。汉语“人民”是一个具有内在深度的政治一文化民族主义概念，其文化的本质属性得到各民族民间文学传统的有力支援。由于“民间一人民”理念从阶级性释义最终进入多元整合的民族性释义，因此当毛泽东说民族问题说到底是一个阶级问题时，其政治性话语背后的确隐藏着文化性的现代民族主义理念。格林和毛泽东都曾诉诸“人民”一词，但毛泽东的“人民”与格林的“人民”具有不同侧重的语义指涉。既然“民间一人民”理念能同时为现代中国提供民主集中制和民族同一性的想象或幻想的整合符号，共和国以来民间文学几乎获得意识形态的地位也就势在必然。当然，下层性的“民间”、“人民”范畴并非绝对理想的文化同一性符号，尽管这一符号曾一度整合了国内各民族的下层文化、原始文化并使之意识形态化，但它是以传统文化整体性的丧失（如经典的地位失落）为代价，其社会结果是人为制造了共同体内部以阶级斗争为理由的对抗矛盾。与能得到共同体所有成员一致认同的文化符号相比，仅具下层性质的“人民”、“民间”范畴都属于一种临时性、弱功能的表意工具。杜赞奇说：“阶级和民族常常被学者看成是对立的身份认同，二者为历史主体的角色而进行竞争……从历史角度看，我认为有必要把阶级视做建构一种特别而强有力的民族的修辞手法——一种民族观。阿布杜拉·拉鲁依把处于这个阶段的民族主义称做‘阶级民族主义’。……某个阶级的所谓的特征被延伸至整个民族，某一个人或群体是否属于民族共同体是以是否符合整个阶级的标准为转移的。”“阶级民族主义，但其中仍保留了政治的和文化的民族主义的若干动机。”①

在现代中国，民间文学作为现代多元民族国家的文化建构力量，最终成为政治民族主义的文化依据或政治一文化民族主义的意识形态式权力话语。对民间文学核心理念中隐含的多重意向的分析，使我们在象征层面介入了现代性方案的本土化问题。“民间”一词可以说是多刃剑，既可接纳现代社会性，又可整合多元民族性。folk汉译的误差只是以学术论争的形式表达了现代性方案的本土特色，或以学术论争的形式反映了不同现代性设计之间的结构张力或冲突。无论西方浪漫主义“民族一人民”理念还是中国启蒙主义兼浪漫主义“民间一人民”理念，都需从现代性论争的立场予以理解。在从传统向现代转型过程中，无论边缘性问题还是下层性问题都是“人”的主题对“神”的主题之历

① ［美］杜赞奇：《从民族国家拯救历史：民族主义话语与中国现代史研究》，王宪明等译，社会科学文献出版社2003年版，第11页。

史性置换的表达异式。就与现代性诸问题的整体关联而言，可将“人民民主”的中国问题视为“民族民主”的西方问题在世界范围内的诠释和解构。马克思、恩格斯曾揭露欧洲现代民族国家的虚伪性质及其阶级本质，毛泽东也断言民族问题的实质是阶级问题，他们都指出阶级性与民族性内在的主体论联系，也就是前述民族主义与民本、民主主义的逻辑关系，这样，我们也就通过对中国“民间”语式之现代性表述的解析进入了对普遍的现代性问题之一——民族性的理解。民族国家和民主制度问题，或者说在国家这一现代性建设平台上，民族自决与社会民主都是现代性的不同面相，二者本可互为建构原则。就欧洲的历史情境而言，民族国家是民主制度的实现形式，民主制度则是民族国家的实质内容；就中国的现实情境而言，人民民主制度是多元民族国家的实现形式，多元民族国家反倒成为实质内容。中国现代民间文学家对民间社会的浪漫想象作为人民民主制度的理念资源之一本蕴涵着多元民族国家的命题，二者间可相互转换并相互说明的关系理应得到清理。

民俗与国情备忘录*

刘锡诚

民俗的发生与延续，是任何人都无法改变的历史必然。任何发达或发展中的民族或群体，都毫无例外地生活在一定的民俗中。一个民族或群体的民俗，虽表现为不同的形态（物质的或精神的），但实际上是指该民族或该群体的生活方式和文化传统。民俗的最本质特点，是在群体的传承中逐渐积淀而成，即顾颉刚先生所说由“层累的”方式造成，不是一朝一夕突然出现或突然消失。历史上也曾发生过某一民族或群体的文化与民俗突然改变或突然消失的事，这种情况要么是因为民族邦国战争，某一民族或群体被灭亡，战胜者强迫战败者改变自己的民俗或信仰；要么是不可抗拒的自然灾害使某个民族或群体骤然消亡，其民俗也就因而湮没无闻了。一些古代“失落了的文明”，如南方创造了良渚文化和三星堆文化、北方创造了红山文化和晚近的契丹文化的那些民族或群体，可能就是这样的情况。

中华民族是一个有五千年文明史的多元一体的民族，整体来说，从来有丰富深厚的民俗文化相伴随，一刻也没有中断、消失和湮灭过。如果说一个民族或国家应该有自己的国学，那么，其民俗文化才是真正的国学。不了解不研究中华民族的民俗文化，怎么能认识中华民族，怎么能认识中国？

民俗——国情的组成部分

一个民族或群体的民俗总是与一定的生产方式相适应。中华民族在其发展中融汇了众多发展程度不同的民族，包括北方的狩猎民族和游牧民族，南方的采集民族和农耕民族（考古学家在河姆渡遗址发现了七千多年前的稻谷）；就其主体（中原民族）而言，从上古或中古就已进入农耕文明时代，农耕文明无疑成为影响我们民族的民俗之形成和变迁的最重要因素。一般地说，一个时代的社会制度也是民俗的构成部分，但一定的社会制度及适应这些制度的思想体系一旦形成，又会对民俗发生显著影响。这种情况，在礼俗（如三纲五常、四维八德、宗法家长制、祭仪、财产继承等）、婚姻（如再醮、童养媳、望报媳、

* 本文原载《报告文学》2002年第4期，收入本书时文字略有改动。

买卖婚、续弦、娶殇婚、嫁殇婚、一夫多妻制、典婚、赘婚、兄终及弟制、男尊女卑、贞节堂）等方面，表现得最为明显。

民俗是国情的重要组成部分，又对国情和国运起着不可忽视的重要作用。早在先秦，帝王就懂得这个道理。《礼记·王制》："岁二月，东巡守，至于岱宗，柴而望祀山川。觐诸侯，问百年者就见之。命太师陈诗，以观民风。"帝王命令随行的采诗官采集当地民歌民谣，以此来了解民风民情。《汉书·艺文志》说得更清楚："观风俗，知得失。"是说把采录民歌民谣，列为统治集团了解下层民心、判断政策得失、国家状况的重要手段；民歌民谣民俗本身就是国情。这种做法在几千年中国历史上成为一种传统。至于帝王们是否真正重视民心向背来判断国情的得失，那是另一个问题。

研究国情，如果置民俗于不顾或忽略了民俗，那将会犯历史性的错误。政府提供的国情报告（咨文），应包括民俗方面的内容。现在，人权问题已被注意到和列入了，民俗则还阙如，不能不是一种遗憾。已故民俗学家钟敬文先生说过："所谓'国情'首先当然是国家的经济、政治的情况。但是，事情决不限于这些。例如人民的教育情况、文化素质等，同样是不容忽视的。这里，我想特别指出流行于广大人民中间的风俗、习尚及其相连的心理状态在国情上的意义。风俗、习尚本身，既是国情的构成部分，同时又密切地联系着其他国情的许多部分。它的重要性是不容低估的。所谓'历史'是过去人们生产和生活的记录。人类所以异于其他动物，主要就因为他们是'文化的'动物。人们在长期的生产生活中所创建的和传承下来的各种风俗习尚，就是各种不可缺少的社会文化的一部分。在民族文化史中，如果缺少或删去了这部分，它将是残缺的、有遗憾的。不管是国情或历史（文化史），民间的风俗、习尚，都占有一定的位置。忽略了它，是无法完善这方面的教育任务的。"①

优良的民俗事象和民俗传统，尤其是在历史发展中形成的一些好的礼俗和道德规范，对群体乃至国家、民族的凝聚力的形成，起着无可替代的重要作用，对社会发展和社会稳定起着整合和促进的作用。当前的社会，对过去时代中形成的一些礼俗和道德规范，如忠、孝、义、信、和，敬、恩、序、别，助人为乐、乐善好施、扶危济困、投桃报李，或否定得过多，或宣传得不够，出现了或多或少地流失现象，因而导致群体、国家、民族的凝聚力严重消解，离心力和分散力抬头，历史上形成的一些道德规范滑坡、失效乃至垮塌，大量恶性案件发生，包括骇人听闻的弑母弑父事件、乱伦事件、拒绝赡养和遗弃失去劳动能力的亲人的事件等不绝于耳，令人深长思之。旧日的礼俗，如果真的属

① 钟敬文：《民俗与国情》，中国民间文艺家协会主办《民俗》杂志复刊词，1992年第1期，又见钟敬文《民俗文化学——梗概与兴起》，中华书局1986年版，第68—69页。

于恶俗或失去活力的民俗，一旦被革除了，那么，就要有新的、成熟的礼俗来代替，而不能留下空白。留下的空白越多、时间越长，社会秩序的混乱必然乘虚而入，造成无法挽回的全民族的遗憾。

群体民族国家凝聚力的重要因素

在“左”的思想盛行的年代，有些人总把民俗看成是封建的、迷信的，看成是与马克思主义唯物史观不相容的；因而或采取专政的办法，或采取割断历史的办法，凭空创造一些新的道德规范，以代替传统的民俗。其实，由于违反了文化发展的规律，人们和群体对这种割断历史的创造并不接受，结果是把社会秩序搞乱了，成为一种惩罚。

以1958年的“大跃进”为例，我的故乡山东潍坊地区就曾发生过这样的事，至今我还记忆犹新。那里曾强令把家庭拆散，全村男女分开住宿，男人一队，女人带着孩子一队，作为家庭或家族象征的锅灶被取缔了（拆除锅灶，实行大锅饭），延续了几千年的男系家庭不复存在，家谱被宣布为非法，保存家谱是为封建主义、为地主等孝子贤孙“树碑立传”，是要“秋后算账”，以男权中心和姓氏家族谱系构成的中国社会结构似乎解体了。既然延续了几千年的一夫一妻制婚姻模式被废止，不存在了，一切与以男性为中心的一夫一妻制家庭有关的风俗、习尚、礼制、辈分等，当然也就烟消火灭。实行以如此风俗改革为内容的新政，是为了一步跨入共产主义社会，这就是当时有些人所理解和实行的共产主义社会。这种割断文化传统、革除一切民俗文化制度、超越历史发展阶段的民俗设计，固然日劳心拙、愚蠢透顶，但重要的是，如此惨痛的历史能不能真正成为我们民族的教训？

中国传统的民俗特别是礼俗，多年来几成禁区，只要稍一触及，便动辄得咎，胆战心惊。问题的症结在于没有对以往的民俗和礼俗作认真、科学的区分，哪些是有积极意义的，哪些是起消极作用的，哪些是历史发展中不可超越的，哪些是充满了封建毒素或原始愚昧的。有识之士都看到这一点，却因20世纪50年代文化界开展的大批判使人们至今噤若寒蝉，至今没有把这个本来属于科学范围的问题提到桌面上加以讨论和澄清。记得几年前，冰心先生在世时，曾为一家少儿出版社题写了包括忠、孝、义、信等在内的十个字（恕我记不全了，当时登在《中华读书报》的广告中，这份资料一时找不到）。可惜她的用意没有得到舆论界重视。而建立这样一些礼俗和道德规范，是社会进步和稳定所必需的，不应因有些产生和流行于旧的社会条件下就一概加以排除和否定。

以“节”为例，“节”的问题比较复杂。字面上讲，“节”至少包含气节和节烈两方面内涵。通常讲为人要讲气节，是指民族气节（如对文天祥的歌颂）、信仰气节（如共产党员在敌人酷刑和美女、金钱面前表现出的忠于革命理想的气节）、做人气节（被古代知识分子崇尚的“贫贱不能移、富贵不能淫、威武不能屈”）等。这种气节，为什么不大张旗鼓地用来宣传和教育青少年呢？“节烈”是专门为压榨和禁锢妇女的人性和生命而制定的民俗规范，浸透着浓重的封建主义色彩，现在还可以在许多地方和旅游景点看到这种为节妇烈女竖立的石牌坊，里面饱含着万千妇女一生以清灯黄卷为伴的苦难和血泪。这种民俗规范和道德伦理规范无疑是应革除的，尽管那些牌坊作为历史文物和旧礼教的见证，还应妥为保护。

“孝”的问题，本来不成其为问题，但由于“左”的思想长期泛滥，使人们特别是基层干部把“孝”看作洪水猛兽，一个时期简直是谈“孝”色变，不敢理直气壮地坚持和宣传，直到市场经济洪水一样涌来，种种“反”孝行为大行其道，甚至到了难于收拾之势时，人们才又意识到“孝”这个传统的伦理道德规范还是可以重新起用的。“孝”的最初含义，在《礼记·曲礼》里有解释，那时还未被后来的历代王朝和儒家思想家们大加发挥和增补，比较简单。如“冬温而夏凊，昏定而晨省”，如“三赐不及车马”。如“见父之执，不谓之进，不敢进；不谓之退，不敢退；不问，不敢对”，如“出必告，反必面；所游必有常，所习必有业；恒言不称老”，如“居不主奥，坐不中席，行不中道，立不中门”，等等。后来，“孝”的内容被扩大，出了《二十四孝图》，包括“不孝有三，无后为大”之类的谬说。但“孝”的核心从来是“事父之应孝，此伦理之德目”①。传说中的曹娥救父应当被传诵，不应当被投污。当然，我们今天重新提倡孝道，也要根据时代的发展和需要，对传统的孝悌概念和内涵作某些修正和删芟。如“无后为大”之类，如今就应革除。生男生女都一样，法律规定儿女从父从母选择姓氏都被允许，男女有平等的财产继承权，国策规定一对夫妇只生一个孩子，等等，使传统的男权家庭发生动摇，并悄悄地向着男系和女系两条线延续的走向过渡。在这样的社会环境，过去那种没有男儿就是“绝户”的观念自然应予革除。旧日的孝道，主要指对父亲尽孝，对母亲则忽略不计，在新的社会条件下对此要修正，对父母都要尽孝道，要时时记住他们的养育之恩，要养老送终，养老送终其实就是报恩的一种途径。至于其他礼俗和伦理道德风俗，也应分别加以研究，使其从儒家思想禁锢中解放出来。

在一些地处边远的少数民族地区，生产力发展水平还很落后，生活水平相对低下，亟待改善和提高，亟待沿海地区予以扶持，但我们在作民俗田野调查时看到，在这些村寨却基本上没有盗窃、抢劫、杀人一类有悖于社会秩序和群体安定的事件，即使有也数量不多，社会相对稳定。原因何在？因为有村民们

① 邓子琴：《中国礼俗学纲要》，中国文化刊行社1947年版，第21页。

默认和遵守的习惯法、道德规范和民间信仰。上面说的这些风俗和习尚，这些道德规范和民间信仰，规范着人们的思想和行为，对社会稳定和发展，对小至村寨大至民族和国家的凝聚力的加强，起着积极的整合与促进作用。这方面出现的新问题是，包括村规乡约在内的习惯法，因其自身的局限性和落后性，与国家新出台的法规之间出现了矛盾。国家法与习惯法出现矛盾时怎样处理呢？历史上，由于法制不健全，党和政府有过尊重少数民族习惯的规定，有些虽违法但又合于民族习惯的事，就要顾及到尊重少数民族习惯的指令，而如今则应大力宣传国家的法律，维护国家法律的权威性，而且要宣传在法律面前人人平等的道理，逐渐提高本民族干部和群众对国家法律的认识，从而逐渐废止不合理的或过了时的习惯法。在这个问题上矛盾是必然的，在处理民俗与法律的矛盾时，特别是涉及信仰，就不可乱用权力。有些地方以自然崇拜为特点的民间信仰，正在逐渐削弱和式微，或正受到一些外来的人为宗教（如基督教）的冲击。现阶段国家的政策是，承认某种人为宗教的合法性并予保护，而对属于民俗范围的民间宗教或曰民间信仰则不予保护，因而像佛教、基督教一类的人为宗教，迅速地占领了少数民族地区的信仰空间，其实民间信仰的诸多观念甚至仪式并没有，也不可能退出历史舞台。民间信仰在群体中有很深的根，与社会与共，只要有人类社会存在，都会有相应的信仰存在于民间。企图用权力来消灭和扼杀民间信仰于一时，建立一个纯洁的没有民间信仰的社会，或只允许信仰一种思想或主义而排斥广大民众中的民间信仰，那只是一种幻想。如果加以正确的引导和教育，则是可能的，民间信仰也不会为害社会。

20世纪80年代，邓小平提出了“四有新人”的理论。90年代，江泽民提出了“以德治国”的理论。以笔者理解，“四有新人”也好，“以德治国”也好，特别这个“德”正属于我们这里讨论的民俗的范畴，意在积极恢复和建立新的社会主义的礼俗和礼制，以新的礼俗和礼制作为全国国民的行为规范，养成健康的心理和情操，提高国民的素质，增强国家和民族的凝聚力，从而促进社会生活的整合和稳定，建设繁荣富强的现代化国家。我们这一代人面对的是经济的全球化趋势，但绝不能以牺牲民族的文化传统和民俗传统为代价。

在民俗问题上固守教条主义和庸俗社会学观点的人，闭眼不看或故意忽略民俗对社会发展和认识国情的积极作用，过分地夸大了民俗的历史惰性及其危害性，因而是不足取的。

文化整合与民俗文化

中华民族是一个多元一体的民族，这一立论始于20世纪80年代，现已被全民族（当然也包括人文学术界）所认同。“多元一体”论既包括在文化起源上的多元（从中华文明起源于黄河流域的一元，到近20年考古发掘证实了长江文明、辽河文明、滇藏高原的文明等多元），也含有共时意义上的上层文化与下层文化的多元。这是反观中国文化和中国国情的第一出发点。离开这一基点，就会误入歧途。遗憾的是，“中华文化是多元的”这一观念，始终不被传统的国学研究或文化研究所认同。那些鼎鼎大名的新儒学家、新国学家们，从不承认中华文化是多元的。与他们相反，新兴的文化学或曰文化人类学，则把新国学、新儒学不予承认的生长和传布于下层民众中的民俗文化和少数民族文化纳入自己的研究领域，与新国学新儒学形成鲜明对照。

1919年的“五四”新文化运动，对传统的文化和儒家的文化观发起了凌厉的攻势，大声疾呼对民间文化的关注。但没过多少时间，新儒学改头换面兴起，从20年代梁漱溟的《东西文化及其哲学》，到40年代冯友兰的“贞元六书”，从牟宗三的道德“自我坎陷”，到唐君毅的《生命存在与心灵境界》等，一直到内地近年兴起的新儒学热，无非还是在认同吸收西方进步文化的同时，提倡把儒家学说和思想奉为治国教民的圭臬，并扩而大之为中国文化的基本精神。儒家的学说无疑是有几千年发展史的中国文化的一笔重大遗产，对塑造中国人的独特性格起了重要作用，是东方文化中的一枝奇葩，但也要看到，儒家的思想、儒家的学说并没有能够把下层群体和少数民族群体纳入影响之下，即或有些影响，也很难谈到很大。就是说，以民俗文化为表征的下层文化和少数民族文化，基本上不属于儒家思想影响下的文化，中华文化至少是由上层文化和下层文化两个部分构成的，下层文化或民俗文化又有自己独立的、不同于儒家思想范畴的文化精神。且不说其文化精神及其体系，仅就其信仰的群体来讲，下层文化的受众数量，不知比上层文化的受众数大多少倍。因此，以儒家的文化精神囊括和代替下层（民俗）文化精神，从而代表中华文化精神，显然有失全面，甚至是误谬的。

这就提出了一个中国文化整合的问题。文化整合的势头，是“五四”新文化运动就提出来的，但“五四”运动过了不久，从20世纪初起，新儒学家们就浮出水面，扭转了“五四”新文化运动既定的文化方向，重回儒家的窠臼，把中国文化的整合任务无限期地推迟了。一推就是一个世纪，无奈，21世纪开始，又再重提文化整合的旧事。所谓文化整合，一方面是要对长期被埋没于草野之中不登大雅之堂的下层文化（民俗文化）进行大规模的搜集和保护，另一方面要进行中国文化精神的整合，即重新认识和重新定位儒家文化精神和民俗文化精神，并在当今全球化的新形势下，为中国文化的继承、发展、吸收、更新制定新的策略。

中国文化的精神是什么？这是近代以来诸多思想家们思考和探索的一大问题，也是中国每到转型期就显得突出起来的重大问题。新儒学家的回答也并不一致。梁漱溟认为，中国文化精神是“调和持中”，主要表现在孔子的任直觉、不认定、不计较利害、顺随自然的生活态度上。梁的主张曾引起许多褒贬。尽管遭遇种种批评，梁的观点在20世纪中国文化研究中的影响还是很大。汤一介说："儒学的'太和'观念，亦即'普遍和谐'的观念，它包含了自然的和谐、人与自然的和谐、人与人的和谐（即社会生活的和谐）以及人自我身心内外的和谐等四个方面。这一'普遍和谐'的观念为解决当今世界人类面临的诸多社会问题提供了智慧。"① 中国内地近年新儒学学者们提出的"普遍和谐"或"和合精神"理论，与梁漱溟当年提出和坚持的"调和持中"，即使没有直接联系，也没有什么原则区别。20世纪90年代以来，出现一大批学者唱和一种新的理念："和合。"张立文提出："和合是中国文化的首要价值，亦是中国文化的精髓、中国文化生命的最完善的体现形式。"他解释说："所谓和合，是指自然、社会、人际、心灵、文明中诸多元素、要素的互相冲突、融合，与在冲突、融合过程中各元素的优质成分和合为新结构方式、新事物、新生命的总和。宇宙间一切现象都蕴涵着和合，一切思维都浸润着和合。在和合的视野中，自然、社会、人际、心灵、文明都是和合，乃至存有的追根问底，亦是和合。存有就是和合论，即是对和合经验的反思、梳理和描述。"② 最近，商务印书馆出版的由邵汉明主编的《中国文化精神》一书，将中国文化精神概括为七个方面：以人为宇宙中心的人本精神、"天人合一"的和谐意识、以"德行"为人生准则的道德意识、追求"天下有道"的理想主义、"力行为重"的实践品格、"圣人并包天地"的宽容品格、"万物一体"的整体思维。这些梳理和归纳，其实并没有超出儒家的思想套路。对于新儒家的努力，年轻学者方朝晖指出："20世纪中国新儒家在中学与西学、中国传统与西方现代性相结合方面所作的努力基本上是失败的。"③

在儒家思想的框架内解读和阐释中国文化精神的一切努力所以是失败的、徒劳的，在笔者看来，是因为他们都是在排斥生长和长存于普通老百姓中间的和少数民族中间的下层文化或民俗文化及其基本精神。下层文化，在有的地区，固然也多少受到过儒家思想的影响，但毕竟是部分的、有限的，而在有的地区或民族则干脆没受到什么影响，甚至与儒家的思想背道而驰。那里的民俗文化精神与儒家影响下的上层文化精神大异其趣。广而言之，孕育与发生于原始农耕文明条件下的中国下层文化或民俗文化，即使到现代社会，长期也未能完全摆脱靠天吃饭的状态，对大自然的依赖性很强，因此，人对自然的依赖和

① 汤一介：《略论儒学的和谐观念》，《社会科学研究》1998年第3期。
② 张立文：《中国文化的和合精神与21世纪》，《学术月刊》1995年第9期。
③ 方朝晖：《从新儒家看中国现代学术的方向》，《世纪中国》http://www.cc.org.cn/，2001年7月6日访问。

笃信表现为自然信仰和多神信仰。在这样的条件下，群体意识和家族意识即使今天仍然或明或暗地顽强延续着。最明显的是以聚落为单位的械斗现在还时有发生。家族族谱和家族祠堂至今仍然成为维系族内团结的重要链条。这与当前正在小型化的城市家庭模式（所谓“四二一”模式）完全不可同日而语。加之有些群体和民族，长期生活在温带气候下和山川阻隔的封闭丘陵地区，如此社会环境和自然环境，保持家族和家庭成员的延续是至关重要的。他们不仅祈求风调雨顺、谷物丰收，而且祈求人丁兴旺，家族不能断流。即使在今天一个家庭只准生一个子女成为国策的情况下，千方百计生育一男儿，仍是任何一个成年男子的潜在意识，因为他承担着家族延续和家庭延续的双重压力。只有家族的延续，种姓的延续，才有民族和国家的兴旺发达，这是人们的普遍观念。一切对天的祈望，一切人际的协和，一切与天的适应，一切勉尽的人事，都是为了群体和个人的生存和发展，都是为生命的延续和传递——归于一个思想：生生不息。因此，以生育信仰和生育崇拜为表征的生命意识，生生不息意识，自古就是中华民俗文化的精神。论者常说，中国人的宗教意识薄弱，缺乏经常性的宗教生活，因此，国人特别注重家庭和人伦。这有一定的道理，但这是儒家的观念。在民间，在佛教和基督教传入之前，过去没有一神教的传播，多神信仰的宗教观念十分发达。道教是在民间信仰的基础上发展起来的。多神信仰经历过原始阶段而进入祖先崇拜阶段后，在现代社会中也仍然具有顽强的坚守力。即使十年“文革”在无产阶级专政严酷的社会环境下，人们嘴上不说而心中的家族观念和家庭观念仍十分牢固，以家族延续和家庭延续为表征的生命意识和生生不息观念依然不灭。这一点与西方的文化观念完全不同。这种文化精神生长于民间，富有勃勃生机，旧儒学以“怪力乱神”为由加以排斥，自然不可能注意到它的积极性和生命力，新儒学也没有注意到，因为他们的眼光从来不投注于下层民间而总是流连于上层。社会发展进步了，但人们的心理并不会很快随着政权、法律等上层建筑的转换戛然而止，相信现在也还没有发生根本的改变。

生命意识，生生不息意识，这中华民俗文化的精神不是无源之水，远可溯源于上古时代的女娲神话。中华上古神话中的女娲是人祖，是生殖之神，她用泥土造人，使人烟延续，宇宙得以存在。女娲体现的生生不息精神，正是后来延续几千年不灭的崇尚生命和生生不息的中华民俗文化精神的渊源。这种文化精神先于儒家而存在、而流行、而传布，与汉代以后才被尊崇为经典的儒家思想体系没有什么承袭关系，奇怪的是，有的学者竟把女娲神话所体现的生殖意识、生命意识、生生不息观念，也拿来为儒家学说的“太和”、“调和持中”、“和合”等服务，实在令人哭笑不得。

在全球化的今天，中国文化再一次迎来新一轮中西文化交流与碰撞的历史机遇。19世纪末到20世纪初，从帝制向共和的转型期，这个问题曾相当凸显过，在中国思想家中间出现了延续很长时间的“体用”之争。20世纪末到21世纪初，中国面临着现代化和全球化的形势，这个问题又突出起来。但这一次机遇中，问题不再是中华文化与西方文化的融合消长，不再是中为体西为用这样单一的问题了，而是两方面的问题：一方面，如何在中西文化交流和碰撞中保持中华文化的本位和独特性，又在碰撞、吸收、容纳、更新中发展自己，结果必须是文化的更新；另一方面，中华文化的内部如何整合，如何把以儒家思想体系为主体、以“调和持中”、“普遍和谐”、“和合”为其精神的上层文化，与以生命意识和生生不息为其精神的下层民俗文化整合起来，成为真正意义上的多元一体的中华文化。文化整合是包括中国境内的文化和不同地域的海外华人文化在内的整个中华文化面临的大问题、大机遇、大趋势，当然也是我们的民族和国家在全球化时代和现代化形势下的国情和国运的大局。

一般而言，民俗不是停止的，而是变动不居的，随着时代的脚步发生着或快或慢的变迁。有些自然条件十分闭塞的地方，那里的民俗文化相对来说发展变化的速度较慢，有的甚至几百年过去了，还保留着往昔时代一整套的民俗风情。最近两位年轻的记者与学人写了一本贵州安顺地区屯堡的文化人类学的书索序于我，书中记录的当地许多民俗事象，还是明代开国皇帝派去戍边的军人的后裔们保留下来的600年前的内地民俗。这种情况，几年前我在湖北省丹江口市一个名叫吕家河的小山村里也见到过一例。而凡是现代化步伐较快的地方，那里的民俗文化则呈现出无可挽回的削弱趋势。特别是在全球化步伐空前加快的形势下，作为文化传统之一的民俗文化，至少是其中结构性较松散、稳定性较弱的那部分，呈现出急速的变形或消亡之势。但我们完全可以乐观地说，现代化和全球化的进程并不会把中国的文化，尤其是中国本土的民俗文化吞没和消灭，在这个问题上持悲观主义没有理由。不同民族的文化交流，从来只能是相互渗透和相互吸收，不存在一种文化消灭另一种文化的情况。我很赞成周谷城先生的见解：“西方文化到中国来，中国文化到西方去，其结果如何呢？我是乐观派，在我看来，只会使双方的文化更为丰富多彩、更为进步，不会有消极的结果，不会破坏或有损于各自的固有文化。文化的发展，用损、益这两个字最为妥帖。文化的交流与发展决不是谁吃掉谁，而是损益者有之。孔夫子说：‘殷因于夏礼，所损益，可知也；周因于殷礼，所损益，可知也。’文化在历史上从来都是变化的，这种变化就是损益。东西方文化的关系，也只是损益，总的结果是双方都有提高，不会出现下坠的情况。中国引入西方科学技术、管理方法及法制精神等是提高；西方吸收中国哲学、文化艺术如《老》、《庄》、《周易》、诗、词、书、画、盆景、园林设计等，也是提高。当然，提高的程序性质不一。”[①] 如今的情况正是这样，一方面西方的文化，包括好莱坞电影、牛仔裤和麦当劳这样的异文化汹涌而来，占领了有几千年文化传统的中国的文化市场空间；另一方面，中国的太极拳、丝绸刺绣、江南园林、中国餐饮等文化也进入西方文化市场并受到广泛青睐。英文已成为世界性语言，汉语在世界各地的传播势头也不可低估。有人说 21 世纪将是东方文化或中国文化的世纪，这种预言固然不值得附和，但中国文化和东方文化，会越来越大地在世界上起着重要的影响，这一点大概也不必自谦。中国的民俗文化是中国文化中相对比较稳固的层面，不大可能在西风欧雨吹来时，就轻易地东倒西歪，更不会在外来文化面前不击自垮。中国民俗文化将以其生生不息的精神和民族独特性，成为中华文化中最灿烂的构成部分之一永存。

面对现代化对民俗文化的剧烈冲击，联合国教科文组织和国内有关机构都在为抢救和保护民间文化发出呼吁。要完成这样艰巨而繁难的抢救和保护任务，绝非民间组织所能胜任，各级政府也要树立这样的意识和行动，用各种方式（包括建立民俗文化博物馆）尽可能地把各民族各地区的民俗文化保存下来，使我们祖先传承至今的民俗文化及其精神长久不衰，才不愧对中华子孙。

需要附带说一说的是，我国各民族各地区的民俗文化及其文化精神，在我国人文学术界一直难登大雅之堂。致力于昌明儒家思想的国学研究者们轻视或忽略民俗文化，自是不必大惊小怪，可令人奇怪的是一些研究民俗的人，也未见有谁来探讨一下中国民俗文化的精神是什么，与国学家们所称的中国文化精神有何种异同，并从自己的学术立场给出一个说法。他们热心的是对具体的民俗事象的采集与阐释，而对民俗学与现实社会发展和国民现实生活的关系、对民俗文化与中国文化发展更新的关系这两大问题不感兴趣，因而一向处于孤立和被冷落的境地。是民俗学者们亲手铸造了民俗学学科的悲哀。现在恰逢全球化和现代化的大好机遇，应该是民俗学者们走出孤立和寂寞，大显身手的时候了。

关于移风易俗

德国古典哲学家黑格尔说：“存在的就是合理的。”用于民俗领域，这一理念也说得过去，意即事物的产生有其合理性。但也还有另一条道理，即彼时彼地合理的事物，此时此地也许就变得不合理了。某种民俗事象是历史的产物，在其产生之时是合理的，但随时代的转换，本来合理的民俗事象有可能变得不合理了，甚至有碍群体和社会了。这是发展的观点。在研究评价民俗时，要以

① 周谷城：《中西文化的交流》，见庄锡昌等编《多维视野中的文化理论》，浙江人民出版社 1987 年版，第 3 页。

历史的立场和发展的观点，才能真正认识它，才能把握其真谛。

在唯物主义历史观看来，民俗有良俗与恶俗之别，其主体部分是优秀的，有益于社会，有益于人性，但也有不良成分，如有些浸透了原始蒙昧主义和封建主义思想观念的民俗事象，对社会、对人性都是有悖的。如现在还能看到的某些民族的“神判”习俗。群体中出现了纠纷、丑行、错误乃至犯罪，往往令当事者或犯罪嫌疑人从沸腾的油锅里捞某物件来断定是非，这种判断办法是以神的名义进行的，故称神判。有的民族，村寨里有妇女生育了六指一类的畸形儿，就要被赶出村寨去坐月子，禁止村人与其来往。这类的民俗事象，固然是在正义与愚昧双重力量的驱使之下产生的，在人类生存的一定阶段上是必然的、不可避免的，不用大惊小怪；但在文明人看来，这无疑是有碍于社会发展和人性精神提升的。随着社会进步，这一类的民俗肯定要被淘汰。因此，对待个别的民俗事象和整体的民俗传统，如同对待一切传统文化和文化传统一样，要采取有分析的、批判继承的态度，扬弃其落后或不适用现代社会的部分，继承和发扬其优秀的部分，以创造和丰富我们的社会主义新文化。无批判地肯定或不加分析地否定历史上传承下来的一切民俗事象和民俗传统的观点，都是不利于人类进步和社会主义事业的，因而是不正确或片面的。

这里牵涉到所谓“移风易俗”问题。从晚清起，一些受西方思想影响的思想家和维新政治家，就已经注意到并提出了“移风易俗”和“革除恶劣的旧习”的主张，尽管有的人并不彻底。当时他们大力推进的革除恶俗运动，主要是妇女缠足。妇女缠足的习俗始于南唐，降及清末，已延续了上千年之久。1898年上海设立了天足会及不缠足会，特别是出现了李汝珍、康有为及其弟康有仁、梁启超、龚自珍等人的提倡，天足运动开始渐渐普遍和深入民间。黄遵宪在湖南推行新政，他在《皇朝金鉴序》中指出，以“凡托居地球，无论何国，其政教风俗，皆有善有不善，吾取法于人，有可得而变革者，有不可得而变革者”，为此他与徐仁铸、谭嗣同等人创办“不缠足会”和“延年会”，提出“移风易俗，振兴国家”的口号。

中国共产党登上中国政治舞台后，在民主革命阶段，提出了打倒“三座大山”的纲领，对一些流行的恶劣习俗，以摧枯拉朽之势进行了史无前例的扫荡。但在革命风暴中，也难免出现过激的、“左”的思想和行动，泼洗澡水时连孩子也泼掉了，破坏了一些优秀的民俗文化传统（如毁坏了一些寺庙家堂、民俗建筑，烧掉了无法计数的家谱，关押或杀了一些负载着丰富民族文化知识的巫师、祭司等），使我们的民俗文化出现了某些断裂。在改革开放的形势下，许多濒于消亡的民俗传统“春风吹又生”，开始复苏，尽管这种复苏呈泥沙俱下之势，但总的来说是符合文化发展的规律的。

整个20世纪的100年间，从执政者到学界对风俗、习尚的态度与政策，除了“文革”时期的“破四旧”运动外，尽管有起伏和差异，有激烈和舒缓，但移风易俗的大趋势却是一致的，也是不可阻挡的。但在自上而下地推行移风易俗方面的教训，主要是对传统文化的破坏也是极为深刻的，不能不引起有识之士的反省。

方言、共同语与民族国家

——略论中国共同语的推广运动

彭伟文

2009年2月4日，上海《新民晚报》刊登的一篇副刊短文[①]引起了一场风波。其中有一句话："到浦东，尤其是陆家嘴，都说普通话，说上海话是没有文化的表现。"文中各种限定条件被忽略，内容被简单总结为"说上海话是没有文化的表现"在网络流传，引起部分上海人反感，当天即有不少人通过网络媒体抗议。次日，该报发表道歉声明，并有媒体称有关编辑因此被停职。如果我们把1903年"官话"列入学校教育课程[②]作为中国语言统一运动的正式开端，则不得不说100多年后发生在上海的这场风波十分耐人寻味。

本尼迪克特·安德森在其著作《想象的共同体：民族主义的起源与散布》中将语言列为民族国家形成的重要前提之一，认为在民族国家形成过程中，"民族的印刷语言"具有非常的意识形态重要性[③]。无论由法律规定还是约定俗成，大多数现代民族国家的官方语言或一定行政范围内的共同语，都是占人口相对多数的民族或与之相当的共同体使用的语言。中国也不例外，官方语言和全国范围内的共同语是人口占多数的汉族的语言汉语。但在拥有56个民族、方言情况复杂的中国，语言的统一无疑是艰巨的任务。抛开语言的意识形态和政治一文化意义，即使是从消除交流障碍的角度出发，作为中国各民族共同的交流工具，推广和普及共同语无疑是有必要的。但在汉族内部，是否就不存在推广共同语的问题了呢?

语言除扮演交流工具的角色外，还起着文化载体的作用。远到贺知章吟咏"少小离家老大回，乡音未改鬓毛衰"时的强烈认同感及山东出身的辛弃疾写下"醉里吴音相媚好"时的他者意识，近到这次上海风波，都证明了这一点。生活在故乡的人们使用方言思考，通过方言交流；对他乡生活的人来说，方言则是令人怀念的故乡的象征。几乎所有地方文艺形式尤其是戏曲和曲艺，都以方言为基础。任何一种方言，都与一方土地不可分割。中国民俗学的先驱们很

---

① 《新英雄闯荡上海滩，不限户籍个个精英》，《新民晚报》2009年2月4日。

② 费锦昌主编：《中国语文现代化百年记事》，语文出版社1997年版，第11页。

③ 本尼迪克特·安德森：《想象的共同体：民族主义的起源与散布》，吴睿人译，上海人民出版社2003年版，第81页。

早就注意到了这一点。在中国方言学史上具有划时代意义的北京大学方言调查会，正是在20世纪初北大歌谣运动的背景下设立的。

本文拟通过对中国共同语推广运动的回顾，对中国在现代民族国家形成和发展过程中的语言统一问题作一番梳理。在这段历史中，由国家指定的共同语分别被称为官话、国语、普通话，本文将根据各个不同历史时期的实际情况，分别使用这三种称谓。

汉语与汉语方言

方言不是汉语独有的现象，但汉语因其悠久的历史、广大的分布面积和众多的使用人口而呈现出非常复杂的情况。为方便论述，在此对汉语方言的分布做一简单概述。

关于汉语方言分区，从最初章太炎将方言分为十类开始，历史上曾出现过多种不同的汉语方言分区法。目前，语言学家多采用将汉语方言分为七大类的“七区说”：

（1）官话方言区：又称北方方言区，是汉族共同语普通话的基础方言。狭义的北方方言主要指华北、东北使用的方言，广义的包括西北和西南地区，大致可分为华北一东北官话、西北官话、西南官话、江淮官话四个方言片。通行官话方言的地区有长江以北各省的全部汉族地区、长江下游镇江以上九江以下的沿江地带、湖北省除东南角以外的全部地区、广西北部和湖南的西北角、云贵川三省的非少数民族聚居区。此外，在非官话方言区中还存在少数由于历史原因形成的“官话方言岛”。

（2）吴方言区：通常称“吴语”，也叫“江浙话”，主要通行于江苏省长江以南地区、浙江省大部分地区和上海市。

（3）湘方言：通行于湖南省部分地区和广西北部几个县，通行范围较小。

（4）赣方言：主要通行于江西省内中部和北部，此外，湖南东部、福建西北部等邻接地区也有少数县市使用赣方言。是通行范围较小，使用人口较少的一种方言。

（5）客家方言：由于客家民系散布在长江以南许多地方，因此，客家方言是汉语方言中分布比较广的一种。客家方言使用较多的地区包括粤闽赣三省交界的客家聚居区，广西壮族自治区、四川省和台湾省的客家聚居区。广东省内不通行客家方言的地区，也有局部使用客家方言。此外，客家方言还通行于部分东南亚华侨当中。

（6）粤方言：又称“粤语”，通常称为“广东话”，当地又称为“广府话”、“白话”。主要通行于广东省中南部和西南部部分地区、广西东南部及香港、澳门等地。此外，美洲华侨社区也多使用粤方言。

（7）闽方言：又称“福佬话”，主要通行于福建省大部分地区、广东省东南部和雷州半岛、海南省部分地区、台湾省大部分地区，以及浙江、江西、江苏、广西部分地区。闽方言大致分为闽北方言和闽南方言，两者有较大差别①。

方言的形成主要是汉语分化的结果，在漫长的历史中，由于地理因素和社会因素形成了“语言的地方变体”。显然，方言的分区基本上看不到与行政区划重合的现象。以方言情况复杂的广东省为例，广东主要有三大民系，即广府民系、客家民系和福佬民系，相应地分别使用粤方言、客家方言和闽方言。但在地理分布上，这三大方言的通行区域并不能截然分开。如粤方言，除通行于以广州为中心的中南部以外，还通行于广东省的西翼。闽方言除通行于东南部的潮汕地区外，还分布在西南部的雷州半岛。客家方言作为移民集团的方言，除主要分布于东北部的梅州、兴宁等地外，在东部的中间地带和闽南方言互相混杂，并被坚持“宁卖祖宗田，不卖祖宗言”的客家移民带到其每一个定居点，故遍布省内每一个市县②。

每个方言区，又有很多不同层次的方言。从语言学角度看，同一方言中不同层次的方言有很多共通性，但在实际使用中却有可能难以交流。以笔者能熟练使用的粤方言中的广府方言和四邑方言为例，虽然有的方言学著作称粤方言内部分歧不算很大③，但实际上不经过一定的学习，两者几乎无法互相理解。即使是在四邑方言内部，相隔数公里的村落使用的方言之间也会存在明显的语音差别，严重者甚至需放慢语速才能互相交流。

与本尼迪克特据以展开其论述的欧洲各国不同，作为中国官方语言的汉语有两个没有进入本尼迪克特视野的特点。首先，汉字作为汉语的记录符号，是表意文字而非表音文字；其次，长期以来，汉族拥有共同的书面语言即文言文。拥有文字读写能力，使用不同方言的人就可通过文言文进行书面交流。由于汉语的特点，在中国历史上，本尼迪克特指出的由于民族文化觉醒发生的“民族的印刷语言”的变化，是从文言文到白话文的汉语书面语言的内部转变，而不是以本民族普遍掌握的语言代替跨民族书面共同语或其他民族语言这样一种根本的变化。在中国，严格地说在汉族地区，更显著的问题是以语音分歧为主要特征的方言问题。

汉语的这些特点，早在本尼迪克特的理论形成之前就已有人指出过。1924

---

① 主要参考詹伯慧主编《汉语方言及方言调查》，湖北教育出版社 1991 年版，第 55—115 页。

② 主要参考李新魁《广东的方言》，广东人民出版社 1994 年版。

③ 詹伯慧主编：《汉语方言及方言调查》，湖北教育出版社 1991 年版，第 98 页。

年北京大学方言调查会成立不久，就有学者指出“各地语言之所以不同全在于音，只有依据声音的差别，才能在地图上标明方言在地理上的分布”①。在1955年召开的现代汉语规范化问题学术会议上，来自苏联的格·谢尔久琴柯在强调语法结构和基本词汇才是语言本质特征的同时，不得不根据汉语的特点指出：“当然，在方言学中也不能轻视语音的差别。或许，正是这些差别在划分汉语方言，在首先按照语音特征（这里包括声调系统）和音节结构把汉语方言分成几组方面起着决定性作用。”“我们在这里还应该强调一下汉语方言的特点。汉语方言彼此不同，首先表现在语音上。”②

由于“语音上的差别”问题，迄今为止以汉族为对象的共同语推广运动，几乎从一开始就带有以统一语音为主的特征。历史证明，尽管按照苏联专家的说法，语音并非语言的本质特征，消除语音差异，达到语言的根本性统一，至少在汉语这一个案上仍然非常困难。在跨地区的面对面交流极为稀少的年代，汉族各方言区的人们一直使用几乎完全无法互相理解的发音诵读相同的汉语典籍，并传承本质上有极大共通性的文化，可见各地的语音差异并不会给汉文化的传播带来根本性影响，不同方言区汉族人之间作为汉族的民族认同感，也没有因语音上的巨大分歧而受到很大的削弱。语言学家袁家骅曾写道：“汉语方言复杂，不同方言区的人们，甚至同一方言区的人们，谈起话来有困难。这种状况必须改变。任何保守的人也不会反对改变这种长期封建制度遗留下来的落后状态。有人幻想汉字补救了方言分歧的困难。其实这是完全不合逻辑的想法。因为任何统一的文字系统在不同方言的人们都能用来‘笔谈’代替‘口谈’；实际上呢，汉字因为不是拼音的，无形中就纵容了并且滋长了方言分歧的现象。只有充分利用拼音字母帮助识字才能纠正汉字的这个带有危害性的副作用，并且积极地为推广普通话服务。”③ 这段话的本意是想说明汉字拼音化的重要性，但换个角度理解，可以说正是因为汉字的音义分离特点，使得汉语语音的统一在很长的时期内显得缺乏充分的必要性和紧迫性。然而，语音差别造成的沟通困难是客观存在。早在清代早期，这一问题就已受到中央政权重视，并尝试推广官话作为不同方言区人民的共同交流工具。其后，在民族国家形成过程中，以统一语音为主的语言统一运动逐渐被赋予了超出交流工具以上

① 《毛坤给沈兼士、钱玄同、林玉堂的信》，《歌谣》四十九号，转引自詹伯慧主编《汉语方言及方言调查》，湖北教育出版社1991年版，第33页。

② ［苏］格·谢尔久琴柯：《汉语标准语规范化的重要性和一些原则》，现代汉语规范问题学术会议秘书处编《现代汉语规范问题学术会议文件汇编》，科学出版社1956年版，第27—28页。

③ 袁家骅：《汉语拼音方案要为推广普通话服务》，文字改革出版社编《文字改革笔谈》第二辑，1958年，第51页。

的意识形态意义。

从官话到国语

最初，官话并不是共同语，而是官方公务用语，因此与民间方言相对，被称为“官家话”、“官音”。官话的称谓始于何时，没有定论。现在方言学上说的“官话”，特指清代的官方语言，实际上就是北京方言。

在中国历史上，清朝是少数民族统治者对广大的中国领土和人口众多、文化发达的汉族进行成功统治的唯一例子。满族凭武力征服汉族后，通过学习和吸收汉文化，任用汉族官吏建立有效的统治系统，在康熙年间实现了社会安定，经济开始快速发展；经过雍正帝的一系列改革，在乾隆年间达到鼎盛。来自全国各地、操不同方言的汉族知识分子，经过科举选拔聚集在北京，或担当各级职务，或分赴各地任职。其中来自广东和福建的官员由于无法克服家乡方言与官话的巨大差异，造成了公务上的交流困难。由于清朝规定地方官员不得由本地人担任，地方官在辖区处理公务时使用的语言也成为一个必须解决的问题。雍正六年，皇帝亲自下令要求在闽粤两省教习官话。当时颁发的上谕《谕闽广正乡音》，清楚地说明了促使雍正帝下达这一命令的原因①：

> 凡官员有莅民之责，其言语必使人人通晓，然后可以通达民情，熟悉地方事宜而办理无误。……朕每引见大小臣工，凡陈奏履历之时，惟有闽、广两省之人，仍系乡音，不可通晓。夫伊等以现登仕籍之人，经赴部演礼之后，其敷奏对场，尚有不可通晓之语，则赴任他省，又安能宣读训谕，审断词讼，皆历历清楚，使小民而共晓乎？官民上下，语言不通，必使胥吏从中代为传递，于是添设假借，百弊丛生，而事理之贻误多矣。且此两省之人，其语言既不可通晓，不但伊等历任他省，不能深悉下民之情，即伊等身为编氓，亦不能明白官长之言，是上下之情扦格不通，其为不便实甚。但语言自幼习成，骤难更改，故必徐加训导，庶几历久可通，应令福建、广东两省督抚，转饬所属各府州县有司及教官，遍为传示，多方训导，务使语言明白，使人通晓，不得仍前习为乡音，则伊等将来履历奏对可得详明，而出仕他方，民情亦易于通达矣。特谕。

上谕下达后，福建各地都设置了教习官话的正音书院。“闽中各县，从前皆有正音书院，所以训官音也。”② 广东省的情况因缺乏资料，不得而知。但从福建的正音书院为“当时督抚遵奉上谕，饬属所建”，以及至今被保留在深

① （清）施鸿保：《闽杂记·正音书院》，见施鸿保著、来新夏点校《闽小纪·闽杂记》，福建人民出版社1985年版，第41－42页。

② （清）施鸿保：《闽小纪·闽杂记》，第41页。

圳市新安故城县衙中的《谕闽广正乡音》碑来看，广东省应该也遵奉上谕，采取了一定措施。上谕的目的并不是语言的统一，而是将官话作为一种沟通工具，由“有司及教官”在闽粤两省教习，以消除阻碍统治机器有效运转的语言障碍。接受官话教习的对象，主要是将要进入仕途，将来有可能“履历奏对”、“出仕他方”，使用官话处理公务的仕子。虽然上谕也强调闽粤两省人即使身为平民，为能与官员沟通，也有学习官话的必要，但仍然没有改变官话作为交流工具的性质。

这次在闽粤两省教习官话的尝试，是官话第一次超出其官方公务用语的范围，以最高统治者亲自下令的形式进入了其他方言区。但这次尝试是失败的。据施鸿保《闽杂记》，上谕下达之初，各县都建有正音书院，但“无如地方有司，皆视为不急之务，虚应故事，久且任其堕废”。至道光年间，“惟绍武郡城尚有正音书院，然亦改课诗文，名存而实亡矣”①。失败的原因可归结为以下几点：

其一，在跨地区交流极少的情况下，官话作为不同方言区的共同交流工具，普通人掌握它的必要性微乎其微。同时，在只有少数人享有受教育机会，且教育主要由家学和私塾实施的情况下，大多数普通人没有接受官话教育的客观条件。

其二，虽然皇帝亲自下令，并要求各府州县有司及教官负责，但实际并没建立一套可行的推广机制，甚至没有指定具体的语言标准。上谕要求闽广两省“不得仍前习为乡音”，却没有明确指出应修习何种方言或语言来替代。固然这个没有被明确的修习对象只能是官话，接到上谕的地方官员显然也是这样想的，因此各地正音书院都以“训官音”为主要职能。但如前文所述，官话通行于从东北到西南广大区域，也存在很多不同的次级方言。事实上，广东仕子为应付殿试，准备科考时往往将修习官话作为其中一项内容，问题在于他们延请的教师多来自广西桂林、柳州一带，这些地区通行的西南官话本身就与以北京为中心的华北官话有较大差异。这样，他们的话在皇帝听来“不可通晓”，也并不奇怪。没有具体的语言标准，没有有声教材，没有精确的注音方法，各地建立正音书院以后，这种情况并没有根本的改变。

其三，在科举制度下，整个教育机制都是围绕科举运行的。参加科举，进入仕途，是旧中国读书人的唯一目标。如施鸿保所言：“按《说文》已云：闽人禽声而鸟语。至今将二千年，虽名儒继起，文化大隆，而乡音相习，终不可改。”可见是否掌握官话，对仕子实现其目标并没有多大影响。因此，正音书院不被地方有司重视，“任其堕废”，仅存的正音书院也“改课诗文”，就很容易理解了。

---

① （清）施鸿保：《闽杂记·正音书院》，见《闽小纪·闽杂记》，第41—42页。

这种情况直到20世纪初，现代教育体制在中国建立以后才得到改变。20世纪初对中国来说是一个转折性的时期。清末，中国这个古老而自大的帝国面对强大的外来压力，意识到自己的落伍，尽管仍难以摆脱“中西体用”之争等思想观念上的束缚，在强调“古今中外，学术不同，其所以致用则一。欧、美、日本诸邦现行制度，颇与中国古昔盛时良法相同”[①]，遮遮掩掩的同时也开始了教育制度改革。1902年，张百熙主持制定的《钦定学堂章程》颁布实施，主要参考日本学制，确立了相对完整的学校体系，教育内容从四书五经改为文学、算术、物理、化学等现代学科，这是中国现代教育体制的开端。1903年，依据《学堂章程》，官话列入师范和高等小学教程。官话课程每周授课一次，内容以会话和听力为主，以《圣谕广训》为教科书。《学堂章程·学务纲要》第24条阐述了设置官话课程的意义[②]：

> 各国言语，全国皆归一致；故同国之人，其情易洽，实由小学堂教字母拼音开始。中国民间各操土音，致一省之人彼此不能通语，办事多扞格。兹以官音统一天下之语言，故自师范以及高等小学堂，均于国文一科内，附入“官话”一门。
>
> 使习通行之官话，期于全国语言统一，民志因之团结。

这次推行官话的行动，目的与意义和雍正年间在闽粤两省的官话教习显然不同。官话不再仅仅被视为一种交流工具，而是用之以“统一天下语言”，使“民志因之团结”，其意识形态意义显而易见。官话课程此时被纳入教育体系，并非偶然。这是清末语言改革运动的一部分，也是东亚各国走向现代民族国家的道路必然要迈出的一步。京师大学堂总教习吴汝纶赴日考察后在给张百熙的信中主张以北京音为标准统一国语，并打算用王照的“官话字母”作为统一国语的工具。正是在他的影响下，张百熙等人把官话列入了学校的教学课程。

王照，直隶宁河（今天津市）人，积极参与百日维新，失败后一度流亡日本，后回到天津。1900年，王照在天津著成《官话合音字母》，以官话为标准音，采用汉字偏旁为字母，因模仿日文假名字母而成，也有人称之为“假名式”拼音。他主张“语言必归画一”，并强调拼写“北人俗话”，反对拼写“文话”。同时，他还批评汉字书写繁难，“后世文人欲借此以饰智惊愚”，加大了汉字学习难度，不利于教育普及。1903年，他在北京设立官话字母义塾，成为最早在民间推行汉语拼音的学堂。重印《官话合声字母》凡例对官话进行了定义：“余谓‘官’者，‘公’也，官话者公用之话”，指出官话不等于北京土话：

---

① 《清史稿》志八十二，上海古籍出版社1986年版。

② 张百熙、荣广、张之洞奏定《钦定学堂章程》，民国排印本。

“殊不知京中市井小有土语，与京中通用之官话自有不同，不得借此黜彼也。”该凡例还出现了“国语”一词[①]。可以说这些都和后来的普通话定义有着惊人的相似。关于汉字繁难的批评，则与从“五四”时期到中华人民共和国建立之初文字改革中的主流观点几无二致。

几乎在同一时期，日本正向民族国家迅速转变，上田万年等接受了欧洲语言学教育的学者学成回国，一直在民间热烈讨论的国语问题，通过文部省对语文教育的直接指示（如1900年修改小学校令后实施的假名表音）、1902年国语调查委员会的设置等，也逐渐被纳入国家体系，向“国家的语言”转变。此时的明治政府正在逐渐将日本建成一个由“民族”构成的“国家”。这一时期日本的语言文字改革是由政府实施的官方行为，即“官方民族主义”的萌芽[②]。在此种形势下，吴汝纶赴日考察回国后向主持学政的大臣张百熙进言，提议以北京音为标准，采用官话字母统一国语，并将官话列入学校正式教程，其中来自日本的影响不言而喻。

另从王照的一系列努力中，也很容易看到日本的影响。《官话合声字母》1900年成书后，于1901年在东京出版；重印本凡例中使用的“国语”一词，就是明治维新以后出现的和制汉语词。王照流亡日本时，日本国内正在就“国语国字问题”展开热烈讨论。发生在19世纪末的这次关于国语的讨论，被定性为“明治以后，作为追求西欧式现代化的文化、社会政策之一而出现”[③]。讨论除了日语标准语的指定和语法的制定等确定“国语”的具体问题外，还有关于汉字存废的议论。在19世纪欧洲语言学理论的印象中，音义分离的汉字是一种尚未完全进化的文字。明治维新后，以建设欧式现代民族国家为目标的日本在引进欧洲语言学理论的同时，将文明的发展程度和语言的发达程度直接挂钩，出现了前岛密等提倡废除汉字的主张。但提出废除汉字的原因并不仅仅在于文化上的劣等感，很重要的一点就是汉字难学难记，不利于教育普及。矢田部良吉在“以罗马字拼写日语论”中曾说：“使用简单的罗马字，进而能用其语言进行表达，自是则新思想、新言论可得纵横自在，遂得与西洋诸国共进开化之域。”[④]显然，主张废除汉字改用表音文字，目的是为吸收西洋的先进文化，收文明开

---

① 费锦昌主编：《中国语文现代化百年记事》，语文出版社1997年版，第8、10—11页。

② 参考宫西（藤井）久美子「中国における文字の表记法改革と「民族」概念」，『ことばと社会』，三元社，2001年，第61—100页。

③ 安田敏郎「日本における『国语国字问题』の构図」，『ことばと社会』，三元社，2001年，第6页。

④ 转引自宫西（藤井）久美子「中国における文字の表记法改革と「民族」概念」，『ことばと社会』，三元社，2001年，第64页。

化之功。从王照的观点来看，他受到这些动向和主张的影响颇为明显。

官话正式列入学校课程，制定了标准和注音方法，明确提出统一全国语言的教学目的，设置了具体的实施机构和体系并在现实中得到执行，可以说这是中国语言统一运动的开端。此后，王照又进行了一系列以字母为工具推广官话的运动。他的主张得到清朝官员尤其是权臣袁世凯的支持。1904年，袁世凯下令保定蒙养学堂、半日学堂、驻保定各军营试教官话字母。同年，王照为军队学习官话字母，著《对兵说话》并在保定出版，后又在保定创办拼音官话书报社。这一年，不少人就官话字母推行问题上书袁世凯，支持和反对者各陈己见，袁世凯把这些呈文批给直隶学务处研究，几个月后学务处复文认为官话字母“一则可为教育普及之基，一则可为语言统一之助”，批评了反对推行官话字母的意见，并提出具体推行办法，得到袁世凯“奏请颁行”的批示。次年，王照将拼音官话书报社迁往北京，出版了多种用官话字母排印的各科知识读物，开始发行《拼音官话报》。同年，河北大名县知事严以盛创办官话拼音学堂，并将办学经过呈报袁世凯，称拼音学堂之设，经费无多，开化最易。北京、保定、天津等处均已盛行①。

虽然官话字母的推行在袁世凯支持下呈现出较好形势，以官话字母为工具统一全国语言的运动似乎被纳入了国家体系。但事实上，王照的这些活动都是在袁世凯的势力范围内进行的。在这样的背景下，大名县创办拼音学堂，并特为此事呈报并非主管学政的袁世凯，很难使人不怀疑该县知事是否欲以推广官话字母博取袁世凯的欢心。

同一时期，除王照外，还有其他人也在探索汉语的注音方法，尝试文字改革。如田廷俊以数码作为文字记号的准切音字方案《数目代字诀》（1901）以及汉字笔画式切音方案《拼音代字诀》和由拉丁字母对音方案的《正音新法》。劳乃宣在官话字母基础上著《增订合声简字谱》和《重订合声简字谱》，拼注南京音和吴音（1905）。朱文熊拟定《江苏新字母》方案，并将汉语分为“国文（文言文）”、“普通话（各省通行之话）”和“俗语（方言）”三大类。刘孟扬于1908年拟定拉丁字母切音字方案，著《中国音标字书》，欲以此解决汉字长期以来难以解决的三大问题：统一语言问题、译名问题和普及教育问题。同年，马体干制甲骨文式切音字方案，著《串音字标》。1909年，刘世恩自创一套符号，拟定拼写北方官话的切音字方案。上述这些尝试大都没有得到清政府认可，掌管教育的学部基本采取不理会的消极态度。王照推行官话字母10年，虽一度得到袁世凯支持，官话字母传习至13省，“编印之初学修身、伦理、历史、地理、地文、植物、动物、外交等拼音官话书，销至六万余部”。但因

① 费锦昌主编：《中国语文现代化百年记事》，第8、12—13页。

《拼音官话报》得罪了摄政王载沣，导致官话字母遭到被查禁的厄运。虽经王照等人上书资政院请愿，资政院多方努力，包括要求把“官话”正名为“国语”、通过提案要求迅速筹备施行推广官话简字等，也未能改变学部的态度。直至1911年清政府灭亡前夕，中央教育会议召开，学部大臣交议的议案中有“国语音韵例释”一案，但议而未决。会员王劭廉等提出《统一国语办法案》，提出语言调查、选择标准和编纂课本、审定音声、定音标、传习等方案，并提议规定教学使用官话。这一方案虽获得通过，但因清廷覆灭而没有实施[①]。

王照等语言统一和文字改革的发起人，在自觉意识层面上还没形成明确的“国家”意识，没有把语言文字和国家直接联系起来。如前文所述，创造并积极推行官话字母的王照，提议将官话列入学校教育课程的吴汝纶都在一定程度上受到日本影响，但这一点却和日本有很大不同。以日本国语思想的创始人上田万年为例，他在1894年一次题为“国语与国家”的演讲中，明确提出统一、独立的语言对于国家形成的重要性，称日本语为日本人的“精神血液”，是日本人作为“精神同胞”的表现，日本国体因统一的语言得以维持，日本人种因而得以团结一致、永不散乱[②]。与此相对，王照等人主要着眼的还是统一语言在教育、出版方面的意义。

在这个阶段，语言统一运动虽迈出了第一步，但距离为中国走向现代民族国家提供前提还有相当距离。然而，“国语”一词自此登上历史舞台。民国成立后，由国家主导的语言统一运动正式开始。首先将民族意识与语言统一明确联系起来，并预言方言会因此消失的是孙中山。在《中国之铁路计划与民生主义》中，他发表了如下看法：

> 今后将敷设无数之干线，以横贯全国各极端，使伊犁与山东恍如毗邻，沈阳与广州语言相通，云南视太原将亲如兄弟焉。迨中国同胞发生强烈之民族意识，并民族能力之自信，则中国之前途，可永久适存于世界。盖省区之异见既除，各省间不复时常发生隔阂与冲突，则国人之交际日增密切，各处方言将归消灭，而中国形成民族公同自觉之统一的国语必将出现矣。[③]

1912年8月，中华民国尚未正式成立，南京临时政府教育部就在北京召开临时教育会议，通过《采用注音字母案》，决定先从统一汉字读音着手，实施国语教育。同年12月，筹备召开读音统一会，制定公布《读音统一会章程》，阐明该会主要任务是：（1）审定国音：“审定一切字音为法定国音”；（2）核定

---

① 费锦昌主编：《中国语文现代化百年记事》，第8、9—22页。

② 上田万年：「国语と国家と」，参考大阪大学大学院文学研究科准教授冈岛昭浩主页所录全文。

③ 《孙中山全集》第二卷，中华书局1985年版，第490—491页。

音素："将所有国音均析为至单至纯之音素，核定所有音素总数"；（3）采定字母："每一因素均以一字母表之"。同时，组建由教育部及各省选派人员组成的筹备会，隶属教育部，聘吴稚晖为主任。

1913年2月，读音统一会正式召开会议，审定国音。这次会议所定国音称为"旧国音"，除以北京话为准的阴阳上去四声外，还保留了入声为第五声；正式通过把"记音字母"作为拼写国音的字母，并定其名为"注音字母"，议定了由教育部设立国音字母传习所、核定公布注音字母、把初等小学"国文"课改作"国语"、中学师范国文教员及小学教学必须用国音授课、小学课本及通告等一律标注国音等具体推行方法。因袁世凯篡权，直到1918年注音字母才得以正式公布。这是第一个以国家专门机构名义正式公布的汉语拼音方案。1919年4月，国语统一筹备会成立，简称国语统一会。同年11月，在该会第一次大会上，刘复、周作人、胡适、钱玄同等提出《国语统一进行方法》，主张"国民学校全用国语，不杂文言"，并请颁行新式标点符号。国语统一、言文一致和文学革命运动自此完全合流。次年，"中华国音留声机片"在上海发行；再次年，商务印书馆制作"国语留声机片"，国语语音教材诞生。1924年，改以北京语音为标准，废止入声，改五声为四声，重新制定"国音"，俗称"新国音"。1928年，中华民国大学院（原教育部）正式公布《国语罗马字拼音法式》，用罗马字拼音代替注音字母。1932年，《国音常用字汇》正式公布，明确采用以北京语音为标准的"新国音"。

由于当时特定的历史和文化背景，读音统一运动的目的并非单纯的统一语言，而是始终伴随着汉字拼音化的努力，甚至可以说以汉字拼音化为目的。在国语统一运动和文学革命中都极为活跃的钱玄同，正是废除汉字的急先锋。1918年，他在《新青年》杂志第四卷第四号发表《中国今后之文字问题》，认为"欲使中国不亡，欲使中国民族为二十世纪文明之民族，必以废孔学、灭道教为根本之解决，而废记载孔门学说及道教妖言之汉文，尤为根本解决之根本解决"。最初他主张以世界语代替汉语，意识到推行世界语不可能一蹴而就以后，改为废除汉字，采用拉丁字母。1923年中华民国国语研究会《国语月刊》出版《汉字改革号》特刊，发表了钱玄同的《汉字革命》、黎锦熙的《汉字革命军前进的一条大路》、赵元任的《国语罗马字母的研究》、蔡元培的《汉字改革说》等文。钱文批判清末开始的切音字运动不主张废除汉字是《灰色的革命》，其他论文也都主张废除汉字，采用罗马字母①。

汉字拼音化的思想背景既有对汉字书写繁难、不利于教育普及的批判，也有象形文字相对于表音文字的劣等感，还有对阶级平等、世界大同的向往。除

① 费锦昌主编：《中国语文现代化百年记事》，第23—55页。

了在北京为汉字拼音化大声疾呼的钱玄同等人，当时在苏联的瞿秋白、吴玉章等人也在苏联汉学家郭质生、史萍青等人协助下进行了中国文字拉丁化的尝试。受苏联语言政策影响[①]，瞿秋白等人并不赞成语言统一。对此，黎锦熙于1934年撰文表示反对，认为文字改革须建立在统一的标准语言的基础上。同年，国语罗马字促进会召开第一次全国代表大会，发表宣言，批评拉丁化新文字是“外国人越俎代庖”。尽管罗马字派和拉丁字派之间有种种分歧，但在汉字必须改革的观点上则是一致的。

这一时期，值得一提的是北京大学方言调查会的活动。1924年1月，方言调查会发表宣言，正式成立，制定了以国际音标为基础的记音符号，并用这套符号标注了14种方言作为实例[②]。该会是以当时的北大歌谣运动为背景，由歌谣研究会的成员发起的。歌谣研究会自1918年成立，在对歌谣进行搜集、整理的过程中，深感汉字在记录人民口头创作上的不足，提出了方言调查的必要性。最初对这一问题进行较系统讨论的是周作人。1923年在《歌谣》周刊第三十一号，周作人发表《歌谣与方言调查》，称歌谣为“方言的诗”，指出“歌谣里有许多俗语都是有音无字，除了华北及特别制有俗字的广东等几省以外，要用汉字记录俗歌实在是不可能的事，即使勉强写出也不能正确，容易误解”，并参照钱玄同的方法，尝试以罗马字对一首歌谣进行注音。歌谣研究会提倡方言调查，并非反对统一国语，而是强调方言调查对于完善国语的意义，指出了当时的国语语汇贫弱、文法不密的缺点[③]。容肇祖在同年12月发表《征集方言的我见》，也强调对方言下一个“总算账”以帮助完善国语，认为“由历史上，地方上产出种种不同的方言，我们为统一国语，为推行国语，为扩充国语，为改良国语，自然不该避免着一个结束方言的总算账，这是极可利用的”。容文一开头就提到当时的语言统一问题：“说到了歌谣，我们每每联想到一个方言的问题。或者以为我们现在是推行国语，力求言语上的统一，还说方言干什么呢？其实这话是一部分很对的，他以为国语神圣，我们只求推行，只求能得国语上的统一，便可达到我们国语神圣的目的。”[④] 由此可知，当时作为共同语的国语已在一定程度上有了神圣的光环，方言则作为其反面受到否定。此时的“国语”已与“国家”联系起来，被赋予了超出交流工具之上的意识形态意义。

---

① 列宁认为，“国语”的强制性制定是促使民族分离、独立的要因，反对强行统一语言。随着资本主义、民主主义的发展，最后语言将自然统一。斯大林认为，多种语言的存在不会影响国家统一，因此，苏联以各民族语言平等为原则，在各民族聚居地以该民族的语言为共同语，并保证在教育上使用民族语言的权利。

② 《方言标音专号》，《歌谣周刊》第五十五号，1924年。

③ 周作人：《歌谣与方言调查》，《歌谣》第三十一号，第1—3版，1923年。

④ 容肇祖：《征集方言的我见》，《歌谣》第三十五号，第1版，1923年。

方言调查会的活动只有短短数年，但作为我国运用现代语言学方法调查汉语方言的第一个学术团体受到后世方言学家的高度评价[①]。但北大歌谣运动作为中国民俗学运动的发端，由它派生的方言调查并没有成为从民俗学角度对方言进行研究的契机，令人遗憾。

如上所述，在中华民国时期的国语统一运动中，北京话被逐步确定为国语的基础，国语完成了从交流工具到共同语的质变，但这并不意味着它的推广取得了现实性的成功。从20世纪30年代中期起，中国陷入了长达十数年的战争，造成了共同语完善和推广的困难。此外，教育普及程度低，多数民众接触国语的机会少也是一个重要原因。中华民国成立后，虽然中国开始向民族国家发展，但在广大农村，自给自足的分散式小农经济并没有根本改变，跨地域交流合作稀少，使得作为交流工具的共同语对占人口绝大多数的农民来说毫无用处。直到1955年，中华人民共和国成立6年以后，情况仍是“首先，民族共同语还不普及，还有很多人不会说普通话，只会说方言；其次，文学语言的规范还不是十分明确，十分精密”[②]。正是在这样的背景下，开始了普通话的推广运动。

普通话推广运动

“普通话”一词至晚清已出现，但将共同语正式定名为“普通话”是在1955年。在1955年10月15日召开的全国文字改革会议上，教育部部长张奚若作了《大力推广以北京语音为标准音的普通话》的报告[③]，指出地域方言虽然存在，但由方言口语发展而来的共同的语言实际上已经逐渐形成了。这种事实上已逐渐形成的汉民族共同语，就是以北方话为基础方言、以北京语音为标准音的普通话。汉语作为整个语言（包括语法和词汇）来说，它的规范应当以经过文学语言（书面语言）加工了的北方话为基础；汉语的发音应当以北京语音为标准。这两点都是历史演变的结果。事实上，我们现在不能离开已经在全国流行的“白话”另外去寻找汉语的规范，也不能在北京语音以外去创造一种汉语正音的人工的标准。广播电台上每天说的话，就是这种普通话——用北京语音说的全国流行的普通话。大家也都同意，应该广泛地有系统地推广这种以北方话为基础方言、以北京语音为标准音的普通话——汉民族共同语。为方便起

① 詹伯慧主编：《汉语方言及方言调查》，湖北教育出版社1991年版，第32—33页；游汝杰：《汉语方言学教程》，上海教育出版社2004年版，第237页。

② 罗常培、吕叔湘：《现代汉语规范问题》，现代汉语规范问题学术会议秘书处编《现代汉语规范问题学术会议文件汇编》，科学出版社1956年版。

③ 张奚若：《大力推广以北京语音为标准音的普通话》，文字改革出版社编《推广普通话文件汇编》，文字改革出版社1985年版，第10—11页。

见，这种民族共同语也可以就叫普通话。

上述内容可以视为“普通话”被确定为汉民族共同语正式名称的标志。但此前，同年5月6日，刘少奇接见文字改革委员会主任吴玉章时就使用了这一说法①。因此，它在文字改革会议之前应该已在一定范围内使用，这次会议给予其共同语正式名称的地位是水到渠成。

新中国成立之初，语言文字改革的主要内容并非共同语的标准制定和推广，而是汉字拼音化。这一时期的汉字拼音化运动又称为“拼音文字运动”、“新文字运动”等。基本继承了民国时期以瞿秋白、吴玉章等人为代表的拉丁化新文字运动，早在正式宣布建国前数个月就已蓬勃开展起来。汉字拼音化的目的综合起来有两点：一是解决汉字难学难写的问题，以求尽快扫除文盲；二是将中国文字改造成“简易的、现代的、进步的文字”②。

这一时期的汉字拼音化运动继承了拉丁化新文字运动保留方言的主张，并没有和统一语言结合起来。1949年5月，浙江大学成立浙江大学新语文研究会，拟定了《浙江话拉丁化草案》。8月，吴玉章写信给毛泽东请示文字改革问题。信中提出文字改革的三原则：（1）中国文字改成拼音文字，以拉丁化的拼音为好；（2）各地方、各民族可以用拼音文字拼其方言，但同时要以较普遍的、通行最广的北方话作为标准使全国语言有一个统一发展的方向；（3）整理各种汉字的简体字。毛泽东将信转给郭沫若、马叙伦、沈雁冰审议，三人回信表示基本同意吴玉章意见，但提出方言拉丁化会成为全国语言统一发展的阻力，因此，拉丁化与国语运动应该作为同一件事来进行。9月，《人民日报》发表陆志韦《关于拼音文字的方案的意见》，对北方话、江南话和广东话三种拉丁化新文字作了介绍和批评，建议它们相互统一。另有一种折中的意见认为，“现在试行的拉丁化新文字应否补定，倒得看国内方言和少数民族语言的实际音韵系统来决定。就北方话的拉丁化方案来说，首先应该考虑的是应否标注声调的问题；其次就是它所用的符号跟其他方言和少数民族的音位有没有冲突的问题。我个人意见颇倾向于劳乃宣《简字全谱》以多包少的原则……推行时应按照当地的实际语音需要，抽出一部分来学习，不必普遍记忆本地方言用不着的音标。为解除文盲起见，从劳动大众着想，也应仿照苏联的办法，先从不同的方言或族语入手”③。

1950年7月，《人民日报》发表李立三翻译的斯大林于同年6月20日发表

① 费锦昌主编：《中国语文现代化百年记事》，第203页。

② 吴玉章1949年7月23日在全国教育工作者代表会议筹备会开幕式的讲话。见费锦昌主编《中国语文现代化百年记事》，语文出版社1997年版，第113页。

③ 罗常培：《中国语言学的新方向》，《新建设》第1卷第12期。转引自费锦昌主编《中国语文现代化百年记事》，第125页。

的新著《论马克思主义在语言学中的问题》，使当时中国语言文字改革的方向发生巨变。斯大林关于语言不是社会上层建筑，只有全民性、没有阶级性的观点改变了新文字工作者对语言及方言和民族语的看法，纠正了过去认为语言文字是上层建筑，方言可融合成为民族共同语的说法①。从此，语言统一问题被提上语言文字改革的议程。1955年3月26日，中国文字改革委员会拼音方案委员会召开第三次会议讨论标准音问题，通过“以北京语音为基础，加以适当调整”的意见。至此，普通话的语音标准基本确定。尽管仍强调统一语音是为实现汉字拼音化打基础，但语言文字工作由原来基本上是以拼音化为目标的文字改革，迅速地向简化汉字②和推广普通话并行的方向转变。

与此同时，主管语言文字改革的机构也日渐完善。1952年2月，中国文字改革研究委员会召开成立大会，1954年10月，第一届全国人民代表大会常务委员会第二次会议根据总理周恩来的提请批准设立中国文字改革委员会，为国务院直属机关之一。11月，国务院任命吴玉章为中国文字改革委员会主任，与胡愈之等五人作为常务委员③，这标志着语言文字改革正式纳入国家体系。1955年10月15日，教育部和文字改革委员会联合召开全国文字改革会议，确定了首先要解决的两个问题：通过《汉字简化方案》和推广以北京语音为标准音的普通话——汉民族共同语。此后，“汉民族共同语”的说法在一段时间内频繁出现，最终确立了普通话作为共同语的地位。同月25日，为期9天的文字改革会议刚结束，又召开了现代汉语规范问题学术会议。这次会议为统一语言，推广普通话提供了理论基础。郭沫若在开幕词中，为会议的讨论定下了基调④：

> 我们所提出的汉语规范化问题，那就是要确定汉民族共同语的组成成分尽可能的合乎一定的标准，那就是要根据语言发展的规律，采取必要的步骤使得这全民族的语言在语音、语法、语汇方面减少它的分歧，增加它的统一性。这个问题的提出并不是突然的，我们大家都知道，民族语言的统一是民族形成过程当中的必然的趋势。以往我们是听其自然发展的，可是，在今天因为有迫切的需要我们必须有计划地来促进它。……迫切的需

---

① 费锦昌主编：《中国语文现代化百年记事》，第132页。

② 1955年10月26日《人民日报》社论《为促进汉字改革、推广普通话、实现汉语规范化而努力》写道：“毛泽东同志在1951年指示：文字改革要走世界文字共同的拼音方向；但在实现拼音化之前，首先必须简化汉字，以利目前的应用，同时进行拼音化的各项研究和准备工作。”参阅《推广普通话文件汇编》，第22页。

③ 费锦昌主编：《中国语文现代化百年记事》，第190—192页。

④ 郭沫若：《现代汉语规范问题学术会议开幕词》，见《现代汉语规范问题学术会议文件汇编》，第1—2页。

> 要一个规范明确的、统一的民族共同语，以便于我们在一切的活动当中调节我们的共同的意识和行动。
>
> 汉语规范化主要的问题是在语音的统一方面。因为，汉语的语音分歧实在是太大了，这是汉民族共同语中的一个主要的缺点。关于汉语语音的统一，全国文字改革会议已经作出了很好的决议，那就是要大力推广以北京语音为标准音的普通话。

罗常培、吕叔湘的发言《现代汉语规范问题》则给出了现代汉语的具体定义，即作为民族共同语、作为文学语言的汉语。“规范”指的则是语言在语音、词汇、语法三个方面的标准。关于民族共同语和方言的关系，他们主张：“民族共同语是在某一方言的基础上发展起来的，基础方言的地区总是在这个民族的文化上政治上占重要位置的地区，基础方言也常常最能代表整个语言的发展趋势。但是无论怎样，民族共同语不会采纳基础方言的全部内容，基础方言里非常特殊的东西会被容留在民族共同语里边。同时，民族共同语在它的形成过程中也不断地从其他方言里吸取营养，逐渐把所有有活力的，为他的发展所不可缺少的东西都集中到民族共同语里……方言对于民族共同语的贡献逐渐减少，方言本身在民族共同语影响之下也将逐渐萎缩而终于消灭。但是这是一个很长期的工程。民族共同语的形成并不以方言消灭为条件，这两件事情在时间上是有先有后的。”① 与会的苏联、波兰、罗马尼亚等东欧社会主义国家的语言学家，为汉语的语言统一从语言学角度提供了一些具体的技术性意见，还从多方面说明了统一语言的意识形态意义。斯大林关于“马克思承认必须有统一的民族语言作为最高形式，而把低级形式的方言服从于自己”的理论被多次引用，强调民族共同语高于方言、领导方言的地位。

这次会议迎头碰上了民间文艺这个难题。除语言文字工作者，会议还邀请了广播、电影、戏剧等各行业的代表，会议期间安排了牌子曲、西河大鼓、相声等八个曲艺节目的表演。曲艺界代表侯宝林作了发言。同年 12 月号《中国语文》发表了《曲艺工作者应该怎样进行推广汉语规范的工作》一文，对会议上的曲艺表演从汉语规范化角度进行了总结。两者都主张曲艺可以并应该服从汉语规范化标准。但略作分析便可看出两者的不同。侯宝林认为，推广普通话不会限制方言戏、方言曲艺的自由发展，但“发展地方戏、地方曲艺并不是为了巩固方言，是为了逐渐发展它在语言方面服从规范化了的民族共同语。在语音上、语法上、词汇上，都是这样”，并举河南坠子、山东琴书、滇戏、豫戏、评戏的几位代表性演员的表演以及在北方上演的以绍兴官话演唱的越剧为例，

---

① 罗常培、吕叔湘：《现代汉语规范问题》，见《现代汉语规范问题学术会议文件汇编》，第 4—22 页。

认为“他们演的都不是北京戏，可是大部分人都听得懂，听得懂的原因就是由于这些位名演员都发展了地方戏，使地方戏在艺术上提高了，更重要的是他们把地方戏舞台语言的特殊性转变为共同性了，就是字音有了变化，逐渐向普通话靠拢”[①]。但“曲艺工作者应该怎样推行推广汉语规范的工作”一文对相声中取消了“羊肉床子”、“猪肉杠子”等北京土话给予高度评价，表示要“向曲艺工作者致敬，他们没有认为语言是地方性艺术形式的突出特点，万万变不得；他们认为人不是不能为力的，所以勇敢地做出了大胆的人为的改革”。同时又批评“有些曲艺工作者对于推广普通话的必要是认识的，但是他们的语言还不很够标准、纯洁和健康”。“在这次的演出里，我们还发现了从优秀的演员的嘴里唱出来不应该读尖音的尖音。曲艺的作家虽然没有大量地使用‘地流平’、‘马走战’等毫无道理可讲的构词方式，但是‘开言有语把话明’之类的套子还没有能够连根拔出去。古语和现代语的混用，文言词和口语词的夹用……唱词里既有像‘梢公’那样的旧词，又有像太‘简单’的‘简单’那样的新词，让人听来总觉得有些不太调谐。”[②] 这显然是将语言规范摆在了最高位置，要求曲艺表演在一切层面服从于这种规范，抛弃一些在长期发展中形成的表演方式。

更严重的问题在于没有参加这次会议表演的一些曲艺和戏曲种类。参加表演的曲艺节目都来自北方方言区，在侯宝林举的例子中，这些以语言为主要表演形式的民间艺术，只有为适应北方观众而改用绍兴官话、在北方表演的越剧来自非官话方言区。流行于其他方言区而有代表性的民间文艺，如以客家方言演唱的赣南和粤北采茶戏、以闽方言演唱的莆仙戏和歌仔戏、以粤方言演唱的粤曲和粤剧等，都完全没有进入讨论。其中像粤曲和粤剧这样，演唱声调和日常口头语言几乎完全相同的曲艺和戏曲形式，无论如何不可能做到改变字音，向普通话靠拢。

尽管会议曾尝试证明以方言为载体的民间文艺和民族语言统一之间并不矛盾，在实际的推广活动中却也没有采取一刀切的方式，而是为方言广播和民间文艺留下了一定的空间。例如，广播事业局在《关于推广普通话的指示》（1956年4月3日）中，除强调广播作为推广普通话的有效手段，要承担起帮助听众学习普通话的工作以外，还就方言播音作出以下指示：“方言分歧较大的地区的地方台还应该采取一些积极的措施，比如同一节目，用普通话播送后

① 侯宝林：《在汉语规范化运动中作一个勇敢的有决心的宣传员》，见《现代汉语规范问题学术会议文件汇编》，第170－171页。

② 吴晓玲：《曲艺工作者应该怎样进行推广汉语规范的工作》，见《现代汉语规范问题学术会议文件汇编》，第299－303页。

再用方言播送，或方言播送后再用普通话播送，使方言广播的听众有更多的机会学习普通话。在听众一般都能听懂普通话的时候，就不用方言播音。”“绝不应把方言播音节目和地方戏曲广播节目混为一谈，而不适当的大量地减少地方戏曲广播节目的比重；也不应该不顾普通话在听众中普及的实际情况，过急地、不分步骤地大量减少方言播音的节目。”[①] 在《文化部关于贯彻国务院关于推广普通话的指示的通知》（1956年4月10日）中则有如下内容：“对于京剧、其他地方戏曲、地方曲艺、民歌等的演唱，目前不要用普通话去改变它们，但是可以在演唱它们的演员中逐步推广普通话。各地在这个问题上必须严格掌握，不要以对于话剧、新歌剧的要求，去要求京剧、地方戏曲、地方曲艺、民歌，以免发生混乱。”[②]

尽管有各种在实际使用中难以克服的问题，普通话作为一种抽象的共同体的共有语言开始了在全国的推广。两次会议结束后，《人民日报》发表社论，解放军、教育部、中华全国总工会、铁道部、高教部、广播事业局、文化部、共青团等相继发出关于推广普通话的文件。1956年2月6日，国务院下达《关于推广普通话的指示》；同年3月12日，中央推广普通话工作委员会在北京举行第一次全体会议并宣告成立，陈毅任主席；17日，北京市推广普通话工作委员会成立；27日江西省推广普通话工作委员会成立；4月，广东、浙江、安徽的推广普通话工作委员会分别成立。其后，各省纷纷设立负责普通话推广的专门机构，推广民族共同语的网络在全国铺开[③]。根据文字改革委员会主任吴玉章的报告，从1955年全国文字改革会议决定推广普通话起，至1958年初短短两年多时间，有22个省市设立了推广普通话的机构。至1957年底，全国受过普通话语音训练的中小学和师范学校教师有72万余人，通过广播学习过普通话和拼音字母的有数百万人。从1956年秋季起，全国小学一年级开始教学普通话，中学和师范学校学生也在汉语课中学习了普通话[④]。以推广普通话为目的，还在全国多数省市开展了方言调查，编写出版了多种针对具体方言区的普通话学习手册[⑤]。教育部、文字改革委员会和各省市编制的普通话教材、读物销售500多万册，各种教学留声片销售100多万张，教育部和科学院合办的

① 《广播事业局关于推广普通话的指示》，见《推广普通话文件汇编》，第46页。

② 《文化部关于贯彻国务院关于推广普通话的知识的通知》（节录），见《推广普通话文件汇编》，第49—50页。

③ 费锦昌主编：《中国语文现代化百年记事》，第224—233页。

④ 吴玉章：《关于当前文字改革工作和汉语拼音方案的报告》，见《汉语拼音方案草案讨论集》第四辑，第172页。

⑤ 部分是从20世纪30年代国语推广运动中用过的手册改编的。如1951年出版、1955年两次重印的王力著《广东人怎样学习普通话》，文化教育出版社。

普通话语音研究班，为各省市培养了550多名推广普通话的骨干。

与此同时，汉语拼音方案经多次讨论和实验，逐渐成熟，1956年2月发表汉语拼音方案第一个草案，广泛征求意见。除在各级政协和邮电、铁道等部门组织讨论外，还收到全国各方面人士和海外华侨华人的书面意见4300多件。这些意见后大多收录在《汉语拼音方案草案》讨论集，先后共出版四辑①。1957年11月，汉语拼音方案经修订后，由国务院公布，1958年由全国人大正式通过。关于其制定目的，吴玉章指出："汉语拼音方案不是汉语拼音文字。汉语拼音方案的主要用途是给汉字注音和拼写普通话，以帮助识字、统一读音和教学普通话，目的在于便利广大人民的学习和使用汉字。"关于汉字拼音化，他又说道："至于汉字的前途问题：它是永远不变还是要变呢？他是在汉字固有的形体范围内变化，还是被拼音文字所代替呢？这些问题我们现在还可以不忙去作结论。我们认为：汉字总是要变的，拿汉字过去的变化就可以证明，将来总是要走世界共同的拼音方向。而且可以说，世界各个民族的语言和文字，将来总有一天会逐渐接近和统一。但是这些都不属于当前文字改革的任务的范围……"② 虽然在同一时期汉字必须改革的议论仍异常激烈③，但作为长期从事拉丁新文字运动的新文字工作者，吴玉章在这个问题的立场已表现出一定程度的缓和，汉字拼音化暂时让位于普通话的推广了。

第一次全国文字改革会议宣布推广普通话，现代汉语规范问题学术会议为统一民族共同语提供了理论支持以后，文字改革就已开始让位于普通话推广。1955年10月26日，《人民日报》发表题为《为促进汉字改革、推广普通话、实现汉语规范化而努力》的社论指出："在目前最迫切的一项工作，就是推广汉民族共同语，同时力求汉语的进一步规范化。……推广普通话和汉语规范化的工作是同文字改革的工作不可分离的。但是，推广普通话和实现汉语的规范化绝不只是为着文字改革。无论为了加强汉民族的政治、经济、文化的统一，为了顺利地进行社会主义的建设，为了充分的发挥语言在社会生活中的交际作用，以至为了有效地发展民族间和国际间的联系、团结工作，都必须使汉民族共同语的规范明确，并且推广到全民族的范围。"于是，普通话就摆脱了作为汉字拼音化的一个步骤从属于文字改革的性质，而是确立了民族共同语地位，完全与民族统一结合起来。

随着普通话推广工作的实质性开展，1958年7月25日，中央推广普通话工

---

① 文字改革出版社编《汉语拼音方案草案讨论集》第1—4辑，文字改革出版社1957—1958年版。

② 吴玉章：《关于当前文字改革工作和汉语拼音方案的报告》，见《汉语拼音方案草案讨论集》第四辑，第174页。

③ 参阅《文字改革笔谈》第1、2辑，文字改革出版社1958年版。

作委员会和教育部联合举办的第一次全国普通话教学成绩观摩会在北京举行，从全国25个省、市、自治区选拔的在教学和推广普通话工作中成绩优秀的师生和教育行政工作者共141人参加了会议。1959年、1960年、1964年，又相继举办了三次全国普通话教学成绩观摩会，表彰了一些开展普通话推广工作较积极的地区和个人①。共青团中央书记处书记杨海波在第三次观摩会上讲话，强调青年和少年儿童在推广普通话中的作用和责任，鼓励少年儿童“遵照毛主席‘好好学习，天天向上’的教导，努力学好普通话，做‘毛主席的好孩子、做推广普通话的小尖兵’”。

中国文字改革委员会副主任韦悫在第二次观摩会的工作座谈会上有一段讲话，可视为普通话超出汉民族范围，成为中国全民共同语的信号：“普通话是汉民族共同语，同时正在发展为全国各民族的共同语言。讲普通话就可以养成整体观念和全国一盘棋的思想。”② 实际上，从1955第一次全国文字改革会议起，几乎每次重要会议和大规模的语言文字改革讨论，汉民族共同语与少数民族的问题都会被涉及③。但这些讨论多限于汉民族统一语言后，将为少数民族与汉民族的交往带来便利，像韦悫讲话那样，在公开场合明确将少数民族也划入普通话推广的对象范围，并将之与“整体观念和全国一盘棋的思想”联系起来，还是第一次。从此，普通话向全国范围的共同语迈出了一大步。

“文革”十年，普通话的推广、汉语的规范化和汉字简化工作全部停止。1977年才重新全面开展这些工作。1982年，第五届全国人大通过的《中华人民共和国宪法》第19条规定：“国家推广全国通用的普通话。”普通话作为国家共同语的地位正式以法律形式确立。1984年10月，文字改革工作座谈会在北京召开，据座谈会报告，直到1984年，中央推广普通话工作委员会还没有恢复。全国只有少数几个省市设有文字改革、推广普通话机构④。尽管如此，推广普通话的工作仍在各地开展。随着计算机时代到来，汉字的信息化处理也受到了极大重视。

1986年，全国语言文字工作会议在北京召开，国家语言文字工作委员会主任刘导生作了题为《新时期的语言文字工作》的报告，对从民国初期开始的汉

---

① 费锦昌主编：《中国语文现代化百年记事》，第255—308页。见《推广普通话文件汇编》，第69—105页。

② 韦悫：《推广普通话的师资培养问题和宣传要点》，见《推广普通话文件汇编》，第87页。

③ 中央民族学院第四教研组（苗瑶语）教员吴涤平在全国文字改革会议上的发言《汉语规范化，是少数民族人民所最关心的问题》，见《普通话论集》，第95—97页。吴昌：《汉语规范化对兄弟民族学习汉语的意义》、马学良：《关于少数民族学习普通话的问题》，见《现代汉语规范问题学术会议文件汇编》，第164—167、175—177页。

④ 《关于文字改革工作座谈会情况的报告》，见《推广普通话文件汇编》，第2页。

字拼音化以一种委婉的方式予以否定："……现行的《汉语拼音方案》不是代替汉字的拼音文字，它是帮助学习汉语、汉字和推广普通话的注音工具，并用于汉字不便使用或不能使用的方面。"关于汉字的前途问题，刘导生引用周恩来1958年《当前文字改革的任务》的报告，认为汉字是向着汉字自己的形体变化呢，还是被拼音文字代替呢？是为拉丁字母式的拼音文字所代替，还是为另一种形式的拼音文字所代替呢？现在不忙作出结论。汉字的前途如何，中国能不能实现汉语拼音文字，什么时候实现，怎样实现，是将来的事情①。对汉字拼音化的否定显然遭到不少人反对。对此，胡乔木在闭幕式的讲话、全国语言文字工作会议秘书长陈章太的总结发言都明确表示了对刘导生意见的支持。至此，普通话和汉语拼音完全摆脱了与汉字拼音化的关系，还原了它作为民族共同语的真正身份。

此外，国家教育委员会副主任柳斌在题为《教育战线要重视语言文字工作》的报告中指出："……推广普通话的目标是全国通用，使普通话不只成为汉民族使用的共同语，也要成为各族人民之间交际的语言工具，各民族在使用自己的语言之外，还会使用普通话，这对于各兄弟民族之间互相团结和互相学习，发展各民族的经济、文化，都是需要的，是完全符合我国各民族的共同利益的。"与上述韦悫的发言结合起来，普通话作为全国共同语的身份显然已非常明确。几乎同一时期，费孝通提出了著名的"中华民族多元一体"理论②。如果我们将"中华民族"视为一个想象的共同体的话，那么，普通话就是这个想象的共同体所拥有的，统一、独立的民族共同语。

代结语

通过以上简单回顾，基本理清了中国的共同语推广运动的历史线索。从清末官话到民国的国语，再到新中国的普通话，中国的共同语伴随着中国建设现代民族国家的历史走过了100多年的历程，既是语言和社会发展演变的结果，又是人为选择和创造的结果。今天，汉语拼音已成为在小学语文教学中学习汉字读写的有效手段，同时也成为计算机汉字输入的主要工具。作为在粤方言区出生长大的广东人，笔者在国内到过的任何地方包括偏僻山区和一些少数民族地区，都很少碰到由于方言或民族语言隔阂无法沟通的情况。大多数与笔者同龄、受过教育的中国公民无论家乡在哪里，从小使用哪种方言，基本都养成了在读写时使用普通话的习惯。

---

① 刘导生：《新时期的语言文字工作》，见《新时期的语言文字工作——全国语言文字工作会议文件汇编》，语文出版社1987年版，第24页。

② 费孝通主编：《中华民族多元一体格局》，中央民族大学出版社2003年版。

但与此同时，中文互联网上涉及地域之争、方言之争的文章或讨论层出不穷，以至出现了“地域帖”这样的新词。“八卦（闲言碎语）”、“晒（炫耀、公开）”等粤语方言词不仅在网络流行，还频繁地出现在报纸等传统媒体上。随着人口流动和地域交流的规模越来越大，普通话在作为共同的交流工具的同时，其与方言的关系在涉及地域认同的情况下往往会引起不同程度的摩擦和碰撞。对此，社会语言学关于语言意识和语言评价的研究成果，也许可以给围绕方言和普通话所发生的种种社会现象一个客观的、圆满的解释[①]。

① 可参考高一虹、苏新春、周雷《回归前香港、北京、广州大学生的语言态度》，《外语教学与研究》1998年第2期；陈松岑：《绍兴市城区普通话的社会分布及其发展趋势》，《语文建设》1990年第1期；宫本大辅「中国における言语评価—浙江省の大学生を例にして—」、神奈川大学21世纪COE年报4、2007年，第193—202页。吉冈泰夫「首都方言の威光と言语意识・言语变化」、『变容する日本の方言』、大修馆书店、1995年。西村浩子「方言禁止から方言尊重へ、そして方言継承へ—奄美诸岛における方言の扱いをめぐって」、『ことばと社会』、三元社，2001年，第164—184页。

中国的世界遗产政策与民俗文化*

［日］加治宏基

问题的提出

中国是仅次于意大利（41项）和西班牙（40项），拥有35项世界遗产的"世界遗产大国"（截至2008年1月），像北京皇宫建筑群、皇家园林、万里长城、澳门历史景观等很多世界级的文化遗产和遗迹，大都很容易转化为旅游资源。但本文关注的不是世界遗产带来的经济效益，而是力图从世界遗产政策和民俗文化方面探究其政治意义，讨论中国的世界文化遗产政策和以"和谐"为关键词的中国内外政策之间的关联性。

近年，中国政府提出了"构建和谐社会"的目标。2005年，胡锦涛在联合国大会发表讲演，又提出了建设持久和平与共同繁荣的"和谐世界"的外交方针。政府一系列政策的出台表明，中国的内政和外交政策是同步进行的。可以说，着眼于提高"软实力"、致力于振兴传统文化和展开文化外交的中国政府，把和谐理论注入了其世界文化遗产政策当中。致力于各民族，包括在民间文化层面的调和与共融，和谐理论对中国的内政外交已产生了深远的影响。

原本是作为国内政治目标提出的和谐社会理论，逐渐被应用到文化外交中。要理解这一点，就应将联合国教科文组织视为一个政治性的空间，虽然考虑到与经济社会领域，尤其是与教育和文化等领域相关联，该机构的政治性倒也不能与联合国其他机构等量齐观。联合国教科文组织的主要任务之一是认定和保护世界遗产，我们对其理念和实际运行均应特别关注。截至目前，全世界已有超过850项文化遗产、自然环境遗产及包括两者在内的混合项目被登记在世界遗产名录，其原初的意义是要对"明显地具有普世性价值的文化遗产及自然遗产"予以"认定、保护、保存、整理"，"确保它们能传给子孙后代"。由联合国教科文组织章程揭示的世界遗产的此种理念，应该说在多国主义或多元主义政治的范畴，也已成为一项重要"遗产"了。

不断刺激并导致联合国教科文组织政治化的各缔约国，基于各自的政策，

---

* 本文由中央民族大学民族学与社会学学院祁惠君副教授翻译。

努力确保和扩大本国利益，这是任何申请世界遗产登录的国家均无例外的。从世界遗产政策这一分析框架出发，既可以揭示各国“国情”在其对外政策上的影响，也可以揭示文化的政治影响力及其应用性。尤其在中国，不必举“文化大革命”那样的特例，文化及其相关行政几乎一直是作为政治的一翼而发挥功能的。对于国内各民族中产生的民俗文化的政策，也大体上同样。目前，在中国政治特有的自上而下的权威主义体制下，将民俗予以重构，并定义为非物质文化遗产的情形，正在全国各地展开[①]。

原本在民间层面被传承的民俗，近年来却逐渐地被置于联合国教科文组织所创构的所谓“非物质文化遗产”的框架之内。但就在包含法制建设在内的保护体系似乎初现“曙光”的同时，非物质文化遗产还由于政府根据国情的需要而被“升华”，并已经和正在被赋予新的分类和功能。通过对作为政策之创造物的民俗进行追问，就有可能对作为世界遗产申请国的中国的内外政策意图及其力学关系进行多角度的分析。而通过对中国的世界遗产政策的此类研究，反过来也能对考察联合国这一全球化舞台的政治性，进而对考察各加盟国的联合国外交的政治力学等，都给予参考。

世界遗产的分类、登录程序及基本理念

以“保护、保存具有明显的普世价值的遗迹和自然地域等，将其作为全人类共同的世界遗产，致力于确立国际协作和保护体制”为目标，联合国教科文组织 1972 年 11 月第 17 届总会通过了《关于保护世界文化遗产及自然遗产的条约》(Convention for the Protection of the World Cultural and Natural Heritage，简称《世界遗产公约》)。该条约于 1975 年 12 月生效[②]。稍后又制定了《履行世界遗产条约操作指南》(Operational Guidelines for Implementation of the World Heritage Convention)，明确规定了遗产登录的程序、评价标准等具体细则[③]。截至 2007 年 10 月，全世界先后有 141 个国家的 851 项遗产进入世界遗产名录，其中文化遗产 660 项，自然遗产 166 项，复合遗产 25 项。

---

① 周星：《从“传承”的角度理解文化遗产》，《中国非物质文化遗产》(第九辑)，中山大学出版社 2005 年版，第 49—52 页。

② 使文化遗产和自然遗产的保护一体化的意见，在 1972 年于斯德哥尔摩召开的“联合国人类环境会议”上取得了共识。当时，联合国教科文组织的专家们提出了关于文化遗产的国际保护条约草案，同时，IUCN 的专家们也起草了关于自然环境保护条约的草案。承担将两份条约草案予以统合的责任，联合国教科文组织和联合国人类环境会议委员会反复商议，最终确定了世界遗产条约的要点。历来被认为是相互对立的“文化”和“自然”之间是有紧密联系的，它们都是全人类的共同财富，应保护它们不受损伤、破坏的威胁。截至 2007 年 9 月，世界遗产国际公约共有 184 个缔约国。日本在 1992 年成为第 125 个缔约国。

③ Decision6 EXT. COM 5. 1，《履行世界遗产条约操作指南》。

世界遗产分为“文化遗产”、“自然遗产”和包含“文化遗产”与“自然遗产”两种属性的“复合遗产”。登录世界遗产名录，须符合表1所列各项标准中至少一项①，同时还须确保通过采取法律、法规等措施对其价值予以保护和保全，进而还应满足具备详细的管理计划等诸多条件。至于登录程序，也须经过《世界遗产公约》规定的各项手续。基于世界遗产委员会②的要求，自然遗产由IUCN（国际自然保护联合会），文化遗产由ICOMOS（国际纪念物遗迹协会），分别对缔约国推荐的候补项目（每年申请登录世界遗产的项目总数不超过两项，其中应有一项是自然遗产）进行调查和评估。一年一度的世界遗产委员会只集中讨论通过上述审查和评估的候补项目，并根据前述诸多条件审议，最终决定是否将候补项目列入名录。

表1 世界遗产的评价标准

1	是表现人类创造性才能的杰作
2	是某一时期、或属于世界某个文化圈，其在建筑物、技艺、纪念碑、城市规划、景观设计的发展等方面，显示出人类价值的重要交流
3	能够反映有关某现存的或已经消失的文化传统与文明的独特或珍贵的证据
4	能够说明人类历史之重要阶段的建筑样式，或建筑及技术的集合体，或是与景观相关的典范
5	能够赋予一种（或多种文化）以特征的人类的传统聚落或是在利用土地方面的卓越范例。特别是在那些因不可抗拒的历史潮流而濒临灭绝的情形下
6	与具有突出的普遍意义的事件、活的传统、观点、信仰、艺术作品或文学作品有直接或实质的联系

根据1972年的世界遗产公约，对物质文化遗产和自然环境遗产已确立了保护体系，但对非物质文化遗产和传统技能等的保护，此后并未在多国之间确立起有较强约束力的协议。于是，以通过“条约”这一法制体系建立对人类口承文化及非物质文化遗产的国际性保护为目标，2003年10月，联合国教科文组织第32届总会制定了《关于非物质文化遗产保护的条约》（Convention for the Safeguarding of the Intangible Cultural Heritage，简称《非物质文化遗产国际公约》）③。尽管非物质文化遗产和传统技能，并没有因为该条约的界定立刻被接受认可而成为世界遗产的分类之一，但它将以下五个领域规定为应被保护的

---

① 《履行世界遗产条约操作指南》第77节。自1977年第一届世界遗产委员会首次提出以来，每隔几年就对操作方针有所改订，但评价标准即便有所更新，其文意却没有太大变化。

② 根据世界遗产公约，设立了“保护世界文化遗产及自然遗产的政府间委员会”。委员会由缔约国中选出21个国家的代表组成，基本上每年召开一次会议，审议世界遗产名录的项目登录申请，制作濒危世界遗产名录，审查已经获准登录的世界遗产名录项目的保存状况，此外还对世界遗产基金的用途予以审核。委员国任期为6年，每两年改选其1/3的代表名额。

③ MISC/2003/CLT/CH/14.

对象：(1) 口头传统及其表现（包括作为非物质文化遗产之传承手段的语言在内）；(2) 艺能；(3) 社会的习惯、仪式及祭祀活动；(4) 关于自然及万物的各类知识、习惯；(5) 传统工艺技术。正是在这里，联合国教科文组织“发现”了作为非物质文化遗产的民俗[①]。

2006年1月，由于缔约国发展到30个国家，根据相关规定，非物质文化遗产国际公约于此后3个月生效。截至2007年10月，包括已批准、承认或承诺在内，该条约已得到86个国家的支持。联合国教科文组织展开的关于保护非物质文化遗产等的政策，把例如“保护传统文化与民间传承的宣言”和“正在消失的世界少数语言地图”等项目，也都逐渐纳入其中。特别是该机构自2001年以来，每两年公布一次，现已公布了三批“人类口承文化及非物质文化遗产杰作”（The Proclamation of Masterpieces of the Oral and Intangible Heritage of Humanity）名录，有关数据显示2001年有19项，2003年有28项，2005年有43项杰作先后被认定。认定“人类口承文化及非物质文化遗产的杰作”的标准是：(1) 具有显著价值的非物质文化遗产；(2) 在历史、艺术、民族学、语言或文学等任何一个方面具有显著价值，并表现为一般或传统的文化形式。作为对世界传统文化的表现形式和文化空间等予以保护的体制，非物质文化遗产国际公约的前言、第16条及第31条等，均作了相应的规范。

上文叙述了正在确立之中的非物质文化遗产保护体系的有关状况，接下来将考察贯穿于此种法制化和制度化趋向之中的世界遗产的基本理念。无论文化，还是自然，世界遗产公约对世界遗产名录所要求的登录要点（第Ⅰ章），始终坚持必须“具备显著的普世价值”（outstanding universal value）[②]；建立“濒危世界遗产名录”，并规定了缔约国出资旨在从事遗产保护活动的世界遗产基金等方面的义务（第Ⅱ－Ⅳ章）。特别重要的是，公约贯彻了联合国教科文组织宪章第一条提倡的任务，亦即“确切地保护、保存好作为全世界之遗产的图书、艺术作品及历史和科学纪念物等，并建议各相关国家的人民参与必要的国际条约”，这一点正与联合国教科文组织的使命相吻合。

非物质文化遗产国际公约的前言，明确指出了非物质文化遗产和物质文化遗产及自然遗产之间深刻的相互依存关系，提倡保护人类遗产的普遍思想及共同关注这一问题的重要性。同时，还特别强调了有关人权的一些国际文件，如1948年的《世界人权宣言》、1966年的《关于经济、社会及文化权利的国际协

---

① 周星：《从“传承”的角度理解文化遗产》，《中国非物质文化遗产》（第九辑），中山大学出版社2005年版，第49页；E. 霍布斯鲍姆、T. 兰格：《传统的发明》，顾杭、宠冠群译，厦门大学出版社2003年版，第1—7页。

② 《履行世界遗产条约的操作指南》，第49—53节。

约》、《关于市民的及政治权利的国际协约》等，指出1989年《联合国教科文组织关于保护传统文化与民间传承的建议》、2001年《关于文化多样性的世界宣言》以及2002年第三次文化部长圆桌会议通过的《伊斯坦布尔宣言》等，均不断强调和推进文化的多样性，要求充分考虑能够保证可持续发展的非物质文化遗产的重要性。显然，保护某种文化就等于保护了生活在该文化圈中人们的人权，这两者在某种层面上是相通的，而这一视角也正与联合国教科文组织的各项活动宗旨相一致。

无论物质文化，还是非物质文化，确立保护文化遗产的国际协作和援助体制，均是依据反映在联合国教科文组织两项国际公约之内的基本理念①。若从强调人类权利这一点来看，显然不能只有法律的整备和体制的建构，还应把重点放在不断充实软件方面。如联合国教科文组织宪章的前言开篇就写道："战争在人的心中产生，故必须在人的心中铸就和平的堡垒。"教科文组织的目的不外乎是联合国宪章确认的，"对世界各国人民均无人种、性别、语言和宗教的歧视，为促进对于正义、法治、人权以及基本自由的普遍尊重，通过教育、科学及文化，推动各国人民之间的协力，进而对人类和平及安全作出贡献"。上述两个有关文化遗产保护的国际公约，正是对联合国教科文组织之存在价值及其本质理念的具体化。

世界遗产是"为了全人类而有必要将其作为全世界之遗产的一部分保存下来"，它有"明显的普世价值"，并得到联合国教科文组织的认可。但当我们留意世界文化遗产的部分评价标准（如第2、3、5条）时会发现，在上述世界遗产理念里还包含了与一般理解不尽相同的侧面，亦即只有局部性价值的某些项目也有可能被认定为世界遗产，其价值的"普世性"其实是事后被赋予的，其合法性由世界遗产公约所保证。在此，可以发现有关世界遗产的联合国教科文组织之理念的模棱两可；缔约国也都是在接受了此种模棱两可之后展开其世界文化遗产政策的。结果便是各缔约国拥有世界遗产项目的登录差距和登录项目的不均衡等，这些确实也都是难以否认的事实。

出现此类情形有两个方面的原因，一是由来于世界遗产登录程序和确立该程序的国际公约等世界遗产体系本身存在的问题，二是各缔约国的政策巧妙利用了前述的"模棱两可"。关于中国的世界遗产政策，由于对其传统的政策意图已有其他论著讨论②，在此只集中分析其政策的转换及其原因。众所周知，

① 关于联合国教科文组织的理念，参见朱利安·哈克斯鲁莱著、上田康一译，联合国教科文组织丛书刊行会《联合国教科文组织的目的和哲学》，日本教文社，1947年。

② 参见拙文《有关世界文化遗产的联合国教科文组织的理念与登录申请国的政策意图——以中国为例》，《青年研究者研究成果报告论集 NO. 1》，爱知大学 ICCS，2006年，第1—6页。

在中国政治的内政和外交之间始终有着密切的关联性，但有关贯穿于其内政外交的和谐理念是如何被反映在中国的世界遗产政策之中的实证性研究尚很少见到。下文将对中国申请登录世界遗产的略历予以梳理，进而探讨在其世界遗产政策中逐渐被注入和谐理念的经过及其影响。

中国的世界遗产概况和政策

与曾退出联合国教科文组织的英美形成对比，中国在1985年11月批准加入了世界遗产公约，是第89个缔约国。1987年，中国的泰山、万里长城等6项世界文化遗产被正式认可，截至目前，中国已是位居世界第三位的“世界遗产大国”。但不难发现的偏重是在已登录成为世界遗产的项目中，约83%属于文化遗产。从全球看，在851项世界遗产中，文化遗产和自然遗产的比例约是4∶1，应该说并不均衡[①]；但在中国这一比例的不均衡甚至高达7∶1，并且丝毫看不出此偏重会有缩小的倾向。导致不均衡的原因主要是过热的登录申请。此外，也还存在完成登录后的保护管理并不很认真（重申报、轻管理）的情形[②]。近年来，中国政府在被屡屡论及的自然遗产保护工作中也采取了一些措施。2004年6月，胡锦涛给在苏州召开的第28届世界遗产委员会发去贺信，表达了“中国致力于保护世界遗产”和“促进人与自然和谐发展”的姿态[③]。

2002年12月，《中国世界遗产保护与管理跨世纪联合宣言》得以公布，其中指出《中华人民共和国文物保护法》（简称《文物保护法》）率先在国内相关法规中规定了保护世界遗产的内容[④]。该法1982年生效，经2002年改定，是一部包括对文化遗产、历史建筑及革命遗迹等文物保护单位进行认定、保护，对

---

① 以文化遗产为管理对象的ICOMOS，也从与环境保护问题的关联出发，反复讨论了如何克服不均衡的问题。第15届ICOMOS总会的决议指出，文化遗产的保护项目应包括环境影响评估；该决议还提到了近年的自然灾害和人类诸活动的因果关系，强调了对这些问题的重视。作为总结，最终通过了《西安宣言》。

② 1999年第23届世界遗产委员会表决通过了“自2001年起，各国每年只能推荐一件”，“每年登录的遗产总数在30件以下”的规定（WHC-99/CONF. 209/8）。2004年第28届世界遗产委员会通过了“自2006年起每年可推荐两件，但其中一件必须是自然遗产”的决议。

③ 《人民日报》2004年6月29日。国务委员陈至立在开幕式致辞说：“加强自然遗产保护已成为国际社会刻不容缓的任务。这是历史赋予我们的崇高责任，也是实现人类文明延续和可持续发展的必然要求。”2006年2月23日，建设部首次发表《中国国家自然遗产及国家自然文化复合遗产预备名单》，参见联合国教科文组织中国委员会“中国世界遗产网”（2006年8月10日）。

④ 最新的关联法规是2006年11月文化部部务会表决通过的《世界文化遗产保护管理办法》（中华人民共和国令第四十一号）。

违法者进行惩罚等内容在内的国内最高法规[①]。文物保护法第一章总则第一条，对其立法目的是这样写的："为了加强对文物的保护，继承中华民族优秀的历史文化遗产，促进科学研究工作，进行爱国主义和革命传统教育，建设社会主义精神文明和物质文明，根据宪法，制定本法。"第二条则与"具有历史、艺术、科学价值的古文化遗址、古墓葬、古建筑、石窟寺和石刻、壁画"相并列，把"与重大历史事件、革命运动或者著名人物有关的以及具有重要纪念意义、教育意义或者史料价值的近代现代重要史迹、实物、代表性建筑"等，也列入国家文物保护的对象。这两项条款如实反映了中国对文化遗产所持的态度，亦即以文物保护法为顶点的世界遗产关联法规，不仅是在世界遗产登录申请机制中寄托了中国政府的一部分政治性功能，而且还是将自古以来多种多样的"中华民族"的文化习俗一并归结为新中国政治理念的法律依据。对于中国政府而言，保护文化遗产不仅是要维系古代和现代中国之间的纽带，它还有助于在国民国家体系下致力于民族整合之行政功能的实现。

2003年，包括中国在内的世界遗产委员会将朝鲜民主主义人民共和国申请登录的"高句丽古墓群"付诸延期审议；但2004年，中国将其境内的"高句丽王城、王陵与古墓群"作为个别项目申报世界遗产获得成功。与此同时，"高句丽文化是中华文化的组成部分"这一说法被提出并得到广泛宣传[②]。可见联合国教科文组织是由各主权国家组成的联合国体系的一翼，中国政府通过使本国政策与教科文组织理念的巧妙对接，其对多民族国家统治的正当性也就被赋予了国际的合理性。

把边疆少数民族的有关项目登录为世界遗产的案例，此外还有1994年登录成功的"拉萨的布达拉宫历史遗产群"等，从中亦可看出在将其还原为"中华民族的传统文化"的同时，也具备了国际的合理性。上述两个案例均具有此类共同的特点。近年来，联合国教科文组织开始注重非物质文化遗产的保护，中国也出现了新的动向。在过去三次对"人类口承及非物质文化遗产杰作"的认定中，获准的中国项目是昆曲（2001）、古琴（七弦琴）演奏技能（2003）、新疆维吾尔族木卡姆艺术（2005）及蒙古族传统的长调（2005）共四项。值得注意的是，2005年的两项均为边疆少数民族的传统文化。在近年的报道中被一致认为接下来理所当然应予推荐的少林寺"少林功夫"突然遭到推迟，若从申请"人类口承及非物质文化遗产杰作"的程序来看，此种变化应该说反映了在

① 2002年10月，第九届全国人民代表大会常务委员会第13次会议表决通过。

② 魏存成：载胡长书、张侃主编《中国世界遗产》"第三章　文化遗产""第三节　古遗址"，华南理工大学出版社2004年版，第109页；国家文物局网站"中国的世界遗产"（2005年10月12日）等。

中央政府强力主导下，将边疆少数民族的民俗予以统合，使之成为中华民族非物质文化遗产的一种意向①。

新出现的动向是以非物质文化遗产的形式，致力于形成对于中华民族而言具有代表性和象征性的民俗。2004年5月8日，国家文物局指出，“端午节”是中华民族的传统文化遗产，这恰好是在韩国政府申报“江陵端午祭”为人类口承及非物质文化遗产杰作最为关键的时候②。屈原故里、湖北省岳阳市的文化局局长沈继安发言说：“应该坚持主权”，市政府应把“申遗”提高到政治的高度来认识和重视，并呼吁“全民总动员”参与“申遗”工作③。虽然联合国教科文组织有关负责人曾表示，可以探讨由两国共同申报的可能性④，但由于“端午节”的传统祭祀作为中华民族整体的民俗事象与韩国一个地区的“江陵端午祭”有很大的区别，结果是韩国方面申遗的项目获得了单独认定。这个例子可以说是中国国内的民族民俗也有可能在国际争论中成为话题的具体体现。

统合与保护国内各民族民俗的多样性，对中国政府来说具有两面性的意义。一方面是各种民俗的独自性、局部地域性的价值，往往有可能导致多民族国家常有的苦恼（统治的不安定）；另一方面，丰富多彩的各种民俗事象，又有可能被还原为“中华民族的传统文化”，并内涵着得以提出和谐之类理念的强韧的弹性。以国内的权力过渡为背景，就在2005年提出“和谐世界理论”的前后，古代高句丽王国的城市群与古墓群成功登录为世界遗产，新疆维吾尔族的十二木卡姆艺术和蒙古族传统长调也成功登录人类口承及非物质文化遗产杰作名录。而且，在2006年第30届世界遗产委员会上，中国成为唯一在文化和自然两个领域通过世界遗产登录的国家。这是中国的独自性、局部地域性价值被世界遗产委员会视为“人类显著的普遍价值”而得到支持的结果。为什么会有这种可能呢？下文围绕2004－2005年和谐政策及理论在中国的具体展开过程进行详尽的探讨。

“发现”民俗，并由国家“形构”非物质文化遗产

20世纪90年代中期以来，军费呈两位数增长及其不透明性导致国际社会对

① 少林寺住持释永信曾在北京记者见面会上表示，提交申报材料迫在眉睫，见《人民日报》2004年6月2日。文化部原计划在同年9月公布是否申报“少林功夫”，但直至第二年初，仍未发表最终的结果。另一方面，河南省却宣布将从事申报，见《人民日报》2005年3月2日。

② 联合国教科文组织中国委员会“中国世界遗产网”，2004年5月10日；《东方新报》2004年5月8日。

③ 《端午节列入别国文化遗产　岳阳坚决捍卫“主权”》，《时代商报》2004年5月8日；《民族精髓决不能丢！湖南打响“端午节”保卫战》，《人民网》2004年5月9日。

④ 《中韩端午节之争：跨国“遗产”双方可共同申报》，《京华时报》2004年5月16日。

中国产生了广泛的戒心①。中国为缓和国际舆论转变了对外政策，其最具代表性的便是“和平崛起”与“和谐世界”概念的提出，前者最初由郑必坚（中国改革开放论坛理事长，原中共中央党校常务副校长）创意，于2003年11月在博鳌亚洲论坛首次公开提出。2004年12月，温家宝在哈佛大学的讲话和胡锦涛在毛泽东诞辰110周年纪念座谈会的讲话，异口同声地强调并正式采用了和平崛起的口号。

“和谐世界”的概念，是2005年胡锦涛在第60届联合国大会提倡的外交方针。联合国大会是联合国外交的大舞台，也是各国政府领导人通过其一般演说或施政方针演说，向国际社会宣传其内政外交观点、政治课题及政策意向的重要场合。在胡锦涛当选为党中央总书记、国家主席、中央军事委员会主席，顺利完成中央领导集体新旧交接的背景下，从2005年3月起，由胡温体制提出了前所未有的新外交方针。对外为应对所谓“中国威胁论”提出和平崛起，多少有些被动，似乎也是适应外界的要求②，相比之下，“和谐世界”的提出则有浓厚的能动性色彩③。对内早在2004年9月“四中全会”就已提出“和谐社会”理念，“和谐世界”则是在其延长线上发展而来的④，就此而言，它自然也就多少包含了一些内政方面的政策意图。

围绕“端午节”与韩国发生的争论说明，“和谐世界”理念具有内政方面的政策意图，而在国内对民俗文化事象的不当处置也有可能引起不必要的民族冲突或争议。由于意识到这一点，中国政府遂提出了构建“和谐社会”的政治目标，试图通过“形成”中华民族的非物质文化遗产而促进国内各民族民俗的融合。和谐社会概念提出后仅三个月，以2004年12月批准《非物质文化遗产国际公约》为契机，政府的这一意图更加具体化了。2005年3月，国务院办公厅发布《关于加强我国非物质文化遗产保护工作的意见》，同年12月，国务院发出《关于加强文化遗产保护的通知》，这期间有关“和谐世界”的理念尤其得到了大力倡导。中山大学中国非物质文化遗产研究中心宋俊华副教授认为：由于所有的非物质文化遗产都具有个人和集体“身份”，所以，它们是“活态”文化，并构成“和谐社会”的基础⑤。

---

① 平松茂雄：《军事大国化中国的威胁》，时事通信，1995年。

② 有一个时期，郑必坚多次向国际社会解说中国作为负责任大国的立场。Zheng Bijian，“Peacefully Rising”to Great-Power Status，*FOREIGN AFFAIRS* Volume 84，No. 5，SEPTEMBER/OCTOBER 2005，2005年，pp. 18－24.

③ 有关通过“和谐世界”构筑国际和平的论述，参见王易、张林宏《和谐世界的构建：时代背景与战略选择》，《和平与发展》2007年第2期，第27－30页。

④ 江泽民在十六大报告中首次提到“和谐”。第一次完整地提出创建“和谐社会”，是2004年9月十六届四中全会通过的《中共中央关于加强党的执政能力建设的决定》。

⑤ 宋俊华：《非物质文化遗产中的和谐基因》，《中国非物质文化遗产网》，2006年12月10日。

其次，是关于“和谐世界”理念的外向能动性。2003年的“非典”危机和2004年禽流感疫情处置的不透明导致中国面临的指责，多少也成为促使其提出“和平崛起”理念的因素。以此经验为伏笔，李智（2005）和李杰（2007）等人探讨以所谓软实力为基轴的外交理论，近些年也得到了广泛讨论①。特别是有人主张以传统的“和”文化为基调，古为今用地以和谐思想来增强政权凝聚力，进而维系现行的政治体制。北京大学哲学系郭建宁教授认为，贯穿于五千年中华文明史的“和”文化，对当今社会的安定和提高民族凝聚力可发挥作用，他强调应将和谐作为中国文化的价值目标②。此外，文化部部长孙家正提出的“中国特色的社会主义文化”，对于中国共产党和国家来说也是全局性的外交课题③。据此，文化部副部长孟晓驷认为，应重视具有锦上添花和雪中送炭效果的文化外交所内在的意义④。于是，在文化部和外交部之间，正在逐渐建立起一种有关文化外交的政策协调体制⑤。

“和谐世界”概念的流行，在2005年10月于华盛顿肯尼迪艺术中心举办的“中国文化节”达到了高潮。正如该中心阿利西亚·阿格姆兹副理事长评价的那样：“这是美国历史上最大的中国文化活动”，说明中国政府追求的文化外交确实收到了成效⑥。尤其是2006年，设立“中国文化遗产日”（每年6月的第

---

① 1990年由约瑟夫·奈伊提出的所谓“软实力”概念，虽常被误读，却也被广泛接受。为整理近些年的“滥用”，他又有新作问世。Joseph S. Nye , Jr . Bound to Lead : The Changing Nature of American Power，Basic Books，1990；Joseph S . Nye , Jr . Soft Power : The Means to Success in World Politics，Public Affairs , 2004；Joseph S . Nye , Jr . Power in the Global Information Age：From Realism to Globalization，Routledge , 2004。在中国，人们也尝试着将文化作为外交的工具，如李智《文化外交——一种传播学的解读》，北京大学出版社，2005年；张玉国《国家利益与文化政策》，广东人民出版社，2005年；刘杰主编《国际体系与中国的软实力》，时事出版社，2006年；苏长和《中国的软权力——以国际制度与中国的关系为例》，《国际观察》2007年第2期；陈玉刚《试论全球化背景下中国软实力的建构》，《国际观察》2007年第2期；李杰《软实力建设与中国的和平发展》，《国际问题研究》2007年第1期，等等。

② 郭建宁：《中国“和”文化与构建和谐社会》，《前线》2005年第2期。

③ 孙家正：《不断提高建设社会主义先进文化的能力》，《求是》2004年第24期。

④ 孟晓驷：《文化外交显魅力锦上添花：文化外交的使命》，《人民日报》2005年11月11日。

⑤ 关于中国文化外交的要点，参见青山瑠妙《中国的公共外交：拂去负面形象，创出国家品牌》，川岛真编《中国的外交 自我认识与问题》，山川出版社2007年版，第35—54页；王雪萍《中国的文化外交——包括派遣留学生在内地人才交流战略》，见川岛真编《中国的外交 自我认识与问题》，山川出版社2007年版，第55—72页。

⑥ 中国共派遣了700多人参加了其中19个活动项目，《人民网日文版》2005年9月2日。此外，中国还先后参加了德国柏林的亚洲太平洋周（2001）、中俄合办的文化节（2003—2004）、英国的中国文化年（2003—2004）、中法文化节（2003—2005）、与爱尔兰共同主办的文化节（2004）、荷兰阿姆斯特丹音乐厅的中国艺术节（2005）、威尼斯的双年展（2005）以及每年春节分别在伦敦、巴黎和哥本哈根召开的春节庆祝活动等，文化部外联局蒲通副局长强调，通过这些文化交流活动，文化外交确实取得了很多成果，《光明网》2006年4月2日。

二个星期六），公布“第六批国家重点文物保护单位（1080件）”和“第一批国家级非物质文化遗产名录（518项）”，确定“中国非物质文化遗产标识”等，均进一步推动了对内对外的文化政策，并通过文化遗产政策而处处蕴涵着旨在统合中华民族于一体的和谐理论。

这样，通过把国内各种民俗统合为“中华民族”的民俗，进而将其作为有形或无形的文化遗产，使之成为既成事实，中国政治特有的自上而下的权威主义体制围绕着世界遗产的登录申请而发挥了行政指导的功能。这是把文化遗产的软实力作为一项战略选择来应用，反映了中国政府意图通过文化外交的成果而获得对于和谐理论的积极反馈。众所周知，由于国内各民族间存在的收入差距和腐败导致的两极分化现象的蔓延，社会的一体化程度正有所下降。为避免由此产生的不满指向政府，政府遂以和谐理论促进各民族间的关系调和，尊重各民族的独自性，尊重传统的习惯和历史的脉络。但与此同时，也对其加以修正使之成为中华民族的文化，并通过将保持着独特性的文化与民俗项目作为世界遗产予以登录和保护，从而使相关各民族均分享到好处。上述古代高句丽王国的城市群和古墓群、新疆十二木卡姆艺术和蒙古族传统长调等，便是较为成功的例证。

以前，中国灵活地利用有关世界遗产的联合国教科文组织的理念，重点强调确保中国在由主权国家组成的联合国体系中的地位，亦即以外交为主要目标①。但如前所述，以倡导“和谐世界”为契机，中国政府逐渐地以保护文化遗产为目的而调整和推进了国内的相关立法工作。2008年2月生效的现行法规是2006年11月由文化部部务会议审议通过的《世界文化遗产保护管理办法》。就是说，以2004—2005年为转折期，体现中国全党全民族“共同愿望”的和谐理论，不仅在其世界遗产政策当中，还在其联合国外交的全部领域均向世人展示了多样性、宽容以及融合的国家姿态。同时，中国政府在国内展开的对边疆少数民族的调和政策也作为其联合国外交的一环而被移植到了其世界遗产政策当中。

由于以全方位志向为基础的和谐理论，具备了从内政能够延展应用于外交政策的柔韧性，所以，在所谓“和谐世界”中，“中华民族的传统文化”这一颇具弹性的结构，也与世界遗产的代表性相呼应。和谐理论的目标是在中国共产党领导下，实现包括社会、经济、政治、文化诸领域在内“四位一体”的综合性协调发展。该理论对于将“文化遗产”（不论有形或无形）的诸多具体项

① 有关中国较早的世界遗产政策，请参见拙文《有关世界文化遗产的联合国教科文组织的理念与登录申请国的政策意图——以中国为例》，《青年研究者研究成果报告论集NO. 1》，爱知大学ICCS，2006年，第1—6页。

目纳入其对象、范畴之内的世界遗产政策，确实是有一定贡献的。2006年12月，文物局局长单齐翔在全国世界文化遗产工作大会上发表了题为《加强世界遗产保护，造福人类和谐社会》的演讲，表明了以科学发展观为基础的和谐理念对于世界遗产管理工作而言是不可或缺的官方见解。

2007—2009年，中国作为世界遗产委员会的一员，致力于进一步推动其此种世界遗产政策，在召开北京奥运会之前更加重视国际协调。作为“和谐世界”的一员，中国正在摸索成为负责任大国的道路，在可以预见的不久的将来，这方面将不会有大的政策转变。诚然，中国主张的和谐世界理论，对于其他各国而言未必就是建设“和谐世界”的灵丹妙药，这一口号对于其他国家也并不具有同样的意义。正如最上先生曾针对作为全球化舞台的联合国教科文组织的政治化所指出的那样，这里存在着“相对性”和“主观性”以及与“普遍性”相同一的构图①。只要世界遗产政策构成其联合国教科文组织外交工作的一环，那么，中国便可以根据“和谐”理论而获得统合性地保全其文化多样性的相对利益。

---

① 最上敏树：《联合国教科文组织的危机与世界秩序》，东研出版社1987年版，第99—100页。

民俗学视野中的日本民俗文化保护政策*

——以《文化遗产保护法》中的民俗保护条例为中心

[日] 田村和彦

引 言

本文旨在以总括性的视角对被今日民俗学视为研究对象的“民俗”作一简要论述。首先以认识论的方法对有关国家和民俗关系的问题进行简要讨论，进而围绕近年来日本文化及其保护的有关论述，对民俗学的现状提出质疑。这里说的日本文化具体是指与民俗学相关的《文化遗产保护法》规定的“民俗文化遗产”①。本文之所以与本书主题“国家和民俗的关系”稍有偏离，只是间接地论述相关问题，主要有以下几点考虑：

国家以一定力量介入民俗（以及被视为民俗的文化）的事例举不胜举，以此为分析对象的研究也很多。这些研究大多关注的是研究对象的变化，似乎已有“以民俗学框架分类的民俗事项被社会淹没、受社会变化影响而发生变迁”的假设性前提。可以想见这一研究前提有其自身价值，今后也可在分析多种对象时得到发展性继承。但将民俗视为一种自然的社会存在的观点是否妥当，似乎值得商榷。且不论民俗学的理论或其他方面，仅从这一观点看，说民俗学研究才刚刚起步并不过分。如果把国家和民俗看作各自领域中固有的现存事实就很难看清它们的本质并论及其相互关系，这意味着我们应该采用一种新的视角来研究问题。

另一方面，当今民俗的实际状况又如何呢？长期以来，在被视为脱离文化背景而独自存在的自有现象和超越国家层次的有很大影响力的外在现象的夹缝中，作为民俗学对象的民俗文化的认定与资源化不断得到推进。这里有必要检讨有关民俗文化的实际内涵，同时，民俗资源如何认定等问题同样值得反思。

---

* 本文由宗晓莲博士从日语原稿翻译成汉语。

① 更具体地说，本文主要以“民俗文化遗产”中的非物质文化为研究对象。如此设定对象的理由，首先是以 UNESCO 的《人类口承及无形文化遗产宣言》（*Proclamation of Masterpiece of the Oral and Intangible Heritage of Humanity*）为代表，所谓“遗产”越来越倾向于指的是文化和民俗的非物质层面，这一点应引起注意；其次，对于不可能与物质文化一样辨别、鉴定的研究对象来说，价值定位等外在性的问题更容易说明。

日本民俗学界对后者的检讨并不太多①。在民俗文化资源化的推进过程中，有人将其视为具有现实经济价值的商品加以利用，有人认为其作为一种教养内容具有教授价值等，其结果是很多人从事与民俗相关的活动，事态因此而被扩大。②

在纷繁复杂的各种外界评价和难以回避的资源化背景下，有必要探讨从事民俗学研究的学者的观点立场问题。这正是本文的目的所在。

立场的多样性：今日民俗学的研究格局

民俗（学）“热”起来了？多样的民俗活动热心者

审视一下日本民俗学会主页，可以看出热心于民俗的人们的一些很有意思的问题。笔者首先从主页内容开始论述。2006年“民俗的文化资源化相关情报”栏列出的主题有六个：（1）自然、民俗技术的文化资源化；（2）地域振兴与民俗的文化资源化；（3）学校教育与民俗的文化资源化；（4）博物馆与民俗的文化资源化；（5）行政与民俗的文化资源化；（6）观光及文化产业与民俗的文化资源化。从这里列举的与民俗相关领域的广泛性，可以看出社会上有很多人从事着各种各样与民俗相关的活动③。只要是拒绝把民俗看作一种不言自明之自然存在的存在主义研究路径，就将难以理解有如此多的形形色色的人们卷入“民俗”的现状。最近，有学者把较早时期市民参加型的民俗研究已有一定发展的美国民俗学从事者们划分为：（1）业余民俗学者（amateur folklorist）；（2）学究式民俗学者（academic folklorist）；（3）公众民俗学者（public folklorist）；（4）应用民俗学者（applied folklorist）④。业余民俗学者，是指各个地方由于自身兴趣而具有民俗知识、收集民俗资料的人。不用赘述，学究式民俗学者指的是受过专门训练、对民俗事项进行学究式研究的人。两者的差别在于有

① 近年来日本民俗学界在这方面的研究较为活跃。可以标志这方面研究水准的成果有《文化政策、传统文化产业与民俗主义：“民俗文化”活用与地域振兴的诸问题》（岩本通弥编『文化政策・伝统文化产业とフォークロリズム－「民俗文化」活用と地域おこしの诸问题　平成13－15年度科学研究费补助金（基盘研究B1）研究成果报告书』，东京大学大学院総合文化研究科，2004年），本文的思考深受这些研究的启发。有关日本民俗学形成过程的研究，以菊地的成果最为翔实，参见菊地晓『柳田国男と民俗学の近代－奥能登のアエノコトの二十世纪－』，吉川弘文馆，2001年。

② 2006年的日本民俗学年会，召开了题为“在野的学问和学院式研究（academism）”的公开专题讨论会（symposium），成为与民俗学关系密切的各方人士参与民俗学论争的一个契机。

③ http：//wwwsoc. nii. ac. jp/fsj/announce/shigenka. html

④ 菅豊、岩本通弥、中村淳「野の学问とアカデミズム：民俗学の実践性を问う」，『日本民俗学会第57回年会研究発表要旨集』，日本民俗学会第57回年会実行委员会，2005年，第12－13页。

无专业的方法论以及主要的活动场所是否在大学或研究机关。对于原本从民间发展起来的民俗学来说，学术化的发展并没有引起专家驱逐或排斥业余人员的情况，两者一直是同时共存的。这一点也是民俗学与其他社会科学明显的不同之处。20世纪50年代，美国民俗学在谋求发展其方法论及民俗学学术化的过程中，学究式民俗学者的优势地位得以确立。然而，民俗学确实除了学究化而别无他法吗？当学究化与在野化两者争执不下时，（3）、（4）类研究者则重新受到了重视。在把民俗作为文化资本、发掘其内在价值的过程中，公众民俗学者也就是担当文化相关工作的政府职员、博物馆职员等非学究式的人们，从事民俗的介绍、展示、资料整理的人们，发挥了积极的作用。有关民俗的印象（image）在社会上不断深入，并不断被信息化，作为民俗附加价值而存在的民俗的有效性得到了人们的承认。历来在学术范围内不受重视的第四类人物，亦即所谓应用民俗学者得以登场。他们被称为开发者（developer）、文化顾问（consultant）等，他们主动地操作民俗，将民俗资源加以活用及应用。公众民俗学者和应用民俗学者的增加似乎是民俗文化的认定和资源化较为发达地区的共同现象。

围绕着民俗学的这些趋势说明，民俗学诞生初期时人们对其的认识应该有所改变了。我们各种各类的人所说的“民俗”是否有着相同的内涵？怎样才能更有效地利用以前的民俗学研究成果？这类问题如不形成一定共识，民俗学作为一门独立的社会科学学科的地位似乎就很难保持。从另一角度看，具有各种各样的动机、背景的人们参与民俗学活动，也是民俗学进一步发展的一个契机。具体地说，随着民俗学相关知识的普及，以客观的学术性方法从事民俗学研究的学者不断加入各地的民俗学研究，各地原先那种把民俗看作一种自然实存、无视其存在和它被研究时的背景等各种问题的自发式研究应该会有所改变。

回顾与现状：学术的知识体系成立的背景

上文对从事民俗活动的各类民俗学人士进行了一定分析，这里则围绕民俗学成立时的相关问题作进一步论述。在这一过程中，上文所述有关民俗理解的存在主义的有限性和建构主义的妥当性就有可能得以进一步明确。

在东亚，“风俗”作为与民俗类似的概念曾得以普遍应用。因此，首先从这一概念着手进行论述。历史上中国作为东亚秩序的中心形成过各种规范、规则。中国地方志以“风俗”一词来记述寻常百姓的生活。“风俗”这一概念因此得以普及。一般来说，“风俗”是“民间风俗”的略称，但回顾民俗学在日本形成时的背景，这一说法至少在日本并不适用。在日本，风俗也大多指的是冠婚葬祭、祭祀活动等民俗学感兴趣的各种社会事项。存在主义民俗学者可能就是由于“民俗”与“风俗”概念的混同，只注意它们的类似之处，而为了所谓的连续性，形成了过于偏重追溯历史的癖好。

建构主义有关民俗的观点则另辟蹊径，它对于民俗的阐述方法和“民俗”一词之使用背景的解释令人耳目一新。这一观点认为，被用来记述人们生活的“风俗”体现了一定的世界观，极端一点说，它是认同现有的各种社会规则、条例的人们证明自我观念及行为正当性的基础。① 根据一定的价值观，风俗被区分为勤劳淳朴、奢侈轻薄等内容。随着时代变迁，大多数风俗变“坏”了，因而“变化”是风俗的本质。一言以蔽之，这里说的风俗是为了将各种事项赋予一定的社会位置，也可以说风俗是“借助人们的秩序意识赋予人们生活模式、行动模式以意义的总体，以及这种赋予人们意识的方法”②。

另一方面，留下有关民俗记录的人与实际上实施民俗的人并非同一群人，就是说记述者（或分析者）与实践者并非一致。记录人们生活的人站在国家和民众中间。这种记录民俗的主体和实施民俗的主体相分离的现象，在国家的近代化过程中同样存在。由于这一层次人们的存在，在国家层面的近代化过程中，民俗就被区分出优劣，被分类为可以宣传或需要改良的对象。如果说近代国家的初期统治手段是人口统计，接着就是把人口进行区分、按地区汇总情况。在这里，国家和通常被认为处于其相对位置的民俗就有了紧密关联的契点。

从这一意义上考察日本民俗学形成时期的状况，可发现一些很有意思的事例。很多人都知道将日本民俗学体系化的柳田国男当初对如何命名自己创立的学问的名称曾非常踌躇。据近年的深入研究，柳田之所以踌躇彷徨的原因是，近代以来，在日本，“民俗”是作为“民情风俗”的略称而被使用的，它是为了测量天皇教化程度的政治用语③。作为政治用语的“民俗”一词，包含着明显的政治意味，代表了当权者的价值规范，与国家有着不可分割的联系。对这一切深为了解的柳田，首先回避以 folklore 的译词来做“民俗学”的名称。当时“民俗”已被视为文化遗产，内务省、文部省对民俗的态度方针发生变化，开始称其为“国体之精华”，而既存的民俗学则有与此呼应的趋向，柳田对此倾向持批评的姿态④。

不言而喻，各国民俗学成立时的背景受到各自国家当时社会背景的影响，

---

① 在日本，有人从规范和秩序意识等角度对这一主题进行研究。参见森正夫「明末の社会関系における秩序の变动について」，载『名古屋大学文学部三十周年纪念论集』，名古屋大学文学部，1979 年，第 135—159 页；「明末における秩序变动再考」，『中国—社会と文化』第十号，中国社会文化学会，1995 年，第 3—27 页。

② 岸本美绪「一九七七年の歴史学界——回顾と展望」、『史学雑志』87 卷 5 号，史学会，1978 年，第 230—235 页；「风俗と时代観」、『古代文化』Vol. 48，No. 2，古代学协会，1996 年，第 55—63 页。

③ 岩本通弥「民俗・风俗・殊俗——都市文明史としての「一国民俗学」」，宮田登编『现代民俗学の视点 3：民俗の思想』，朝仓书店，1998 年，第 25—47 页。

④ 同上书，第 35 页。

很难一言以蔽之。但民俗学作为一种体系化的学问并非起源于风雅之士的古董收藏或对地方习俗的零星记载，在很多国家，民俗学形成的时代背景可以追溯到18世纪末至20世纪初，汇总各种教材的说明可概括为：随着近代资本主义的发展，工业化带来了急剧的社会变动，导致传统的风俗习惯快速地衰退。如果不将生活文化中那些正在不断消失的事项进行有计划的收集、记录，长期以来形成的民族固有文化将再也不能够持续和重构，正是此种危机感促成了民俗学的形成[①]。

经历过这类危机感的国家，都体验过工业革命带来的日常生活的急剧变化。因此，民俗学发端于工业革命较早的英国，并在稍晚时经历了近代化的德国、日本等国扩大、普及。这一点证明了民俗学形成的社会背景与工业革命带来的社会变动有着不可分割的关系。

对民俗学的形成背景下文还将论及，但这里需要先确认一下如下事实：各国国内对各种民俗资料收集的完备、完善并不能自然地促成近代民俗学的形成。体系化的民俗学的形成始于国际范围内社会秩序的变动所引起的危机，近代民俗学是在国际化的互动中形成的。虽然这一点常被人们遗忘或忽视，但最早促成民俗学形成的主体并非通常所称的典型意义上的民俗学者，而往往是那些对国际、国内形势有一定认识、处于“边际”立场的知识分子。可以说民俗学是被有着一定知识背景的人们“发现”的。[②]

在民俗学的形成过程中，存在着两种不同的研究方向。第一种方向始于必须将目前的生活以各种形式记录下来的使命感。这与以前的“风俗观”有着表里一体的关系。就是说，被用来综合性地对人们的各种习惯进行判断、分类的民俗从一开始就是变化的，更确切地说它是在零落的讲述中被把握的。对于行将消失的事项和现状进行细致的记录，显示出它具有所谓的抢救性文化人类学（salvage anthropology）的特点。[③] 对这一倾向可称之为“失落的范式（para-

① 谷口贡「民俗学の目的と课题」、佐野贤治ほか编『现代民俗学入门』，吉川弘文堂、1996年，第1—7页。

② 在中国，鲁迅、周作人对“民俗”曾多有论述；1918年刘半农、沈兼士提出了《北京大学征集全国近世歌谣简章》；或者从词汇的用例还可以追溯到黄遵宪；他们都是当时一流的知识分子，他们中很多人都有海外留学经历，对国际的情况有一定了解。至于柳田国男，曾毕业于东京帝国大学法科，后任职于国家农政部门，担任过贵族院书记官长（1914—1919）、国际联盟委任统治委员（1921—1923）等，在日本可以说是罕见的知识分子。正是在不同背景下多种讲述的复合作用中，能够形成某种视角，有关此一过程的研究才刚刚开始，有学者指出这是今后的研究可以期待有重要成果的领域。参见 Duara，Prasenjit，*Rescuing History from the Nation：Questioning narratives of Modern China*，The University of Chicago Press，1995。

③ 所谓 salvage anthropology 在文化人类学领域内一直是受到批评的，但由于下文将要述及的理由，这里不对其作过于简单的指责。

digm)"[①]。此类为焦虑感所驱使的作为，从某种意义上说，完全没有意识到实际的情形是民俗学者捏造"民俗"，然后在自己亲自建构的对象和分析框架中讲述危机，亦即没有意识到民俗学者实际现场参与了这一结构。这一浪漫主义的倾向在很多地方都存在，民俗的社会建构性被忽视了，而本真性（authenticity）的讨论则受到了过分的关注。在这个意义上，仅就研究对象和研究者的社会距离较近而言，可以说民俗学是比文化人类学捷足先登地遭遇到了这一问题。但遗憾的是，在这一阶段，民俗学更多地关注作为对象的"民俗"，对于研究者自身的立场性却没能给予足够的重视和检讨。

搜集民间流传的俚谚、民谣、歌谣、传说、片段的迷信等，以见闻形式记录下来的做法自古就有，但在对资料进行一定的分类或使之具有一定的方向性，而方法论尚不充分的时期，其与被称为"民众古习"（popular antiquity）等近代民俗学成立以前的状况相比较，并没有很大的变化。具有讽刺意味的是，虽然这些作业本身是"民众的"、"通俗的"（popular），但它与其说是新兴的学术体系，还不如说与此前一直在趣味的范畴内展开的收藏家、风雅之士的活动没有多少差别。

众所周知，在民俗学作为人文科学而自我形成的过程中，对于什么是民俗，换言之，对于民俗学的研究对象是什么这一问题进行过长期的探讨。这一过程，同时也是民俗学不断严密化、标准化的过程。这与今天所谓的"语言民俗"、"服饰民俗"等冠以名词来分类"民俗"的做法有关，但在这个过程中，"民俗"逐渐从资料操作的方法变成了研究对象本身。在这里，民俗开始被认为是社会当中一种不言而喻的具有实在性的单位。"民俗是在一定地域内经营其生活的人们，在自身的生活与生产方式中孕育、传承下来的生活文化及其背后的思考方式"[②]，类似这样既承认变迁，却又执著于过去的具有本质主义特点的研究态度非常明显。

第二种方向，是身处变化时期的社会，试图利用已有的知识、材料去改善人们的生活，亦即一种作为社会工学（social-engineering）的民俗学。在明确民俗学的轮廓、促使其学问化的时期，柳田曾经对历来容易和民俗学发生混淆的那些喜好古董收藏的风雅之士的活动划出了一条严格的界限。他很担心对于当时的一些知识分子而言，民俗学是很容易与一些人的兴趣、游戏式的活动混为一谈的。

---

① 岩竹美加子「民俗学の政治性：はじめに」、岩竹美加子编译『民俗学の政治性-アメリカ民俗学 100 年目の省察から-』，未来社，1996 年，第 9—61 页。

② 谷口贡「民俗学の目的と课题」、佐野贤治ほか编『现代民俗学入门』，吉川弘文堂、1996 年，第 1—7 页。

柳田曾反复强调民俗学应该有助于改善人们的生活，因此，它是必要的。柳田还认为，近代民俗学不应该出自于一部分知识人士之手，它应该是经由作为生活者并从事民俗活动的人们的改良而获得进步，因此，他主张在地域社会里普及民俗学教育。从“为什么农民贫穷”这一设问出发，柳田着手进行农政史研究，最终形成了“学问救世”的观点，他认为学术应该能够满足“人们自发地想要知道周边事情的愿望”。柳田有关民俗学学术目的的此类崭新观点，在他的很多文章中随处可见。例如，他说：“我们深信，学术的最终目的应该是为了社会、为了人。（中略）就像今天这样，在任何人都享有探究学问的机会的基础上，人们可以自己选择生活中需要的东西。”[①] 他还指出：“学术应该实用，我并不以此观点为羞。（中略）即使我们现在进行的议论、研究稍显滞后，也应尽力预测未来必然让国民烦恼的问题，并努力作出尽可能明确的回答。”[②]

把民俗学的目的定位为“经世济民”，这是从与近代国家的统治逻辑不同的另一个视点出发力图以学问来改善人们生活的动机和倾向性，在具有“学以致用”传统的东亚地区，它应该不难被理解。柳田曾经与南方熊楠[③]就《乡土研究》杂志的编辑方针问题进行过论争，从他们当时的书信中，柳田有关民俗学的思考得以窥见一斑。

对于柳田曾将自己的研究称为“rural economy”一事，南方批评说，那样的话，就应该主要发表有关“地方经济”、“地方制度”的研究论文。柳田则回答说，rural economy 也可翻译成“农村生活志”，正如《乡土研究》上已经刊载的“毛坊主考”、“巫女考”那样，都是对于所论及的人们的生活世界进行检讨和研究的论著。他主张，致力于回答“老百姓是如何生活着的”这样的问题，应该是《乡土研究》的主旨[④]，对于习惯于把 economy 机械地翻译成“经济”的我们来说，柳田的思考可能不易理解。在柳田看来，民俗学是“治理国家社会、改善民众生活”的学问，他对 economy 的理解是该词原本的拉丁语意，亦即“家计术”，这更加接近东亚地区将经济学解读为“经世济民”之学问的理解。对于柳田来说，民俗学的对象是相互有关系、有功能的生活整体，也就是他所说的“新国学”。柳田认为，民俗学的目标是帮助人们改善自己的

---

① 柳田国男「地方学の新方法」，『柳田国男全集』27卷，筑摩书房，1990年，第251页。此文原载『青年と学问』，日本青年馆1928年版。

② 柳田国男『鄉土生活の研究法』、筑摩书房、1967年。

③ 南方是近代日本初期的知名知识分子，也是博物学者、民俗学者。他从1886年起，曾历任密歇根（Michigan）州立大学、大英博物馆的图书目录编纂人等职，1890年归国。

④ 柳田国男「「鄉土研究」の记者に与ふる书后记」、『定本柳田国男』30卷，筑摩书房，1970年，第335—337页。

生活，人们为改善生活而自主地学习。为此，柳田不断在国内各地为所谓的乡下人开讲座、发表演讲。柳田对民俗学的思考，与当时西欧学术体系的不断细分化、专业化方向有所不同。

如上所述，由于受教育程度的社会差异，当记述者和非记述者之间出现分离时，有一些人从事社会工学的研究乃是知识分子的义务，其中的方法之一可以说正是民俗学。与此同时，在以各地的生活者为对象积极进行讲演等活动的姿态当中，实际上提示了应该由地方上的有识之士亲自进行文化改良的方向性。在各种朴素的认识中得以体现的传统，并非一直以来就是在当地孕育的，而经常是在不断地接受“标准文化”以及其他各种各样的文化要素，经由交融、组合而形成的。从这一认识出发，变化就是常态，因此，生活者可以通过民俗学的种种知识选择自己的未来，这种见解即使今天看来也是很有新意的。

民俗学接近“民俗”的途径：两个问题点

上文论述到的有关民俗学方法的视野，此后并没能展开充分讨论，在这里笔者希望通过指出其若干原因，进而确认现代民俗学的一些基本理念。

在社会发生激变的18世纪末至20世纪成立的民俗学，不管是在社会科学范畴中，还是在人文科学范畴中，它都处于一种特殊的位置。其特色之一就是，在民俗学方法论确立之前，作为对象的“民俗”似乎已经是一种存在于人们眼前的现实。这种存在主义的错觉并不罕见，实际上美国民俗学的著名学者理查德·道森（Richard Dorson）对于民俗的近乎洁癖主义的分类，亦即把民俗分为真民俗（folklore）和被商业化的，与原来的背景文脉脱离开来的伪民俗（fakelore）的观点，就并非多么古老的想法。作为研究对象的“民俗”是“真实”存在的，这种感觉在朴素的层次上可以理解，这也是当今民俗被作为文化资源来应用、被展示或出售之类的现象频繁出现，被称为专家的人们不厌其烦地争论某一民俗事项之真伪的原因之一①。尤其是民俗学一直力图靠近的是强调感受性的人文学科，而在向需要逻辑性的领域的发展大为迟滞于其他学科，

① 当然，只以道森为例论及美国民俗学似乎有点不公平。70年代已经出现把社会过程看作一种表演（performance），把民俗看作人们之间交流（communication）的观点，民俗学研究也有开始从“对象”转向“现状”的迹象。鲍曼（Bauman）成功地使民俗从自立的、固定的社会内要素脱离出来的种种观点是其典型。不过，笔者认为，这一类分析路径或理论仅是部分人的看法，其与民俗学整体以及环绕民俗学的社会之间并没有充分的沟通。参见 Bauman，Richard Story，Performance，and Event：Context Studies of Oral Narrative，Cambridge University Press 1986.；“American Folklore Studies and Social Transformation：A Performance-Centered Perspective”，Text and Performance Quarterly. Vol. 9. No. 3：175—184，1989。

这是民俗学的一个很大的缺憾，它使民俗学者在争论、探讨时不具优势。而且，与民俗学邻接的领域往往是研究文物或民具（日用器具）等物质文化，亦即可以鉴定真伪的历史学、美术学、考古学等，民俗学也深受其影响。但从今天民俗所面临的现状来探讨的话，上述实存式的民俗观显然已经面临着很大的局限。因为如果说引发民俗变迁的主要原因是社会状况的变化，那么设想与今天的社会状况已长期隔绝、几乎没有关系的所谓“民俗”，显然无法只是一种假设。那些民俗文化的资源化得到特别推进的民俗事项，因为适应某些社会需要而追求“像什么”，进而使得表象民俗的框架正不断地走向破产①。因为多种多样的人们从事或介入与民俗文化有关的活动，此种状况正在改变的是偏重知识、片面地搜集、分析和为民俗定性之与沉默不语、单纯的民俗实践者之间这一简单而又奇怪的结构。

20世纪80年代发表的曾对民俗学者产生过很大影响的汉德勒（Handler）和林奈肯（Linnekin）的论文，明确地阐述过这些问题。两位学者以对加拿大魁北克（Quebec）居民有关其传统的意识调查为主，并引用现代夏威夷人对传统节祭的再建构的研究案例，对传统的真伪问题作出一番整理：

“我们认为，有关存在着真的和假的传统的想法，是因为没有意识到社会生活实际上是不断地被象征性地重构的，它绝不是一种自然存在。例如，所有的文化继承都是取舍其中象征性的要素，不断创造出适合今天形势的新事物。在一些有限的场合，我们可能在没有意识到、也没有充分考虑的情况下就作出了与长辈所教的同样的行为。但这种行为与长辈所作过的行为绝非完全一样，我们对这一行为的理解是在现时情况下、现时背景中的理解。某一活动是传统的，因而像过去一样举行，但通常对这些活动都进行了新的解释，而新的解释必然引发变化。”②

今天，我们对有关民俗的建构主义观点有了进一步了解。所谓的民俗学研究，并非如同从地下发掘埋藏物一样“发现”民俗，而是根据一定社会背景、目的，在特定时期的相互行为中“把握”民俗。形成这一观点，必然出现与浪漫主义民俗观诀别的痛苦，而在现实中还需要展开更多、更大范围的讨论。

有一些外在要素同样显示出民俗学必须改变的趋势。与其他学科相比，民俗学的学术地位一直不高。各国各地的情况不同，原因也有很多。但如果

---

① 笔者认为，近年很热门的民俗主义（folklorism）就是其中代表性的一种。民俗主义具有多样定义，但它是分析概念还是用来指称现象的概念并不清楚。重要的是，这些观点开阔了我们的视野，以前有些认识已经到了不得不变更的时候了。

② Handler, Richard & Linnekin, Jocelyn, "Tradition, Genuine or Spurious", *Journal of American Folklore*. Vol. 97, American Folklore Society. pp. 273—290, 1984.

挑衅一点说，就是民俗学的有用度有限。过去民俗学者关注的问题，典型的似可作如下叙述：到偏僻的农村打听、记录一些远古的传说，搜寻一些罕见的祭祀、活动，他们并不需要专门的训练或技术，民俗学只被看作一种无害无用的存在。民俗学者在某种程度上常被看作不可思议的风雅之士。尽管这种刻板的断言实际上并不正确，民俗学并非对可预见的变化持批评态度，也并非只珍视古来的事物，但参照其自身的经验，此类误解的蔓延却也是不可否认的事实。

在文化资本越来越受到重视的当今，民俗学之类与文化密切相关的知识库也同样受到了越来越多的关注，而且，这一趋势正日益明显。按照资本理论，给商品附加一定的意蕴内涵，即可增加其价值。因此，民俗文化作为资源的有用性不断得到显示。正如本文开始时论及的，从事这一类活动的有在政府中担任文化工作的人员、开发商（developer）、艺术家等，从政府到文化产业，形成了多层次的复杂局面，由他们生产出来的商品也是多种多样。笔者认为，问题主要是以民俗学相关的身份参与各种活动的“方法”。特别是所谓的非物质文化遗产、旅游活动和地方土特产品的创造等，以前属于民俗学之研究对象的领域突然受到越来越多的关注，令人产生其必要性在不断增强的错觉。① 然而，作为一个学术领域，民俗学可与这些问题相对应的组织、制度尚未形成。学术之外的情形是亦喜亦忧，学者们在从事文化产业活动的过程中发现了意义，但如果不能在此过程中积累详细的资料，进行理论化的研究并使之体系化，则民俗学在形成之初的理想，亦即面向未来、改善社会的学问志向就有可能无法达成。

民俗学形成初期时的浪漫主义及情绪化的一些方面，很容易受到政治需要的影响，被用来强化意识形态（ideology）或开发宣传的媒体等。笔者认为，对于将生活者作为客体这一可以说是倒退了的制度问题不做重新思考，不能在确认研究对象之总体状况的前提下明确民俗学的研究领域，目前民俗学者对于各种社会活动的直接参与，就很难说是对民俗学本身有益。没有确认各自的立场就简单地进行“应用”，这种状况对于存在主义倾向原本就很强的这一学科来说，即使有些观点有可能会得以扩展，但与民俗学在东亚形成当初所提倡的“实用性”却可能会越来越远。

---

① 文化人类学有关 Cultural Resource 的观点认为，原则上所有对象都可成为资源。哪些对象可以成为资源的本质论并没有实际意义，问题在于如何进行定位及其过程。因此，由于社会现代化，古老的民俗就价值上升，民俗学的价值也被重新重视之类的通俗说法，并没有抓住问题的要点。

日本的文化遗产保护法及其变迁和忧虑

从偏僻的山村到“美的村落”：以笔者的故乡为例

以上围绕民俗从认识论的观点简单地回顾了其历史及相关问题。在此基础上，这里想就本论文集的主题即国家和民俗的关系作一些具体探讨。国家和民俗之间的隐性关系，如上所述，在以这一观点考虑问题时就已紧密地纠缠在一起了。在当今，作为直接连接两者之间关系的环节，国家制度是不能被忽视的。

笔者想以自己身边的事例来说明问题。笔者的祖父生活过的山村是一个穷困、缺乏发展余地、曾在日本到处寻常可见的村子。村里每年要花费很多钱财表演当地的狮子舞，在村民们的意识中，本村的狮子舞是“县指定重要非物质文化遗产”，与当地的其他节庆活动有所不同。这一地区的神乐也很壮观，但只是“町指定重要非物质文化遗产”，与狮子舞的价值不能相比。但在这里，当事者所谓“民俗的价值”是以什么为根据来判断的呢？说得更明确一点，以建构主义的民俗观来看，固定化的、脱离原有环境的民俗是否有存在的价值？有关国家等外来力量的节祭价值定位对当地民间的影响，一直是笔者在日本国内从事调查时深为困惑并反复思考的问题。①

这个村落地处狭窄的山沟，几乎没有平坦的土地，故无法种植稻米。人们一层层地堆积石块，筑成石墙，形成一块块小梯田勉勉强强地栽培魔芋、荞麦等作物。这些作物和养蚕业是该村的主要产业。简单地说，该村的地理形势是处于地表容易滑坡的警戒地区，由于坡度陡峭、生产性低而不得不放弃的耕地年年增加。村里的人口不断减少，政府也拿不出有效对策②，老龄化问题日趋严重。

就是这样一个典型的过疏化地区，1995年却被指定为“美丽农村景观保全活用模范（model）地区”，1997年获得“美丽的日本村落景观竞赛”聚落部门的农林水产大臣奖（实际就是最优秀奖）③，1998年获得“舒适（amenity）农

---

① 以笔者在日本国内调查的经验来说，曾遇到过拿出民俗学教材介绍当地民俗的访谈对象，也见过引用电视、杂志上的说法介绍当地民俗的情形。近年来，更是经常碰到外来的NPO（非营利组织）、文化资源开发顾问（popular culture consultant）、文化产业开发者（developer of cultural resource）等各行各业参与民俗活动的人们。这样，“民俗”便在众说纷纭中越来越复杂化。

② 年轻人口的减少问题特别严重。嫁入该村的国内女性很少，海外新娘较多的情况很受人关注。2004年，当地的小学校分校和幼儿园也由于生源少而关闭了。

③ 由农林水产省主办的旨在表彰保持着“美丽景观”之村落的制度。该省使用的传统文化、民俗概念在其《水和绿色的“美丽故乡”企划21》（2003年起）中得到了明确的体现，但与民俗学的相应概念有很大不同。而且，他们使用的社会遗产（social heritage）概念，也与下文将要提到的世界遗产概念有关，受到了超越国家之更大的思考框架的影响。

村竞赛”最优秀奖。[①] 总之，一个接一个地获得了国家层次对有关村落的奖赏。从一个不断过疏化的山村到在全日本也引以为骄傲的村落，这种巨大反差该怎样去理解呢？在笔者看来，其中的关键是所有这些奖赏全都不问该村的生产性，而只是重视它所蕴涵着的历史、风土、传统文化等附加价值的方面。例如，获得“美丽村落”奖的理由如下：

这一地区的历史悠久，自古以来就传承着在祭祀时用来奉纳的狮子舞、神乐等非物质文化遗产，传统文化的继承成为使当地居民团结一致的基础。这里地处山谷斜地，几无平坦农地，自然条件严酷。但当地居民以作为“稻含神的子民”而自豪，创造和传承了为数众多的神话与传说；他们在石墙（以小石块堆积）围成的层层梯田中（中略）劳作并生生不息。现在，这一地区美丽的山村风景，与严酷的自然环境谋求共存的传统与文化，均应该传诸后世。不仅如此，当地居民通过“荞麦地的主人”制度又开始与都市居民之间展开了新的交流活动。这一地区保留了很多引人入胜的朴素而又温暖的生活形式。[②]

在“舒适农村”的评选中，曾以该村的梯田景观和荞麦为主的饮食文化为议题，对于曾经一度被放弃，后来又加以修整的“石墙”，当地不断推行着将其“文化化”的运动，再加上村民们属于“灵峰的同一祭祀族群”并将其祭祀

---

① 由农林水产省、财团法人农林开发企画委员会主办，对拥有优越的自然环境、景观、历史和风土，通过当地居民自身努力保存、形成或提高了居住条件之安乐性和舒适性的村落进行表彰，并试图将其普及的奖励制度，该制度自1986年起开始施行。农村、山村、渔村被认为既承担着重要居住空间的功能，同时也具有被期待成为包括都市居民在内的全体国民的“故乡”的功能。为使农村、山村、渔村更好地发挥这些功能，有必要推行“舒适农村竞赛”这一振兴农村的计划，以鼓励农村、山村、渔村在其特有的自然环境和美丽景观、悠久的历史及独特的风俗等基础上，形成富裕、美丽、充满情趣和舒适感的人居环境，并希图通过普及这些优良事例，促进农村、山村、渔村的发展以及村落与都市的共生、交流。

② “美丽的日本村落景观竞赛”的实施要领如下（1992年9月11日，构造改善局长通告）。

宗旨：农村、山村、渔村的美丽景观，是居住于此的人们在长期历史中精心守护、培育的，非常珍贵。对都市人而言，农村、山村、渔村有着吸引他们走访甚或到此居住的魅力。但现在很多美丽的村落却遭致埋没，甚至正在消失。本竞赛由文化部门、聚落部门、生产部门组成。具体的审查基准为：1. 文化部门：具有以下条件的村落，可满足本次竞赛的要求：（1）由当地居民管理的本地历史遗产，并形成了与周边风景协调的美丽景观。（2）具有历史和传统特色的多种节日祭祀活动得以继承，同时也具备根植于当地、令人产生乡愁感的美丽景观。（3）具有农村、山村、渔村特色的节日祭祀活动或其他活动持续举行，具有魅力的美丽景观正在形成。2. 聚落部门：屋舍排列等聚落风景与当地居民生活相协调，形成富于魅力的美丽景观。3. 生产部门：农园、田地、森林、渔港等各地农林水产业的生产基地，但也形成了与各产业相互适应的美丽景观。

活动继承了下来等，因此才被给予高度评价①。以这一论说为基础进一步展开，像笔者等很多人在自己都不知道的情形下就成了“神的子民”的后裔。可以说导致产生这些心理不适之感觉的原因，就在于文化表象是在与当地的人们无关的层面上被推进和落实的。

原本主管生产活动的农林水产省及其所属团体，通过借用传统、文化之类的词汇，以行政手段介入而进行的各种表彰、命名活动，遂使该村从一个平凡、偏僻的山村一举变成了全日本引以为豪的美丽村落。在这个例子中，其传统和文化中最核心的是该村居民属于特定神社的祭祀族群，这一切与众不同，亦即农林水产省所谓“神的子民”及其表现独特的祭祀活动。目前，当地有“町指定重要非物质文化遗产”五项（狮子舞三项、神乐一项、粥占一件），其中“县指定重要非物质文化遗产”即狮子舞一项（截至2006年10月）。它们被视为传统和文化的具体形式，其中狮子舞在该县之内也是最早被列入重要无形民俗文化遗产的项目。

促使这一祭祀活动走向权威化的结构，与其说是当地社会自发的热情，不如说是作为国家制度的文化遗产保护法。换个角度也可以说，导致笔者和当地居民产生各种不适感的原因，正是农林水产省这一主管生产活动的部门开始“应用”了在文化保护方面已经确立了权威性的文化遗产保护法。

当地的基层政府除了实施这些为了获得国家的评价而展开的各种运动之外，还进行了各种增强地方活力、振兴地方产业的努力。具体而言，例如，征集各家不再使用的鲤鱼旗，作为观光资源而举办“鲤鱼旗的故乡”活动（1983年起）②；开设由农民直接贩卖当地土特产及廉价新鲜蔬菜的“物产中心”（1985年起），建设使当地居民和游客能够一起学习当地历史和生活、由传统的建筑物移筑而成的“历史民俗资料馆”（1987年起），设立由农民自主运营的以城市居民和游客为对象的“星期日早市”（1987年起），设立可以体验农业、林业活动并兼具住宿功能的设施“故乡馆”（1988年起），等等，此外，还有以德国的经验为样板，开设在专业人员的指导下，可以由都市居民亲手栽培无农药有机蔬菜，并附设简易住宿设施的“故乡农园”（2000年起）等。所有这些活

① 当地主要信仰的神，据说是从印度来的女神。女神在生殖器中藏匿了当时禁止带出的稻穗来到日本，她后因这一做法不净而被其他神灵所杀。另一种说法是，由于稻种是偷来的，如果村人种了稻子就会被发觉，因此，这一族群的人就被禁种。总之，信仰这一神灵的人们感念神的辛苦，或为了不让坏事败露而有了不种稻米的禁忌。近代以来，随着土地被不断改良，山地进行水稻耕作也有了可能，于是禁忌就被打破了。至少在笔者童年时，河川边的土壤均经改良，也都种植过旱稻与水稻。由此可知，“舒适（amenity）农村竞赛”的评价，对于以荞麦为主食之背景的禁忌和被生产条件所束缚的实际状况并没有进行充分的调查分析，而只是采用了其中一种表面性的说法。

② 这一活动发挥了很大的聚集游客的能力，后来很多地方都模仿举行了类似活动。

动都是当地居民策划、经营的，并有效地利用了当地的资源，也有助于当地居民与地区之外人们的交流和交往。不过，对于这些地方性的活动，国家并没有给予任何评价。

在这里，我们可以确认两点事实。在当地居民试图增强地方活力的各种尝试中：（1）文化和传统成为最大的焦点，而不是对地方产业本身的振兴；（2）并不是基于当地的内在逻辑，而是由来自国家的评价体制发挥了关键性的作用。

文化遗产保护法和有关民俗之观点的变迁

上文以一个山村为案例，简要概述了近年来农林水产省向文化领域渗透的倾向，并指出其前提便是应由文化厅负责执行的文化遗产保护法的存在。接下来，笔者将就文化遗产保护法与民俗的关系作简要的论述，进而再就今日民俗学的研究水平和文化遗产保护法的关系等问题作进一步检讨。

1871年，《古器旧物保存方》作为太政官布告被公布，这是试图制止当时由于西欧中心主义和废佛毁释而导致的文物毁损风潮[①]。1888年，在宫内厅下设“临时全国宝物取缔局”，开始进行有关文物的登录和鉴定工作。为了防止国宝和古老建筑物的毁坏，1897年制定了《古社寺保存法》，今天所说的文化遗产管理业务开始由内务省负责。值得注意的是，当时这些法律所保护、保存的对象，仅限于绘画、工艺品、雕刻、书法等美术工艺品。[②] 在这一阶段，有关文化遗产保护的基本制度已大体上趋于完善，但这些法律制度却和构成民俗学之研究对象的物质文化、精神文化等范畴并没有直接的关联。昭和初期日本经济的不景气导致出现了无法防止国宝和重要文物失散或流失海外的状况，遂于1929年制定了《国宝保存法》，其所指定的保护范围从历来的社寺所有及国有扩展到包括国有、公有和私有，亦即所有的古代宝物与文物。[③] 至此，战前的文化遗产保护制度便完成了体系化的过程。

然而，由于战时的空袭和战后的社会混乱，文化遗产的散佚、毁损现象颇为严重。经历了第二次世界大战之后的日本在其“再生”为民主主义国家的过程中，很早就出现了健全与完善有关文化遗产保护法制的要求。1950年，作为目前法制之基本形态的《文化遗产保护法》得以颁布，根据这一法律，除战前

---

① 由明治政府发起的欧化运动不仅使得人们轻视文物，1868年的“神佛分离令”还使很多保存着文物的寺院成为被攻击的对象，很多古董宝物因此遭到破坏与失散。

② 没能进入上述定义范围的古坟、遗迹等史迹和景观、名胜，则根据《史迹名胜天然纪念物保存法》（1919）而实施保护。制定这一法规的契机是由于当时的国土开发带来了景观的变化。

③ 基于同样的理由，1933年制定了《关于保护重要美术品的法律》，以防止文物的海外流出。

已经成为保护对象的美术工艺品、建筑物、史迹名胜、天然纪念物等之外，还追加了非物质文化遗产和埋藏文化遗产也成为了保护的对象。在这一阶段，以民俗为对象的保护框架尚未形成，具体实施法律时保护对象的分类也成为问题，因此，1954年进行了第一次法律改订。对于民俗学来说，重要的转折期是从这一次法律修改后。这是因为“民俗资料”作为保护对象被明确地提出，它被定位为是理解国民的生活变迁所不可缺少的。当时对于民俗当中那些有形或物质的部分，是在物质文化遗产之外另行制定了“重要民俗资料”的保护制度；对于无形或非物质的民俗资料不需要指定，仅是在选择的基础上作必要的记录。

此后，日本经济的高速增长带来的社会变迁及再开发活动，使得原有的法律有了再次修订的必要。1975年，文化遗产保护法进行了第二次修订。① 这次修订对“民俗”的处理有了更加本质性的变化。具体而言，首先是从“民俗资料”到“民俗文化遗产”的概念转变；其次是以前只需要对无形的民俗资料作出记录、保留资料，而修订后的法律则增加了“重要无形民俗文化遗产”的指定制度。②

根据岩本的观点，第二次法律修订对民俗的影响主要是：很多人认为，在1954年有关“民俗资料”的法律规定中，当时曾作为修订委员的柳田国男的意见产生了很大影响。所谓为理解国民的生活变迁所不可缺少，则生活中的所有事项都有可能成为被保护的对象。当时在向各都道府县教育长发出的通知上，曾提到“有关无形的民俗资料，把它们照原样保存下来的做法是没有意义的，因为这样做违反了它们自然发生、自然消亡的性质”，所以，对其“仅采取记录保存的措施就已足够”。但当概念改变为“民俗文化遗产”之后，就需要从生活中、从文化事项中筛选或判别其重要与否，由此便有了选择、定级和指定等，于是，所谓“地域”、“阶层”、“职能”等各种依存于其传承母体的“传统”便被“发掘”了出来”③。

---

① 1968年，文化遗产保护委员会和文部省文化局合并，保护制度也有所改动，但基本内容没有变化。

② 这次修订还导入了“传统建筑物群保护制度”（俗称“街道保存”）。保护对象不仅包括作为点的特定建筑物，建筑物的周边环境作为保存某种历史风貌的整体也得以同时保护。首先由当地的市町村选择并向上申请被保护的街区，其中被判定重要性较高的由文部科学大臣选定为“重要传统建筑物群保存地区”。此种保护的特点是保障了居民生活与具体物件的保护同时并举，地方政府和居民共同协力。房屋的内装修可自由进行，但建筑物的外观修缮有种种限定。参见才津祐美子「トピックス：世界遺产と文化财—「民俗」の「文化遺产」化をめぐる理念と実践のゆくえ—」、『日本民俗学』247号，日本民俗学会，2006年，第169—194页。

③ 岩本通弥「『民俗』を対象とするから民俗学なのか—なぜ民俗学は「近代」を扱えなくなってしまったのか—」、『日本民俗学』215号，日本民俗学会，1998年，第17—33页。

1975年的法律修订，使得“民俗”被固定化、等级化，从此，在法律的意义上，民俗概念发生了根本性的变化，其与历来民俗学所讨论的民俗概念产生了很大的差异。从今天已经达到建构主义民俗认识的民俗研究的水准而言，当时的变化其实是很大的倒退。对此，当时参与过法律修订的当事人表示，在理念上对于无形民俗文化遗产的保护，至今仍应该是以记录来进行保存，但同时也承认对于原本是包括了生活之总体的民俗确实带来了指定、选定、未指定之类等级序列化的现实后果①。不管理念如何，这一制度引入地方社会之后造成的实际影响则不难预测。至少，它给现实的法律执行者和当地居民的观念带来了很大的变革，与此同时，由于被法律明文规定所导致的问题今后仍需经常性地进行反思。

当然，在法律体系上民俗之含义的此种改变，未必立刻就能建构出社会的实态。根据当今一些民俗志的报告，文化遗产保护法的权威性和被利用的程度，在各地多有不同。有的地方虽然对此法律制度的真正意图并没有充分理解，但却把被国家认可了其价值的民俗作为旅游开发及提高地方意识的资源进行充分的利用②；但在另外一些地方，文化遗产保护法对于当地民俗活动的认定，只是当地居民在“如何使自己更快乐、让仪式更正确地进行、使民俗活动能够传承下去、可以更好地向外人宣传或介绍等场合时，加以引申、利用、有时也可以是否定的诸多对外说辞的一种而已”③。在后一种情形下，并不是把来自文化遗产保护法的认定作为正面旅游资源来开发，而往往不具有对外的意义，成为当地在相同地域内举行同样活动的不同团体之间相互竞争时的筹码，并由此被内化到当地社会的地方逻辑之中。两者都是在“民俗”这一概念的容器之中，通过操作而展开了其他层面的活动。但由于从外部引进了新的意义体系，当地社会的逻辑观念也会发生变化的事实则是同样存在的。

总结民俗的文化遗产化所创造出来的机制（mechanism），则可概述如下：在地方社会生活中，原本是具有同等价值的民俗，由于外部评价而被赋予特定的意义，进而被认定为无形的财富。其结果是民俗的等级化在法律层面上不断被推进，这也给潜在的资源附加了权威。地方社会在接受这一变化时，有的积

---

① 大岛晓雄「无形の民俗文化财の保护について一特に昭和五〇年文化财保护法改正を巡って一」、『国学院雜志』107卷3号，2006年，第46—56页。

② 才津祐美子「世界遗产『白川郷』の『记忆』」，岩本通弥编『现代民俗学の地平3：记忆』，朝仓书店，2003年，第204—227页。

③ 森田真也「生活の场における祭礼の文化财指定と観光化一冲縄竹富岛の种子取祭の事例から一」、岩本通弥编『文化政策？伝统文化产业とフォークロリズム一「民俗文化」活用と地域おこしの诸问题 平成13—15年度科学研究费补助金（基盘研究B1）研究成果报告书』，东京大学大学院综合文化研究科，2004年。

极地利用它来开发旅游产业，有的则将其利用为相互之间竞争攀比的资本等。不管哪种情况，都是由“行政”为其装备了活动的舞台，这一事实不容否认。这一时期的变化，主要就是政府的政策，虽然也有增加“民俗”知名度的效果，但它和作为学术体系的民俗学的立场有着很大的不同。

此后，文化遗产保护法的改订依然不断地进行着。1996年，制定了“登录文化遗产保护制度”，把近代的建筑物也列入保护的对象；接下来的2004年，又把理解不同地域人们的生活和生业，或理解国民的生活和生业所必要的景观等作为“文化景观”予以选定，并纳入了保护对象的范畴，文化遗产保护制度一直在持续性地扩展着[①]。近年来文化遗产保护法的急速扩展不免有些令人费解，其中也有令人产生保护法只是想使文化遗产在国内自我充实的误解之处。

根据以民俗的资源化及其隐含的政治性为研究主题的学者的研究，民俗文化概念的扩大是由于受到了世界遗产登录制度的影响。才津指出，1996年广岛原子弹爆炸遗迹被列为世界文化遗产，成为“登录文化遗产保护制度”得以颁布的重要契机[②]。被列为世界遗产的前提是推荐国（地区）必须已经具有相关的法律保护规则。按照日本的现行制度，文化遗产保护的相关法规应该在文化遗产保护法的范围之内制定。就申报世界遗产的程序而言，它提高了文化遗产保护法的地位，但也产生了国内法规受到超国家结构之影响的状况[③]。其结果便是顺应世界遗产保护的动向而不得不逐渐扩大保护对象的范围。

“文化景观”也面临着同样的问题。1992年第16次世界遗产委员会提出的cultural landscape概念，原本来自于将文化与自然对立起来的西欧中心式的思维方式。1995年，菲律宾的科尔迪莱腊梯田群（Rice Terraces of Philippine Cordilleras）被列入世界遗产之后，日本国内也开始检讨有关景观的文化遗产化[④]。根据菊地以梯田为案例所进行的研究[⑤]，“文化景观”之被纳入文化遗产保护

① 文化厅文化财部记念物课监修『日本の文化的景観 农林水产业に関连する文化的景観の保护に関する调查研究报告书』，同成社，2005年。

② 才津祐美子「世界遗产が『白川郷』にもたらしたもの一规制强化の考察を中心に一」，岩本通弥编『文化政策？伝统文化产业とフォークロリズム一「民俗文化」活用と地域おこしの诸问题 平成13－15年度科学研究费补助金（基盘研究B1）研究成果报告书』，东京大学大学院総合文化研究科，2004年。

③ 日本于1992年加入了世界遗产条约。这与1972年世界遗产条约成立时间隔了很久。推迟加入的理由是因为日本国内的保护制度较为完备，没有必要介意世界遗产登录的名义。

④ 日本首次指定的“文化景观”是“千枚田和田每之月”（长野县，1999），由于当时没能赶上文化遗产保护法的框架变更，它们是以“名胜（纪念物）”的名义被登录的。

⑤ 菊地晓「棚田の水面に映るもの一『文化的景観』のグローバル？ポリティクス一」、岩本通弥编『文化政策？伝统文化产业とフォークロリズム一「民俗文化」活用と地域おこしの诸问题 平成13－15年度科学研究费补助金（基盘研究B1）研究成果报告书』，东京大学大学院综合文化研究科，2004年。

法的框架内实际上有着更为复杂的背景：加入世界贸易组织之后，日本政府一直实行的通过发放巨额农产品补贴以保持农业体系的财政资助已不便继续施行，政府和各种团体为寻找其他可以继续支持农业的途径，考虑了各种方法。其中之一就是把农村确认为日本的“原风景”，亦即日本人的故乡，“文化景观”也正是因此才被扩展到了文化遗产保护法的范围之内。

对于民俗文化进行命名和定性，实具有来自外部的新的意义体系之被导入的力学关系的影响，不仅如此，围绕着民俗的各种观点甚至还部分地超越了“国家与民俗”这一思考框架本身。其中日本的情形是，以文化为对象的行政部门和生产部门都使用文化的概念，并相互产生了影响。行政与生产部门都很关心的问题是，农村、山村、渔村并不仅仅是生产的场所，而是将其视为一种景观，在整体评价的基础上将其定位为“故乡资源”，进而使之成为从地域社会到全体日本国民的应该被共享的财产①。

至此，前文所举的一个普通山村被认定为日本村落景观之典型代表的事例，我们对农林水产省这一政策的出发点便可明确了。一言以蔽之，对那些具有一定内涵的对象予以保护和彰显的范围有不断扩大的动向，越过作为民俗之主体的当地居民，从事指定、选定工作的主体，更确切地说，赋予对象以各种价值的主体，乃是来自地域社会之外的国家或其外围组织以及各种附属的团体。新的价值体系的确立及其变化，引发了地域社会里各种复杂的连锁运动，进而产生了以前的民俗学研究框架所无法把握和说明的多种现象。

结　语

要对正在发展中的事态作出明确的结论是很困难的。因为笔者也像埃利亚斯（Elias）所比喻的那样是处于大旋涡中的渔夫。作为社会科学研究者，总是试图维持一定的距离感（distanzierung），但另一方面，笔者也是日本市政管理下的一介国民，同时是以文化为中介而与现今的政策发生着千丝万缕联系的实际执行者（engagement）之一，自身就处于旋涡之中②。而且，个人的意愿、行为在社会发展过程中也总是在不断变化，因此，就目前的情况而言，要明确地指出或解释围绕民俗的各种复杂的相互依存关系，尚不具备足够的实力。然而，今天的民俗学毕竟已经达到了一定的研究水准，同时考虑到日本民俗学发展之初所期许的“学以致用、经世济民”的价值取向，笔者谨提出以下几点

---

① 岩本通弥「都市憧憬とフォークロリズム一総说一」，新谷尚纪，岩本通弥编『都市の暮らしの民俗学 1：都市とふるさと』，吉川弘文堂，2006 年，第 1—34 页。

② Elias，Norbert，Engagement und Distanzierung：Arbeiten zur Wissenssoziologie. Michael Schroter（ed）Suhrkemp Verag，1983.（波田节夫、道籏泰三译『参加と距离化』，法政大学出版会，1991 年）。

看法。

首先，有关历来对于文化的外部再定义与当地社会对其再解释过程，文化人类学等从事社会文化研究的学科，常常是将之描述为具有暴力倾向的国家和以种种途径试图反抗的民众社会之间的对峙。但在此种分析的背景里，对于观察者、记述者的立场问题曾有过任何充分的检讨吗？说穿了，通过对那些抵触、反抗的人们进行描述，甚至只是使自己的观察以及随后的分析具有正当性的方式而已[①]。在民俗学当中，研究民俗文化的资源化问题时，研究者的立场会更为困难。至少，研究者无法只是为了调查而仅仅成为当地社会的“匆匆过客”。调查者已经位于国家这同一把大伞之下，这就使他们较难与当地的社会达成意见的一致。对于此种参与和保持距离感的问题，由于观察者往往也被纳入当地社会之中，因此有必要经常性地进行内省。

与此同时，这也对民俗学作为一门学科领域的姿态和立场提出了质疑。有关“民俗”的种种说法不断地扩散，分别在与这些观点保持一定距离的前提下曾经有过充足、深入的反思了吗？与民俗学形成初期时的问题意识相背反，在关注问题之现代性的潮流与作为实体性民俗之再建构的民俗学之间，尚未形成确实可靠的桥梁。为此，笔者认为，“应用”民俗学的知识是相对容易的，但对能够“实用”的探讨目前还十分不足。从这个意义上讲，来源背景复杂、各行各业的人们不断参与有关“民俗”的各种活动，当今的此种现状正是促使民俗学在受到外部刺激时重新思考自身学术立场的机会。

近年在日本，将民俗作为文化资源使之价值化的力量很强势，此种动向目前仍在不断地发展着。地方社会中的民俗文化资源化也呈现出了非常复杂的状态。正如上文提到的暗喻（旋涡中的渔夫）所寓示的那样，我们现在需要探究的不仅仅是政策的变化、个人的经验，或只是研究个别的“民俗”，而应当是描绘出它们被置于社会当中的图样或模型（pattern）。因此，目前的课题是要让各种学术的分析框架经受多种洗练，并积累对于各种实际现状的详尽研究。在此基础上，与我们当今生活密切相关的各种疑问将得以解决，而构成计划迈向将来的幸福或不幸之分水岭的资料也不至于散佚[②]。假如能够达到这一目标，即使在社会状况已经发生了很大变化的今天，也可以说作为社会工学的民俗学的原本目标得到了继承与发展。

---

① Brown, Michael F, “On Resisting Resistance”, *American Anthropologist*, Vol. 98. No. 4, American Anthropological Association, pp. 729—735, 1996.

② 柳田国男「村を観んとする人のために」、『柳田国男全集』27卷，筑摩书房，1990年。

论多元文化社会中的民俗共享与国民认同*

［美］杰伊·梅克林

20世纪70年代初与90年代初是两个迥异的文化契机。1972年，《面向民俗学新视野》（Towards New Perspective in Folklore）一书出版，美国人正好进入感受文化多样性的过渡期。50年代是被一致性的公众诉求所统治的时期，这种文化一致性的公众诉求如此深切，以至于人们担心美国人太过于顺从了。托德·吉特林（Todd Gitlin）注意到，“60年代的惊诧”根源于50年代，性别、阶级、种族的差异性突然全面地显现了①。到1972年，普通市民及学者们都认为美国人之间并没有多少共同之处，学者们花了20多年的时间潜心研究一个又一个狭小的个案。90年代初，我们津津乐道（或受其折磨）的是人类的特性，这些以性别、种族、族裔、社会阶层、性取向、年龄等不同的方式以及以其他一系列身份认同为基础而强化的人类特性，或许成为人们相互理解的障碍。“你就是不能明白”，绝非只是探讨社会交际中性别差异的畅销书的书名②，它也是80年代的文化口号。

然而，就在附近的音像店，当我站在那里看见各种肤色与出身的孩子恳求可怜的父母能让他们租借这样那样的任天堂或创世纪的游戏，看到这些孩子都穿着忍者神龟或巴特·辛普森的T恤，我不禁怀疑起对于各种差异性的重视是否掩盖了我们不敢说出的共享因素。更不必说，要探寻文化共享就是进入了意识形态领域，因此，也就涉及权力。可以肯定，50年代相信（由一致的历史而成为正统）我们共享一种符合各个阶层利益的美国核心文化，而90年代的人们也同样确信，任何对于人类的一般性认识都会借助于人类的一系列特性而助长种族主义、阶级主义、性别主义、异性恋取向、年龄歧视等。我们知识

---

* 本文由宋颖译（尹虎彬校）自杰伊·梅克林（Jay Mechling）的论文 On Sharing Folklore and American Identity in a Multicultural Society。原文载于美国《西部民俗》杂志（Western Folklore）第52期，California Folklore Society，1993。正文中的“本期”是指该期刊物。此文翻译已征得作者本人和原载刊物的许可。考虑到阅读习惯的差异，译文对标题及少量文字、符号进行了少许改动。

① Todd Gitlin，1987. The Sixties：Years of Hope，Days of Rage. Toronto：Bantam Books.

② Tannen，Deborah. 1991. You Just Don't Understand：Men and Women in Conversation. New York：Morrow.

分子需要找到理论与实践的中间地带，以便指出是否有理由相信美国人所共享的文化远比想象得要多。理解“共享”文化的意味，对于民俗学具有重要的理论和方法论的价值与影响，而这种理解对于社会中日益明显的隔膜感和无共性的差异感，也具有重要的政治影响①。

我试图开始寻找这样的中间地带，以便使民俗研究（folklore studies）和文化研究（cultural studies）能够在理论与方法上的个人学术交流和与美国社会的秩序属性有关的公开讨论等方面进行合作。首先，我站在使学术界获益的立场上，简要归纳民俗学者的理解，亦即对于人们来说“共享”民俗意味着什么；其次，我将（更为简要地）概括另一平行发展的理论，亦即大众媒体研究的“观众接受理论”；再次，我会说明这两条研究支流如何汇聚，才能够为民俗研究和文化研究在当今一些最重要的学术问题上提供可能的合作基础。最后，我将指出这两个领域的汇合所产生的政治含义。简言之，我希望民俗研究和文化研究的合作，能够服务于理查德·罗蒂（Richard Rorty）的新实用主义解决方案及其他人提出的在多样性社会中和平公正地生活的理念与实践方法②。

民俗共享的悖论

《面向民俗学新视野》无疑是60年代美国研究学界的一个文本。用“一致性”来理解美国特色和文化（如理查德·多尔逊的著作所表现的那样）已经随着60年代的社会与历史而趋于衰微，这就使“冲突”似乎成为更有效地理解美国人体验的途径。本期的一些论文仍然是“一致性”的模式，但理查德·鲍曼（Richard Bauman）的论文《差异性的认同与民俗的社会基础》，则明确提出了变化的社会体验和美国人的感知所蕴涵的意义。鲍曼取得的重要进展是对那种共同的学术假设提出了质疑，亦即民俗的表演需要具有“共享的社会认同”的特点。他列举了6个认同特点：族裔、宗教、地域、职业、年龄和血缘，并指出民俗通常是在具有不同的社会认同（关于性别，参见本期米尔斯③的论文）的人们之间起着沟通的作用。我引用鲍曼一段较长的论述，因为他提到我的讨论所涉及的几个要点：

> （我们）一旦进行了必要的重新定位，那么，我们在对称与非对称的关系中都能找到民俗，这是显而易见的。特定群体或社会类型的成员可以在共享认同的基础上交换民俗，也可以和其他人在差异性认同的基础上来

---

① Hunter James Davison. 1991. *Culture Wars*. New York: Basic Books.

② Rorty, Richard. 1989. *Contingency, Irony, and Solidarity*. Cambridge: Cambridge University Press.

③ Mills.

> 交换民俗。重要的是，民俗的表演不要求“俗”是所有参与者的集体表现，或均匀散布于他们之中。会有这种情况，但也有可能是差异性的散布、差异性的表演、差异性的感知和差异性的理解。作为一般概念上的民间群体，所有成员对他们普遍的民俗都享有平等权利，都具有表演民俗的平等资格，然而在我们所有的例子中，表演者和观众之间是界限分明的，是以认同的差异为基础的。①

鲍曼的看法，反映出一些人类学家和民俗学家曾努力接受文化与人格研究成果的新方法。从30年代到60年代，人类学家持有一种文化观——这被人类学家安东尼·华莱士（Anthony F. C. Wallace）称为“统一性的复制”。人类学与心理学的成功结合，引起了对国民性的研究和对于创造社会核心人格的社会化过程的探索。华莱士在1962年出版的开创性著作《文化与人格》（1962，1970）中挑战了这种文化观。他认为，文化体系不需要参与者共享某种动机或认识，只需要把参与者“绑在一起”使他们意识到“部分等价的结构”，亦即他们能意识到社会互动的程式文脉和他们在这些互动中的期待。华莱士阐述道：

> 我们可以说，各个部分的人都建立了一个等价行为期待体系，组织的关系由此形成。这种等价交互期待体系可称为“隐合约”（implicit contract），就“合约”一词的一般意义而言……文化被设想为这种契约性关系的一整套标准化模式，其中等价作用被指明并实施于任意两组人之间，他们的动机使他们遵守约定。这种关系并非基于某种共享，而是基于认识和动机的互补性。②

因此，文化并没有被看作“统一性的复制”，而是“使动机和认识的多样性尽可能最大程度上组合起来的发明”。事实上，华莱士强调，认识的“非共享”可能是像美国社会这种更为复杂的社会系统的功能性需求。

在70年代早期，“文化内部的变异”突然成为人类学的新热点③。随着人类学家和其他学者从关注广泛的普遍性退回到安全地去归纳非常小的人群，文化与人格研究风光不再。这种对特殊性的回归尽管可以理解，但却不是华莱

① Bauman, Richard. 1972. *Differential Identity and the Social Base of Folklore*. In Toward New Perspectives in Folklore, ed. Américo Paredes and Richard Bauman, pp. 31—41. Austin: University of Texas Press.

② Wallace, Anthony F. C. 1970. *Culture and Personality*. 2d ed. p. 36. New York: Random House. Originally pub. 1962.

③ Pelto, Pertti. J., and Gretel H. Pelto. 1975. *Intra-Cultural Diversity: Some Theoretical Issues*. American Ethnologist 2: 1—18.

士、鲍曼和其他人努力的重点。他们的意图原本是想（至少从我读到的来看）促使我们关注较大的文化体系，其中有个体差异的撞击、冲突以及由此引起的调解、误解或欺骗等。

有些人类学家和民俗学家明白这一点，他们用具体的个案研究阐明文化事件或表演中“共享”与“非共享”的悖论。例如，克里夫·格尔茨（Clifford Geertz）在其很多著作中承担起这一职责，当然也有论著，像《仪式与社会变迁：以爪哇人为例》[①]；与其类似的还有，亚伯拉罕（Abrahams）的《边界上的高喊赛事：展示活动的民俗》[②]，有意识地把民俗看作冲突的机制和多样性的组织；格雷厄姆（Graham）则研究了田纳西州西部的墨西哥裔美国人的民间医药信仰及其实践中文化内部的多样性[③]，很好地表现了个体当事人在传统与科学的治疗事件中信仰与非信仰、共享与非共享的紧张状态。托尔肯（Toelken）总结了一些典型的渔民和樵夫的民间信仰表演个案并得出同一要点，亦即胜任民间信仰的表演者和观众，并不意味着他们必须共享这一信仰[④]。在民间事件中发挥作用的熟练、有能力的表演者，可能会掩藏起其他的动机或信仰。

布兰·萨顿一史密斯（Brain Sutton-Smith）详细讨论了贝特森（Bateson）的游戏分析框架，提出了“伪装”（masking）的概念。与赫伊津哈（Huizinga）[⑤] 等人观点不同的是，萨顿一史密斯认为，游戏可能并非像我们所想的那么自愿。正如欧文·戈夫曼（Erving Goffman）在其精巧的框架分析中所理解的[⑥]，人们可能出于完全不同的动机来建构游戏。萨顿一史密斯和凯利一伯恩（Kelly-Byrne）[⑦] 探讨了多种“游戏的伪装”——其中人们可能会使用游戏来“伪装”其他多种动机（如争胜或工作），或是建构其他的框架（如工作）来“伪装”游戏。我采用贝特森和萨顿一史密斯对游戏自愿性的怀疑，试图说明

---

① Geertz, Clifford. 1973. *Ritual and Social Change: A Javanese Example*. In *The Interpretation of Cultures*. pp. 142—189. New York: Basic Books.

② Abrahams, Roger D. 1981. Shouting Match at the Border: *The Folklore of Display Events*. In “And Other Neighborly Names”: Social Process and Cultural Image in Texas Folklore, ed. Richard Bauman and Roger D. Abrahams. pp. 303—321. Austin: University of Texas Press.

③ Graham, Joe S. 1985. *Folk Medicine and Intracultural Diversity Among West Texas Mexican Americans*, Western Folklore 45: 168—193.

④ Toelken, Barre. 1985. *The Performative Aspect of Northwest Supersitition and Popular Belief*. Northwest Folklore 4: 13—22.

⑤ Huizinga, J. 1950. *Homo Ludens: A Study of the Play-Element in Culture*. Boston: Beacon Press.

⑥ Goffman, Erving. 1974. *Frame Analysis: An Essay on the Organization of Experience*. Cambridge, MA: Harvard University Press.

⑦ Sutton-Smith, Brian, and Diana Kelly-Byrne. 1984. “The Masks of Play”. In *The Masks of Play*, ed. B. Sutton-Smith and D. Kelly-Byrne, pp. 184—199. New York: Leisure Press.

人类与宠物的游戏如何有助于纠正我们以往的偏见——亦即认为两类生物需要共享很多内容才能遵循传统的游戏规则[①]。用华莱士的话说，我和我的宠物只需要建立基于行为等价期待的隐合约即可；用鲍曼的话说，我和我的狗不必为了游戏而共享某种身份。

这些例子似乎具体、可感、有说服力，但我们必须记住在整个70年代和80年代的大部分时间里，民俗学学术成果都与此逆向而动。就像其他的文化研究学科一样，当时民俗学者普遍把时间花在狭窄的特殊性、小社区的个案研究上，因为它们可能具有我们所期待的在“高度关联”[②] 的群体中所能找到的共享程度。对60年代的教训唯一的让步是，承认美国的多元文化社会中这些孤岛在具体意义的交流与“转换”上，可能没有统一的标准。冲突观仍然坚持认为民间群体内部的共享是与公共因素相对峙的，但明确表述冲突观的华莱士、鲍曼和其他人却质疑，在民间群体内部是否存在那么多的共享。民间群体内部可能会在很高程度上共享身份、信仰与动机，但民间表演的成功和民间群体文化的繁荣并不需要这样的共享。华莱士和鲍曼的看法启发我们抛弃任何关于民间事件共享认同的假设，取而代之的是关注人们如何合作、参与、抗拒等具体细节，我们还被提醒可能会在民间群体之内发现非对称的互补关系。

表演理论是更大的“人类学综合论”的一部分，正如维克多·特纳（Victor Turner）所说，这是因为民俗学家参与了后结构主义而转向对过程的关注[③]。这一理论的发展已经走向概念化，民间表演被概括为“符号过程的一个瞬间”（a moment of semiosis），是由参与者、话语和先在的意义系统所组成的动态体系内意义制造的瞬间。因此，布里格斯（Briggs）质疑“文本”和“语境”的用法意义[④]，而倾向于使用他和鲍曼提出的过程学说的语词：“文本化”、“语境化”、“脱离语境”、“重置语境”等[⑤]。把握过程的关键是巴赫金（Bakhtin）构想的、由克里斯特拉（Kristeva）阐明的“互文性”（intertextuality）观念。布里格斯和鲍曼看到这一观念的两个重要影响，即“第一，结构、形式、功能和意义并没有被看作话语的内在特征，而是生产和接受话语的持续过程的产物。第二，这一过程并非话语事件或书面文本自身创作的中心，而是基于和至

---

① Mechling, Jay. 1989. “‘Banana Cannon’ and Other Folk Traditions Between Human and Nonhuman Animals”, Western Folklore 48: 312—323.

② Hall, Edward T. 1977. Beyond Culture. Garden City, NY: Doubleday.

③ Turner, Victor. 1977. Process, System, and Symbol: A New Anthropological Synthesis. Daedalus 106: 61—80.

④ Briggs, Charles L. 1992. “Textual Practices and Scholarly Authority in Folkloristics”. The American Folklore Society Fellows Lecture, presented 15 October 1992 in Jacksonville, FL.

⑤ Bauman, Richard. and Charles L. Briggs. 1990. “Poetics and Performance as Critical Perspectives on Language and Social Life”. Annual Review of Anthropology 19: 59—88.

少一个他者的话语对话”[①]。在很大程度上，民俗学家的任务，是描述话语在共时与历时层面的互文性，特别是关注权力在人们将话语“文本化”、“语境化”、“脱离语境”、“重置语境”时的作用。正如布里格斯和鲍曼敏锐指出的那样，这些文化实践具有政治影响。布里格斯建议，民俗学家与其使文本具体化为由某一历史性时刻产生的特定客体，还不如去“研究它们产生与接受的历史，尤其关注已经形成的社会关系，享有文类创作权的人怎样、何时、为何种目的而生产文本，并且文本每次被接受也有同样的问题”[②]。

文化研究在80年代所走的路径，恰巧与我为民俗研究所描述的相仿。问题是双方的学者几乎都不注意对方。更糟的是，互相还经常以怀疑或轻蔑的态度看待对方。与此同时，双方领域内最前沿的理论发展逐渐指向同一结论——亦即我们需要抛弃静态的文本、创作者、受众、语境等观念，取而代之以完整的与研究过程有关的语言和学术实践。下面，我将转而探讨文化研究领域，尤其是有关影视研究的进展，试图说明两个领域实际上有相同的使命，并已经不期而遇。

文化研究与媒介时代

“文化研究”是源自于英国媒体研究的术语，它已被用来描述以“从文化实践内部及其相互联系的视角来考察与权力相关的文化实践”[③] 为目标的广泛的学术成果。尽管文化研究涵盖了多种类型的话语与实践，但大众媒体研究是其主导。

大众媒体研究最重要的发展是80年代出现的“观众接受理论”[④]，文本与文本批评在过于长的一段时期内统治着大众媒体受众研究，戴维·莫利称之为“注射式的媒体影响，其中媒体被认为有权力将特定信息‘注射’给受众，影响受众按特定的方式行为”[⑤]。这一范式缓慢地取代着“效应研究”，证明了受

---

① Briggs，Charles L. and Richard Bauman. 1992. “Genre，Intertextuality，and Social Power”. *Journal of Linguistic Anthropology* 2：131— 172.

② Briggs，Charles L 1992. “Textual Practices and Scholarly Authority in Folkloristics”. p41. *The American Folklore Society Fellows Lecture*，presented 15 October 1992 in Jacksonville，FL.

③ Nelson，Cary，Paula A. Treichler，and Lawrence Grossberg. 1992. “Cultural Studies：An Introduction”. In *Cultural Studies*，ed. L. Grossberg，C. Nelson，and P. A Treichler. pp. 1—22. New York：Routledge.

④ Davis，Dennis K.，and Thomas F. N. Puckett. 1992. “Mass Entertainment and Community：Toward a Culture-Centered Paradigm for Mass Communication Research”. In *Communication Yearbook* 15，ed. Stanley A. Deetz. pp. 3—33. Newbury Park，CA：Sage Publications.

⑤ Morley，David. 1989. “Changing Paradigms in Audience Studies”. In *Remote Control：Television，Audiences，and Cultural Power*，ed. E. Seiter，H. Borchers，G. Kreutzner，and E. Warth，pp. 16—43. London：Routledge.

众在媒体文本的消费中逐渐从被动变为积极的参与者。但是在莫利看来，这种“消费与享乐”学说的错误在于，通过对个体观众的特殊化，将个体差异归结为“人格或心理的差异”。

针对这些范式的不足，斯图尔特·哈尔（Stuart Hall）与伯明翰大学当代文化研究中心的其他学者提出了交流的“编码与解码”模型，认为媒体文本的权力是建构话语的进程和形式，同时，也认为观众的权力是积极参与媒体文本的意义制造。哈尔模型看到了受众的文化实践和“调节”这些实践的心理、社会、制度、历史等因素。毕竟，哈尔模型寻求理解意识形态与文化权力在大众媒体文本与其受众互动中运作的结果①。

关注文化实践，需要纳入被称为“阅读构成”（reading formations）或称为“话语构成”（discursive formations）的概念。马克思主义理论家托尼·贝内特（Tony Bennett）在20世纪80年代中期最早提出了“阅读构成”：

> 说到阅读构成，我是指一整套话语的和互文的决定因素，它们能组织并推动阅读的实践，使文本与读者彼此结成特定的关系，形成了特定类型的阅读主体和以特定方式被阅读的文本客体。②

贝内特提出的概念具有张力，能让读者在“提供”的解释性定位和其喜欢的假想性定位之间选择，这就使读者有可能抗拒文本。在拉德韦（Radway）前沿性的读者反应研究③中发现，当访谈读者时，喜欢阅读爱情小说的妇女表现出了抗拒的可能性。对于拉德韦的一些被访者来说，阅读行为就是抗拒的行为。这些读者认为，很多小说的女主人公（通过读者自身的认同），是努力在普遍的不可改变的父权制下尽可能自主地创造生活的妇女。

“话语构成”一词来自哈尔等人的著作和对包括大众媒体文本运作之生产者和观众在内的话语实践的更大体系的命名。莫利说，这意味着文本的意义将依靠读者对文本所具有的话语、知识、偏见或抗拒而得到不同地构建。当然，界定文本意义的一个至关重要的因素，是面对不同观众的话语库（repertoire）。而且，个体在社会结构中的位置，将决定哪类既定主题的话语系列有可能被收

---

① Hall, Stuart. 1980. “Recent Developments in Theories of Language and Ideology”. In *Culture, Media, Language*, ed. Stuart Hall, Dorothy Hobson, Andrew Lowe, and Paul Willis, pp. 157－162. London: Hutchinson.

② Bennett, Tony. 1986. Texts in History: “The Determinations of Readings and Their Texts”. In *Poststructuralism and the Question of History*. ed. Derek Attridge, Geoffrey Bennington, and Robert Young, pp. 63－81. Cambridge: Cambridge University Press.

③ Radway, Janice. 1985. *Reading the Romance*. Chapel Hill: University of North Carolina Press.

看，由此他们与文本相遇①。

谈到“面对不同观众的话语库”时，民俗学家的耳朵无疑被唤醒了。我在下文将再次回到这个话题。现在，让我们简要地考察一下当前观众研究所依靠的详尽、通常是民族志式的观众文化实践研究。正是电视观众受到了最大的关注，其部分原因在于看电视是阅读不能达成的集体方式，也是戏剧和电影难以提供的互动方式（也有一些值得注意的例外）。昂（Ang）关于《达拉斯》（Dallas）电视观众的著作②，勒尔（Lull）对若干社会的电视观众的民族志报告和不时出现的观众反应的调查报告③，都探讨了观众与文本之间动态的互动过程。事实上，鲍辛格（Bausinger）在探讨大众社会中民俗的转换、变动及意识形态应用方面的贡献早已为民俗学者所熟知④。他曾讨论过在家看电视时复杂的动态过程⑤。简言之，关于电视观众文化实践的学术研究正在成长。

基于莫利的著作，约翰·菲斯克（John Fiske）提出了颇为激进的观点。菲斯克较早提倡“观众解放运动”，也就是说，观众的定位不是被动的电视文本消费者，而是在观看中有或同意或反对的沟通，能起积极的作用。菲斯克建议批评家将“文本”与“观众”的分类统统抛弃，他认为抛弃“文本”这个词之后，我们仍然需要这个词，或类似的词，来指称电视制造意义的潜力，但我们要用不那么具体的词，如使用“本文性”（textuality）就能抽象地表明其潜力而非具体的存在。放在客厅的设备“电视”，是视觉与听觉的信号器，是潜在的意义与欢乐的激活者。这种潜力就是它的本文性，因观看时刻的变化而有不同的调动。

本文性在意义制造和欢乐生产中得以实现，其中心正是我们的文化无法避开的互文性……⑥

菲斯克的术语“本文性”冲垮了“文本”与“观众”之间的任一界限，使

① Morley, David. 1989. “Changing Paradigms in Audience Studies”. In *Remote Control: Television, Audiences, and Cultural Power*, ed. E. Seiter, H. Borchers, G. Kreutzner, and E. Warth, pp. 16—43.London: Routledge.

② Ang, I. 1985. “Watching Dallas: Soap Opera and the Melodramatic Imagination”. London: Methuen.

③ Lull, James. 1990. “Inside Family Viewing: Ethnographic Research on Television’s Audiences”. London: Routledge.

④ Bausinger, Hermann. 1990. *Folk Culture in a World of Technology*. Trans. Elke Dettmer. Bloomington: Indiana University Press. Originally published, 1961.

⑤ Bausinger, Hermann. 1984. “Media, Technology and Daily Life”. *Media, Culture, Society* 6: 343—51.

⑥ Fiske, John. 1991. “Moments of Television: Neither the Text Nor the Audience”. In *Remote Control: Television, Audiences, and Cultural Power*. ed. E. Seiter, H. Botcher, G. Kreutzner, and E. Warth. pp. 56—78. London: Routledge.

我们的注意力转向把看电视当作一个过程，“由两种平行并相互锁定的力量装置来决定”。菲斯克写道，“这两种相互交织的决定力量”，既是社会的，又是文本的，一种作用于观众的主体性，另一种作用于电视的本文性。我想提出的是主体性和本文性之间的回应是如此接近，以至于在每一个联结点上两者都相互渗透。

这种“渗透”（leakage）听起来像是熟悉的后现代体验的特征。作为异质的、晚期资本主义社会的成员，菲斯克提醒我们，日常社会体验类似于作为电视观众的体验。“至于社会体验”，菲斯克解释为：

> 就像一个文本，只能在社会主体将他或她的话语能力凝聚到文本上时才被赋予意义。这种转换的构成（formations）物的联合，为主体建构社会体验、具备社会差异，提供了潜在的无限性，以至每个人都可以被完全不同地建构，但这些差异无法以个体的心理差异来解释，而是在各种社会联合和社会关系的交集中得到解释。

晚期资本主义社会中的社会体验，也就是类似人们看电视的互文性体验，其特点是“为不同的人制造不同意义提供了充足的空间，尽管在这一过程中，他们可能分享同一个话语库”。因此，文本的权力和斗争类似于社会的权力和斗争。“使社会体验有意义，”菲斯克总结道，“几乎同样是一个使文本有意义的过程。电视传送的不是节目而是符号体验。这种体验的特征是开放性和多义性。”①

菲斯克还进一步谈到，电视作为特殊的多义媒介，其特点可概括为间断性、“话语鸿沟”（由观众来填补）、互文性、连续性、异质性和“符号民主”。菲斯克提出了纵向与横向的互文关系等理念②，正如他所说，当观众的话语遇到电视节目的话语时，就会导致“符号过程的瞬间”具有“无法避开的互文性”③。他的“符号民主”论立足于他基本上乐观地认为，观众能够把握“符号力量”——“建构意义、欢乐和社会认同的力量”——更不必说，社会力量实际在影响着金融经济④。符号力量是切实存在的。我们要改变学术的关注点，菲斯克说：

---

① Fiske，John. 1991. “Moments of Television：Neither the Text Nor the Audience”. In *Remote Control：Television，Audiences，and Cultural Power*. ed. E. Seiter，H. Botcher，G. Kreutzner，and E. Warth. pp. 56—78. London：Routledge.

② Fiske，John. 1987. “Television Culture”. pp. 108—127，London：Routledge.

③ Fiske，John. 1988. “Meaningful Moments”. *Critical Studies in Mass Communication* 5：246—251.

④ Fiske，John. 1987. “Television Culture”. p. 316. London：Routledge.

> 从文本到阅读时刻，稳定性和既定的意义（虽是暂时的）已无法在文本自身中找到，而是要通过具有社会和历史定位的读者在阅读文本时找到。当然，这样的意义不会固定在普遍的、经验主义的“现实世界”，而是由读者的社会位置来确定。不同的阅读会使文本具有不同的稳定性和即时性，但它们确实因此获得了稳定瞬间和意义瞬间。[①]

符号过程的瞬间是“民主的”，这种民主的程度使它能够对抗具有“自上而下”权力的电视话语。研究“自下而上的话语力量如何运作”是福柯（Foucault）的成果。而菲斯克认为，我们仅通过直接的、民族志式的探索就可以理解其运作。菲斯克在莫利和其他人的著作中看到了，“符号民族志将有助于我们理解，具体的、语境化的符号指代瞬间是更为普遍的文化进程的特殊实例”[②]。那么，我想问，有谁会比民俗学家更加适合承担符号民族志的工作呢?

民俗研究与文化研究的汇聚

我对民俗研究和文化研究发展的简要概括，清楚地表明它们已经汇聚于同一范式之下。这两个领域都试图抛弃具体化的“文本”与“语境”观念，倾向于使用“符号过程的瞬间”的概念，同时包含大量的话语并使话语空间充满了互文的关系。两者都质疑“共享”意义的旧观念，寻找能够产生对抗性“阅读”的过程。

在民俗研究与文化研究之间重建友好关系的条件，当然不只取决于双方的批评语言表面上的汇聚。对我们来说，两者结合的意义要远超过其简单相加之和。从理论上讲，这联合将创造出一整套全新的学术命题，远超过他们的合作所预期回应的内容。两个领域在努力把握日常生活的文化实践时都有自己的不足。民俗学家需要寻求文化研究的帮助，来理解大众媒体体验在现代生活，包括在当代民俗中的重要作用；而文化研究批评家则需要民俗研究提供人们有关大众媒介体验的民族志式、具体可感的话语报告。

需举例说明时，我用儿童民俗的例子，因为我熟悉该领域，而且，儿童的社会化过程关系到我最后要谈论的共享文化之政治层面的问题。菲斯克认为，电视化瞬间的本质是它“打开”了抗拒和相互解释的空间，我们就从这里开始。个体不能发明话语用于抗拒电视节目分派给观众的主体性，或“填补”由电视化本文性空出的话语鸿沟，或“重写”（如菲斯克所说）电视化文本。一个人能够看到的话语库在大多数情况下都是民众的话语库，因此，相较于心理

---

① Fiske, John. 1987. “Television Culture”. p. 117. London: Routledge.

② Fiske, John. 1988. “Meaningful Moments”. *Critical Studies in Mass Communication* 5: 246—251.

性和个人性，它们是社会性和集体性的。

菲斯克举了一个例子说明观众“重写”电视本文性的方式，即我们在儿童民俗中发现对电视广告的歪改①。他的例子是简略的，甚至有些单薄，这说明他和其他文化研究者需要民俗学家的协助。更有意义的是菲斯克使用了两个项目的研究报告，一个关于澳大利亚儿童，另一个是关于肥皂剧《囚犯》，它讲述女子监狱的故事（主要在美国播放，名为《囚犯：单人房间 H》）。霍奇和特里普（Hodge and Tripp）发现，澳大利亚学校的孩子容易把自己的学校和监狱设想成隐喻关系②。帕尔默（Palmer）则观察了一组年龄在 11－12 岁的孩子用自由活动时间在学校空地上重演《囚犯》的情节③。菲斯克指出，这些研究者“认为儿童不是傻瓜或被动的受骗者，能够不受邪恶的后母亦即电视的与其意愿及兴趣相反的影响。他们甚至认为儿童进行的是一种持续的积极努力，是在其社会体验之外寻找意义。在这种努力中，电视发挥着重要的作用”④。但即使是这些例子也没有触及我们在民间话语与电视话语中发现的冲突。有意义的是要了解，诸如儿童的民俗（考虑到性别、年龄、社会阶层和族裔等）是否能为话语构成提供一个有限的范围，如观看《辛普森》或玩任天堂游戏机上的《超级玛丽三代》。我们对于孩子遇到这些文本的实际解释实践，几乎一无所知。

以黄金时间播放的卡通电视剧《辛普森》为例，漫画家马特·格勒宁（Matt Groening）在 80 年代末开始进行电视创作，为福克斯公司的《特蕾西·厄尔曼》（Tracy Ullman Show）做一分钟的“补白”。卡通短片的成功，使得福克斯公司邀请格勒宁创作长约半小时的片子，并在 1989 年初演。《辛普森》迅速获得成功，吸引了广大观众，福克斯安排它在每周四晚 8 点播出，与 NBC 颇受欢迎的鸿篇巨制《天才老爹》（Cosby Show）争夺收视率。

理解《辛普森》的吸引力，需要结合民俗与文化研究。从一开始起，《辛普森》就是具有“开放性”话语、可被多层次阅读的节目。我的朋友，一位英语教授讲述了和他的两个儿子，一个 11 岁，另一个 7 岁，一起看节目的情形。三个人看节目时都会开心地笑（尽管有时是对不同的部分）。儿童民俗学家研究了这一节目，很快发现格勒宁与合作者们对儿童口头文化有着民族志式的敏

---

① Fiske，John. 1991. “Moments of Television：Neither the Text Nor the Audience”. *In Remote Control：Television，Audiences，and Cultural Power.* ed. E. Seiter，H. Botcher，G. Kreutzner，and E. Warth. pp. 56—78. London：Routledge.

② Hodge，R.，and D. Tripp. 1986. *Children and Television*. Cambridge：Polity Press.

③ Palmer，P. 1986. “The Lively Audience：A Study of Children around the TV Set”. Sydney：Allen & Unwin.

④ Fiske，John. 1987. “Television Culture”. p. 68. London：Routledge.

锐。从这一点看来，9 岁大的儿子巴特和他的父母霍默与玛吉（Homer and Marge Simpson）的角色最为有趣。巴特表现的对抗与逆反姿态，正是我们在大量儿童民俗中所能发现的①。例如，在学校的圣诞节活动中，当同班同学唱《铃儿响叮当》的原版歌词时，巴特唱的却是儿童中流行的滑稽版："铃儿响叮当，蝙蝠侠笑哈哈，罗宾下蛋啦。蝙蝠车掉了轮子，搞破坏的跑掉啦。"比起歪改歌词，巴特有更多的逆反，他的行为和语言的风格与方式，很像非裔美国人的搞怪者（就像兔八哥，另一部卡通片中的非裔搞怪者）。事实上，巴特有时也以非裔形象出现在 T 恤上。正是逆反加上这种风格，才使巴特如此有魅力，成为孩子尤其是男孩子的媒体明星。很多看到这一点的人建议父母不要让孩子看这个节目，有些学校明文禁止学生穿巴特·辛普森的 T 恤，禁止带与辛普森有关的个人物品上学（指责 T 恤上巴特式的放肆话，如"男人，别带母牛!"无礼而又粗鲁）。但巴特并不是一个完全逆反的角色，他能够彬彬有礼、慷慨大方，就像一个真正的 9 岁孩子。同样，他那懂礼貌的姐姐丽莎，也有类似巴特的行为。文本的"开放性"能够引起多层次阅读与认同，这对节目的流行起到了重要的作用。

我们对《辛普森》的研究还未结束，我简述的只是对看节目时所发生的纵向与横向互文关系的浅显分析，希望这个例子能对民俗学家描绘由节目引发的互文关系时产生重要的提示。我们需要增加民族志视角的观察，使民俗学家和其他符号民族志工作者能与某个家庭一起在客厅里看电视。目前还没有这样可供借鉴的报告（希望会有），但我能提供一份有趣的民族志报告，亦即儿童在创造自己的民间文化的动态过程中能够积极地使用电视节目。

帕特里夏·贝恩兹（Patricia Banez）通过一年多的观察，研究了一组 5 个孩子的日常游戏（孩子们从 7 岁到 13 岁，来自两个家庭）②。孩子们根据每周都看的《辛普森》创造出了一部想象的连续剧，叫《辛普顿》（意即"傻瓜"）。每个孩子在剧中都扮演一个固定的角色，以实际的电视情节的段落纲要为基础精心想象。贝恩兹在了解了孩子们的家庭动态后，很快发现孩子们融合了三种不同的叙事：电视家庭的媒体叙事，孩子们各自家庭的重要叙事，孩子剧组日常社会关系的叙事。这些想象的叙事，大部分由媒体叙事的程式化属性所创建，也容许孩子们表现一些他们在自己家里和相互关系中遇到的"麻烦"。孩子们借助想象的角色，实验着他们在真实生活中所没有的权力。简言之，孩子

---

① Mechling, Jay. 1986. "Children's Folklore". In *Folk Groups and Folklore Genres*. ed. Elliott Oring pp. 91－120. Logan: Utah State University Press.

② Banez, Patricia D. 1991. "The Simpletons: An Ethnographic Study of Children's Uses of Media Narratives". *Unpublished senior thesis in American Studies*. University of California, Davis.

们创造了一个戏剧空间，来探索“开放的”媒体话语的互文关系，并利用这个空间享有权力，制造出平时在家庭中和学校里作为相对弱势的个体所无法获得的意义。

这个例子只说明了可能性，我还没有指出民俗节目为成人面对包括《辛普森》在内的大众媒体话语时而建立的“话语构成”的方式。对于1992年罗斯·佩罗特（H. Ross Perot）的总统竞选媒体演说，如果学者没有注意其丰富的口头文化，就无法理解其吸引力。佩罗特的候选人演讲，其口头表演的元叙事采自一个300多年前的欧式美洲故事，该故事已被大众媒体重构并讲述了50余年①。成人阅读的小报②和成人观看的录制品（从《德努霍》、《奥普拉》、《格兰多》、《悲伤的杰茜》到《难以复制》、《最新轶事》和新“现实”剧等），则提供了另一类包含着民间话语、面对大众媒体话语的重要的文化瞬间③。

文化研究和民俗研究应该在儿童及成人面对大众媒体话语时的现行文化实践的民族志研究中进行合作。单独的文本分析会使我们对“观众效应”调查不够，忽视观众的抗拒、重写与退出等真实的权力。民族志研究发现了互文关系的空间、媒体与民众话语之间的“符号过程的瞬间”。但通过向公共视野开放这一空间，符号民族志由此打开了个人的抗拒领域。即使暂时不论“抗拒”是真实存在或只是象征性的等合理的问题，符号民族志是能生产信息并使我们从民俗研究和文化研究的合作中获益的好想法吗？这就是规则吗？谁将从中获益？或者，换一个视角，这类研究的政治策略是什么？

共享、权力与意识形态

学术实践能够具象地反映意识形态。本文推荐一种新的学术实践，亦即民俗研究与文化研究的学者合作来理解人们如何通过读、看或听大众媒体的话语进而制造意义的过程。民俗提供的一种话语构成，深深隐含在这些过程中。尽管有吉特林等较为悲观的批评④，我的观点还是与菲斯克乐观的“符号民主”立场一致，也就是“主体拥有参与并影响社会文本、社会体验和主体性意义的

① Jewett, Robert, and John Shelton Lawrence. 1977. *The American Monomyth*. Garden City, NY: Anchor Press/Doubleday.

② Bird, S. Elizabeth. 1992. *For Enquiring Minds: A Cultural Study of Supermarket Tabloids*. Knoxville: University of Tennessee Press.

③ Carbaugh, Donal. 1989. *Talking American: Cultural Discourses on DONAHUE*. Norwood. NJ: Ablex Publishing Corp.

④ Gitlin, Todd. 1990. “Commentary: Who Communicates What to Whom, in What Voice and Why, About the Study of Mass Communication?” *Critical Studies in Mass Communication* 7: 185—196.

权利"①。我想进一步说明，对于我提倡合作的政治立场和含意的理解，大多数只做文化研究或民俗研究的学者均不会这样说。

我在本文开头赞同90年代的看法，即美国人在价值观和文化上几乎不存在共享，社会上的公共话语日益采用了无共性争论的形式②。有很多学者分析了关于价值的公共话语，并试图开拓"中间地带"用来讨论多元社会中道德标准差异的问题③。罗蒂和其他学者的提议，对我描画合作研究发挥了影响。扼要地说，罗蒂等人在哲学上规划的新实用主义传统形成了一种新的策略，即提倡对美国人的现行实践进行民族志式理解，这是他们在日常生活中建构的族性和意义，其任务是发现人们现行的文化实践能够整合成为一个体系的方法，基于斯道特所说的"利益弱化观"④ 而服务于舆论。斯道特认为，我们会找到"实践与制度在情势下所能达到的最好配置"⑤。正如罗蒂（Rorty）指出的，实用主义者渴望真理（客观上），同时也渴望一致（solidarity）⑥。人们所共享的正是创造一致性的公共计划。在这一点上，道德的统一并不需要社会批评去帮助行动者对似乎无共性的冲突达成某种一致。我们需要的是社会批评对市民的现行文化实践保持敏感，并能够认识到社会秩序总是试验性的、自发性的和争论性的。

我过于简要地概括了罗蒂和其他人的研究个案，在这里只是想表示，我注意到民俗学家和文化研究的民族志工作者创造"知识"时至关重要的作用，这种"知识"可以服务于实用主义的计划，为多元社会的价值话语找到中间地带。实用主义态度抛弃了那种认为美国人需要共享除公共对话之外的某些因素以寻求一致的看法（这与我在前文提到华莱士的立场类似）。

---

① Fiske，John. 1991. "Moments of Television：Neither the Text Nor the Audience". In *Remote Control：Television，Audiences，and Cultural Power*. ed. E. Seiter，H. Botcher，G. Kreutzner，and E. Warth. pp. 56—78. London：Routledge.

② Hunter James Davison. 1991. *Culture Wars*. New York：Basic Books.

③ 例如：Walzer，Michael. 1983. *Spheres of Justice：A Defense of Pluralism and Equality*. New York：Basic Books. MacIntyre，Alasdair. 1988. *Whose Justice? Whose Rationality?* Notre Dame，IN：University of Notre Dame Press. Stout，Jeffrey. 1988. *Ethics After Babel：The Languages of Morals and Their Discontents*. Boston：Beacon Press. Rorty，Richard. 1989. *Contingency，Irony，and Solidarity*. Cambridge：Cambridge University Press. Taylor，Charles. 1992. *Multiculturalism and The Politics of Recognition*. Princeton，NJ：Princeton University Press.

④ Stout，Jeffrey.，Ethics. 1988. *After Babel：The Languages of Morals and Their Discontents*. p. 225. Boston：Beacon Press.

⑤ Idam，p. 286.

⑥ Rorty，Richard. 1987. "Science as Solidarity". In *The Rhetoric of the Human Sciences*，ed. John S. Nelson，Allan Megill，and Donald N. McClosky，pp. 38—52. Madison：University of Wisconsin Press.

无论如何，我们学者不可能退向后现代通常所持的嘲讽姿态。此种怀疑的态度在20世纪60年代和70年代早期曾经适时地出现过，这便是具有社会历史语境的《面向民俗学新视野》。1972年，在挑战一致性理论、关注社会秩序的冲突特点时，它曾十分重要。我同意罗蒂所认为的90年代需要的是另一类截然不同的“通达大度的讽刺家”（liberal ironists）。罗蒂试图说明如果我们停止了整合公共与个人的理论要求，并满足于自我创造和人类一致性的要求都同样是正当的却永无共性的现状……我把这类人命名为“讽刺家”，他们要面对自己最核心信仰与渴望的临时突变……通达大度的讽刺家是这样一类人：他们处在这些不切实际的渴望中，自己向往着灾难会减少，而某类人对另一类人的羞辱会终止①。

这是一种政治立场，我将它看作我所提议的学术实践的目标。当民众与大众媒体话语遭遇时，打开“符号过程瞬间”的私人化空间是真正的政治冒险，但我相信更大的潜在利益远远重于风险。逐渐理解“符号民主”的详细内容，我们就可能发现基于“利益弱化观”而建立起的罗蒂称之为“一致性”的舆论。民俗学家正应居于这一事业的中心位置。

---

① Rorty，Richard. 1989. Contingency，Irony，and Solidarity. XV，Cambridge：Cambridge University Press.

美国公众民俗学的兴起、发展与实践*

安德明

公众民俗学是20世纪中后期以来在美国民俗学界兴起的，它主要指的是对民俗加以展现或应用的实践活动以及关于这种实践的理论探讨。在公众民俗学的兴起和发展过程中，它曾备受争议，很长一段时期内还受到了学院派民俗学者的批判和排斥。但也正是在与学院派民俗学的争论当中，它逐渐引发了美国民俗学界关于纯学术与应用的关系、学术研究的目的、民俗学在当代社会的角色转换等一系列问题的深入讨论，这些讨论不仅最终加固了公众民俗学本身的地位，而且也进一步促进了美国民俗学理论的发展。本文将主要介绍公众民俗学的兴起背景、发展过程及其具体实践①。

公众民俗学兴起与发展的过程

公众民俗学（public folklore）是美国民俗学界自20世纪六七十年代以来逐渐兴起的一个分支性学科，在初开始的阶段，又被称作“应用民俗学”（applied folklore）。它首先指的是关于民俗的实践活动，亦即在产生民间传统的社区之内或之外的新的语境当中，对于这种传统的表现（representation）和应用，这种表现与应用通常是通过传统的承载者与民俗学者或其他文化专家的协作努力来完成的。② 其次，它也是指从学术研究的领域对于这一类实践所作的批评、研究与理论总结。

作为一种实践活动，应用民俗学最初的产生，首先是同60年代的意识形态和政治气候的影响有很大的关系。当时，美苏之间的冷战正处于日益加剧的状态，美国除了在军事、政治上不断强化自己的力量之外，在文化上也十分重视强调自身的独特与强盛。1968年在得克萨斯州举办的盛大的“半球展览”

---

* 本文原载《民间文化论坛》2004年第3期。

① 作为美国当代民俗学的一个重要分支，公众民俗学不仅在民俗实践方面取得了突出的成就，对民俗学理论也作出了许多特殊的贡献。限于篇幅，本文只介绍这一分支学科兴起的背景及其主要实践活动，对其理论贡献及相关的反思等，将另外以专文来介绍。

② Baron, Robert, and Nicholas Spitzer, eds. 1992. Public folklore, p. 1. Washington, D. C.: Smithsonian Institute Press.

（Hemisfair）活动，其目的就是明确美国在西半球的地位，认识或强调美国文化与拉美文化之间的联系，并在某种程度上对拉美国家产生一种威慑作用或影响，其中所包含的政治意味是十分浓厚的。[①] 在这种活动当中，有很大的一部分内容是与民间生活相关的，因此，它就很自然地吸纳了一批民俗学者来参与相关的组织与策划工作。这些民俗学者，既包括许多州的政府机构从这一时期开始聘用的专职的“州属民俗工作者”（state folklorist）——他们的任务主要就是负责策划和组织民间节日、博物馆展览、博览会等活动，也包括一部分学院派的民俗学者——上述半球展览活动当中，就曾吸收了理查德·鲍曼（Richard Bauman）、罗杰·亚伯拉罕（Roger Abrahams）等一批后来极具影响力的学院派民俗学者参与其工作。而当时的各种时代情绪，例如争取民权的情绪、反越战的情绪，等等，也都对民俗学工作者产生了较大的影响。适应着这些社会思潮，一批民俗学者开始产生了这样的观念：自己应该运用专业知识为公众、为社会贡献一份精神力量。于是，他们也就开始主动参与到了民俗学的应用工作当中。[②]

可以说，在刚刚开始的时候，应用民俗学或者公众民俗学只是一种民俗实践的活动，它的目的就是应用，就是运用民俗学的相关知识来组织具体的民俗活动等的一种工作，它同民俗学的学术研究工作是不同的。但很快，随着公众民俗学影响的逐渐扩大，它与学院派的研究之间发生了越来越多的联系。在美国民俗学会当中，就包括了来自大学的民俗学者和大量来自公众领域的民俗学者，两者之间因此而有了许多发生交流与碰撞的机会。于是，在民俗学的学科内部又出现了越来越激烈的强调“纯学术”与倡导“应用”之间的对立和论争，这就使得“公众民俗学”成了一个在学科内部长期具有争议性的话题。[③]

除了政治气候的影响，公众民俗学的出现和发展壮大，也同民俗学在学术界乃至社会当中地位的低下、影响的微弱以及民俗学者对于这门学科性质的认识之发展之间有着直接的关系。美国民俗学最初的兴起，主要是由一批爱好者发起的，美国民俗学会的创立者是来自各个领域的热爱民俗学的学者，他们在自己所从事的专业领域内都具有较高的声望和社会地位，因此，并没有认识到为民俗学进入高校课程而努力的重要性和迫切性，这就使得美国民俗学丧失了一个较早获得建设和发展的大好机会。直到20世纪60年代初，印第安纳大学和宾夕法尼亚大学先后成立民俗学系和民俗学专业之后，民俗学才作为一门专

---

① Hansen，Gregory. 2000. “An Interview with Richard Bauman”. Folklore Forum 31（2）：pp. 73－86.

② Ibid，pp. 91－113.

③ 详见下文。

业开始正式进入了大学的课堂。但是，它在使民俗学在高校中获得独立地位的同时，又面临着所培养的学生无法找到合适工作的现实困难。因为其他大多数的高校都没有民俗学系，有限的几处民俗学专业的毕业生，最后只能去教别的专业或从事其他工作。[①]

这种状况，也是使一大批的民俗学者投入到公众民俗学领域的一个主要原因。因为在这个领域，民俗学者可以获得更多的工作位置，还可以利用自己的知识去服务于社会。印第安纳大学民俗学系的亨利·格拉西（Henry Glassie）教授，今天在美国民俗学界享有极高的声誉，他在于60年代末获得宾夕法尼亚大学民俗学博士学位之初，就曾经做过宾州的“州属民俗工作者”。按照他自己的说法，他当时必须先找到一份工作来谋生，而做什么并不是最重要的。虽然他热爱民俗学的研究事业，可是那时候的社会却没有为他提供更多的进行纯学术研究的位置。[②]

此外，公众民俗学的出现也同民俗学者对于民俗学的研究对象及其学科性质等的重新认识和界定等有直接关系。在美国民俗学会成立的早期，其中的一大批成员都是博物馆工作者，关于物质民俗的研究，可以说是当时民俗学研究的一个主要方面。但到后来，由于大学的民俗学教授大都是在英语系或文学系工作，他们研究的侧重点主要是在语言文学方面，而正是他们培养了民俗学的学者队伍，他们的思想也因而成为了主导的思想，这就使得民间文学方面的研究逐渐在美国民俗学界占据了统治地位，而关于物质民俗的研究则被划在了民俗学的范围之外。结果，很长一段时期，那些在博物馆工作的民俗学者只能望洋兴叹。进入20世纪五六十年代以后，随着欧洲民间生活运动影响的逐渐扩大，美国民俗学界的研究重点从仅限于文学和语言艺术的领域，又重新扩展到了关于物质的、文化的研究范畴，并逐渐出现了不少关于民间生活的研究机构和研究著作。[③]

适应着新的社会需求与学术发展的新形势，美国民俗学界内部开始了关于学科性质、价值和功用等问题的重新思考，罗杰·亚伯拉罕、理查德·鲍曼、亨利·格拉西、鲍勃·伯恩顿（Bob Byington）等一批年轻的民俗学者，开始积极倡导关于民俗应用的研究，为此，他们还成立了应用民俗学委员会。但在

---

① Ben-Amos，Dan. 1998. “The Name is the Thing”. *Journal of American Folklore*，111（441）：257—280.

② Hansen，Gregory. 2000. “An Interview with Henry Glassie”. *Folklore Forum* 31（2）：91—113.

③ Vlach，John Michael. 1988. “Folklife and the Tangible Text”. In *100 Years of American Folklore Studies：A Conceptual History*，ed. William M. Clements，pp. 18—19. Washington，D. C.：American Folklore Society.

他们开始这一工作的20世纪60年代末70年代初，应用民俗学的观点却受到了当时占主导地位的强调学院派研究的民俗学者的猛烈批判，应用民俗学委员会的成员甚至曾在华盛顿举办的一次会议上被驱逐出了美国民俗学会。①

在美国民俗学发展史上具有举足轻重地位的领袖人物理查德·多尔逊（Richard M. Dorson）就认为，如倡导应用，就会使民俗学学术的纯粹性受到玷污，从而给这门学科的建设和健康发展带来更多的阻碍。在多尔逊看来，美国民俗学之所以长期未能在学术界和公众心目中获得较高的地位，同大多数的人普遍对它怀有一种误解有直接关系。这种误解就是：一直把民俗学当作只是关于离奇、虚幻事件的茶余饭后的一种消遣，而不是一门严肃的学问。造成这种误解的原因，则在于“美国的民俗学研究已经被业余爱好者、艺人和骗子所污染。因为‘民俗学’这个词汇被应用到了如此广泛的领域，各种各样的人都可以轻而易举地以民俗学者自居……”② 他为此专门发明了“伪民俗”（fakelore）这个词语，以用来特指那些有意把“民俗”渲染成怪异、乖巧的人为现象的人的做法，并以此把作为严肃的学术研究的民俗学与之区分开来。对于多尔逊来说，提倡民俗的“应用”或“通俗化”，与伪民俗一样，都是同纯粹的学术研究相对立的，因此，必须予以抨击和摒弃。③

尽管遭遇到了很大的挑战，应用民俗学却并没有停滞不前，相反，在与正统的学院派学者的论争当中，它不仅日益增强了自己的声音，而且也为整个民俗学的学科带来了一个新的视角和发展契机。1971年在匹兹堡举办的美国民俗学会年会上，就涌现出了一批关于应用民俗学的论文，其中的一大部分稍后都收入了《民俗论坛》（Folklore Forum），作为当年该杂志的一个专号发行出版了。这其实可以看作这门分支学科获得迅速发展的一个标志。

对于民俗学学术视角的转型以及公众民俗学本身的价值等问题，鲍曼曾敏锐而精到地作出过这样的概括和总结：

---

① Hansen，Gregory. 2000. “An Interview with Henry Glassie”. pp. 91—113.

② Dorson，Richard M. 1962. “Folklore and the National Defense Education Act”. Journal of American Folklore 75：160—164.

③ 多尔逊的意见，被反对应用民俗学的学院派学者当成了一种最有力的武器。不过，按照近年来一些学者的分析，多尔逊所真正反对的，其实只是政治对民俗的利用。在整个二战以及冷战期间，不断有来自政治方面的力量试图让民俗学为其目的服务，世界上不少国家都有民俗学参与政治的事实。这种现状，使多尔逊备感忧虑，他因而提出了反对把民俗学纳入公众机构、以避免其纯学术性受到玷污的观点。但对于民俗学者所举行的博物馆展览、民间节日等公众领域（public sector）的活动，他却并没有抵制。他曾邀请史密森学会出版社的社长到印第安纳大学，与该校民俗学系的学者一道制定了一系列与民间生活项目办公室进行合作研究的计划，他甚至还参与了史密森学会的民间节日活动——Hansen，Gregory. 2000. “An Interview with Richard Bauman”. pp. 73—86. Hansen，Gregory. 2000. “An Interview with Henry Glassie”. pp. 91—113。

> 可以说，我们正在不得不认识到，社会不再为我们提供那种奢侈的、对实际应用没有参考意义的“纯学术”，也可以说，我们正在认识到，理论和方法这种学院派民俗学者所关心的中心问题，也可以被应用民俗学所发展，后者为检验各种方法和理论假设并吸引人们探讨新的问题提供了诸多的机会。[①]

今天，公众民俗学已经获得了蓬勃的发展，并成为了美国民俗学界一个十分重要的部分。但是，学术界在这一问题上关于“纯学术”与“应用”之对立的争论，却仍然在持续着。[②] 有学者甚至认为，当前“民俗学”这一术语之所以贬值以及民俗学这门学科之所以未能获得较大发展，同民俗学者离开纯学术的研究而转向公众领域的行为有着直接的关系。[③] 这种争论和批评，在不断给公众民俗学带来挑战的同时，客观上却又成了促使这一分支学科乃至整个美国民俗学不断反思自我并取得进一步发展的动力。

公众民俗学的具体实践

从20世纪70年代中期以来，公众民俗学在美国得到了迅速的发展。今天，美国民俗学会所属的各个分支部门中，最大的一个分部就是公众民俗学部，而该学会中大约一半的成员都认为自己是公众民俗学者。[④]

这里所谓的公众民俗学者，通常指的是那些主要在艺术委员会、有关历史的社团组织、图书馆、博物馆、非盈利性的民间艺术或民俗团体等机构工作的民俗学者。他们的工作方式，主要是通过与传统艺术家及社区的合作来展现其文化的形态。其所做的工作包括以下的全部或大部分内容：通过研究与写作来描述和阐释民间文化；教育学生认识、尊重并进一步研究多样性的文化形态；制作媒体资料和主持表现传统社区及其面临的问题的展览和节庆；创立公众政策及市场条件，从而对同传统文化之延续息息相关的有形与无形资源的应用产生影响；与地方学者合作以帮助他们对其文化进行调查和立档处理，等等。[⑤] 他们中有许多人既是大学老师，又是公众民俗领域的工作者，而这两个领域实际上又是密切地联系在一起的。大部分的公众民俗学者是在大学接受的学科训练，他们又通过向公众传授民间文化知识、提高大众对于民俗的欣赏能力，把

---

① Bauman，Richard. 1971. “Proposal for a Center of Applied Folklore”. *Folklore Forum* 8：1—5。

② Kirshenblatt-Gimblett，Barbara. 1988. “Mistaken Dichotomies”. *Journal of American Folklore* 101（400）：140—155.

③ Ben-Amos，Dan. 1998. “The Name is the Thing”. pp. 257—280.

④ 参看美国民俗学会网（http：//www. afsnet. org）。

⑤ Baron，Robert，and Nicholas Spitzer，eds. 1992. *Public folklore*，p. 2.

专门的学问同普通观众连接了起来。

30多年以来，公众民俗学者在组织节日、展现社区文化、帮助地方社区等许多方面，都作出了卓著的成绩。下面简要介绍其中一些比较有名的案例。

史密森美国民间生活节（Smithsonian Festival of American Folklife）创立于1967年，至今已经发展成了一个全国性乃至国际性的民俗节庆活动，对于其他许多在研究基础上展现当代鲜活文化传统的节庆活动来说，它则已经成为了一个全国性甚至国际性的范式。这一活动曾经培养了大量的公众民俗学者，他们很多人都是在这里得到训练之后，走向其他相关的工作领域的。① 这一节日的主要目的，是展现和强调人所共有的交谈能力和相互理解能力。节日期间，传统文化的传承人、地方学者以及史密森学会所属各博物馆的馆长，都会在相互之间或面向公众进行演说。② 多年以来，这一节日中所展示的主要内容包括这样四个方面：音乐舞蹈表演、职业领域的民俗生活（包括工作技艺的表现）、工艺品展示以及饮食习俗（即对区域性、民族性菜肴的准备过程进行展示）。③该节日中的许多活动都鼓励观众的参与，比如学习各种手艺、唱歌、跳舞、品尝传统食物、同出席节目的人士交谈等。为了给被表现的传统创造一个实际的环境，这一节日还包括了一条从华盛顿纪念碑到国会山的赛马跑道、一个用40英尺高的竹子和纸质形象构造的印第安人的村子、一片日本的稻田和一个新墨西哥的土砖市场。④

在过去的许多年中，民间生活节曾经汇聚了1.6万多位音乐家、艺术家、表演者、手工艺品制作者、普通劳动者、厨师、故事讲述者和其他各种人士，在国家商业广场展示他们的技艺、知识和体现社区传统之创造力的美学思想。今天，这一活动已经吸引了来自54个国家和美国各地大量的民间团体、100多个印第安人群体以及大约50种职业领域的传统文化的承载者的参与。

作为美国首都一年一度的最大的文化活动，这一节日受到了十分广泛的关注，通过印刷物和电子媒体阅读和观看这一节日活动的人数，达到了4000万。这使得它曾被美国公共汽车协会命名为在美国最有影响的事件——以前曾获得同一殊荣的项目还包括奥林匹克运动会和世界博览会。此外，这一节日还成为

---

① Bauman, Richard, Patricia Sawin, and Inta Gale Carpenter. 1992. "Reflections on the Folklife Festival: An Ethnography of Participant Experience", p. 4. Bloomington: Indiana University Folklore Institute, *Special Publications* no. 2.

② 史密森学会民间生活中心网（http://www.folklife.si.edu/CFCH/folklife.htm）。

③ Bauman, Richard, Patricia Sawin, and Inta Gale Carpenter. 1992. "Reflections on the Folklife Festival: An Ethnography of Participant Experience", pp. 4—5. Bloomington: Indiana University Folklore Institute, *Special Publications* no. 2.

④ 史密森学会民间生活中心网。

了无数书籍、纪录片和学术文章所关注的对象。

民间生活节对政策、学术界和“回归家园”的民众都产生了一种巨大的影响。美国的许多州和一些国家都重新组织了自己的节日活动，并利用它们来创立法律、研究机构、教育计划、博物馆、巡回展览，制作书籍、纪录片、录音带等。大量的例证表明，这种节日激活了地方或地区的传统承载者及其所在的社区，并由此对保存和创造文化资源起到了帮助的作用。①

史密森美国民间生活节是一项综合性的成果，它的成功同多方力量的共同参与和高度合作有密切的关系。多年间，该节日曾吸收了700多位民俗学者、文化人类学者、音乐文化学者以及无数其他领域的学院派和非专业学者的研究成果与展示技巧，融汇了数百位技术人员的专门技术、大批志愿者的辛勤努力以及主办者与支持者的资助。在这当中，公众民俗学者发挥了举足轻重的作用，例如，从这一节日的主持机构民间生活中心开始筹备创立，罗杰·亚伯拉罕、理查德·鲍曼、亨利·格拉西等就参与了其中的主要工作。②

密歇根民间生活节则是美国另一个主要的向公众展示民俗文化的活动。在过去的十多年中，密歇根州立大学博物馆的工作人员为这一节日的成功举办提供了许多富于创造力的建议。这一节庆活动的负责人科特·迪沃斯特（C. Kurt Dewhurst）和玛莎·麦克道（Masha McDowell），发展出了一套行之有效的反映密歇根州所流行的各种传统活动的方法。过去时代的各种工艺，比如齐佩瓦人的篮子制作工艺、波兰人雕刻猎鸟时用以引诱野鸭的假鸟的技术等，都在作为节庆活动场所之一的大学校园里得到了展示。一些新兴的传统，比如跳来自西班牙的曼卡丽纳（macarena）舞、装饰返乡游行彩车以及表演非洲裔美国人姐妹会的踢踏舞等，也都在节日期间呈现给了热情的观众。

像其他许多民间生活节庆一样，密歇根民间生活节的准备工作也要花费数月甚至数年的时间。节庆活动的所有工作人员，是在一种相互协作的模式下展开工作的。在这个模式当中，许多公众民俗学者都要与来自各个不同团体的成员通力合作，详细规划出协助艺术家和音乐家表现其文化传统的方式，以促使节日表演活动的圆满完成。③

生活在南卡罗来纳州海岸偏远乡村的一群非洲裔美国人，他们保留着一种用香草、松针和美洲蒲葵编织篮子的传统。这是非洲裔美国人最古老的传统艺术之一，它唯一流传于从佛罗里达北部到南卡罗来纳之间的地区。在过去的

① 史密森学会民间生活中心网。

② Hansen，Gregory. 2000. “An Interview with Richard Bauman”. pp. 73－86.

③ Hansen，Gregory. 1999. “Theorizing Public Folklore：Folklore Works as Systemic Cultural Intervention”. *Folklore Forum* 30（1/2）：35－44.

350多年里，非洲裔美国人家庭的成员一直在进行着采集自然原料来编织草篮的工作，编成的草篮通常由妇女在当地出售。她们一般是在靠近查尔斯顿的17号国家公路边上设置小摊来兜售这种工艺品。

这一地区也处在开发者的包围中，他们想在这里建立商场、便利店、旅馆、高价的公寓和时尚的餐馆，以取代那些区民社区。结果，湿地开始被开发成停车场，这使得当地人要采集足够的编织篮子用的香草和美洲蒲葵已经非常困难。同时，由于自然资源保护者在州属公园和国家公园系统都促使建立了环境保护政策，这种政策使得收割香草和美洲蒲葵成了一种非法行为，这更是给那种具有久远历史的文化传统造成了毁灭性的影响。这种状况引起了南卡罗莱纳大学麦克吉希克（McKissick）博物馆工作人员的关注，他们期望能够帮助那些香草篮艺术家获得更多的资源，并保护其艺术传统免受过度开发的威胁。于是，他们聘用了黛尔·罗森嘉顿（Dale Rosengarten）这位长期研究当地香草篮制作文化的民俗学者来进行这方面的工作。①

在罗森嘉顿和另外一位民俗学者加里·斯坦顿（Gary Stanton）以及香草篮制作者亨丽埃塔·斯尼普（Henrietta Snype）的共同推动和主持下，草篮制作者于1988年举办了一次“香草会议”，会议汇集了草篮制作者及来自各个领域的参观者，包括土地开发商、科学家和民俗学者，他们或者是正在无意中对这种传统带来威胁，或者是想要帮助保护这种传统。会议最后促成了“普莱森特山香草篮制作者协会”（Mount Pleasant Sweetgrass Basketmakers Association）的成立。通过这一组织，香草篮制作者说服政府和相关政策机构确认了他们采集自然资源制作艺术品的权利，并获准在三个地点种植了10. 5英亩供其专用的香草。② 目前，草篮制作者还在以组织的形式为保护他们在公路边出售草篮的权力而努力，但其能否继续在这片正被各种大的商业机构所占领的土地上保持他们的传统，却还是一个未知数。在这种形势下，罗森嘉顿帮助这里的社区组织了起来并进行各种游说工作，她本人也充当了一种挑战那些威胁传统艺术的政策与政府行为的代言人的角色。③

在公众民俗学领域，还有一项十分重要的成果，是美国国家公共广播电台播出的关于非洲裔美国人宗教音乐之历史与文化的系列广播节目，名为《水中跋

---

① Hansen，Gregory. 1999. “Theorizing Public Folklore：Folklore Works as Systemic Cultural Intervention”. *Folklore Forum* 30（1/2）：35—44.

② Hoffman，Theresa. 1996. “Hanging by Blade of Grass：Traditional Basketmaking in Maine，South Carolina and California”. In *The Changing Faces of Tradition：A Report on the Folk and Traditional Arts in the United State*，written，edited and compiled by Elizabeth Peterson，pp. 70—72. Washington：National Endowment for the Arts.

③ Hansen，Gregory. 1999. “Theorizing Public Folklore：Folklore Works as Systemic Cultural Intervention”. *Folklore Forum* 30（1/2）：35—44.

涉》(Wade in the Water)。这也是美国历史形成早期黑奴们经常演唱的一首宗教歌曲的名称，它已经成了体现黑人在美国的挣扎与奋斗史的象征和宗教歌曲。

在《水中跋涉》系列节目的制作过程中，创作者采用了民族志的田野研究方法，以通过探讨音乐的历史文化来记录和展现其中所蕴涵的鲜活经验。他们为了全面理解所要谈论的对象，在编制和写作阶段进行了大量的前期研究工作。这种工作包括，对非洲裔美国人宗教音乐的语境和历史背景材料的阅读、对相关学者的咨询、田野录音与观察以及访谈。这种深入研究是由制作组的几个专门成员来完成的，其目的是编辑脚本和采集剧作的原始材料。

制作组成员在四处记录教堂会众的歌曲或进行访谈时，采用了民族志研究中最常用的观察和参与的方法，观察和了解音乐表演及排练，以此来理解人们是如何使音乐适应其文化系统的。通过参与具体的表演情境，制作组的成员观察到了那种宗教文化系统中的许多第一手材料及其音乐团体的重要的社会文化特征，而这些因素仅仅从声乐当中是不可能完全获得的。

《水中跋涉》制作组成员所采用的另一种民族志的研究方法是访谈，特别是口述史和生活史方面的访谈。在进行这种访谈时，采访者会提出一些没有明确目的性的问题，从而允许人们充分谈论他们的生活经历及其对文化的理解。节目制作组所做的前期工作中，包括了数百页的访谈记录稿，这些访谈通常都是在进行准备工作和咨询相关学者时进行的。与新闻采访所不同的是，该系列节目虽然录制了大量的录音带，但最后采用的却只有一小部分。

为了完成这一系列节目，制作者与大量的历史学者、音乐家、音乐文化学者以及文化研究者进行了通力协作，从而保证了材料与相关表现的准确性。另外，不同的制作者之间以及制作组内部都有着全力的合作，从而使得他们既有效率又富于创造性地完成了任务。这种高度的协作，是该节目能够获得成功的关键。①

总的来说，公众民俗学涵盖的范围十分广泛，其具体成果形式也是多种多样，可以包括展览、编目、电台演出、网站、光盘、光盘存储器、录像带、节目、教师培训与课程计划、社区学者培训项目、难民救助项目以及各种其他计划，等等。这些丰富多样的成果形式，是具体实践与相关理论相结合的产物，它们从一定程度上回应了关于公众民俗学缺乏理论的诘难。②

---

① 好友杰茜卡·安德森·特纳(Jessica Anderson Turner)为我提供了关于《水中跋涉》系列广播节目的资料，谨在此表示诚挚的感谢。

② Evans, Timothy H. 2000. “Toward Critical Theory for Public Folklore: An Annotated Bibliography”. *Folklore Forum* 31 (2): 115－122.

美国公众民俗学的理论贡献与相关反思*

杨利慧

公众民俗学（public folklore）是美国民俗学界自20世纪六七十年代以来逐渐兴起的一个分支学科。它的具体内涵，主要包括两个方面：一是指在新的语境中对于某种民间传统加以展示或者应用的实践活动，这种展示或应用，通常是通过传统承载者与民俗学者或其他文化专家的协作努力来完成的①。二是指从学术研究的领域，对于这种实践所作的批评、分析与理论总结。前者是后者的基础，后者则是在前者获得长足发展的形势之下才逐渐兴起的。

自产生之后，这一分支学科在美国获得了迅速的发展，并吸引越来越多的民俗学工作者参与到了相关的实践当中。从美国民俗学会的情况来看，学会所属各个分支部门中，最大的一个分部就是公众民俗学分部，而该学会中大约有一半的成员都认为自己是公众民俗学者②。这些学者组织博物馆展览、对民俗进行立档和编目、保护地方传统的延续与发展、制作民俗音像产品、组织教师培训、制定难民救助项目以及组织和主持节日活动等，在许许多多的方面都取得了令人瞩目的成绩。例如，对著名的史密森美国民间生活节（Smithsonian Festival of American Folklife）进行策划和组织，对南卡罗来纳州海岸偏远乡村的非洲裔美国人编织香草篮的传统予以保护等，都是公众民俗学者在广泛的领域所获突出成就中的典型例证③。随着这一分支学科的蓬勃发展及其影响的日益扩大，美国民俗学界对它的理论探讨和学术反思也在不断增强和深入，出现了大量总结性的论著和反思性的观点，这些理论观点，既为公众民俗学的实践提供了更加深刻的学术指导，也在很大程度上起到了丰富和深化美国民俗学整体理论的作用。

---

* 本文原载《广西民族学院学报》2004年第5期。

① Baron, Robert and Nicholas Spitzer, eds. 1992. *Public folklore*, p. 1. Washington, D. C.: Smithsonian Institute Press.

② 参见美国民俗学会网（http://www.afsnet.org）。

③ 关于公众民俗学兴起、发展的过程及其具体实践等，请参见安德明《美国公众民俗学的兴起、发展与实践》，《民间文化论坛》2004年创刊号。

公众民俗学的理论贡献

近年来，关于公众民俗学究竟有没有理论贡献的问题，是美国民俗学界引起广泛争论的一个话题。有一种意见认为，公众民俗学者只是在运用被学院派的学者所发展的理论进行实践活动，他们对于民俗学学科的理论建设并没有什么贡献①。这种看法主要是来自学院派的民俗学者当中，其中明显地体现着一种自我优越感和对作为实践的公众民俗学的轻视。而且，即使是那些反对以"纯学术"与"应用"这种"错误的两分法"来划分学术研究与民俗实践的学者，往往在论文当中也不自觉地表现出了以学院派研究为中心的立场，认为公众民俗学者只是在运用学院派学者的理论来进行实践活动②。

另一种观点则认为，公众民俗学者在其所工作的广泛领域，作为田野调查者、协作者和管理者，正在持续地发展着一种新的民俗学的工作方式，而这一方式要求学者必须从新的角度对于民俗事象进行概念和理论的总结，也就是说，它实际上正在不断地促生着各种新的理论观点③。目前，越来越多的公众民俗学论著和学院派学者对这一领域的各种研究，已经从多个角度证实了这种观点的正确性。

在公众领域工作的民俗学者，对于如何在这一领域内更好地开展各种活动，已经作过多方面的探讨和总结，内容涉及具体的技术、经验以及相关的理论，等等。例如，关于博物馆展览的方法、展览中存在的问题和解决的途径等问题，就有多种多样的理论总结。在 Karp、Kreamer 和 Lavine 三人主编的论文集《博物馆与社区——公众文化的政治》（*Museums and Communities*：*The Politics of Public Culture*）一书中，就主要探讨了这样的问题：博物馆怎样才能同社区联系起来，社区又怎样同博物馆相联系？这个问题进一步扩大，便成为了对于公众研究的许多领域都十分重要的问题：学者怎样才能陈述和表现与他们所研究的社区相关的文化，这些社区又怎样才能够同这些表现形式相联系？他们由此概括出了通过民族志的研究来广泛地搜集各种相关知识以与社区发生密切联系，并使之获得比较恰当的表现的一系列模式。一位名叫埃德蒙·盖泽（Edmund Gaither）的博物馆馆长指出，博物馆管理者必须对当前和将来的需求具有一定的预见，以此来了解其所在的社区并为其服务。而这种预见主要是要

---

① Ben-Amos，Dan. 1998. "The Name is the Thing". *Journal of American Folklore* 111（441）：257—280.

② Kirshenblatt-Gimblett，Barbara. 1988. "Mistaken Dichotomies". *Journal of American Folklore* 101：140—155.

③ Hansen，Gregory. 1999. "Theorizing Public Folklore：Folklore Works as Systemic Cultural Intervention". *Folklore Forum* 30（1/2）：35—44.

靠对文化的理解来获得，对文化的理解是从根本上使博物馆与所在社区相结合的纽带。他的这一观点，不仅适用于博物馆界，而且也可以用来概括公众研究领域的所有方面。

又如，公众民俗学者在自己的实践当中还注意到了这样的问题：当他们准备把自己关于多样性的社区文化的研究结果以博物馆展览或音像媒体的形式向公众展示之时，他们必须要经过选择、阐释和创造性的生产过程。他们首先要从所搜集到的材料中选取真正具有代表性的资料来制作作品。那么，什么样的资料才具有代表性，哪些材料又较少或不具有代表性？这种选择的过程，其实就是一个阐释的过程，它是受选择者的相关知识和理解能力所引导的。而当选择了所要展示的材料之后，如何对材料进行展示，同样也是一个阐释的过程，这一过程是受到经过学科训练的、创造性的思想所引导的。同时，制作者对于社区及其需求的深入、全面的了解，也是使得他们生产出真正具有代表性的作品的一个重要前提①。

除了公众民俗学者所总结的关于具体实践的各种理论之外，他们的工作对于整个民俗学学科的理论建设也多有贡献：它使得民俗学者对于一系列原来并不曾注意的问题和事象进行了思考和探讨——例如，学术与现实的关系问题、文化认同问题以及非言语的民俗文化现象，等等，从而促进了民俗学理论的拓展和深化。有的学者指出："通过在民间生活节庆活动、展览馆和学校开展工作，公众民俗学者不断地唤起并打乱了日常生活的一般范畴：他们把平常处于私人范围的事象转移到了公众领域，他们把一些人认为是非艺术的东西命名为'艺术'，他们挑战作为文化阐释者与外来者的民俗学家同作为被解释的艺术之承载者的民众之间的界限，他们质疑作为观察者的观众与作为表演者的事件参与者之间的区别，他们把自己从学院派的学者重新界定为公众民俗学者，并且激发学院派的学者不得不思考自己在公众民俗中应扮演的角色。通过把上述这些问题以及大量其他思考带入学术领域，公众民俗学者作出了自己的理论贡献，它挑战着理论与实践之间的界限。"② 这段话可以说是对公众民俗学的理论贡献的精彩概括。

大卫·维斯农（David E. Whisnant）在他的《那一切都是本土的和精美的：一个美国区域中的文化政治》（*All That Is Native and Fine：The Politics of Culture in an American Region*）一书中所提出的"系统的文化干预"（systemic cultural

---

① 感谢好友杰茜卡·安德森·特纳（Jessica Anderson Turner）为我慷慨出示了她的未刊稿"Building Connections，Making Choices：Community-Based Research and Public Sector Ethnomusicology"，并提供了以上两个例证。

② Hansen，Gregory. 1999. "Theorizing Public Folklore：Folklore Works as Systemic Cultural Intervention". *Folklore Forum* 30（1/2）：35－44.

intervention）观点，也被认为是一种较好地使民俗学的理论与实践相结合的理论。维斯农指出，当一个个人或机构怀着改变文化的意图，有意识、有计划地在一个社会环境当中行动之时，就会有文化干预。干预者往往认为他们所促使的文化变化是有价值的，而他或她的行动，其方式相对来说又有积极的和消极的两种区分。较为消极形式的干预，可能包括诸如发展和建设档案收集一类的行动，较为积极形式的干预则需要进行文化复兴一类的工作。如果一种干预的目的只是扩大民间音乐家在许多聚会场所表演的可能性，或者是为了建立教学生认识文化多样性的教育体系，那么，这种形式的干预就是消极的。对于文化干预的消极的目的会导致消极的结果，反之亦然。维斯农认为，所有的公众民俗学者的工作都是一种文化干预，他们必然会对其所工作的社区产生影响。他说，问题并不在于我们是否应该干预，而在于怎样干预以及期待什么样的结果。大量的例证都表明，民俗学者的工作可以具有一种影响社区生活的作用，甚至能够提供一种帮助官方行政部门制定政策的有益视角。但同时，对民俗学者的干预所包含的潜在危害，维斯农也作了一定的概括和警告①。

对于公众民俗领域的各种事象，民俗学者也进行了大量的研究，并涌现出了不少关于人们如何创造公众领域的展览的新观点。

理查德·鲍曼（Richard Bauman）、帕特丽夏·萨温（Patricia Sawin）和因塔·盖尔·卡彭特（Inta Gale Carpenter）合著的《关于民间生活节的反思：关于参与者经验的民族志》一书，就是在公众民俗研究领域经常被引用的一部重要著作。它是印第安纳大学的一批民俗学者组成研究小组对于1987年的史密森民间生活节所进行调查和研究的成果。对于这一节日活动，有一种比较普遍的假设是认为，它能够充当民间文化的保存与推动的工具，民俗学者则对此提出了疑问，并且从多种角度对这一活动的实际效果进行了探讨。不过，以往的许多相关研究，大都是从节庆活动组织者的角度来进行分析，却很少关注到具体活动的参与者。印大的民间生活节研究小组的工作，恰好填补了这个方面的空白，他们主要是从参与节庆的艺术家的角度对这一活动进行了分析和评价。通过细致的参与调查和访谈，他们发现，参与活动的艺术家并非像人们想当然地认为的那样，只是在按照活动组织者的安排行动而没有任何的创造性。他们实际上是以非常积极的态度和行为，影响和制约着节日活动的进行，他们的重要性丝毫不亚于活动的组织者。而在表演的过程中，他们有着自己的关于表演内容、表演方式的观点，以及根据具体情境不断调整和改变自己的表演方式和表演程序的自由，这些同活动组织者的想法也并不完全一致。正是他们的积

① Hansen, Gregory. 1999. "Theorizing Public Folklore: Folklore Works as Systemic Cultural Intervention". *Folklore Forum* 30（1/2）：35—44.

极、能动的参与同组织者的策划和管理的共同作用，才创造出了史密森民间生活节这一庞大、复杂的巨型活动①。

芭芭拉·科申布莱特－吉布丽特（Barbara Kirshenblatt-Gimblett）在她的《目的地文化》一书中，第一次详细地阐述了关于博物馆以及其他文化艺术展览场所的理论观点。该书是作者的一部论文集，它所关注的主要问题是："展览意味着什么？"作者集中探讨了各式各样的展览中介（the agency of display），如博物馆、节庆活动、世界性的集会、历史的再造物、纪念馆及旅游景点等，并揭示了展览对象——以及人——是如何通过被搜集和展览的特殊方式来向我们"表演"其意义以及特定的展览技巧又是如何传递强大的信息的。全书的核心论文《民族志的对象》，分析了在博物馆展览中存在的悖论。它指出，在博物馆的展览中，被展示的对象是脱离语境的、局部的或片断的，这里所呈现的更多的是展览组织者与创办者的意图，而不是那些名义上被阐释的物品或文化本身。本书在第一部分进而得出了这样的结论：展览就意味着操纵，所有的展览在本质上都是戏剧性的（fundamentally theatrical）。该书的最后一部分是关于公众空间中的表演与解释，特别是关于文化节庆与集会的事象的探讨，其中提出了许多发人深思的论断和问题。作者指出："意义"，似乎日益被定位在了目的地而不是过程中，那么，我们究竟能否真正地谈论"它们"，或者说，所有的展览是否真是关于"我们"的？我们如何通过对物质证据的研究来突破这种悖论？我们能够突破它吗？这些问题归纳为一句话，就是，我们怎样才能展览物质的证据并清楚地解释展览对象以及使这些对象呈现于我们面前的中介形式呢？②

玛萨·诺库纳斯（Martha Norkunas）的《纪念碑与记忆：马萨诸塞州洛厄尔（Lowell）地区的历史及其表现》一书，研究的主要是马萨诸塞州洛厄尔地区的公共纪念碑之随着时间的推移以及人们关于当地重要事象的观念的改变而变化的情形，这是一部关于大众记忆与展览的政治研究的重要论著。洛厄尔是美国工业革命的中心和国家历史公园，也是诺库纳斯的祖辈和家庭居住了150年的地方。1989年，诺库纳斯重新回到了故乡，担任联邦政府资助的洛厄尔历史保存委员会的主任。经过对洛厄尔全地区的考察，她发现这个城市有250多座当地建造的用以纪念民族团体、本地男子和男孩以及其他许多人群的纪念碑。她由此认识到，通过地方纪念碑和联邦资助的公众艺术来探讨记忆与历史

---

① Bauman, Richard, Patricia Sawin, and Inta Gale Carpenter. 1992. "Reflections on the Folklife Festival: An Ethnography of Participant Experience", p. 4. Bloomington: Indiana University Folk-lore Institute, *Special Publications* no. 2.

② Kirshenblatt-Gimblett, Barbara. 1998. *Destination Culture*: *Tourism, Museums, and Heritage*. Berkeley: University of California Press.

问题，可以发现丰富的潜在意义，于是她便开始了本书的研究。在书中，作者探寻了表现在洛厄尔公共空间中的个人与公众的相互影响、个体与集体的记忆与历史。由于自己丰富的家庭史，作者与这一城市之间具有着一种密切的联系，这一联系贯穿在本书当中，使得作者的记忆与该城市历史之间的结合点成了全书自始至终关注的焦点。局内人与局外人相对立的观念则是该书的主题，它所要回答的问题是：究竟是谁具有在公众场合发言并建构历史的权力？另外，洛厄尔没有为妇女建造的纪念碑，诺库纳斯因此也探讨了这样一个问题：女性与男性的记忆在公众空间的哪一点上有所交汇？如果存在这样的交汇点，那么妇女又是如何记忆和被纪念的？在这本书中，作者的个人记忆与专业调查有机地结合在了一起，这使得她对记忆与历史之动力的探讨表现出了一种独到的视角和特殊的深度①。

上述这些重要的研究成果，一方面极大地丰富了“公众民俗学”的内涵，另一方面也为美国民俗学界带来了诸多新鲜的活力。

对公众民俗学的反思

除了进行理论的总结与归纳之外，许多同时工作在公众民俗学领域和学院派研究领域的学者，还对公众民俗学中存在的问题进行了深入的思考和反省，因而涌现出了一大批关于公众民俗学的文化批评的观点，它们既复杂又引人深思，而且大都富有争议性。

维斯农曾经警告说，公众民俗学者所进行的文化干预工作，并非没有潜在的危害。他和其他不少学者一样，都以批评的眼光检讨了民俗学者善意组织的活动所引发的相反结果甚至对艺术家、观众乃至整个民族害大于利的情况。他们通过大量个案研究和理论思考，揭示了公众民俗实践当中所存在的种种问题和负面后果，例如，把活生生的人安排在博物馆里进行展览，把原本被看作私人文化的一些内容展示在公共领域，使资本主义和民族主义的政治结构通过展览的事件合法化，以及把艺术家看成非政治的艺术安排在被高度控制的政治的舞台当中，等等。这些问题和后果，均是公共民俗学者必须予以警惕和深刻反省的②。

鲍曼认为，在公众民俗学所确立的一些工作模式中，存在着严重的权力关系方面的问题，其本质上是值得怀疑的。他指出，当公众民俗学者自以为是地

---

① Norkunas，Martha. 2002. *Monuments and Memory：History and Representation in Lowell，Massachusetts*. Washington：Smithsonian Institution Press.

② Hansen，Gregory. 1999. “Theorizing Public Folklore：Folklore Works as Systemic Cultural Intervention”. *Folklore Forum* 30（1/2）：35—44.

认为自己是在为所谓的弱势群体代言、替他们展现其文化之时，实际上也就不自觉地表现出了一种自我优越感和话语的霸权，亦即认为被表现的群体不具有学者那样的能力，因此无法表现自己。他们的看法又影响到了公众的观念，结果导致了一种关于传统、文化、遗产等问题的错误认识。从这个角度说，公众民俗学者所进行的工作，客观上产生了与他们的初衷截然相反的效果①。

亨利·格拉西（Henry Glassie）也说，自己对史密森学会及国家基金会对于民俗学的兴趣一直怀有一种矛盾心理，因为他觉得它们会使美国的政治权力十分轻易地利用美国的传统。他因而对于与纯学术研究相脱离的公众民俗学，也怀有很大的矛盾心态。他认为，那些为了把表演者弄到商业区而进行着急速、敷衍的田野作业的人，实际上是确认美国政治权力的同谋。他指出，民俗学者在把优秀的表演者请到商业区去表演的同时，还应该有能够对那些不宜在庆祝活动中表演的传统进行文献处理的自由。传统民俗当中有许多的方面，并不适合在庆祝活动或博物馆展览中展示，比如危险的内容、肮脏的或丑陋的内容甚至是那些本身很优美却无法在节庆活动中展现的事象，等等，但它们都应该被予以学术的处理或研究。然而，公众民俗学者却往往不能做到这一点，他们的目的大多只是庆典。而假如我们的目的只是进行单纯的庆祝活动，那么，事实上我们就变成了巩固某种政治力量的同谋。事实上，史密森学会在国家商业中心举办的民间生活节的存在，无形中起到了强化美国执政党力量的作用——无论是民主与共和两党中的哪一党执政②。

上述这些批评，可以说是抓住了公众民俗学当中存在的关键问题。但同时，它也是从另外一个角度深化了公众民俗学方面的理论，对于促进这一分支学科的良性发展，必然会起到积极的作用。

---

① Hansen，Gregory. 2000. "An Interview with Richard Bauman". Folklore Forum 31（2）：73—86.

② Hansen，Gregory. 2000. "An Interview with Henry Glassie". Folklore Forum 31（2）：91—113.

南京国民政府的废除旧历运动*

左玉河

近代以来，由于国际社会普遍使用阳历，中国欲与世界接轨，须采用国际通用的阳历，放弃传统中国使用之阴历。民国初年北京政府采用阳历而不废弃阴历，形成历法上“二元社会”格局：社会上层（机关、学校、团体及报馆）主要用阳历，下层民众（商家、一般市民及广大农民）主要用阴历，阴历在整个社会占主流、阳历仅为点缀。① 1928年以后，南京国民政府采取了激进的手段，依靠政治强力进行了一场自上而下的废除旧历运动。这场运动典型地反映了政府与民众在历法问题上的对峙与冲突：在政府看来，民众沿用旧历，是保守因循、顽固不化；在民众看来，政府竟干涉民众日常生活，是专横粗暴。笔者的问题意识是：国民政府推行废历运动的切入点何在？民众为什么顽固抗拒国历？面对民众的抗拒，政府采取了怎样的调适办法？在“二元社会”冲突的背后究竟蕴藏着怎样的文化内涵？本文的着眼点不在于具体的历法问题，而在于探究国民政府废历运动中官民冲突及互相调适的深层原因，力图揭示冲突背后的文化内涵，以说明近代中国与世界接轨过程之复杂性，并对政府在推行移风易俗运动中的利弊得失作一评判。

废除旧历运动之缘起

民国初年北京政府统治的十多年间，阴阳历并行导致的“二元社会”格局基本保持未变。如政府不强行干预，政府与民间会保持对峙与调适的变动方式，相安无事。阴阳历并行，是北京政府屈从于民间习惯势力而采取的一种暂时、无可奈何的默认。这种默认显示了北京政府对民间社会控制力的软弱。但北洋军阀假借旧历书大行封建迷信的现状，更引起社会上层知识精英为代表的进步势力不满，不时发出改变阴阳历并行现状的要求。早在20年代初，上海

---

* 本文原载《中国学术》第21辑，商务印书馆，2006年。收入本书时，文字有改动。

① 详见左玉河《评民初历法上的二元社会》，《近代史研究》2002年第3期。本文所谓“国历”指阳历，即格勒果历；所谓“旧历”指农历、阴历。中国农历严格讲是阴阳合历，笔者为行文方便，统称为“旧历”或“阴历”。

商界开始酝酿是否在结账、租房等方面采用阳历，“以开风气之先”[①]。因阴阳历并用导致的租赁房屋中发生之种种纠纷，也使知识界发出废除旧历的呼吁：“不要因循敷衍，快快起来，打破社会上的旧习惯罢。”[②] 与北洋势力相对立、以“国民革命”相号召之广东政府，自然不会再如北京政府那样默认阴阳历并行局面。无论是为显示其变革社会之“革命性”，还是出于“改正朔”观念；无论是力谋中国历法与国际社会接轨，抑或是显示政府控制民众的强大力量，它都有必要废止旧历，以表明与北京政府之差异。

1927年阴历新年到来之际，广东革命势力开始尝试废除旧历。1927年1月19日，留守广州的国民革命军总政治部后方人员举行联席会议，决定废除阴历。废止理由为：“先总理民元在宁就职，百度维新，首事改历，历之重要可知。奈中经事变，除官厅遵照外，民间社会迄未实行，以致十五年来，我中华民族，永在不新不旧之间，蒙羞世界，遗憾何极！”[③] 这个理由合乎实际。孙中山在民国初创时注重“改正朔”，颁布了改元令，但由于社会积习太深，不得不作妥协，未立即废弃阴历，由此逐渐形成阴阳历并行的“二元社会”格局。孙中山对习惯势力之屈从及阳历没有为民间社会接受的现实，是辛亥革命没有进行到底之表征，也是令以孙中山继承者自居的国民党人深感遗憾的。为继承中山遗志，须将中山未竟的“改阳废阴”事业进行到底。惟此才能改变中华民国“永在不新不旧之间”的尴尬境地，与世界时间惯例接轨。这条原因是后来国民政府废除旧历时反复提及并论证的。

正是因为看到民众“积习太重”，总政治部意识到“非由政府督促，决难奏效”，特请广东政府迅速明令废除旧历。这样，废除旧历运动一开始便是政府行为，是政府利用其政治力量变革社会旧习的一种带有移风易俗性质的社会运动。其制定之具体办法规定：（1）旧历年关，凡我政府所辖之行省内各机关团体学校，以及民众，不准放假，庆贺拜年，张贴春联，悬灯结彩；（2）各新闻杂志等出版品，禁止并刊旧历年月日；（3）颁发新历书，其中上仅注气候，凡阴历年节暨各种迷信文字，概行废除；（4）商场账目、月终清结。在总政治部看来，“如此雷厉风行，则数千年之专制流毒，庶可逐渐扫清，一新耳目”。[④] 这些办法概括起来，一是禁绝旧历书、颁行新历书，不准在公开出版物上刊印阴阳对照月日，也不能印行迷信文字；二是变更商家结账日期，由过去的阴历年节改为阳历年月。这种思路，正是后来南京国民政府废除旧历时所

① 庸：《提倡阳历》，《申报》1920年1月29日。
② 龙渊：《阴阳历混用之不便》，《申报》1923年11月29日。
③ 《粤省实行废用阳历》，《申报》1927年1月26日。
④ 同上书。

采取的。

为推动废除旧历运动，广东政府组织召集各界联席会议，“议决请共周报界，改用阳历，以为彻底革除阴历之表率”，决定首先拿报纸作切入点：“今本市报纸，对于阴历，犹信示尊重按月收费，仍旧阴历，遇阴历年节，停刊特多，似于政府厉行新历政策，殊形阻碍。应请政府分令各报，迅速改用新历，并严饬报界公会新闻记者联合会派报工会印务工会，协同改革，不得阻挠，以为彻底革除旧历之表率。”选择报纸作切入点有避重就轻之嫌，但确为客观情势所决定。因为时间紧迫来不及编制新历书，废除旧历书不能落实；改变商家结账日期由于没提前准备，难以骤然实施；最易获得立竿见影实效的，显然是将报纸上阴阳历并行的习惯，及屈从民间习惯在阴历年放假停版的做法改掉。

对广东政府的举措，社会各界反应不一。据报载：“报界公会之意，各报纸停刊旧历年月字样，立可照行，至现届旧历年关往者皆休刊十天，以从事清理账目。兹如废除旧历，照常出版，须由派报工会印务工会久不停工，方能照办。但派报工会，以旧历年关，渡船停摆，商场结束，实无从贩售报纸，故仍主张停工十天。”① 尽管报界比较愿意并实际上遵令改变了阴阳历合用习惯，但在旧历年节是否停刊问题上，因商界、工会等方面施行起来有困难，并不易办到。这次废除旧历是由广东政府负责推动，仅试图在变革报纸习惯方面作一点尝试，其效果并不显著。特别因为要照顾到工、商、新闻各界的“圆融”，政府主要立足于“向群众宣传废除旧历之必要”，没有采取政治强制手段，因此运动并没有真正推行起来。②

南京国民政府建立后，将阳历定为“国历”，将阴历（旧历）视为“废历”，并“特制国民历颁行各省，凡属国民，均应遵守”③。国民政府作出这种姿态后，其控制之江浙地区，废除旧历的呼声逐渐演变成实际行动。1927年12月底，江苏省民政厅通令全省各县遵用阳历、废止阴历，并阐述了遵行阳历的原因：一是阳历有许多“施之政治、用于会计、推之社会一切人事”的“特优之点”，推行起来“利国便民”；二是“改正朔”为国民党总理孙中山所倡，尽管“民众狃于旧习，尚多有沿用阴历，而于阳历不甚重视”，但值国民革命成功，“党国重光”、“与民更始”之际，自当继承中山遗志，推行阳历。而推行阳历的基本目标，就是“庶几不至两歧，政俗咸趋一轨”④，达到方便国计民

---

① 《粤省实行废用阳历》，《申报》1927年1月26日。

② 与此同时，国民政府也在汉口发起废除旧历运动：“政府决废旧历，元旦（指阴历元旦）次日，令各商店一律开市”（《申报》1927年2月5日），但并未取得实效。

③ 《内政部致国民政府呈》，中国第二历史档案馆编《中华民国史档案资料汇编》第5辑第1编，江苏古籍出版社1994年版，第425页。

④ 《苏民政厅令各县遵用阳历》，《申报》1928年1月1日。

生之目的。

尽管国民党省、市政府通令各地推行阳历，但运动起初遇到的阻力很大。阻力主要来自商家结账习俗之无形抗拒。面对这种抗拒，各地政府逐渐形成了采取暴烈的强制手段来废除旧历的思路。对此，分析当时南京市政当局推行阳历过程中的困难，可窥得一斑。

1927年10月9日，南京市政府议决《民间一律遵用阳历案》，饬令市公安局具体负责实施。10月28日，市公安局召集南京各团体开会，讨论遵用阳历问题。商界代表因涉及商家结账习惯均表反对。如下关商埠会代表陶宣三认为"惟商家习惯，银钱往来均在阴历，若用阳历则以前契约失其效力，拟仍照旧阴阳并用"。商民协会代表施次衡主张"以改用阳历只能对于契约，其他应听人民自由"。在市公安局说服下，会议勉强"议决对于房租一律改用阳历，应请市政府自布告之日起，以后契约如有仍用阴历，即失效力"①，并没有涉及改变商家结账这个敏感问题。11月5日，公安局再次召集各团体开会，各界代表阐述了意见，"惟商会仍以商家银钱往来契约多用阴历，习惯已久，意见未能一致"②。商界不赞同废除旧历的局面，令南京市当局意识到须借助政府的政治力量强制推行，"或可收效"。南京市长何民魂在向国民政府呈文中，除请通令各省一律遵用阳历外，还特别强调："如敢固违，须科以相当之处罚"③，建议国民政府以政治力量，强制推行阳历。

南京市政府的呈文，没有立即得到批复。这一方面是由于国民政府为更紧迫的军事和政治问题困扰，无暇顾及推行阳历的社会运动，或许还与此时国民党各级政府没有强制推行之政治权威有关。但这并不意味着国民政府没有用政治力量强行推行阳历的想法。这一点似乎可以从国民军总司令冯玉祥在其控制区推行阳历的办法中窥得。1927年底，冯玉祥在河南开封发出《废除旧历提倡国历》布告，并通电豫陕甘三省政府及各县长一律遵办。布告规定自1928年1月1日起，不论公私文件契据账目诸单据婚书丧帖等，一概遵行国历，不准旁注旧历；一切旧历过年的种种点缀和娱乐，都要提到国历新年举行，以后永远不准再过旧历年节；公私立学校及各机关团体，不准在旧历年节休假；各商号和住户因庆祝年节而休息的，只准用国历的日子；旧历节令一律废止，不准印刷贩卖旧历各种历本，在国历上不准添印旧历，等等。④ 这个布告是当时非常有代表性的文告，它以没有商量余地之口气，通令各级官厅一律执行，体现出

① 《南京市长何民魂呈请通令一体改用阳历》，《申报》1928年1月1日。

② 同上。

③ 同上。

④ 《开封废旧历运动规定办法十条，通令三省遵行》，《大公报》1928年1月16日。

政府依靠政治力量扫除社会习惯的决心和思路。

尽管南京国民政府及各地党政当局积极呼吁并推行国历，但1928年的旧历年仍十分红火。例如上海“本埠军警政司法各机关，均各停止办公数天，聊以点缀春节。社会方面，则烧香兜喜神方，种种旧习惯，尚难打破，如城内之邑庙，公共租界之红庙，香火尤盛”①。这种状况给国民政府以强烈刺激：要真正废除旧历，须采取政治强制手段。

1928年5月7日，国民政府内政部长薛笃弼向政府提交《实行废除旧历普用国历案》。在呈文中，他指出阴阳历并行造成之“二元社会”现实：“对于国历，除官厅照例表示遵行外，一般社会，几不知国历为何事。”② 认为这种状况“若不根本改革”，不仅贻笑列邦，有辱国体，还与国民党的“革命之旨”背道而驰。他强调：“非废除旧历无以普用国历；厉行国历非详订办法，将各界关于利用阴历之习惯，一律改正，并于预制历书之先，将办法提前公布，切实宣传，实不足收推行尽利之效。”本着这种思路，内政部草拟了《普用国历办法八条》呈请国民政府允准，并“分别令行主管机关，订定条例，颁发全国一律遵行”，“冀从根本上谋彻底之改造”③。

因南京国民政府此时忙于北伐，这一提案未立即讨论和批复。国民党“二次北伐”成功后，建立了五院制的国民政府，开始讨论内政部提案。1928年11月8日，行政院对内政部提案做出相应决议，不仅确立了废除旧历运动“以由政府提倡领导为原则”的方针，还对内政部原拟《普用国历八条办法》作了明确规定。④ 12月8日，国民党中央执行委员会提出《中央对普用新历废除旧历协助办法》，通令国民党各级党部及民众团体举行宣传大会，协助国民政府废除旧历。这样，行政院所属之内政、教育、工商、财政等部，乃至国民党中央党部均参与废除旧历运动。随后，政府各相关部门通令全国各省市按这个原则及办法推行实施，废除旧历运动在全国大规模展开。

国民政府为什么要推行国历、废除旧历？1928年底，国民党中央宣传部制定的庆祝元旦宣传要点中用通俗的语言，将废除旧历之原因作了明确阐释：一是“国历是世界上最通行最进步的历法”；二是“旧历是一本阴阳五行的类书，迷信日程的令典”⑤；三是改变北京政府的“正朔”，完成总理遗志，进行除旧布新的社会变革。笔者认为，前两条理由仅是国民政府废除旧历之充分条件，而不是必要条件；仅是发起运动之借口和所要达到的目标，而不是促发政府发

① 《旧历新年之形形色色》，《申报》1928年1月26日。

② 《内政部致国民政府呈》，《中华民国史档案资料汇编》第5辑第1编，第424页。

③ 同上书，第425页。

④ 同上书，第427—428页。

⑤ 《中央宣传部电告元旦宣传要点》，《申报》1928年12月28日。

起废除旧历运动的主要原因。实际上，国民党以“革命党”和孙中山之正统继承者自居，以完成总理遗志相号召，进行除旧布新的社会变革，才是国民政府发起废除旧历运动的真正原因。

历法问题向来是关系社会民生的大问题，每个新政府建立之初，都要通过改正朔、定历法等方式，表示革故鼎新的姿态，希望通过变革历法达到万象更新的局面，也希望统一历法达到政治统一的目的。“历法人时，关系至切，历代开国，易朔为先，所以政治之统一，免人事之混乱也。”① 国民政府北伐成功，政治上统一了中国，自然希望改变北京政府的正朔：由阴阳历并用改为专用阳历，将阳历定为国历，将阴历视为旧历、废历，以示自己是新的革命政府。这样便将国民党与北洋军阀区别开来，将南京国民政府与北京政府区别开来。前者只采用阳历，后者采用“阴阳合历”，隐然与旧政府的“正朔”区别开来，无形中改变了北京政府之“正朔”。

在国民党人看来，民国成立改用国历是社会进步之举，北京政府采取阴阳历并行实际上起了姑息旧历，纵容封建迷信的作用。因此，国民革命欲打倒军阀，改造社会，首先必须推行国历，废止“封建性质”的旧历。阴阳历并行固然是由于民众积习难改，但也与北洋军阀不愿从事社会变革有关。既然国民党自认比北洋军阀更开明、更进步，它当然也有魄力变革社会积习，完成推行国历、与国际接轨之任务。同时，北洋军阀利用旧历大行封建迷信，将旧历书作为宣传北洋军阀个人威信的工具，不仅是国民党人无法容忍，更为国民政府废除旧历提供了充足的口实。如《中华民国十六年阴阳合历通书》，开首即将吴佩孚、张作霖、王士珍、黎元洪、段祺瑞、孙传芳、曹锟、张宗昌、杨宇霆等 27 个北洋军阀主要首领列入《民国伟人图》；将袁世凯、冯国璋等北洋军阀首领与孔子、仓颉、孟子、岳飞、关公、老君等一起列入《世界名人图》，加以神化②。因此，国民党一再强调：“新旧历并用，是军阀假共和名行专制实的一种象征，彻底革命，非实行国历废除旧历不可。”时人也一再呼吁：“共和肇建，陋政铲除，国政厘参，莫先正朔，乃上则共效维新之旨，下则仍循劣旧之规，人民与政府之法令，背道而驰，何以为国？此不可不废除者。”③ 这样看来，所谓国历的科学性及旧历的封建迷信色彩，仅是一种铺垫和充分理由，“改正朔”的政治寓意及取得政府的合法性，是国民政府发起废除旧历运动的根本所在。

废除旧历运动之举措

正因阳历有许多优点、旧历有封建迷信的色彩，正因阴阳历并行带来社会

---

① 《中华民国十五年历书》，北京政府教育部中央观象台 1925 年印制。

② 《中华民国十六年阴阳合历通书》，上海新北门内江东书局 1926 年发行。

③ 汝驹：《告奉行旧历者》，《广州民国日报》1929 年 12 月 25 日。

经济上的诸多不便及混乱，所以，人们对推行阳历并将它定为“国历”并没有太多异议。问题是如何推行国历、废除旧历。国民政府主要从三方面着手废除旧历：一是查禁旧历书、颁行新历书；二是改变商家结账习惯；三是废止旧历岁时年节，代之以新的纪念节日。

（一）查禁旧历书、编订新历书

当时民间流行的旧历书，是按阴历排列四季年月日期之文本，称时宪书、宪书、阴阳合历，俗称黄历、皇历、万年书等，内容除年历外，还有许多与民众生活相关的文字，如建屋、迁居、行止、婚丧等宜忌，这些显然有封建迷信色彩。如《中华民国十六年阴阳合历通书》，内容有所谓《二龙制水图》、《法门八盘活》，《谨忌凶星图》、《合婚九宫八卦图》、《财神喜神贵神福神方位图》、《诸神圣诞日》、《选择吉星图》、《诸葛孔明马前课》、《周公解梦图》、《六十四卦金钱课》、《二十八宿值日星》、《九星照命图》（看准何星照命便知吉凶高低）、《断九星吉凶》及《四时看风光图》、《年神方位之图》等，多属封建迷信。以《张天师祛病符法》为例，其中云：凡书符者口含净水，记准得病日期，按此图所说方位贴一道符，念一下咒语，百病可消，如“初一日病”，“用钱五张向东南四十步送之，大吉”；初二日病，“用白钱五张东南三十步送之，大吉”，等等。这些没有多少科学道理的无稽之谈，纯为迷信宣传。再以《人生春夏秋冬图》为例，以每人出生在阴历的春夏秋冬四季的八字，说明人生命运，并有《小儿月令图》、《小儿扎根图》，以定其金命、木命、水命、火命、土命，算其吉凶。如说金命小儿“生在树梢头，夜哭少人知，树根多好养，有寿命还长”；木命小儿“生在树梢上，一世好风光；树根多不利，树中也无妨”①。这些也都是典型的封建迷信。时人明确指出：“旧历书所载宜忌，多有迷信。”② 一些受过旧历迷信之害的有识之士认为“历书的附庸是卜和星”，“历书如果是火焚了，撕碎了，卜和星立刻就‘树倒猢狲散’的无所倚扶了”③。依据这些旧历书而民众遵行的旧历岁时节令，也不可避免地带有封建迷信色彩：“统观各岁时之一般举动，无不涉及神异，迷信之深，洵可笑亦复可怜。”④ 因此，国民党中央宣传部一再强调：“旧历是一本阴阳五行的类书，迷信日程的令典，我们要破除迷信，就要废除旧历，实行国历”；又云：“迷信

---

① 《中华民国十六年阴阳合历通书》，上海新北门内江东书局1926年发行。

② 《民国新修大埔县志》，民国三十二年铅印本，丁世良等主编《中国地方志民俗资料汇编·中南卷》，书目文献出版社1991年版，第763页。

③ 坚雪：《旧历的末运》，《大公报》1930年1月13日。

④ 《万全县志》，民国二十三年铅印本，丁世良等主编《中国地方志民俗资料汇编·华北卷》，书目文献出版社1989年版，第209页。

是国民革命进程上的障碍物，旧历是迷信的参谋本部，我们要完成革命的工作，就要废除旧历，实行国历”[①]。

旧历书是民间沿用旧历的物质载体和主要依据，且在民间社会影响很大，所以要废除它，关键在于查禁旧历书之印制、销售和使用，使民众无旧历书可资凭借。对此，国民党强调说：“废除旧历，要绝对禁止印售购用旧历”；“废除旧历，要把所有的旧历书和万年历等，一律焚毁”、“废除旧历，对于婚丧择日，只要天气和暖公众假期，便于行事即可，不问黄黑吉凶”[②]，如没有旧历书凭借，推行国历自然可事半功倍。早在广东政府废除旧历运动之初，就已提出“颁发新历书，其上仅注气候，凡阴历年节暨各种迷信文字，概行废除”的意见。1928年内政部制定八条办法，正是鉴于“各省区民间习用之皂历，在城乡效力最大”的现状，故特别规定：“严禁私售旧历，新旧历对照表、月份牌及附印旧历之皂神画片等。”[③] 在国民政府看来，推行国历必须禁绝旧历书，这直接关系到运动的成败。国民政府从中央到地方，均特别注重禁止出版、使用旧历书，加紧编制、推售新历书。

1929年7月2日，国民政府发布543号命令，通令各省市政府一律遵行，规定“以后历书，自不应再附旧历，致碍国历之推行”，“不得再于十九年历书及日历内附印旧历，以利国历之推行”[④]。7月16日，行政院根据此命令向内政、教育部发出2327号训令，规定今后的历书不应再附旧历，各地书店不能再印制、发行；各地编制的新历书必须完全采用国历年月日，不准有任何“阴阳合历”的痕迹。

国民政府及行政院训令发布后，教育、内政部也向各省市转发了同样的通令，严令执行。上海市政府按照国民政府的训令，发出禁绝旧历书之布告：“际此十九年新历行将印行之时，亟应先事取缔，以免贻误。”并饬令上海各书局、各印刷所、商会业公所、商民协会、彩印业分会、书业分会、华洋印刷工会等“通饬各同业一体遵照”[⑤]。1929年7月17日，公安局局长袁良签署布告：规定在1930年新历书发行之时，取缔各种阴阳合历历书，所有书局、印刷所不得再于1930年的历书及日历内，附印旧历[⑥]。上海特别市商整会致函书业公所、印刷公会等，望他们严格遵守国民政府训令，“不得再于十九年历书，暨

① 《中央宣传部电告元旦宣传要点》，《申报》1928年12月28日。

② 同上。

③ 《内政部致国民政府呈》，《中华民国史档案资料汇编》第5辑第1编，第425页。

④ 《训令543号》，《国民政府公报》第207号，国民政府文官处印铸局印行，1929年7月3日。

⑤ 《历书实行统一办法》，《申报》1929年7月13日。

⑥ 《市公安局查禁新历本印旧历》，《申报》1929年7月18日。

日历内，附印旧历，以利国历之推行"，并特别强调："惟该业居住租界者，或仍有不免阳奉阴违之虞，应即从严查禁，以期一致"[①]。

上海市当局查禁沿用旧历书之行动非常严厉。上海《申报》、《新闻报》、《时事新报》都对此作了大量报道："市社会局查得租界小书坊，仍有私售阴历历本，暨粤闽二帮商号，间有私售各该省奸商私印之《阴阳合刊历书》（俗称《建历情事》），昨已函请江苏交涉公署，转致租界工部局，从严查禁，以重禁令。""又如日前报载发售《万年新书》，社会局见报后，即函各报停登，并禁登类于该书之广告。近又查得国粹书局发行此项《阴阳历对表》，直至民国八十九年为止，而福州路一带，近有小贩贩卖《十九年阴阳合历历书》，查此种历书之印刷发行贩卖，俱在租界，社会局已函请临时法院，分别查禁。"[②] 一些书局为利益所驱，继续印制旧历书，个别小贩公然售卖旧历书。上海市政府雷厉风行，对不法之徒进行严惩。据《申报》载："明年废除阴历，实行阳历为国历，国府早有明令宣布，讵昨天上午，有小贩手持十九年阴阳合历本十二册，在浦东其昌栈兜卖，当被岗警带至公安局第三区，讯据该小贩供称，名殷保荣、二十五岁、本地人住曹家渡，此项历本，系往美租界虹口广东店内批来贩售，冀博微利，并不知系违法云云，区长以案开违抗禁令，判将殷连同历本，于午后并解总局发审。"[③] 这种杀一儆百的做法，显然是向各界表明政府查禁旧历书之决心。

1929年11月18日，行政院发表了查禁《二百年阴阳历对照全书》、《民众日用百年国历便览》等"各流传废历之刊物"的训令："查上海国粹书局竟印售《二百年阴阳历对照全书》，借览牟利；又有未标明发行书局之《民众日用百年国历便览》一书，内容等将废历揭载于国历之下，而诡称为便利国民，检查以前之废历，希图避免查禁，用心狡猾，殊为可恶。此两种历书一则，公然将废历与国历并列，一则暗示人以阴历之可查，均等为废历作留传之资料，实属有碍国历之推行。"[④] 为此，行政院除饬令上海市党部勒令国粹书局将《二百年阴阳历对照全书》交出焚毁，通令各省市党部宣传部将此两书一律取缔查禁。随后，国民政府及行政院还明令查禁了《民国万年历》、《阴阳对照万年历》、《钦定呈命须知万年历》、《精校呈命万年历》等旧历书[⑤]，以示政府废除

---

① 《临时法院禁印废历本》，《申报》1929年10月1日。

② 《社会局积极推行国历查禁沿用阴历历书，请示推行国历各点》，《申报》1929年11月17日。

③ 《出售阴阳对合历本被拘小贩贪利违法》，《申报》1929年10月20日。

④ 《训令第4077号》，《国民政府行政院公报》102号，行政院秘书处印行，1929年11月23日。

⑤ 《国府再令，严禁违禁历书》，《中央日报》1929年12月28日。

旧历的决心。

《国民快览》是自民国初年开始由上海书业公所编辑、发行范围广、在民众中影响很大的一种通俗小册子。它除刊载当年的《阴阳合历通书》外，还有民众日用常识性知识。时人曾评论它"材料丰富，体例精详。大之如世界大势，国家要政，小之如寻常事物，日用所需，提纲挈领，应有尽有，实不啻一部国民之常识。销数达十余万册者，非侥致也"[①]。因为它在民间影响巨大，所以政府对其是否完全采用国历十分关注。或许是由于对民众习俗的屈从，1930年度的《国民快览》虽将旧历取消，但朔望忌宜干支照常存在。这种做法，政府无法容忍。因此，行政院接连发出训令，命令各地严厉查禁该书："月初，汉口社会局视察沈开寰，查获汉口商务印书馆代售此书，当即没收其书，并呈由市政府，转呈行政院核并。行政院据情后，即指令该府遵照，一面更于日昨以4624号通令全国各省市政府，切实查禁，以利国历之推行。"[②]《国民快览》为上海书业公所发行，故上海市政府接到行政院命令后，立即查禁《国民快览》[③]，江苏、河北、天津等地亦通令查禁。

在国民党各级党政机关强制执行下，查禁旧历书收到了一定成效，逐渐形成了印行旧历书是非法、沿用旧历书是封建迷信的观念。对此，有人抱怨说："国历通行，阴阳合历的月份牌，着实买不起。不惜寸阴，借来一个抄吧！"[④]出现"阴阳合历"的月份牌买不起之情景，显然是由于政府禁止印制、销售的结果。旧历书的查禁使一般民众无法再像往年那样得到旧历书，也就给封建迷信、尊崇旧历年节岁时带来了一定困难，毕竟抄写之旧历书是有限的。旧历书中含有封建迷信的内容必须禁绝，但它同时又是民众日常生活所需要。既然民众有强烈需要，那么，尽管政府禁绝，一些书店、商人出于赢利之考虑，就敢冒政府禁令大量印制和销售旧历书。尤其是租界内的日本不法商人趁机印制旧历书，牟取暴利，直接破坏国民政府的禁绝行动。所以，国民政府及上海市当局也发布训令"制止旅沪日商，印售阴阳合历"[⑤]。但由于日本不法商人利用特权强行印制与销售，政府的查禁效果并不大。而民间流行的多种《中华民国十九年时宪书》、《时宪通书》等，也多是上海、天津、大连的日本不法商人印制、批发销售的。[⑥]

推行国历、废除旧历，一方面要查禁旧历书，另一方面要编制、印行新历

① 杨培夫：《第十期国民快览序》，《民国十年国民快览》，上海书业公所，1920年。

② 《院令查禁"民快览"》，《中央日报》1929年12月31日。

③ 《查禁国民快览》，《中央日报》1930年1月11日。

④ 《不三不四及其他春饰时的拉杂感言》，《大公报》1930年2月2日。

⑤ 《查禁侨商印售废历——教部咨请沪市就近制止》，《中央日报》1929年12月26日。

⑥ 思夷：《阳历年》，《大公报》1930年1月9日。

书以取代旧历书，供民众采用。民国元年到民国 17 年，北京政府统辖区域内，新历书都是由教育部中央观象台主持编撰。南京国民政府建立后，暂时没有特定的编撰新历书机关。1928 年中央研究院成立，国民政府便委托教育部与中央研究院负责编制《民国十九年新历书》。1929 年 12 月，中央研究院天文所编制的《民国十九年国民历》经教育、内政部审核通过，向全国出版发行，用以取代民间流行的各种旧历书。但在这部新历书未印行前，各地为满足社会上对新历书的需要，按政府规定的编撰原则印行了各种各样的新历书。上海、天津等市政府编撰的新历书，比较有代表性。对当时上海市政府编撰新历书之情况，《申报》作了这样的报导：市政府“以推行国历废除阴历，民间历书无所适从，颇有根据中央正历利用其空余地位，以为于授时之外，宣扬政猷而启民智，成为编氓必备之书，而便商家仿行”，命令社会局组织人力进行编撰，到 1929 年 11 月中旬，这部新历书编撰完成并发行。

在政府大力宣传和推动下，新历书的印制、发行比较顺利，也收到很大实效。以上海市政府编撰印行的《民国十九年新历书》为例，它出版后，由上海的商务、中华、文明、世界、大东等书局代售，首批印行数万册，不到一个月便销售一空，“同时复有各书坊来函，均以前代售之历书，于两日内销售一空，请求再发一千册或数百册不等，以应市民需要”①。上海市社会局立即从速再版。这表明上海市民及各方对新历书的需要很强烈。

由于国民政府采取了激进的手段编制、推行新历书，所以中央政府及各地市编撰的这些新历书，在内容上有不少偏颇。其中典型的例子是将旧历书的“二十四节气”及“望朔”等，视为封建迷信加以取缔。实际上旧历书中的确有封建迷信色彩，但同样也有其合理性的内容，如“二十四节气”与广大民众的农业生产、经济活动及日常生活关系密切，“望朔”与航海、航运及潮汐有密切关系，新历书骤然将它们废弃，自然引起社会舆论的批评和民众的不满。有人评论说：“即如改历一事，我们起初决心禁印旧历，及禁印之后，方知朔望节气不能悉去。”② 后来，国民政府接受各界意见，在编制的《国民历》中增加了《二十四节气》、望、朔日及《二十四节气歌》等。

（二）变革商家结账日期

旧历沿用与商家账目及民间契约有很大关系，这是当时许多人的共识。早在民初就有人指出，新旧历并行的原因在于“牵于商业之关系而已”③，内政

---

① 《市府新历书销售一空》，《申报》1929 年 12 月 24 日。

② 董时进：《论禁过旧历年》，《大公报》1931 年 2 月 16 日。

③ 《甲寅遗念》，《大公报》1915 年 2 月 10 日。

部制定的《普用国历八项办法》中明确规定，不仅要改正商店清理账目及休息时间，还要严令人民按国历收付租息及订结财产上之契据。其理由为："商店不遵国历之原因，皆由于按节清理及休工两种习惯，此类习惯，但能由中央明定时日，限定每年清理账目之期一为六月十日至六月底，一为十二月十日至十二月底，其休息时间则一概移至国历年节日照办，自不难根本破除积久成习。"① 就是说，商家必须改变原来按旧历端午、中秋、除夕三大节结算的习惯，一律改为阳历6月和12月来结账。

随后，国民党中央宣传部针对商家账目、民间契约及一切文书簿据"向多习用阴历，或国历阴历并用，殊属有碍国历之推行"的现状，向国民党中央提出《查禁民国十九年历书日历月份牌等附印阴历案》，建议将阴历、阴阳历并用之做法"一并取缔，以崇国历"。国民党中央执行委员会第36次会议讨论并通过了这个提案，并将此案交国民政府通告全国实施。1929年10月5日，国民政府根据国民党中央的决定，发布964号训令，严令全国各级政府"一体遵照办理"。训令规定："从民国十九年一月一日起，凡商家账目，民间契约，及一切文书薄据等，一律须用国历上之日期，并不得附用阴历，方有法律上之效力。"② 上海是当时中国的经济、商业和金融中心，上海商界是否切实遵照训令改变结账日期，直接影响到各地市国历的推行。因此，上海市政府对行政院训令执行得非常严格，三番五次向商界发表通告，督促实施。上海工商界迫于政府的压力及自身利益，均表示遵照国民政府的通令，从1930年1月1日起改变结账日期，采用国历。但商界对在国历年底前结算的准备不足，时间上非常紧张，难于实施，因此，上海商人团体整理委员会经反复讨论，拟具《本年总结账日期及明年起分期收账办法》，要求"暂准展迟一个月，自明年起，每年分期收账，均应遵照国历计算，或按照节气前后，一年酌分数期，务以废除阴历为目的"。上海市政府接到该请求函后，认为商界所拟改革结账日期办法"尚属周详"③，便呈请国民政府行政院核示。行政院发出第3987号训令，批复上海市政府的呈请："查上海特别市社会局所拟改革结账日期办法，核与中央法令，商事习惯，尚无不合之处，似可准照所呈办理，俾全国结账日期，得以划一，而废止旧历，亦根本解决。"上海市政府据此布告全市各业一体遵照，"务以上开分期办法理结账，房租薪工均照国历支付，毋得故违"④。

---

① 《内政部致国民政府呈》，《中华民国史档案资料汇编》第5辑第1编，第426页。

② 《训令第964号》，《国民政府公报》第289号，国民政府文官处印铸局印行，1929年10月8日。

③ 《上海特别市政府布告第107号》，载《中华民国十九年新历书》，上海特别市政府1929年印行。

④ 同上。

政府在废除旧历运动高潮中作的这种通融，会不会使商界对政府推行国历之彻底性和信心产生动摇或怀疑？为消除疑虑，国民政府在同意展缓商界结账期限后，一再表示推行国历的决心。1929年12月底，上海市政府社会局通告商界："自明年一月一日起，所有一应契约文书账簿票据，遵用国历，不得再附用阴历字样。"① 各省市接到国民政府行政院的训令后，立即发出相应的通令，告知商界执行。如杭州市党政工商各机关代表于1929年11月2日召开第六次联席会议，明确规定："一、本年国历年度为期迫促，总结算万一不及准备，得展缓一个月（即十九年一月底止），自明年起概照国历办理结账；二、废除端午中秋年终三节结账旧历，明年起一律改为五月末日、九月末日、十二月末日三期结账；三、从前大小月底结账者，概照国历大小月底结账；四、从前所订契约，其用阴历者，均改国历，以阴历到期月日展缓一月计算；五、本市房租向照国历支付，倘有沿用阴历者，均须改正；六、各业薪金明年起，均照国历支付。"②

国民政府以行政命令方式，通令商家改变结账日期，有很大的强制性。商家尽管有些不满和抵触，但出于经济利益之考虑，也不得不遵行。对此，有人评述说："官厅如果命令人民，凡用旧历之契约单据等，一概无效，人民自非改不可。"③ 从当时的实施情况看，国民政府变更商家结账日期，明文规定"元旦起，契约文书票据等，一律遵用国历，勿因结账期展缓"④，确实抓住了废除旧历问题之关键。因为商界结账及契约的有效与否，须以政府的规定为准，所以，与废除旧历岁时年节相比，这种强制办法收到了显著效果。以国历日期作为商家结算、订立契约及其他商业活动之日期，此后成为商界主流。

这种变更结账日期之做法，一旦涉及改变商家习惯，及那些与旧历岁时节令相关的商界习俗时，便遇到顽固抗拒，并且这种抗拒决非政府仅靠行政命令和政治强制力量所能改变。如"商家向以阴历正月初五为五路财神日，而接财神者，改为阳历一月五日为五路财神日，而于是日接之"⑤，这显然行不通，因为"接五路财神"习俗，与除夕商家结账后、祈求新的一年中发财之愿望有关，已形成为商家习俗，难以改变。

需要说明的是，改变商家结账日期及习俗在各地推行得不平衡，在沿海通商大都市及与上层社会关系密切的工商界较有成效，而在广大的内地城镇推行

① 《社会局申告商界：结账可暂展缓一个月，国历必须元日起遵用》，《申报》1929年12月29日。

② 《杭州：推定国历九条办法》，《申报》1929年11月4日。

③ 《论禁过旧历年》，《大公报》1931年2月16日。

④ 《商家须用国历》，《中央日报》1929年12月29日。

⑤ 觉迷：《统一阳历管见》，《申报》1928年1月1日。

的范围和力度有限。习惯势力强大，许多地方旧历三大节结算的习俗仍然保留着。以四川大足为例："一切交易往来，均定三节结账。"[1] 贵州一些地方亦如此："每岁以'端阳''中秋'过年为最流行之节气，谓之'三节'，商家极为紧张，人欠、欠人，催收支付，均须告一段落。"[2] 湖南《醴陵县志》载："民国改用阳历，而民间率用阴历年底结账，又农时亦以阴历节气为便，习俗相沿，积重难返，非独吾醴然也。"[3]西北地区则保存着这样的商业习俗："'元旦'晚，将字号名片与素有往来者由门隙投入，次早店伙拾得，即知每甲拜年，须答礼。破五前，铺门紧闭；破五后，即可开门营业。"[4] 广大内地及民间社会商家结账习惯难于改变，与旧历岁时年节难于废除及旧历对农业社会的影响有密切关系。时人分析云："所以然者，一则忸于旧习；一则百分之八十五以上之民众皆业农，夏历之二十四气候为农家作业阅历有效之标准，而国历尚未编有与数九等适应之词句，以畅行民间而为之替代。"由此便导致了"政府一面禁止旧历，一面提倡国历，终未能革故鼎新，而听其并存不废"[5]的尴尬局面。

（三）废止旧历岁时节令、代以国历纪念节日

国民政府废除旧历，完全以国历纪时，那么如何对待旧历的岁时年节？政府的办法非常简单，即在废除旧历的同时，连带取消旧历岁时节令："查废止旧历，业于本年严厉执行，所有旧历一切节日，亦因之连带消灭"。[6]

中国有几千年的文化传统，在使用旧历过程中逐渐形成了富有民族特色的岁时节令，如立春、元旦、元宵、填仓日、龙抬头、清明、端午、乞巧、中元、中秋、重阳、冬至、腊八、过小年、除夕等。这些岁时节令尽管各地有很大差异，但其文化含义及各地的风俗习惯大体上又很相似，并且已经成为民众日常生活的一部分。民国初年改用阳历后，北京政府逐渐确立了一些国家纪念日，与这些旧历节令并行。据1925年印行的《泗阳县志》记载，北京政府奉

---

① 《大足县志》，民国三十五年铅印本，丁世良等主编《中国地方志民俗资料汇编·西南卷》，书目文献出版社1991年版，第196页。

② 《开阳县志稿》，民国二十八年铅印本，载同上书，第519页。

③ 《醴陵县志》，民国三十七年铅印本，丁世良等主编《中国地方志民俗资料汇编·中南卷》，书目文献出版社1991年版，第500页。

④ 《同官县志》，民国三十三年铅印本，丁世良等主编《中国地方志民俗资料汇编·西北卷》，书目文献出版社1989年版，第67页。

⑤ 《开阳县志稿》，民国二十八年铅印本，丁世良等主编《中国地方志民俗资料汇编·西南卷》，书目文献出版社1991年版，第519页。

⑥ 《旧历节日替代办法（内教两部拟定之方案）》，《国闻周报》第7卷第21期，1930年6月2日。

行的阳历纪念日及节日有：阳历 1 月 1 日为中华民国成立纪念日，4 月 8 日为国会开幕纪念日，5 月 9 日为“国耻日”，4 月 5 日为“植树节”，10 月 10 日为国庆纪念日，12 月 25 日为云南起义纪念日等①。但由于阴阳历并行，这些新纪念日主要是上层官厅、学校来纪念，在民间社会无太多的表示。如双十节虽然为“国庆节”，是北京政府规定的最重要之纪念日，但也仅为官厅机关及学校纪念，而民众漠然：“是日，凡衙署、局、所、学校以及各项机关，一律升旗祝贺，放假休息，以襄盛典。但乡曲农民仍不甚着意，概无何等表示。”②

国民政府在废除旧历时也采取了确定和增加国历纪念日、用根据国历推定的民国纪念日来代替旧历岁时年节的办法。国民政府除沿用一些北京政府法定的国历纪念日外，还重新审定并增加了许多新纪念日。上海市党部及上海市政府颁定之《革命纪念日一览表》，确定了诸如国历 1 月 1 日为中华民国成立纪念日、3 月 8 日为国际妇女节等 29 个革命纪念日③。1930 年 7 月 10 日，国民党中央执行委员会第 100 次常务会议通过了《革命纪念日简明表》及《革命纪念日史略及宣传要点》，将革命纪念日分为两种。

一是《国定纪念日》，国历 1 月 1 日为中华民国成立纪念日，10 月 10 日为国庆纪念日，以上两纪念日“各休假一天，全国一律悬旗扎彩提灯志庆，各地党政军警各机关各团体各学校均分别集会庆祝，并由各该地高级党部召开各界庆祝大会”。5 月 5 日为革命政府纪念日，7 月 9 日为国民革命军誓师纪念日，11 月 12 日为总理诞辰纪念日，这三个纪念日“各休假一天，全国一律悬旗庆祝，各地党政军警各机关各团体各学校分别集会纪念，并由各该地高级党部召开各界纪念小会”。3 月 12 日为总理逝世纪念日，“是日休假一天，全国一律举行追悼纪念，停止娱乐宴会，各地党政军警各机关各团体各学校均分别集会纪念，并由各该地高级党部召开各界纪念大会”。3 月 29 日为革命先烈纪念日，“是日休假一天，由各高级党部召集当地各机关团体学校分别祭奠所有为革命而死之烈士并举行纪念大会”。5 月 9 日为国耻纪念日，“全国党政军警各机关团体学校一律分别集会纪念，停止娱乐宴会，并由各该地高级党部召开民众大会兼作废除不平等条约运动，不放假”。8 月 27 日为先师孔子诞辰纪念日，“是日休假一天，全国一律悬旗致庆，各党政军警机关各学校各团体分别集会纪念，并由各该地高级行政机关召开各界纪念大会”④。

二是《本党纪念日》，规定国历 3 月 18 日为北平民众革命纪念日，4 月 12

---

① 《泗阳县志》，民国十四年铅印本，《中国地方志民俗资料汇编 · 华东卷》，第 531 页。

② 《新民县志》，民国十五年石印本，载同上书，第 54 页。

③ 《革命纪念日一览表》，载《中华民国十九年新历书》，上海特别市政府 1929 年印行。

④ 《革命纪念日简明表》，《中华民国二十四年国民历》第 13 页，行政院内政、教育部 1934 年颁布。

日为清党纪念日，5月18日为先烈陈英士先生殉国纪念日，6月16日为总理广州蒙难纪念日，8月20日为先烈廖仲恺先生殉国纪念日，9月9日为总理第一次起义纪念日，9月21日为先烈朱执信先生殉国纪念日，10月11日为总理伦敦蒙难纪念日，12月5日为肇和兵舰举义纪念日，12月25日为云南起义纪念日。国民党中央规定："以上各纪念日由各地高级党部召集党员开会纪念，各机关团体学校可派代表参加，不放假。"①

国民党中央规定的这些纪念日，是以国民政府命令之形式通令各地党政机关严格遵行，故各地党政机关学校及团体基本上均能做到："全国党政军各机关以及团体、学校、工厂、商店均悬旗志庆，除国府成立日外均放假。"② 1935年刊印的《青城县志》载：元旦为中华民国成立纪念日，"是日宴集娱乐，庆贺新年，政府、机关、学校举行纪念会"。3月12日为孙中山先生逝世纪念日。"是日扫墓筑坟，并举行纪念会，实施造林运动。"③ 随着国历的推行，国民政府法定的纪念日及按照国历规定的新节日逐渐增多，到40年代中期以后，中华民国各种纪念日及国历节日已达数十种之多，除上述纪念日外，还有"司法节"（1月11日）、"戏剧节"（2月16日）、"童军节"（3月5日）、"国医节"（3月17日）、"美术节"（3月25日）、"青年节"（3月29日）、"儿童节"（4月4日）、"音乐节"（4月5日）、"母亲节"（5月12日）、"禁烟节"（6月3日）、"工程师节"（6月6日）、"陆军节"（7月9日）、"父亲节"（8月8日）、"空军节"（8月14日）、"教师节"（8月27日）、"记者节"（9月1日）、"体育节"（9月9日）、"商人节"（11月1日）、"医师节"（11月2日）、"世界学生节"（12月17日）及农民节、诗人节、护士节、合作节等。④ 这类由机关、学校举行的国历纪念日，基本上按照政府规定之程式举行。据1932年刊印的《平坝县志》载：国历纪念日"大约不外国庆的、国耻的、或关系于伟人，或关系于大事诸种之性质。此等日期之仪式，或扬旗（党旗、国旗），或下半旗，或庆祝，或游行、演说，或办提灯会，或张贴标语、呼口号等，均各有规定"⑤。

规定了如此众多的纪念日和国历节日，一方面说明政府以国历纪念日及节日取代旧历岁时节令的态度之坚决，另一方面也表明国历逐渐成为社会上层通行历法，已在整个社会生活中占据了重要的地位。随着国家庆典之规模越来越

---

① 《革命纪念日简明表》，《中华民国二十四年国民历》第14页，行政院内政、教育部1934年颁布。

② 《临清县志》，民国二十三年铅印本，《中国地方志民俗资料汇编·华东卷》，第340—341页。

③ 《青城县志》，民国二十四年铅印本，载同上书，第182页。

④ 《杭县志稿》，民国三十五年至三十七年修，载同上书，第600—601页。

⑤ 《平坝县志》，民国二十一年贵阳文通书局铅印本，载同上书，第564页。

大及频率越来越多，它作为一种发动和组织民众的有效方式，对增进民众政治意识和国家观念是有积极意义的。

以国历纪念日、节日替代旧历岁时节令的办法，尽管收到一定成效，但成效主要体现在政府及各地党政军警机关团体和学校等所谓社会上层，一般民间社会并未接受。据 1933 年刊印的《广宗县志》载："至民国纪念日、国庆日，惟机关、学校依期放假休息，商民尚未周知，无举行者。"① 东北安图县于双十节："是日衙署局所、街市商店皆悬国旗，以资庆贺。各学校于晚间列队，提灯沿街游行，至国旗前行三鞠躬礼，三呼万岁，名曰'提灯会'，以襄盛典。但此举惟城镇行之，乡居农民多不注意。"②

国民政府采取的这种办法强化了国历为机关学校团体采用之力度，上层社会采用国历的现象更加普遍，这值得肯定。但广大社会下层民众没有接受官厅规定之纪念日及国历节日，他们依旧沿用旧历岁时年节，这种情况显然是政府无法容忍的。对于政府来说，废除旧历、推行国历的关键，固然在于推广国历纪念日，但更重要的则是禁绝旧历岁时节令。政府采取了双管齐下的办法：一方面推行新的纪念日和节日，另一方面直接将旧历岁时年节废除，将旧历节气原封不动地移为国历月日，并将在旧历年节的习俗及活动统统移到国历年节来做。

早在 1927 年底，冯玉祥在河南、陕西和甘肃等地废除旧历时，不仅将旧历的除夕、正月初一、正月十五元宵节、五月初五端午节、八月十五中秋节，及七月十五、十月初一的鬼节等统统作为社会恶习"一律废止"，还明确规定民众只准过国历元旦，原来庆贺旧历年之种种活动统统移到国历年来办。③ 尽管冯玉祥的种种办法未能落实，但将废除旧历等同于废除旧历岁时节令、将旧历年节的民众庆贺活动强令移到国历来举办的思路已经形成，并为南京国民政府所继承。1928 年 4 月，内政部提出的推行国历之办法断定："非将旧岁旧节之一切正当习惯择其无背良善风化、不涉迷信者一律妥定章则，提倡导引，俾均移照国历日期举行，不足以谋根本之改造"，因此明确通令各省区市"将一切旧历年节之娱乐、赛会及习俗上点缀品、销售品一律加以指导改良，按照国历日期举行"④。将旧历元旦应有的各样点缀品及正月间一切娱乐活动移至国历新年举行的基本思路，仍是冯玉祥在豫陕甘推行之办法。政府这种简单的"挪移"办法，也得到社会上一些主张废除旧历者的赞同："民间向于阴历十二月二十三为送灶之期，自后改为阳历十二月二十三，此外祀先祭祖，亦即依此

① 《广宗县志》，民国二十二年铅印本，载同上书，第 532 页。

② 《安图县志》，民国十八年铅印本，《中国地方志民俗资料汇编·东北卷》，第 297 页。

③ 《开封废旧历运动规定办法十条，通令三省遵行》，《大公报》1928 年 1 月 16 日。

④ 《推行国历办法》，《中华民国史档案资料汇编》第 5 辑第 1 编，第 435 页。

类推。"[①] 即使在1930年6月国民党开始对废除旧历作了一些变通后，仍没有放弃这种移置的办法，"移置废历新年休假日期及各种礼仪点缀娱乐等于国历新年"，"各地人民应将废历新年放假日数及废历新年前后所沿用之各种礼仪娱乐点缀，如贺年、团拜、祀祖、春宴、观灯、扎采、贴春联等一律移置于国历新年前后举行"[②]。

将旧历月日改为国历月日是颇为简单的变革办法，但往往无效。这种日期改变本身不仅废弃了旧历岁时习俗，还同时新设了国历年节。如果人们并不认为新设的国历年节是合理的，它便不会为民间社会遵行。何况旧历岁时已形成风俗，断非如此简单就能解决问题。政府对旧历岁时要么废除，要么移至国历年月举行之做法，完全没有看到这些岁时一旦更移，便失去其文化的、民俗的含义，因此不可能为民众接受。从当时的情况看，旧历岁时节令并没有因政府强令废除而失去其存在的价值和意义，故仍为民间所沿用。这在民国时期绝非一时一地的特殊现象，而是带有普遍性。如广西来宾，"民国初元改行欧历，而岁时节令仍夏历弗改"[③]。如山东牟平"自改用国历，除'元旦'、'春节'及'植树节'、'双十节'限期休假外，余概作废，而乡民习俗仍多相沿未变也"[④]。山东的莱阳"自改用西历，'元旦'休假三日，开会庆贺，'植树'、'双十节'，则各休假一日，然惟官署行之，乡间犹多沿旧俗"[⑤]。1937年刊印的《川沙县志》载："民国肇新，改行阳历，而农工商界积习已久，尚难强以遵行。乡间'元旦'及'除夕'，仍用阴历。……但官学两界，对于阳历全年令节亦不过聊循故事，留一新历一名色而已。"[⑥] 一般民众照样按旧历岁时过日子，对政府规定的国历"元旦"、"上元"、"中元"等节令，没有什么表示。

从废除旧历运动的三方面内容看，改变商家结账日期、禁绝旧历书代之以新历书并没有引起民众过分的抗拒及舆论的过多批评，因而取得了一定实效，推动了国历普及。对于确定新的国历纪念日与新节日，因具有一定的可行性，也没有受到舆论太多指责。但对废除旧历岁时节令之做法，因其简单粗暴而牵强附会，故受到社会各界的普遍反对和顽强抵制。政府认为这并非不许百姓过年，只是要他们照阳历过；也并非不许民众娱乐，更非是要废除过年的一切礼俗风气，仅是改一个日期罢了。可在民众看来，问题并不那么简单。"不能改

---

① 《统一阳历管见》，《申报》1928年1月1日。

② 《推行国历办法》，《中华民国史档案资料汇编》第5辑第1编，第435页。

③ 《来宾县志》，民国二十六年铅印本，《中国地方志民俗资料汇编·中南卷》，第979页。

④ 《牟平县志》，民国二十五年铅印本，《中国地方志民俗资料汇编·华东卷》，第249—250页。

⑤ 《莱阳县志》，民国二十四年刻本，载同上书，第240页。

⑥ 《川沙县志》，民国二十六年上海国光书局铅印本，载同上书，第26页。

日期，改了便不是那个味儿。”[①] 这句普通的话语，潜含着政府与民众在观念意识上的深层分歧及冲突。在民众看来，将旧历时令年节的庆贺活动挪到国历，已从根本上“变味”。因为改变的不仅是一个日期，而是附属于这个日期上的一套民俗文化和生活习惯，是民众日常生活习俗的整个改变或转轨，绝没有政府所说的那样简单。

民间社会的抵制

民间社会对政府废除旧历岁时节令的强烈抵制，在“过年”问题上表现得极为突出，并由此引发了民众与政府在历法问题上的激烈冲突。政府一再强调：“实行国历，废除旧历，要从奉行国历的年节，废除旧历的年节做起。”[②] 国民政府通令全国，从1930年1月1日起，不仅商民一律不许沿用旧历、过旧历年，且一律遵行国历、过国历新年。这样，废除旧历实际等同于废除旧历年，过旧历年还是国历年，成为衡量旧历废除与否的最重要之外在标志。

1930年1月1日是全国废除旧历、改用国历的第一天，政府格外重视。行政院通电各部及各省市政府放假三日，以资庆祝。[③] 12月20日，天津市政府招集各界，磋商庆祝新年大会办法，商定在国历元旦举行“汽车游行”；12月24日，南京市党部召开第67次会议，通过《庆祝国历元旦、提倡国历案》，通令各党员提倡国历，印行国历历本及革命春联，举行废除阴历运动。[④] 北平、上海等地情况大体相当，地处东北的沈阳也出现官厅庆祝与宣传的景象。[⑤] 各地当局提倡国历，多数是以行政命令形式来推行。其基本办法是将过旧历年的种种庆贺方式一律移到国历元旦，禁止民众过旧历年。据《中央日报》载：12月28日，安庆市当局发出布告：“（一）各商店住户，元旦在门上换贴春联，以照划一，废历新年，不得再贴春联，中有与国历抵触者，一律禁止；（二）自国历元旦起，至一月五日止，各商店住户，须一律张挂灯彩，废历新年，不得举行；（三）自国历元旦起，至一月十五日，各界市民有愿出灯者，予以一律接受，借以提倡正常娱乐，惟至废历灯节，则禁止出灯；（四）自国历元旦起，至一月三日止，各商店一律停业，以乐新年。”[⑥] 显然，政府是以一种无容商量的口吻严令民众执行。

河北高阳县政府组织筹备新年庆祝委员会，通知各商号一律于国历年底结

① 《论禁过旧历年》，《大公报》1931年2月16日。
② 《中央宣传部电告元旦宣传要点》，《申报》1928年12月28日。
③ 《新年假三日，行政院通令》，《中央日报》1929年12月30日。
④ 《南京市党部筹备庆祝元旦提倡国历》，《中央日报》1929年12月26日。
⑤ 《沈阳之新年庆祝、募捐、宣传》，《大公报》1930年1月4日。
⑥ 《皖省会之元旦》，《中央日报》1930年1月1日。

算账目，并向各村民众发布告示，禁止过旧年："现在是要厉行国历，破除迷信，不但不准印阴历，不准卖阴历，而且商人用阴历的日子去写账，在法律也没有效力。如果到年节时候，有愿意贴对子、吃年酒、放年假，及举行一切的娱乐，均要挪到国历年节来举行。再到旧历年节时候，便不准做了，更不准贩卖一切刷印的神像，如不违犯的，即行照章处以过怠金。"布告严厉告诫民众：什么叫做"积重难返"？什么叫做"数千习惯不容易改"？"那全是废话！我们大家一起起来去努力，非打倒旧历年不可！非打倒迷信不可！"① 将打倒迷信与打倒旧历年等同起来，完全是以政治运动推行社会改革的架势。

无论国历元旦庆贺如何热烈，运动的实效关键要看各地禁止旧历新年的情况。政府鉴于以往民众重视旧历新年之特点，特别注意禁止民众在旧历年庆贺，并发布了禁令。1929年12月29日，山西省党部召集各界联席会议，实行废除旧历年节议决办法五条。② 安徽、河北等地同样，不仅禁止政府机关旧历年放假，也禁止商店关门、民众过年，甚至民众在旧历年贴春联、放鞭炮的举动也遭禁止。据《中央日报》载："京市府自国府命令，自今年始，完全取消阴历，实行国历，以资统一，所有阴历民间一切习俗，着随时取缔，不得因循，兹悉市府以阴历各商店循例停业，着社会局严行取缔，务期排除旧习，照常营业。"③

旧历年到来时，政府各机关禁止放假过年，铁道部长孙科严令该部照常办公，南京市卫生局长胡安定也手谕各科职员"一律不准请假过旧年，以重政府实行国历之意"。④ 上海市政府强硬地禁止商界旧历年休假。2月17、18两日为旧历新年，上海市商会及银行公会准备按惯例休假两天，但上海市当局认为这与政府推行国历办法相背，"恐系传闻失实，特令市商会查明制止"⑤。河北省涿县政府村政研究委员会也发布告，通告各机关商民一律废除阴历："兹年关在迩，所有旧日习惯，以及旧日年前城内乡镇年市，均应一律改为国历年前开设，以资提倡。"⑥ 但实际情况如何呢？时人观察说："阴历废除了，但是阴历的习惯，依然和我们同在。过节、过年，种种习惯，和阴历未废以前，真是一般无二，在推行阳历不力的北方，固然如此，在政令所出的南方也未尝不如此。"⑦

政府不许民众沿用旧历和不许过旧历年之强硬举措，民众无法容忍。政府

① 《灾荒满眼兵戈沸，谁人忙碌庆新年》，《大公报》1929年12月14日。
② 《太原废旧年》，《中央日报》1930年2月1日。
③ 《取缔商店阴历年关停业》，《中央日报》1930年1月6日。
④ 《市卫生局胡安定提倡国历》，《中央日报》1930年1月23日。
⑤ 《禁止春节休假市社会局令市商会查明制止》，《申报》1930年1月11日。
⑥ 《涿县杂报·国历》，《大公报》1929年12月14日。
⑦ 潘光旦：《科学与经验》，《华年》第2卷第15期，1933年4月15日。

与民间在“过年”问题上分歧甚大。如果说民众对政府“国历新年”仅是表示冷淡，那么对“旧历新年”则表现得非常热烈。这种热烈举动在各地政府看来，简直是顽固不化，甚或是“反革命”举动。政府坚决要废除旧历，三令五申禁止民众过旧历年；一般民众则对政府禁令漠视或不满，顽固地依据习惯过旧历新年。这样，在1930年旧历年到来之际，政府与民间社会势必发生严重的冲突。

据《大公报》载，河北磁县教育局通令各区小学，1月27日开始放寒假两星期，不得早放迟开。但检查结果发现：“违章早放者，为数亦不在少，当晚会议对于早放各校长教员，分别惩处，以儆将来云。”[①] 政府用行政手段“惩处”违背政府禁令之校长教员，但无法禁止民众照过旧历年。又据《大公报》载，河北阳原“废历年中仍热烈异常拜年送片之举，无异往昔。各街巷悬灯结彩，倍形热闹”。面对民众的习惯，阳原县政府“惟令各机关不得放假，取缔阴阳合历宪书；公安局则禁止各户燃放花炮，厉行禁赌”[②]。有些地方政府干脆采取暴力行为，公开禁止民众过旧历年。如河北昌黎县政府，在旧历年前出示布告，禁止旧年迎神赛会、放鞭炮，更严令各商家不得停业。结果如何呢？“于除夕后鞭炮锣鼓之声，不绝于耳，各商户均闭门休息，其景况一如往昔。兹届元宵灯节，每岁于十四夜起，悬灯结彩，燃放花炮，各处扎彩排楼，至十六晚大热闹三天。一般男男女女，烧香还愿，观灯白相，拥拥挤挤。”这种“言者谆谆，听之藐藐”的尴尬情景，激怒了奉命推行国历的地方当局，县政府立即派警察武力驱散民众的庆贺集会。据报道：当昌黎民众“正在热闹之际，不意公安局派警多人，按家勒令将灯彩一律撤消，观众均赶散矣”[③]。

政府与民众因过旧历年发生的暴力冲突，在一些大中城市也时有发生。据《申报》报道：“北平商民，以习俗关系，对废历年节，凡粘贴春联，燃放花炮，迎神守岁，依然不改。”北平市公安局特派警察各处查考，并大肆抓捕胆敢违背政府禁令缮写、张贴春联者。据统计，在内城捕获缮写春联者252名，外城151名；粘贴春联并燃放鞭炮者，内城396家，外城318家。政府的强硬措施产生了一定效力，一些胆小的市民，纷纷自行撕下门首的春联。但有点知识的学生则对政府的行为公开反对，抗议政府滥用职权妨碍人权自由：“闻朝阳大学校学生中，竟有因燃放鞭炮与巡警龃龉，激出滥用职权妨碍人权自由之控诉事件。”尽管如此，北平市政当局“仍责令各区署严行查禁，倘闻有鞭炮者，

---

① 《磁县教局励行国历，侦查各校是否放假》，《大公报》1930年2月2日。
② 《新春中民间之娱乐与迷信》，《大公报》1930年2月13日。
③ 《废历声中闹元宵民众不忘旧乐，警察偏煞风景》，《大公报》1930年2月15日。

即将该署段巡官长警，分别处罚”。在前门外、西单牌楼等热闹街市，有些穷困文人摆桌代人书写春联，并借一二元资本，备售红笺春纸，借得微利。这种行为不仅“悉被巡警驱逐，禁其操此生涯”，还通告商民“咸不准在门前粘贴春联及门神挂钱之类”。公安局“令各区署传告商铺住户，于旧历除夕元旦初二等日，不准在门前举行迎神谢年焚化神纸等事，违者扭至区署，科以罚金”①。

压制和禁绝不可谓不严厉，但北平旧历年关仍呈现出热闹场面：“在被打而似乎未倒的废历年下的新正里，人人是眉飞色舞，兴高采烈，都好似脱离了监狱的囚犯一般！戏院，电影场，都先期售票，有了人满之患；就是市场和公园里，游人也增加到三倍以上。”② 这说明在民众强大的习惯势力面前，政府依靠政治强力推行国历、废除旧历的举动，是何等的软弱无力。民众坚持过旧历年及各地旧历年依然热闹的情景，说明政府不仅没打破历法上“二元社会”格局，还激化了“二元社会”的冲突。政府可以强令所属机关、学校团体庆贺国历新年，并禁止他们过旧历年，却无法真正禁绝民众的旧历年。无论是1930年，还是随后1931年及1932年的旧历新年，民众过旧历年之习俗及热闹场景，并没有因政府废除旧历而减弱。

在沈阳，1930年旧历年出现了“旧历年中形形色色仍不减去年，且有过之而无不及者”的热闹景象：“厉行国历废除阴岁，已皇皇见诸公牍，惟一般民众印象太深，难以实行。所谓阴历年关，筹备一如往年，应有尽有，并未因有明令而减少”③。“一般商号市民极具热烈之心理，购备年食鞭炮、贴对联、燃鞭炮、接财神、烧香纸贺年，悉如其旧，且除夕所燃鞭炮之多，实突破五年中之纪录”④。像岫严这样偏僻小县城更是热闹非凡：“一月卅日为庚午年元旦日，大家小户纷纷叩年，不曰新春大吉，即曰过年发财，由朝至暮，迎送不暇。显达之家更有户限为穿之势。”⑤ 再如河北蓟县，“商民于废历除夕之日，仍燃炸点炮，彻夜不息。元旦日各户门首红红绿绿一如往昔。庆祝新春，整冠素衣，贺年之客络绎街途。虽经政府再接再厉之劝告，而陋习仍不减于往昔”⑥。

山西省当局决定废除旧历，禁止民众过旧历年，但实际情况正好相反，出现了“禁者自禁，过者自过”的局面：“太原总商会以旧历新年，应行禁止庆祝，以示提倡，乃于事前特出布告云：一切庆祝拜贺、悬灯结彩、放炮敬神，

---

① 《北平废止新年之景象》，《申报》1930年2月9日。
② 胡琴：《正月初七》，《大公报》1930年2月14日。
③ 《白糖！白糖！阴历过小年》，《盛京时报》1930年1月22日。
④ 《废历春节热闹不减往岁》，《盛京时报》1930年2月2日。
⑤ 《旧历年写真》，《盛京时报》1930年2月5日。
⑥ 《蓟县春节仍热闹，各机关放假一日》，《大公报》1930年2月6日。

以及种种娱乐诸事，应一律取缔。不料适得其反，各商行门口除悬灯结彩粘贴春联外，由除夕日夜九点钟起，直至次日六点钟止，鞭炮声愈响愈密，通宵达旦。"① 在华中重镇武汉，广大商民庆贺旧历年的热闹景象格外引人注目："武汉废历除夕彻夜但闻鞭炮声，锣鼓声，元旦但闻恭喜发财声，盖整个武汉各机关，除邮电路，照常工作外，余大致休息，宴饮为乐之风，不减当年。"② 武汉况且如此，更别说其他一些中小城市及广大乡村了。

1931年国历新年到来之际，政府及各地党政机关照例放假休息，停止办公，作各种各样庆贺元旦的点缀。如山西省府令行政机关"新年一律悬灯结彩，并自世（31日）起放假五天，东（1日）总部在大礼堂举行庆祝典礼。文官荐任武官上校以上，一体参加。各报均放假七天"。北平"全市自昨日起悬旗五日，庆祝新年"③。与此同时，政府仍像以前那样禁止民众过旧历年。天津市长发表谈话，严厉禁止在国历新年中拜年与送礼④；市当局布告工商界："废历新年，不准商家闭门休业，如有违犯当予罚办。至各工厂工人如不工作，亦酌予罚金。"⑤

尽管政府一再禁止，但各地旧历年仍十分红火。如上海，"沪关机关概照常办公，商工团体虽不给假，但许自由行动，租界法庭照常开庭。入夜南京路等处市面热闹，一如往年"。如沈阳，"此间旧年如常，炮声震耳"⑥。如北平，"今日为废历新年初一日，一般热中过年之商民，咸于是日庆祝元旦，故都最负盛名之厂甸白云观财神庙老爷庙等处，悉于今日开放，以资点缀"⑦。如天津，"自晨事时至午夜止，宫北街通衢挤满游人，交通几为断绝。各市年货摊如花灯爆竹香烛纸码宫花供采等买卖，皆利市三倍。下午五时许，居民开始燃放爆竹，彻夜未休"⑧。如青岛，"废历元旦，各机关学校照常上班，商店均休业，除《民国日报》外各报馆均无形休刊"。如太原，"全市炮竹声隆隆，彻夜不绝。各界往返庆贺，较往年为特盛"。如汉口，"商店几全停"⑨。可见政府与民间各过其年的情景仍然继续，上层社会采用阳历、下层民众惯用旧历的"二元社会"格局并未根本打破。

如果具体考察当时各地阴阳历采用的情况，则更加清楚，历法上"二元社

---

① 《并垣旧年记禁者自禁，过者自过》，《大公报》1930年2月8日。
② 《武汉旧习不除，还庆祝废历年》，《中央日报》1930年2月1日。
③ 《揭开二十年日历之首页，全国庆祝和平新年》，《大公报》1931年1月1日。
④ 《废历新年中拜年与送礼，市府严厉禁止》，《大公报》1931年2月11日。
⑤ 《废历新年，不准休假》，《大公报》1931年2月7日。
⑥ 《依然旧风光，社会过年观念未除》，《大公报》1931年2月17日。
⑦ 《旧都旧历年，各项庙会照旧举行》，《大公报》1931年2月17日。
⑧ 《由"旧年"到"新年"积习未除爆竹之声达旦》，《大公报》1931年2月17日。
⑨ 《政令虽严风光依旧，各地民众仍过旧年》，《大公报》1931年2月18日。

会”之对峙格局仍很明显。如40年代的河北蓟县，“近来改用阳历，各机关于一月一号，照例举行团拜。城镇、乡村住户一般民众，仍于旧历元旦贺年”①。在广大农村，国历并未取代旧历，“今虽改用国历，而旧历仍风行于民间。甚矣，习俗之难移也”②。民众旧历年热闹异常，国历年则主要是上层纪念：“至阳历新年，人民报刺相喝，官场为盛，亦有备酒食庆贺者焉。由此以渐行去，专用阳历，当即废除旧习惯矣。”③

这种局面引起人们对移风易俗的感叹：“自国体变更，每遇阳历年节，公署及学校、各机关一遵新制，城镇街市亦张灯结彩。惟穷乡僻壤至阴历年节，小大新衣，未明而起，亲戚往来，依旧过年。可见移风易俗非易事矣。”④ 天津《大公报》记者说：“实行国历，于今为甚，但近数日来，市面渐呈繁盛，顿使吾人憧憬已往旧历年关之景象，因此可知社会习惯入人之深。”⑤

问题是为什么民众这样顽固，一定不肯改个日期过年？为什么政府那样坚决，一定不许民众在这个日期过年？政府的理由很充足，也很干脆：“旧历已经废了，旧历过年，当然也跟着要废。”民众的态度也很坚决：“现在的官厅，只知问我们要捐，拿了钱去不但不给我们一点好处，连我们自己过年，不花他们一个的事件，也要来干涉，我们一年辛苦到头，好容易得到这几天，才能把一切的事情烦恼丢开，稍快乐一下，可怜连这一点快乐，他们也要剥夺，他们欢喜过新历年，他们尽管过，但是我们过旧历年也妨害不了他们，为何事事必要强迫多数人民去服从呢？为何他们可以掷炸弹、轰大炮，而我们不能过年放鞭炮，为何他们可以满街贴标语，我们不能在自家门墙贴春联，我们不乐意过新历年，他们硬要我们过，我们愿意过旧历年，他们禁止我们过，这岂不是好民之所恶，恶民之所好吗？”⑥ 是民众顽固，还是政府专横？只有认清了旧历的本质及其岁时节令代表的深层文化内涵，才能做出合理的评判。

民众不遵行国历过年，是“社会普通心理，不以国历新年为新年”的缘故。⑦ 为什么民众“不以国历新年为新年”？不肯改日期，除了“许多年代相传下来的老习惯，实在不容易改”之外，更重要的是旧历岁时节令与民众日常生活关系密切。这种“时令的联带关系”，表明旧历及其年节并非没有合理性。有人分析说：“中国的过年，是和春色不能分离的，硬把他搬到干枯的隆冬，

① 《蓟县志》，民国三十三年铅印本，《中国地方志民俗资料汇编·华北卷》，第58页。
② 《高邑县志》，民国三十年铅印本，载同上书，第104页。
③ 《盖平县志》，民国十九年铅印本，载同上书，第146页。
④ 《新绛县志》，民国十八年铅印本，载同上书，第696页。
⑤ 《废除旧历后之天后宫光景》，《大公报》1930年1月25日。
⑥ 《论禁过旧历年》，《大公报》1931年2月16日。
⑦ 《一年之计在于春》，《大公报》1930年2月1日。

当然会‘不是那个味儿’……旧年的时令最合适，能给我们的快乐最多，改一个日期我们所能得到的快乐就要减少，这是一种社会的损失，所以老百姓是不大愿意的。”“过年是百姓的一件大事，他们不单是要休息作乐，还要将终年劳苦的成绩拿来，尽量的享受，他们在一两月以前就须开始准备，按国历过年，定赶不上，例如杀年猪必须在冬至前后，若要过阳历年，腊肉就绝做不出，其他不必说了。”① 国家兴衰原本不在乎何时过年，政府“独把提倡新年，禁过旧年，列为要政，官厅防旧历甚于防匪，禁过旧年甚于禁烟”，显然是有问题。政府的错误“是把过年看得太死”②，根本不理解旧历年对于中国民众的文化和生活意义。

旧历新年是民众一个休息娱乐的时期，以农立国的芸芸民众把一年休息的时间集中在农闲尾期，恰好正是旧历年底，于是借“过年”休闲。民众并非为庆祝旧历年而作乐，是为休息娱乐而利用旧历年节。如东北《珠河县志》载：“按新年习俗，咸缀业以嬉，为长时间之休息。一年计划常于岁首定之，积一年之辛勤劳苦，遗迄于改岁，常有无穷之感触，而念此未来之一年，亦有许多之希望。人民虽多守旧，而际此除旧更新之年关，未尝无新理想、新感觉省于其时，是以社会状态多于新年时作兴革计划。”③ 不仅东北地区的民众如此，全国多数地区也同样。如广西来宾：“盖居民素尚节俭，平日少肉食、好习劳，终岁鲜暇时，乘过节之机会相与休息，洽筵欢聚，亦民间一乐事也。”④ 再如华北的张北：“一年以来，新旧交替，凡百事业，皆结束已往，预备将来；终岁勤劳，借此佳节而略事休息，又乘休息，而作种种娱乐之事。”⑤ 看来，过旧历年完全是民众日常习俗使然，与民众是否奉“正朔”是两码事。民众过的旧历年包含着民众不会轻易放弃的一套生活方式和浓厚的民俗文化。

妥协、变通与“二元社会”

“过年”的冲突集中反映了历法上“二元社会”的冲突。在政府与民众对峙的背后，究竟暗含着怎样的文化意蕴？这是考察废历运动时必须弄清的问题。政府废除旧历岁时年节之所以受到民间社会的顽强抵制与舆论的严厉批评，与它认识上的误区和采用办法的过激有直接关系。误区最突出的表现在于对旧历的性质认识不清，对旧历的合理性认识不明，对习俗变革的难度估计严

① 《论禁过旧历年》，《大公报》1931 年 2 月 16 日。

② 同上。

③ 《珠河县志》，民国十八年铅印本，《中国地方志民俗资料汇编·东北卷》，第 434 页。

④ 《宾阳县志》，1961 年广西档案馆铅印本，《中国地方志民俗资料汇编·中南卷》，第 899 页。

⑤ 《张北县志》，民国二十四年铅印本，《中国地方志民俗资料汇编·华北卷》，第 155 页。

重不足。

采用国历对中国政治经济的进步作用显而易见：政治上是一种革新的标志，“是革新的初步”；经济上“可以解除预算的障碍，增进农事的便利”。因此，采用阳历并定为“国历”，社会各界理智上能够理解并接受：“国历于废历的利便，是为大多数人所明了。”① 然而，政府以一种“非此即彼”的思维方式看待阴阳历。既然阳历是世界上最科学通行的历法，那么旧历自然就是“不科学的不准确的历法”；推行国历势必要废除旧历。国民政府将旧历与国历对立起来，将旧历年与国历年对立起来，强调“非废除旧历无以普用国历”，于是，“官厅以为要创造新中国，非扫除旧有的一切迷信陋习和封建思想不可，要扫除迷信陋习，非废旧历不可，要除旧历非禁止过旧历年不可”②。这种认识误区决定了政府必然要采取强制手段和过激的办法。

政府“鼎革之后，改正朔，易服色，凡属旧迹，必除之务尽”③ 的激进做法，在国民党中央及各地制定的推行国历、废除旧历口号中得到突出体现。国民党一再强调：“沿用旧历，就是奉行满清的正朔，也就是民国的叛徒。”④ 将民众因日常生活习惯而沿用旧历，上升到政治意识形态高度，斥之为“民国的叛徒”是牵强的。从当时实际情况看，多数民众已采纳了民国纪年，奉行民国政令，并没有奉行满清“正朔”。“普通一般人民对于阳历节固遵奉正朔，而对于阴历年节仍保持旧观念。风俗习惯深入人心，虽政府申禁，而行之如故。”⑤ 一般人们对政府推行国历能理解，但对将阴历视为“封建专制”的极端做法并不赞同：“今政府从世界所同，而用格勒果历，虽不无理由，而谓旧日之阴阳合历，为封建专制之迹，则无理之尤也。”⑥ 《大公报》批评说：“记得去年宣传国历的时候，有这样的一个标语：‘奉行阴历的就是反革命’。现在，想一想一切，不禁的要‘悚然’了。”⑦

过激的口号及暴烈的举动必然造成冲突，也妨碍了国历之推行。民众将阳历视为“洋历”，将阳历新年视为“鬼子年”，便是典型的例证。政府过激的举措，不仅一般民众不接受，就是知识界许多人亦感到不可思议。他们对推行阳历在理智上赞同，但在情感上还是顾恋旧历年，对政府强制表示不理解与不赞

---

① 《过了新年过旧年》，《大公报》1930年1月26日。

② 《论禁过旧历年》，《大公报》1931年2月16日。

③ 如是：《阳历谈（续）》，《盛京时报》1930年1月18日。

④ 《中央宣传部电告元旦宣传要点》，《申报》1928年12月28日。

⑤ 《平乐县志》，民国二十九年铅印本，《中国地方志民俗资料汇编·中南卷》，第1009页。

⑥ 如是《阳历谈》，《盛京时报》1930年1月17日。

⑦ 《过了新年过旧年》，《大公报》1930年1月26日。

同："阴历是从上古传下来的，现在愣要废了，算什么事？"① 有人诘难说："什么推行国历，那不过是抄袭外来的东西，这些的所谓国历，也不见得比咱们的旧历怎样的方便，咱们的国家可惜太弱了，所以这些旧历也蒙罩了一个不幸的'禁止'的缭锁。"②

废除旧历运动未能取得预期效果，与政府认识的误区及举措失当有关。为什么政府会出现认识误区和失当？这与政府对旧历暗含的合理性及旧历岁时节令蕴藏的丰富文化内涵估计不足有关。政府在废除旧历之初不承认其具有合理性，更不承认它仍有一定的生命力和存在价值。实际上，旧历并不像政府宣传的那样落后，其中包含很多合理性。这些合理性决定了它在当时并不是"历史的陈迹"，而是仍活在民众日常生活中有价值的文化。

中国旧历，严格说来是阴阳合历，并非纯粹的阴历。它沿用数千年，说明自有"特长"之处。有人经研究后断定：在世界已行的13种历法中，除现行的阳历外，中国旧历最为进步，其原因有二：一是中国社会是农业社会，中国经济是农业经济，"而旧历中之季节，即与此种社会、此种经济有锐敏之呼应"；二是因为"旧历新年可谓数千年来之民族的休息日"，也是"公认之结算日"③。就是说旧历的价值恰在于它的岁时节令。这些岁时节令之所以有价值，是因为它与中国农业社会密切相关："中国旧历并不悖于科学，且与农田水利经济社会有密切之关系，颇有不容漠视之价值。以农事言，二十四节气为农民所奉之圭臬；以水利言，朔望两弦，为航行所恃之指南，而三大节算账之质度，尤与中国经济组织有密切关系。"④《大公报》这个判断是有道理的。旧历岁时节令与农业生产关系密切，许多以岁时节令为依据、参考长期的观察实践形成的民间谚语，将旧历节令与农业生产的密切关系形象地反映了出来。如"二月清明麦在头，三月清明麦在后"⑤；再如"二月二，葫芦黄瓜齐落地"，"要得棉，谷雨前"，等等⑥。据湖南《嘉禾县图志》载："中国，农国也，黄河以南农俗具四季，黄河以北讫于幽，并关塞之外，惟夏季以农，此寒暑之分也。"⑦ 这些谚语虽不排除迷信成分，但更多是数千年来民众依农历总结出的经验。对此，有些方志编撰者肯定说："此种经验语，虽无科学基础，然往往

① 思夷：《阳历年》，《大公报》1930年1月9日。

② 落漠：《旧历除夕的追忆》，《大公报》1930年2月12日。

③ 《论旧年》，《大公报》1930年1月29日。

④ 《废除旧历宜顾实际》，《大公报》1929年12月31日。

⑤ 《安图县志》，民国十八年铅印本，《中国地方志民俗资料汇编·东北卷》，第296页。

⑥ 《孝感县简志》，1959年湖北人民出版社铅印本，《中国地方志民俗资料汇编·中南卷》，第337页。

⑦ 《嘉禾县图志》，民国二十年刻本，载同上书，第539页。

奇中。"[①] 这些经验性民间谚语，往往成为指导民众农业生产和日常生活的原则。因此，时人反复强调"我中国数千年来，以农立国，最重农时。而农时即今所谓节气；曰谷雨，曰小满，曰芒种，皆节气即农时之确证。"[②] 此外，旧历岁时节令还与一般民众日常之祭祀、婚娶、赛会等重大活动密切相关。以墓祭为例，1930年刊印的《桓仁县志》载："夏历正月十五夜间，民户皆向祖先坟墓设烛，名曰'送灯'，或有以面为之者。清明节，民人均祭墓，焚化纸钱、包裹、冥衣，并有修坟添土者。夏历七月十五日，民人均祭墓，焚化冥镪。夏历十月初一日，俗称'鬼节'。是日除墓祭外，并焚化纸钱、冥衣于墓侧，曰'送寒衣'。除夕前一二日或本日，皆往祭于墓，去墓远则奠于路口。"[③] 1937年刊印的《滦县志》载："除夕守岁、供神、祀祖，乡村大都依旧，城市则惟祀祖，间有供神者。"[④] 可见，旧历自有其生命力在，"而民间于祖宗忌辰、自己生日，均必不肯改易，且亦与政体无干。况蜒人之于潮水，农夫之于耕植，尤有绝大关系，必不忘也。"[⑤] 这些风俗实际上是中国传统文化中仍然活跃的部分。

显然，"中国旧历已沿用数千年，与历史文化之接触甚为密切，若端午中秋，重阳等令节，小之为神话，为历史，大之则为文化之所等，非可根本抹杀者也。"中国奉行旧历已历数十世纪，民众物质生活以至精神生活，"莫不依为绳尺"[⑥]，政府骤然间废除旧历，所要面对的不仅是数千年中国的民众日常习惯，还有几千年来民众赖以生活的深厚的风俗文化。看似简单的变更日期实际包含着巨大的社会变革，同时也意味着变革的难度远远超出了当时推行者的预料。

国民政府当初把改变历法作为社会变革的突破口确实有简单化的考虑，认为"当以改行新历为最轻易，盖人有现成之历法，只须我一纸命令，便可了事"[⑦]。政府误以为该项事宜较易推行，较易见效。但民众顽强抗拒的现实则说明，废除旧历并不如政府当初所想象的那样简单。对此，时人评议说："然够细思之，则又知一切改革事业当无难于改行历法者，绝非一纸命令之劳，所可收效。"[⑧] 正因"旧历之于我国，已有数千年之历史，早已与民众生活溶成

① 《平坝县志》，民国二十一年贵阳文通书局铅印本，《中国地方志民俗资料汇编·西南卷》，第586页。

② 《新制中国叙例》，《东方杂志》第19卷第2号。

③ 《桓仁县志》，民国十九年石印本，《中国地方志民俗资料汇编·东北卷》，第89页。

④ 《滦县志》，民国二十六年铅印本，载同上书，第271页。

⑤ 如是：《阳历谈》，《盛京时报》1930年1月17日。

⑥ 《论旧年》，《大公报》1930年1月29日。

⑦ 同上。

⑧ 同上。

一片，骤使分离，实非一朝一夕所可奏效。”① 对政府的做法，潘光旦严厉批评说：“旧历明令作废三十余年矣，而民间之习惯依然，战后且益见牢不可破，于以见积习之不易消除与当时主张废除旧历者之但知维新，而不识历史与社会为何物也。”②

既然旧历有其合理性，国历又不能不推行，那么唯一的出路便是如何将国历与旧历进行调适。人们在批评政府时，开始寻求一些变通之道。有人建议：“欲推行新历于中国农家，只须将节令注明于阳历月日之下，便可收事倍功半之效，以节令固彼所习用也。”③《大公报》提出的解决原则更有代表性：“惟宜行之有序，而于事实及历史，尤须兼筹并顾。”具体地，“第一，应于新历之中注明二十四节气，以利农时；第二，注明望朔上下弦，以便航政；第三，保存古节，以便历史回忆。总此三点，非仅事实理论两方所必需，且使新历益臻美备”④。政府在变通与调适“二元社会”的冲突时，后来也多少参考甚至采纳了这些意见和办法。

有些地方在推行国历时，实际也已看到了旧历岁时节令的合理性，并采取了一种推行国历而不废除旧历岁时节令的折中做法：“我国沿用阴历，节序甚繁，人事上颇多无谓之纷扰，不若现今颁行之国历较为适当，然亦有可采者数端：‘清明’、‘寒食’，例须扫墓，具牲牢酒醴致祭先茔，则纪念死亡之意也。五月五日，俗称‘端阳’，遍洒雄黄之酒，浓熏苍术之烟，则以暑热将至，预防毒厉，是防疫卫生之意也。十二月二十五日，谓之‘交年’，是日行大扫屋尘，则除旧布新之意也。用意亦非不善，要当实事求是，扩充而推行之。”⑤地方政府进行调适的基本思路是对国历新年节积极推行，对民间旧历节令并不废止。如1934年刊印的《阜宁县新志》载：“凡旧日观灯、修禊、竞渡、祀祖、赏月、登高等俗，概不废除，于厉行国历之中仍寓酌存旧俗之意。惟邑中普通人民，以晦朔弦望有关潮汐，以近‘立春’之朔日为岁首；农作便于准备，仍依阴历节日行其常俗。各项纪念日，除国会开幕（四月八日），马厂誓师（七月二十八日）等日废止外，凡为国历所规定者，今本邑各机关皆奉行焉。”⑥“厉行国历之中仍寓酌存旧俗之意”，不失为一种聪明的变通之道。

---

① 《论旧年》，《大公报》1930年1月29日。

② 潘光旦：《存人书屋日记》，《潘光旦文集》11，北京大学出版社2000年版，第233页。

③ 陈振先：《送旧历文》，《大公报》1929年12月31日。

④ 《废除旧历宜顾实际》，《大公报》1929年12月31日。

⑤ 《月浦里志》，民国二十三年铅印本，《中国地方志民俗资料汇编·华东卷》，第81—82页。

⑥ 《阜宁县新志》，民国二十三年铅印本，载同上书，第545—546页。

类似的变通或妥协，各地还有很多。在沈阳，“省政府以旧历废除，遵行国历，然人民习惯难以禁止，现在春节已至，商民各界仍然尊崇，不得不略事变通。前拟定春节之日决不放假，各职员如有请假者，亦皆准予所请，然仅以三天为限云”①。旧历年关不放假是国民政府之明令规定，但为照顾“人民习惯”，可准职员“请假”。这种变通解决了民众与政府的冲突，既不违背政府禁令，也照顾了民众习俗。更有些地方当局不说过旧年而改为春节，又好听又体面，未尝不是“聪明”的办法。但这些变通不仅说明民众习惯及旧历岁时节令的深厚力量，也表明运动逐渐成为一种表面文章，仅是一种形式上的“表面革命”而已②。

国民政府编撰新年历书不载朔望潮汐、二十四节气及旧历岁时节令的极端做法，给民众日常生活带来许多不便，受到舆论界抨击。《大公报》1930年2月8日刊载《民国十九年节气朔望表》，将二十四节气公开登出作为对新历书的补充。上海、天津等市对新历书中是否保留二十四节气，曾向国民政府行政院提出呈请咨文。内政、教育两部经协商，在严守新历书中不得辅注旧历日期之底线的前提下，对民间习惯作了很大妥协：（1）关于朔望存废事项，“可依据为潮汛之标准，与航行至有关系，自当保留，惟不得于朔望之上注明旧历某月字样”；（2）旧历书上阴阳五行黄黑吉凶之说助长迷信，本应取消，但“在此过渡时期，暂可存而不论”，默许了它的存在；（3）推行国历，旧历的端阳、中秋等节令当然不应保存，但“在过渡时期，各省市得酌量办理”；（4）对旧历新年，虽原则上不得庆贺，但“惟当十九年份实行国历之始，各社会机关团体放假休息，可姑予通融，暂从民便”③。显然在编撰1931年新历书时，政府的让步很大，尤其是对阴阳五行黄黑吉凶等文字的让步，实际上默许了封建迷信的流行。

民众对国历年的冷淡及旧历新年的热闹、及政府与民众的冲突情景，对积极推行国历的国民政府产生了强烈刺激。政府鉴于“各界狃于习惯，废历节序依旧举行”④ 的现实，也不得不有所变通，被迫保留一些旧历节令。1930年3月，内政部长杨兆泰、教育部长蒋梦麟参考日本“将旧有节日移于阳历”的经验⑤，制定了《旧历节日替代办法》。在呈文中，他们意识到，移风易俗“宜取渐衰渐胜之道，孰因孰革，或张或弛，自当权衡轻重，斟酌变通，以期无碍

---

① 《春节省府不放假，准请假》，《盛京时报》1930年1月28日。

② 《不三不四及其他春饰时的拉杂感言》，《大公报》1930年2月2日。

③ 《编印新历书内教两部咨复市府，各点酌拟解决办法》，《申报》1929年12月12日。

④ 《夏津县志续编》，民国二十三年铅印本，《中国地方志民俗资料汇编·华东卷》，第142页。

⑤ 《旧历节日替代办法》，《国闻周报》第7卷第21期，1930年6月2日。

推行”，故必须“另定相当之替代节日，亦资民间休息及赏乐”。为此决定仍保留旧历元宵、上巳、端阳、七夕、中元、中秋、重阳、腊八等岁时节令。这显然是政府对民间社会的妥协。

在内政、教育两部看来，“元宵上巳端阳七夕中元中秋重阳腊八等节，民间习俗相沿，由来已久，恒以此类节日为休息或娱乐之期，而端阳中秋尤为一般民众所重视”，已成为中国社会习惯，将这些旧历节令骤然废除“似亦尚有未当”，承认政府消灭旧历岁时节令是“未当”，因此须加以“变通”。变通之道就是保留这些旧历节令，但“一律改用国历月日计算”，“凡民间于沿用旧历时，所有之观灯、修禊、竞渡、乞巧、祀祖、赏月、登高等娱乐及休息之风俗，均听其依时举行”，政府不再干涉。政府想通过这样的“变通”和“转移”，达到“寓酌改旧俗之意，因革张弛，并顾兼筹，似有合于渐衰渐胜之道”，目的是“使民众注意力从此转移，不再依恋旧历，亦未始非推行国历之一助”①。该案提交行政院，行政院再提交国民政府讨论。国民政府第 68 次国务会议决议，交文官处审查。文官处经审查，略作变动，基本照准：“修正七夕，不列端阳，改名重五，重阳改名重九，上巳改名契辰，元宵改名上元，余悉照原呈所议办理。”② 1930 年 4 月 1 日，国民政府主席蒋中正及五院院长领衔发出 195 号训令，令行政院转饬内政、教育两部遵照办理。

于是，在《中华民国二十年国民历》中，这些旧节分别载于国历月日之下供各地党政军警机关团体学校执行。如国历 1 月 15 日为“上元”；3 月 3 日为“契辰”；4 月 5 日为“清明”；5 月 5 日为“重五”；9 月 9 日为“重九”；12 月 8 日为“腊八”等。从当时的实施情况看，这个代替办法很快得到落实。据浙江 1930 年《遂安县志》载：“民国十九年废止旧历，凡节日如‘元旦’、‘上元’、‘禊辰’、‘重五’、‘中元’、‘重九’、‘腊八’一律改用阳历，惟‘中秋’用最近‘秋分’之望日，均得依照娱乐及休息风俗随时举行。”③

政府改变了“旧历既废，则凡附带之旧习惯应一律废除，免留痕迹”的过激办法，认定“只须不背党义党纲，并于风俗习惯公家治安无所妨害，均无废除之必要”④。这确实比过去务实，是一种明显的“取渐衰渐胜之道”的变通办法。但将旧历节期移于国历，不免牵强，不仅与原来日期不符，且失去了各种纪念的意义，实际并没有超出上述冯、薛等人的“移”和“挪”办法。对此，两部的解释为：“职部等查七十二烈士殉国纪念及孔子诞日，均经国府改

---

① 《旧历节日替代办法》，《国闻周报》第 7 卷第 21 期，1930 年 6 月 2 日。

② 《国民政府训令第 195 号》，《中华民国史档案资料汇编》第 5 辑第 1 编，第 431 页。

③ 《遂安县志》，民国十九年铅印本，《中国地方志民俗资料汇编·华东卷》，第 632 页。

④ 《旧历节日替代办法》，《国闻周报》第 7 卷第 21 期，1930 年 6 月 2 日。

为国历同月日，奉行以来，无人疑为牵强，以彼例此，似无所用其疑虑，又如端阳之纪念屈平，寒食之纪念介子推，众所共知，但屈平于端阳日自沉，仅系传闻，寒食则随历年清明，各异其期，在沿用旧历时无定日，而并不因此失其纪念之意义。”① 这种解释并不足以令人信服，因而也受到舆论的批评。

面对民众习惯，政府还设法用“国历图”代替“春牛图”以寻求变通之道：“我国民间，在昔悉以春牛图为通用历表，福建同安县党务指导委员会，以现在既经颁用新历，特呈请该省指委会转呈中央，请通令全国刷印国历图，替代春牛图，以示彻底革新之意。”国民党中央“以事属可行，当交国府令行政院转饬内政部教育部，将该项图表，早日制定颁发，以便民间购用”②，通令各地遵行。值得注意的是，当国民政府在节日问题上寻找变通办法时，地方政府也采取了一些变通：保持旧历岁时节令，但不按国历强行“移”、“挪”，而是相应地将它换算成阳历月日，在国历的月日过旧历的岁时节日。这是一种“阳奉阴违”的瘴眼法，但也不失为高明的折中。这实际透露出当时政府的两难困境：不推行国历不行，推行了不为民间接受；保持旧历不行，又废除不了，只好采取折中办法，既达到推行国历的目的——毕竟表面上要按阳历的日子计算岁时年节，又不违背民间习俗、并为习俗所认同——尽管表面上按国历日子计算，但过的毕竟是旧历年节。据贵州《平坝县志》载：“‘立春’、‘雨水’、‘小寒’、‘大寒’等二十四节气，‘端午’、‘中秋’等三大节等名目，一同旧历，惟变成国历日期计算。凡社会过旧节气之种种仪式，其无碍于善良风俗或涉及迷信者，仍听群众于新节气内举行。各节气中，惟改‘元旦’名‘春节’，‘端午’名‘夏节’，‘中秋’名‘秋节’，‘冬至’名‘冬节’。”③ 云南《昭通县志稿》是目前所见为数不多的以国历为主叙述岁时的方志。它采取的变通办法是在国历月日下，注明旧历节气。如国历1月1日元旦，“约在废历‘冬至节’后”；2月上旬，“约当废历之‘除夕’”；4月中旬，“即废历之‘上巳日’”；6月中旬，有旧历的“‘端阳’”；8下旬“为昔‘中元节’”；9月下旬“为昔‘中秋节’”；10中旬为旧“重阳节”④。这显然是一种既照顾国历年月日，又不废除旧历节日之变通办法。

此种“二元社会”的妥协与调适，不仅反映在政府改变其过激言行、寻求变通之道上，还体现在随着国历推行，部分民众受此潜移默化的影响上。越来越多的民众开始接受国历纪念日和节日，参与阳历年庆贺，一些中小城市奉行

---

① 《旧历节日替代办法》，《国闻周报》第7卷第21期，1930年6月2日。

② 《国历图替代春牛图，国府令行政院遵办》，《中央日报》1930年2月12日。

③ 《平坝县志》，民国二十一年贵阳文通书局，《中国地方志民俗资料汇编·西南卷》，第563—564页。

④ 《昭通县志稿》，民国二十七年铅印本，载同上书，第740—741页。

国历也日渐增多。如河南《鄢陵县志》载："国历颁行后，一月一日至三日休息，悬松坊，结门彩，前贴示之神荼、郁垒改新春联。惟此项风俗仅见诸各机关、各法团及城市中。"[①] 又如广西凤山，"若阳历'元旦'，则各机关团体学校悬旗鸣炮，开会庆祝，民众亦与参加"[②]。在广西融县，"今历一月一日，政府及公所、学校休假庆贺，街市居户或仿效之"[③]。在河北大名，"自改行阳历以来，城内每逢年节，县署知会各机关人员及士绅，届时于指定地，行团拜礼，较之诣门互拜，颇称简便"[④]。说明在县城一级，国历节庆纪念日也已经为各机关、团体及部分民众所接受。正是在这种政府寻求变通、向民间作些妥协与退让，同时民众也受潜移默化影响逐渐参与国历庆典的相互调适中，国历及其节日逐渐为社会各界认同，从而改变了民初那种旧历为主、国历为附的格局，在30年代初以后逐步确立了国历在整个社会的主导地位，形成了以国历为主、旧历为附的新局面。这样，中国就逐渐地被拧在了世界时钟的发条上。

近代以来，中国逐渐纳入世界现代化的发展轨道，放弃中国惯用之阴历、采用国际通行之阳历既是传统中国走向近代世界的必要步骤，也是近代中国与国际社会接轨之重要表征。但这绝非易事，而是经历了一个复杂缓慢的演进过程。民国初年采用阳历而不废阴历，是中国时钟向世界时钟靠拢之关键一步，但并未真正将中国时钟拧到世界时钟的发条上。南京国民政府在北伐成功后发起的废除旧历运动，是结束阴阳历并行局面的重大举措，也是将中国时钟拧到世界时钟发条上的重要步骤，其积极意义不言而喻。关键的问题是，一个沿用了两千多年并与民众日常生活融为一体之中国计时系统，如何才能平稳顺利地与国际社会接轨，融入国际通用的世界计时系统中？国民政府采取的激进措施颇值得商榷。这场运动主要是依靠政治力量进行的一场自上而下的社会变革，其结果使国历在上层社会更加流行，越来越多的人接受并使用阳历纪年。从前那种阴历为主、阳历为附的格局有很大改变，旧历虽仍在民间沿用，但国历毕竟开始占据主导地位。尤其是民间契约、房租、商家结账等逐步改为国历办理，确实是社会进步的表征，也是运动最大的成果。在这个意义上，运动基本达到了国民政府"改正朔"的政治目的。

然而，这场运动并没有彻底改变阴阳历并行之"二元社会"格局。从阶层说，机关学校团体等社会上层接受了国历，但广大社会下层民众并未完全接

---

① 《鄢陵县志》，民国二十五年铅印本，《中国地方志民俗资料汇编·中南卷》，第188页。

② 《凤山县志》，民国三十五年编纂本，载同上书，第943页。

③ 《融县志》，民国二十五年铅印本，载同上书，第951页。

④ 《大名县志》，民国二十三年铅印本，《中国地方志民俗资料汇编·华北卷》，第431页。

受；从地域看，沿海通商大中城市民众多数接受国历，内地乡村仍以旧历纪岁；直到国民党在大陆垮台，国历仍没有完全取代旧历而一统天下。因此，这场运动并未达到预期的变革社会习俗的目标，其成效有限。由于政府认识有误区及推行策略偏激，也由于民众沿用旧历习惯的顽固及旧历的民俗文化深厚，导致出现了政府与民众的直接对峙与冲突。政府发起运动是想利用政治权威打破“二元社会”格局，破除迷信、革新社会。运动伊始，就确定“由政府提倡领导为原则”，政府负有领导与推行的最大责任；废除旧历能否有效，很大程度上取决于政府的号召力和强制力。在运动中，政府强制民间社会改变习俗、遵行政府号令，有明显的政治强制性。这种政治强制性显示了政府移风易俗的决心和变革社会习俗的强烈愿望，但它也有一定的适用范围。在政府管辖范围内，其政治强制力能发挥有效作用，对改变民间习俗有所裨益；但超出政府职权的号令对民间并没有太大作用，还容易引起民众反感与抗拒。如查禁旧历书、颁行新历书，这是政府能够发挥积极作用的领域；通令全国商界改变结账日期，规定一切公私契约须用国历方有法律效力，也属于其可控范围。这些方面也都取得了成效。然而，政府触及民众日常生活习惯的举措，问题就复杂得多。旧历年节岁时中固然有敬神、祀鬼等许多封建迷信成分，但它更多是与民众日常生活的农时、祭祖、喜庆等息息相关。推行国历、废除旧历的目的即便是要扫除封建迷信，但它们与民众日常生活习惯纠缠一起，很难简单地一概废除。况且政府以强制性号令废除民众惯行的日常习俗及旧历岁时节令，显得不近人情，而且粗暴简单。这必然导致尴尬局面。政府的训令、命令、布告频发，宣传大会、庆祝大会时时召开，民众则置若罔闻，我行我素。如贵州平坝“自民国二十年起，县政府竭力推行国历，强迫民众以过旧历‘元旦’式过国历‘元旦’，禁止再过旧历新年及售卖旧历书，于是城乡始渐知有此种‘元旦’，渐知有国历”①。以政治强力换来的仅是城乡民众“渐知”国历之效果，说明以强制手段废除民众惯习的效果很有限。

当时社会各界对政府从变革商家结账日期、查禁旧历书入手废除旧历，并没有提出太多批评；而对废除旧历岁时节令的做法进行了猛烈抨击，这是值得注意的。废除旧历岁时节令不仅违背民情习惯，与民众的要求和愿望根本冲突，而且根本漠视了旧历在中国沿用数千年并仍有其生命力和存在价值的现实。与旧历岁时节令相关，民间社会早已形成了一套复杂而丰富的节日喜庆、祭祀祖先、婚丧礼仪等民俗文化，这些民俗文化渗透到民众日常生活的方方面面。所以，旧历岁时节令决非骤然所能废除。政府的强制只是一种虽有效力但

① 《平坝县志》，民国二十一年贵阳文通书局铅印本，《中国地方志民俗资料汇编 · 西南卷》，第 563 页。

却短暂的力量，民众迫于政治高压或许会勉强听命，但在猛烈的振荡之后，往往就是习惯的反弹："民国改用阳历，提倡过阳历年节，始尚举行，后督促渐懈，仍然趋重阴历，旧日习惯照旧存留。"[①] 这样的教训不可谓不深刻。

面对如此强大的传统习惯和浓厚的民俗文化，国民政府意识到调适的必要，不得不寻求变通之道。国历自身的科学性和便利性决定了它必然要在中国流行起来；但旧历包含有许多合理性因素，民众对它有一种实用的文化需求也是客观现实，这说明旧历是仍然生长在民众生活之中的"活的文化"。正因为如此，政府推行国历时只能是逐渐剔除其中封建迷信的成分，吸收旧历中那些与农时、民俗有关的仍具有生命力的要素，形成一种以国历为主、同时参以旧历节令的真正的"国民历"，才能真正做到既顺应世界大同趋势，又不失民族特性。"两千年来的习惯的改革，非一朝一夕之功"[②]，政府在推行带有移风易俗性质的社会变革时，必须采取和平渐进方式；在剧烈对峙与冲突之后，政府与民众必然要进行妥协与调适，寻求"渐衰渐胜之道"；新旧势力之间的妥协与调适，乃是社会进步之常态。这或许就是国民政府废除旧历运动昭示给后人的真谛之所在。

---

① 《续修广饶县志》，民国二十四年铅印本，《中国地方志民俗资料汇编·华东卷》，第193页。

② 《过了新年过旧年》，《大公报》1930年1月26日。

文化自觉与中国节假日制度的改进*

高丙中

费孝通先生在晚年回顾自己的学术历程，思考中国现代的文化变迁和社会发展大局中知识分子的作用，提出了文化自觉的概念。他先是在1997年北京大学举办的第二届社会学人类学高级研讨班上明确提到这个概念，又在1998年北京大学百年校庆期间的第三届高级研讨班结合自己的学术经历再次论述了这个概念。此后，这个概念不仅为他自己多次使用，而且逐渐被多学科的学者使用开来。

文化自觉是在具有文化自信的基础上对自己文化的来源、得失的清醒反思。文化自觉是在跨文化交流前提下对文化自我的一种自知之明。文化自觉是要克服文化上的盲目性，是要建立从本民族的文化实际思考民族未来的宏观意识。它既是我们反思受西方影响的现代化历程的概念工具，也是我们采取正确的文化发展路向的思想方法。在文化自觉的概念中，人文知识分子今天能多一个视角，明确自己对民族国家的文化使命。本文借助这个概念的思想逻辑，尝试着回顾近现代以来中国的节假日制度的问题，提出一些有利于民族文化发展的意见。

节日文化通常是一个民族的生活文化的精粹的集中展示。现代国家的节假日体系是反映一个国家根本的价值取向和民族精神状态的风向标，是反映政府与人民、国家与社会的关系的重要指标。国家对节假日的制度安排应该考虑如何把节假日作为展示民族文化、增强民族认同的机制。从这种思想出发，我们看到我们国家对节假日的制度安排存在认识上的偏颇和技术上的一系列问题。

社会上近几年十分关心中国节假日制度的问题，提出了一些批评和改进意见。中国节假日制度的直接问题主要在于法定假日没有充分配套的文化生活，而丰富多彩的民间的、传统的节日文化没有法定假日提供活动的充足时间。其深层次的问题一方面在于我们没有处理好国家与社会的关系、政府与民众的关

---

* 本文系应周星教授之邀于2005年2月1日在日本爱知大学国际交流学会讲演会上所作的主题讲演；原文曾被张慧娟博士翻译成日文，发表在爱知大学国际交流学会《文明21》第19号，谨此致谢。

系、传统文化与现代文化的关系；另一方面在于我们没有处理好时间的工具性与政治性的关系。当我们在现代极力用西历完全取代夏历的时候，只看到了历法是计算时间的工具；当我们多次要消灭传统节日习俗的时候，没有认识以传统节日为代表的时间框架对我们的共同体的政治和文化意义。简而言之，当时的变革在今天看来是文化自觉意识不够。

为解决我们的节假日体系的问题，国家有必要在承认春节、清明节、端午节、中秋节或许还有重阳节这些“大节”作为具有普遍的群众基础的时间主轴的事实基础上，重新调整法定假日的分配，让官方系列、现代系列与民间系列、传统系列在同一节假日体系里具有一种新的、更符合时代需要的结构关系，让它既具有足够的普世性带来国际交往的便利，也具有充分的民族性传递社会文化价值。

中国节日体系演变的主要脉络

传统节日体系的形成与发展

中国传统的岁时节日体系萌芽于先秦时期，成长于秦汉魏晋南北朝时期，定型于隋唐两宋时期。先秦时不仅形成了以春社、伏日、秋社、腊日为主的节日序列，为后世丰富节日文化奠定了一个框架，而且这一时期积累的包括二十四节气和干支记日的历法以及包括祖先崇拜、天地崇拜等的原始宗教信仰也为后世创设繁富的节日民俗准备了大量的文化素材。

秦汉魏晋南北朝时期，中国的节日习俗获得长足的发展。新的社会经济条件、稳定的历法、道教和佛教的浸润，是这一时期节日习俗欣欣向荣的生长点和营养素。这一时期的节日序列可以梁代宗懔的《荆楚岁时记》为代表，主要包括正月一日元旦、正月七日人日、立春日、正月十五日、正月晦日、二月八日、春分日、社日、寒食、三月三日、四月八日、四月十五日、五月五日、夏至节、六月伏日、七月七日夜、七月十五日、八月十四日、秋分、九月九日、十月朔日、冬至日、十二月八日、除夕等。其中除正月十五尚未成为灯节外，还没有把清明和中秋视为节日。

隋唐两宋在节日民俗方面又有重大建树，据宋陈元靓《岁时广记》所述，当时的节日计有元旦、立春、人日、上元、正月晦、中和节、二社日、寒食、清明、上巳、佛诞日、端午、朝节、三伏节、立秋、七夕、中元、中秋、重九、小春、下元、冬至、腊日、交年节、岁除。这一序列基本上囊括了传统社会的重要节日。元明清时期对这一体系没有大的突破，但对传统节日实现重大调整，突出新年、清明、端午、中秋四大节日在社会生活中的地位，以适应民众生活的需要。

重要的传统节日同时也是官方的假日，体现着官与民在节假日体系中的协调与统一。历代在重要节日的放假或有不同，假期有 10天、7天、3天、1天等安排，如唐朝给官员放假，在中秋节是 3天，在清明是 4天；明朝的假日在冬至是 3天，在元宵节是 10天。

中国的节日体系是一种成熟的文明的缩影。它既是先辈长期不懈地探索自然规律的产物，包含着大量科学的天文、气象和物候知识，也是中华文明的哲学思想、审美意识和道德伦理的集中体现。因为有这一比较科学的时间框架，才有中国的古典文明的繁荣；因为有繁荣的中国古典文明，这一节日体系的内容才异常丰富多彩。

中国传统节日体系既为社会提供时间容器，也是塑造社会的时间模具。它所依据的历法主要是阴历，同时兼用阳历。阴历依据月亮的弦、望、晦、朔确定月的周期，阳历依据从地表观测到的太阳的变化确定年的周期。中国人经过许多代人的知识积累而在汉代完备起来的二十四节气就是一个科学的阳历年的周期。例如，春节、中秋节等与月的圆缺联系在一起，清明节、夏至（端阳节）、冬至等与太阳在回归线上的来往联系在一起。综合太阳和月亮与人和自然的关系来确定节日的时间，能更好地体现人与天（自然）的关系。中国人对月亮和月光的细腻感受发展为很独到的文化创造，由此积累的文化对人类文明是一个贡献。中国人民重视阴阳平衡、天人合一、顺其自然的哲学思想，欣赏柔美、重团圆的美学和伦理观念，都蕴涵在中国独特的节日体系之中。这些思想观念对整个东亚都产生了长期而深远的影响，至今仍然部分地活跃在韩国和日本社会。

现代中国的节日体系的二元结构

在传统社会，中国也有朝野之分、官民之分、雅俗之分、贫富之分、贵贱之分，但在节假日所代表的时间框架上却高度整合、统一。官方的假日是顺应民间节日的。可是，这种官与民在时间框架上的和谐关系在现代一分为二，衍生出或冲突（压制与抵抗）或兼容（并存与互补）的复杂关系。

辛亥革命之后，中华民国政府为标榜自己的现代性，放弃作为王朝遗产的“夏历”的官方地位，改用“公历”（西历）。纪年以中华民国取代历来的帝号，但不是以夏历，而以西历的 1912 年 1 月 1 日为中华民国元年的开始。按最初的法令[①]，中华民国以西历为主，兼用传统的阴历。在中华民国还没有形成自己

---

① 1912 年 1 月孙中山签发的《临时大总统关于颁布历书令》中记载：“一、由政府于阴历十二月前制定历书，颁发各省。二、新旧二历并存。三、新历下附星期，旧历下附节气。四、旧时习惯可存者，择要附录，吉凶神宿一律删除。”参见中国第二历史档案馆《中华民国史档案资料汇编》第二辑，江苏古籍出版社 1981 年版，第 18—19 页。

的节假日体系之前，曾乐于借用传统的节日作为国家法定的假日。1914年1月北京政府内务部在致袁世凯的呈文中提出："拟请定阴历元旦为春节，端午为夏节，中秋为秋节，冬至为冬节。凡我国民均得休息，在公人员亦准给假一日。"[①] 袁世凯批准了该呈文。阴历的一月一日要把自己原有的名称"元旦"、"新年"让给阳历的1月1日，自己则被称为"春节"。

现代国家一经诞生，就自信自己在开创历史，把自己要纪念的重要日子作为全民假日。1912年9月24日北京临时政府所拟"国庆日和纪念日案"被参议院通过：以10月10日为国庆日，1月1日为中华民国临时政府成立纪念日，2月12日为宣布共和、南北统一纪念日。到1929年，这种纪念日已增加到28个。后来为便于记忆和放假，纪念日又经合并与删减，数量变少。大致说来，中华民国的主要节日有元旦、国庆、革命先烈纪念日、国耻纪念日、国父诞辰、国际妇女节、儿童节、国际劳动节、学生运动纪念日、教师节、植树节等。政府部门和国有部门按照公历建立了一个新的节日体系，并在这些日子举行自己的新式仪式。

而民众尤其是城市私营部门的劳动者和农民，仍按夏历过自己的年和节。自然，那些过官方节日的人回到家里也还要参加传统的节庆活动。这是以西方文明为标准推动现代化而建立自己的节日系列的民国政府不能置之不理的。它下了很大决心要用官方时间框架整合民间节日。1928年5月7日内政部呈国民政府，要求"实行废除旧历，普用国历"[②] 的社会工程，原因是"考社会日常状况，十余年来，依然沿用旧历，罔知改正……一般民众之赛会、休沐，益复寻朔计望，蒙昧如故，于一国行政制度之下，百度维新之际，而政令与社会现状，如此悬殊，若不根本改革，早正新元，非惟贻笑列邦，抵牾国体，核与吾人革命之旨，亦属极端背驰"[③]。于是，"拟办法八条，冀从根本上谋彻底之改造"[④]。其中，第二条办法是严禁私售旧历、新旧历对照表；第三条办法是严令京内外各机关、各学校、各团体，除国历规定者外，对旧历节令，一律不准循俗放假；第四条办法是通令各省区市妥定章则，公告民众，将一切旧历年节之娱乐、赛会等一律加以指导改良，按照国历日期举行，例如将旧历年节元旦日应有之一切热闹娱乐举动移至国历新年元月内举行[⑤]。但一个幼稚的现代政府要强力改变几千年的文明所积淀的节日民俗自然会事与愿违。学者引山东《广饶县志》

---

① 参见伍野春、阮荣《民国时期的移风易俗》，《民俗研究》2000年第2期。

② 中国第二历史档案馆：《中华民国史档案资料汇编》第5辑第1编"文化类"，江苏古籍出版社1991年版，第424－426页。

③ 同上。

④ 同上。

⑤ 参见杨飞霞《民国政府对春节的改革》，未刊稿。

说，“民国改用阳历，提倡过阳历年节，始尚举行，后督促渐懈，仍然趋重阴历，旧习惯照旧存留”[①]。不得已，南京国民政府在1934年初停止了强制废除阴历，不得不承认，“对于旧历年关，除公务机关，民间习俗不宜过于干涉”[②]。

在一个政治共同体内，一年要分开过成两个年；官方节日，作为一种严肃的国家制度，得不到民众普遍的关心、支持和参与；全民性的重大节庆活动，却得不到官方在制度上的承认。中国自古以来家国一体、官民一体的节日体系就这样分化成了一种缺陷明显的二元结构。

中华人民共和国对前政权的很多东西进行革命，但继承了它的节假日体系的二元结构，并部分调整了那一套官方纪念日，订立的节日主要是元旦、植树节、妇女节、国际劳动节、五四青年节、儿童节、党的生日、建军节、教师节、国庆节，外加一个传统的春节。其中，全民假日安排在元旦、春节、劳动节、国庆节。这项时间制度由政务院在1949年12月23日颁布。新政府具有大得多的社会动员能力，能吸引、组织民众参加官方节日活动。但传统依然保持着它的惯性。由于私有经济继续存在，城市的私营部门的从业者和农村的家户劳动者可灵活安排时间，他们在传统节日自己给自己放假，为节日活动的延续提供了时间保证。由于脱离了长期的战乱，社会安定，人民的生活有所改善，人们能够更好地开展传统的节日活动。当然，也会有一些新社会所特有的活动出现在传统节日里。

传统节日民俗在中华人民共和国里也是一波三折的遭遇。起初十多年，政府不断创设、积累按自己的价值设计的纪念日的活动仪式，并尽量影响传统节日习俗的内容朝有利于国家意识形态的方向变化，但还是容忍民间自发沿袭传统的节俗。这其间贯穿的在生活层次进行文化整合的意图，一俟条件成熟，就会被坚决地贯彻。

这里仅以境遇较好的春节为例。在中华人民共和国立国之初，春节被列为全民节日，有三天假期，比国庆节（2天）、劳动节（1天）[③]、元旦（1天）的假期都长[④]。春节虽纳入国家制度，全民年年过，但其他假日都是按政府的设计在举办仪式活动，与政府的理念具有天然的内在一致性，只有春节是旧社会遗留下来的法定假日，与时代话语具有先天的紧张关系。从历年的《人民日报》来看，春节期间的祭拜活动（迷信）、燃放鞭炮（危害）、大吃大喝（浪费）一直在受批判。“文化大革命”兴起不久，国务院在1967年1月30日发出

① 简涛：《立春风俗考》，上海文艺出版社1998年版，第224页。
② 伍野春、阮荣：《民国时期的移风易俗》，《民俗研究》2000年第2期。
③ 也有例外，如1953年4月29日政务院通告，“五一”劳动节放假2天。
④ 见政务院令270号（1949年12月23日）《全国年节及纪念日放假办法》。

通知，说是为适应革命形势，根据群众要求，春节不再放假。第二天，全国报纸发出一片响应之声。以后十来年的每年此时，报纸都大张旗鼓地宣传，要大家过一个“革命化的春节”，也就是春节不休息，坚持“抓革命，促生产”。记得当年我们家的猪圈门上就写着“三十不停战，初一坚持干”的口号。到 1979 年 1 月 17 日，《人民日报》以分别题为“为什么春节不放假?”“让农民过个安定年”的两篇读者来信为信号，表明政府对春节休假制度的回归态度，几天后，部分省区宣布恢复春节放假，次年全国恢复旧制。

国家有能力强化国家意识形态的文化整合。正常的过节要社会大众有共同的自由时间，要张扬，要有自豪感。经过多年的社会主义实践，城市的私营工商业的改造和农村的人民公社建设把人民大众的时间纳入国家的管理范围，国家的宣传教育和文化革命使传统的风俗习惯成为反面的东西，人们没有共同时间，也不敢大肆、公开地继续过旧时代遗留的节日，最多只能私下里以简略形式过一下节日仪式。从“文化大革命”破“四旧”兴起之后，人民除了被组织起来参加国家的节庆活动和生产劳动，就没有机会过传统的节日。二元结构中弱势的一元在这个特殊时期潜藏起来了，只有部分民众仍坚持以简略的形式过一过传统的大节。

改革开放的近 30 多年以来，人们获得越来越大的自主性，可以自主支配自己的时间，可以在私下和非正式的公开场合安排自己的活动。经过这么多年的自发选择，传统节日民俗在全国城乡得到了很大复兴。节日民俗的二元结构由隐性又变为显性。国家面对民间节日体系恢复的事实，把春节作为法定假日，并对假日的时间有所延长。这种调整的方向是正确的，但由于认识的局限性，调整远远没有到位。官民分立的基本格局没有得到改变。

在中国努力建立现代民族国家的两个共和国里，民间传统都经历了很长一段时间的打击和破坏。政府要建立现代民族国家，引进西方文化，使之与传统文化整合，采用一些工程或运动的手段，这在大方向上并没有错。问题一是出在政治人物急于求成，结果适得其反；二是出在知识分子对传统与现代的关系提出了片面的思想。从西方引进的新文化要通吃或消灭传统民间文化，从节日习俗的顽强生命力看，是做不到的。压制遭遇的是抵抗，结果是潜藏之后再复兴。这与同样是后发现代化的日本能让传统民俗与现代文化结成正面关系的历史不同。日本的知识分子和当政者具有善待传统的明确观念，并找到了传统与现代通过妥协、互补达成融合的方法。在我们这里，知识分子都没有找到友好地连接国家意识形态与传统民俗的纽带。

对现有节假日制度的反思

在过去的近 30 年里，国家的法定假日大大地增加了。这是国家经济发展、社会进步的标志。但我们的研究发现，增加节假日是对的，而主要往现代节日体系里增加的思路值得检讨。“五一”和“十一”的休假变长了，可国家在这个时间只有很简单的仪式活动，大多数民众没有什么非做不可的事情。民众有非常重要的清明、端午、中秋、重阳等节日需要休假时间去开展活动，可国家并不把假日安排在这些时间。国家在春节也放长假，似乎也照顾了民俗的需要。其实不然。国家春节假日的安排并没有充分考虑民俗活动的需要。例假期从初一开始，不便于人们开展传统的节俗活动。不为大年三十的节俗提供时间保证，说明不是在传统的立场考虑过年的问题。显然，节假日的增加没有充分顾及传统节日体系的要求。

国家增加法定假日主要是为了适应短缺经济向过剩经济的转变。在处于短缺经济时期，国家需要尽量增加劳动时间来提高总产值，降低物资短缺的程度。当我们迈进生产过剩（或局部过剩）的经济发展阶段的时候，国家的问题由供给不足突变为消费需求不足。经济学家呼吁利用增加假日拉动消费。我们认为增加的假日发挥了作用，但没有最大限度地发挥作用。如果把增加的假日分配在传统的节日里，它们除了发挥现有的对于物质再生产的作用之外，还可以发挥对于社会文化再生产的作用。

古典的社会理论把生产和消费看作对立的范畴，相信限制消费有利于增加生产。后来的理论认为增加消费有利于增加生产。新的理论主张，休闲与消费不仅产生需求以推动物质再生产，而且可能在这个过程使特定的观念得以体现，使特定的社会关系得以建立、巩固，进而使特定的社会文化得以延续和加强。简而言之，休闲与消费不仅产生了物质再生产的需要，而且是社会文化再生产的机会和机制。把假日全部分配给没有民俗基础的日子，不如把它们分配给民俗节日更有社会意义。五一和十一各有一天的假就足够举行应有的仪式与其他活动了，多给的假日相比之下都是意义空泛的日子。清明、端午、中秋、重阳作为假日，一方面可能比那些空泛的日子更能实现刺激消费的目的，另一方面还有利于中华民族的若干重要价值有更好的机会在生活中传承并发扬光大。

英国、美国和欧洲大陆的发达国家都是把绝大多数全民性的法定假日分配给具有悠久的宗教、民俗和历史传统的节日和纪念日，如圣诞节、新年、复活节、国庆节（女王诞辰）、各种烈士（老战士、英雄）纪念日（胜利日）。给我们的启示有两点。一是兼顾现代国家观念和文化历史的连续性，一方面重视国庆节，并设立专门的假日让国人有时间纪念为国牺牲的人；另一方面重视文化根源、文化认同和历史连续性，尽量把认同的历史拉长，于是有宗教性纪念日、皇室纪念日的地位。一是按传统节日和现代纪念日的实际需要分配假期，基本没有造成政府的现代纪念日有多余假日而重要的传统节日没有假日供民众开展活动的问题。

中国的一些传统节日在周边国家也很受重视。春节在韩国、越南、新加坡都是最主要的假日，韩国甚至把中秋节列为法定假日。日本本来一直使用和中国相同的阴历，隆重地过春节，还过端午节，明治政府在1872年宣布改用西历，把春节的习俗和仪式挪到西历元旦来过，从1873年开始，春节和元旦就合二为一，避免了中国现代以来节日体系二元分立的情况①。日本现在还把三月三（女儿节）、五月五（端午节、儿童节）列为节日。我们得到的启发是，别人在尊重来源于我们的传统，我们自己更要给自己有群众基础的传统以适当的地位。

我国香港和台湾现在都把春节、清明节、端午节、中秋节列为有假的节日。这是我们可正面对待的事实。内地和港澳台在现代化道路和现代文化上有意识形态的差别，但民众在传统节日文化上是相互认同的。中国共产党在一段时间把自己定位于现代的代表、未来的代表，甚至为此不惜与传统决裂。虽然这是激进的，造成了文化上的严重问题，但从总体上看，这在过去一个时期对于领导人民加速国家现代化是有助益的。然而，我们要看到，当前面临的首要的紧迫问题是国家的统一。现代化已是上了轨道的过程。从本课题所关心的节日文化来说，我们可如此回应这两大问题：通过以节日为标志的同质性更大的时间框架来加强对于以领土为标志的空间框架的认同，以服务于国家统一的目标；通过选择性地承认民众文化并加以积极的引导，使政府成为民族、民间优秀传统的代表，从而被民众认可为自己的代表，也就是说，政府通过承认传统节日在制度内的地位而让自己获得代表一个原来被忽视的部分的合法性。曾经，主张代表传统的是守旧派，主张反对传统的具有正当性；今天，已经是今非昔比，当政之道是善待传统，尤其是民间传承。

传统节日民俗的文化价值

中国传统的节日是中国极其多样的习俗的代表，有丰富内涵，凝聚着中华文明的思想精华，是中国人的哲学思想、美学观念和伦理思想的体现。我们可以从中发掘出充分的现实意义，以便在今后的节日文化建设中善加利用。

中国传统的节日习俗体现着中国人民关于人与自然关系的朴素而深刻的思想。这一节日体系的设置兼顾太阳和月亮与地球和人类的关系，让民众依照自然节奏适应气候周期的规律。虽然在主旨上各有侧重，但都包含了人与自然和

---

① 这里的中日差别除思想原因之外，还有一个技术障碍。月形是中国几个重要节日的存在条件，没有圆月就没有中秋节。这在日本不是突出的问题。中国的节日民俗和中国人对月亮的审美与阴历的存废紧密联系在一起。

谐的理念。这种哲学思想在今天弥足珍贵。人们的节日仪式既表现出顺应自然的一面，也表现出有所作为的一面。人与自然的和谐不是人被动地依赖自然，而是人努力之后达到的境界。“能动地适应”，这在今天看来仍然是高明的世界观。

中国人适应自然，并能够上升到欣赏自然的高度。人们在节日活动中亲近自然，清明踏青，端午临水，中秋赏月，除夕守岁，感受生长的美、运动的美、圆满的美。这种对自然的审美转化为社会和人伦的观念，成为以和气、团圆为价值的社会观。

人们在平日忙于生计，节日的设计固然是让大家休息、享受的，但节日毕竟是一种公共文化，主要是用来传递文化价值，为人们建立、维护一定的社会关系提供机会的。仅从“四大节”来看，社会营造喜庆的气氛让大家相聚，互相用仪式、礼节培植人与人的正面关系，无论是衣食住行，还是吃喝玩乐，都强调通过赠送、回报、分享、共享来达到对于固有关系的刷新和发展①。中国作为一个文明社会，其文明的标志直接体现在节日习俗之中。

生生不息的文明既要有历史关怀，也要有对未来的展望。节日的文化设计让大众在特殊的日子里能够具体做点什么，同时又让这些活动与人们短期的生活目标、长期的希望、人生的理想联系在一起。中国人没有单一而普遍的宗教信仰，大家是在节日中通过尊敬老人、纪念先人和礼拜神灵的仪式表达对历史的尊重和传承传统的承诺，通过祈福、祝福晚辈来表达对未来的希望和关爱。中华文明的人性之美、中国作为一个共同体能够存续，都依托于自己的节日习俗所保藏的契机。

这里有一些可能会被称为“迷信”的东西，但人们无意于“搞迷信”，很多时候是通过具体一点的“迷信”方式表达比较抽象的思想关怀。我们要在观念上区分信仰、俗信和迷信。信仰、俗信是共同体价值共享的心理基础。造成恶劣后果的信仰才可以被归入“迷信”。如果把节日活动中的信仰和俗信都视为“迷信”，我们的社会就没有了互信和认同的共同约定。随着社会的发展和人民群众文化水平的提高，加上政府和知识分子的帮助，信仰和俗信作为“迷信”出现的可能性应该是不断在降低。没有信仰、俗信（其中一些被标为“迷信”）的社会，还从来没有在人类历史上出现过。

传统节日所包含的文化价值仍然是广大人民今天所认同、所追求的，是我们实现国家目标可以借助的巨大文化资源。更为根本的是，对于广大人民群体

① 在这里引入功利的思维，大家看到节日是中国的社会资本最重要的生产时机，节日习俗是社会资本的最有效率的生产机制。在一定意义上，中国的文化和社会的连续性与中国节日习俗的传承是互为因果的。

热衷的传统，一个现代的政府没有道理不给予制度上的地位。

对现有节假日体系的改进意见

本项研究通过对中国节日的历史演变的梳理，通过对中国近代以来的节日体系设置的检讨，在参照世界一些国家的节假日制度的基础上，建议对中国现有的节假日制度进行如下改进。

一、国家公布全国性的节日和纪念日，既表示对革命历史的承续，也表示对中华民族悠久传统的尊重。纪念日包括现有的妇女节、国际劳动节、五四青年节、儿童节、党的生日、建军节、教师节、国庆节，还可以纳入辛亥革命纪念日、抗日战争纪念日、科技进步纪念日、孔子诞辰纪念日等，尤其要有先烈纪念日，缅怀所有为了中国的国家利益而献身的先人。其中，教师节和孔子诞辰纪念日可以考虑合并，就像以前曾经设计过的那样。节日包括现有的元旦、春节、植树节，政府还宣布承认传统的重大节日如清明节、端午节、中秋节、重阳节等作为国家节日的地位。

二、把春节的假日往前挪一二天，以方便民众旅行，做年前准备；把清明节、端午节、中秋节、重阳节纳入国家法定假日体系，考虑把春秋两季五一和十一期间延长的假日移过来放在清明节、中秋节。

让国家假日向更有群众基础、更有文化积淀的传统大节倾斜。通过节日体系，让大陆和港澳台在文化上走得更近，让海外华人与中国在文化上更亲。中国政府具有很多种代表性，其中或许有一些是可以不代表的，但是有一种是绝对不能不代表的，那就是文化的代表性。中国政府要在文化上更完整、更全面地代表中国。如果这几个大节的假期可以让民众安排回家、回乡的旅程，既满足了经济部门希望通过假日经济拉动内需的要求，也满足了广大人民群众的文化生活和社会生活的需要，还加强了政府在文化上代表中国历史连续性的正当性，顺便也可能减缓春节期间的交通问题。

传统节日依据阴历计算，而国家的主历法是阳历，阴历的节日在阳历上不固定，有人可能会担心会造成混乱。我们注意到，世界各国的假日常常有不固定在公历的某一天的现象，如伊斯兰教国家都有这种情况。即使是在西方国家，若干确定在星期几的假日也是每年变动的。中国的节假日调整将要出现的情况，许多国家的做法已经证明是没有问题的。针对月晦月圆的规律，阴历是十分科学、准确的。在农村地区，人们仍然习惯使用阴历。在城市里，人们普遍使用挂历，阳历和阴历的对照很清楚。人们对每年的节假日分别处于阳历和阴历的哪个时间，大都有机会、有条件知道。

三、把先烈纪念日和植树节列为假期，和清明节连在一起放假。

清明节到烈士陵园扫墓，已经是一个全国性的惯例。近些年兴起的一个新的做法是对黄帝、炎帝的公祭。新的纪念日要把二者包容在一起。在这期间专设“先烈纪念日”而不再限于纪念革命烈士，就把我们国家的历史认同从几十年或一百多年（起于鸦片战争）拉长到中华文明意义上的历史长度。或许有人担心百姓都去祭扫自家先人。我想问，现在还有足够的老百姓怀着对先人的感恩祭拜他们，再过一些年，当社会普遍连对先人的感恩观念都没有的时代真的降临的时候，这样的华人社会会有怎样一种秩序？人们可以利用这个时间做很多事情，有人或者有许多人去扫墓，也不一定就是坏事。如果老百姓没有扫墓的习俗，纪念先烈、烈士的活动很难让人们相信是有意义的。

这个时期也适宜栽树，把春游、扫墓和栽树安排在一起，对于各个方面都是很大的方便。由于清明节一般在公历的 4 月 4 日至 6 日的某一天，我们可以按照公历把先烈纪念日、植树节分别定在 4 月 4 日、4 月 5 日。在一些年，它们会和清明节重合。无论如何，它们都组成一个连续的假期，大主题是纪念先人、春游、植树、爱护自然。

四、容许省、自治区、直辖市公布地方性的节日与纪念日，并可以在国家假日之外设立少量的地方性假日。

五、为了让节假日制度的改进具有可靠的民意基础，建议实施一项全国性的抽样问卷调查，看具体的方案是否得到人民的充分支持。

最后，我们希望如此改进的结果首先是缓解现代新兴纪念日与民间传统节日争夺仪式空间和有限假期的紧张关系，然后是让国家对时间的管理从偏于工具性的考虑向多重视一些政治和文化的价值转变。节假日体系是民族国家在时间管理上突出民族性的着力点。这种转变将是我们的文化自觉在时间管理上的一种体现。

国家权力与春节习俗变迁*

——家庭实践视野下的口述记忆（1949—1989）

马 潇

在春节习俗的变迁中，政治权力、文化传统、家庭因素、地域社会及个人生活史都在春节这一场域发生着复杂的互动关系。本文使用的口述史材料的性质使我们更多地关注个人叙事，但并不意味着脱离了国家权力的影响，反而从更细致的角度反映了国家权力与个人家庭实践间的直接关系。本文集中探讨国家权力对春节仪式实践的影响、对春节意象的整体塑造，以及个人和家庭对此的应对。

在我们的口述史材料中，常发现受访者在每一个时间段进入主题叙述前，都有一个对记忆定位的过程。这对考察人们如何将他们的春节记忆归类富有启发性。有趣的是，几乎所有的受访者在展开春节习俗回忆前都有双线的背景阐述模式，一条是把国家状况作为背景阐述，一条是对家庭情况的表述。试举一例：

"（1960年）那是三年困难时期，因为国家实行'总路线、大跃进、人民公社'三面红旗，搞大炼钢铁，吃大锅饭，消耗了大量的财力物力，到这一年春节，又因为碰上自然灾害，集体很穷，食堂解散了，每人每月只分得7斤多的米。那时我和你奶奶（指自己妻子）已经和老爷老太（指自己父母）分了家，你爸和你细叔父（指自己的两个儿子）都出世了，家里6口人，只有我每月33元工资养家糊口，生活非常紧张……（1980年）改革开放了，农村实行包产到户，粮食和各种农作物都取得丰收，物质丰富了。我们家已经建有新房，并搬进去居住。因此这个年过得丰富多彩，咱家可说是渐入佳境。"（访谈 lh026lls）

我们强调过，对回忆的"复述"行为，一个重要的前提是主体将事件"现

---

* 本文依据笔者硕士学位论文中的一章修改而成。作为一种民间文化史调查的尝试，中山大学民俗研究中心以"我一生中印象最深的五个春节"为题，组织中山大学中文系部分本科生利用2004、2005年寒假对其长辈作了专题访谈。访谈的主要内容是请受访者叙述其一生中印象最深的五个春节的经历。访谈目的是通过挖掘在民间口头传承中的年俗记忆，为研究各地春节习俗变迁进行初步的材料积累工作。为使访谈材料具有某些一致性和可比性，设定了1949、1959、1969、1979、1989年的春节作为访谈重点提示年代。本文即是基于这批材料基础上的初步分析。由于材料搜集仍处初步阶段，本文使用的口述材料共为212份。为尊重受访者的隐私权，本文论述对人名作了适当处理。

在化"[①]。研究集体记忆的心理学家进一步认为，个体的回忆不是简单再现，而是以当下为起点经过反思和推论去铺排和重构过去，这个反思和推论的逻辑和框架依赖于社会和集体记忆的演变方向[②]。我们的受访者几乎全都能讲出1949—1989年间的政治话语："解放"、"大跃进"、"人民公社"、"人民食堂"、"文化大革命"、"改革开放"、"分田到户"……他们将自己的春节实践有意无意地归因于国家背景，用这样的宏大历史叙述模式来连缀他们的生活经历，尤其是他们生活的变化。由此他们可能形成了一种线性历史观，将他们经历过的进行筛选和剪裁，与国家权力建立了直接联系，如国家政策错误导致了春节习俗的低潮，或国家实行的开放政策和国家经济的发展使他们过上好日子等。或者，另一种推论是，也许是那段饥饿的日子，使他们更关注的是物质生活的变化，就是说，过去的经验也重构了现在的体验。总之，国家叙事与他们的家庭记忆发生了联系，并重塑了他们的记忆结构。

国家权力对春节习俗变迁的影响，现在看来不可低估。春节是否作为意象而被国家权力所塑造？这种重塑的影响是如何发生作用的？是否顺利？达到何种程度的效果？这些正是本文所要着眼的问题。

国家的"破"：集体化、生产与破"四旧"

20世纪以来的"现代化"进程当中，解释现代民族—国家的形成是研究者孜孜不倦的课题。吉登斯在《民族—国家与暴力》一书中提出，现代社会转型除了马克思所谓生产力的提高、韦伯关注的人的理性化以及涂尔干的社会分工发展理论之外，最重要的是国家形态的变化。在他所区分的传统国家（traditional state）时代、绝对主义国家（absolutist state）时代和现代民族—国家时代中，最突出的区别特征是国家权力对无数个人的监控力和组织动员能力。民族—国家的成长即是将个人不断从地域化社会中解放出来，直接面对国家的规范、监控、管理和制约[③]。杜赞奇（Prasenjit Duara）则以"权力的文化网络"来讨论中国国家政权与乡村社会之间的关系。他通过对1900—1942年间中国华北农村的研究，揭示出一个包括诸如市场、宗族、宗教和水利控制的等级组织及诸如庇护人与被庇护者、亲戚朋友间的非正式相互关联网所构成的施展权力和权威的"权力的文化网络"（culture nexus of power），他证明国家权力若想抛开或毁坏这个文化网络来深入控制乡村社会往往是徒劳的，丧失了乡村精英的

① 参见皮埃尔·雅内（Pierre Janet）的论点，载［法］恺撒·弗洛雷《记忆》，姜志辉译，商务印书馆1995年版，第7页。

② ［法］莫里斯·哈布瓦赫：《论集体记忆》，毕然、郭金华译，上海人民出版社2002年版。

③ 参见［英］吉登斯《民族—国家与暴力》，胡宗泽等译，三联书店1998年版。

中介，转而求助于“赢利型经纪”，反而会导致“国家政权内卷化”的后果①。然而，与此形成鲜明对照，1949年之后，国家对宗族、宗教等传统的社会组织和象征体系，也就是杜赞奇所说的“权力的文化网络”进行了彻底的破坏。春节，作为这一网络的节点。首当其冲地受到国家权力的冲击。

集体生产与限量供应

在传统社会，家庭是一个劳动合作、利益共享的整体。个人的劳作出于对家庭的考量，他也与这些由血缘联系起来的家人共享成果，成果只有在家庭外部交换时才有必要计量。在集体化时代，特别是人民公社时期，以家庭为生产主体和利益主体的传统被打破，行政化的组织如人民公社、生产队等取而代之。家庭的生产被分裂成个体，通过“工分制”计量贡献，分工完全服从集体的调配和分派。在城市，工厂、机关的工资制也处于相同境遇。票证按人头限量供应，无疑抹杀了许多个人享用的动力。由此，家庭的生产和成果享用失去了自主性。

表面看这是一种经济经营方式的变革，但实质上是改造社会结构的社会工程，尤其对乡村而言，比城市更为明显。国家权力之所以深入生产，除了出于财政的需要，也出于改造家庭的需要。集体化运动进一步削弱了“作为社会组织的传统家庭”②。这一目的被认为是推动个人超越家庭，从家庭忠诚的成员向集体、国家的“原子化”公民转变。

对于春节习俗，城乡居民共有的一个明显的影响是针对年夜饭的内容和对象的。由于生产没有自主性，即便到1969年不再实行非常严格的集体劳动之后，也还是“生产队规定种什么就得种什么，如果你在田的边角种几棵豆，公社的人会把它们拔了，还说你走资本主义道路。平常人家养一只鸡都像做贼一样，拿到集市去卖更不敢光明正大走大路，只好把鸡放在篮子里，用布盖住，走小道或水路，转很远才能拿到墟去卖。这样还不一定保险，半路那些戴红袖章的还会把鸡截走。辛辛苦苦养了半年，准备换点年货的鸡就这样没了。动不动就说是走资本主义道路，国家的经济又怎能上来呢！”（访谈 ywy087hgc）

人民公社时代，大部分的东西被充公，个人家里没有东西可支配，甚至锅碗瓢盆都被搜去做“大炼钢铁”的原料。集体化导致了新的年饭形式，在过年时同样采取大食堂的方式。这种集体饭堂式的年饭，显然不再是仅仅面向家庭内部，由此营造出一种面向集体的“新”春节气象。除了年饭，其他活动也受

---

① ［美］杜赞奇：《文化、权力与国家：1900—1942年的华北农村》，王福明译，江苏人民出版社2003年版。

② 阎云翔：《私人生活的变革：一个中国村庄里的爱情、家庭与亲密关系 1949—1999》，龚晓夏译，上海书店2006年版，第254页。

到强大的集体化倾向的影响。在年饭的餐桌上，受访者面对的人不再局限在本人家庭内，而是包括一同劳动的乡邻或工友、同事。对于这个新变化，受访者出现了不同感受，主要受两方面因素的影响，一是大食堂的伙食好坏，二是当时的人际关系。

伙食较好或人际关系比较好的情况下，受访者较容易接受这种方式，且倾向于将其视为新的年饭形式。"吃饭的时候，大家伙聚集在一个大食堂里。每一家人坐在一张桌子上，饭菜按人口分。春节的时候，我记得每人可分得 20 块豆腐，还有半斤猪肉，还是挺不错的，那时候吃肥肉都是香的。在大食堂里没吃完东西啊，还可以让我们带回家去，有客人来的时候就拿出来招待。"（访谈 djh004）"别提庆祝了，大家一起吃大锅饭，连饺子都没吃到，想自己家里过一个热闹的春节，是不可能的，因为家里的东西都交给集体了，不过在集体里过大年又是另一番滋味，人多热闹，那时的人也是最无私的，什么东西都心甘情愿和他人分享……只是想起下半年（情绪转悲）连粮食都吃不上，全凭'瓜菜代'，一天三顿饭，拿菜当饭吃。春节过完，苦日子就来了。"（访谈 tm024lsx）他们在将热情投入到集体当中时，也收到了热烈的回应。从某种意义上讲，集体化的年夜饭同样是一种仪式，一种比个人及家庭实践更为集体化的仪式，在这当中可能唤起涂尔干所说的"集体欢腾"① 状态。

但伙食差或人际关系不良时，会让受访者更怀念家庭式的年饭，并倾向于否认这也算是年饭的一种形式。"年夜饭，哪还有。家里那张桌子被政府抬去食堂了，所有人都挤去食堂，桌子不够，就把东西摆在地上，坐在地上吃。一个人就两三块番薯和一碗稀粥，哪像过年呢！"（访谈 ldy144）"公社化时，大家都去生产队吃。一家人按年龄的不同就在不同的地方吃……正月里也和平时一样在队里吃饭。家里什么粮食也没有，没得吃。那时你爸（指自己儿子）还很小，求他们留点米放在家里给孩子吃。米也不敢拿去队里磨，只能自己在家里用臼仔磨。队里那些人像贼一样，咸的淡的都被他们没收了。"（访谈 cyd025）尽管有的地方生产队也会照顾到过春节的特别需求，发放一些额外的食物，如杀猪加菜等，但对大部分受访者来说，集体化的年饭方式显然削弱了春节的乐趣，许多受访者都直说如果能够自己过的话会更好，受访者倾向于认为集体化的春节让他们失去了操演春节仪式的可能和兴致。虽然城市并没有非常严格的集体化规定，但如果要想获得额外的肉食供应，城市反而比乡村更无可能。

值得注意的是，对集体化春节的接受含有不同的态度，有不少城乡受访者接受了这种集体化春节，并在言语间透露出对这一新体验感到充实和欢愉，也有受访

① ［法］爱弥尔·涂尔干：《宗教生活的基本形式》，渠东、汲喆译，上海人民出版社 1999 年版，第 496—503 页。

者对此感到厌恶和抗拒。如上文所述，集体化的生活水平和人际关系能够影响个人融入集体的信心和感受，这可能影响他们对集体化春节的接受和适应程度。

生产与闲暇

已有论者注意到："权力与生产发生关联并不奇怪，因为所有政权都会出于财政需要而关注生产。然而，在二者联系的形式、渠道以及紧密度等方面，我们不难发现帝制时期皇权与根据地时期党政权力的重要差异：皇权主要通过祭天、春耕、祈雨等仪式来象征性地展示其对生产的关注，其与生产的直接关联则一般只限于农业赋税的征收，而没有对生产领域的组织性渗透。与皇权相比，现代党政权力与生产的联系则有了性质的不同：它密切地关注如何发展生产，积极地介入生产，强烈地企图领导生产。简言之，现代权力不只是消极地与生产发生关联，而是把生产作为建设乡村领导权的重要政治场域。"① 不仅是乡村，在城市，生产、工作在集体化时代已经成为生活的重心。

集体化时代一个耳熟能详的口号，叫做"过革命化的春节"。事实上，所谓"革命化"含义相当模糊。随着群众运动的加码和延伸，"革命化的春节"在实践中变成了促生产、抓工作的进一步衍生，闲暇期间坚持生产和工作、为国家发展奉献全部力量，成为过"革命化的春节"的典型模式。传统农业社会中，春节本是一年中最空闲的时间，因此才有大肆操演的可能性。但在集体化时代的国家意志看来，春节不仅是游手好闲的时期，且是充斥着浪费积蓄等不良习俗的落后节庆。在到处强调生产工作、无私牺牲的时代，春节自然成为倡导新风、重点改造的对象。在国家权力控制的大众媒体中，人人谈的是"打破常规"，在春节期间不停歇地工作，不搞特殊化。1958年上海的媒体报道："这一个春节人们讲得最多的是'打破常规'四个字……万余名原已打算回乡过年的职工纷纷打破常规改变计划，春节前到火车站退票的有万余人，节省火车十列，空下来的车皮可用来运货。春节第一天，上钢六厂乙班炼钢工人多炼了四炉钢……郊区农民打破常规，在愉快的劳动中度过三天春节。吃过汤圆仍照常劳动，北郊十二个农业合作社，社社出勤……商业部门打破了常规为消费者服务，第一百货公司职工除节前每天延长一小时营业时间，年初二还全体义务劳动一天。"② 1967年，一家油墨厂的领导在国务院下达1967年春节不放假的通知后，仍允许工人大年夜补休，结果挨批，罪名是"软化大家的斗志"③。通

① 李放春：《北方土改中的"翻身"与"生产"：中国革命现代性的一个话语——历史矛盾溯考》，《中国乡村研究》（第三辑），社会科学文献出版社2005年版。

② 刘善龄主编：《百年春节》，学林出版社2000年版，第116页。

③ 同上书，第134页。

过宣传和动员，国家将个人的、家庭的春节上升到关乎国家经济发展的层面，将春节的家庭化意象与一个蒸蒸日上而又需要人民倾力奉献的国家意象联系在一起。这种闲暇观可以视作对工业化的一种妥协，国家在劳动者之间灌输“工作伦理”，将懒散和缺乏进取心视为障碍，想要通过改变劳动者的休闲娱乐来改造劳动者①。

闲暇与节庆息息相关，因为节庆本质上是对日常生活的一个例外的插入，是与工作相异的游戏、娱乐的自由时间②。闲暇时间的减少对个人及家庭的春节实践影响十分巨大。许多城乡劳动者常诉苦说要工作到年二十九、三十，甚至初一也仍然要劳动，基本上初四就要上工了。这让受访者们觉得没心思过年，也没有时间可以准备和操演春节的仪式程序，最后只能草草了事。

一位在1959年时在村委会当干部的受访者，春节期间一直生活在村委会，“只是过年的年三十、初一在家待着，其余时间都要到群众中去工作……而你奶奶（指自己妻子）就参加集体工作，老要下田、修路、筑堤等。仅靠年二十九给家里打扫卫生，也仅仅是扫地，扫蜘蛛网，其他的就都忙不及……人们就更懒得去贴什么对联，团年饭也仅是去大队领了口粮，随随便便就过完了年，年初一也又要开始了集体工作”（访谈zy056zk）。

“（1958年）年三十晚，饭堂加菜，有一点猪肉，还有生晒的鳊鱼，算是过年。任吃任舀，吃完饭就继续去干活。把小孩子放到托儿所，等到小孩子饿了，就有人背孩子到田里给我喂喂奶，又背回去，没时间看顾小孩子的。生产队的活是最多的，从年头做到年尾，连年三十都要做，最多就年初一休息一天，接着年初二又要开工……年初二，我最记得了，大队组织我们去乱葬岗捡死人骨头，烧成灰作肥料，我鸡皮疙瘩都起了……年初三，我就病了，我丈夫去帮我请假，还要左审问右审问，才批准我不上工，领点米回来煮粥给我吃。不走运的还要插白旗，白旗就是说你懒，不给你开饭，唉，不是病得厉害，谁不去上工啊，那时的制度也是很刻薄人的。”（访谈zsp206）

没有闲暇时间就失去操演春节仪式的可能性，这对春节实践几乎是致命的打击，上述两个受访者几乎没有什么可称得上“过春节”的活动。如果侥幸获得一些闲暇时间，情况就会大为不同，多一点闲暇时间的受访者能够做较多准备：“乡里不如城市需要那么频繁的政治学习，家里的女人们就聚在一起做一些米通，还有茶果之类的。茶果是咱们的特产啊，裹在外层的叶子是小孩子们提前从树上采来的，要一种野树叶，能吃的；米通则是用炒米做的，用煲熟的

① 参见［美］古德尔、戈比《人类思想史中的休闲》，成素梅等译，云南人民出版社，2000年。

② 参见［德］约瑟夫·皮柏《节庆、休闲与文化》，黄藿译，三联书店1991年版。

干饭炒热，再晒干成为长条状。因为拌有糖，比较甜，小朋友比较喜欢吃。”（访谈 tjh018gong）

破“四旧”

“文革”期间的“破四旧，立四新”运动给春节带来了巨大冲击。1966年6月1日，《人民日报》发表社论《横扫一切牛鬼蛇神》，提出“要彻底破除几千年来一切剥削阶级所造成的毒害人民的旧思想、旧文化、旧风俗、旧习惯，在广大人民群众中，创造和形成崭新的无产阶级的新思想、新文化、新风俗、新习惯。这是人类历史上空前未有的移风易俗的伟大事业”。所谓“四旧”即旧思想、旧文化、旧风俗和旧习惯，“四新”即新思想、新文化、新风俗和新习惯。显然，这是一种很笼统的看法，目的是改变现有的传统，“移风易俗”。至于何谓“新”何谓“旧”，事实上没有科学明确的标准，导致最后被无限泛化。

在受访者们的表述中，“破四旧，立四新”的风潮主要波及的是祭祖敬神的活动。“1969年‘文化大革命’，几乎日日都有人被批斗。‘破四旧’啦，揪‘资本主义的尾巴’啦，弄得人心惶惶。村里头的庙都被破坏了，那些庙婆都被绑了游行，连家里的祖先灵位都不准供放，要么扔了，要么烧了，不准烧香不准拜神，一切被认为是封建迷信的活动都不准做。过年了，就只准你贴些迎春对联。”（访谈 mxj173hfp）

1959年前后，虽也不提倡祭祖敬神等“封建迷信”活动，但没有非常严厉地禁止。在许多受访者印象中，往往是因为经济原因影响了祭祀的丰盛，而非政治因素。但“阶级成分”不好的人更为小心翼翼，很容易就被指为箭靶，“阶级成分”较好的则感觉比较宽松。大规模的集体祭祀活动最早退潮，但家祭仍然顽强存在。“五八年后没烧纸了，扫墓也没有了。六二年后程村又开始做年例（类似元宵，但隆重很多，广请亲戚，抬菩萨游村），但大队开喇叭宣传做年例如何如何不好。到了七六年这些才逐渐恢复。五八或者五九年就把庙拆了，说这些是封建迷信，其实是没什么可信，社会变了。个别人迷信的还在屋厅、灶头烧纸。偷偷烧，给知道了就批评。不过管理不太严。那时七月十四有钱就包水饺，没钱就磨粉皮，旦妥（村名）的地主磨了一些粉水被知道了要担着去游村。不是他自己，很多人都磨，但他是地主，所以就要他游村。”（访谈 jdh062jrc）

但在“文化大革命”时期，所有祠庙、神像、家中的牌位都被毁坏，祭祖敬神等受到严厉禁止，风气比1959年前后严厉很多。很多受访者对此印象深刻，连连表示那时“哪敢烧香”。大规模集体祭祀绝迹，虽也有家祭在悄悄进行，但比起1959年来说减少许多。且一旦被发现，不论阶级成分就要进行批斗，因此较有震慑力。除了祭祖敬神，拜年、鞭炮也属被禁之列。破“四旧”

运动从意识形态上抑制了祭祖敬神、拜年、放鞭炮等以家庭幸福为依归的仪式实践，从而使家庭的认同操演越来越缺乏运作。

国家的“立”：公共活动的重构

国家权力对旧有文化网络的破坏，目的在于建立一个新的组织网络及其文化。春节这一家庭气氛浓厚的传统节庆，在国家权力主导下，一直被引导指向“国家意象”下的集体生活。国家权力将春节的想象范围从小范围的家庭扩大到集体生活乃至整个国家意象，个人直接面对国家的诉求，无论是在生产上的积极，还是思想观念的一致。国家破坏的多是个人及其家庭的春节实践，建立的是重在融合于集体的公共实践。同样通过春节这一传统节庆场域，国家引导个人及家庭将幸福的希望投射在国家这一共同体上。国家以公共活动营造的方式，强化了春节的公共仪式，为共同体的想象提供了载体。

忆苦思甜

前面曾讨论过集体化时代年饭从家庭走向集体的变化。这一变化有时还伴随有特定的仪式。一个76岁的受访者回忆1959年的年夜饭说：“那时开会，我们到附近的李祠堂吃大锅饭。芥蓝、大白菜、包菜等煮成一大锅放在桌上，然后干部领导就在前面讲话，说以前日子怎样辛苦，现在毛主席领导下我们日子好过了。然后就是其他人排着队说现在怎么怎么样，以前受过什么什么压迫，说完就舀一大勺菜汤进自己的碗里。换下一个再说。”（访谈 chy192，76岁）

研究土改运动的社会学家已讨论过“忆苦思甜”这一权力技术作为国家意识形态形成的重要机制是如何运作和发挥效力的①。国家权力对“诉苦”这一权力技术的有意识运用，将人们日常生活中的“苦难意识”加以提炼，转化整合进阶级的框架中，并通过“翻身”这一被塑造的“突变”展示了一个积极的国家形象。在“苦一解放一甜”的因果叙事中，个人超越了自身的生活体验，以国家一分子的身份来感知和思维，这培育了他们作为新政权成员的基本能力。

人们把春节看作年景的隐喻，希望通过在缩微化的隐喻时段进行努力，祈求全年的好生活。对于幸福生活的祈求原本寄托在家庭的努力、祖先神灵的庇佑和冥冥中需要遵守的禁忌戒律中。现在国家引导个人对幸福生活重新进行溯源：祖先、神灵的保佑和巫术性的禁忌戒律是虚妄的，是国家领导了翻身、解

---

① 参见郭于华、孙立平《诉苦：一种农民国家观念形成的中介机制》，载《新史学：多学科对话的图景（下）》，中国人民大学出版社2003年版，第505—526页；程秀英《诉苦、认同和社会重构——对“忆苦思甜”的一项心态史研究》，北京大学硕士研究生学位论文，1999年。

放，家庭的劳作、幸福都来自于国家的给予和帮助，因此人们也应该把他们的生活汇入国家运作的洪流，遵循集体化生活中一致的方向。“忆苦思甜”仪式变成了“新”春节实践的一部分：在辞旧迎新的节点，应当回忆过去的苦难，再次确认现在幸福生活的源头，并由此树立未来前进的方向。国家本来是不可见的，但在这些仪式中，作为“解放者”的国家被想象着、热爱着，唤起了个人跟从、拥护国家的感情。这种想象和热爱通过仪式得到强化，并传输到没有亲身体验的年轻一辈身上。当时还是小孩子的受访者至今仍记忆犹新：“即使是年三十大年初一，也要生产队组织劳动，年三十生产队组织全体社员开忆苦思甜大会，讲旧社会的苦和新中国的甜，在生产队的牛棚准备了红薯叶汤和黑窝窝头让全体社员吃忆苦思甜的年夜饭，当时吃着又苦又涩难下咽，但父辈们却对我们这些小孩子说，旧社会连这种饭也吃不饱，经常饿着肚子，还得干活还受地主气。”（访谈 pxf068mm，58 岁）

这个仪式的实际效果有待验证，但从另一侧面可以发现，受访者在访谈尾声习惯发出感叹，这些感叹不乏“忆苦思甜”的套路，真诚地“感谢党和国家……”的感慨比比皆是。当然，也有发散、逸出宏大叙事之外的：由于社会物质生活的艰苦，“忆苦思甜”仪式确实缺乏说服力，这也会导致国家主导的仪式流于形式。有受访者的讲述显示了当时仪式主持人与台下群众的情绪疏离及群众的虚应：“过年要吃忆苦餐。年三十晚上集合开大会。书记在台上开始痛说革命家史，控诉地主老爷的欺压，不忘阶级苦，牢记血里仇。当时还有首歌谣这样唱的：‘天上布满星，地下亮晶晶。生产队里开大会，诉苦把冤伸。万恶的旧社会，可怜我的孤儿，到处流浪……’书记台上讲演得慷慨激昂，我们在台下正襟危坐，头低低的，最好就是书记没说几句就开始哭。哭得越厉害越说明态度。”（访谈 mc016czs，73 岁）

公共娱乐

前面对春节的叙述主要局限在家庭内部的生活中，这也许会让人产生错觉，春节实践似乎是纯家庭内部的事宜。无疑，春节时间还被许多热闹喜庆的游艺所充斥，热情洋溢的娱乐气氛至今让受访者谈起来都眉飞色舞。锣鼓、舞狮、舞龙、游神、秧歌、灯会、看戏都属于这类热闹的社区聚会和娱乐。这些娱乐活动在传统上往往由社区组织或由社区中富有的人家出钱。诚然，这些公共娱乐制造了热烈的狂欢化的娱乐游艺空间，但从另一方面讲，这也包含了以家庭或社区为单位进行的驱邪纳福的诉求。

如广东信宜地区的“送鬼”仪式，主要为本社区驱邪。当地受访者回忆：“到了正月十五以后，我们还有‘年例’。镇隆的大路街的年例最为盛大，有‘飘色’表演，还有‘送鬼’，还有木偶戏……最好玩的是‘送鬼’。一个道士先是一边在街上走一边念咒语之类的，然后拿来一个用稻草做的，形状像鸟窝似的‘巢’，大喝一声：‘请上船！’就意味着附近的鬼怪都挤上了这条稻草船。紧接着，道士身后的吹喇叭的‘呼啦’一声地吹响了喇叭，那道士似乎被吓着了一般，捧着那‘船’，打着趔趄，惊惶地往河边跑去。（大笑）到了河边，那道士就把这‘船’往河里一扔，鬼怪就随‘船’给漂走了。这便意味着这年这里的人们将不会受鬼怪的骚扰。”（访谈 zyy200ljy）

一些公共仪式的目的不仅在于社区的安全和娱乐，也会具体惠及家庭。像舞狮、舞龙、游神等活动实际上具有沿门逐邪送福的意味，人们亦以家庭为单位接受其服务并且表达感谢。“（1949 年）初一开始村里就有舞龙舞狮队表演，走街串巷，小孩子都喜欢热闹，跑去看。如果他们来到家门口，就要提供茶水给他们的，有钱人家还会给一毛两毛的小钱他们。”（访谈 hm178lr）“初三开始就有耍龙灯勒到各家祝贺。一般人家会摆上茶点招待，有钱人家会将燃放的烟花扔到耍龙人的脚下。那些耍龙人就跳着往前跑，十分勒好玩。”（访谈 hj169msk）

“（问：游神的队伍很壮观吧？）那还用说！那队伍排起来有两三百米长。游神的人都是仔细打扮过的，穿得花花绿绿的，很好看。还有敲锣打鼓的、耍杂技的、打斗的……每家都要到，各家都杀鸡、杀猪、放鞭炮，等游神的人来。”（访谈 qx001yjm）

值得注意的是，这些看似公共娱乐的活动，实际都包含有以家庭为服务对象的内容，难怪有受访者在 1989 年恢复舞狮之后，尽管高兴但也有点惋惜地抱怨说：“到了大年初一，还有舞狮的看，但已经进不了家门的了，只能在大院里舞狮，我们在院子里看，或者在阳台上看。”（访谈 zyy200ljy）

在禁止“封建迷信”的时代，国家及其地方代理也在社区内组织新的集体活动。这些国家主导下的公共娱乐活动尽管组织者不同，但常被视为国家的代理人，它们的形式受到整个国家政策的引导和规范。一个值得注意的转变是，这些公共娱乐摒弃或淡化了宗教信仰的内容之后，只剩下娱乐休闲的功能，而这恰恰更倾向于直接面对个人，而不是以家庭为载体。无论城乡，最常见的公共娱乐是组织看电影和样板戏。打篮球、拔河等运动类活动也是备受青睐的娱乐项目，年轻一辈对此显然更为欢迎。

国家主动争取公共娱乐活动的主导权，一方面在集体化时代，它已被确认是集体的责任，个人没有能力去组织了；另一方面它欲通过对公共娱乐活动的掌控，消除家庭的“阴影”，使个人融入其中。

20 世纪 80 年代之后，像舞狮这样重新走街串巷针对家庭的娱乐活动回潮，这时，家庭也得到重新的认可。在这个过程中，某些单位（大队也算一种单位）组织的活动也参与其中，如也有大队组织到各家的舞狮活动，这样，大队这种政治化的组织又重新担当起前现代社会中“地域社会”的职能。但单位组织的娱乐活动在非集体化时代之初有下降趋势，而地方政府组织的活动则有上升趋势，尤其是在较大的地区。春节带着小孩子到公园游玩成为新的选择，这是比单位组织的活动面向更多人的娱乐活动。公园作为静态的娱乐场地，与政府、国家的营造具有更为明显的联系。

一些较大的城市会由政府举办巡演游行。一个山东的受访者回忆20世纪80年代的春节公共娱乐比较有代表性：“腊月二十九下午工厂里会搞联欢活动，由厂里的工会主席来主持。大多数的工人都会来参加这个活动，因为其中有打扑克、下象棋，猜谜语等有趣的游艺项目……正月初一有一个很好看的节目，就是各大工厂的管乐队到大街上去游行。那个时期几乎所有的工厂都是国有的，一些规模大效益好的工厂更是流行工厂办社会，厂建的医院、学校、娱乐场所到处都是，这管乐队也是大厂的必备成分。到了年初一的早上，队员们就穿着整齐地在工厂门口集合了，最前面是旗手，然后是指挥，接着是击鼓方阵和管乐方阵，队员们全是年轻的男女职工，英俊漂亮，统一的制服也干净光鲜，别提多惹眼了。乐队的后面有时候还会有一队扭秧歌、踩高跷、跑旱船的队伍，也是工厂里组织起来的。那时候娱乐活动还不是很多，这许多青年男女组成的乐队就成了城市里一道亮丽的风景线，大街两边全是围观的人们……正月十五元宵节，市里还会在全市最繁华的地段举办有奖猜灯谜的活动，也是很热闹的。”（访谈 lzq040cpy）值得注意的是，这些国家举办的公共娱乐活动也征用了传统的娱乐仪式，从中汲取文化资源，但同时又规避了不利于集体意识形态的部分。

国家对公众娱乐的介入可能并不十分明显，有些公众娱乐的组织者如地方的政府、大队、单位等，现在看来可能属于社区组织者，但在集体化时代，这些组织者在受访者的认知中，往往就是国家权力的代表。且国家对公众娱乐的形式有很强的影响力，由于国家政策的倡导和规范，公众娱乐的形式较为统一，如样板戏的表演、具有时代和意识形态色彩的扭秧歌形式，以及打篮球、拔河等体育娱乐，在受访者叙述中都颇为集中。

大众传媒与春节联欢晚会

随着电视机深入各家各户，大众媒介日益成为日常生活的重要部分，足不出户可遍知天下要事。本尼迪克特·安德森将国家视为“想象的政治共同体”①，民族主义的想象正是经由大众传媒的管道才得到放大和散布。在这一点上，电视显然比印刷文字的影响力更为广大，春节联欢晚会就是在后集体化

① 参见［美］本尼迪克特·安德森《想象的共同体：民族主义的起源与散布》，吴睿人译，上海人民出版社2003年版。

时代兴起的春节公共领域的佼佼者。

在受访者中，春节联欢晚会是被提及最多的项目之一。有62个受访者提及看春节联欢晚会的经验，鉴于我们的样本采集采取自由叙述方式，实际比例只高不低。中央电视台声称晚会“不知不觉地改变着人们过春节的习俗：包饺子（吃年夜饭）、放鞭炮、看电视春节联欢晚会，成了近几年中国人过传统节日的主要内容，电视春节联欢晚会牵动着亿万人的心。1985年的晚会搞砸了，罪莫大焉。仅几天时间就收到全国三麻袋批评信，说除夕夜电视看不好，一年气不顺”①。

对多数受访者而言，传统的“守岁”时间没有什么公共娱乐，都是家人或邻居在一起聊天或做一些休闲娱乐的活动，现在这段时间由春节联欢晚会来填补。有的受访者对春节联欢晚会的好节目如数家珍：“（1989年）就从‘熬年’、‘守岁’看，解放初，坐在油灯旁，捻线搓麻。到60年代和70年代初，人们坐在电灯下，听听收音机，打打扑克，到那时中央电视台已举办了七届联欢晚会，节目的质量是逐年提高。人们还记得张明敏的《我的中国心》、费翔的《冬天里的一把火》、殷秀梅的《党啊，亲爱的妈妈》、奚秀兰的《天女散花》、陈佩斯和朱时茂的小品《吃面条》、《拍电视》、《羊肉串》，还有哑剧《吃鸡》，等等。”（访谈 zmz086fbh）人们在观看春节联欢晚会时聚精会神，生怕错过了精彩节目：“1989年中国已经实行改革开放了，春节时全国一片喜气洋洋，那一年，我也买了家里第一台电视机，还是彩色的。不知是有了现场直播的春节晚会，市场上的彩电才紧张，还是家有彩电的人多了，春节晚会才愈发火爆，反正节前‘抢购’彩电可称得上80年代一景儿。三十儿晚上一家人早早吃完年饭，预备好记录晚会公布的谜语的纸和笔，为谁坐在离电视最近的位置争执一番之后各就各位。这一晚上，自打赵忠祥一露面，炉子上水壶开了没人愿去提，想上厕所的忍了又忍，怕错过了马季的相声、费翔的歌，更怕错过了节目间穿插公布的有奖谜语。一番冥思苦想绞尽脑汁之后，已是大年初一的清晨，第一件事便是寄答案。”（访谈 lh073）

有趣的是，早在1987年就有人注意到春节联欢晚会对春节家庭气氛的影响。已故评论家钟惦棐发表文章，反对以春节联欢晚会代替千家万户联欢，批评说人们连精心准备的年饭都无暇品尝就匆匆围坐看电视，破坏了传统的家庭过节气氛：“北方人过除夕，喜欢围坐在炕上包饺子，有的甚至把节日的饺子都包出来，新年一到，就串门儿去了，你知道北方的老人对这样一个场面有多高的估价？如果说这是他们存在价值的一多半，可能也不会过分。”② 然而中

① 洪民生主编：《追忆：中央电视台1983—1989春节联欢晚会》，中国国际广播出版社1990年版，第2页。

② 钟惦棐：《从春节联欢节目说起……》，《大众电视》1987年第2期。

央电视台反击说："此文一发，立即遭到绝大多数观众反对。有的说，钟文虽有道理，但如果没有这台晚会，过节就没有气氛和色彩：'春节晚会是全民的精神会餐，它和年夜饭一样不可缺少。'"① 的确有受访者支持这一说法："除夕的团年饭都不当成一回事了，除夕晚上的电视节目春节联欢晚会，全家老老少少坐在一起，这是最吸引人的节目。"（访谈 zj033xqp）春节联欢晚会以传统节庆为接入点，本身就具有"基础合法性"。在观众和我们受访者的反馈中，将春节联欢晚会与年夜饭相类比，也就是将整个国家隐喻成一个大的家庭，这正是春节联欢晚会所制造的效果。1984—1989年的春节联欢晚会的主题如下②：

1984 年——爱国、统一、团结
1985 年——团结、奋进、活泼、欢快
1986 年——团结、奋进、欢快、多彩
1987 年——团结、向上、喜庆、红火
1988 年——团结、奋进、欢快
1989 年——团结、欢乐、向上

不难看出，"团结"和"快乐"是春节联欢晚会贯穿始终的宗旨，它们展示的是"幸福大家庭"观念，将个人与国家的关系类比为个人与家庭的关系。"家是个拓展视野、消除边界的世界。"③ 家庭是一个拥有安全感和幸福感的世界。在这个"大家庭"里，大多数人可以获得了"本体性的安全"④。大众媒体使个人从吉登斯说的前现代社会的总情境——植根于亲缘关系、地域化社区、宗教信仰和延续的传统之间——进入到现代社会"被脱域⑤的抽象体系中的信任关系"⑥ 的总情境当中。在春节联欢晚会的语境中，地方背景不是认同的明显依据，这些互动的媒介将"国家想象"的信息传递而不用考虑受众的个人特性。因而，春节将一场家庭的盛宴与国家民众的狂欢并置在了一起。

---

① 洪民生主编：《追忆：中央电视台 1983—1989 春节联欢晚会》，第 3 页。

② 同上书，第 6 页。

③ ［英］莫利、罗宾斯：《认同的空间：全球媒介、电子世界景观和文化边界》，司艳译，南京大学出版社 2001 年版，第 117 页。

④ 在吉登斯的概念中，指"大多数人对其自我认同之连续性以及对他们行动的社会与物质环境之恒常性所具有的信心。这是一种对人与物的可靠性感受，它对信任来说如此重要，以至于它不仅构成了本体性安全感的基础，而且在心理上信任与本体性安全也彼此密切相关"。参见［英］吉登斯《现代性的后果》，田禾译，译林出版社 2000 年版，第 80 页。

⑤ 指"社会关系从彼此互动的地域性关联中，从通过对不确定的时间的无限穿越而被重构的关联中'脱离出来'。"参见［英］吉登斯《现代性的后果》，第 18 页。

⑥ 此一对比请参见《前现代与现代文化的中的信任和风险环境》表格，［英］吉登斯《现代性的后果》，第 88 页。

康纳顿在分析仪式对塑造群体记忆的作用时区分了三种立场，在社会学的立场上，他引申巴赫金狂欢节的理论说，仪式如果不是像涂尔干那样把仪式的象征体系解释为对社会性质和运作方式的话，而是相反作为社会解放途径来解读，那么“让这样一个集群聚合，由此可以说，民间节日形式为民众提供了不是关于现行类别而是关于乌托邦的符号表象，一个未来国家的意象：‘全体民众的充裕财富、自由、平等、博爱获得胜利’”①。

家庭的私密保护

国家权力力图通过摧毁旧的观念和风俗来将人民改造成新国家的公民。它曾通过人民公社、单位、地方政府等生产和生活部门，强制性地干预家庭的私人和公共生活，透过对物资、闲暇的控制，以及对宗族、宗教的毁弃和改造，进而在一段时间内强行改变了春节习俗的外在形态。与此同时，它也通过新的仪式来建构超越家庭的“国家想象”，从某种程度上讲，这的确改变了许多人尤其是年轻一辈人的观念。

然而这个过程是不是如国家权力所设想那样顺利呢？尽管国家在改造春节习俗的物质基础上取得了很大成果，但在观念上并没有完全达到目的。吉登斯注意到社会生活中的某些核心方面，特别是家庭，很容易滞留在传统中，在很大程度上并没有受到“激进化启蒙”（radicalizing Enlightenment）的影响②。观念一般滞后于物质基础的改变，在春节习俗实践中，这些观念也曾经过仪式的操演来保存。这主要有赖于家庭的私密性，由血缘关系组织而成的家庭具有避风港的功效，尽其所能使之不受公众监视和国家权力干预，力求自成一统。家庭的私密性使其在国家权力冲击下，坚韧地保存了某些具有惰性的观念和习俗仪式，使其作为家庭传统在一定程度上得到延续和传承，而这成为未来复归的源泉。

这里以祭祖敬神这一最容易受到国家权力扫荡的事象来讨论家庭私密保护的威力和某些惰性观念的顽强。之所以选择祭祖祭神这一事象，还缘于祭祖敬神的仪式对于家庭具有最为独特的个性化的作用。祭祖仪式是一个家庭历史和记忆保存的重要载体，且只有依靠自己的家庭才有保存的意愿和动力。敬神的效验领域也只限于家庭，因此就使得冒险有了个性化的报偿。

此前我们提到过国家权力破坏旧风俗的威力，这对于公共活动如集体性墓

---

① ［美］保罗·康纳顿：《社会如何记忆》，纳日碧力戈译，上海人民出版社 2000 年版，第 57 页。

② ［英］安东尼·吉登斯：《生活在后传统社会中》，赵文书译，载《自反性现代化：现代社会秩序中的政治、传统与美学》，商务印书馆 2001 年版。

祭和祠祭是十分有效的。可在家庭内部，尤其是在家庭空间（如居住的房屋）内能隐蔽进行的春节仪式，仍被冒险保存了下来，尽管比起以往简化和隐蔽很多。

71岁的四川籍受访者回忆在1949年时，他家的祭祀非常隆重，年饭前全家按长幼次序跪在堂屋里祖先的牌位前磕头、作揖、打卦，初二或初三还要背供品到十几、二十里以外的祖坟上坟、烧纸、放炮。但到1959年，“祭祀还是要简单地祭一下，没那么多东西，简简单单地。那时炮也没有，烧的钱就是自己打的，用刀把纸打成那种形状，还要打上印记。但那个时候破‘四旧’嘛，说是迷信。但还是偷偷摸摸地搞，因为人民的思想上，老一辈的人，他还是免不了嘛。但像那些到外面去祭祀，到各人的祖坟去祭祀，就没有，不敢去”（访谈 ht109hkh）。

至少有15位受访者承认尽管当时控制严厉，但自己的家庭有偷偷进行拜祭，且暗示这并不是孤立的现象，而是在当地相当普遍的事实。甚至有人因为进行祭祀被干部批斗，但后来该干部被揭发其自身也在偷偷祭祀。这种祭祀活动有些是各人关起门来各自拜，但也有几户合起来拜神的。

“（1970年）那时还是不允许搞迷信活动的，但还是有人偷偷地拜神。家里的香炉从公社化被没收后，拜神就只能切一小截地瓜来插香。那时生活很艰苦，就只能几户合在一起，在家中拜，凑钱买地豆机（花生和糖煮沸后切成的一小条状）、晋盒（指进贡给神的礼物），拜好了就把东西平分了。平时初一、十五都是这样，正月里也是。也有人关起门来偷拜的。”（访谈 cyd025）

“（1969年）那时到处都说要‘破四旧、立四新’。乡下人每年都有的拜神、拜祖先、庙会当然也不能有啦。连神位、神像都要毁掉。不过大多数人都是偷偷藏起来或者把它们流到河里去，毁掉可是对祖先的大不敬啊！不过‘文革’后期的几年，许多人都忍不住。到过节时偷偷拿出来拜，那时碗也不敢摆的，匆匆拜完就收拾起来。”（访谈 chy192）

对家庭内部的拜祭，客观上的物质限制相对其他事项比较少，但也见到有好几个受访者没有进行祭祖敬神活动的原因之一是说苦于无处寻找祭仪所必用的香烛。如果是较为虔诚的，通常情况下都只能用俭省的方式来替代，如“农村里有人就在废墙边摆块石头，对着石头拜”（访谈 xj210）。一些不太坚持的很可能就这样放弃了。在“文革”后期，意识形态稍微放松的年代，渐渐私底下也开始有祭拜用具的交易。有受访者谈到偷买香烛的经验：“（1979年）好些了，不再乱批乱斗，但吃穿一时也好不到哪里。小孩子上山下乡去了，家里就我，你（受访者是调查者的外婆）外公和你舅舅。年三十要祭祖，不敢光明正大地拜，要等到半夜三更，偷偷爬起来拜。怕被人瞧见，谁知过年又会不会出什么事？还是小心点。外面没香烛卖，大概年二十八九的时候，就有人挑一担东西来敲门，神神秘秘地，问你买不买东西，一直走到客厅，拿开盖筐的盖，露出些小罐，罐里乍看是盐或花生之类，倒出一些，下面就看见香烛、纸钱之类的，买一点，省着用，用好久呢。”（访谈 xj210）这个小贩的生意看似相当不错，他敢于登门入户偷卖香烛而不怕被告发，由此观之，同该受访者一样在家中偷偷拜祭的不在少数。

国家会对民间仪式进行征用，而国家的意象也会被民众所借用。一个受访者谈到1959年的时候，吃年饭前都要对饭厅正墙贴得高高的发黄了的毛主席像恭恭敬敬地拜了才能吃饭（访谈 lmy134）。这个仪式方式与祭祖敬神方式十分雷同，有很多研究者也提到将毛主席作为神灵来崇拜的现象在民间比比皆是。

小　　结

本文分析了国家对春节实践的影响和对春节意象的重塑，以及此过程中家庭对旧仪式起到的保护作用。国家对春节的重塑力图使个人超越家庭，将目光投向更为广阔的领域以及更为广大的“共同体”。在后集体化时代，春节的家庭本位渐渐复归，但“国家想象”也成功地与其并置。我们必须承认，家庭与国家并不是不可调和的悖论，而是相辅相成。但也得承认，现代国家的确比前现代时期的帝国在节庆生活上具有更大的掌控力。值得注意的是，国家叙事在后集体化时代的“撤离”过程，并不代表将这一空间复原。在有些人看来，非集体化之后国家对家庭生活干预的减少是导致“封建”文化回潮的原因，但“他们没有考虑到的是，在国家干预减少之后，国家原来开拓的社会空间并不一定只是由传统的价值观来填补”[①]。在春节这一节庆上，国家是在家庭认同之外，开辟了另一个想象空间。

① 阎云翔：《私人生活的变革：一个中国村庄里的爱情、家庭与亲密关系 1949—1999》，第253页。

节日传统的保护与政府管理*

——以贵州台江姊妹节为例

徐赣丽

在我国，对传统节日的政府介入或官方介入，不是当代才有的；但古代相关文献和民间传说，大都只反映政府的提倡和禁止，缺乏政府具体操办节日的历史记载。当然，古代政府对节日的管理与本文讨论的现代意义上的政府保护行为有很多区别。在当代，主要是改革开放以后，政府保护节日传统，与国家旅游开发中政府主导型战略的实施有关。20世纪末，在全球化背景下，我国西部民族地区的旅游业获得较快发展；借助旅游开发来保护节日传统，成为政府工作的有效途径，乃至出现“政府出面、节日搭台、旅游唱戏”的浪潮。总的看，政府的角色是积极的。从学术研究上说，近年来，学者大多关心政府参与和政府投入节日现象的本身，指出政府行为的经济目的，但却缺乏对政府管理活动的角色和导向作用作具体深入的个案分析，这未免使研究流于表面。本文试图在这方面作一点尝试，即从个案分析入手，探讨在当代节日传统保护中，政府管理的意义、作用、趋势和得失。2004年5月和2005年4月，我有幸两次参加文化部民族民间文艺发展中心贵州姊妹节保护记录调查组的工作，随队到凯里、台江、老屯和施洞作田野考察。我和全组人员一起，参加了贵州凯里和台江政府等共同安排的全部活动，并按照当地姊妹节活动的范围，从凯里，到台江，到老屯，再到施洞，追踪了解了姊妹节的全过程，访谈30余人，搜集各类资料30多种。回京后与调查组其他成员作了交流，并参加了相关的讨论会，本文即在此基础上撰写。

贵州姊妹节，在1998年被国家旅游局列为“中国九八华夏城乡游”23个重大少数民族旅游节日之后，开始由政府管理、保护并介入，已连续办节7年，本年的活动是前面工作的延续。当地政府反映，自2004年起，姊妹节的节日传统活动曾打算改变政府主办的做法，恢复民间行为，发展民间节日的原生形态部分，还成立了州、县、乡镇等各级民间节日协会，但由于计划刚提出，到我们去时尚未真正实施。所以，我们参加的这次节日活动的实际操作者还是当地政府。通过本文个案，仍可看到最近8年政府活动的一个侧面，并有

---

* 本文原载《西北民族研究》2005年第2期，收入本书时略有修改。

一定的代表性。

从我们调查的情况看，政府通过多次举办姊妹节，已使节日文化的保护意识深入民间，当地老百姓积极参与政府组织的主要节日活动。虽然当地的传统文化正在步入现代化、全球化的进程，但与此同时，许多优秀的民族文化得到了弘扬和继承，并融入新时代的民族文化洪流当中。

姊妹节概貌

"姊妹节"，苗语称"努改林"（Noux Gad LiangL），直译为"吃留下的饭"，过去又译为"吃姊妹饭"[①]。因为"'努改林'本身的确切含义，今已经失传，无人能够解释"[②]，这就为今天姊妹节在特定时空背景下被誉为"东方最古老的情人节"等社会炒作留下了空间。姊妹节作为一个节日名称，其实在贵州以外的地方，如广西、湖南等地也有；在贵州也不仅限于台江县，更不单单局限于现在贵州姊妹节活动的主要地点：施洞和老屯，虽然这两地被视为该节日的发源地。姊妹节在各地节期不一，时间多是春暖花开、万物充满生机的宜人时节，施洞、老屯等地固定在每年农历 3 月 15 日至 17 日过节。苗族有聚族而居的习惯，又实行氏族外婚制，所居多偏僻的山区河坝，居住分散，交通不便，青年人交往机会不多，故多借助节日聚会。所以，苗族以青年男女交际为主要目的的节日较多，姊妹节只是其一。在台江附近地区普遍流传的"爬坡"、"闹冲"[③] 等节日，也是以男女聚会、对歌传情、结识情侣等为主题，与姊妹节有相同或相似内容。

姊妹节的活动内容，据学者解放初在施洞地区的调查，主要有两个："一个是妇女们（主要是青年妇女）去捞鱼，杀鸡、鸭，买肉在一起做饭吃；另一个不可缺少的内容就是游方"[④]。也就是说，男女聚会吃姊妹饭和恋爱社交活动是节日的主体，择偶是其主要功能，这可能是姊妹节较原初的形态。1994 年版《台江县志》中记载："节日历时三天左右，活动有踩鼓、吹芦笙、斗牛、赛马和斗鸟等。解放后，还增设球赛、舞会等。"[⑤] 这些内容只是一些娱乐活动，与青年男女相会择偶几乎没有直接关系，应该是节日后来的变异形态，或

---

① 贵州省民族研究所编：《贵州省台江县巫脚公社反排寨社会历史调查资料》，贵州少数民族社会历史调查资料之二十七，1965 年，第 60 页。

② 同上书，第 60—61 页。

③ 全国人民代表大会民族委员会办公室编：《贵州省清水江流域部分地区苗族的婚姻》，1958 年，第 21—22 页。

④ 中国音乐研究所：《民族民歌》，音乐出版社 1959 年版，第 116 页。该书引言说："1957 年去调查。选择以台江县为调查重点。"

⑤ 贵州省台江县志编纂委员会：《台江县志》，贵州人民出版社 1994 年版，第 103 页。

是一种意识形态指导下的公开文本。

我们在当地更详细地了解到的姊妹节的过程大致是：各苗寨的姑娘们在节日前制作五彩糯米饭；节日来临时，各地男青年来到姑娘们的寨子与她们聚餐、游方、对歌，并向中意的姑娘讨糯米饭，姑娘在送给对方的糯米饭里藏着象征各种含义的植物，对方也就从中知晓了姑娘的心意，以后经多次交往，增进了解，成双配对，结成良缘。节日中当地流行的一个活动是踩鼓。当外寨男青年来到后，青年男女相聚到野外或河滩踩鼓，姑娘们要穿上自己最漂亮的苗族传统服饰，戴上家里所有银饰，以最隆重、艳丽的装扮，吸引异性目光，找到称心的伴侣。但我们在当地看到的却是，姊妹节流传至今，其最初的功能已经在变异和衰微，公开场合里的节日活动变成了踩鼓、唱苗歌、斗牛、赛马等节目，这些传统的活动经政府的组织得到进一步丰富和强化。然而，在政府与旅游部门的各种对外宣传和介绍中，姊妹节仍然是以制作和品尝五彩姊妹饭、展示苗族古老悠久的服饰歌舞艺术、领略苗族浪漫隽永的婚恋习俗为中心内容。

姊妹节从 1998 年由政府介入后产生了较大变化，概括地说，表现在如下四个方面。

1. 功能的变化。从 2004 年我们亲历的台江姊妹节看，节日的表面形式似乎还保留着，但其功能已发生了很大变化，由单一型向多元转化。姊妹节原来是以青年男女社交择偶为指归的，现在这一功能逐渐被娱乐的、经济的功能所取代。随着国家对民族文化遗产的重视，姊妹节的功能又增加了文化保护等方面。

2. 参与者的变化。姊妹节最早应该是苗族男女青年共同参与的节日。现在女性仍是节日主体；但男子基本上退出踩鼓、唱飞歌和讨姊妹饭的节日舞台，除政府有意加入到节日中的踩高跷、放陀螺等带有体育比赛性质的活动外，他们只是旁观者、欣赏者。此外，由于姊妹节变为政府组织的“旅游唱戏”活动，游客和媒体等第三者大量参与进来。

3. 形式的变化。由于姊妹节的功能发生了变化，其形式也就相应有了变化。其一是从群体内部的带有隐秘性的活动变为公众参与的带有展示性的集体事件。姊妹节是男女青年社交择偶的传统节日，不管是讨姊妹饭，还是游方对歌都是较为隐秘的，不便让外人知晓和观看。可现在，节日成为娱乐性为主的旅游活动，日益广场化、表演化、市场化。因为要向游客展示节日的过程和内容，政府专门组织了一些只便于在私底下进行的活动，包括捞鱼捞虾、游方对歌都是表演性的。属于个人的活动变为公众行为，这对于节日文化的传承者来说，意味不同。

4. 内容的变化。姊妹节的政府导向使节日内容有了变异，特别突出了某些内容，像踩鼓等娱乐性强的活动，施洞镇杨家寨的踩鼓场面盛大，号称“千人盛装踩鼓”，已远非民间自发举行的小型踩鼓活动可比。节日中还增加了一些不属于传统姊妹节的内容，主要是苗族优秀文化艺术活动，如苗族飞歌和木鼓舞，两者都是台江县引以为豪的民族传统艺术。此外，每年的政府操办总是会在姊妹节上移植一些其他节日的活动，前几年姊妹节加入了划龙舟比赛，今年又有踩高跷和打陀螺比赛。

姊妹节在政府管理下，已经有了以上诸多变迁。那么，政府是出于什么目的参与节日的？又是如何导向和操作的？政府管理节日对于文化传统的保护是否可行？本文围绕这几个方面进行讨论。

政府管理的导向

古今中外各国政府参与民间节日的现象非常普遍。原因之一可能是，许多大型节日往往是整个民族或国家民众的共享事件，除了在家庭内部有其特别的仪式和活动，还常常提供了一个公共文化空间，政府可以借此强化主流文化意识形态，灌输正统思想理念，形成民族认同或国家认同，加强政府的权威性。这就为政府的介入提供了可能性和必要性。

在我国当代，政府办节形成风气，除前述原因，更主要的是地方政府追求政绩，借节日的宏大场面向上级汇报和显示自己的工作成果。日常行政工作的烦琐细微不足以体现政府官员的工作业绩，通过办节，利用行政手段整合各方面资源，可以在特定的时空内向地方民众和外地来客、新闻媒体集中展示地方政府的政绩，突出地方形象，故会投入大量财力和人力。另外，政府还把办节当做与其日常工作紧密相关的一环。这表现为把办节与营造融资环境、发展地方经济、弘扬民族文化、保护文化遗产等行政工作合为一体。

通过姊妹节的个案，我们发现当地政府办节的意图正是如此。时任黔东南州州委书记刘光磊在2004年姊妹节开幕式上讲道：“政府主导举办这样一个民族民间节日，主要目的就是抢救保护我们的民族文化，全面整合和提升旅游资源和旅游品牌，大张旗鼓、扎实有效地建设民族文化生态旅游大州。同时，通过开展不同民族间、不同形式间的文化交流，丰富少数民族地区人民群众的文化生活，增强民族之间的了解和团结，进而推动少数民族地区社会主义精神文明和物质文明的建设，加快少数民族地区实现小康社会的宏伟目标。”[①] 这段话概括了当地政府举办姊妹节具有政治、经济和文化三方面的意图。这三方面也决定了政府对姊妹节的管理导向。

---

① 刘光磊：《弘扬民族文化　增强民族团结　振兴民族经济——在2004贵州台江姊妹节开幕式上的讲话》，内部资料，2004年5月1日。

（一）政治导向

政府参与民间节日的目的之一，是借机对民间文化进行管理和规范。自古以来，政府对民俗的干预和规范一直存在。政府办节正是官方意识形态和正统观念向民间传播和渗透的渠道。在姊妹节中，政府官员特别是本民族出身的干部，自觉把国家政策与民族精神、民族品格等融合在办节的宣传和管理导向中。被当地人称为“苗王”的原贵州省长王朝文也参加了2004年的姊妹节，他在谈到对姊妹节的宣传时强调，政府要履行管理监督的职能，慎重对待，不能为满足少数游客寻求刺激、浪漫的心理，把姊妹节类比为西方的情人节，让人联想为某种狂欢、纵情的机会，造成误解。政府办节的政治导向还表现在，把节日看做增加国际、国内不同民族相互了解和交流的机会，增进民族团结，促进地区合作的有效途径。每次政府主办台江姊妹节，都会邀请一些重要来宾，包括外宾，邀请函上附有联合国教科文组织授权的“让我们播种和平”的口号和图案。这是一种面向国内外开放、表达友谊的标示，与当前国家的开放友好政策相统一。在政府组织下，当地社会各界积极参与办节，给予高度关注，各种媒体大造声势，从而使台江姊妹节受到广泛瞩目。政府办节还想利用节日搭建政策宣传平台。节日期间，远近各村寨的苗族民众汇聚到老屯、施洞来参加踩鼓等姊妹节活动，这正是一个集中灌输国家主流意识，宣传国家政策和科教精神的时机。节日开始，政府组织各单位在县城举办大游行，展示苗族美好形象和当代风采，宣传国家各项政策。游行队伍由17个方队组成，参加者着苗族各支系服装。县委、县政府机关部门组成一个方队率先出场，其余方队跟随前行。方队前有人举着各种标语，标语基本上代表文教、卫生、金融、税收等单位的积极工作态度和愿望。如“姊妹情深”、“弘扬民族文化 发展生态旅游”、“实践‘三个代表’搞好信用社改革”、“税收带来苗疆兴 依法纳税共建小康”等。这种大型游行仪式活动，是政府办节的一个显著标志，暗含了政府的政治性意图。

为迎接贵州省人民政府将在2004年10月20日对台江县进行“两基”[①] 验收，施洞镇人民政府还抓住办节机会散发《施洞姊妹节“两基”宣传传单》，使过节和工作两不误。施洞镇公路两边到处可见相关标语，如“有田不种仓库空，有书不读儿孙愚”、“初中没毕业，打工去不得”等。政府把办节和日常工作相结合，正是节日在新时期的一种融合形态和发展趋势。这种低成本、高效率的做法，体现了政府把行政工作任务贯彻在有形的节日活动中的思路。

---

① “两基”指的是“基本普及九年义务教育，基本扫除青壮年文盲”，见《施洞姊妹节“两基”宣传传单》，散发时间：2004年5月3日。

同时，节日本身也是展现国家政策的有效性和人民生活富足安康的特别时空。现代姊妹节最重要的活动是千人踩鼓，当地外出打工的苗族姑娘们回到家乡最主要的消费是给自己置备各类银饰，为的是在每年姊妹节踩鼓时隆重登场、展示勤劳、美丽和财富。姑娘们的亮丽形象是时代进步、生活富裕的直观反映。节日本身具有的欢乐祥和气氛、热衷消费的集体行为、休闲随意的心情是民族团结、社会安定的体现，是对政府工作绩效的肯定，能增加民众对国家和政府的认同。进一步说，节日是一种文化符号的象征，通过一年年固定的仪式活动获得了神圣性，政府参与节日，借助节日的神圣性，也能达到增强民众凝聚力的目的。

（二）文化导向

"民间节庆可以作为保持和促进民俗的一种手段"[①]，这在国外已广为人知，在我国也逐渐引起注意。当地政府意识到节日的这一功能，树立了"以节养文"的观念，认识到民族民间节日"是民族社会生活历经千百年的演化积淀而形成的一种制度性的文化形式，是集中传承和展现民族文化与民族精神的重要载体"[②]。政府这一认识在办节中得以体现，姊妹节汇集了歌舞、刺绣、银饰、剪纸等各种丰富精美的民族艺术，整个就是苗族传统文化艺术的大汇合，充分展现了苗族悠久灿烂的文化传统。通过对节日的有效组织，政府希望繁荣社会主义文艺、活跃农村文化生活；推动节日所负载的各种民间习俗和艺术活动的开展，使苗族优秀的民间工艺美术得以宣传和重视，继而被弘扬传续下去。

政府主办也有普及民族文化保护的意图。2004年姊妹节期间，县领导邀请各地专家学者召开"台江县经济社会发展和民族文化开发与保护座谈会"。县领导指出，当地民族文化在现代化形势下面临衰微，希望学者们贡献智慧，筹划姊妹节的保护方案；并表示要借申报文化遗产保护项目的机会，引起地方各界对民族文化的重视，加大对民族文化遗产的投入力度。节日期间，政府还牵头召开了"台江苗学会第一次代表大会"，号召学者研究和重视苗族文化。同时，政府还出资组织和鼓励一些在民间几乎已经消失的节日活动，借助节日复兴和激活民族传统文化。

当然，即便政府不参与、不组织，台江苗族人民也照样过姊妹节，但民众缺乏从自己的日常生活提升民族文化的意识，只是把节日当做一种相沿成习的

---

① Richard Bauman, Patricia Sawin and Inta Gale Carpenter. 1992. "Reflections on the Folklore Festival: An Ethnography of Participant Experience. Bloomington: Indiana University Folklore Institute", *Special Publications* No. 2: P1.

② 刘光磊：《弘扬民族文化　增强民族团结　振兴民族经济——在2004贵州台江姊妹节开幕式上的讲话》。

事件传承下去，这种自发的行为可能随着近年农村青年人外出打工的增加而逐渐减少，也可能被节日的主要承载者当做过时的传统而主动放弃。政府通过有计划的组织策划不断给节日以正面肯定和宣传，号召当地民众参与和保护节日传统。当地政府一直强调，姊妹节是“节日事项最为吸引人、文化内涵最具丰富性、在海内外最有知名度的一个民间节日之一”①，参加这个节日能切身感受苗族的深厚文化，举办这样的节日可以弘扬民族文化。

当地政府连续多年举办姊妹节，这与国家对民族文化重新开始重视的形势相关。近年，我国关于加强对民间文化遗产保护的呼声渐高，全国各地也开始了相应的工作。2001年由中外专家组成的考察团到贵州考察，高度评价了台江县以姊妹节为代表的苗族文化②，这对当地政府的保护热情无疑是一种促进。2002年，贵州省人大通过了《贵州省民族民间文化保护条例》。2004年，贵州省世界遗产申报办公室将台江县“苗疆文化”列为省申报预备清单，台江姊妹节也打出了“保护苗族文化，申报世界遗产”的口号。这些事件说明，政府办节的行为是对国家和地方文化保护工作的响应。当然，当地政府的主要目的还是想以文化促经济，挖掘文化资源，振兴民族经济。

（三）市场导向

1998年，文化部成立了文化产业司，这标志着文化资源可以作为一种新兴的经济形式来开发在我国得到了正式承认。随后，贵州省也制定了对民间文化开发与利用的相关政策，“鼓励单位和个人按照社会主义市场经济规律，通过市场运作，发展民族民间文化产业”③。如何把文化资源优势转化为文化产业优势，这已成为当代政府工作的一个思考点。在西部大开发的形势下，西部民族地区也想抓住有利时机，把民族传统文化与当代市场经济结合起来。其中开发节日资源，促进改革开放，发展民族旅游，推动经贸活动成为各地政府的共识。

在姊妹节中，各级政府的经济意图非常明显。旅游开发和招商引资一直是政府办节的实际目的和主要工作内容。老屯乡的节日活动方案中明确指出，办节目的是“不断弘扬和挖掘民族文化，发展片区特色经济，带动相关产业快速发展”④。施洞镇提到办节的目的和意义是：“挖掘施洞地区丰厚的苗族文化底

---

① 刘光磊：《弘扬民族文化 增强民族团结 振兴民族经济——在2004贵州台江姊妹节开幕式上的讲话》。

② 《专家说，台江苗族文化可申报世界遗产》，http：//www. 3miao. com/culture/inform/tjherit. htm

③ 吴建伟：《贵州省民族民间文化保护立法浅议》，《当代贵州》2003年第4期。

④ 老屯乡姊妹节民间活动协会筹委会：《老屯乡姊妹节活动方案》，内部资料，2004年5月3日。

蕴，展现施洞地区古朴典雅、热情奔放的苗族风情，扩大施洞的影响力和引招力”①。可见，文化与经济总是紧靠在一起的。其具体做法就是通过开展民族歌舞、民族工艺、民族风情、民间竞技和娱乐等文化体育活动，以古朴、新奇、美妙等内容激发人们的参与兴趣，以“苗疆腹地”的民族风情、“藏在花蕾中的节日”、“东方最古老的情人节”等浪漫意象吸引游客，借文化品牌谋经济之实。政府还借此机会召开新闻媒体座谈会，推出招商引资项目，进行商贸洽谈。

2005年的姊妹节，开幕式不在凯里举办，但在施洞增加了选“十佳姊妹花”活动，当地人参与热情很高，有些在外地打工的苗族姊妹也回来参加。政府组织的姊妹节活动，一方面被与苗族非物质文化遗产的保护申报工作相互结合，另一方面，政府又把民间传统节日与国家公共节日“五一”长假相整合，这更加显示了政府既要文化目标，又要经济效益的意图。

节日期间，政府组织丰富多彩的民俗活动，除满足当地人参加节日的需求，还吸引了许多外地游客。当地政府把农家乐接待看做姊妹节的一个重头戏，是增加农民收入的重要手段，也是体现当地民族特色的一个风景点，积极帮助村民做好节日期间的农家乐安排和联络工作。据报道，2005年的姊妹节吸引游客20多万人，节日旅游总收入达5900万元②。施洞镇塘龙村这几年借助节日市场，大力发展民族工艺生产，开发传统的银饰和刺绣工艺品；全村60多户人家中，有40多户制作和经营银饰，30多户加工和销售绣品；这些银饰、刺绣手工艺品除了当地人消费，更主要是为节日期间的外地游客提供的。

姊妹节前不久出台的老屯乡“2004年政府工作主要任务”，其中第二条谈到：

> 努力实现旅游资源变为旅游资本，树立抓旅游就是抓经济的观念……一是做好民族文化遗产保护，把刺绣、剪纸搬进课堂；二是要做好民族旅游策划，向外推荐民族旅游产品，通过招商引资、融资开发的方式，把旅游资源潜在优势转化为现实效益；三是实施村寨旅游规划；四是继续办好姊妹节，结合姊妹节做好“五改”“三通”，利用“节日搭台，经贸唱戏”，办好“农家乐”，推出大型剪纸和民族工艺制作展示，搞好旅游推介，以丰富旅游资源吸资引商。③

① 贵州施洞姊妹节民间活动协会筹委会：《贵州苗族姊妹节施洞分会场活动方案》，内部资料，2004年。

② 《贵州省浓郁苗族风情旅游资源产生品牌效应》，中央统战部网站资料。

③ 张允强：《政府工作报告》，老屯乡第十六届人民代表大会第三次会议，内部资料，2004年3月28日。

可见其突出抓好旅游业，把发展旅游与保护文化结合起来的目的明显。在此指导思想下，老屯乡借姊妹节推出招商引资项目，把旅游开发作为第一介绍，希望筹办规模更大的姊妹节活动及民间表演，利用民俗资源进行“开发式扶贫”。这些做法充分说明政府形成了利用节日促经济，通过引资兴节日的互动建设的思维方式。

政府主办突出和引进了商品交易、招商引资、项目洽谈、资源展示、旅游推介等现代内容，在贵州省，政府主办节日的形式及内容不单姊妹节，几乎每个重大节日都是如此①，政府办节通过精心策划和组织安排，扩大了民间节日的规模，促进了人流物流活动，刺激了消费，带动了整个社会经济的运转。因此，各地政府官员一致认定，利用节日开发旅游、推动经济是有效的捷径。在当代以经济目标为重心的政府工作中，经济的发展是衡量官员政绩的主要指标，于是，经济功能成为当代政府办节的主要推动力。

政府指导和政企合作

政府办节是指政府通过行政工作的做法，即政府以下发文件形式规定和统一行为，召集群众参加政府组织的节日活动。尽管节日本身是民间的、自发的，民众的过节热情很高，但其达到一种规模和秩序的统一，却是政府行为的结果。

（一）政府指导的结构框架和经费投入

政府指导，表现在政府通过发挥自身的权力优势，召集各级政府部门，全方位调动社会各种力量，整合资源，出动大量的干部，动用社会调控机制，组织安排节日活动。姊妹节的举办，从上到下都有政府的影子，上到黔东南州人民政府、台江县委和县政府，下到姊妹节活动的原生地，乡村一级都无例外。从节日活动指南等文件可知，主办单位是州人民政府，承办是台江县人民政府和深圳市世纪星辰文化有限公司，协办则有州文化局、州旅游局、州民族局，组委会成员都是黔东南州和台江县宣传部、文化局、旅游局、广电局、财政局、公安局、民委、消防支队、体育局、报社等单位的领导，所有重要的、有可能涉及的政府部门均列入其中，充分体现了政府的人员安排和配备力量。

各级乡镇也是如此。为保证节日整个场面的稳定和有序进行，控制意外的发生，由乡镇各部门、各单位的领导或成员组成姊妹节筹委会，具体分工指导和组织文艺、宣传、旅游促销、安全保卫、后勤、场地和医疗卫生等各项活动。如游方组负责整个活动的组织和筹备工作，包括布置活动会场、落实好人

① 杨淑媛：《民族节日文化的当代变异》，《贵州师范大学学报》2003年第6期。

员。踩鼓组负责召集和联系各寨踩鼓代表队，组织调度踩鼓队员按要求进行踩鼓，制定比赛方案，安排场地并做好安全工作。这样一来，民间自发自愿的活动变成了有组织的按部就班的行为。

政府主办的一个权力标志是经费资源，拨放扶持节日活动的费用，是政府行为的一个重要方面。台江县举办姊妹节历年的财政拨款是1998年65万，1999年70万，2000年80万，2001年90万，2002年100万，2003年110万。2004年则是政府出资70万，并把开幕式交由市场运作，其他费用约30万。看来，当地政府为把姊妹节做大做强，其投入经费在逐年增加。这一方面扩大了办节规模，提高了节日活动的档次，造成品牌效应，带动了地方旅游和商贸等经济的繁荣，给政府建立了政绩；另一方面，政府通过财政支出，也成了控制节日活动的指挥棒。政府办节包括经费资助、人员组织、制定活动方案、增减活动内容等各方面，从而使节日的性质发生了明显的变化。

（二）指导监督

虽然2004年的姊妹节方案中说，"组织形式以民间自发为主，政府指导为辅"，但实际上，政府指导仍然贯穿整个节日，节日许多活动都被设定在一个无形的框架中。政府参与使节日内容保证是健康美好、积极向上的，起到指导监督，促进社会主义精神文明建设，提高公民素质等作用。

政府出面是代表国家，因此，姊妹节的开展必须符合国家的法律政策。在当地政府出示的公告和下发的文件中，要求姊妹节期间当地和外地来参加活动的民众，不得有违反国家法律、法规的言行，不得有与精神文明建设背道而驰的现象，不准在节日期间闹事，必须保持良好的社会秩序等。政府监督还表现在，姊妹节期间各个活动地点都有政府雇请的保安人员在场，这些保安在节日里既负责保护当地百姓的人身财产安全，也负责外地游客的人身财产安全，同时维护各项活动的秩序，防止节日期间较易导致的突发事件等意外出现。在乡村举办的节日活动中，由政府组织的保安人员穿着民族服装，隐秘地进行监督和保护，既维护了祥和的节日气氛，又提供了安全保证。

政府根据姊妹节的民间原型加以提升，进行集中综合，对某些民俗活动加以适当地组织和指导，使之更隆重、更适合观赏。如姊妹节的开幕式就是政府为了有秩序、有效益的组织节日，并借此制造声势，赢得良好社会反响而增加的仪式。同时，节日中把全县的各种民间文艺和节日活动都挪移到县城举行，这种做法也是一种整合，把民族文化集中展示，既呈现丰富多样的内容，引起社会广泛关注，唤起民众对民族传统文艺的传承保护意识；又能节约成本，使游客和当地人都得到实惠，还能制造轰动效应，体现政府在繁荣民族文化、贯彻国家民族政策等工作的政绩。政府的指导也体现在，节日中除每次必有的民族盛装游行、邀请新闻媒体和外地客商参与的开幕式仪式，还要举办歌舞比赛、文艺表演及斗牛、斗鸡、赛龙舟等活动。在乡村，许多民间活动也纳入到政府管理中，像踩鼓等节日活动已变成政府召集周围各村寨参加的比赛项目，并给予一定的经济鼓励和奖赏。这些做法也是为了刺激民众的参与热情。

节日中政府人员在踩鼓场、拦门酒仪式举办点和乡政府办公楼附近都设立值班岗位，准备了大幅的“姊妹节活动日程”、“贵州苗族姊妹节施洞节区示意图”、“农家乐联络处”等图表，以方便游客住宿、饮食和观览，并动用卫生防疫和治安维护等后勤部门来保障节日参与者的安全。政府还为村民的旅游接待作具体指导，要求既展现节日风俗，又照顾游客习惯。乡镇干部专门制定了节日的活动要求及注意事项，要求接待游客的村民要热情礼貌，提供姊妹饭、红鸡蛋等节日食品，唱歌敬酒，劝酒适度，尽量展示苗族传统文化；并评选文明接待户，给予适当鼓励。这些服务性工作为外来者营造了一个良好的环境，也是对节日进行管理的方式。

政府有意识地选择施洞这个政治、经济和文化中心来办节，施洞又是作为苗族“刺绣之乡”、“剪纸之乡”、银饰加工之乡等宣扬的，其影响对周围地区有相当辐射力。这样做的结果也使苗族民间艺术得以展现和继承弘扬。以上简单分析了政府办节的行为，从姊妹节的举办来看政府参与是全方位的，也只有通过政府的多方在场，才能实现政府办节的多种意图。

（三）企业参与

在多次办节的经验中，政府逐渐意识到节日的发展和保护不一定要政府全权包办，特别是年年增加的办节经费，对民族地区的经济无疑是一项额外开支，财政压力迫使政府思考主办方式的多样化、参与主体的多元化。近几年，广西南宁民歌节在市场运作上的成功也带来了示范效应。南宁民歌节采取政府办节、企业经营、社会参与的经营模式，尝试把节庆活动作为产业来进行市场运作，回收了部分资金，并极大地带动了招商引资和商品购销的大幅度增长，同样为当地政府创造了政绩。2004年贵州姊妹节改变由政府完全包办的形式，也开始吸收企业参加。首次把节日活动的开幕式交给深圳市世纪星辰文化有限公司承办，全部实行有偿门票，从而使许多具体操作工作下放给企业来运作，政府节省了部分人力，也节约了部分办节经费。政府邀请企业一起参与主办民间节日的现象，体现了我国文化产业化的发展趋势，符合现代文化消费需求。

企业运作一般强调经济效益，往往忽略文化的保护和体现，故在挖掘文化资本价值的同时，也可能造成一定的消极影响。2004年在凯里举办的姊妹节开幕式办成了歌星闪亮登场，民族歌舞黯淡陪衬的大型歌舞表演，引起了许多苗族及外地学者和游客的抵触，认为民族文化被掩盖在外面的流行文化、市场文化的阴影下，最具民族特征、内涵丰富的姊妹节变得不伦不类了。但当地的苗族百姓多数认为姊妹节办到了州府，提高了姊妹节的规格，在更宽泛的地区造成了影响。综合各种意见来看，此次初步尝试并不能说明企业的参与是完全失败的，但作为一种新的办节形式还有待进一步完善和改进。

（四）保护节日传统的效果

政府办节常借助政府资源，用多种途径进行宣传，使民族内外、地方远近都知晓姊妹节和苗族传统文化，从而引起重视，促进保护。政府对外利用各大媒体，报纸、电视等手段，把节日活动集锦向外扩散，宣传姊妹节的多姿多彩、苗族人民的友好、苗族文化的价值；对内政府组织报道节日盛况和来宾反响，以此来肯定政府办节的成绩。政府还通过与地方台、中央台合作拍摄录制有关姊妹节的新闻节目、专题片或纪录片等形式多渠道、多样式的向外介绍，并趁机保存节日文化资料。

政府主办民间节日，对民俗传统的保护产生了怎样的效果？对此，有专门的报道说："'姊妹节'的品牌效应还增强了民族自信心和自豪感，有利于更好地保护民族文化。苗族姊妹节的连续举办，让台江这个默默无闻的小县在短短几年间成为海内外颇有知名度的苗族文化大县，苗族文化也因此得到了前所未有的保护和弘扬。苗族文化保护和申报世界文化遗产工作的启动，苗歌、苗舞进课堂吸引人们争相学习，关于苗族文化的新闻报道成为人们关注的热点……都有力地推动了苗族文化的传承与发展。如今，在台江县秀眉广场，每逢周末都有上千群众吹笙起舞，县属各机关与各村寨组成的18个俱乐部尽情交流表演，使古朴厚重的苗族文化自然而然地融入日常生活之中。同时，民间自发保护苗族文化的积极性空前高涨……"① 这些有目共睹的事实尽管有些可能是表面现象，但仍可看出政府举办姊妹节的效果是明显的。

不过，政府的保护可能只是选取了某些迎合主流意识形态的部分或被认为是代表先进和优秀的文化要素，而让一些有价值的民间文化遗漏或丢失。如姊妹节被称为"东方最古老的情人节"，木鼓舞被视为"东方迪斯科"，这些称呼本身就是对当地文化的拔高和提炼，塑造了一个美好和谐、神秘独特的民族形象。但姊妹节的产生有其特殊的民族文化背景和作用，与西方情人节相距甚远；木鼓舞的原始功能是祭祀，现在只剩下艺术价值，丢失了文化价值。总的来说，政府主办突出了节日中最能创造欢乐气氛的活动，以娱乐功能取胜。当然，节日的娱乐化趋势不是单纯由于政府主办带来的，很多传统节日今日都渐渐消失了其原初功能转变为娱乐为主要内容，但应该清楚的是，政府的管理和

---

① 《贵州省浓郁苗族风情旅游资源产生品牌效应》，中央统战部网站资料。

倡导有着自身的出发点，并没有完全从当地民众的角度出发。

这里需要补充说明的是政府管理与民间自治的关系。在姊妹节中，政府管理与民间自治有时是统一的，有时是矛盾的。节日中，政府组织的踩鼓活动几乎都是村民自愿参加的；而节期在台江县城举行的苗歌大赛，民间歌手在尽情歌唱时会忘了比赛规则和时间限制，组织者则强行中止。唱民歌本是自我倾诉、自我娱乐的方式，随着空间和时间的置换，变成舞台上的展演和比赛，原初功能丧失了；姊妹节中游方对歌者越来越少，而在弘扬和保护传统文化的政府舞台上，年年作秀，这显示出官方与民间存在的冲突，尽管二者的冲突有时被隐藏了。政府管理总是要把民间节日中与管理规范不相容的部分去除；民间自我发展的方向，也力求保持在政府管理的框架下，有时还会主动迎合官方意旨，以求得自我生存和发展的权利和空间。

值得注意的是，政府也是在尊重传统节日的基础上主办的，其主体内容没有脱离节日的原有活动和当地民族的文化传统。台江姊妹节在政府主办后形成了两种模式，即官方组织的和民间自发的，游客看到的多是组织好的，但民间仍有自己的过节方式，当地群众除参加政府出面组织的活动，还会按照传统过自己的节。如节期当地百姓家家户户举行隆重的祭祖仪式、在房前屋外烧香等民俗活动，并没有因为政府的组织和游客的进入而取消。又如政府在县城举办了部分冠以姊妹节的活动，活动日期有时会为了周末双休日，错前或错后两天，但主体活动基本还是在原生地按期进行，因为老百姓的生活节奏不会完全按照政府的工作表和游客的休息日来安排。也就是说存在两个空间，一个是官方在场的空间，可以展示给公众看的场面；一个是社区内部、家庭内部的自我文化空间，是民间文化自我循环、自我消化的领地。二者一明一暗，有时分隔，有时又交叉重叠在一起。总的来说，节日中政府因素的掺入，并没有完全改变当地百姓的传统过节方式，民间更多的还是按照自己的习惯来过节。

政府管理的利弊分析

民间节日作为承载传统文化的综合性载体，在当代借助政府的力量，扩大影响，引起了社会重视；恢复、保护和传承多种文化，还能唤醒民族意识，激发民族自豪感，增加民族向心力。这既是政府的主要办节意图，也是姊妹节给我们的印象，但实际效果则比较复杂，从目前的情况看，是得失兼有。

首先，通过我们的观察访谈和相关文献，应该肯定政府参与传统节日，对民族民间文化的抢救和保护确实起到了一定作用，这在黔东南地区具有普遍性①。政府介入保护了民众对于节日的热情，保护了节日本身的价值。政府对

① 陆景川：《黔东南州民族民间文化面临的问题与对策》，《当代贵州》2003年第4期。

该节日的重视和相应的操作，也激发了民间文化的生机和活力，在当地形成了文化保护的小气候。台江县连续多年对姊妹节的投入，带动了当地群众过节的兴趣，避免了因外出打工日益增多而造成节日的冷清。政府的组织能把社会各界方方面面的力量调动起来，使节日活动规模壮大，否则，不能集中各地群众来参加一些大型的活动，也就不能带来如此的影响力。

政府从展示和弘扬民族优秀文化、丰富节日内容出发，移植了非姊妹节特有的文化形式。这些形式有些被部分民众接受，如苗族飞歌和木鼓舞等；有些则没有被当地老百姓认同，如放河灯、龙舟赛等，他们认为哪个节日的活动就应该属于哪个节日，是哪里的活动就在哪里举行，移植了就没有意思了，特别是对龙舟下水这种有着特殊祭祀含义的节目，认为随便地举行会犯忌。节日中人为的成分、非本民族的成分太多，会使其原有特征被遮盖或扭曲，使节日的文化内涵丧失，节日越办越没有自己的内在活力。

政府办节虽然比较容易控制其发展方向，但财力有限，不能从财政上长期支持办节。2005年的姊妹节，政府邀请企业参与，正是把这种压力向外转移的表现。企业的市场运作对节日传统的保护是否有利，还处于探索阶段。另外，在政府办节的举措中经济倾向明显，也是需要加以注意的。市场导向对节日传承的激活和保护有一定的推动，特别是在旅游经济大潮一浪高过一浪的时期。但政府如果过分追求经济效益，把民族文化完全与市场结合，很可能使文化丧失其本来的内涵，结果常常是为了追求短期效益而使其面目全非，不单外地游客不再对其产生兴趣，当地人参与的热情也会被泯灭掉。更深入分析，民间节日有自己的运行规律，虽然有人希望把姊妹节“做实、做大、做新、做强”，完全把文化当做产业来运作和期望，但文化现象比经济生产更为无形，更难以把握，单凭人的主观意愿很难控制其发展方向。因此，这种文化产业模式是否是有效的保护手段，还有待一定时间的观察和检验。

从另一个角度说，民间节日的根在民间，官方的力量可能会产生一定影响，但倡导和禁止都只是外在的动力，真正的内在生命是节日本身具有的功能。官方导向也许只是暂时起作用，也许能够成为长远的保护途径。从姊妹节的传承历史来看，姊妹节是一个民间传承久远的节日，“文革”时姊妹节曾被禁止，但民间仍偷偷地过。“文革”一结束，此风俗马上就恢复了①。现今在商品化、现代化、全球化的进程中，姊妹节的内在功能渐渐消失，某些在民间已失去其活力、逐渐萎缩的内容，借助于政府有意识的倡导和市场的需求也可能得以维持，并逐步恢复起来，但这也只能是部分的、某种程度的作用。在政

---

① 被访谈人：姜彦平，男，50岁，小学文化，苗族，巴拉河村村主任。访谈时间：2004年5月5日。

府持续多年举办姊妹节后，2005年开始提出要让节日“逐步向民间转化，真正达到民间传统节日可持续性，有效地保护苗族优秀传统文化”①。这说明当地政府已意识到，政府的工作只能在一定层面起作用，而更实际的保护，还需要依靠文化主体自己。

调查中我们发现，政府的努力已经形成了一定的保护与发扬民族文化的意识。如果通过政府的重视、旅游契机的推动、民众对民族传统文化的深厚感情，促使该节日既有可观赏性，又有自娱自乐的参与性，还能带来相应的经济效应；同时还可促进民族传统文化的继承和弘扬，那就是一种成功。保护不是指一成不变的保留，而是顺应社会需求不断调适。但节日中的什么元素不可以改变？什么可以变？如何把握满足人们对传统的要求和时代要求的合适的“度”？对这些问题的解答乃是开发和保护节日文化的前提。

节日由民间自发变为政府组织，有意识地加以导向，这种做法是否有违节日的自然发展？对于政府办节导致的文化变异、传统节日内涵的流失与部分内容的凸现，显然不能用统一的价值标准来判断，究竟利弊如何？还需更长时段的观察。

① 《2004年贵州台江姊妹节活动方案》，内部资料，2004年4月。

羌历年和国民文化*

松冈正子

引　言

改革开放以来，少数民族文化的多样性被国家认同，并在国家指导下进行了民族文化的重建。但国家所致力建构的文化与少数民族自身所意识的“民族文化”未必一致。笔者从20世纪80年代末以来对羌族进行的实地考察证明，新近制定的“羌历年”与羌族人意识的本民族文化有所区别。本文即以“羌历年”为例，考察国家的文化建构指向是怎样在少数民族社会中得以实施及其被动接受的过程。

1988年10月，阿坝藏族羌族自治州人民政府把农历10月1日确定为羌族[①]的传统新年，即“羌历年”（或“羌年”），10月1、2日两天从此成为全州正式庆祝的节日。进入80年代，州政府通过和各地羌族代表协商，并依据《阿坝藏族羌族自治州自治条例》颁布了“关于羌历年放假的通知”。接受此通知后，羌族居住集中的茂汶县、汶川县、理县和北川县人民政府，从1988年起先后轮流主办了“羌历年文化交流会”，届时，各县代表团一同聚会庆祝，人们跳“锅庄舞”、演奏乐器、唱歌，羌族巫师也在庆祝行列之中。同时，还多次举办了传统文化艺术展演会、经济贸易交流会以及有关的学术讨论会。政府的用意旨在使“羌历年”成为保护民族文化的象征，对于羌族而言，首次拥有全民族共同的节日也是意义重大。

但当时把这个日子作为传统节日来庆祝的羌族人极少。笔者参加了1988

---

* 本文系爱知大学国际中国学研究中心（ICCS）2004年度国际学术研讨会论文，由李昱博士翻译。

① 羌族居住在青藏高原东端海拔高度为2000—3000米的高山峡谷地带，总人口306072人（2002年）。传说是古代游牧民古羌族的后裔，已在岷江流域定居超过2000年。羌族以四川省阿坝藏族羌族自治州的茂汶羌族自治县为中心，分布在周围的汶川、理县、松潘、北川等各县。羌族长期以来受汉文化影响，历史上在中原王朝与藏族（吐蕃）势力的对峙中，常站在中原的立场上。其文化拥有释比（巫师）、在屋顶和山间神树林安置白石、供奉山神、用传承的积石技术建筑数十米高的碉楼等要素。以白石为山神之象征的信仰，还有碉楼，也是藏彝走廊的藏族各集团共同的文化要素。

年第一次羌历年庆祝会，感觉会场气氛热情洋溢。但对“羌历年”一词，到90年代初，在笔者曾调查过的各地羌族人中，有很多人并不知道，现在的情形仍和当时类似，即羌历年尚未普及。这意味着政府认可的羌历年和多数羌族人之间的关系比较薄弱，其在制定过程中有不少问题。

本文拟对羌历年是在什么背景和意图下制定的、政府制定的节日对羌族意味着什么、究竟什么是羌历年等问题进行考察，进而究明围绕着羌历年的制定，国家的意图和羌族的意识之间的差异，探讨由政府主导的有关所谓“国民文化”① 之构筑的动向。

羌历年的制定

定义

“羌历年”是从20世纪80年代开始才被广泛应用的词语。在70年代以前的资料里几乎找不到这个词。《羌族词典》是由在四川省长期从事民族工作、羌族出身的政府工作人员负责，多名羌族研究人员执笔完成的，其对羌历年的记述②，大致可看做州人民政府的正式见解：

羌年是羌族传统的新年，是被最隆重庆祝的传统节日。在羌语里称作“日美吉”，含有“好日子”、“过年”的意思，俗语称作“小过年”，别于汉族的春节“过年”。目的是在收获后对神和祖先表示感谢、进行还愿、全家团聚。其起源要追溯到秦汉以前，基于“羌日历”的日、月、星辰（十二支），羌历把1年分为10个月。节期有农历的8月1日（文河、绵池一带）、冬至（北川）、10月1日（四川及贵州的其他地方）等三种，随地区各异。一般进行3—5天，也有过7—8天的地区。节日活动大体分为一家团聚和祭奠山神、感谢收获两部分。前者是第一天举家进行“收成酒”宴会，从第2天开始同族人互相招待。后者是供奉用荞麦粉做的蒸饺，用面粉做的牛、羊、鸡、马等造型的馍馍，祭奠祖先和诸神，祈求五谷丰登、人畜繁荣。所有居民在巫师释比带领下，到村子的神树林中及周围安置了白石的石塔之前杀牛宰羊，把血滴在塔上，并供奉动物的头骨。然后，由4名男性扛着白石绕全村转；每人则用分得的肉，举家庆祝。地区不同，活动内容也不同。以前以一个或几个村为单位进行活动，不过，新中国成立后，集体性活动被中止，多以家为单位来进行。

---

① 周星指出：“国民文化”超越了民族、种族、地域及方言集团，作为强化国家认同意识的工具，其具有以下四个特征：政府的主导、普通话、电子媒体和印刷媒体的影响力、多民族之间文化共有现象的全国化，而政府则通过媒体强化对多民族社会的控制。参见周星《中国民族学的文化研究在当前面临的基本问题》，载《开放时代》2005年第5期。

② 编纂委员会编：《羌族词典》，巴蜀书社2004年版，第387—388页。

概括以上记述，可知它是基于以前的羌族研究成果，以20世纪20—40年代胡鉴民等人的调查、50—60年代连续进行的中国少数民族社会历史调查（《羌族社会历史调查》）和在90年代相继出版的州志、县志为主要的出处①。但对《羌族词典》的记述，尚需作一些讨论。

第一，羌历年果真是“传统的新年”吗？以前最隆重庆祝的节日是祭山会（羌语是naheshi，汉语称“山王会”、“塔子会”、“石碉会”、“还愿会”；或用羌语是motoshi，用汉语是祭天会），政府制定的羌历年，在以往的研究中的确被记作祭山会、祭天会。两者存在那些差异？政府制定羌历年的依据到底是什么？

第二，羌历年制定的背景。政府为何要把这天作为新的节日呢？普通的羌族人又是怎样理解它的呢？

第三，羌历年的活动内容。政府鼓励的羌历年的活动内容，和以前秋季的祭山会稍有差别。在政府主办的羌历年庆祝大会中，向山神祈祷这一原本宗教性的侧面几乎消失，而以歌舞表演、经济交流、学术讨论会为主要节目。这体现了政府的哪些意识？对羌族人来说，这样的变化又有怎样的意义？

第四，关于节期。秋季的祭山会，以前是依据不同地区而分别在10月1日、8月1日和冬至三个不同的日子举行。其中为何单把10月1日选了出来？究竟政府说的羌历又是什么？

制定的背景

农历10月1日本是羌族举行传统的祭山会的日子。但祭山会在20世纪80年代初期，便几乎已经不举行了。早在30—40年代的战乱期间，其范围就逐渐缩小，后在新中国历次政治运动中害怕被说成是迷信活动，从50年代后期起大体就自动中断了。即使到90年代，恢复庆祝的地区也不太多②。

例如，即便是在以前一直隆重举行的理县蒲溪乡，对于10月的还愿和2月的许愿，也只有释比和60岁以上的老人们还有些记忆。释比和老人们因高龄化或陆续死亡的原因，能够向下一代传承的人急剧减少。据老人们说，这个

---

① 在《中国原始宗教资料丛编·羌族卷》第4章“崇拜活动与仪式”的年节礼部分，胡鉴民说，羌族人民的新年是夏历10月1日，因为正好是收获的时期，又是丰收节，新年酒宴又叫“收成酒”，他并且举了在10月1日举行收获节的茂县三齐十八寨（三龙乡），新番旧番二十多寨（三龙乡），汶川县的上水里（雁门乡）、克枯乡和龙溪乡，理县的城关区和桃坪乡等多个例子。参见和志武、钱安靖、蔡家麒主编《中国原始宗教资料丛编》（纳西族卷、羌族卷、独龙族卷、傈僳族卷、怒族卷），上海人民出版社1993年版，第569—573页；胡鉴民《羌民年节中的迷信经济习为》，《民族学研究集刊》1944年版，第4期。

② 西南民族学院民族研究所编：《羌族调查材料》，1954年；松冈正子：『中国青藏高原东部の少数民族—チャン族と四川チベット族』，ゆまに书房，2000年，第135页。

祭祀需要大笔经费，不易负担。由于30多年相当于一代人中断的结果，现在中年以下的几代人，连日美吉也没有经历过①。

那么，阿坝州人民政府为何要让已经在许多地区中断了30年以上的日美吉作为新年（羌历年）来恢复呢？这与1986年阿坝藏族羌族自治州的诞生关系密切。

追溯历史，四川省西部是羌族和藏族的居住地，大渡河东部在新中国成立后的1953年，成立了阿坝藏族自治区，1955年成为阿坝藏族自治州；1958年成立了全国最初的羌族自治县——茂汶羌族自治县。但清末以来由于汉族大量迁入的结果，1950年的人口比例是藏族51. 5%，羌族10. 4%，汉族占35. 6%。羌族在1950年的总人口不过36866人。1954年由于黑水县的羌族改成藏族，其人口就更加减少。然而到1980年，羌族人口增加到88394人（占全州总人口的12. 54%），1990年甚至是1955年的5. 6倍，约达13万人，总人口增加了17%。在这个趋势中，除自然增加外，大量包含着改变民族身份的人为性增加。根据1983年《民族区域自治法》的规定，录用政府公务人员的名额适当分配给少数民族地区，独生子女政策也对少数民族有所放宽，从80年代起对少数民族实施优惠政策，导致汉族申请更改为羌族的“民族回归”人群相继出现。1990年人口增加的约6成，是由民族身份更改形成的人为性增加②。

由这一民族回归现象还带动了阿坝藏族羌族自治州的改名。改名是从三中全会以后，一边听取民族代表的意见，一边进行讨论，并在1986年根据《民族区域自治法》向四川省人民政府提出申请，于1987年7月24日由国务院正式批准。“阿坝藏族自治州”的名称上加入了“羌族”，这对羌族人来说，既是本民族集体的存在被国家在很大程度上的认可，又是民族骄傲的象征。

接着在1988年，本着《阿坝藏族羌族自治州条例》第1章第6条之尊重民族独自的语言、风俗习惯和传统仪式的方针而制定了羌历年。这象征着在政府主导下羌族民族意识的提高和团结。换言之，羌历年的制定是国家推进少数民族优惠政策的一环，也可以说羌历年是作为政府致力于推进的国民文化之中的民族文化而初次正式亮相，它被赋予了“正式”的民族文化之一的地位。

对羌族来说的“羌历年”

那么，普通的羌族是怎样理解羌历年的？王明珂曾指出：“多数的羌族人认为以前没有‘羌历年’这个习俗。据北川县的老人说，在1987年从茂县等

---

① 松冈正子：『中国青藏高原东部の少数民族—チャン族と四川チベット族』，第227—229页。

② 同上书，第69—78页。

羌族居住的县，各派遣了数人到成都，让他们和那里的羌族一起庆祝了10月1日的羌历年。此后1988年在茂县、1989年在汶川、1990年在理县、1991年在北川县举行了羌历年庆祝会。就这样形成了'传统'。可是普通大众对这样的羌历年抱有反感。即在多数羌族人的记忆中，羌历年并不是传统性的东西，倒不如说相反。对羌族人来说所谓的羌历年开始的时期，代表着经济好转、大量的游客、歌舞升平等的现象，意味着它是一个新事物。"① 就是说，羌历年对于普通的羌族人来说，是突然由上面奖励下来的节日，至少对北川县的羌族人来说，对10月1日完全没有记忆。

然而，在制定羌历年时，多数"羌族代表"参加并阐述了意见。根据《羌族词典》，"（州人民政府）在中共十一届三中全会后，向各地的羌族征求意见，与茂县、汶川、理、松藩和北川各县的羌族代表协商……"② 这些羌族的代表又都是怎样的人物呢？如张永年（1929— ）是茂县出生的羌族，历任茂县乡长、副县长，县人大、州政协副主席，在羌族人中有很高声望。他在1994年接受采访说："三龙乡的传统节日明确地分为5月的祭山会和10月1日的羌历年，前者规定为封山，后者是庆祝收获的同时协商（处理）失窃和公益活动等的乡规民约"③。其实，普通的羌族人一般不会像这样把祭山会和羌历年分开来解释，但是由国家培育的民族干部或教师之类的知识分子却有可能。就是说，商讨羌历年制定的作为羌族代表的民族干部，与其说代表普通羌族人，不如说代表着民族精英的意识。民族干部处于作为"国民"的羌族的立场，担负着考虑民族"利益"、让政府的设想在群众中普及的作用④。

对于羌历年，政府方面和普通羌族人认识的不同，也正是民族干部和普通羌族人认识的区别，亦即在把什么作为羌族的象征上有分歧。是民族干部在汶川和理县东部10月1日举行的秋季庆祝日上，加上了羌族新年这一概念，由此产生了"羌历年"的新词。可羌历年这一新的新年概念对上述地区以外的人来说是唐突的，很难接受，因为春节作为新年已相当普及。而即使把秋季的祭山会继承下来，其他地区的人们在节期上也不容易服从。

此外，政府还把"锅庄舞"和"收成酒"作为节日活动的中心予以鼓励。

---

① 王明珂：《羌在汉藏之间：一个华夏历史边缘的历史人类学研究》，台北联经出版公司2003年版，第346—347页。

② 编纂委员会编：《羌族词典》，巴蜀书社2004年版，第388页

③ 俞荣根主编：《羌族习惯法》，重庆出版社2000年版，第512—513页。

④ 由政府培养的民族干部，以政府管理下的民族的将来和利益为行动准则。但有时，其与普通大众的想法就会有差异。如冕宁县出身的民族干部M先生，1980年代曾力主将自称"西番"的纳木义藏族改为藏族。可冕宁县子耳乡的纳木义族，至今也不肯接受这个建议。参见松冈正子「川西南の西番における民族识别（1）——プミ语集团の场合」，爱知大学国际问题研究所『纪要』126号，2005年，第128—129页。

可根据王明珂的报告[①]，“锅庄舞”并不是传统的民族舞蹈，而是受到了邻接的嘉绒藏族的影响，是伴有藏族舞之跳跃动作的较新的翻版舞蹈。老人们说，羌族自古传下来的舞蹈中没有跳跃，只有转这个动作。据说这是解放后年轻人从外边带回来的，1989年以后由于羌族知识分子积极宣传和鼓励的结果，举行文艺活动时必跳，作为年轻人的娱乐活动它已被接受。

即便是对于历来一直把这天作为祭山会庆祝的人们来说，节日内容也有了很大变化。在羌历年中，祭山活动等宗教性部分被删除，新型歌舞占据了活动的中心。以前的10月1日是感谢山神带来收获，以祈求五谷丰登、民众安康、六畜兴旺等为中心的活动，并且是以释比为核心的，正是释比主持的仪式和口头传承代表着羌族的传统文化。至少中老年以上的居民多是把以释比为中心的各种各样的口承文化理解成羌族独有的，可在“文化大革命”中许多释比被批斗，白石阿巴木比和释比的法器等被烧毁。80年代改革开放，虽说“文革”中的政治运动结束了，但当时的人们不知道政府变革会有什么样的方针，对于宗教迷信的部分多少有些提心吊胆。据笔者调查，即使到90年代中期，“文革”期间的事情也没从人们的记忆中消失，特别是对待释比及其子孙的态度还是很谨慎。

因此，羌历年庆祝会把文化艺术展演作为中心，这可以理解成是政府可以接受的少数民族文化，但对羌族来说却是被抹去了宗教色彩。至少截至1940年，在汶川和理县东部，10月1日是在安置着象征山神的白石阿巴木比的石砌的“拉西”台前，举行祭祀天神和山神的活动。但祭祀阿巴木比和山神等仪式从50年代被中断，没能向下一代传承。显然，政府在“国民文化”范围内鼓励建构的“羌历年”概念，对中老年人来说，其祭祀的本质亦即信仰部分已经丧失；对年轻人来说，新年已是汉族的春节，对上面教的羌历年几乎没有记忆。

不过，新的一代确实是更容易接受政府宣导的内容。“锅庄舞”受嘉绒藏族影响，作为新版舞蹈，其比传统舞蹈更为华丽，也被年轻人作为娱乐活动而接受。羌历年并不是传统新年的复活，实际上只能说它是政府主导下对新文化的建构。

羌历年和祭山会

羌历年和冬至岁首历

究竟什么是羌历年？羌族有独自的历法吗？在可以视为州人民政府正式观

---

① 王明珂：《羌在汉藏之间：一个华夏历史边缘的历史人类学研究》，第347—349页。

点的《阿坝州志》上，有这样的记载[①]：羌历年的习俗源于作品《木姐珠》[②]。天帝的小女儿木姐珠下凡到人间与羌族青年斗安珠结婚，临行前，父母陪奁了树种、粮食、牲畜等，给人间带来五谷丰登，为感谢天神就把这天定在了羌历10月1日。随着时间的流逝，"古羌历"变为只被巫师用来算卦，新年变成了农历10月1日。而这天也被叫做"还大愿"。

这里强调了羌族有"古羌历"，说它是巫师专用的历法，此外，还有源于天帝的传说以及还愿等三个要点。那么，什么是古羌历？羌族没有固定的文字，在举行仪式和决定事情时，由巫师根据日、月、星辰等的运行和自然现象来占卜吉凶，并确定日期。也就是通常说的占星民间历。占星是一种生活技能，是由老人们传下来的。传说中巫师的古羌历正是此类确定日期的历法。农历是日期固定的历法，它在广大地区通用，也是统治者控制民众时不可缺少的国家行政基础。但历法随着时间流逝和日月运动的偏差变大，就与实际季节不相吻合了，因此，民间在实际的农事和仪式中，常运用能够判定自然界动向的占星法。

《木姐珠》是只在羌族的南部方言区流传的传说。在这个传说里，天火=太阳作为重要的线索出现[③]，由此推断，从天上派来的所谓巫师的历法也跟太阳运行有关。《茂汶羌族自治县志》[④] 有这样的记载：羌历最早是太阳历，古羌人曾用羊角来确定时间，虽然羌历把1年分为10个月，但秦汉以后，逐渐被一年12个月的农历所代替。但对被称作太阳历的羌历没有具体说明。

把1年分为10个月的羌历，让人联想到和羌族族源很近的彝族10月太阳历。彝族的10月太阳历把1年分成10个月，一个月36天，加上5—6天为过年的日子，这样1年可以数到365.2422日。再按太阳的运行把1年大致区分为寒、暑两季，冬至后2天过小年，夏至后3天过大年。火把节就是后者，被作为彝族的新年[⑤]。出于仿效，羌族的羌历年把前者的冬至作为新年，羌历10月

① 四川省阿坝藏族羌族自治州地方志编纂委员会编：《阿坝州志》（上、中、下），民族出版社1994年版，第463—464页。

② "木姐珠"也被叫作"木吉卓"，与"羌戈大战"并列为羌族代表性的史诗，通过释比的著述流传下来。内容是以刁难女婿为主题的故事。人间的羌族青年斗安珠为与天界仙女木吉卓结婚，被天帝提出的难题刁难，后来他一一解决了难题，最终学会了刀耕火种等。"木吉卓"在迎接新年时讲述，通过史诗把刀耕火种这一生业方式和日常习俗代代相传。参见四川省编辑组《羌族社会历史调查》，四川省社会科学院出版社1985年版，第161—166页。

③ 《羌族社会历史调查》，第161—166页。

④ 四川省阿坝藏族羌族自治州茂汶羌族自治县地方志编纂委员会编：《茂汶羌族自治县志》，四川辞书出版社1997年版，第677页。

⑤ 陈久金、卢央、刘尧汉：《彝族天文学史》，云南人民出版社1984年版，第166—169页。

1日正好是这一天。

关于“还愿”仪式，与之对应的则有“许愿”。例如，在理县大蒲溪，2月许愿，10月还愿。两者的活动内容类似，据释比之王说两者大体相同，把荞麦做成的鸟兽或小面人捣碎，祈愿驱逐兽害和灾害；宰杀鸡、羊、牛等家畜，祈愿五谷丰登，感谢山神保佑。特别是2月许愿，有时会在牛背上架以木制犁具，向天播撒青稞种，举行预祝丰收的仪式；有时会通过枪击吊在悬崖的肉块占卜年成的丰歉。或者还有村民通过表演祖先的历史来确认对集体的归属意识①。可见许愿、还愿其实和农耕仪式有密切的关系，显示他们的生活方式是把1年区分为两段：从2月到9月的农忙期和从10月开始的冬季农闲期。

王明珂依据以下理由，否定了有关羌族曾经有过固定历法的观点②。(1)在羌语里没有月和年的概念，一年只被分为温暖的日子（春天和夏天）和寒冷的日子（秋天和冬天）。(2)羌族虽然有杀牛、羊“还愿”的仪式，但因地区不同而分别在10月1日、8月1日、6月1日或冬至举行。(3)20世纪40年代托兰斯（Torrance）和胡鉴民在汶川和理县东部观察到10月1日的“还愿”，并把它记录为收获祭式的传统新年。但其在当地或称作“牛王会”，或与冬至相混淆，或又称作“过小年”。“牛王会”和“冬至”都是汉族习俗，主要在“汉化”较深的农业地区举行，而在西部或北部半畜牧业地区牛王会非常简单，或几乎不举行。(4)关于羌族新年，在20世纪已与汉族一样过春节。由此可知，是托兰斯和胡鉴民把从汉族引进的10月1日牛王会误解成羌族的传统新年，实际上羌族并没有这样的传统节日。

对王明珂的结论，也可以有别的解释。王明珂认为羌族只是把一年分为温暖的日子和寒冷的日子，由于没有表示月和年的词汇，所以就是没有“历法”，他还指出羌历年的日期不仅是10月1日，还有6月1日、8月1日及冬至等。然而，把一年分作寒暑两季，正是太阳历最原始的1年的观念。如果假定羌历与彝族太阳历相类似，那么，6、8、10月等数字就是互相关联的。彝历把一年分作寒暑两季，10月的冬至和6月的夏至分别是“过小年”和“过大年”。这也和汉族的民间历法“九九消寒”③很相像。所谓九九消寒，是从太阳日照时

---

① 松冈正子：『中国青藏高原东部の少数民族—チャン族と四川チベット族』，第229—2358页。

② 王明珂：《羌在汉藏之间：一个华夏历史边缘的历史人类学研究》，第345—346页。

③ 明清时代流行的“消寒图”，是把81片梅花花瓣每天涂一瓣，全部着色之后便是惊蛰后5日，亦即到2月初旬严寒终了，此种民间历曾在全国广泛流传，并被认为是源于宋代的风俗。在周遵道的《豹隐纪谈》中，它以吴地数九歌即“尽九歌”的形式被记载下来。参见中村乔『中国の年中行事』，平凡社1988年版，第230—231、247—248页。明万历年间，出现了“司礼监印刷《九九消寒诗图》”的官方印刷本，并以年画形式留传了下来。参见王树村《中国民间年画史图录》（上），上海人民美术出版社1991年版，第35—36页。

间最短的冬至开始数起，以九九等于八十一天作为寒冬季节的民间历法，从冬至起进入严寒，不久立春过后春回大地，在第 81 天前后迎接春耕的开始。它是把冬至作为 1月 1日的冬至岁首历，在以冬至为过年这一点上，和彝历、羌历相通。

如上所述，我们推测古羌历是类似于把 1年分作寒暑两季的冬至岁首历，于是，10、6、8月等就作为与冬至岁首历相关的基本数字而出现①。冬至通过直接观测太阳就能得知，太阳复苏与人类生命的苏醒相联结，故冬至被认为是1年之始，因此，冬至岁首历从（儒略历等）很早就在世界各地受到瞩目②。在中国的一般历法里，往往也是在冬至 11 月中确定历法的“元日”③；曾在周代实施，依秦代始皇改制，年初朝贺在 10月 1日举行④。据说在民间，直至明代土木之变（1449年）前后，人们还和春节一样隆重地对待冬至⑤。可以认为，与汉族较早接触的北川县羌族在冬至举办羌历年，并非像王明珂所说的混乱，而应是受过去汉族民间之冬至岁首历的影响，作为接受影响的基础，羌族原本就有冬至岁首历的记忆。

10月 1日的祭山会和牛王会

那么，古羌历的 10月 1日，何以就被移植到农历的 10月 1日了呢？这和羌族接纳了农历密切相关。根据考古文物和史料，岷江流域的羌族，至迟在纪元前就从中国西北南下迁居到现在的土地，史诗《羌戈大战》叙述说，先是和原住民戈人争战并抢夺了土地，后来又向他们学习农业并定居下来。然后，再南下到灌县（今都江堰）和汉族有了接触。

特别是理县东部和汶川的南部方言区的羌族，从庄稼收获后的 10月起，纷纷外出去成都平原的汉族地区做工，掘井、挑运、修理堤防等，挣些钱后再于春耕时节返回，此种农闲期的生活循环从汉代起就已经有了⑥。这是因为过去多是在每年的 10月开始维修都江堰（从纪元前起就在现今灌县修筑了的大型灌溉设施）工程。清康熙四十八年（1709）起，都江堰工程的维修改变了此前每年向各县分配壮丁的做法，新的“折叠纳银制”为每位壮丁提供白银 1

---

① 有关羌历年 8月 1日的说法依据不详，但八一是历法的基本常数。汉武帝历法改革后的太初历把 1朔 1望月的时间长度确定为 29 又 81 分之 43 天，故被称作八一分法。参见薮内清『赠呈改补　中国の天文暦法』，平凡社 1990 年版，第 21－25 页。中国民间历之一的九九消寒图，也是把九九= 八一作为基本常数的。

② 青木信仰：『时と暦』，东京大学出版会，1982 年，第 74－101 页。

③ 薮内清：『赠呈改补 中国の天文暦法』，平凡社，1990 年，第 277 页。

④ 同上书，第 22－23 页。

⑤ 中村乔：『中国の年中行事』，第 222－249 页。

⑥ 冉光荣、李绍明、周锡银：《羌族史》，四川民族出版社 1985 年版，第 203－213 页。

两，据说在用这些钱雇佣的“蛮夫”中就有羌族。笔者在渭门乡进行调查也获知，20世纪30—40年代，当地羌族出外做活主要就是在灌县一带。

综上所述，羌族自定居岷江流域以来，原先主要从事的畜牧业的生业，便开始逐渐地在茂县北部的北部方言区演变为半牧半农型，在其他南部方言区则进一步向农业经济演变。南部方言区的羌族，从汉代起就在每年的冬季农闲期定期性地到汉族地区做工揽活，汉族方面成为决定其进入农闲期10月以后生活周期的必要条件。对羌族来说，农闲期出外做工是了解拥有不同生活习惯的汉族社会的窗口，因为经常出入那里，自然就有必要把汉族社会的语言和历法等也作为自己的“共通语言”。

10月1日，对于羌历和农历来说，都是重要的日子。对羌族来说，它是举行传统祭山会的日子。羌族各地的祭山会①虽然举办时期不统一，但活动内容大体上相似。在周围安置着白石的石塔前供奉牺牲，巫师释比通过经文和动作的符咒力，祈求借山神和祖先之神力保佑万物生灵及人类。有时还同时举行认可13岁男子为村落正式成员的通过仪式，举办日期在南部方言区是春秋两次，在北部方言区是5或6月只举行一次。其中在南部方言区，仪式中往往有与农业密切相关的内容，诸如预祝、祈祷风调雨顺，或答谢天神赐予的五谷丰登等，基本上是春季许愿，秋季还愿。

另一方面，在四川的汉族农村，农历10月1日是“牛王诞”或“牛王会”的日子。这一天的仪式，是要让牛休息并犒劳它，然后就进入农闲期了。《灌县志》（1933）和《华阳县志》（1816）中记载，在农历10月1日这天，人们要捣糯米、做糍粑，挂在牛角上以为犒劳。

意味深长的是在南部羌族地区的祭山会中，集体祭祀完山神后，汉族的牛王会也会按户进行。例如在理县蒲溪，从上午到下午全村集体举行祭山会，此后，从傍晚起就以几户为单位，牛的共同所有者就会在一起举行牛王会。当天，要给神龛里的牛王菩萨供奉豆腐等供品，在牛角上挂粳米饼、糍粑青稞做的面桃等。然后，整日放牛出圈，让它在村内自由活动，而牛的共同所有者之间则开始协商明年各户使用耕牛的先后顺序②。换言之，在已经实现定居农耕

---

① 祭奠山神的“祭山会”，其实也是居住在四川省西部“藏彝走廊”的藏族诸集团广泛共有的传统节日。他们使用属于藏缅语族羌语支的语言，以前统称为“西番”，拥有白石崇拜和数十米高的碉楼等共同的文化要素。参见松冈正子「藏彝走廊のチベット族と汉族」，载『汉族・少数民族の结合ークロスオーバー的词典からみる汉族と少雨数民族の社会と文化（资料集）』，爱知大学21世纪COEプログラム国际中国学研究センター国际シンポジウム，爱知大学，2006年，第27—28页。

② 松冈正子：『中国青藏高原东部の少数民族―チャン族と四川チベット族』，第138—139页。

的南部方言区，由于和汉族的接触，人们掌握了各种农业技术，特别是犁耕；此外，也通过从10月起出外打工来维持生活。这样，农历的牛王会和春节就被羌族广泛接受了。

在较深地接受了中央王朝统治的南部方言区，对于来自王朝的农历自然也不能忽视。根据《汶川县志》的记载①，在民国时期，每年立春，县政府都会主办“迎春典礼”，由县吏扮演的春官引领着手拿纸制春牛和纸花的农民去春场坝，巫师释比敲打羊皮鼓，大家一起捉芒神，以驱除污秽。随后，春官发放“春牛年表”。此“春牛年表”就是农历。

但南部羌族并没有完全接受王朝统治，也没有完全遵从农历。据笔者调查，在羌族的历史记忆里，往往是说北上的汉族夺取了羌族的居住地，把羌族赶到了现在的山间，而在其现实的记忆里，常有因为征兵和缴税而被迫陷入生活困苦的状态，并经常遭受歧视等。这样的历史和现实记忆，在清代以后每次和官方交战失利，都使得他们对统治者倾向于采取“阳奉阴违”的态度。过春节是显示他们与汉族共存的象征，但与此同时，截至1950年代前后，在不少地区又都把10月1日或8月1日作为本民族独自的新年来庆祝。

结　语

羌历年是1988年10月由四川省阿坝藏族羌族自治州政府制定的新年。据说州政府花了近10年时间，广泛听取羌族代表的意见，最终把农历10月1日确定为羌族固有的新年。但对普通的羌族来说，羌历年这个词是第一次听说，10月1日这一节期对南部方言地区以外的羌族来说，也很不习惯。羌族已有半个世纪以上的时间是在过汉族的春节。因此，即便在制定之后大约20年，羌历年仍难以普及。

政府制定羌历年是有政治意图的。改革开放以后，中央政府致力于推进各项针对少数民族的优惠政策，阿坝州正是在此种情形下推动了羌族的“复权”。背景是羌族人口的急剧增加。羌族总人口因1980年代的“民族回归”而突增，1986年，阿坝藏族自治州改名为阿坝藏族羌族自治州，1988年便根据自治条例制定了羌历年。羌历年乃是得到政府认可的一种“国民文化”。参与策划和制定羌历年的羌族代表，是民族干部和民族知识分子，虽说他们多是为了本民族的理想，但同时又受到党的教育和培养。与其说他们是民族代表，不如说是尽职地担负着政府代理人的责任，所以，他们往往与民众的感情较为疏远。这在有关羌历年的认识中，确实有颇为明显的表现。

---

① 四川省阿坝藏族羌族自治州汶川县地方志编纂委员会编：《汶川县志》，民族出版社1992年版，第797页。

羌历年与构成其节日之基础的原先的传统节庆日美吉，内容上有很大差异。传统的日美吉，主要是由巫师引导向山神和天神供奉牺牲，感谢一年的收获、祈愿新的一年平安丰收，有着浓郁的宗教色彩。根据羌族的传统观念，在山谷艰苦的自然环境中生活的他们，受到以山神为代表的超自然力的庇护，违背山神意志就会灾祸降临。为此，每年要定期祭奠神灵。由于新中国的屡次政治运动，50年代以来这些祭祀中断了，巫师释比因受到严厉的批判也几乎不再活动了。

然而，现在的羌历年，作为每个家庭是团圆，作为民族集体则是把以新型歌舞为中心的文化艺术演出会、经济贸易交流会、学术讨论会等作为主要活动，对于以前以巫师释比为核心的宗教性活动仍不予认可或处于无人过问的状态。羌历年对于普通的年轻羌人而言，并不是其传统节日的复活，而是与他们的生活水准提高时期相重叠的新节日；对于中老年来说，羌历年更是他们不熟悉的。近年来，巫师释比的活动甚至被作为重要的观光资源，在这一天变成了为观众表演的节目之一。

羌历年确实和现在的年青一代关系不大，他们对此的记忆非常淡薄。但如追溯羌族的生活节律和传承，则可推测出与1年以冬至分为寒、暑两季的冬至岁首历类似的古羌历的存在。以 10月 1日的日美吉为代表的山神祭祀活动，使人得以窥见基于择日的古羌历的存在。但同时，伴随着羌族的南下及与汉族的接触，在向汉族学习定居农耕的过程中又引进了农历及其相关仪式。这个过程，恰好可以从羌历年反映出来。

尽管有人民政府的热情支持和经济支援，当地羌人对此显示的兴趣仍不大。究其原因，大概以下几点值得考虑。首先，羌族原本没有统一的新年，相当于新年的秋季“日美吉”（汉语译为“祭山会”）的节期也不一致。加上它因政治原因已中断 40余年，且事实上汉族的春节作为新年也已经获得了普及。其次，在“文化大革命”之后及当前市场经济迅速发展的背景下，传统文化逐渐消失，在那些对民族的自我认同消失持有危机感的人看来，羌历年的内容不够充分。再次，很多年轻人出外打工，传统文化继承者年年减少。最后，与彝族、白族的“火把节”不同，羌族地区传统节日的复活没有发展成为旅游的资源，没能给居民带来经济的效益等。在民族语言与本土文化在社会激变中消失或不得不有所改变的情形下，政府主导的“羌历年”，可以说是确立民族文化自我认同的有效时机。但现有的羌历年与民族本身期望的“民族文化”，特别是在内容上有偏差，它的内容并非传统，而是没有继承人的“新传统”。

韩国国家节庆假日与传统岁时风俗之变化*

张长植

韩国国家节庆假日的历史

韩国是依据《有关国庆日法律（法律53号）》来制定国家节庆日的。在《对于各种纪念日的规定（总统令第15369号）》中，公布政府主办的纪念日活动；在《对于政府机构假日的规定》（总统令15939号）里，规定了包括国庆节和各种节日的国家假日（部分改定于1998年12月18日）。其中《对于政府机构假日的规定（总统令15939号）》虽然字面上是指有关政府机构假日的规定，但实际上决定了全体韩国国民的假日。该规定初颁于1946年6月4日，当时是总统令第124号《有关政府机构假日的案件》；至今它已经过15次改定。在第一次公布的规定里，国家假日的制定情况如下：

（1）星期日
（2）国庆节
（3）公历1月1日、2日、3日
（4）4月5日（植树节）
（5）中秋节（秋收节）
（6）10月9日（韩国语日）
（7）12月25日（圣诞节）
（8）其他政府指定的假日

后来15次改定都是在这次规定的基础上进行的。值得注意的是，其中把特定宗教的圣人诞生日定为国家假日（圣诞节），这可以解释为当时受美军统治与李承晚政权的影响。此外，公历新年放假3天以及将“中秋”以“秋收节”的名称纳入国家节日体系，应该视为受到基督教文化“秋收感谢节”（Thanks-giving Day）的影响。

1950年9月18日进行了第一次改定。这次改定的特点是为纪念朝鲜战争，把所谓“国际联合日”（10月24日）定为国家假日。这看得出来是有政治上的考虑。1956年4月19日进行第二次改定，这次为纪念在朝鲜战争时牺牲的爱国

---

* 本文原载《民间文化论坛》2005年第2期，收入本书时文字稍有改动。

战士，增加了“显忠纪念日”（6月6日）。后来在1960年3月16日的修改中，删除了4月5日植树节，增加了“防沙日”（3月15日），这反映出当时从经济角度强调山林绿化的意识。但在1961年2月27日第六次改定案中，又删除了“防沙日”，再次增补了“植树节”。

1970年6月15日的第八次改定案，内容方面没有变化，但规定的名称被改为《对于政府机构假日的规定》。1975年1月27日的第九次改定案，则是把佛教界期盼的“释迦牟尼诞辰日”（农历4月8日）与5月5日儿童节定为国家假日。把“释迦牟尼诞辰日”定为国家假日，在全世界前所未有，这是由韩国特殊的宗教情况引起的。

1976年9月3日第十次改定案的主要特点是增加10月1日“国军日”，同时废止“国际联合日”（10月24日）。这是由于当时的韩国正处于朴正熙军事政权通过维新宪法图谋延长政权的时代，因此与以前相比，削弱了对国际联合价值的看重而更重视军队。

1985年1月21日的第十一改定案重新注意到传统节日“春节”，将之定为国家法定假日，这是自1885年采用公历后100年间从未有过的决定。但当时并未将之命名为“春节”，而且对传统新年的想法改变不多，农历1月1日被定名为“民俗之节日”，放假只一天。1986年9月11日第十二次改定案里，中秋的放假时间从1天改变为2天，这是当时政权接受民主主义和恢复传统之热望的表现。不仅如此，在1989年2月1日第十三次改定案中，被称为“新正”的公历1月1日之新年放假从3天减少到2天，而“民俗之节日”则改为放假3天，并更名为“春节”。另外，“中秋节”的休息日也延长到3天。

1990年11月5日第十四次改定案，废止了10月1日“国军日”和10月9日“韩国语日”。废止“国军日”是因为当时国民对军队的社会作用抱怀疑态度，废止“韩国语日”则是考虑到一年中休息日过多而作出的调整。但后者引起了许多国语学者和爱国志士的反对。1998年12月18日第十五次改定案，把放假2天的“新正”改变为放假1天，这就使“新正”的意义弱化为政府机构或企业的新年典礼日。至此，与1949年制定的第一次法规相比，除国庆节没有改变之外，“新正”（公历1月1日）、“春节”（农历1月1日）和“中秋节”放假时间有减增变化，“儿童节”（5月5日）与“显忠日”（6月6日）的增加，“韩国语日”（10月9日）的废止，以及1975年1月27日第九次改定案中添补了类似基督教圣诞节的“释迦牟尼诞辰日”（农历4月8日）等，都是应予注意的重要变化。

从1946年1月1日到现在，经十五次修改后的《对于政府机构假日的规定》，对韩国人的假日规定如下：

(1) 星期日
(2) 国庆节
(3) 1月1日
(4) 春节(农历12月30日—1月2日)
(5) 4月5日(植树节)
(6) 释迦牟尼诞辰日(农历4月8日)
(7) 5月5日(儿童节)
(8) 6月6日(显忠日)
(9) 中秋节(农历8月14日—16日)
(10) 12月25日(基督圣诞节)
(11) 其他政府指定的假日

这里的“国庆节”其实包括“3·1节”(纪念1919年3·1运动的节日,公历3月1日)、“制宪节”(纪念制定宪法的节日,公历7月17日)、“光复节”(纪念解放的节日,公历8月15日)和“开天节”(纪念祖先檀君的节日,公历10月3日)。这些都与国家建设关系密切,因此,它们被认为是有绝对价值的节日,在十五次修改中一直被视为“不可改定的节日”,体现其与国家整体性之间不可分割的关系。

另外,从2003年7月起,部分机构和企业实施“五天工作制”,这一作息制度将逐渐推广到全国范围内施行。这样,当星期六也成为假日后,可能会带来更多岁时风俗的变化。[①] 严格地说,1998年修改的《对于政府机构的假日规定》只是对政府机构假日的规定,换言之,目前韩国在法律上并不存在有关所有韩国人或特定地区居民的假日法规,只是政府机构放假,国民也放假而已。虽然如此,但实际上该法规不仅左右着韩国人的生活,它还是影响传统岁时风俗的重要因素之一。

本文探讨的主要是政府假日规定的实施所带来的岁时风俗的变化。在传统意义上,岁时是从农历正月到腊月之间按期反复举行的周期性传承仪式,季节性、周期性和循环性是其基本特点[②]。同时,本文还将进行假日、传统岁时风俗等相关节日的比较研究,具体做法是比较公历1月1日与农历1月1日(春节),农历8月15日中秋节、端午和重九的比较,以及对七夕(7月7日)、寒食和冬至日的简单探讨等。

本文的主要目的在于探究以季节性、周期性和循环性为基本特点的传统岁时风俗怎样受到了法规的影响而发生改变,进而说明其强化、衰弱及消灭的过程。同时,笔者还批评政府单方面决定假日的行为是十分非生产和非文化的,尤其欠缺对传统节日文化意义的考虑。

---

① 现在实施“五天工作制”在部分公共机构中尚有限制,因而变通性地实行隔周(第二和第四)休息制度。目前,星期六仍不是政府机构的法定假日,而近似于行政机构的工作休息日。根据“国家职员服务规程”(自治团体依据为条例),实施国家职员的星期六休息制度。

② 金明子:《韩国人俗学概论》,民俗苑,1995年,第55—56页。

岁时与节日

“岁时”是岁（年）和时（时间）的组合词，意味着“四时”、“时节”、“节候”以及春节、新年和一年中各个节日的统称。与“岁时”相对的概念词是“无时”。“无时”是“无常时”的缩写词，指非特定时间，或非节日的平时的意思。岁时不是无时，而是特别的节日①，故又称为“节日”。韩国通常将“节日”又称为“名节”。“名节”是名（名字）和节（段落）的组合词，指随着季节命名的时间段落。岁时风俗在岁时节日或特定时期举行。“岁时”包含着节日的意思，当我们说“岁时节日”时，实际上已重复提及了“节日”的意义。② 这意味着虽然“岁时”包含多种意思，但主要意思是“节日”即“名节”，或者说是“岁时风俗”。

自古以来，韩国和中国把“岁时风俗”叫做“岁时岁事”或“时令”、“月令”等，强调季节性。日本称为“年中行事”③。韩国也有“年中行事”一词，但往往被误解为“年中举行的所有活动”。因此要强调活动性时，称“岁时活动”比较恰当④。

韩国的“岁时风俗”与农耕文化有紧密的关系，含有农耕仪式的性质。在传统社会，“岁时风俗”不仅与农业的“开始、播种、除草、收获、贮藏”等农耕周期有关联，还与日常生活有关。在“岁时节日”之际，人们通常要休息或娱乐一下，这既是从紧张的日常生活作息中暂时解脱出来的一种手段，又是为下一个工作阶段充实活力的机会。这样，按季节变化将一年划分为若干段落的“岁时风俗”，可以视为促进每个季节之宇宙生育力量、赋予生活以活力的仪式，因此，可视为包含了“通过仪式”之意味的季节仪式。

现在，对韩国人的生活起重要作用的“节日”多种多样，可根据多个标准进行分类。其中较为重要和简明的一种，即分为与以太阳运行周期为基础的“太阳历”有关的和与以月亮运行周期为根据的“太阴历”有关的节日。

在重视单数的亚洲观念中，有同一单数重叠的日子，如农历 1月 1日、3月 3日、5月 5日、7月 7日和 9月 9日等，这可叫做“重日节日”。同时根据月亮的朔望周期，又有 1月 15日、2月 1日、6月 15日、7月 15日和 8月 15日

---

① 朴湲圭：《韩国岁时歌谣之研究》，全南大学校大学院博士学位论文，1983年，第 9—10页。

② 现在，随着“节日”概念的扩大，“岁时节日”和“一般节日”混在一起。我们需要区别使用这两个概念。传统上，节日一般都是指“岁时节日”。

③ 朴桂弘：《增补韩国人俗学概论》，萤雪出版社 1997年版，第 371页。

④ 金明子：《韩国岁时风俗研究》，庆熙大学校大学院博士学位论文，1989年，第 1—2页。

等，这可叫做“朔望节日”。农历 1 月 1 日的春节由于是朔望周期的 1 日，可叫朔望节日，但它同时又有新的一年第一个月（寅月）和第一天（朔日）的意义，所以在更大意义上把它当做重要节日比较恰当。另外，朔望节日中 1 月的满月元宵节（韩国称上元）、6 月的满月（流头）、7 月的满月（百中）和 8 月的满月（中秋节）等重要节日，则不妨称为“望日节日”。

按照太阳的黄道，一年的季节可作 24 等分，含有 12 节气和 12 中气，统称二十四气。其中也有一些意义重要的日子，如立春、冬至等，它们可叫做“节候节日”。另外还有以二十四气为基础的“杂节”。“杂节”指以特定日子为起点决定特定期间的节日，如三伏、“新旧间”和寒食等。以“三伏”为例，从夏至起，第三庚日和第四庚日分别叫初伏和中伏，从立秋起第一庚日则为末伏。济州岛的“新旧间”，是从大寒后第 5 日到立春前第 3 天。寒食则是冬至后的第 105 天。

此外，与宗教性纪念日有关的节日，如农历 4 月 8 日释迦牟尼诞辰日，公历 12 月 25 日基督教圣诞节等，在祝贺某宗教人物诞辰的意义上，这类节日可叫做“祝日节日”。

可见韩国的节日类型丰富多样，主要以太阳历和太阴历为骨干，这在韩国古代历史中表现得很明显。如高丽时代的节日系统是“元正、上元、寒食、上巳、端午、重九、冬至、八关和秋夕（中秋节）”（《高丽史》卷 84，志卷第 38）。朝鲜时代把四大节日定为“正朝、寒食、端午和秋夕”（洪锡模：《东国岁时记》）。再者，高丽时代有“八关”，又称“八关会”，它是一种烟灯会，但与当时全国范围内举行的其他烟灯会不同，“八关会”10 月于西京举行，11 月于王都开城举行，而在 2 月举行的烟灯会则是寓意向佛祈祷王朝繁荣和国家太平的特别仪式。在后来的演变中，八关会的举行时间转移到正月十五日，到高丽末期再转到 4 月 8 日。到朝鲜时代，八关会被废止，烟灯会虽然得到继承，但其性质已民间节日化①。

比较高丽时代与朝鲜时代，可以发现整个节日体系从九大节日减少到四大节日，但其中寒食始终位居重要节日之列。朝鲜时代的四大节日不包括上元，但这并不意味着当时不重视上元，只是把上元（元宵节）视为正朝（春节）延长的节日了。考虑到在韩国传统里，上元（1 月 15 日）、流头（6 月 15 日）、百中（伯仲，7 月 15 日）和中秋（8 月 15 日）等“望日节日”占据主要地位的情况，就更不能说不重视上元了②。

当今的韩国人并不认为所有传统节日都很重要。以 2005 年《月历》中作

---

① 张筹根：《韩国的岁时风俗》，萤雪出版社 1984 年版，第 30 页。

② 同上书，第 32 页。

为节日的日子为例，它们是公历 1 月 1 日（新年、新正）、农历十二月三十日至一月二日的春节（公历 2 月 8—9 日）、农历一月十五日元宵节（上元，公历 2 月 23 日）、农历五月五日的端午、农历七月十五日的百中（又称伯仲）、农历八月十五日的中秋节（又称秋夕）、寒食和冬至。其中，新年、春节、寒食和中秋节被定为国家假日，属全国性节日。

如前所述，寒食是冬至后第 105 天，通常为公历 4 月 5 日。虽然寒食日本身有特别的意义，但政府为鼓励植树，把每年 4 月 5 日定为国家假日“植树节”。然而，从历史脉络看，韩国的植树节也另有重要意味。朝鲜“成宗”时，大王、太子与文武百官曾在东大门外先农坛亲身耕作（成宗二十四年三月十日），按公历计算，当天即 4 月 5 日。植树节的直接由来是 1910 年“纯宗”举行“亲耕祭”，亲自植树。1911 年 4 月 3 日，尚处日本帝国主义强占期的朝鲜第一次把 4 月 5 日定为植树节。解放后，在 1949 年 6 月 4 日制定的《有关政府机构假日的案件》里，植树节被确定为法定假日。以后，在 1960 年 3 月 16 日第四次修改时，4 月 5 日的植树节被替换为 3 月 15 日的“防沙日”，但 1961 年 2 月 27 日第六次修改时再次恢复植树节。1990 年第十四次改定的预备案曾提出把植树节删除出假日的意见，后来因清明、寒食的重新确立而维持了其假日的地位。由此看来，在今天韩国人的生活中寒食虽不是国家假日，但它在某种程度上已等于植树节，实际上也是全国性节日。

元宵节、端午、百中（伯仲）和冬至也不是国家假日，主要表现为部分地区盛大而隆重的节日。如此看来，目前在韩国除公历新年以外，只有春节和中秋节两个正式节日，它们跨越宗教和地区文化，成为普遍公认的两大节日。

历法的变更与春节的变化

历法使人的生活规范化和体系化，并在规定中生成了文化。因此，历法的使用与否可以作为自然与文化的区别标志之一。历法的使用意味从自然历转移到文化历，意味着人类生活进入先进文化的阶段。

韩国从什么时候开始使用历法，使用怎样的历法，目前尚不得确知，只能从古代文献记载中推测一二情形。最早的历法记载便与韩国古代国家的岁时风俗有关。在《三国志·魏书·东夷传》中记录有“殷正月”时在夫余举行迎鼓，十月高句丽的东盟和阗举行舞天。其中关于高句丽和阗的记载中的“十月”，可能是按当时通用的夏历来计算的，而由记载中的“殷正月”来推测，当时夫余应是使用殷历。根据《三国史记》，百济在公元 5 世纪以后使用宋国的元嘉历，高句丽在 624 年从唐朝得到历书并传给日本，新罗则在 674 年修改麟德历。

高丽时代的 1281 年使用了郭守敬的授时历，朝鲜时代孝宗四年（1653 年）

则采用了太阴历时宪历。到1895年乙未农历9月9日，官报发表了“把历法改为太阳历，把开国504年11月17日作为开国505年1月1日”的诏敕令，正式公布使用太阳历。由此，农历1895年11月17日改作公历1896年1月1日，标志着韩国第一次开始使用公历①。

日本是从明治维新后的1872年起采用公历的②。当时，日本对朝鲜施加政治外交压力，因此在朝鲜推行公历受到了朝鲜人民的抵抗。这样，围绕着农历与公历的使用，政府与国民之间的纠葛因为掺入外国侵略的因素，互相间的紧张关系被强化了。虽然当时主张采用公历的皇室都按公历举行国家仪式，但传统的农历新年并没有因此就被忽略。如1907年1月5日《皇城新闻》报道，“1月1日上午8点文武百官在中华殿举行了朝贺礼”。这是按公历举行的新年仪式，而那年春节时，政府各部门与各种学校则挂起国旗祝贺新年（《皇城新闻》1907年2月15日报道）。这表明连皇室也不能禁止农历的使用③。

采用新历法的政府欲将公历1月1日作为新年之始，但普通老百姓却继承民族传统，把农历一月一日视为新年。这样，视公历1月1日为新年的（又称元正）就叫“新正”，而传统的新年就称“旧正”。这是围绕新年为何时的新正（新年）与旧正（春节）间的对立。这种对立在日本帝国主义强占时期表现得越来越明显。从当时的报纸上可以清楚地看到，朝鲜总督府强迫韩国人使用公历，强迫民众遵守公历新年的约定，妄图以此扼杀韩国民族文化。《每日新报》是朝鲜总督府的官报，其1915年2月14日的社论说，“虽然正式新年是公历的新年，而朝鲜人还是把农历的春节迎接得更为热烈”。该报第二年1916年1月5日的论调却变为“现在公历的新年成了真正的新年节日”，此后1919年1月3日还登载了“按公历过新年的情况越来越多”的文章，这可能反映了报社的主观愿望吧。

1926年1月1日至4日的《东亚日报》上，“过一个新年”的主张连载了4次，其主题是“近期很多朝鲜人民过公历新年，商人、银行、企业和有关外国的人等不得不两次过年，为了改正两次过年的弊端，应该只过公历新年”。在1926年1月4日《东亚日报》甚至登载了金活兰（亲日派人士）“选择全世界公认的新年是明智的”的新年致辞。

① 李殷成：《历法的原理分析》，正音社，1985年，第340页。

② 日本从1872年采用公历后，到现在只使用公历。因此，农历一月一日失去了社会意义，只把公历1月1日到3日定为“国民祝日”而休假。虽然中国从1912年采用公历，但公历1月1日并没有受到特别的重视。中华人民共和国成立后，公历1月1日只休息1天，农历一月一日到四日被定为“春节”而放假。

③ 姜正源：《近代在新闻与杂志上的岁时风俗》，载《韩国岁时风俗资料集成》，国立民俗博物馆，2003年，第632页。

但殖民地的朝鲜人民仍然喜爱农历春节，这也可以从当时的报道上得到确认。1925年1月25日的《朝鲜日报》说，“迎接春节。各级学校都放假，商店也关门，热卖孩子们的玩具”。1927年1月30日的《东亚日报》说，“我们与总督府为了改正两次过年的弊端，已经多次指责过，但是人们仍然过春节。”由此，我们可以知道当时“总督府与报社宣传公历新年，而老百姓仍然喜爱农历春节”的事实。[①] 这背后是有殖民与反殖民的历史背景，对于当时的韩国民众而言，大家都认为公历是从日本来的，推行公历就是迫使韩国人使用日本历法。这样一来，公历新年即意味着日本新年，而农历春节则是韩国人自己的新年。

1925—1935年之间出现的农村启蒙运动，也给春节带来一定的影响。引领启蒙运动的团体是基督教YMCA和YWCA组织，其活动的主要内容是“打破旧习”。特别不可忽视的是它把包括春节仪式在内的各种传统民俗视为前近代行为[②]，由此造成了春节风俗的微缩。

解放后，对公历新年持否定看法的认识改变不大，到60年代一般国民仍认为新年仅是政府机构实行的纪念日，他们通常还是依农历来生活，他们的新年仍然是农历1月1日的春节。到1989年，国家将公历新年定为国家假日，并放假3天。

韩国在1960—1970年间可以说是处于工业化和都市化的时代。这一时代的韩国正经历着根本的社会结构变化[③]，尤其是从农村社会转变为都市社会和工业社会的质的变化。1971年以政府为主进行的新村运动等社会运动引起了社会与文化的改变，这些变化使得公历逐渐获得民众的支持。因为工业社会需要历法的单一性、标准性和规范性，同时由于决定历法的主体是资本家，所以，国际性的公历新年越来越得到广大老百姓的认可[④]。都市工人和政府官员都遵守以7天为周期的生活，而且如果不是法律规定的假日，不管它是多么重要的节日，谁都不可以回老家过节。如此，对于都市工人和政府官员来说，公历便成为生活历。在1985年1月21日《对于政府机构假日的规定》第十一次修改之前，传统春节在法律上没有得到承认，是不可以正式放假的。

---

① 调查日本帝国主义强占时期的报道，有关过年新闻意外的多。这一方面是因为重视过年，另一方面更与报社对过年的态度有关。1895年采用公历以后，在正式场所过公历新年，而一般家庭仍然过传统的春节。参见姜正源《近代在新闻与杂志上的岁时风俗》，第618—619页。

② 金明子：《韩国岁时风俗研究》，第69—70页。

③ 林熙燮：《韩国的社会变化与文化变化》，玄岩社，1984年，第35页。

④ 林在海：《岁时风俗的变化与假日政策的问题》，《比较民俗学》（第十辑），比较民俗学会，1993年，第27页。

当时，“旧正”（春节）被认为是落后国家的恶习，政府引导全体民众将公历新年视为春节来过。这时出现的一个特殊词汇是“两次过年”，该词是日本帝国主义强占时期曾经使用过的。当时在个人与家庭层面是按照传统过春节，而在社会与集团层面则按照公历过新年，于是出现了“两次过年”。为改变这一弊端，学校老师被要求教育学生将公历新年视为新的一年的起始，政府职员要在这时检查企业一年的工作情况。当然，这种行政控制与以反共为理念、以经济开发和出口为政策的军事政权有着紧密的联系。

考虑到国民的抵抗和社会氛围，政府在1985年把春节称为“民俗之日”，放假1天。这虽然反映出政府对春节之民族情绪在一定程度上的认可，但将之称为“民俗之日”又流露出当时政府和领导认可的勉强和苦闷。从1885年开始废止农历、采用公历到1985年已过了一百年，民众坚持过春节这一点反映出韩国人对春节的顽强意志以及对传统固执的继承能力。

1987年是韩国现代史上很重要的一年。这一年发生过对抗“军事政权”的所谓“六月抗争”。在这一年，国民增强了民主的力量，充满了成熟的市民社会的改革意志。因此，国家制定和实施国家纪念日与假日方面不得不有所变化①。变化就是按1989年2月1日第十三次修改案实施春节新年，传统的农历一月一日定为春节，前后放假3天，而公历新年的假日则相应减少为2天。另外，中秋节假日也从2天延长到3天。1998年第十五次修改时，公历新年假日被再次调整为1天，同时废止“韩国语日”和“国军日”。这样，传统春节在岁时年节中的地位又恢复到原来的位置。从失去到恢复，用了大概一百多年的时间。

实施国际标准历与岁时风俗之变化

对于当代韩国人而言，公历既是国际标准历，同时又是生活历。虽然婚礼、搬家、葬礼、巫俗仪式和佛家仪式等仍然根据农历，但大部分日常生活是依据公历进行的。因为，当代韩国人的生活以一个星期为周期、以公历作基准来安排作息，并根据公历制定假日。

传统的韩国岁时风俗是以“朔望周期”的节日与农历为基础的。近代韩国较具有重要意义的节日是春节、上元、寒食、端午、七夕、百中、中秋节、重阳、冬至等。这一点可以从日本帝国主义强占时期的报纸和杂志（1876—1945年）有关节日的新闻统计中得到证实（总共446件）：春节98件（22.0%）、上元37件（8.3%）、寒食（包括清明）17件（3.8%）、释迦牟尼诞辰日22件

① 金玟焕：《关于成立韩国的国家纪念日的研究》，汉城大学校大学院硕士学位论文，1999年，第91—93页。

(4. 9%)、端午 109 件(24. 4%)、三伏 16 件(3. 6%)、七夕 8 件(1. 8%)、百中 3 件(0. 7%)、中秋节 70 件(15. 7%)、重阳 7 件(1. 6%)、其他 44 件(9. 9%)[①]。

其中上元、百中和中秋节是“望日节日”,春节、七夕和重阳是“重日节日”,寒食是杂节,冬至是季节节日,它们都是对韩国人的生活很重要的日子。而在采用国际标准历与实施国家制定假日之后,只有春节、寒食和中秋节仍具有节日的位置,其他上元、端午、七夕、百中、重阳和冬至等似乎都成为平常的日子,至少其节日性不能得到法律的保护。以下专门分三类来分析这些被削弱的岁时风俗。

上元(元宵节)

在韩国岁时风俗里,上元本是与春节相应的节日。春节(又称元旦)即是元日的意思,又是从元日到上元之间的意思。这可以通过“春节的鞠躬行到元宵节”这句俗话得到确认。春节是从继承时间的观念这一认识角度而来的概念。春节是以家族共同体为中心的血缘节日,上元则是以地方共同体为基础的地方节日[②]。换言之,民众主要通过春节加强血缘关系从而形成家族主义,通过上元加强地方共同体关系从而形成地方主义。以迎接新的一年为起点,先加强血缘关系,再加强地方关系,从这个意义上讲,春节与上元之间彼此连贯。作为社会的动物,人类离不开地方共同体,这即是上元追求的方向。

但是,国家假日体系中并不包括上元。这样,通过春节与上元依次加强血缘和地方关系的传统岁时风俗,变为只承认加强血缘关系的春节而排除加强地方共同体的上元,由此造成了回避地方文化的后果。虽然如此,对韩国人而言,上元仍是很重要的岁时风俗。目前,韩国仍保存有上元前后举行的村落共同体仪式。据有关调查报告,约 40. 6% 的节日游戏都集中于上元[③]。能保存下来固然是幸运之事,但为了使全体国民都能享受上元岁时风俗,我认为需要考虑把上元定为国家假日。

端午与七夕、重阳

在这里需要与端午一起考察的节日是中秋节。中秋节法定休假 3 天,是韩国人喜爱的节日之一。在春节与中秋节,韩国都会出现被称为“民族大移动”

---

① 姜正源:《近代在新闻与杂志上的岁时风俗》,第 626 页。

② 林在海:《从端午到中秋节——安东地域岁时风俗之持续性与变化》,《文化人类学》第 20 号,韩国文化人类学会,1989 年,第 359—361 页。

③ 金光彦:《韩国的民俗游戏》,仁荷大学校出版部,1982 年,第 7—16 页。

的回乡现象。

严格来说，端午与中秋节在朝鲜半岛上都是地方文化的产物，但韩国比较重视中秋，而朝鲜重视端午，这是气候与农业等地方差异造成的区别①。在依据岁时风俗划分的“文化圈”学说中，“中秋节圈”是“南汉江”以南和“小白山”西部地区的节日；“端午圈”在南汉江以北；而南汉江以南和小白山东部地区是“中秋－端午复合圈”②。由此看来，端午与中秋节都是以特定地区为基础的地方岁时风俗。考察日本帝国主义强占时期的报纸可知，端午仪式在汉城、仁川、开城和平壤以及咸境道和平安道等地举行，中秋节仪式则主要出现在开城、汉城与京畿以南，特别集中于湖南地区（扶安、灵光）和岭南地区（安康、咸阳、居昌、金海、晋州、宜宁、统营、固城和釜山）。这些报道同样表明，朝鲜半岛上的“端午圈”与“中秋节圈”不同。

现在在韩国，作为地方共同体节日的中秋节被法定为国家假日，从而使之成为全国性节日，而端午节则除了“江陵端午祭”和“全南法圣浦端祭”以外，对于其他地区来讲是有名无实。这种平一化和一般化的过程，就有地方文化传统影响国家法定假日制定的因素。

七夕也是这样。虽然七夕是全国性节日，但仍有像“忠清道清阳”那样在当地比春节和中秋节更重要的情形。③ 传统上到了七夕，当地所有居民包括离乡人都回来参加这个节日，为的是加强地方共同体的团结。但现在因为七夕不是法定假日，许多离乡人便无法返乡参加而只能寄送基金。这样，参加节日的人越来越少，导致七夕衰弱，濒临消亡的困境。

重阳（韩国称为重九）是特定阶层的节日，也是反映地方文化的节日。《世宗实录》中有“柳宽”向世宗大王恳求“依据唐宋古事，在上巳与重阳使大小臣游览名胜古迹，享受太平圣代”及大王允许的记录，说明朝鲜时代已经有以士大夫为中心过重阳节日的风俗。《东国岁时记》也记录了汉阳（汉城旧名）的重阳“登高的传统风俗”，这也反映出重阳是士大夫的风俗。

相较于中秋，安东地区更重视重阳，这似乎也与士大夫的礼法有关。现在的安东世家认为，中秋节祭祀不符合传统礼法，而应当在重阳祭祀④。这应该也与当地生产的谷物有关，这里中秋节时谷物和水果都还没熟，在中秋时祭祀就无法准备出新的谷物。但因为重阳没被法定为假日，而中秋节被定为假日，

---

① 李杜铉：《韩国人俗学论考》，学研社，1984年，第291页。

② 金宅圭：《韩国农耕岁时的研究》，岭南大学出版部，1985年，第454页。

③ 据笔者调查（2002年8月14日－16日，忠清南道清阳君正山面德圣里与内础里），当地居民过七夕要休息10天，气氛很热闹。受访者：赵汉福（男，71岁）。

④ 林在海：《岁时风俗的变化与假日政策的问题》，《比较民俗学（第十辑）》，比较民俗学会，1993年，第40页。

这样，祭祀与扫墓等传统活动都自然转移到了中秋节。这种冲突很像围绕着春节出现的纠葛，也可以称为“两次过中秋节”，目前尚无好的解决方法。我认为，唯一的解决方法就是将重阳这样的地方性节日也法定为国家假日。

冬至

可称为“亚岁”的冬至与冬至岁时风俗意义重大。《东国岁时记》详细描写了有关冬至的风俗，表明对韩国人来讲，冬至是重要节日。有关冬至作为岁时风俗的性质，较为普遍的是“夏扇冬历”的月历风俗说法，即夏天赠送扇子之类的季节性用品，冬至日吃小豆粥为代表的季节食品和互赠《月历》。但由于冬至未被定为假日，它也不是全国性的风俗，因此一般只限于年纪大的人之间，或者是商业性的节日。

然而，若仔细考察有关冬至风俗的现状，可得到意外的发现。首先，冬至的小豆粥已经脱离季节食品，逐渐成为全国性的日常食物之一。这表明虽然冬至没有受到国家法律保护，但民众中仍然流行着包含冬至意义的行为。这从一个侧面表现出韩国人对冬至的喜爱。其次，民众中存在以冬至为始、互送新年月历的事实，表明冬至风俗还具有迎接新年的实用目的。

从国家单方制定假日转为多途径制定假日

上面的论述虽有些简单和粗糙，但我们知道了目前在韩国是依据《对于政府机构假日的规定（总统令15939号）》实施包括国庆节和各种纪念日在内的假日。按这一法规，假日的规定只限于政府部门的工作人员。因此，它也面临着非政府工作人员不能休息的矛盾，非政府人员只是按习惯休息而已。虽然如此，这一法规仍给韩国当今的岁时风俗带来不少影响。总结起来，上文已经探讨过的内容如下。

围绕新的一年的开始，有公历新年与传统春节的立场之争，形成尖锐的对立。1885年采用公历后，官方只承认公历1月1日，经过一百多年后韩国人才重又找回春节的名字和位置。这期间不可避免地经历了不少不必要的论争。这清楚地暴露出韩国人具有以农历春节为真正新年之始的观念。相应地，韩国人认为公历的采用与外国（日本帝国主义）势力入侵有关，甚至公历新年一度被认为是日本的新年。从与厘定新年有关的历法变化中可以窥见韩国近现代历史的重要一面。

多样性岁时风俗的简单化带来了意义的变化，首先是中秋节与端午的改变。中秋节与端午传统上都是以地方文化为基础的地方民俗，但后来因为中秋节被法定为国家假日，便成为全韩国人的大节日。相反，端午的地位相对衰落。可见国家单方制定假日是对传统节日的一种标准化与简单化处理，是对岁时风俗的扭曲。

其次是削弱了上元、七夕和重阳等岁时风俗。这三种岁时风俗，从环境生态与环境生态学角度，以及从文化生态与文化生态学角度来看，都很重要。但它们均未被列入法定假日，这从民俗学的角度来看也很可惜。因为在多样性文化生态的保存与继承的层面，它们是十分宝贵的文化财产。根据工业化过程的经验，我们已经知道要把失去了的文化面貌重新恢复是多么艰难的事。

制定国家假日时，一定要体现出这一节日的多种文化因素。相对于春节而言，以地方共同体为基础的上元文化被认为是次要节日，而重阳则为被法规保护的中秋节所代替。这些现实警示我们，为保存文化多样性，就应改变国家单方面制定假日的方式。反映地方共同体的节日，不必非得定为全国性节日，可以考虑定为地方性假日。这意味着假日的制定方式从国家单方制定转变为多途径制定。如“江陵端午祭”与“法圣浦端午祭”，可以依大区假日原则定为江原道与全罗道的假日；依小区假日原则，则可定为江陵（江原道）与灵光（全罗南道）的假日。通过类似这样的方式，我们可以把目前平均化与单一化的节日体系恢复到丰富的具有独特意义的节日集合体。我认为，可以考虑由地方政府制定各个地区假日的方法。

在韩国的假日中，有农历四月八日释迦牟尼诞辰日与公历 12 月 25 日圣诞节。韩国是目前世界上唯一把与宗教有关的圣人诞辰定为法定假日的国家。我认为这需要重新检讨①。

最后，本文提出要深入、细致、全面地考察岁时风俗的变化，不仅应该注意时间观念的变化（采用新历法），同时还应该考察政府政策的变化，以及都市化和工业化引起的变化等多种因素，比如，农业生产形态与农业生产方式的变化以及对传统的评价和价值观的变化等。因篇幅所限，本文仅以新历法的实施与假日的制定为焦点，就岁时风俗来探讨节日的变化，其他问题则是留待今后的研究课题解决。

① 这方面的讨论可参见张筹根《韩国的岁时风俗》，萤雪出版社 1984 年版，第 30 页。最近，通过回忆谈《与民俗一起的人生》（《韩国民俗学》38 号，韩国民俗学会，2003 年，第 7 页），也讨论到宗教与假日的问题。

民俗的国家化与国际化*

——斯库科拉夫特的“吉希一高森”个案

［美］理查德·鲍曼

过去20余年经过民俗学家和语言人类学家的努力，民俗纳入了表演与语境的概念，被重新定义为情境化的交流实践。这些视角已经证明了其适用于小范围、面对面交流形式的研究，亦即口头民俗之典型文类的研究，如神话、传说、史诗、民歌、民谣、谚语、谜语和其他在家庭和社交中所出现的互动形式等。这些角度也适用于考察很多更具公共性的类型，例如政治讲演、仪式语言、商业谈判和其他话语形式。这些形式正如在家庭和社交中所出现的互动形式那样，适用于互动秩序的生产与再生产，亦即在共同表演和有面对面互动的社会情景中得以呈现①。

显然，民俗的社会应用没有受到限制，但这仅是就互动秩序本身而言的②。近些年来，民俗学家已经逐渐将注意力转向传播媒介如报纸、书籍、广播、商业唱片和电影中的民俗改造，并日益关注在民族主义者的思想与运动中对民俗的政治经济学应用。后者使民俗脱离了互动秩序的社会基础，而被重置于由大规模的族群和现代民族国家所建构的“想象共同体”之中③。

民俗的国家化所蕴涵的也正是民俗的国际化，尽管这个问题尚未进入研究

---

* 本文由宋颖译自美国《西部民俗》杂志，[Bauman，Richard. The Nationalization and Internationalization of Folklore：The Case of Schoolcraft's “Gitshee Gauzinee”. *Western Folklore* 52（April 1993）：247—269. Copyright 1993，California Folklore Society.]。作者原注：写作本文时我还是美国加利福尼亚斯坦福行为科学高级研究中心的研究员，得到安德鲁·W. 梅隆基金（Andrew W. Mellon Foundation）的资助。我非常感谢中心和此项基金的支持，还要感谢罗伯特·沃斯（Robert Walls）协助提供书目，感谢约翰·D. 尼科尔斯（John D. Nichols）和丽萨·P. 瓦伦丁（Lisa P. Valentine）协助翻译奥吉布瓦语（Ojibwa）和相关诗歌，感谢李·哈林（Lee Haring）、查尔斯·布里格斯（Charles Briggs）、艾米·舒曼（Amy Shuman）对本文修改所提出的中肯意见。

① Goffman，Erving. 1983. The Interaction Order. *American Sociological Review* 48：1—17.

② Bauman，Richard. 1989. American Folklore Studies and Social Transformation. *Text and Performance Quarterly* 9：175—184.

③ Anderson，Benedict. 1983. *Imagined Communities*. London：Verso. Wilson，William. 1976. *Folklore and Nationalism in Modern Finland*. Bloomington：Indiana University Press. Herzfeld，Michael. 1982. *Ours Once More：Folklore，Ideology，and the Making of Modern Greece*. Austin：University of Texas Press. Orvar. 1989. *The Nationalization of Culture*. Ethnologia Europaea 19：5—24.

的领域。民族主义者的各种思想和运动，不可避免地要走向民族认同与文化的象征性建构，还要走向与其他民族的差异和关联的建立。此外，全球经济的增长使得地方性原生的文化形式得到扩展，超出了民族与国家的边界。跨国的娱乐业就是一个好例子。因此，我们有必要考察历史和当前的政治机构、权力关系、媒体、本质论、修辞、体制以及其他构成此类国家化与国际化的民俗情景的要素。本文拟从语境论者（contextualist）的立场来审视民俗的国家化与国际化，通过对一项实例的研究，探讨民俗经过脱离语境与重置语境，在脱离互动秩序走向国家与国际文化空间的过程中被加以改造的一些方式。这里提到的"语境论"，是指我的研究将密切关注特定的文本，它们如索引般指向酝酿这些文本的情境，并指向了使其产生形式、功效和意义这一过程之组成部分的其他话语。

在研究民俗的国家化与国际化时，我的一个核心观点是，即便我们的研究超出了互动秩序的范围，过去20余年来努力所形成的语境视角依然能够继续发挥作用。这看起来似乎背离了既有成果的实质范围，因为我们已经逐渐习惯于认为，民俗从面对面的事件进入印刷及其他传播媒介，乃是一种脱离语境的运作。可以肯定的是，这些媒体确实也卷入了脱离语境的过程中——即为了将其从我们认为形成其根源的场景性语境中提取出来，并将话语形式客体化的过程。但是，事实上每一次脱离语境的行为，同时都是重置语境的行为[①]以及再次使其文本化的行为。要我们领会这种观点并不困难，就像一则民间故事在口头流传中被讲了一遍又一遍。在某种意义上，我们正是从它存在的不同版本来确认它是传统的。从情境交流实践的角度来看，一则传统故事的每一个版本都是脱离语境与重置语境活动的必然产物，讲述者正是将其从前一个使用的语境提取出来并使其适应于讲述当时的语境。重置语境的作品中可能包含着某种结构，借助于溯源归属、演讲报告或其他方式，明显指向过去的讲述或其他话语[②]。

但也不必当研究到重置语境突破了互动秩序的局限，就停下脚步。我们在大量的个案中都能寻找到重置语境之特定行为的一些细节，某些民俗的印记借此由面对面的表演被文字化，从而呈现在国际受众的面前。正如我指出的，成功的再文本化过程，有时包含着直接的历史证据，印刷文本会告诉我们它们来

---

① Shuman, Amy. 1986. Storytelling Rights. pp. 117—118, Cambridge: Cambridge University Press. Bauman, Richard. and Charles L. Briggs. 1990. Poetics and Performance as Critical Perspectives on Language and Social Life. Annual Review of Anthropology 19: 59—88.

② Bauman, Richard. 1992. Contextualizaton, Tradition, and the Dialogue of Genres: Icelandic Legends of the Kraftaskald. In Rethinking Context, ed. Alessandro Duranti and Charles Goodwin, pp. 124—145. Cambridge: Cambridge University Press.

自哪里。一般来说，虽然我们不得不借助于其他资料，但它们相当于确切的民族志。当我们探讨民俗的国家化与国际化时，永远都不应受限于对体制、大众媒体或全球经济等概念的归纳和演绎。这些都很有用——也许还是必不可少的思想，但具体来说，它们所试图解释的事象已经基于情境化的交流实践得以建构。我的看法是，我们能够从找到的记录中恢复它们的原貌。

在举例分析之前，我想更准确地解释这里所说的"民俗的国家化与国际化"。它并不是简单地将能够找到的民俗材料——文本——带给更广泛的读者（听众或观众），散播到整个民族国家或跨出国界。当然在浅显的、实际的、机械的层面上，这也是该过程的一部分，但它本身并不是最值得关注的。更复杂、更需要阐明的是某种民俗事项通过何种方式与手法能够被语境化或再语境化而成为国家级或国际舞台上话语的相关要素或其组成部分；在民俗事项借此脱离面对面的交流事件而走向国家或国际受众的形成过程与再形成过程之中，脱离语境与重置语境的活动确实已使得事象本身离开互动的构架，在国家或国际情境中得以重新定位，进而成为一个国家的标志或世界文学的一部分。我想说明，这种追溯是一种分析策略，也只是一种示范；重要的是应该记住，正如实质性的分析所揭示的，国家化与国际化诸因素从一开始就发挥着作用。

有必要说明的是，这些过程是在民俗学诸概念的发展形成期中进行的，当时理论框架和文本实践还没有被看成是理所当然的，也没有形成条条框框，而是处于需要探索和创见的时期。在欧洲的思想中，这种形成期体现在格林兄弟的作品中——尽管此前已有对民俗事项提炼和处理的先例，但他们创建了一系列文本实践和表述模式，形成了此后沿用至今的处理模式[①]。正如民俗学家所共知的，对于格林兄弟而言，民俗的国家化与国际化只能在浪漫民族主义者的思想语境和跨国比较语文学的发展中来理解。

大致同时代而又有可比性、但尚未被细致深入地研究过的美国个案是民俗学家亨利·洛维·斯库科拉夫特（Henry Rowe Schoolcraft）的著作[②]，近来他被一位美国民俗学家描述为"一般可视为美国民俗学与人类学之父"。无论此权威地位的封号是否恰当，其学术声望在民俗学家中多少受到了一些质疑。众所周知，他是最早系统地收集与出版印第安人风俗的民俗学家，他也由于在出版中对文本作了过多处理而受到批评，被指出的问题就是其材料的"本真性"[③]。然而，从我们民俗学的立场出发，正是这种再处理及其对本真性的连

---

① Briggs，Charles L. 1993. Metadiscursive Practices and Scholarly Authority in Folkloristics. *Journal of American Folklore*（in press）.

② McNeil，W. K.，1992. *New Introduction*. In Schoolcraft. 1839. pp. 1－18.

③ Thompson，Stith. 1929. *Tales of the North American Indians*，XV. Cambridge：Harvard University Press.

带修饰值得关注，因为他的文本实践和修辞框架恰恰再现了脱离语境与重置语境的活动，民俗正是借此得以脱离互动秩序而走向国家化与国际化的。通过分析，我们能追溯这个过程中更为重要的方面，更加意识到它其实是一个辩证的过程，国家化与国际化的影响促进了文本产生的整个过程中的本土化行为，这反过来也影响到国家化与国际化过程的形成。

我们可以从 1826 年 8 月 19 日星期六，约翰·约翰斯顿（John Johnston）家讲故事的事件开始。约翰[①]是当时北密执安苏萨玛丽城[②]一个著名的印第安商人，他是斯库科拉夫特的岳父，自然，斯库科拉夫特本人几乎也是这一事件的参与者[③]。那次讲述了三个故事。追随这三个故事的语境连续过程，我们将能看到它是怎样从切实的讲故事走向了世界文学的舞台以及促使它形成与再形成的力量。

约翰斯顿家那个周六晚上的聚会，被记录在美国联邦印第安事务管理局的托马斯·L. 麦肯尼上校（Thomas L. McKenney）写给朋友的信中。后来，这些信在他的游记中出版，即《湖区旅行、奥吉布瓦印第安人的特征与风俗，及与丰杜拉克城[④]谈判有关的事件》（1827）。麦肯尼的游记为斯库科拉夫特的实践提供了有用的参照，同时也再现了对个案本身的说明。麦肯尼写道：

> 我刚从约翰逊（Johnson）[⑤][⑥]先生家回来，与长官和其他人相处融洽，这是我最惬意的一个晚上。我在拾遗，我询问了我的老朋友，看看约翰逊[⑦]太太能不能给我讲一些她的传统，或是别的，我没有特别所指，只要与他们有关。我得到了下面这则奇佩瓦（Chippeway）寓言。它是用充

---

① 为便于阅读和行文简洁，下文提及“约翰·约翰斯顿”全名处均简化为“约翰”。——译者注

② 苏萨玛丽城（Sault Ste. Marie），位于加拿大的安大略省，横跨发源于密执安的圣玛丽河。——译者注

③ 讨论斯库科拉夫特的生活及职业生涯，包括约翰斯顿家庭的信息，可特别参见：Freeman，John F. 1959. Henry Rowe Schoolcraft. Ph. D. dissertation. *History of American Civilization*. Harvard University. Bieder，Robert E. 1986. Science Encounters the American Indian. 1820—1880. Norman：University of Oklahoma Press. Bremer，Richard G. 1987. Indian Agent and Wilderness Scholar：*The Life of Henry Rowe Schoolcraft*. Mt. Pleasant：Clark Historical Library. Central Michigan University.

④ 丰杜拉克城（Fond Du Lac），位于威斯康星州东部的温尼派格湖。——译者注

⑤ 原文如此。

⑥ Johnston（约翰斯顿）在麦肯尼游记中错拼为 Johnson（约翰逊），作者特意注上“原文如此”，下文的 Sieux 也是麦肯尼的拼写。——译者注

⑦ 原文如此。

满活力的奇佩瓦语讲述的，由夏洛特小姐和她的父亲翻译[①][②]。

长官是指刘易斯·卡斯（Lewis Cass），掌管密执安区，是斯库科拉夫特的资助人，曾帮助过斯库科拉夫特担任该区的印第安事务员。这样，作为印第安事务管理局的职员，麦肯尼是斯库科拉夫特的上级，为联邦政府工作。约翰的太太苏珊（Susan Johnston）是一个有很高地位的奥吉布瓦[③]女人（她是首领瓦布吉[④]的女儿），知识丰富，以她的资历还具有相当的政治影响力。夏洛特小姐（Charlotte）是约翰斯顿夫妇的八个孩子之一，斯库科拉夫特与珍妮·约翰斯顿（Jane Johnston）结婚（1823 年）后，夏洛特就成了其姻亲姐妹。

苏珊那晚讲述的内容后来被斯库科拉夫特出版了，题目有几次变动："Peboan & Seegwun（冬与春），一则奥吉布瓦寓言"[⑤]、"Peboan & Seegwun 季节的寓言，来自奥吉布瓦"[⑥]、"Peboan & Seegwun 冬与春的寓言，奥吉布瓦"[⑦]。对这个故事本身，很值得探寻其多变的重置语境过程，但在苏珊的讲述结束以后的叙述更适合于本文的分析，因此，故事本身的分析只能留待日后了。

在苏珊的故事之后，麦肯尼继续记录着，全文如下：

> "我妻子，"我的老朋友说，"给你讲了一个奇佩瓦寓言，我想给你先讲一个慷慨的英雄故事，还有一个是关于迷信的。"他开始讲——"这个故事我是从吉希一高森（Gitche-gausiné）那里听来的，他是个出色的战士。与西克斯人（Sieux）[⑧] 一次大战后，一些逃兵拖走敌人的死尸炖汤。正巧吉希一高森路过，他们对他说，'你敢和我们一起共餐，吃敌人的尸体吗？'——'不，'他说，'我杀死了他们，可只有像你们这样卑鄙的人才会吃他们。'"
>
> "几年后，吉希一高森病倒了，且不出所料，他死了。他的妻子没有按印第安风俗把他当天埋葬，而是把尸体放了四天，坚持认为他还没死，

---

① 原文是意大利语。

② McKenney, Thomas L. 1959. *Sketches of a Tour to the Lakes*. p. 369. Baltimore: Fielding Lucas. Repr. ed. Minneapolis: Ross & Haines. 1827.

③ 奥吉布瓦在原文中有两种拼写方式：Ojibwa，Odjibwa。奇佩瓦人和奥吉布瓦人都是北美印第安人，属于阿尔冈琴人的一支。——译者注

④ Waubojeeg.

⑤ Schoolcraft, Henry Rowe. 1962. *The Literary Vayager or Muzzeniegun*. pp. 2—3. Ed. with an Introduction by Philip P. Mason. East Lansing: Michigan State University Press.

⑥ Schoolcraft, Henry Rowe. 1839. Algic Researches. First Series: *Indian Tales and Legends*. 2 vols. I: 84—86 . New York: Harper & Bros. Repr. ed. in one volume, Baltimore Clearfield Co., 1992.

⑦ Schoolcraft, Henry Rowe. 1851. *Personal Memoirs of a Residence of Thirty Years with the Indian Tribes*. pp. 96— 98. Philadelphia: Lippincott. Grambo and Co.

⑧ 原文如此。

但她把袋子系在他的背上，通常埋死人都会这样做，还放进了补给品。第四天，她把手放在他的胸膛感觉到心脏跳动，很快发现他真的没死。过了一会儿，吉希一高森睁开眼睛说话了：‘噢，我睡得太久了。我做了个奇怪的梦。’妻子立刻意识到她没有按照印第安风俗，把他的水壶和其他各种通常放在死人身边的东西放在他身边以便支撑他走到灵魂之国。这个念头刚闪过，他就继续说，‘你为什么不把我的水壶、我的弓箭放在我身边呢？现在，我知道我为什么回来了。我做了个奇怪的梦。我顺着灵魂之路前行，它很平坦。还有很多人也在走这条路，有各种模样的，背着各种东西。我看见很多小屋，里面都有打鼓跳舞，却没人让我也跳。和我说话的每个人都问我：‘你要去哪里？为什么往回走？为什么不继续向前呢?’我还看见很多猎物——鹿、麋和小马；一摸我的箭才发现没有带。我就决定回来。我看见一个女人——‘你不用回去，’她说，‘给你水壶。’‘给，’另一个女人说，‘这是枪。’我接过来了，可还是决定回来，因为那些不是我自己的。当我快到自己的屋子时，我发现自己站在一片火海边上！我四处张望，看见自己的屋子在中间，被火包围。我问自己怎样才能越过火海呢？——我决定试试看。当我使足力气跳过火焰，就醒了，才发现这是场梦!”

这些是他在梦里见到的，他告诉约翰逊[①]先生，他确实遇到了这样的景象。他背上的袋子太重，他说在旅途中这重量简直无法忍受。后来他最大的目的就是要说服他的同胞别用这么多物品妨碍死者，这会使前往灵魂之国的行程变得艰难而辛劳。

这都是些稀奇古怪的故事，却在印第安人中广为流传。唯一不令人怀疑的是通过讲述他自己的梦，劝说同胞不要给死人陪葬那些对活人有用的东西，对死者来说，哪一件都用不上。这是针对印第安人的迷信而讲的[②]。

以上是约翰后来讲述的两个故事，有关吉希一高森梦境的叙述，为我们接下来的分析提供了线索。[③]

有五个层次的讲述与再讲述包含在麦肯尼游记中，并可提取出来。第一层是上述“后来他最大的目的就是要说服他的同胞别用这么多物品妨碍死者，这会使前往灵魂之国的行程变得艰难而辛劳”。重要的是这表明了吉希一高森向

---

① 原文如此。

② McKenney，Thomas L. 1959. Sketches of a Tour to the Lakes. pp. 370－372. Baltimore：Fielding Lucas. Repr. ed. Minneapolis：Ross & Haines. 1827.

③ 为简化原始材料中不同的拼写，下文提及梦境故事的奥吉布瓦主人公时，一般使用吉希一高森（Gitche-gausiné），这种拼写我们最早在麦肯尼的文字（1827）中见过。

奥吉布瓦同胞重复叙述自己的梦境以支持他对文化变革——即主张改变丧葬习俗的努力。我们可进一步推测其在奥吉布瓦语境中相关的直接原因等因素：由于与白人接触或受到侵犯而引起了文化变迁，也许在政治领袖中出现了一系列围绕这些变迁的争论。为生者保留更多有用的物品，好过将它们陪葬给死者，这与新教的经济思想一致。但这些都是猜测，关键是我们至少要追寻到由吉希一高森在纯奥吉布瓦语境中讲述的故事。

从麦肯尼游记中提取出的第一次重置语境，是吉希一高森把故事讲给约翰："这个故事我是从吉希一高森那里听来的。"我们知道约翰斯顿一家在苏萨玛丽城居住了很多年，通常在冬天有交际性的晚间聚会，接待奥吉布瓦的政治领袖，其中就有吉希一高森，还有约翰的岳父瓦布吉和迈杜松吉（Maidosogee）、纳比诺（Nabinoi）等其他人。约翰的印第安客人在这些场合下讲故事，他家里所有人，包括他本人，都能讲奥吉布瓦语，故事也几乎都是用这种语言讲述的。然而，在这中间，由于约翰熟悉并同情印第安文化，他本人是个欧洲人——"局外人"，于是故事就成了文化间差异与交流的表述资源。请注意他是把梦境的讲述看做谈迷信的，认为它说明了印第安人的迷信，无论这是否是促使吉希一高森把自己的故事讲给他听的原因。

包括吉希一高森在内，拜访约翰斯顿家的印第安人，都与他有着政治和经济上的联系。约翰是强有力的贸易商，在白人处理与印第安人的关系上具有政治影响力。住在苏萨玛丽城的奥吉布瓦人是级别很高的科兰族（Crane），来往他家的都是印第安部落首领和其他政治领袖，与他有政治或经济的关系，更多的是要通过他保持与联邦政府的政治与经济关系，少数人也与他有着社交、友谊或亲戚关系。约翰从吉希一高森这样的印第安客人那里听来的故事，就处于这样的体制结构之中，故事大都关联着贸易和谈判。我们可以继续推测，说起这个故事，可能是吉希一高森与约翰正在谈论改变印第安的风俗，甚至计划着变革；吉希一高森作为给印第安人带来"文明"的人，致力于转变奥吉布瓦的丧葬习俗——和与之相关的叙事——这也许很适合约翰的口味。

接下来的重置语境过程，通过麦肯尼所报告的聚会得以体现。我们可以直接看到更多层的重置语境。首先请注意，约翰把自己的讲述与他妻子苏珊刚讲完的故事相连，作为奥吉布瓦其他故事类型的例证。她刚讲了一则寓言，而他则补充了"一个慷慨的英雄故事，还有一个是关于迷信的"。但约翰斯顿夫妇所讲的这三个故事，都是回应麦肯尼要求约翰斯顿太太提供"一些她的传统，或是别的，我没有特别所指，只要与他们有关"。麦肯尼称自己的启发是"拾遗"，捡起某些零碎、偶然的信息（"拾遗"意味着有掉落的信息），哪一片都可以。因此，这里所构建的叙述成为奥吉布瓦文化的指代，它脱离语境而成为代表奥吉布瓦人的碎片。它们是麦肯尼逗留当地的纪念品。还须注意的是，与奥吉布瓦原生的叙述相比，约翰的讲述是如何进一步脱离语境的，他是在一个夏天的晚上用英语讲述这故事的，而奥吉布瓦的故事讲述都明显限制在冬天。

这一过程的媒介一体制结构，是上文间接提到的政治关系的进一步拓展。约翰与麦肯尼之间的友谊使他们在1826年8月那个晚上聚在一起，这使得麦肯尼能够“拾起”作为更大的统治构架之部分的印第安文化片断。麦肯尼是作为联邦印第安事务局分管密执安区的官员，与执掌密执安地区的卡斯长官、印第安事务员斯库科拉夫特和其他人一起去的。他们刚结束了丰杜拉克谈判，在印第安人中建立起了联邦至高无上的统治权。

下文还将再次回到约翰讲述中语境化的其他因素。现在我们来看麦肯尼游记中表现出的第四层语境，即他将自己从苏萨玛丽城拾到的叙述传送到华盛顿，以书信形式写给匿名的朋友，时间是1826年8月19日。这封信后来收入他的游记出版了，有两个收信人。书信使用了呈献的形式给第一位收信人：“致可敬的战事秘书[①]詹姆斯·巴伯（James Barbour)”，巴伯是他的上级，这种呈献是“以一个市民、爱国者和公职身份”给巴伯提供“旅途的拾遗”，确切地说，这是他对这“民族国家”的职责。虽然这只是字面上的国家化，但其强烈的象征意义是将这些故事提供给了在国家首都工作的内阁秘书。另一位收信人标着：“致读者”，即抽象的“公众”，他们很好奇地想了解正在扩张的国家领土边界和扩张完成的过程。民族国家的官员可以带回这些信息，事实上，也将该地区及其居民纳入民族国家之内。至此，吉希一高森的梦境，就经过一连串脱离语境和重置语境被国家化了。

另一个过程更为人熟知，即从斯库科拉夫特的作品到朗费罗（Longfellow)的诗，《海华沙之歌》曾被收入斯库科拉夫特的文集[②]。斯库科拉夫特从担任苏萨玛丽城的印第安事务员起就从事故事搜集。他一开始就很热心于这份新职责，卡斯长官发放的调查表所包含的问题有：“他们讲故事吗，或热衷于有想象力的作品吗?”“他们有讲故事的活动吗?”[③] 斯库科拉夫特记录了1822年7月到达苏萨玛丽城后数周内对奥吉布瓦口头叙事的令人振奋的发现，印第安故事通过约翰斯顿家向他敞开了大门，赋予他看待当地生活的视角，这对他特别有利[④]。他刚到任一周半就进入了约翰斯顿的家庭，其个人生活及事业从此与

① 当时的联邦政府正在争夺印第安人领地的政治与经济的控制权。——译者注

② Osborn, Chase, and Stellanova Osborn. 1942. *Schoolcraft→Longfellow→Hiawatha*. Lancaster: Jaques Cattell Press.

③ Schoolcraft, Henry Rowe. 1991. *Schoolcraft's Indian Legends*. pp. 290—291. Ed. Mentor L. Williams. East Lansing: Michigan State University Press.

④ Schoolcraft, Henry Rowe. 1851. *Personal Memoirs of a Residence of Thirty Years with the Indian Tribes*. pp. 107—109, Philadelphia: Lippincott. Grambo and Co.

约翰斯顿家密不可分。年长的约翰斯顿夫妇是他搜集的大量故事的来源，家里的几个孩子，尤其是他的妻子珍妮及其兄弟乔治（George）在文本的记录和翻译上起着重要的作用。

在斯库科拉夫特搜集的第一批故事中，就有约翰对吉希一高森梦境的重述。我们在他的作品中第一次看到这个故事，是在1825年的《密西西比山谷中心区的旅行：考察矿产地质、内部资源及原住民》[①]，其中报告了他作为秘书与印第安人进行谈判的探险经历和见闻。印第安人在1821年将密执安区割让给联邦。这部书是“献给杰出的密执安区长官刘易斯·卡斯阁下”的，并这样称赞卡斯：

> 您在考察活动中起着积极的作用；密西西比山谷所有自然特质和矿产资源都能感受到您拓展科学领地的热诚和服务精神；您将国家的旗帜插到以往从未有人到过的荒地和沼泽；您主持的考察及持续主持的对于受到诽谤的原住民历史及现状的考察，都得到公众的理解和感激。

再没有比这更为明显地属于国家范畴的声明了；该书是一种展示，其中涉及的印第安文化已被纳入民族国家的统治之中。

从导言看，《旅行》[②] 更多地设计为满足刚被唤醒的“公众注意力”以及他们对密执安区的兴趣并提供信息，它为殖民前景勾勒出“优势”。叙事被命名为“吉希一高森”（Gitshee Gauzinee），出现在《旅行》的最后一章：“一些考察者和翻译家证实了奇佩瓦人有想象故事和口头诗歌的存在”。尽管该章的故事和歌谣都是斯库科拉夫特在1821年收集的，但这却是他第一次有机会将其公之于众。请注意该章题目传递出的发现意义：“证实……存在”，《旅行》是对发现的记录——发现了地域、自然资源以及印第安文化。

稍后我们将再次回到斯库科拉夫特翻译“吉希一高森”故事的文本实践。现在，我想指出，包括这个故事在内，《旅行》中的所有故事均没有说明任何个人来源或以麦肯尼的方式提到某次具体的故事讲述聚会。题为“吉希一高森”的故事中提到的这个人，不像在约翰的叙述中是亲自讲述故事的作者，而是成为故事的内容要素，即故事的主人公。该故事被介绍为“旧时一个著名首领生活中的一件事”。丽萨·瓦伦丁特别尖锐地指出其实质是一种占有行为（引文是与她的个人交流）：

---

① Schoolcraft, Henry Rowe. 1975. *Travels in the Central Portions of the Mississippi Valley*. pp. 410—412. New York: Collins and Hannay. Repr. ed, Millwood: Kraus Reprint Co. 1825.

② 《密西西比山谷中心区的旅行：考察矿产地质、内部资源及原住民》的简称。——译者注

（在北部及南部的奥吉布瓦部落）故事讲述最重要的一部分是起源，它能为故事讲述者作证明……这也是关于故事是从哪里来的版权信息，某些故事似乎属于某类家庭（从知识产权来看），以至于只有来自这些家庭的讲述者才有权讲这些故事，可以为证的表述形式如……

×要我讲这个故事

这些故事我是从我的爷爷/奶奶/父亲等那里听来的

我是听着这些故事长大的

我听过他们讲这些故事很多次

此类准确的信息在斯库科拉夫特讲给“消费大众”的版本中被删掉了，事实上，忽视这种必要的故事开头已经使得印第安人认为，人类学家、语言学家和民俗学家……“偷了印第安人的话”。

在更大程度上，《旅行》中的故事被客观化为独立自在的文本，由标题开头：“葬礼的火”、“吉希一高森”、“两个精灵、或好客的回报”等。对本文而言，尤为重要的是它们被归结为奥吉布瓦人普遍共有的故事：“这些故事来自奇佩瓦人的口头流传，在苏萨玛丽城，那个民族古老的领地”。“民族”在这里格外突出。从较为宽泛的意义用法上，它可以指部落或民众以及民族国家。很显然奥吉布瓦被塑造为一个民族，有古老的首都，斯库科拉夫特是要把它们吸收为民族国家的政治组成部分。在这点上，《旅行》一书是联邦与印第安人、“民族国家”（nation）与“民族”（nation）之间谈判的总结。《旅行》更为强化“吉希一高森”等故事的民族化／国家化：确认它们先属于奥吉布瓦民族，再声称它们也属于联邦①。

然而，斯库科拉夫特在《旅行》中以更值得关注的方式将“吉希一高森”等故事语境化，即与普遍的功能关系相连接。“吉希一高森”被认为是“似乎被设计用于加强对某种风俗的观察，慢慢灌输给孩子关于那些仪式的知识，这可能是形成其人格所必需的”系列故事之一。具有普遍意义的是，斯库科拉夫特观察到“他们的传统与故事紧密地混合在一起，不可能判断出”，他说，“是风俗早于故事存在，还是故事为适应风俗才被发明的。我们可以推测他们的风俗和想象的故事是互为因果的”。这些功能关系与奥吉布瓦民族叙事的集体性相一致，被强调的不是具体的、场景的、互动的功能，而是在叙事与风俗之间存在着更普遍的文化联系。尽管这些故事被看做社会化的手段，它们的文化关联并不能用在特定的上下文中所使用的描述来说明，但可以断定，客观的、独立的、文本化的客体与普遍的文化要素之间存在着联系。我们的立场对这些联

① Schoolcraft，Henry Rowe. 1975. *Travels in the Central Portions of the Mississippi Valley*. pp. 404—412.

系并不给予特别关注。当然，对这类普遍联系的考察已是民俗学和人类学自成立以来标准化的学术实践活动，但重要的是需要认清当时还不那么明显却已经出现的这一个案。这种将故事与风俗联系的普遍化视角在斯库科拉夫特的时代还不是那么普遍，麦肯尼游记至少说明还有另外一种可选择的表述方式。然而，值得注意的是将故事与社会和文化相关联的普遍模式，在19世纪早期就是融为一体的重要组成部分，这可能是受到民族建构的影响。

斯库科拉夫特收入吉希一高森梦境叙事的另一作品流传有限，它与研究斯库科拉夫特的文本实践有关，跟民俗的国家化与国际化联系不大。这个故事的概要曾以《昏睡》（Trance）为名出现在《文学旅行家》（The Literary Voyager）第一期（1826年12月），这是他在1826—1827年冬天作为消遣在妻子帮助下发行的手抄文学杂志[①]。《文学旅行家》主要在苏萨玛丽城发行，尽管其在更远一些地方也有发现。《昏睡》把吉希一高森故事更彻底地改造成民族志文献，使之成为发生在奥吉布瓦族的“呼吸暂停或表面死亡”的一些案例之一；卡斯的调查表也有一系列问题涉及印第安文化中的死亡。《文学旅行家》中的文本延续了斯库科拉夫特所提出的功能联系，他认为吉希一高森经历讲述的结尾引起了奥吉布瓦族丧葬行为的变化。

对本文更有意义的是，1839年斯库科拉夫特出版的两卷本印第安故事梗概《阿尔吉克调查》中包含的“吉希一高森，或昏睡”故事。《调查》说明了斯库科拉夫特对印第安故事叙述与再叙述之重置语境的几个重要层面[②]。首先，请注意出版物自身组织规则的差异，它与《旅行》和《文学旅行家》都不相同。《旅行》将故事融入游记中，《文学旅行家》将它们作为文学杂志的集锦，而《调查》则完全是一本故事集。

事实上，这本书有双重意义。从大的层面看，它是一个大项目的第一系列。文集全称是《阿尔吉克调查，探究北美印第安人精神特点，第一系列：印第安故事与传说》。斯库科拉夫特在卷I的导言中称，他计划再另外出版关于印第安的“象形文字、音乐、诗歌；以及语言的语法结构、复合词的规则、词汇的实际状况”等，目的在于阐明印第安人的精神特点。在《阿尔吉克调查》中，便引申出有关语境化层面的要点，即斯库科拉夫特的出发点是公众。他在这个大项目计划的纲要中，清楚地表明要为他的作品确定——甚至是创建——公众。“其余部分什么时候能出版，”他写道，“将取决于公众对这些问题的兴

---

① Schoolcraft，Henry Rowe. 1962. *The Literary Vayager or Muzzeniegun*. pp. 6—8. Ed. with an Introduction by Philip P. Mason. East Lansing：Michigan State University Press.

② 《阿尔吉克调查》即《阿尔吉克调查，探究北美印第安人精神特征，第一系列：印第安故事与传说》的简称。——译者注

趣。”需要指出这里的“公众”意味着有效的市场；《阿尔吉克调查》使印第安叙事变成了商品。斯库科拉夫特之所以没有再继续做《调查》的原因之一，是他对第一系列的商业结果很失望。他的日记屡次提到他对作品商业效果的挫折感以及对出版社和书商对其计划缺乏兴趣的失望。《调查》之后，直到1856年他才又出版印第安故事集。当时，他试图借朗费罗《海华沙》的流行获利，就从《调查》和其他资料中选择故事，以《海华沙神话》为名出版选集，“在文字和商业包装上有更简洁、扼要、得体的形式”。其承担的任务是双重的：文学与商业。

无论如何，两卷本的印第安故事和传说集是《阿尔吉克调查》计划唯一推出的内容。尽管表现精神特色在某种程度上影响了选集的形成，但这些故事集使得资料更多地适应了文学趋向，包含着重要的民俗国家化与国际化过程。例如，我们能看到在给亨利·怀丁上尉（Henry Whiting）的献词中文学被特意突出。怀丁是印第安长篇叙事诗包括《奥塔瓦，森林之子》（1822）和《桑尼拉克》（1831）等的作者，后一篇还由斯库科拉夫特作过注释。这篇献词的开头如下：

> 先生：
>
> 您欣赏印第安特色的文学感染力，并成功地尝试以诗的优雅形式来介绍他们的行为与文化，这指引我将他们的口头故事整理成集并付梓出版。

斯库科拉夫特在献词中对怀丁表示了“文学共鸣”。至此可以断言，印第安故事的感染力成为美国国家文学发展的源泉，其潜力随即在朗费罗的作品中得到了卓越的表现，亦即1855年的《海华沙之歌》。

在这里发现斯库科拉夫特提供了文学资源的获取途径是令人振奋的。他在“对故事的初步考察”一节中提出为什么直到19世纪早期才在印第安人中发现了“口头的想象知识”这一问题。他的答案是：印第安人和欧洲人的关系直到那时都是敌对的，很大程度上由暴力界定，这就根本不可能发现印第安人思想的价值，更不用说艺术感受了。只有当“霸权竞争”已有定局，印第安人已被征服，他们的故事和传说才有可能被外界所知晓。斯库科拉夫特如是说，清楚地表明印第安人的知识变成文学素材只是征服的结果。

与《阿尔吉克调查》中新生的民族主义同时出现的，还有印第安故事被吸纳进比较语言文学和比较神话学的国际性话语中。斯库科拉夫特的语言学研究逐渐形成，并受到语文学发展的影响。甚至在他哀叹自己处于孤立的边界缺乏对学术资料的接触时，他仍然尽力关注语文学家如施莱格尔（Schlegel）的研究，还与杜朋索（Duponceau）、加勒廷（Gallatin）等学者建立了学术联系。《阿尔吉克调查》显示出他将自己的工作定位于学术语境的努力。“阿尔吉克”（Algic）一词，正是斯库科拉夫特对后来被称为阿尔冈琴人（Algonquian）的指称，这些传说不仅来自奥吉布瓦族的叙事，还包括其他部落的故事。阿尔吉克语与奥斯迪克语（Ostic，即指易洛魁人的语言[①]）不同，它有更“具概括性的语文学分类”。在《调查》中，他没有草率地将这些言语的财富与神话学的条目相联系，而是更为普遍地观察到印第安神话“起源似乎具有同质性和地域性，尽管部落特征有差异，但基本特点是一致的”。但他确实也进行了某种与语言和神话学有关的国际比较，例如，他说：“无论在语言或宗教上，它们的表现与斯堪的纳维亚或印度种族都毫无关系，在具有闪语族明显痕迹的语言中，它们似乎指导着语法规则，使得字典本身已经改变了。”[②] 再如，和神话学有关的是，斯库科拉夫特认为阿尔冈琴人的玛纳波兹赫（Manabozho），就是“印第安的赫拉克勒斯、圣经的撒逊或海神普罗特斯”，这样一来，他就把印第安的故事推向了世界文坛。

就这一点，我注意到斯库科拉夫特叙述印第安故事时的语境化和重置语境化的文本之外的行为。他翻译文本的这种文本实践，提供了一个就文本自身进行全面研究的丰富而又复杂的主题，但本文讨论的范围和着眼点并不能在此全面考察那些实践[③]。然而，值得注意的是在这里，斯库科拉夫特的文本实践借助“吉希一高森”的故事，在某些层面上与民俗的国家化与国际化过程有关。首先，我们能看到为了使故事被国内及国际受众所了解，两次翻译是必需的。文本必须从奥吉布瓦语翻译成国内及国际通用的语言即英语。而且，除了语言间的转换外，这一过程还需要符号间的转换，即从口头到书面。

尽管在吉希一高森个案中，斯库科拉夫特将这个叙事描述为“采自奇佩瓦的口传”，但显然他得到的故事已经是约翰用英语讲述的了。这并不是个别的情形。有更明显的证据表明，斯库科拉夫特是通过传译员或他的妻子和其他姻亲的翻译，而且，他得到的绝大多数印第安故事都是书面形式的，因为他的主要来源，约翰斯顿的孩子们，都是双语者并受过教育。因此，他组织自己的叙述文本都是用已经写好的英文译稿完成的，他的约翰斯顿姻亲凭借他们的语言能力和受过训练的文字感，已经先写好了这些译稿。我们不可能将他们的编辑从他的叙述中区分开来，至少这可以看做每个故事的首次出版。但一般而言，

---

① Iroquoian.

② Schoolcraft，Henry Rowe. 1839. *Algic Researches. First Series：Indian Tales and Legends*. 2 vols. I：12—53. New York：Harper & Bros. Repr. ed. in one volume，Baltimore Clearfield Co.，1992.

③ 可比较参考 Zumwalt，Rosemary. 1978. Henry Rowe Schoolcraft，1793—1864. The Kroeber Anthropological Society Papers 53/54（Spring and Fall. 1976）：44—57. Clements，William M. 1990. Schoolcraft as Textmaker. *Journal of American Folklore* 103：177—192. Nichols，John D. 1991." *Chant to the Fire-fly*"：*A Philological Problem in Ojibwe*. In Linguistic Studies Presented to John L. Finlay. ed. H. C. Wolfart. pp. 113—126. Winnipeg：Algonquian and Iroquoian Linguistics Memoir 8.

我们可以通过考察吉希一高森故事的各种翻译，来区分出已经是重置语境过程之一部分的某种文本操作。

在结束讨论翻译问题之前，斯库科拉夫特偶尔使用奥吉布瓦语为文本增色的举动也值得关注。添加一点印第安风味是本真性的证据。尽管在《旅行》和《文学旅行家》中，该故事里均没有任何印第安词汇，但这些著作中的其他文本确实出现了这种做法。在《阿尔吉克调查》中，这个故事被他加入了两个本地词："死后，我的 Jeebi（鬼魂）在宽阔的死亡之路上旅行"，和"我看见小婴儿——甜蜜可爱的 Penaisee（宝贝）"。"Jeebi"是奥吉布瓦语的"jiibay"，亦即鬼魂；"Penaisee"被他曲解成"对幼子表示亲近之词"，而它的本义很可能是"bneshiinh"，亦即鸟儿[①]。

经过翻译后，文本借助各种可引起注意的方式被客观化。客观化的方式之一是为每一个文本都加上标题，如在《旅行》中的"吉希一高森"，《文学旅行家》中的"昏睡"，《阿尔吉克调查》中的"吉希一高森或昏睡"等。这些变动的题目反映了斯库科拉夫特认为故事具有两重性，即作为文学篇章和民族志资料，它们都能得以凸现。作为文学篇章，故事翻译得较长，华丽的修饰反映出当时的文学取向。例如，"当死亡之谷跃入他的眼帘，他看到成群结队、健壮肥硕的鹿、麋和其他动物，在路边悠然地吃草"，奥吉布瓦人对叙事并没有这种特别的修饰[②]。作为民族志资料，叙事被压缩，相对扼要精练，没有细节描述、直接对话或其他文学特征[③]。

更进一步客观化的方式，表现为每一个文本经过翻译都成为具有单独情节的单位叙事。这里可以比较在讲故事的聚会上，约翰串联起来的两个关于吉希一高森的故事；而斯库科拉夫特显然更关心他自己的实践，而将混合的叙事分成独立的文本。更进一步要迎合奥吉布瓦之外的人，则表现在通过插入本地人并不需要的解释来阐明故事。这个过程在约翰的讲述中已有发现，正如我们所知，他声称是给受众讲"这些人的风俗"[④]。无论是像上述那样作为叙述过程的组成部分，还是作为功能性的解释框架，抑或两者兼而有之，这些在随后对故事的翻译中都被保留了下来。

在风格上，更进一步地适应欧洲文学取向，反映在对吉希一高森在死亡之

① Rhodes，Richard A. 1985. *Eastern Ojibwa-Chippewa-Ottawa Dictionary*. p75，p200，Berlin：Mouton.

② Valentine，Lisa. 1992. A Vision for the Future：An Ethnographic Exploration of Contemporary Severn Ojibwe Discourse. Unpublished manuscript.

③ Schoolcraft，Henry Rowe. 1962. *The Literary Vayager or Muzzeniegun*. pp. 7—8.

④ McKenney，Thomas L. 1959. *Sketches of a Tour to the Lakes*. p. 371. Baltimore：Fielding Lucas. Repr. ed. Minneapolis：Ross & Haines. 1827.

国遇见的各种人的描写上。在《旅行》中，读到的文本如下：

> 他遇见一个老人叫住他，向他抱怨自己的朋友们塞满了他带到死亡之国的袋子，并把自己的枪给了他，由此结束了长篇大论。很快，他又遇见了一个很老的女人，给了他一个水壶。又过了一会儿，还有一个年轻人，给了他一把斧子。他接受这些礼物只是出于礼貌，因为他已经决定要回去拿他自己的枪，因此，他并不需要这些礼物[①]。

在《阿尔吉克调查》中，则是这样写的：

> 一个人叫住我，抱怨他不得不带的沉重的负担。他要给我他的枪，但我拒绝了，我已经决定取回自己的枪。另一个人给了我一个水壶。[②]

除了从接受到拒绝、从第三人称转为第一人称的变化外，后一个版本还对吉希一高森遇到多人的情节作了相当大的删改。斯库科拉夫特在《调查》中介绍奥吉布瓦的叙述风格时曾评论说："要特别注意在故事中的重复对话、讲述，以及模仿角色的那种语调和姿态，这有时会显得累赘。"在日记中，他描写了自己对文本的"剪刈和包装"，即"删减赘言"的努力。"这大概完全是原初语言和表达的黏着物"，他继续说道，"但这样一来，会是怎样一个废话连篇的世界啊。印第安人说话冗长，加上很多小细节，对结局的推进却毫无帮助，显得格外沉闷乏味、单调无趣。"对吉希一高森遭遇的删改，也许反映出斯库科拉夫特在这一点上存在的欧洲式文字效果与取向标准。通过斯库科拉夫特的叙述，在《旅行》中被压缩到概略的版本，已经没有我们所期待的奥吉布瓦讲述者的直接话语了，在《阿尔吉克调查》中又进一步被删改。在他看来，奥吉布瓦受众陶醉的故事对于白人读者来说，则是多么单调啊。

参照朗费罗对斯库科拉夫特提供的印第安故事的重置语境，文字感的问题显而易见。朗费罗与斯库科拉夫特的纠葛是学术之外的问题，简略介绍也会超出本文主旨。这里只需提一下在《海华沙之歌》第 19 章"鬼灵"中吉希一高森发现一个地方的故事：

> 别放进如此沉重的包袱，
> 在你们掩埋的坟墓中，
> 不要沉重的皮毛和金钱，
> 不要沉重的罐子和水壶，

① Schoolcraft, Henry Rowe. 1975. *Travels in the Central Portions of the Mississippi Valley*. p411. New York: Collins and Hannay. Repr. ed, Millwood: Kraus Reprint Co. 1825.

② Schoolcraft, Henry Rowe. 1839. *Algic Researches. First Series: Indian Tales and Legends*. 2 vols. Ⅱ: 130. New York: Harper & Bros. Repr. ed. in one volume, Baltimore Clearfield Co., 1992.

虚弱的灵魂将难以承受。
只要给他们食物，
只要给他们火来照亮路。①

这里，在朗费罗的《印第安诗集》中，他是这样命名的，吉希一高森讲述的梦境，开始合乎《卡列瓦拉》② 的格律，这说明文学素材复杂的国际化混合，在联邦、英国及欧洲大陆都颇为流行③。事实上，过去一个半世纪以来，对美洲印第安人民俗的普遍看法的形成，更多地是通过朗费罗基于斯库科拉夫特的出版资料所做的文学改造，即《海华沙之歌》，而不是《阿尔吉克调查》。斯迪思·汤普森（Stith Thompson）在他早期的民俗学理论批评（其本身具有斯库科拉夫特的原始与文明的二元对立思想）中认为：

海华沙传奇的字里行间意味着朗费罗没有把它当做鲜为人知的灰狗或黑鸦的冒险，或是其他数十个印第安英雄的冒险来对待。……朗费罗的诗歌只是使美洲印第安人传说为众多的文明人所知晓……④

斯库科拉夫特本人明确使用国家与国际术语来评论朗费罗的诗歌。在他收到作者寄给他《海华沙之歌》后的回信中，斯库科拉夫特写道："它由美国的出版社印成，我认为一段时期内我们的幻想文学不可避免地会被看做是积极进取的。"⑤ 他还说："通过展示这些新鲜的印第安人生活场景，您赋予阅读领域以重大的责任。"前文提到，他凭借《海华沙之歌》的流行，以《海华沙神话》(1856)为名出版了印第安故事选集。在给朗费罗的献词中，他这样称赞他的诗：

您以印第安生活、情感、发明等令人愉悦的系列图景，说明了本土风俗是我们的文学独立的真正源头之一。希腊、罗马、英国、意大利都有这种丰富的供给。只要它们不枯竭，诗歌文化领域至少能发现在主题和韵律都有所更新，有了新意。⑥

---

① Longfellow, Henry Wadsworth. 1992. The Song of *Hiawatha*. p140. Rutland: Charles E. Tuttle Co, 1855.

② 即 Kalevala，是芬兰的民族史诗，由伊莱亚斯·伦罗特（Elias Lonnrot）根据民间传说编写，1835 年初版。——译者注

③ Moyne, Ernest J. 1963. *Hiawatha and Kalevala*. FFC 192. Helsinki: Snomalainen Tiedeakatemia.

④ Thompson, Stith. 1922. *The Indian Legend of Hiawatha*. Publications of the Modern Language Association 30: 128—140.

⑤ Schoolcraft, Henry Rowe. 1991. *Schoolcraft's Indian Legends*. pp. 316—317. Ed. Mentor L. Williams. East Lansing: Michigan State University Press.

⑥ Schoolcraft, Henry Rowe. 1856. *The Myth of Hiawatha*. iv. Philadelphia:: J. B. Lippincott & co.

这是很敏锐的判断：在国际诗歌舞台上，印第安民俗是美国民族文学独立的源头之一。新的国家要有新文学的新基础，能够与希腊、罗马、英国、意大利并列而立，并充满了旧世界早已枯竭的活力。

我这篇文章的目的是要说明，过去20余年来，民俗学家和人类学家分析社会生活与民俗所发展和提炼出的语境立场，可以有效地拓展至考察超越于表演活动之外的、包括民俗国家化与国际化以及其他伴随着交流沟通的活动。与某些学者坚持认为书写和其他沟通形式都是明显的脱离语境的运作相比，我认为，它们同时还是重置语境的过程，这种重置语境通过归纳和翻译对文本进行了改头换面，这样就为阐明民俗如何超越互动秩序，如何拓展到民族国家的建构与重构和国际文化规则，如何应用于各种社会过程提供了一个有利的视角。通过追寻一个奥吉布瓦故事如何脱离讲故事事件的交互语境，如何走向更广泛的受众，被彻底翻译为民族文学与世界文学的组成部分的这种脱离语境化过程和重置语境的过程，我试图阐释注重场景交流实践及其赖以形成的思想和流程是怎样为我们打开了民俗的世界，不仅是故事讲述者与受众直接面对的现实世界，还有在更大秩序中运行的现代化世界。从1826年苏萨玛丽城的晚间聚会到朗费罗的《海华沙之歌》，借助亨利·洛维·斯库科拉夫特对一个梦境的多个版本的描述，我努力想说明如何弥补民俗学实践发展出的格式化过程。我们当然也处于我所描述的国家化与国际化所形成的这种实践之中。通过理解斯库科拉夫特在当时出现的行为，我们也能更好地理解我们自己。那么，这一个案所蕴涵的更广泛的批评是什么呢?

处理民俗故事的学者有一种倾向，即忽视了其有利而独特的学科立场，把我这里所追溯的各种国家化与国际化等过程看做次生性的、分离性的应用（或滥用），认为这使得民俗多少有些脱离了其基本特性，民俗本应是一种扎根于当地的、口头的、面对面的现象。在某种意义上，我们以这种方式收集与出版的民俗文本，需要保持其原有的本质特点，并使之与次生性的政治规划和制度体系等相隔离。但是，对文本的意识和实践进行严格的批评，几乎在民俗的概念首次出现以来就一直在发挥着作用。用这样的视角来仔细审视我们自己的文本实践却由此使得我们变成“被民俗化的他者”（the folklorized other）。这更清楚地向我们显示出，国家化与国际化的形成过程恰恰包含在文本集中，而民俗学理论和观点正是在文本集上得以确立；并且，国家化与国际化在记录和此后每次翻译的过程中都形成了产物。就此而言，我认为斯库科拉夫特并不是一个特例，而且，对其作品的分析表现了一个格式化却又典范的时期。只要有民俗的收集，其中的文本就已经被国家化与国际化了。

被发掘的与被利用的“神话”①

——地方开发中传统文化的作用

［日］樱井龙彦

关于中国的现代化与传统的问题，曾是中国学术界的热门话题。现在有关讨论趋于沉寂，但现代化进程必然导致社会结构变化，由此使人与人之间的关系也发生嬗变。在这样的背景下，现代化和传统的问题依然是我们必须面对的课题。在剧变的社会社会生活中，为了发展，乡村在摸索着自身的发展道路。本文将对此问题进行探讨。

2002年9月28日，笔者参加了浙江省德清县召开的“三合乡防风研究与开发座谈会”②。听了与会者的讨论，我对利用传统开发地方经济，以其为有效手段推进和发展地方传统等问题有了一些思考。会议由三合乡人民政府主持召开，德清县三合乡党委书记、三合乡乡长、《湖州日报》记者、学者、业余研究人员等20多人出席会议，这种人员构成充分体现了重新打造传统文化的政策集团的实际状态。座谈会提及的“防风”是一个神话人物。我发现有这样一种动向，即把以神话、传说等民间传承及其有关的信仰、祭祀为基础的传统文化予以复兴与再创造作为地域持续发展的原动力，而且是官民一起有组织地参与。这种动向的背景是与乡镇企业较成功的江浙其他地区相比，三合乡的经济持续不景气，开发进行得并不顺利。

20世纪80年代，作为农村工业化、都市化的战略，乡镇企业得到大力发展。特别是江苏省南部、浙江省北部。这里是费孝通进行小城镇研究的调查地，也是工业化进展较发达的地域。可是，后来不断地出现无法抵御市场经济洪流而被淘汰出局的企业。另一方面，也有许多小型乡镇企业引入国外资金，一跃成长为合资公司的情形。三合乡是其中未能取得成果、不太如人意的地区。从地理位置说，三合乡地处杭州市以北35公里，距上海210公里处，隶属以避暑胜地闻名的莫干山东麓的德清县。面积63万平方公里，森林覆盖率45.8%，自然环境得天独厚。三合乡有13个行政村，人口为21000人，规模上

① 本文由於芳编译，原载《民俗学刊》第八辑，澳门出版社2005年版。收入本书时译文有所改动。

② 感谢陈志勤在会议录音等方面的协助。

是个典型的小城镇。

三合乡被誉为“鱼米之乡、丝绸之府、名山之胜、竹茶之乡”。不过，这样的赞誉是江南水乡小镇的普遍特征，不是三合乡可独自占用的宣传标语。三合乡的主要产业是青郎虾和石材。青郎虾的养殖面积 11602 亩，是国家级养殖基地，据说农民把农田改造成养殖池，收入得到增加。石材年产量为 1000 万吨，主要供应给上海，如南浦大桥、东方明珠塔、金茂大厦都使用了三合乡的石材。这些依赖于自然资源的产业，未来发展的可能性有限。乡政府为谋求三合乡全体的产业结构、就业结构的变革，在国内外招商引资，曾尝试吸引外资办纺织工场，但进展不顺。在江苏和浙江，交通运输便利、产业布局条件良好的地方数不胜数，比较而言，不得不说三合乡的吸引力处于劣势。政府也断定要招致更多投资很困难，于是就改变出发点，把观光开发提升为开发战略的重点。

作为牵引观光开发的“文化”被提及的就是防风神话，包括三合乡在内的德清县一带，被称为防风氏故国。目前在三合乡有防风祠，是在 1996 年重新修建的。新中国成立前，德清人认为防风是他们的祖先，直到民国时期，还都以祭祀祖先的形式维持着宗庙里的祭祀。这项旧传统随着社会主义新中国的建立渐渐消失，经过“文化大革命”，此信仰失去了自身的意义。但在导入市场竞争机制、体现出竞争原理的今天，随着经济发展而快速推进的地域开发带来的社会变动呼唤旧有的传统，并要求它以新的形态复兴。传统重新被“发掘”，并具有了二次性的亦即再生的具体形象。传统被利用于开放搞活，在乡村民众的乡土意识中，防风神话有作用地复活了，它成为再次形成民众自我认同意识的依据所在。

要加以利用，首先必须“发掘”。为创造二次性亦即再生的传统，先后举行了称为“新发现”的防风神话的采集、发布和两次学术会议。“新发现”在学术界引起极大反响，以至于在 1991 年、1993 年两度召开了“全国防风神话学术研讨会”。在神话学、民间文艺学领域，三合乡的知名度提高了，还有从海外（日本）来的研究人员并发表了相关论文。以这些盛事为前提，遂产生了把它作为文化资源，并在开发旅游产业的过程中推出的决策。

这次座谈会规模不大，只是小型的内部人员参加的会议，但值得注意的是相对于前两次以神话为专题的学术讨论会而言，这次明确把防风研究与旅游联系了起来。从座谈会名称上也可看到这一点。座谈会超越了神话研究的学术层次，是要对文化研究怎样才能对地域社会的经济利益有所贡献进行研讨。在 20 世纪 90 年代的 10 年间，三合乡的经济没能得到有效振兴。进入 21 世纪后推出的新方式是重新创造防风文化传统，并把它与开发相结合予以利用。人们试图以旧传统为原动力，为探讨开发的方向，召开了这次会议。加入 WTO 使市场经济下的竞争和淘汰愈演愈烈，三合乡也有一种被大潮淹没的危机感。

尚在进行中的传统的再创造，是由谁又是怎样完成的呢？把乡土意识中防风后裔的自我认同意识予以重新移植的究竟是谁？以下就这些问题作一些考察。在此我提出两个问题，一是现代中国如何对待传统文化的问题，二是对神话学者的方法论该如何批评的问题。

古典防风神话

“防风故国”历史上是否存在，已无从考证。相对于它是否存在过而言，现在更重要的是三合乡民众的一种乡土意识，他们相信以防风为祖先的故国是真实存在，所在地就是以三合乡为中心的德清县一带。从江苏南部到浙江北部，分布着公元前4500—前2000年的新石器时代遗迹。被称为马家滨文化、良渚文化的当地文化，和同一时期北方黄河流域的文化性质不同，很早就拥有了水稻耕作和养蚕业。这些文化诞生在德清县周边，当时非常发达。人们相信，这个故国位于丰富的水系与农耕文化所孕育出的文化圈中。如今，人们把这种文化圈的集合总称为“长江文明”，对北方文化圈则称为“黄河文明”。

防风故国文化属于“长江文明”，这从考古学上看是明确的。因此，才出现了把“防风故国”的招牌作为开发旅游产业的主要项目推出的战略。座谈会上，动员所有媒体宣传“防风故国”的意见占了主流。“防风文化”是否与新石器时代文化有关，无法证实。首先应明确到底什么是“防风文化”，但在三合乡，人们认为“防风文化”的存在不言自明。

考古学的发掘成果满足了人们试图找到通向远古历史之线索的愿望。历史的久远能够支持文化的深度和固有性，也可成为强者的逻辑。因此，作为科学的考古学屡屡被利用于弘扬民族主义。在使“防风故国”的幻影变为实在的存在这一点，马家滨文化、良渚文化的遗迹成为可以充分利用的物证。考古学的发现再次打开了发掘“神话”、利用“神话”的路线图。

防风是怎样的人物呢？由防风派生出的老传统又是什么？对此传说须进行说明。防风传说只是一些片断，且基本上就是《国语》和其后1000多年的文献《述异记》的记载。最初出现防风的文献《国语·鲁语下》的记载如下(《史记·孔子世家》也有几乎相同的文字)：“吴伐越，堕会稽，获骨焉，节专车。吴子使来好娉，且问之仲尼……既彻俎而宴，客执骨而问曰，敢问骨何为大？仲尼曰，丘闻之，昔禹致群神于会稽山之山，防风氏后至，禹杀而戮之，其骨节专车，此为大矣。客曰，敢问谁守为神？仲尼曰，山川之灵，足以纪纲天下者，其守为神。……客曰，防风氏何守也？仲尼曰：汪芒氏之君也，守封嵎之山者也，为漆姓。在虞、夏、商为汪芒氏，于周为长狄，今为大人。”一驾车都装不下的巨骨，也许是发现了恐龙骨架吧，因当时不具备相关知识，就把它跟防风联系在一起。以此为证，防风氏是巨人的传说在春秋时就已存在了。从《国语》的记载可知：(1) 防风是被禹杀害的；(2) 会稽出土了有一驾车大小的骨架；(3) 防风是山神（封山和嵎山）；(4) 防风的子孙被称为大人。防风被杀的理由，只说是因没按时参加禹召集的会稽盟会。

接下来看任昉的《述异记》。任昉所处年代为南北朝的梁，故所记载的传说存在于6世纪初。但从书志学来说，《述异记》被怀疑是唐或宋时的伪作，果真如此的话，其传承年代就需再往后推移。

"今吴越间防风庙，土木作其形，龙首牛耳，连眉一目。昔禹会涂山，执玉帛者万国。防风氏后至，禹诛之，其长三丈，其骨头专车。今南中民有姓防风氏即其后也，皆长大。越俗祭防风神，奏防风古乐，截竹长三尺，吹之如嗥，三人披发而舞。"这段记载中除防风氏因开会迟到被禹杀害以外，有两点是先秦传说中没有的。一是出现了庙，还祭供有神像。二是祭祀时用竹笛演奏"防风古乐"，且伴随有祭祀舞蹈。

从先秦文献至南北朝的《述异记》之间，并没有新的相关传说。汉王逸在为《楚辞·天问》中"何所不死、长人何守"一句作注时，引用《括地象》中"有不死之国、长人、长狄。《春秋》云：防风氏也"，把长人、长狄与防风氏联系在一起。晋代张华《博物志》卷二把"穿胸国"认定为防风氏之国。此外，贺循（260—319）《会稽记》记载有"防风氏身长三丈，刑者不及。乃筑高塘临之。故曰刑塘"①。

从以北方为中心的中华文明的思想来看，六朝时代以前的江南地区地处偏僻，是不可知的野蛮世界。防风氏一族的形象如同长狄、穿胸那样，被描写成住在荒蛮之地的异常之人。很多文献言及防风是长人即巨人，不言而喻，这种巨人传说都是由《国语》而来。唐以后的文献包括地方志在内，直到民国期间，都没有添加新的传说内容。简而言之，防风氏传说基本上就是《国语》和《述异记》记载的内容，后世传说中没有超出上述范围的新内容。

"新发现"的防风神话

到20世纪80年代，被称为新发现的"神话"得以发表。新"神话"主要分布于德清县、绍兴县、东阳市，目前究竟采集到多少尚无确切数目。1999年出版的钟伟今、欧阳习庸编《防风氏资料汇编》收有27篇，加上后来采集的几篇，共有30篇左右。《国语》以来的传说，都讲述防风氏因参加盟会迟到被禹杀了，但迟到理由始终不明。禹是天下皆知的伟大的治水英雄，故一般会推测，大概防风氏被杀是由于懒惰或干了什么不好的事。这就出现了一个禹即

① 鲁迅：《会稽郡故事杂集》，《鲁迅全集》第8卷，人民文学出版社1973年版。

善、防风即恶的构想。可“新发现”的神话传说颠覆了这种构想。30多篇资料虽然内容多种多样，但突出的要点在于主张防风氏是与禹并肩齐名的治水之神。研究者们对这一点尤其关注，认为防风氏与洪水、治水有关联。这是《国语》以来的古文献中没有的传说，因而要给予高度评价，认为是填补了中国神话的空白。

但书上没有记载的神话，通过口耳相传传承4000多年，到80年代突然被发现，其真实性究竟如何呢？何况是在有着持续几千年文字记录的中国，而不是“无文字社会”，因此，一般人首先会常识性地怀疑其中的不自然之处。如下所示，可认为这些新发现的神话是把《国语》、《述异记》的内容加以补充衍生、引申发挥并按故事体整理成形；也可以怀疑这是在某种意图下重新编成的故事。下面以1987年在二都村收集到的“防风之死”[①] 为例来说明。

（1）禹治水成功，招集天下诸侯，在绍兴茅山开庆祝会。庆祝会持续三天，唯防风氏没有出现。到最后一天，防风氏气喘吁吁跑来。禹询问缘故，防风氏解释说，他接到通知后立刻出发，可途中路过天目山时，有蛟出现，樑溪河洪水泛滥，一时渡不了河，就来迟了。禹在持续三天的宴会上受到所有人祝福，有些得意忘形，不能原谅防风氏，于是杀了他。

（2）防风氏高大魁梧，行刑的人只能够着他的脚。防风氏希望能站着死，禹答应了，在堤防上搭了一个三丈六尺的高台作刑台。行刑人沿梯子爬上刑台，斩下防风氏首级。

（3）不可思议的是，被斩首的身体没流出鲜血，过了一会却突然喷出白色的血。禹大惊，觉得这异常定有缘故，就派使者去防风国调查。原来防风氏迟到的理由正如他说明的那样，洪水来临时，防风氏帮助民众脱险，达到废寝忘食的程度。禹很后悔，反省自己的过失，遂追任防风氏为防风国的国君，建立防风祠，塑造防风氏神像，以每年8月25日为祭日。

显然，这是把古典的片断串联起来重新组合的一则故事。（1）是根据《国语》并用口语述说的部分。（2）是原封不动地借用了贺循《会稽记》的部分。（3）的前一半是独创的，后半部分是根据《述异记》里关于防风庙、用土木制作防风氏神像、对防风神的祭祀等记述而来的。在（1）里，重要的是具体补充了《国语》没有讲述的防风氏迟到的理由。《防风之死》以外的传说，几乎都同样讲述了防风氏是因专注治水事业迟到的，如有的故事说防风氏为了解洪水发生的状况而挖井，故参加宴会迟到。编造防风氏迟到的理由，是要证明他蒙冤被杀。防风氏绝不会懒惰贪睡。相反，如果是尽力把民众从洪水灾难中拯救出来的英雄行为，那就可认定禹杀防风氏是错误的。奉防风氏为祖先的三合

---

① 《浙江省民间文学集成·湖州市故事卷》，浙江文艺出版社1991年版，第13页。

乡民众，对禹有着与通常评价相反的看法，他们认为杀了先祖的禹，只是个气量狭小、性情傲慢的神。于是还产生了像《刑塘戮防风》、《防风舞》等防风氏部下、防风国的人们为报仇想要杀害禹的故事。

被当做“新发现”的神话主要产生于德清县、绍兴县、东阳市。但在德清县与其他两地，传说内容即对防风氏的评价完全不同。在绍兴（《大禹斩防风》）、东阳（《禹杀防风氏》），传说防风氏因为贪睡忽视了洪水的发生，禹很愤怒，就杀了防风。按这种说法，最终错在防风氏。这两地的事例分别只有一个，虽无法断言，但可以说防风氏传说也是存在地区差异的。

此种地区差异只是防风氏治水成功（德清）或治水失败（绍兴、东阳）的差异，对于防风氏是治水神这一点的认识却是一致的。在防风氏的故乡德清县，防风氏是治水的成功者，于是，就有了防风氏即善而禹即恶的构想。为使禹即恶的构想更加鲜明，还出现了讲述禹杀防风氏不是由于误会，而是有意而为的故事。在《防风三难大禹》中，防风氏对禹无视禅让制度，把王位传给自己儿子启等诸项政策都很反对，平素对防风氏怀恨在心的禹就以盟会迟到为借口杀了他。

古代典籍中一概没有这类记录。对这样的传说，中国的神话研究者们认为，正因为它是文献中没有记载的口头传承，才具有填补古代神话空白的“新发现”的价值。对此，笔者持有很大疑问。为创造防风氏即善、禹即恶的构想，此种程度的创作不是很容易吗？从这种意义上说，德清县人是有意识地填补了神话的空缺。在日本，据赤穗浪人说，一般都认为吉良上野介是恶人，但在上野介的故乡和爱知县三河的吉良町，他却是作为死于非命的明君被传诵。可以说，类似的乡土意识和心情也同样反映在防风氏的传说中。

古文献中并没有防风氏与洪水、治水有关的传说记载，即使是在可以确定年代的史料如五代钱镠《新建风山灵德王庙记》的碑文（宝正六年，即931年）[①] 中，也找不到关于洪水、治水的记载。只是因为防风氏和禹的关系才推测到洪水，但文献上无法确认防风氏与洪水、治水的关系，况且从《国语》中孔子所说“守封嵎之山者也”，可确认防风氏是山神，并没有说他是水神。也有传说讲述防风氏不仅是治水英雄，还是太湖流域水稻栽培的始祖神。认为防风氏是水稻之神的说法，据说是《国语》中“汪芒氏之君”的“汪芒”的语义被认为就是水稻而来[②]。在这样的传说被人们相信并传诵的背后，不言而喻地

① 收录于陆心源《吴兴金石集》。现在石碑位于祠前。“灵德王”是钱镠给防风氏的封号。风山即封山。

② 关于防风氏与水稻栽培的关系，参见莫高《太湖流域防风神话新发现的启示》，刘城淮《防风与夏禹》等，载钟伟今主编《防风神话研究》，安徽文艺出版社1996年版。

也是存在着从良渚文化遗迹中曾发现了水稻耕作的痕迹这一事实。

可见，（1）叙述了《国语》中没有记叙的防风氏迟到的理由，是为了表明他也是治水英雄。这一点很明确。但这是“现代传说”，绝非“古代神话”。据说这种“现代传说”的讲述人的文化水平多是小学毕业程度，还有不识字的农民，但采集记录者重新编写其内容的可能性也很大。《王鲧和防风》、《大禹杀防风》[①]，插入了鲧从天上偷取息壤治水的神话要素，有可能是在古典知识的基础上所作的“故事新编”。采集人只要了解关于防风氏的古典记录（《国语》、《述异记》就足够了），再加以润色改编，可以很容易做到。

防风庙与祭祀

第（3）段说明了为防风氏建庙堂、安置神像，且每年8月25日进行祭祀的由来。好像在武康、绍兴、安吉等地，都建有防风氏的庙堂。据明嘉靖《武康县志·祀典志》记载，三合乡的防风庙是晋元康初（219—299），由县令贺循建造的。唐元和年间（806—820）重建；宝正六年（931），五代钱镠以灵验为由，赐予灵德王的封号，并命名其为风山灵德王庙。此后千余年间曾几经修复，并在明洪武四年（1371），被敕封为“防风氏神”，每年8月25日举行祭祀。

关于创建年代，从上述碑文找不到记录，但它言及元和年间再建，好像是确定无疑的。《述异记》中已出现了庙、神像、祭祀，但没有在8月25日举行祭祀活动的记载。那么，8月25日是什么日子，为什么要在这天举行祭祀呢？此前所列文献中找不到任何记录。原（三合乡）二都村人民公社主任沈永法（1990年时62岁）说，禹误杀防风，在8月24日宣布防风氏冤屈，25日就举行了正式祭祀，从此历代官民都以8月25日为防风祭日。但这一说法没有任何根据[②]。铃木阳一提出8月25日是防风氏生日的说法，也没有明确的根据[③]。

唯一贴近25日这一日期的史料，是钱镠《新建风山灵德王庙记》的碑文，它记载着防风庙的修建始于丙戌年即926年8月24日，可为何在这天开工的理由并不明确，是否与25日的祭祀有关也不清楚。[④]

没有任何史料能够说明在25日举行祭祀的理由。记载这一天是防风氏祭日的文献即嘉靖《武康县志》，是明朝（16世纪）才出现的。第（3）段的内

---

① 均分布于东阳市，发表于《民间文学》1986年1期，前者原题为《王鲧治水》。

② 钟伟今主编《防风神话研究》，安徽文艺出版社1996年版，第34页。

③ 铃木阳一：「浙东の神々と地域文化」，载宋代史研究会编『宋代人の认识—相互性と日常空间』，汲古书院，2001年。

④ 天一阁藏明刻本，上海古籍出版社1964年版。关于8月25日的祭祀，也见于明宋雷《西吴里语》卷一。

容加入了明朝之后的史实，从传承年代看，不具有填补《国语》、《述异记》空白的资料价值。因为文献年代间隔太长了。8月25日举行祭祀的起源虽不明确，但祭祀本身直至民国时期香火也很旺盛。地方志没有记载防风信仰的具体内容，据老人们回忆，从8月25日起，连续三天在庙里举行祭祀，“颂扬先祖功德，人神同乐，祈祷天下太平，田蚕茂盛”，可知是子孙们希望得到防风国祖先神保佑，祈祷农业和养蚕业丰收。至少可以肯定防风氏是祖先神，但看不出他作为治水神的特征，就算从祈祷农蚕丰收来看，跟水或有关联，也不能断定他就是治水神。

通常，在祭祀中重现神话内容的可能性较大，但从实行的祭祀和信仰的状态看，无法领悟到“新发现”的防风神话的重点亦即防风氏是治水神的特征。这一点该如何解释呢？既可以解释为与传统的官方公认形式完全不同，这是在民间层面传承的作为治水神的防风神话，由此才堪称“新发现”；但也可以解释为并非被埋藏的传说的新“发现”，而不过是在新时期被附加上古代神话所不具有的功用的传说而已，因为从公开的祭祀中找不到防风是治水神的证据。笔者认同上述后一种解释。

值得注意的是祭祀祖先神防风氏的费用是从国家财政中支出的。在明朝，防风氏的祭祀属官府“祀典”，祭祀费用由国库支出，是被定位为官民共同参加的重要祭祀。民国初期曾有过这样的事件，由于县长没参加秋天的祭拜，二都的乡绅们遂以“灭祖之罪”即无视祖先的罪名联名状告了县长①。这说明8月25日的祭祀，是把防风氏作为地域整体的祖先神来祭拜的，官民都很重视。

如果是国家公认的“祭典”，表示这个祭祀有权威性。这一点是今日三合乡人的骄傲，也是构成乡土意识（地方民族主义）的原动力。正因为这样，祖先神防风氏被作为牵引力发挥了推进开发的作用。“防风节”复活，虽与国家即中央政府无关，但从三合乡政府、德清县委、湖州市政府、浙江省委都给予关注这一点来看，说明乃是从明朝以来官民一体的传统。在笔者参加的座谈会上，对于以“防风节”为核心的开发，很多人发言说需要省、市、县领导的积极支持，并向当日出席的行政领导提出请求。大家发言的主旨是如果得到行政层面的认可，从而容易得到资金援助，开发也才可走上轨道。

防风氏的祠庙最初见于《述异记》。从作者任昉的生存年代看，此庙在6世纪时就已存在；又据嘉靖《武康县志》，贺循在元康年间创建此庙，则其存在可上溯到4世纪之前，大体可以认定《述异记》中的防风庙就是指贺循所建的庙。为维持对神明的祭祀，就有必要规定固定的时间和场所，以年祭形式反复进行，故设置了供奉有神像的庙，设定8月25日为祭日，并随之出现作为祭祀演出的

① 钟伟今、钟铭：《“防风故土”考察报告》，载钟伟今主编《防风神话研究》。

古乐和舞蹈。除8月25日的祭日外，这些要素在《述异记》中都有记载。

眼下为经济建设和开发旅游，乡里计划以防风庙为中心组织“防风节”，还有让古乐和祭祀舞蹈复活的动向，这些都源于上述旧传统。重建庙宇和将其作为村镇开发的象征，三合乡的相关活动并不单是宗教设施的复活，而是基于地方经济发展的战略思考。神话的“发现”也成为后援的动力，通过采集民间传说，旧传统重新“被发掘”，并“被利用”于以恢复传统为手段的地域开发之中。

防风庙的重建

为创建“防风节”，将其作为三合乡的开发战略来推进，就必须重建能够恢复旧传统的场所——防风庙。重新建庙的过程，是通过“防风神话”开发三合乡的过程，也是防风神话不断被“新发现”的过程。庙这一象征性建筑的复活，对伴随着祭祀的文化活动（与其说“防风节”是信仰，不如说是包括物资交流会等在内的文化活动）的提倡，与通过口头传承的收集工作而确立的精神文化背景相互补充，共同完善。以下便是这种观光战略的形成过程。

年份	事件或动向
1947	防风庙大殿失火烧毁，但神像被抢救了出来。
1949	大殿重建。新政权成立之年，政治不安定，工事敷衍，规模不如从前。
1965	最后的防风庙会（名为“二都物资交流会”），请越剧团演出三天。
1966	“破四旧”，神像被破坏。
1967	大殿也被破坏，防风庙成了二都公社大会堂。
1978	在防风庙原址上建成二都公社的新办公室，与防风氏有关的文物全部消失。
1984	研究者从二都的老人那里采集到被认为是古时的防风古乐和防风舞。
1985	在南通市召开的“全国神话研讨会”（中国社会科学院主办）上，莫高发表《谈江南的神话》。
1986	《民间文学》第11期，发表两篇防风神话。
1989	杭州大学有人调查二都、防风氏后裔居住的丈人坞，发现相关遗迹。
1990	《民间文学》第1期，发表9篇防风神话。
1991	第一届“全国防风神话学术研讨会”召开。
1993	“修复防风庙座谈会”召开。第二届“全国防风神话学术研讨会”召开。
1996	德清县人民政府发文同意修复防风庙。8月25日修复完成。
1998	防风氏神像完成。
2002	“三合乡防风研究与开发座谈会”召开。

“文革”结束，各地又重新开始了民间故事的采集，此前文献中并无记载的故事被发掘出来。中国民间文艺研究会浙江分会、湖州市民间文艺家协会的人员采集了关于防风的神话传说，并于1980年代开始发表。新防风神话的“发现”闻名于全国，大概是1985年在江苏省南通市召开的“全国神话研讨会”上，莫高发表了《谈江南的神话》，当时他举防风神话为例，认为“很多分布在江南的神话传说都有生动的故事和完整的内容，能够填补零碎、片断的古代文献中神话的不足”。

1986年，《王鲧治水》、《禹杀防风氏》两篇文章在《民间文学》第11期发表。这是一份全国性月刊，且是民间故事方面最具影响力的杂志，因此，江南的新神话受到全国瞩目。它们都是讲防风氏跟治水有关的故事，《禹杀防风氏》还讲述了防风被禹杀害的理由。据说因为受这个故事刺激，湖州市文联的钟伟今从1988年起率先收集防风神话至今，他是两届研讨会的主办者，也是对防风神话的发掘“贡献”最大的人物。此后，称为新发现的传说在各种文献上发表，前边提到的《防风之死》就是1987年钟伟今等人在二都采集的，是典型的讲述防风氏被禹冤屈以至被杀的故事。

1989年，在二都和据说是防风氏后裔现在仍有居住的丈人坞，发现了与防风氏有渊源的遗迹。庙，还有防风氏居住过的“防风洞”、“防风井”等遗迹，进一步增强了传说的可信度，如对它们修复保存，就能当做文化资源来有效利用。在1990年第1期《民间文学》发表的故事附有编者后记，题为《珍贵的发现》，认为防风神话是与近年发现的中原神话、云南岩画、纳西族祭天古乐齐名的四大发现之一，赞扬防风神话填补了远古神话的空白。这引起文艺界、学术界注目，导致第二年即1991年“全国防风神话学术研讨会”的召开。古文献中完全没有提到与治水有关的防风氏，具有了和禹并称为两大治水英雄的特征，这显然是附加的。

在发给1991年“全国防风神话学术研讨会”的贺电中，中国神话学会副主席陶阳这样说道：防风神话的新发现，表明了在我国还潜在着丰富的口头传承的神话，还有待挖掘。防风神话的发现为古典神话的田野调查和收集开辟出了新的道路。近年来出现的少数民族神话的大量发掘、中原神话以及防风神话的发现，否定了中国欠缺神话论。……迄今为止我们的神话研究都局限于古代典籍。但是防风神话研究却与田野调查紧密地联系起来，以新发现的神话为中心，进行了与古代典籍的神话的比较研究[①]。贺词不加批判地接受了被称为“新发现”的口头资料，轻易断定与古典神话的比较是可能的，甚至没有问这

① 钟伟今、欧阳习庸编：《防风氏资料汇编》，天津古籍出版社1999年版，第57—58页。

是否是神话。1992年中国神话学会《神话学信息》第4期发表了“防风神话专号”，就是说国家级的神话学会承认这是“神话”。同年，上海《新民日报》（10月25日）刊载了在浙江德清发现了“防风氏神话”的新闻，通过报纸这一公共媒体的宣传效果，“新发现”的“神话”广为人知。

伴随着关于三合乡的口头传承“新发现”，在1991年学术会议成功召开后，三合乡人的乡土意识也自然得到提高，出现了重建作为其象征的祠庙的动向。1993年，二都召开了“修复防风庙座谈会”，这大概是初次在公开场合提到修复的事情。同年，三合乡党委批准设立修复筹备委员会，并进入了重建的准备阶段。

1993年，第二届“全国防风神话学术研讨会”召开，其意义从浙江省委宣传部副部长的贺词中可知，亦即“发挥了促进德清的改革开放和经济建设的作用”。从1980年代的“发现”，到1990年代的实践，把当地传统文化当做资源，使其在经济发展中发挥作用的意图越来越明确。这次会议上设立了“防风文化景区修复委员会”，学者们联名向政府相关人士提交了促进德清县经济建设的议案，主张将“防风文化”编入经济开发和观光开发的政府战略，其具体的政策建议内容为：（1）重建防风庙、防风陵、防风洞；（2）开发下渚湖；（3）三合乡改名为“防风乡”，列入武康经济开发区，并把“防风景区”列入浙江省文物保护单位，以获取国家的资金援助等。

庐前、周于怀的与会论文题为《“防风故国”的旅游资源及开发》[①]。这篇文章提出要在三合乡建设总面积为30万平方公里的防风旅游景区，并建设度假村等。作为观光开发的重要景点，列出了以下四点：

（1）封山——径古旅游：整顿封山十景，修复防风洞，利用灯光效果打造出神话世界（现已用灯光制作出了神怪世界的表演）；重建防风庙（1996年已建好），把8月25日定为秋天的大祭（防风节），以招徕游客；上演防风古乐、防风舞。

（2）下渚湖——休闲旅游：面积为10平方公里，由多个大小不一的湖泊构成，湖面上浮着十多座岛屿，计划建成娱乐和疗养中心。

（3）计筹山——民俗旅游：这里有宋代词人姜夔隐居过的文人遗迹；《茶经》作者陆羽也曾来过此地，现在的村民中还残留有“打茶会”的古风。计划建造茶院，以江南饮茶方式招待观光客。

（4）云岫寺——宗教旅游：宋淳熙八年修建，清光绪十三年御赐《龙藏》（佛典）12部，和西太后、恭亲王等有关，计划建成以古刹和观音菩萨祭礼为中心的招徕参拜者的旅游点。

---

① 钟伟今、欧阳习庸编：《防风氏资料汇编》，第90页。

上述设想中与防风直接相关的为（1）。（2）是从防风山远眺的景观，（3）出售防风茶（塄豆茶），与防风氏只有间接的关系。

1996年，在“文革”中被破坏的防风庙的修复工程，由县人民政府批准，于8月25日竣工。实际是在1997年1月竣工的，但为了与祭礼的日子8月25日配合，才在8月25日召开庆祝会。据说修建防风庙的费用超过了100万元。竣工当日，依旧例，请来越剧团演出三天。这次演戏也是“文革”以后的第一次。

防风庙前立了写着“防风古国　中国塄豆茶发祥地”的碑。把这里作为“塄豆茶”发祥地推出，也是开发战略的一环。“塄豆茶”也称“防风茶”，据传说，防风因治水很疲劳，当地人献上这种茶，防风饮用后神力大增，于是，治水就成功了。茶的由来也和治水有关。这种茶是农民们经常饮用的，茶里放入了橘子皮、毛豆、花生、豆腐干、芝麻、干笋六种食物，把它商品化做成土特产，也是旅游战略的实践之一。

此外，在重建防风洞两年后的1998年，防风氏的神像也完成了。它用香樟木制作，重5吨，高达6.3米。

座谈会上的提案

以1980年代防风神话的“新发现”为契机，旧传统被重新认识，这在当地再次促成了对以防风氏为先祖的故土的热爱。1990年代以后，为把旧传统用作推动地域开发的原动力，复活了庙宇和祭祀。这是在旅游化意图下对传统的再创造，但传统文化的地位却已通过在全国性杂志上登载和围绕新神话的研讨会得到确立。学者、研究人员以古文献、新“发现”的口头传承、考古学遗迹、相关遗物为材料，求证着“防风故国”和“防风文化”的存在。

但实际上，三合乡的开发并没有像人们预期的那样开展起来。钟伟今在《防风神话研究的若干指向与意义初探》[①] 一文中回顾说：“故事一旦被采集、文字化，可供阅读了，就被乡里人熟知了。防风庙也得到了重建，中断了长达半个世纪的祭祀也复活了，娱乐人和神的庙会戏也上演了，对乡土的自豪感和情爱增加了，乡土建设的凝聚力提高了。……作为‘防风故国’的三合乡的知名度提高了，‘防风文化’作为无形资产，将给经济开发、观光的振兴带来巨大的利益。”的确，对旧传统的重新认识推进了地方民族主义的弘扬，但它并没有充分地在经济开发上发挥作用。

为成功召开两次学术研讨会及防风庙的重建尽心尽力的行政人员，是当时三合乡党委书记姚阿忠。当他作为德清县委宣传部副部长在10年后重返三合

---

① 钟伟今、欧阳习庸编：《防风氏资料汇编》，第129页。

乡时，他在会上表示了对三合乡的失望。进入21世纪，在维持高速增长的中国经济里，在一直以来发挥领先作用的江浙模范地区中，三合乡如被甩在后面，姚阿忠一定难以接受。为打破这种劣势，座谈会总结反省了十年来的经验教训，确认了使文化资源为经济开发作贡献的方向。

以文化资源为基础，使之为经济开发作贡献的讨论，与90年代初政府倡导的“文化搭台、经济唱戏”的口号堪称呼应。杨杏山乡长在致辞中提出“文化搭台、旅游唱戏”，“以文化为魂、以旅游为形”。“经济”一词换成“旅游”，反映出1990年代尝试招商引资的不顺，从而把经济发展的手段转换到旅游开发上的三合乡的实际情形。这次座谈会上的具体意见和提案大致分为四类，下面的内容中加入了笔者的点评。

A. 以防风节招徕观光

复原防风乐、防风舞。训练有素的歌舞团演出，可为游客提供娱乐。将祭礼游化、商品化，可削弱其宗教色彩。当局也可借此机会抑制可能扩张的迷信活动。

在防风庙画壁画。据姚阿忠副部长说，只需5万元就能做到。多数人只知道防风氏是神，并不知道他是治水英雄。画在壁画上就可让人们了解这些。从这里，也能看出要把防风氏树立为治水神的意图。墙壁上的连环画故事，肯定是以“新发现”的“防风之死”等为参考的。

对文物、遗迹逐一添加解说，为参观者提供方便。

以上海、杭州的游客为主要对象。大约意识到招致全国规模的游客不大可能。在上海近郊和江苏省，有朱家角、周庄、同里等被列为世界遗产的水乡古镇，作为旅游点，三合乡很难和上述古镇竞争。

B. 强化宣传活动

宣传境内发现的6000多年前的“马家滨文化遗址”、5000多年前“良渚文化”的“羊尾巴山遗址”（年代是中国国内的说法），强调“防风古国”。利用考古学发掘成果，以历史的古老为卖点的操作方式。在网络上制作网页。制作CD光盘。领导的支持和重视。为使各种媒体加大宣传力度，最重要的是需要政府的支持，这是一致的意见。

C. 把下渚湖等风景区整顿为旅游地，活化农业、自然生态

把下渚湖作成“农家乐园”、“水上迷宫”。

把农民的住家改造为一日20—30元就能住宿的小旅馆。尝试让都市人体味农家朴素生活的例子，在其他地方已经出现，也有获得成功的。都市与农村、文明与自然，自然地选择这种对立，是出于把这里建成休养地的想法。

如建造休闲用的观光设施“农家小木屋”，只需少量投资就可完成。

对水资源进行开发。下渚湖遍布水葫芦，据说2002年整个湖面都被遮盖，水质污染严重。开发的同时也会注意自然环境保护，如禁止在湖的四周建高层建筑。

D. 文化资源的商品化

把防风作为商标注册。还有建议提出，为防止防风品牌被随意使用，应确立其使用权。因为是防风的子孙，所以，有独占使用品牌的权利。

把塄豆茶、红菱（采于下渚湖）等商品化，制作旅游纪念品。如上所述，塄豆茶里包含有和防风氏有关的传说，当地人把这认定为旧传统。实际上，把茶与防风氏联系在一起的，是二次性的“发明的传统”。

“发掘”传统的人和“利用”传统的人

最后，我想探讨的问题是，传统的再创造是由谁完成的？它是如何被创造的？在当地的乡土意识中重新移植作为防风后裔之自我认同的又是哪些人？“利用”传统的是行政方面，但有一批人为传统能够被利用做了准备工作，他们发掘旧传统，并迎合新的社会结构变动而改造了旧传统。其主体就是持有强烈乡土意识（对乡土的热爱、归属感）的当地精英们（钟伟今等），以及对这些成果进行研究的中央的学者们。从事搜集整理的湖州市民间文艺家协会等部门的成员以及把它评价为“新发现”的大学和研究机关的学者们的作用很大。在关于学问上的对应、方法论问题的功过等方面，不能不说他们的责任重大。

我们回顾一下，围绕防风神话的采集存在的疑问以及关于学术上解释方法的问题。

关于防风神话的采集整理工作，陈景超早就提出了疑问①。他一次又一次地讲述，防风氏是历史人物而不是神，应该把历史人物的故事看做补充史实的传说，不应把它当做空灵缥缈的神话对待。他的着重点在此。但讨论防风氏是神还是人也没有太大意义，将其视为史实本身也有问题。值得注意的是，陈景超对故事的采集整理提出意见，他批评故事记录人对讲述人说的片断故事，一边援用自己的古典知识进行诱导，一边将故事始末连接补缀，整理时又进行加工，使故事情节不至前后矛盾。然后，研究者对采集整理人“再创作”的“故事新编”，不抱丝毫疑问地进行着“神话”研究。

这对采集整理人、研究者两方面都是很尖锐的意见。当然，对这样的批评也存在相反的论调。吴冠民《莫将神话还归成信史》② 就是其代表。但吴冠民只是否定了陈所主张的防风氏不是神而是人、不是神话而是历史的观点，并没

① 陈景超：《防风氏的研究的主旨必须还归历史真实》，载钟伟今主编《防风神话研究》。

② 吴冠民：《莫将神话还归成信史》，载钟伟今主编《防风神话研究》。

有从正面回应采集上的疑点和篡改等问题。对于非当事者而言，真实还在黑暗之中。陈景超是湖州市民间文艺家协会会员，也是《德清县志》编纂委员，他是当地人，了解当地的搜集整理情况，他批评在方法上存在问题，就如同是内部揭发。“新发现”的防风氏神话，是以《国语》和《述异记》为基础，巧妙地把现代传说拼凑在一起的，正如笔者本文论述的那样。陈景超只是尝试了如此简单的原文批评，但他是正确的。曾经备受争议的由采集者作“故事新编”的恶劣传统，至今仍然残存，这是中国民间文学界的现状。

从学术角度看，近年来采集到的防风神话，不能说它具有填补古代神话空白的价值。应该把它视为以古典为基础，添加了古典中缺失信息（防风氏被杀的理由等）的“现代传说”。为恢复自己祖先防风氏的名誉，就有必要证明他的冤情，因此，赋予他治水神的特征。治水要素在后世这个时空点，可以认为是“被创造的传说”。这会给人一种错觉，似乎是“远古时就存在的神话”①。

当然，传说的形成无法与历史分割开来，研究其形成过程是重要的。但研究的目的不是为了从“传说”角度补充历史上的事实或填补数量不多的古代神话的空白。方向正好相反，应该是为了从被填充的空白处探寻生活在现代的人们的心情及其信仰的深层。如何理解旧传统，今日如何把它继续传承下去呢？通过持续的传承，被操作的部分是如何与时代和社会的变动相对应的？重要的是探究被再创造的旧传统的现代意义。

传统文化在经济发展、开发振兴中被利用并非坏事，传统不是为了保存而可以放在箱子里严密保管的。由传统创造的新的二次性传统，如在社会中得到有效活用，也是源于传统所具有的内在生命力。问题在于太想让传统文化为现代社会作贡献，遂对神话传说的采集、整理与研究实施人为影响的情况。即便在某种意图下改造传统是好的，但在学术上用错误的解释为其寻求动机也有问题。甚至想都没想那些解释是错误的，这在学术研究上更有问题。

对防风神话的认知，有以下结构。首先，乡土的知识人士、故事爱好者等收集、整理、报告，新神话的内容使三合乡人再次确认了他们是“防风故国”的子民，并再次形成了防风氏子孙的自我认同意识。然后，通过两次全国规模的会议，来自各地的学者、研究者聚集起来给予很高评价，有日本研究者参与的情况也被（引为自豪地）做了报道。乡土意识就这样慢慢地形成，培育出的“防风文化”的地位便不可动摇了。

赢得学术界认同的权威性，通过出版业、媒体报道而进一步增强。在《民间文学》上发表的故事，后被再次收录于《浙江民间故事集成·绍兴故事卷》

---

① 在中国研究者中，也有姚宝瑄那样认为防风与治水无关的人。参见姚宝瑄《防风神话复原》，《民间文学论坛》1992第4期。

(1989)、《中国民间故事集成·浙江省德清县卷》(1990)、《浙江省民间文学集成·湖州市故事卷》(1991)等正式的故事集，被选定为代表当地的故事，获得了作为研究对象的地位。1996年，作为国家项目策划的民间文学集成之一，《中国民间故事集成》浙江卷（中国ISBN中心出版，1996）收录了5篇，防风神话被认定为代表浙江省的故事。

通过出版业来为传说增加权威性这一点，有学者、研究者的参与是不言而喻的。他们是文化资源的发掘者，也是把它制作成练达的文化而提供出来的制作人。通过他们的参与，代表党和政府的政策决策人才会想要利用这些被“发掘”的神话搞经济开发。为了宣传，媒体、出版界的信息业者再次作出贡献。尤其是旅游开发，为招徕游客，必须通过传播媒介、出版物等，大力开展对“防风故国”的宣传活动。因此，在座谈会上，强调了领导支持的重要性，同时，还强调了宣传的必要性。

三合乡为了在21世纪的自我发展，开拓了“防风文化”的传统，并将其优先选择为走向旅游产业方向的手段，这个蓝图在90年代开始萌芽，当时就已经提了出来。如今，重新制定的目标再次出台，这次尝试能否成功，只能拭目以待。被全球化现象所包围，在政治、经济、文化等所有方面都不得不变革的中国，地方社会也需要自主变革。本文选取了中国一个地方的案例，目的在于通过考察旅游开发政策的形成过程，探讨传统文化如何被再生产、再消费的问题。

国家对民间文化的参与和民间文化的再建构

——对甘肃省莲花山花儿会的思考

徐素娟

花儿及花儿研究

花儿是广泛流传于我国西北甘肃、青海、宁夏和新疆、西藏部分地区的一种山歌，为长期杂居此地区的汉、回、土、撒拉、东乡、保安、裕固及藏族的广大民众所喜爱。关于花儿起源的时间问题，学术界多有争论，有的学者将其追溯到《诗经》，但现在比较公认的说法是花儿传承自明代开始。花儿起源难以定论的主要原因是，花儿流传于广大下层民众中，他们多不识读写，花儿靠世代口口相传，缺少文字记载。

花儿可大致分为两个流派，分别取其发源地的名称，称为“洮岷花儿”和“河州花儿”①。从现在的流传地区看，河州花儿远比洮岷花儿广得多，然而就花儿的起源看，很多学者认为洮岷花儿较早于河州花儿。两个流派的花儿在唱词和曲令上有所不同②，但在演唱方式上基本相同，均依传承下来的基本固定的曲令，配以现场即兴创作的歌词来演唱。洮岷花儿中的莲花山花儿多为集体对唱为主，其他花儿多以个人对唱为主。与曲令比较单一的洮岷花儿相比，河州花儿的曲令要丰富得多。

人们通常在田间劳作，或是去山里砍柴和采集药材野菜时演唱花儿，有时同行伙伴之间对唱，有时则与别的人对唱，在山里野外，有时候连对唱的人的姓名也不知道。这种情况下，歌手们通过花儿对唱来询问对方的情况，如你从哪里来，是哪个村的人。对流传地区的人来说，花儿不仅是一种娱乐，还是一种交流信息和感情的工具。虽然人们可以在山间田野和认识、不认识的人自由

---

① 关于河州花儿的名称，学术界有一定的争议。部分学者将其称为“河湟花儿”。因现在的河湟地区大致相当于古代的河州，笔者倾向于称其为河州花儿。

② 关于花儿的词曲已有很多优秀的研究成果，如王沛的《河州花儿研究》，宁文焕的《洮州花儿散论》，郭正清的《“花儿”研究十题》等。参见郭正清《“花儿”研究十题》，载《甘肃民族研究》1996年第1－2期。张君仁的《花儿王朱仲禄——人类学情境中的民间歌手》一书的下篇，也收录了传统花儿曲令集。

对唱花儿，但在村庄里花儿演唱却是被禁止的。据说新中国成立前，如有人在村里或接近村庄的地方唱花儿，要受鞭打或罚一头羊的惩罚。即便是社会日益“开放”的当今，惩罚的规矩虽然没有了，可人们还是不敢（至少白天）在村里唱花儿①。在村子进行调查时，很多歌手同意“说”花儿，把日常的对话按花儿歌词的格式说出来，但对“唱”花儿的要求拒绝得很坚决，而且认为调查人提出这个要求是不懂花儿的规矩。演唱花儿还有一个规矩，就是不能在辈分不同的亲戚家人面前演唱，如有长辈或晚辈在场，通常要求一方回避②。

花儿除了日常分散在田野山间传唱之外，每年还在固定的时间和固定的地点举行花儿会，集中地进行花儿的演唱活动。在花儿流传地区，每年农历3月到9月之间各地都有花儿会举行，其中5月和6月是最频繁的时期。这个时期也是该地区的农闲期，因而花儿会的参加者为数众多。其中，本文将要考察的莲花山花儿会就是众多花儿会中远近闻名的花儿会之一，无论从会期之长还是参加人数之多，可以说是众多花儿会中规模最大的。莲花山花儿会按照一定仪式，在数个花儿会场间移动的过程也很独特，因而令人瞩目。

莲花山花儿会每年农历六月初一到初六举行，参加群众主要来自莲花山周围的临夏回族自治州（主要为康乐县），定西地区（主要为临洮县、渭源县），甘南藏族自治州（主要为临潭县、卓尼县），近年也有一些附近城市的旅游者来，花儿会的参加人数多达10万以上。莲花山花儿会之所以有名，不仅在于它会期长，与会人数多，还在于它独有的规程。首先，与很多在同一地方举行一天或数天的花儿会不同，莲花山花儿会在6天会期中，依次在莲花山、足古川、莲麓乡、王家沟门、紫松山等地之间移动，其中，第三天（六月初三）时花儿会分为两支，一支人流向莲麓乡斜角街移动，然后沿路向王家沟门、紫松山行进；一支人流流向临潭县冶力关乡，积聚在泉滩附近一直到花儿会结束，不再移动。移动的时间和地点早已墨守成规，即所谓“老规程”。另外在花儿会举行过程中，莲花山花儿会特有的“拦路对歌”、“敬酒对歌”、“游山对歌”、“敬酒惜别”等仪式，分别标志着花儿会开始、高潮和结束。这些莲花山花儿会特有的规程使其区别于其他花儿会，加上盛大的规模而远近闻名。

---

① 笔者在临潭县H村调查时正值冬季农闲季节，村里男人多在外打工，留在村里的女人相对放得开一些，她们晚上在房间里曾为笔者唱过花儿。但这是为配合调查，平时她们不唱。后来，别的村民问起来时，她们回答得很含糊，并没有爽快地承认在家里唱过花儿。

② 笔者对莲花山花儿会的调查始于1999年，当时为完成硕士论文《现代中国的观光和文化——通过“民俗观光”的事例来看》，对莲花山花儿会进行了文献调查和短期的实地调查。进入博士课程后，将研究课题集中于莲花山花儿及花儿会，并于2001年接受日本“旅行文化研究”的经费资助，在莲花山地区进行了为期6个月的长期田野调查。后又多次持续进行调查，迄今累计田野调查已达一年以上。

花儿在民间传唱了几百年，但花儿被研究却是近期的事。刘凯在《〈歌谣〉周刊与七十年来的“花儿”研究》一文中，回顾了花儿被偶然“发现”到90年代以来中国及世界花儿研究的情况①。文中提到的《歌谣》周刊于1922年在北京大学创刊，是中国最早以收集研究歌谣为宗旨的民间文学期刊。花儿在《歌谣》周刊被介绍后，首次冲出西部为全国所知。《歌谣》周刊和中国的新文化运动密切相关，它从民间文学角度出发致力于全国民间歌谣收集。花儿是被这个民间文学杂志首先介绍引起关注的，因此，它也一直作为民间文学，在语言（歌词）和音乐（曲令）方面被广泛研究，这种研究角度和方法一直影响着现在的花儿研究。

扬沐的论文《从花儿研究现状思考中国民歌研究中的问题》，谈到了花儿研究的最新情况及不足之处②。该文回顾了90年代到2004年为止的花儿研究现状，不仅指出花儿研究的问题，更推广到中国民歌研究整体的问题。作者统计了从1994—2004年第一季度为止国内发表的花儿研究论文120篇，并将这些论文分为下列8个类别：

（1）对花儿词曲形态的描述或研究。

（2）从花儿词曲中挖掘有关的民俗。

（3）由词曲探索花儿的历史，包括起源、衍变、传承等。

（4）对花儿词曲做美学探索。

（5）对花儿词曲内容做社会和文化的综合研究。

（6）对花儿演唱形式、技术或风格的描述性介绍。

（7）对花儿会、花儿歌手、花儿收集者或研究者的情况简介。

（8）对花儿活动作社会和文化的综合研究。

针对这八类文章，作者进一步分析指出，第一至第六类及第七类的一部分，实质都属于形态介绍、描述或研究的范畴，没有或很少涉及与花儿相关的各种活动及其社会和文化内涵。在这10年间发表的花儿文章中，其数量至少占总数的86%。第八类文章数量极少，且最近几年才出现，仅占总数约6%。显然，在这些著述中形态描述与研究构成压倒性主流，而作为社会和文化现象的花儿活动却未得到应有的关注。

花儿研究最初是从民间文学角度出发，其主要研究方法是对花儿文本的研究，这种方法一直影响到最近。自花儿被发现以来，花儿研究一直盛行，研究成果很多，但到目前为止仍着重于作为民谣的花儿的研究，研究方法拘泥于花

---

① 刘凯：《〈歌谣〉周刊与七十年来的“花儿”研究》，《民间文学论坛》1992年第6期。

② 扬沐：《从花儿研究现状思考中国民歌研究中的问题》，《音乐研究》2004年第4期。

儿的词曲等文本，从根本上忽略了作为社会活动的花儿演唱的语境问题。花儿最集中的演唱是在各地的花儿会上，可花儿研究提到花儿会时，仅限于对场面的描写。可以说，对花儿会这一语境的忽略局限了花儿研究的视野。

熟悉花儿的人都知道，花儿在日常生活中，主要是在远离村庄的田间山野对唱，有时连对歌的人是谁都不知道。对研究花儿的人来说，这种花儿演唱因极为分散而难以观察和收集。花儿会与这种日常生活中分散的演唱不同，是多数人集中在一个地方进行演唱，具有可视性。花儿会上对唱花儿的组合为数众多，有利于花儿词曲的收集。实际上，可以认为花儿研究中所利用的文本大多是在花儿会上收集到的。不仅如此，花儿会是众多人集中在一起演唱花儿的场所，所以也是集中体现以花儿为中心联结在一起的人与人诸种关系的场所。这些诸多关系中既包括对唱花儿的人和人之间的关系，唱花儿的和听花儿的关系等，在现在的花儿会上还包括了花儿会参加者（一般群众）和国家（政府）的关系。

以前的研究过于集中于花儿本身，研究者参加花儿会的目的在于收集花儿词曲，忽略了花儿会这一场景中的人物关系。一直以来，花儿研究是将花儿从花儿会这一语境中提取出来进行研究。以前那种集中于花儿起源、流派及花儿收集文本的研究多不涉及社会变迁和国家政策变化给花儿和花儿会带来的影响问题，花儿研究中对时代（时间）的提示是模糊的，从而容易将花儿作为一种静止的民俗现象来处理。

笔者对莲花山花儿和花儿会的研究是从旅游人类学角度出发，将其作为民俗文化之旅游开发的一个个案进行研究，我关心的是旅游开发中民间文化的“借用”问题，也就是说政府在民俗旅游名义下如何将民间文化利用到旅游开发中去。随着调查的深入，笔者意识到政府对民间文化的参与在各种意义上都不仅仅体现在旅游开发这一点，旅游开发中民间文化的借用不过是政府参与民间文化的一种形态。通过对莲花山花儿与花儿会，笔者的研究兴趣转向了揭示政府参与民间文化的过程以及在政府参与下民间文化如何再建构的过程。出于这样的出发点和研究兴趣，笔者对莲花山花儿与花儿会的调查与以往的花儿研究有所不同，一开始就集中在花儿会这一花儿演唱的语境，明确意识到要想揭示的是民间文化与社会变迁的关系，像以前那样只把目光集中于花儿本身是不够的，重要的是应该关注以花儿为中心而结成的各种关系所集中表现出来的花儿会这一语境，通过分析花儿会这一语境中的人物关系，凸显花儿会内部的具体变化，从而揭示政府对莲花山花儿会的参与和莲花山花儿会的再建构过程。

莲花山花儿会上的人物关系

莲花山花儿会是一个相对比较开放、松散的民俗活动。首先，莲花山花儿会是开放的民俗活动，与其他一些民俗活动不同，莲花山花儿会没有类似于参加资格的规定，不以某些条件接纳或排除某些特定的人参加，只要感兴趣，任何人都可参加，都可在花儿会上对唱，这一切活动都没有严格规定，全凭参加者的意志。莲花山花儿会举行期间，因农田劳动情况和各家具体情况不同，每年莲花山花儿会的参加人数都有变动。其次，莲花山花儿会又是松散的民俗活动。作为一种大规模的民俗活动，莲花山花儿会并没有负责整体运行的个人或组织，花儿会的开始及结束、其间在不同地点的移动，都没有明显的信号或口令，而是靠所谓“约定俗成”。至于谁和谁对唱花儿等更为自由，和得来的歌手可以在整个花儿会期间结伴对歌，和不来的歌手则可能只要几个回合便分道扬镳。

花儿会的参加人数少则数千、多则上万，莲花山花儿会的参加人数多时可达10万人。为数众多的参加者在花儿会上扮演的角色各不相同，他们之间呈现出多种多样的人物关系。首先应提到的是，唱花儿的歌手和听（看）花儿的听众（观众），这两者是花儿会的主要角色，数量也最多。花儿会场上还可看到许多搭起的帐篷，这是为参加者提供饮食服务的摊点，有回族的清真食堂，也有汉族的大众食堂，还有出售瓜果冷饮的。其经营者多来自莲花山周围地区，和其他参加者的居住地区大致相同或稍广。此外还有一些流动商贩，出售一些衣服及日常用品，近年还有人出售花儿磁带。这些人参加花儿会的主要目的是从事商业活动，他们并不直接参与花儿的演唱活动。可他们的存在却是花儿会不可缺少的，特别是在商品化普及的今天，花儿会参加者的饮食更多地依靠这些商家。本文主要讨论围绕花儿演唱的人物角色和关系，对从事商业活动的人暂不讨论。

花儿会上可以看到一圈一圈围在一起的人群，或站或席地而坐。这就是花儿对唱的人群了，当地人叫“花儿摊子”。一般唱花儿的人在中间，观众围在四周，花儿对唱越精彩围观的人就越多，密密麻麻、层层叠叠。花儿歌手和观众之间没有明显界线，也没有距离，他们共有一个空间。莲花山花儿会上，花儿对唱通常在两组歌手之间进行，每个组至少三人，多者五六人。[①] 每组里都有一个“串班长”，也叫“串把式”，负责现场编花儿歌词并告诉花儿歌手，歌手们一人一句依此唱下去，最后合唱“花儿哟，两连儿（两叶儿）……”花儿歌词是现场即兴创作的，所以，要求串班长在对方歌手唱花儿的同时，考虑好应对的唱词并按花儿句式组织好告诉自己队里的歌手来演唱。一组花儿歌手能

---

① 其他地区的花儿会上，花儿对唱可能多在两个个人间进行。可在莲花山花儿会上，花儿对唱都是在两组歌手之间进行的。最后一句合唱“花儿哟，两连儿……”更是莲花山花儿的特色之一。

否在对唱中占优势，歌手的演唱能力当然很重要，可串班长的实力更为关键。串班长有时由歌手兼任，大多数是专人担任，只串歌词不唱花儿的串班长很多。串班长要社会知识丰富，有较强的语言驾驭能力，且头脑灵活，才能在紧张的对唱中应对自如。这样的串班长通常是一组花儿歌手中的灵魂人物，是队伍的领导，可以决定本组的人员（歌手）。

花儿歌手是花儿这一民俗事项的承载者，是花儿会的核心，总是最令人瞩目。历来的花儿研究者都不会忽视其存在。在许多花儿研究文献中，都有对当地著名花儿歌手的介绍，但一般都很简单①。张君仁对“花儿王”朱仲禄的传记式研究可以说是首次针对花儿歌手的专门研究②。花儿会上的听众和观众为数众多，但角色却不是一成不变。在花儿流行地区，大多数人都会唱花儿，虽然现在会唱花儿的人相对减少了，但会唱花儿的还是大有人在，为数众多的观众里也有很多花儿歌手，他们观看花儿对唱时，也会一时兴起加入花儿的对唱，因此，花儿会上歌手和观众的区分没有明显标志，也不是绝对的，他们的角色可以相互转换，观众是潜在的歌手，歌手在不唱花儿时也仅是一个观众。观众的参与对歌手来说是很好的刺激，观众反应越强烈，越能激起歌手的表演兴致，花儿的对唱也会越如火如荼。

至今的花儿研究中，关于花儿会的记载很少，既有记载也只局限于对花儿会场面的描述。关于花儿会上人物关系的研究，在笔者接触到的文献里几乎没有。不过作为一种常识，花儿研究者对花儿会上歌手和观众及其关系基本上都有一定认识。笔者对莲花山花儿和花儿会进行调查时发现，花儿会上花儿歌手和观众之间的关系并不能涵盖围绕花儿的所有关系，花儿会还有一个重要角色——“掌柜的”，长期以来一直被花儿研究者所忽视。掌柜的这一角色引起笔者的关注，也经历了一个过程。③

2001年，笔者到莲花山作长期调查，为适应当地习俗（主要是方言），提前一个月到达了莲花山所在县之一的康乐县。莲花山花儿会前夕，康乐县宣传部的同志专门介绍康乐县文化馆毛副馆长协助我的调查。毛老师从80年代后期就从事花儿研究和花儿歌手培训的工作，收集了丰富的花儿歌词，对花儿音

---

① 汪鸿民、丁作枢：《莲花山与莲花山花儿》，甘肃人民出版社2002年版；王沛：《河州花儿研究》，兰州大学出版社1992年版；宁文焕：《洮州花儿散论》，甘肃民族出版社1992年版。

② 张君仁：《花儿王朱仲禄——人类学情境中的民间歌手》，敦煌文艺出版社2004年版。

③ 柯杨曾提到类似掌柜的这一角色，但他并没使用“掌柜的”这一称呼。参见柯杨《听众的参与和民间歌手的才能——兼论洮岷花儿对唱中的环境因素》，《民俗研究》2001年第2期。

乐也有很深造诣。去莲花山花儿会前，毛老师向我大致介绍了包括花儿的起源，莲花山花儿的语言、音乐等在内的知识。花儿会前两天，我们从县城出发，打算先拜访几个著名的花儿歌手之后，在农历六月初一赶到花儿会场。在村庄对花儿歌手的访问，使我了解了很多花儿和花儿会的基本知识，并发现了掌柜的这一角色。

那是在一个花儿歌手家里采访的时候。这位花儿歌手是80年代被发现并参加过县里的培训，多次在花儿大奖赛中获奖的歌手。据说她的婆婆年轻时也是个好唱家，我们也对她进行了采访，并请她讲述年轻时（解放前）参加花儿会的情景。她为我们描述了解放前花儿会的情况，如那时交通不发达，人们靠步行或骑马参加花儿会，所以大家可边走边对唱。那时，商品经济不太发达，农民生活也不富裕，花儿会期间的食物都是从家里带去，所以参加花儿会之前要在家里酿酒、烙馍馍等，为参加做准备。通过她的描述，我们认识到以前的花儿会与现在的花儿会有很多不同之处。现在参加的人大多可在会场上购买饮料和食物，自家酿酒的人已经没有了，酿酒工具也失传了。她讲述中常出现一个词，那就是“掌柜的”。在调查地生活一段时间后，我已能听懂大部分方言，刚开始，我觉得她说的掌柜的应该是指她丈夫。[①] 可后来她说：有的掌柜的很大方，买很多冰糖、瓜子请歌手唱花儿，掌柜的还给歌手搭“毛红”。这时，我发现我的理解可能有错误。于是问她这里的掌柜的是什么意思。于是，毛老师才对我解释说，掌柜的就是在花儿会上用冰糖、瓜子、茶水等招待歌手，请歌手为他唱花儿的人，作为奖励，有的掌柜的还给唱得好的歌手搭“毛红”。作田野调查前我也阅读了很多花儿研究论文，到达调查地之后也掌握了不少感性知识，可对掌柜的的存在，是第一次听说。在以后调查中，我也常听当地群众提到掌柜的，有很多歌手甚至以掌柜的的记忆作为对某年花儿会的记忆。可见掌柜的在花儿会上的作用和影响之大。但至今的花儿研究因过于以花儿为中心，从而忽略了围绕在花儿活动周围的人物，掌柜的被“埋没”就是证明。

掌柜的是指出于娱乐或宗教（求儿女、谢神还愿等）的目的，在花儿会上，以冰糖、瓜子、茶水等招待花儿歌手，请花儿歌手为其唱花儿的人。掌柜的通常请两组花儿歌手为其演唱花儿。两组花儿歌手的对歌内容也围绕掌柜的展开。莲花山花儿开唱时多以“俊不过的莲花山”等固定句式开场，有时也将对手的称呼加在前边，如“大山沟（对手家所在的村庄名）的王师傅”等。在为掌柜的对唱花儿时，双方开场白则大多都是掌柜的姓氏或职位。歌词内容大多是赞美掌柜的的为人，对掌柜的的祝愿等。有的歌手说，如果掌柜的对歌手的招待比较小气，他们也会借花儿讽刺挖苦掌柜的。总之，被招待的两组歌手

① 用“掌柜的”来指代丈夫这种用法，在我国北方很普遍。

围绕掌柜的展开花儿对唱的竞赛，最终掌柜的对较为满意的一组进行表扬，为他们搭“毛红”。旧时候，毛红多是棉布的被面儿，笔者调查中看到的都是绸缎被面儿。当然，这也依掌柜的的经济实力而不同。至于当掌柜的的资格是由经济实力决定的，群众说只要有钱就可以当掌柜的。然而有钱的人，解放前都是地主或当官的，现在则是做生意的或是有工作的（花儿会的参加者多是农民，歌手也是农民）。所以，不管解放前还是现在，掌柜的似乎跟“权力”都有一定关系。但从当地有为了筹集当掌柜的的资金而“卖青苗”的说法来看，平民百姓也可以当掌柜的。虽然当掌柜的的人中与“权力”有关的人比较多，但那不是掌柜的所必备的资格，而经济能力才是当掌柜的的重要条件。

无论从掌柜的这个词的原意看，还是从花儿会上掌柜的的另一称呼“要人的”来看，花儿会上的掌柜的对花儿歌手都有一定的控制、操纵能力，他和歌手之间结成一种临时的雇用与被雇用关系。从掌柜的请两组歌手为自己对唱花儿，让两组歌手竞赛这一点看，可以说掌柜的是花儿会上的组织者。这里说的组织者并不等于说他是整个花儿会的组织者，而是说他是一个花儿摊子的组织者。花儿会上有无数的花儿摊子同时对唱花儿，也可以同时有数个组织者——掌柜的。以一个掌柜的为中心的花儿摊子的花儿对唱以该掌柜的为中心内容展开，掌柜的也是花儿对唱的主题提供者。有这样的组织者和主题提供者的掌柜的存在，花儿对唱的组合就比较稳定，持续时间也比较长。

掌柜的请歌手对唱花儿，最后给予较优秀的一方以毛红的奖励，这可以看做对花儿歌手的评价。当地群众在评论一个歌手是否优秀、多么优秀的时候，通常以该歌手在花儿会上所得到的毛红数量为标准，得到的毛红越多，说明该歌手唱得越好，其名气也就越大。从掌柜的的这一角色所起的作用来看，我们还可以说掌柜的是花儿歌手的评价者。

综上所述，掌柜的在花儿会上，组织歌手对唱花儿，进行花儿竞赛，最后给予优胜者以奖励，对歌手进行评价，掌柜的担当起花儿会的局部组织者、主题提供者、歌手评价者的角色，其在花儿会上的作用不可忽视。更重要的是，关注掌柜的这一角色，以掌柜的在花儿会上所起的作用这一角度来分析现在花儿会上的新元素，我们会发现，那些所谓的新元素并不是凭空产生出来的，他们跟掌柜的这一角色有着千丝万缕的联系。

莲花山花儿会上的“新”元素

通过以上分析，我们可清楚地了解莲花山花儿会上花儿演唱的情景，并且可了解人和人是以怎样的关系围绕在花儿和花儿演唱这一民俗活动周围的。以上描述的花儿会可以说是一个平面的场，所有花儿会的参与者都在一个平面上，共有一个空间，彼此之间没有明显的、不可逾越的界线。虽然掌柜的可以

“要人”，但也仅是一种随时可以解体的临时关系。可以说，上述花儿会上并没有什么突破平面而立体存在的人物。然而，现在的花儿会上，出现了许多新的元素，这些元素跟原本花儿会上存在的人物关系有所不同，原本花儿会的平面的场似乎不能收敛这些新元素。

一　花儿歌手大奖赛

现在，在花儿会期间，常举办一些花儿歌手大奖赛。这些大奖赛的主办单位不一，由县委、县政府主办的花儿歌手大奖赛可以说是各类大奖赛中级别最高的。莲花山花儿会期间，康乐县委、县政府一般在花儿会第一天或第二天在莲麓乡举办花儿歌手大奖赛；临潭县委、县政府则多在第三天在冶力关乡举办大奖赛，一般大奖赛为期两三天。这种由县委、县政府举办的大奖赛多在舞台上举行，参加的歌手也都事先经过挑选。在选拔歌手时，有自由报名方式，也有由乡或村领导挑选本乡或本村有实力的歌手参加比赛的。大奖赛时，由县领导、熟悉花儿的知识分子或有名的歌手组成评委为参赛的歌手打分。评分标准除考虑歌手的演唱实力外，还要看歌手的舞台作风、着装等。特别是歌词内容，不仅在形式上要符合花儿本身的要求，内容上也要健康向上。根据最后得分高低决出名次，依此颁发不同的奖品和奖状。

据笔者调查，康乐县在1999年、2001年和2002年的莲花山花儿会上于莲麓乡小学的操场举办了康乐县花儿歌手大奖赛。其中，2001年康乐县致力于旅游开发，特别将莲花山花儿会改名为“莲花山花儿旅游节”，除了花儿歌手大奖赛之外还举行了一系列活动。参加大奖赛的歌手在参加竞赛之外，还被叫来参加开幕式的花儿对唱表演。同时，位于莲花山西南面的临潭县由于居民分散，为参加在县最北端的冶力关泉滩举办的大奖赛，参加者要负担路费和食宿费。为了解决参赛者的经济负担，县政府还给参赛者一定的补助。

二　行政部门利用花儿进行的宣传

莲花山花儿会上的政府活动，除花儿歌手大奖赛外，各级政府部门还以对唱花儿的形式宣传各自部门的政府作为及相关知识。如计划生育宣传、农业科技宣传。这些由政府部门主持的花儿对唱活动有时也在舞台上进行，有时则和一般花儿对唱形式一样，在群众中进行。

2002年莲花山花儿会时，康乐县防疫站为了向群众普及结核病的防治常识，带领三个花儿歌手在各花儿会场对唱花儿。最初，他们在莲麓乡和莲花山管理局广场上自由对唱花儿，第五天在王家沟门的会场上，他们借用舞台表演花儿对唱。当地群众都知道有舞台的地方必定有花儿演唱，所以舞台前聚集了很多群众。在花儿表演开始前，防疫站的领导先就结核病的症状及防治等给大家作了说明，并告诉大家检查和就诊的地方。之后，他带来的歌手开始演唱结核防治等内容的花儿。莲花山地区是山区，居民很分散，平时向居民传达一些事情很费劲。花儿会时，平时居住分散的人成千上万地聚集在花儿会场上，正是普及宣传政策、农业技术及预防结核病等科学知识的好时候。防疫站的人还解释说，当地群众识字率低，很少有人能理解医学用语，利用花儿这个通俗易懂的形式能让更多的人理解。这里演唱的花儿多是该负责人事先请懂花儿的人做好的。作为演唱的报酬，防疫站负责歌手的食宿费用外，并支付一定数额的现金报酬。

同样是2002年的莲花山花儿会，第六天，也就是最后一天，花儿会进行到紫松山会场。我和一个被采访的歌手一同前往紫松山。我们一到紫松山便遇到两组歌手在对唱，其中一人和我的采访对象十分熟识，并说正在花儿会上找她。原来，这两组歌手受临洮县某部门邀请，要在花儿会上对唱花儿，宣传“退耕还林”政策。我们见到他们时，他们肩上已经披着“毛红”了。他们本来就把我的采访对象算在里面了，所以，我的采访对象也马上加入了他们的队伍。他们从“娘娘庙”出发，一路对唱花儿来到一个平缓的山坡上坐下来接着对唱。早就有很多群众跟随他们听花儿，这时也围着他们坐下。因为他们中有几个很有名的歌手（我的采访对象和她的熟人都是，后来又加入一个人，也是著名的花儿歌手），围观的群众也越来越多，围得水泄不通，不断有叫好声传来。在对唱时，有时歌手会抛开主题唱他们自己的花儿，这时那个部门负责人就会提醒他们回到正题上来。对唱了一会儿后他们的任务完成，歌摊解散，负责人就在花儿会场上的食品摊上请歌手们吃饭。由这组歌手组成的对唱摊子在当天的会场上是围观人数最多的一个，解散时，周围群众有些不舍，很多人要求他们再唱一会儿。

三　公司的宣传活动

利用花儿和花儿会对自己公司的产品进行宣传，也就是做广告的办法，可能是从花儿会上政府的活动中得到的启示。

上文中曾提到防疫站在王家沟门会场上借用舞台表演花儿。他们借用的那个舞台是位于康乐县城的YS公司搭建的。YS公司为宣传自己公司的产品（该公司主要经营火柴、酒类、农业用品及农药）搭设了那个舞台。与防疫站的做法不同，他们事先并没有确定专门的歌手，而是由主持人现场动员观众中会唱花儿的人到舞台上来，演唱与他们的产品有关的花儿，根据歌手表现，给予不同的奖励，奖品就是公司的产品，唱得好的能得到酒等比较贵重的奖品，一般的歌手只能得到火柴等。聚集在会场的人们中会唱花儿的大有人在，况且还有奖品，所以，要上舞台一展歌喉的人络绎不绝。在后来的采访中得知，莲花山花儿会期间，YS公司在各个会场都搭设了演唱花儿的舞台。而且，还事先录制了产品广告的花儿磁带，用卡车上的大喇叭在各个会场中来回播放。莲花山花儿会结束后，我在村里采访时，很多村民都热心地对我说起了YS公司在花儿会上的事，可见其宣传效果多么有效。

四 著名歌手的商业活动

在20世纪80年代的花儿复兴热潮中成名的花儿歌手中，有几个人在莲麓乡的集镇上开了一家“花儿茶社”，主要在花儿会期间或夏季的旅游季节，从事商业的花儿演唱活动。其中一人曾到北京参加过民歌会演，并多次在各种花儿大奖赛中获奖，非常著名。可现在她们主要从事商业演唱，按照客人要求演唱的人数及时间长短收取不同费用。如价格不合适的话，他们对政府也采取不合作态度，因此受到政府的批评。民间群众对他们的活动有两种截然不同的看法。有些人觉得他们是著名歌手，现在的社会又重视金钱，对他们表示理解。另一方面，也有人觉得歌手唱花儿不是为了赚钱，不能跟掌柜的讨价还价，报酬多少全凭掌柜的的心意，因此对他们的做法提出批评。

以上几方面可以说是莲花山花儿会上的几个有典型意义的新元素。当然，这些元素不是花儿会的全部，所谓传统的花儿会的形式也还存在。但由于这些新元素的特殊性，它们的存在很引人注目，对群众也有吸引力。不过，花儿研究中对这些新元素持负面意见的学者很多，大多认为它们不够“传统”。

“新”元素和“掌柜的”的关系

以上介绍的莲花山花儿会的新元素，除第四种是歌手方面的新变化以外，其他三种虽然在形式和规模上有所不同，然而究其本质，我觉得是一样的，它们都和“掌柜的”在花儿会上起的作用有相同之处。第四种情况也是针对掌柜的的变化而引发的歌手的反应。下面我们来看它们和“掌柜的”的关系，同时讨论它们与“掌柜的”的不同之处，最后我们还要看看这些新元素对花儿会所造成的影响。

上文谈到掌柜的在花儿会上的角色职能时说过，掌柜的是花儿会的局部组织者、主题提供者、歌手评价者。从掌柜的这一角色职能来看，上述花儿大奖赛的组织者、进行宣传的行政部门（负责人）以及利用花儿做广告的YS公司，都可以说是花儿会上的掌柜的。这三种新生的“掌柜的”存在一定的区别，花儿大奖赛的组织者和行政部门（负责人）属于政府及其职能部门的代表，YS公司则是企业的代表。花儿会上的这些新元素，我们可以称它们为新生掌柜的，其出现的时间顺序，我认为是从花儿大奖赛开始，其他形式都是从花儿大奖赛得到启发发展来的。

调查发现，解放后虽然花儿在政策上被承认为民间文化而不再受到压制，但国家及政府对花儿及花儿会的发展并没有采取具体的行动。国家及政府对花儿及花儿会进行的直接干涉是“文革”时期的“封山禁歌”。所谓“封山禁歌”，就是封锁举行花儿会的场所，使人们不能举行花儿会。日常生活中也禁止对唱花儿。这样的措施一直持续到“文革”结束。1978年莲花山花儿会时，为阻止前去参加花儿会的群众，曾发生了群众被枪杀的事件。这一事件为新闻记者所报道，从而引起了一场争论。① 当时的康乐县领导为表示已端正了对花儿及花儿会这一民间文化的认识，在第二年（1979年）的莲花山花儿会时亲自出马举行了花儿歌手大奖赛。② 据说这是花儿大奖赛的开始。以后数年，县委宣传部的人每年亲自参加花儿会，发掘有潜力的花儿歌手并对他们进行培训，以适应舞台表演。现在40—50岁的著名花儿歌手，大多是那时被发现和培训的。但最初的花儿大奖赛和现在的规模、形式都有所不同，它更接近现在行政部门进行宣传时在群众中举行的花儿对唱的形式。因此，虽然现在的花儿大奖赛看起来跟掌柜的在花儿会上的活动没什么关联，但在其最初阶段还是跟掌柜的没什么区别。其他几种新生掌柜的在花儿会上的活动形式，至今也和掌柜的的活动几乎没有什么区别。

那么，是不是说新生掌柜的跟原本活动在花儿会上的掌柜的就完全一样呢？其实他们还是有很大的不同。首先，原本的掌柜的无论其身份如何，出现在花儿会上时都是以个人的身份，他们当掌柜的的目的或是娱乐，或是宗教（许愿还愿等），这些目的都是私人性质的。而新生掌柜的不论以何种形式出现在花儿会上，他们都代表所属单位而不是自己个人，当掌柜的的目的也不是个人的，而是为了所属单位的宣传任务，是公众性质的。如防疫站的宣传，虽然负责人以一个人的形式出现，但他代表防疫站，当掌柜的是为自己单位的工作——普及疾病防治知识。

其次，正是因为新生掌柜的是以“公家”的身份、为了“公家”的目的才到花儿会上当掌柜的的，所以，其“公家”身份决定了他们和原本掌柜的的不同。历来的个人掌柜的可以操纵、驾驭花儿歌手为自己演唱花儿，并对歌手进行评价。但这种权力关系是临时的，仅存在于花儿会的部分期间，当掌柜的与受雇歌手的关系结束时，这种权力关系也随之结束。然而，新生掌柜的是代表政府及其职能部门出现在花儿会上的，政府及各级职能部门作为国家机构本身就是一种权力及权威的代表，而且这种权力结构是固定的，不会随花儿会的结

---

① 对这一事件的争论，《甘肃日报》曾发表多篇文章。

② 此次活动被记录在《康乐县志》，参见甘肃省康乐县志编纂委员会编《康乐县志》，三联书店1995年版。

束而结束。因此，新生掌柜的跟历来的个人掌柜的相比，他们带有某种权力，可对花儿会的参加者和花儿对唱活动施加某种力量，这种力量是个人掌柜的所不具有的。由于这种力量的影响，给花儿及花儿会带来了很大的变化。

上面谈到花儿对唱的场面是一个平面的场，歌手和观众之间没有明显界限。这不仅指他们的空间关系，也可以指角色关系。然而新生掌柜的的出现打破了这个平面的场。在舞台上进行的各类花儿歌手大奖赛使花儿演唱组成一个立体空间，歌手在台上，观众在台下，歌手和观众不再共享一个空间。这种空间的界线同时也阻隔了歌手和观众可以角色互换的流动。花儿大奖赛常用的比赛方式是按顺序进行个人演唱或几个人的组合演唱，这种演唱方式更是从根本上改变了花儿对唱的形式，割断了歌手间的交流。花儿本来是歌手之间交流感情和信息的手段，而花儿歌手大奖赛上的花儿演唱失去了此种功能，成为一种简单的表演。没有舞台的此类演唱，保留了花儿演唱的平面空间，也多采取两组歌手对唱的形式，但大奖赛由于往往事先决定歌手，从而阻隔了歌手和观众的角色流动。

历来对歌手的评价是根据歌手在花儿会上被多少掌柜的请去唱花儿，得到过多少毛红。由于掌柜的的权威的相对性，这些评价也是相对的。花儿歌手大奖赛由领导、专家组成评委会对歌手打分，根据歌手得分多少决定名次。这种评价方式仿佛更科学一些，且由于这种评价方式背后的权威性或正统性，这种评价也就更绝对。现在说起一个歌手的实力时，群众经常会提到该歌手参加过什么大奖赛，得到过几等奖，或是被什么部门请去唱过花儿等。

花儿歌手大奖赛对花儿歌手的评价，不仅改变了以往对歌手的评价方式，对花儿演唱内容也有很大影响。花儿是群众抒发感情的工具，控诉生活中的不满、歌唱赤裸裸爱情的花儿占有很大比例，用词泼辣大胆的爱情花儿更是花儿中的精品。但是，作为评价歌手的标准之一，花儿大奖赛要求歌手所唱花儿的内容要健康、积极向上等，很大程度上排斥了爱情花儿，而给颂扬国家政策及其带来美好生活的“政策花儿”提供了很大的表现空间。政策花儿的产生最早可能在新中国成立之后，最盛时期应该是在“文革”之后。最早可能是由政府工作人员编好歌词让歌手演唱，很多歌手也自己编唱政策花儿。特别是随着电视广播的普及，群众接触和国家政策相关内容的机会增多，将这些内容积极地引入花儿里的人也越来越多。在花儿歌手大奖赛上演唱这样的政策花儿无疑是有利的。政策花儿使花儿的内容超越歌手身边的生活空间，直接与国家发生关联。

从以上分析可以看出，政府参与花儿会的行为是通过掌柜的这一传统花儿会的角色而得以实现的。然而，由于政府本身具有的权力与权威的性格，政府充当的新生掌柜的比历来的个人掌柜的要强有力得多，给花儿及花儿会带来的影响也是巨大的。从政府参与花儿会的方式中得到启示，现在莲花山花儿会上，以掌柜的的身份出现的政府部门及企业的事例在上文中已有讨论。而且，随着旅游开发等经济开发的深入，游客也可以以掌柜的的角色参与到花儿会的中心部分①。掌柜的这一角色以后将会被更加广泛地活用。

政府对花儿会的参与方式和莲花山花儿会的再建构

在对民间文化的理解中，我们很容易将民间理解为和“官方”相对立的，是官方之外的一个空间。作为民间文化，花儿和花儿会好像应该存在和发展于政府的管辖之外。然而，以上对莲花山花儿和花儿会的分析发现，实际上它与国家及政府的关系很大，现在的莲花山花儿会上随处可见政府及各级部门的身影及其影响，也就是所谓“国家的在场”②。政府对莲花山花儿会的直接介入是从“文革”开始的，“文革”后开始的花儿歌手大奖赛是政府关心和支持民间文化的一种表示。这种关心和支持促进了花儿歌手大奖赛的召开和花儿研究的盛行。90年代末期，中国已经开始了经济建设大潮，各地都极力拿出各自的特色以吸引国家及世界的注意。在这个经济开发大潮中，缺乏资源和地理优势的莲花山当地政府意识到，莲花山花儿和花儿会是个独特的文化资源，可利用于振兴地方经济。政府对花儿和花儿会的兴趣从文化方面转向经济方面，从当初单纯地振兴民间文化转向了利用民间文化来开发地方经济。在2001年召开的《莲花山和莲花山花儿》一书的研讨会上，地方政府部门和一些专家学者的发言证明了这一点。这从2001年的莲花山花儿会被改名为“莲花山旅游节”的行动中也可窥见一斑。

“文革”后开始的花儿歌手大奖赛是政府对花儿及花儿会支持的表示，群众也从政府主持的花儿歌手大奖赛中读取到政府对花儿和花儿会的支持和鼓励。政府主持的花儿歌手大奖赛现在已成为莲花山花儿会的一项活动得到群众的认可。很多群众认为，政府应在每年花儿会时举行花儿歌手大奖赛，而不是时开时不开。遇到花儿会不景气的情况，群众也会批评这是因为政府不够重视，没有举行花儿大奖赛的结果。以经济改革为转折点，政府对花儿及花儿会的关心意图已有所改变，然而群众仍视政府对花儿会的参与是对花儿及花儿会的支持与承认。

莲花山地区有一首人人皆知的花儿：“花儿本是心里的话，不唱由不得自

---

① 徐素娟「『花児』と『花児会』の现状とその観光开発」，『旅の文化研究所研究报告』No. 11，2002年。

② 高丙中：《民间的仪式与国家的在场》，载郭于华主编《仪式与社会变迁》，社会科学文献出版社2000年版。

家。”花儿本是群众抒发心情的山歌，一直以来，歌唱爱情和对生活的感受是花儿的主要内容。现在，群众为参加花儿会中政府举办的活动，主动地把跟政府有关的内容引入花儿，政策花儿就是这一倾向的表现。演唱政策花儿可以看做群众对花儿会中政府所控制的领域的积极参与。

莲花山花儿和花儿会从明末开始流传至今，在这个意义上，它是不折不扣的“传统”民间文化。然而，花儿现场即兴填词的演唱方式，使具体演唱的每首花儿都具有时代气息，因此，花儿又是“现在”的。花儿演唱的语境——花儿会既是传统，也存在于“现在”，是与现今的社会不可分割的。从“文革”时期的“封山禁歌”，到“文革”后的大力复兴，再到现在的经济开发，不仅国家的文化政策甚至国家的经济政策也都具体地影响着花儿及花儿会的发展。现在的莲花山花儿会上，传统的花儿会形式依然保存着，同时，新的形式也在不断产生。从“民间”和“政府”的关系看，政府通过担任民间文化中的一个角色而参与到民间文化当中，把民间文化转化成可以为政府利用的文化资源。另一方面，因为政府的参与是通过民间文化原有的角色而实现的，政府的参与活动也被民间文化所吸收，从而使政府的参与也成为民间文化的一个部分。可以说，现在的莲花山花儿会中同时存在着“民间”领域和“国家”领域。国家领域可以对民间文化产生有力的影响，使民间文化在形式和内容上都不断地发生变化。但从“文革”时期，群众对政府“封山禁歌”的强烈反抗行为可以看出，民间对政府的参与也不仅仅是被动地接受。民间在对待政府参与的态度上，有选择地吸收了有利于民间文化发展的因素，并让政府也对民间文化的发展负有一定的责任。

解读“民谣”

——对“政风”的社会评价

刘祖云

一　公共行政价值的群众评价活动

从理论上看，在整个行政管理系统中，国家意志的行政执行和社会公共事务的行政管理是由行政主体（即通常所言的“官”）来承担的，行政主体必然与作为管理对象的行政客体（即通常所言的“民”）之间发生各种各样的关系，这就是政府与社会、官与民之间所形成的行政关系。在这种行政关系中，行政主体通过一定的行政手段作用于行政客体的过程就是行政行为。在行政关系中，政府和“官”是行政主体，它处于管理者的地位，而社会和“民”是行政客体，它处于被管理者的地位。那么，在行政关系和行政管理中，为什么政府和官员能取得对于社会和民众的主体和管理者地位，而社会和民众只能屈居客体与被管理者的地位呢？对这一问题的进一步研究，可以引申出行政价值关系和行政价值的社会评价等理论问题。

在人类历史上，政府及行政体系的出现从属于这样一个目的，即将社会中的人们组织起来，使社会的内部关系协调，从而共同克服社会生存和发展中遇到的矛盾和问题；同时在对外关系中则能以一个整体的力量出现。正如霍布斯认为的那样，国家和政府创立的目的，是根据每个人的授权，运用付托给它的权力与力量，通过其威信以组织大家的意志，对内谋求和平，对外抗御侵略。他指出，国家和政府的本质“就是一大群人相互订立信约、每人都对它的行为授权，以便使它能按其认为有利于大家和平与共同防卫的方式运用全体的力量和手段的一个人格”①。如果没有政府及行政管理体系的出现，就没有自觉组织起来的社会生产，就没有充满凝聚力的民族，也就谈不上对自然界的真正改造和征服，也就没有抵御外族侵略的能力。政府及行政管理体系存在与发展的外部动力就是作为行政客体的价值期望，即作为行政客体的社会和民众对于作为行政主体的政府和官员为“善”的价值期望。这种价值期望的状况、内容和期望值的高低都对政府及行政管理体系有着决定性的影响，政府及行政体系存

① ［英］霍布斯：《利维坦》，黎思复等译，商务印书馆1985年版，第132页。

在与发展的使命就是不断地满足和实现行政客体的期望。

西方公共行政价值取向历时性的演变正说明了这一论点。在西方行政学产生的百余年历史中，其理论范式发生了三次大的变化，即传统公共行政学“效率至上”的行政价值观，新公共行政学以“社会公平”为核心的价值观，以及新公共管理学强调“公共服务”的企业化、市场化的行政价值观。[①] 可以说，公共行政价值取向的转变不是以否定前一价值取向作为前提的，而是以内含前一价值观为基础的跃进和拓展。这种公共行政价值观的跃进和拓展，实际上是政府及行政体系在新的历史条件下以不断满足和实现行政客体的价值期望为判据的，而公共行政理论范式的变化只不过是对行政客体价值期望的理论反映与表达而已。

但政府及行政体系并不是在任何时候都能够完成自己的使命。历史与现实情况表明，政府及行政体系总会留下遗憾，其努力总是与行政客体的期望有一定距离，以至于我们不能对政府及行政管理体系是否实现了行政客体的期望进行设问，只能对政府及行政体系在多大程度上满足了行政客体的期望设问。所以，政府及行政体系的存在与发展必然引发对它的评价问题。这个评价不仅包括政府及行政体系在多大程度上满足了行政客体的期望，还包括：（1）它是采取什么方式去满足行政客体的期望的，是被动还是主动的，是经常遏制行政客体的期望还是不断促进行政客体期望的生成和改变；（2）政府及行政体系已满足了的行政价值期望与行政客体所付出的代价间的比例关系怎样；（3）行政主体是否把实现行政客体的期望作为自己的价值追求等。[②]

行政价值的评价实际上是基于行政价值关系的认识活动，而行政价值关系又有别于行政关系。如前所言，行政关系是政府、官员与社会、民众之间的管理与被管理的关系，在行政关系中，政府、官员是行政主体，社会、民众是行政客体。而在行政价值关系中，政府、官员就转变为行政价值客体，而社会、民众就成为行政价值主体。因为，对于政府与社会、官与民的关系而言，从目的和手段的角度看，政府只是手段，社会才是目的。一方面，从权源基础看，公民把国家事务的管理权委托给政府和官员，政府和官员只是这些权力的执行者，正如卢梭所言，政府和官员是社会和公民的“仆从”，公民是政府存在的目的，而政府则是公民实现自己目的的手段；另一方面，从物源基础看，在产权多元化的条件下，政府为公民服务的物质基础是公民兼纳税人缴纳的税收，在这里，手段与目的的关系就能更加充分地体现出来。政府从事的国家事务管理工作无论以什么方式进行，无论包含什么内容，都不能倒置官民的这种基本

① 金太军：《西方公共行政价值取向的历史演变》，《江海学刊》2000年第6期。

② 张康之：《论公共行政中的价值评价问题》，《天津社会科学》2000年第5期。

关系。正如有学者指出的那样："在价值观中，'为什么人的问题'正是确立价值体系的主体与标准，为什么人，就以他们为价值主体，以符合他们的意愿为客观评价标准。"① 在政府与社会、官与民所形成的行政价值关系中，社会和民众显然是价值主体，而政府和官员只是价值客体。在基于这种价值关系的评价活动中，社会和民众就是价值评价的主体，而政府与官员就是价值评价的客体。

张康之教授认为："行政价值评价的形式是多种多样的，内容也是极其丰富的，既有来自行政客体的评价，也有来自行政体系自身的评价；既有群体形式的评价，也有个体形式的评价；既可以作出经济的、政治的评价，也可以作出伦理的评价。"② 本文中的行政价值评价是特指在政府与社会、官与民的价值关系基础上的认识活动，所以，文中的"社会评价"是特指社会对政府的价值评价、民对官的价值评价。另外，社会和民众作为价值评价的主体是非常空泛和笼统的，需要进一步研究与分析。从主体的规模和特点来看，可以作出两大类的划分，其一是指以组织机构作为主体的评价活动，其二是指以群众作为主体的评价活动，即组织机构评价和群众评价这两种形式。像国家政权机关、政党和其他政治集团对政府的价值评价，政府的上级对下级的价值评价，其他群众性自治组织对政府的价值评价，都属于组织机构的评价活动。这种社会评价活动是自觉的、理性的和明确的，并具有不同程度的权威性，因而它对于政府及行政体系有巨大的影响力。

以群众作为主体的群众评价活动，是本文要重点研究的社会评价活动，其特点如下。

第一，它是来自行政客体的评价，而不是行政体系自身的评价，通俗地说就是"民"对"官"的评价。在行政价值关系中，确立"民"的行政价值主体地位，在行政价值评价中，确立"民"的价值评价主体地位，具有非常重要的理论意义，也具有非常重要的现实意义。传统政府的职能主要体现为"统治一管理"，甚至阶级统治的职能更突出一些。这种职能要求全国上下一致服从政府的统治和管理，要求全社会都服从于政府的统一集中安排，一切以政府意志为转移。这造成一种态势，行政实践活动的中心总是围绕政府展开，"为公民服务"的行政本质在形式上倒错为"为政府服务"。如根据"为谁服务"的问题来确认价值主体，本应是"为公民服务"，公民是行政价值主体；而实际上却倒错成"为政府服务"，政府和"官"成为行政价值的主体，即行政主体也成了行政价值的主体。因此，政府和"官"总是千方百计要求社会和"民"适

① 参见周奋进《转型期的行政伦理》，中国审计出版社 2000 年版，第 59～60 页。

② 张康之：《论公共行政中的价值评价问题》，《天津社会科学》2000 年第 5 期。

应和服从统治和管理，而不是要求自己适应和满足“民”的价值期望。所以，适应“官”的就是善的，不适应“官”的就是恶的，这就是典型的“政府本位”和“官本位”逻辑。现代公共行政把政府职能定位在“服务行政”，政府职能要实现由过去的“统治一管理”向“服务一管理”转变，即邓小平强调的“领导就是服务”的理念。所以，行政实践活动须由过去“以政府为中心”、“为政府服务”转变为“以公民为中心”、“为公民服务”。“为谁服务”的问题在行政体系中的重新确认，要求必须重新确认“民”作为行政价值主体的地位，这一主体地位的确认进一步确定了在行政价值评价中“民”作为价值评价主体的地位，而“官”只是价值评价的客体和对象。

第二，它是群体形式的评价，而不是个体形式的评价。从主体方面分析，人类的评价活动有两类：一类是以个体为主体的评价活动，一类是以群体为主体的评价活动。两者有密切联系。“一方面，个人总是一个独立的完整的主体，他以自己的需要和利益作为评价标准，去评价各种现象”。[①] 因此，个体评价活动是整个社会评价活动的起点和基础。“另一方面，个人又是一定社会关系的承担者，是整个社会主体的部分、环节和细胞”[②]。个体作为群体的细胞，其评价标准一方面体现着个体的需要与利益，另一方面也总是自觉不自觉地在一定程度上体现着社会群体的需要与利益。虽然群体评价活动离不开个体评价活动，但群体评价活动却具有自身的机制与特点。由于个体评价活动往往具有较强烈的情感色彩，更多带有个人好恶的特征，它常呈现出不稳定性、分散性和非权威性的特征。本文中的群众评价主要是指以“民”这一群体为主体的评价活动。

有评价就有评价的根据与标准，群众对行政价值评价的根据从根本上说就是群众的需要、利益与意志。因为，要有同样的意志，这些多数人就要有同样的利益、同样的生活情况、同样的生存条件，或他们至少必须在自己的利益上、在自己的生活状况上、在自己的生存条件上，暂时互相密切地结合在一起。就是说，共同的活动以及生活状况、生存条件就会形成社会群体的共同需要，并形成作为需要观念反映的社会群体的共同利益。利益是目的形成和价值选择的根据，因而社会群体共同的利益必然转化为社会群体共同的意志。而意志是主体能动性的内在规定性，群众在行政价值评价中的主体能动性就表现为直接或间接地推动着行政价值评价活动的进行与深入，或者说，群众基于自己的需要与利益，并把自己的需要、利益与客体之间的价值关系作为对象进行判定，形成价值判断，从而赋予客体以肯定或否定的意义。

---

① 李德顺：《价值论》，中国人民大学出版社 1987 年版，第 314 页。

② 同上。

群众的评价活动常以“无机的形式”来实现。黑格尔把一个社会群体内的成员“没有经过某一种程序的组织”而表达“他们意志和意见”的方式，称为无机方式。黑格尔对无机方式作了分析：在一个社会群体内“个人所享有的形式的主观自由在于，对普遍事务具有他特有的判断、意见和建议，并予以表达”，因而表面上是混乱的；然而，内在的东西却是“绝对的、普遍的、实体性的和真实的”。[①] 就是说，一方面，群体中的个体总是从各自的需要、利益出发对“普遍事务”发表意见，另一方面，这种个体意见必然在一定程度上表达着群体的意见。表面上看，各种意见林林总总，有很大的杂乱性和零散性，但社会群体的意见作为“绝对的普遍的、实体性东西和真实的东西”也就实现了。群众的这种“无机的形式”就具体体现为社会舆论、社会谣言、民谣和社会思潮等。[②]

第三，它是偏向伦理的评价，而不是偏向经济的或政治的评价。张康之教授在对公共行政体系结构的研究中，将其划分为：(1) 行政体系的客观结构系统，包括行政体制、行政组织、行政结构和行政人事资源等物质性要素之间关系的存在和运作方式，是行政体系的客观形式；(2) 行政体系的主观结构系统，是指行政权力、行政法律、行政政策和行政管理方法等精神性的主观要素构成的各种关系的总和，它是行政体系的主观形式；(3) 行政体系的价值结构系统，包括行政意志、行政义务、行政责任和行政人格等基本要素，这些要素以行政主体为载体，并借助于行政主体构成一个统一整体，它是行政主体与行政客体之间价值关系的稳定形式。[③] 因此，从行政体系结构上看，行政价值评价可以从客观结构系统、主观结构系统和价值结构系统三个方面展开评价。张康之教授又认为，在从行政体系到具体的行政人员和行政行为的序列中，存在着伦理评价的内容依序递增、政治和经济的评价内容依序递减的情况。[④] 越是接近行政体系的客观结构系统，政治和经济评价的内容就越多，越是接近以行政人员为载体的价值结构系统，伦理评价的内容就越多。

本文中所言的群众评价活动实质是“民”对“官”的一种评价活动，所以，它既不是对行政体系客观系统的评价，也不是对行政体系主观系统的评价，而是侧重于对以行政人员为载体的行政价值系统的评价，所以，它是偏向伦理的评价，而不是偏向政治的或经济的评价。它是侧重于对“官”的行政意

---

① ［德］黑格尔：《法哲学原理》，范扬、张企泰译，商务印书馆 1982 年版，第 331～332 页。

② 陈新汉：《社会评价论——社会群体为主体的评价活动思考》，上海社会科学院出版社 1997 年版，第 87～96 页。

③ 张康之：《公共行政体系结构的哲学解读》，《南京社会科学》1999 年第 11 期。

④ 张康之：《论公共行政中的价值评价问题》，《天津社会科学》2000 年第 5 期。

志、行政义务、行政责任和行政人格等要素的价值评价。从其内容来看，它是指侧重于对行政人员的行政实践过程及效果作价值考量，以判断“官”是否满足了“民”的价值期望；侧重于对行政主体的素质、水平和技能等因素作价值考量，以判断“官”能否满足“民”的行政价值期望；侧重于对行政主体的行政理念、良心和态度等因素作价值考量，以判断“官”是否愿意满足“民”的行政价值期望。

二 “民谣”对“政风”的否定性社会评价

群众评价活动的三个特点决定了其评价活动必然落实在对行政人员行政行为和行政态度的评价上，即对“政风”的评价上。也就是说，“政风”是行政价值群众评价的主要内容之一。所谓“政风”，是政府机关作风或公共行政作风的简称。在行政管理中，把行政主体作用于客体表现出来的长期的、稳定的、持久的思想态度、工作方法及其处事原则就称之为行政作风，即通常所言的“政风”。它具体表现为政府机关及其工作人员的思想作风、领导作风、工作作风和生活作风。从“政风”形成的角度分析，它是主体的行政理想、行政态度、行政义务、行政技能、行政纪律、行政良心、行政荣誉等一系列因素相互作用结出的果实。“政风”既是公共行政本质和宗旨的体现，又是行政主体作用于行政客体所表现出的态度和形象，它是联结行政主体与客体之间的纽带和桥梁。因此，它往往成为社会公众评价政府及其行政人员管理水平、道德水平的一个重要途径。在群众评价活动的诸形式——社会舆论、社会谣言、民谣和社会思潮中，既可对“政风”予以肯定性的社会评价，也可以对“政风”予以否定性的社会评价。而在当前群众评价活动的独特形式——“民谣”中，却大都呈现出对“政风”的否定性社会评价。这非常值得政府重视，也是值得我国行政学界关注的一个重要问题。我们必须对此问题作出恰当的、深刻的理论反思。

民谣，可以说是群众社会评价活动中的一种主要形式之一，它是民间的“天籁”，体现着民俗、民风和民众的思想情感。在中国，民谣自古有之，它是具有初级艺术形态的社会评价活动，具有独特的社会评价效用。由此，中国古代才有了特有的“采风制”。在中国的语言中，“谣”有两个方面的意思：一是指民间流行的歌谣，二是指没有事实根据的传闻。民谣中的“谣”就是第一层意思。由于民谣在传播的过程中，经过了初级的加工，相对于其他形式的社会评价，其特点是比较淳朴，如周作人所言是“情动于中而形于言”的即兴歌谣，是“那些牧童灶妪村妇野叟以天籁的方言方音，发表他们真挚浓厚的情意”的口歌形式。[①] 它的特点是在口口相传的过程中，常常被人有意识或无意

① 钟敬文：《歌谣论集》，上海文艺出版社 1989 年版，第 43 页。

识地一点点加以改变，常常是一个社会群体的集体创造，所以它是“民族集合生活最强的情感的表现”①。

在古代传播形式原始的情况下，民谣是人们相互交流思想感情的主要传播载体，“男女有所怨恨，则相从而歌；饥者歌其食，劳者歌其事”。在我国古代的文字资料中，包含着极其丰富的民谣。在《礼记·郊特牲》里记载了传说中神农氏的祝词，“土反其宅，水归其壑，昆虫毋作，草木归其泽”。这是说，堤防要安固，水要流向低凹的地方，昆虫不要发生危害作用，草木要在沼泽里生长（不要长在田地里）。这个民谣强烈地反映了原始初民与大自然作斗争的愿望。而《诗经》在很大程度上就是歌谣的集结，它凝结着民俗和民风，体现着民众的思想情感。

在我国古代的民谣中，除了描述民俗和民风，还大量地表达了劳动人民反压迫、反剥削、反奴役的情感。“长城民歌”说“生男慎勿举，生女哺用脯。不见长城下，尸骸相支柱”，说的是秦筑长城时无止境的徭役给人民带来的深重灾难。在《小麦谣》里，“小麦青青大麦枯，谁当获者妇与姑。丈夫何在西击胡。吏买马，君具车。请为诸君鼓咙胡”，说的是汉朝与羌人打仗，发兵很多，田地没有人耕种，只好由妇女们照管，可是朝廷的官吏既不耕种，又不去打仗，则买马买车。老百姓对这种不合理现象敢怒不敢言，尤其生动地表现在最后一句，“请为诸君鼓咙胡”，即话到嘴边又咽下，只是鼓动喉咙，不敢作出声来。在《凤阳花鼓》里，反映了明太祖朱元璋做了皇帝后，给他的故乡凤阳人民所带来的一连串的灾难。“说凤阳，道凤阳，凤阳本是个好地方。自从出了个朱皇帝，十年倒有九年荒。三年水淹三年旱，三年蝗虫闹灾殃。大户人家卖骡马，小户人家卖儿郎，奴家没有儿郎卖，身背花鼓走四方。”在天灾人祸的逼迫下，人民只得卖儿卖女逃荒卖唱。② 这些民谣实际上表达了“民”对“官”的一种怨情，一种否定性的社会评价。

笔者在研究“行政作风建设”这一问题时，在查阅资料的过程中，接触到了大量的有关“政风”的民谣，给我的感觉是：这些民谣绝大多数对“政风”表现出否定性的评价，而鲜有肯定性评价。笔者认为，这是一个比较严重的带有倾向性的问题。从其性质来看，“政风”有好坏之分，即优良作风与不良作风之区别。当我们说中国共产党的“理论联系实际，密切联系群众，批评和自我批评”的三大传统和作风时，指的就是优良作风。优良作风作为一种习惯性力量，具有积极的教育作用，它会对其群体中的个体施加积极的影响，所以，它具有巨大的伦理价值。作风建设问题是马克思主义、毛泽东思想和邓小平理

① 钟敬文：《歌谣论集》，上海文艺出版社 1989 年版，第 3 页。

② 参见陈新汉《社会评价论——社会群体为主体的评价活动思考》，第 278～281 页。

论的重要组成部分，我们党历史上的历次“整风运动”实际上是作风建设的实践探索。“理论联系实际，密切联系群众，批评和自我批评”的三大优良传统和作风，就是我们党在与各种不良作风斗争的基础上得以形成的。

但改革开放之后，在新的历史条件下，在我们的领导和干部中渐渐滋生了一种很不良的作风，群众对此早有反感，从社会上在一定范围内流传的民谣可见一斑。在此文中，就作者收集到的有关“政风”的民谣作出解读，以期发现当前“政风”中存在的问题。

第一，针对干部的思想作风，民谣有以下反映：（1）关于干部的价值观，有民谣说是“为人民币服务”，以及干部中的“新三大作风”，即“理论联系实惠，密切联系领导，表扬与自我表扬”。（2）关于工作动力，有民谣说：“对自己有利就干，无利不干，大利大干，小利小干”，“想到什么抓什么，布置什么抓什么，碰到什么抓什么，什么有利抓什么”。（3）关于思想作风中的形式主义，有民谣说：“只有唱功，没有做功”，“三分工作，七分宣传”，所谓的成绩是“文人编的，报上抄的，家里想的，上面要的，应付会的”。（4）关于工作方法，有民谣说：“决心在嘴上，行动在会上，落实在纸上”，“开大会布置工作，打电话了解工作，听汇报总结工作，凭印象处理工作”，“看的多，干的少；部署的多，落实的少”，等等。

第二，针对政府的工作作风，民谣表达了如下的否定评价。（1）批评机关中的衙门作风，比如：“门难进，脸难看，话难听，事难办”，“办事不热心，待人不热情”。（2）批评机关工作人员的庸俗态度，比如：“三个公章，不如一个老乡”，“不给好处不办事，给了好处乱办事”。（3）批评公私关系上工作人员的利己行为，比如：“端着公家的碗，领着公家的钱，干着私家的活”，“拿着公款，想着私事，干着家事”。（4）批评机关工作的拖沓作风，比如：“上班的碰到下班的，迟到的碰到早退的”，“该办的事不办，能办的事拖着办”，“该办的事情，领导不督不办；该报的情况，上级不催不报”，等等。

第三，针对政府的领导作风，民谣有以下评价。（1）关于领导干部奉行权力就是真理的观念、缺乏民主和群众意识，比如：“一把手绝对真理，二把手相对真理，三把手服从真理，老百姓没有真理”。另外，民谣中有一对联更直接地表达了这一点，上联是“说你行、你就行、不行也行”，下联是“说不行、就不行、行也不行”，横批是“不服不行”。（2）关于领导决策上的经验主义，比如：“工作凭经验，办事凭感觉”。对于国家大型工程建设，早就有“三拍工程”的民谣，即“拍脑袋决策，拍胸脯保证，拍屁股走人”。（3）关于领导作风中的好人主义，比如：“上级表扬下级，下级表扬上级，你表扬我，我表扬你，自己表扬自己”，“上级对下级哄着护着，下级对上级捧着抬着，同级对同级包着让着”，“出了问题谈一谈，犯了错误管一管，有了矛盾调一调”，等等。

第四，针对干部的生活作风，（1）民谣暴露干部生活上的腐败与腐朽倾向。比如有这样一些民谣："什么场合都敢去，什么东西都敢要，什么钱财都敢花"，"上午围着领导转，下午围着酒杯转，晚上围着裙子转"、"泡桑拿，蹲包房，找三陪"，等等。（2）民谣反映出干部生活上的攀比与利己心态。有民谣说："车子越坐越好，房子越住越大，手机越用越小"，"弄房子，换位子，捞票子，坐车子，顾孩子"。（3）民谣反映了干部生活上的庸俗关系学，比如："方便熟人，联络能人，靠近名人，巴结要人"，"处事凭感情，办事凭关系"。（4）民谣反映出干部对自己要求不严、形象不佳的问题，比如有这样的民谣说："管不住自己的嘴，管不住自己的腿，管不住自己的手，管不住家里的人"，"台上台下不一样，上级下级不一样，人前人后不一样，言语行动不一样"，等等。

通过以上对涉及"政风"的民谣的解读，我们可以得出以下一些启示：

第一，民谣对"政风"的否定性评价具有广泛性和全面性。在作者搜集到的有限数量的民谣中，就涉及了"政风"中的思想作风、工作作风、领导作风与生活作风这四大方面，而每一个方面又涉及很广、很宽的内容。可以说，当前的民谣比较广泛和全面地表达了"民"对"政风"和"官德"的态度和评价。一方面，从民谣的形成和流传来看，民谣是老百姓唱的口头诗，它没有明确的作者，也没有确切的创作日期。在街谈巷议、闲言碎语中，人们关心的同一个话题谈得多了，议得多了，于是有些人就把它编成具有一定节奏和韵律的顺口溜，于是民谣就产生了。民谣的魅力还在于其流传，在口口相传的过程中，民谣又被有意或无意地改变和传播。于是民谣就越传越广、越传越久。有些民谣可以传遍一个国家，甚至传到国外；有些民谣可以流传几十年，甚至几百年。这些民谣之所以流传广和流传久，最主要的原因是这些民谣所涉及的社会现象具有一定的普遍性，所体现的情感也具有一定的普遍性。因此，民谣具有非常广泛的群众基础，它体现了群众对比较普遍的社会现象的情感和态度。

另一方面，从公共行政学的角度来看，作为行政主体的"官"与作为行政客体的"民"之间是具有非常广泛联系的，这种广泛联系就是公共行政功能存在的逻辑前提。在"官"以各种各样的行政手段作用于"民"的过程中，"官"就必然地把自己的行政理念、行政态度、行政行为、行政道德等方面稳定的、习惯的东西展示在"民"的面前，而"民"也正是通过这些稳定的、习惯的东西对"官德"进行价值评价。由于"官"与"民"联系的广泛性和全面性，所以"民"就能够从很广的方面和内容上对"官德"进行评价，其中民谣就是"民"的一种喜闻乐见的评价形式。

第二，民谣对"政风"的否定性评价具有尖锐性和深刻性。民谣是具有一定艺术形式的群众评价活动，这是民谣不同于其他社会评价的一个特点，正是这个特点决定了民谣的评价具有尖锐性。因为民谣来源于群众日常的朴素语言，它经过群众的口耳相传，融合了万人的智慧，正是在群众共同的深切感受中经过人人相传千锤百炼提炼出来，确非一人之所为。集体创作的特点使它可以直截了当、毫无顾忌地表达群众对社会现象的情感和态度，特别是在对某一社会现象作否定性评价时，与官样文章中连篇累牍的颂词、谀词相比，它可以借助于平易近人、朗朗上口的语言特点，直言不讳地表达群众的真实情感和鲜明态度。所以，它在反映时弊时，往往是寸铁刺人，一针见血，显得特别尖锐。比如关于“三拍工程”的民谣，“拍脑袋，拍胸脯，拍屁股”，表达了群众对国家工程建设中存在严重问题的认识。

从公共行政学的角度看，在“官”与“民”的行政关系中，“民”虽然是权力的所属主体，但不是权力的实际行使主体，“官”虽然不是权力的所属主体，但却是权力的行使主体，这就是公共权力所属主体与行使主体的分离状态。所以，“官”在行使权力时，如果能以“民”的意愿为根据，这是“民”所期待的，即“民”对公共行政的价值期待。但是，在实际的行政行为中，“官”的行政行为与“民”的价值期待是有差距的。特别是在市场经济的新环境中，由于受不良价值观的影响，当前我国公共行政中，“官”的行政行为与“民”的价值期待之间的差距很大，甚至是“官”之行为有违“民”之期待。对此，“民”必然要对“政风”和“官德”进行价值评价，除了一些常规形式的评价外，民谣就是一种非常规的评价形式，借助于这种尖锐的评价方式来反映群众的思想、情感和态度，所以，民谣的尖锐性实际上是深刻地反映了问题的严重性。

第三，应该重视对民谣的搜集和整理，以了解民风和民情。民谣是群众的口歌形式，它体现了民俗、民风与民情。我国古代的统治阶级为了了解民众的情况，就形成了独特的采集民歌、民谣以观民风的制度，即采风制。采风制从上古时代传下来，到夏、商、周时期，出现了一些专门到各地去征集歌谣的人。这些人被称为“行人”、“远人”、“轩车使者”等，他们把采集来的民谣、歌谣，由乡里转到县邑，由县邑转到诸侯之国，再由诸侯奏闻于天子。我国古代采风的目的，一方面如《汉书·艺文志》所言“古有采诗之官，王者所以观风俗、知得失、自考证也”，即了解风俗和民众的情感；另一方面如《晋书》中范文子所言，采风之意在于“使勿兜、风、听、胪言于沛，辨妖祥于谣，考百事于朝，问谤誉于路。有邪而正之，尽戒之术也”，即勿使不实之言散播于市，并从民谣中判定政风的善与恶，从民众中得知谤和誉，这是正邪之道。

总之，古代的采风制实际上有点类似于现代的民意调查系统和舆论监督系统。与古代采风制相类似的，古人有“审乐知政”的说法，说的也是通过民谣、民歌来了解人民生活中的喜怒哀乐以及群众在对“政风”社会评价中的爱憎亲疏的情感和态度。“采风可以了解民间疾苦，虽然并不能由此而消除这种疾苦，但却说明了民间歌谣的一个重要特点，就是从这些歌谣中可以听到人民的声音，听到群众的政治意见。”① 这是我国古代采风制形成和发展的重要原因之一。

改革开放以后，由于众多因素的影响，我们党和政府的三大优良传统和作风没有得到很好的继承和发扬，相反，一些不良作风在一些机关和干部中得以滋养和生长，而对这些不良作风老百姓早有警觉和反应，民谣就是表达老百姓心声的一种途径。因此，尽管今天我们可以通过更先进的手段来了解民风与民声，但也不应该忽视“从民谣中倾听民声”的传统途径。虽然有些民谣道出了群众的怪话和牢骚，但是这些怪话和牢骚也真实地表达了群众对“政风”中存在问题的情感和态度，它只不过是以尖锐的语言形式来针砭“政风”中存在的“肿瘤”和“溃疡”。所以，为了全面地了解人民群众对“政风”的态度与心声，注意对民谣、歌谣的搜集、整理与分析，是我们了解民意、民声的一个重要途径。

① 中国民间文艺研究会、中国社会科学院文学研究所各民族民间文学组编：《中国歌谣选》序言，上海文艺出版社 1978 年版。

传统文化资源利用中的政府策略和民俗传承*

——以绍兴地区对信仰祭祀民俗的利用为事例

陈志勤

引 言

说起国家与民俗的关系，很自然地会联想到国家政权以抑制封建迷信和维持治安为名对民风遗俗的禁压，远的不说，近的如“文革”也是记忆犹新。但从最近有关民俗文化的动态来看，如民俗学界对春节燃放鞭炮的议论、对传统节日和法定节假日的探讨以及政府在行政管理上有关“非物质文化遗产”的一些举措，都说明随着时代的发展，对国家与民俗的关系有重新认识的必要。围绕民俗文化研究和利用的一些变化，可归结为两点：一是民俗研究态度的转变，即从“居高临下”审视民俗转变到“平易近人”探讨民俗；一是文化行政管理的转变，即从对民俗文化的轻视和置之不问转变到对民俗文化的重视和利用。从民俗学来看，这又和注重民俗生活的研究以及由此带来的对民俗传承人的重视是密不可分的。

改革开放以来，中国发生了天翻地覆的变化。一个曾经以政治为中心的大国，在经济发展为主的战略决策下取得的成就已为世人瞩目，而在经济发展到一定程度的现在，社会各界对文化建设的需求和投入，正使中国的发展进入一个新的阶段。现在，地方文化的开发和利用，已是地方经济发展的一个策略，为了开发和利用具有地方特色的文化，对当地民俗文化的重视已越来越迫切。民俗文化这一概念已不仅仅是民俗学界专有的了，在官方和民间也广为人知，但究其过程却也经历了一番曲折。先是有民俗学研究者对学科建设的努力和贡献，后有各级政府对地方文化建设的需要，而其中最不能忽视的是民俗传承人的力量。

本文以水乡绍兴在地方文化建设和经济、旅游开发中对民俗文化的利用为

---

* 本文是在作者题为《民俗传承人与行政行为的关系——绍兴在地域振兴中对信仰祭祀的活用》（日文，载樱井龙彦、李瑞雪编《变化的中国一不变的中国》，全日出版，2003年）的论文基础上修改而成的。

事例，主要以有关信仰祭祀民俗为主，对其中出现的政府行政行为和民俗传承人的关系和问题展开探讨，以此来反映国家和民俗之关系的现状。站在传承民俗文化的一方来议论地方政府的文化建设，或许对一个以行政为主导的国家来说不太适合，但正因为如此，我们有必要在理论和实践上进行探讨。下面就关注这一问题的必然性，以中日两国的情况对比为背景进行一些说明。

第一，民俗变化的特殊性与传承人的作用。随着社会的发展、生活的提高，民俗也在不断发生变化。在日本，经济高度增长带来了现代化和都市化的发展，伴随而至的生活方式变革，使民俗学的研究对象发生了很多变化。对应于这些变化，民俗研究也出现了新的动向，如都市民俗学、环境民俗学等，对研究对象和研究方法都有过新的探索，“都市化和民俗”、“现代化和民俗”、“经济的高度增长和民俗”、“社会变动和民俗”、“市町村的合并和民俗”等课题，都曾是日本民俗学杂志的研讨特集。

在中国，传统民俗的变化不仅是经济发展、生活变样带来的结果，其中还有“文革”期间被迫停止的民俗学研究的复兴和被禁压的传统民俗复活的因素。就是说，一方面如其他国家一样，是现代化进程中发生的民俗的逐渐消失，一方面是中国独有的拨乱反正后产生的民俗的复活、再生。传统民俗的复活，在日本是现代生活中消失的民俗得以再生的意思，在中国则有两层意思，亦即在“文革”中被禁压的民俗和现代生活中消失的民俗的再生。其中，民间信仰祭祀活动的复活是很普遍的一个现象。

民间信仰是民俗研究的一个主要课题，虽然在国家宗教信仰政策中还没有其一定的地位，但在20世纪80年代初期以后，伴随新的宗教政策的落实，“文革”中被作为封建迷信取缔的民间信仰逐渐复活，“求神拜佛”现象到处可见①。90年代中期以后，随着现代化物质生活水平的提高，传统文化又成为人们追求精神生活的内容，同时，传统文化资源在地方经济建设中也逐渐受到关注和重视，例如以庙会文化为资源开发观光旅游的情形，比比皆是。这当中虽然有各地政府的参与，但当地民众信仰祭祀民俗的复活所起的作用不容忽视。就此，本文将对这些普通民众如何保持和恢复传统的信仰祭祀民俗作一番描述，并提出民俗传承人在保持和利用民俗文化时面临的一些问题和困难。

第二，政府行政策略与民俗传承人的观念认识。在日本有21世纪是“文化的时代”的提法，就是说对传统文化的重新认识以及由此带来的各种现象兴

---

① 最近，国家宗教管理局已设立“民间信仰”的管理部门。关于民间信仰和国家宗教政策的关系及相关问题，请参考周星《“民俗宗教”与国家的宗教政策》一文，载《开放时代》2006年第3期。

盛不止。日本文化厅在1998年3月发表了《文化振兴基本计划》，提倡文化立国，作为其具体策略之一，便是1999年4月开始实施的《有效利用传统文化振兴地域社会》计划。这个计划和1992年公布的《有效利用地域传统艺能等年中行事，振兴观光业以及特定地区工商业》的法律（也被称为“庙会法”）相配套，是实施农村地区传统文化利用的具体文化政策。进一步，1999年7月，以农村基本法的改定（《食品·农业·农村基本法》）为契机，作为议员立法建议提出的“传统文化再生法案”，把农业作为传统文化加以重新认识，并把农村规定为“日本文化继承的场所”、“传统文化保持的场所”①。岩本通弥认为，这是一个把整个农村作为文化财产，把农业作为传统技术，把农民作为“人间国宝”的政策②。在地方和民间，利用传统文化进行生态·绿色观光旅游、地域经济振兴的现象更是比比皆是。一些大企业也积极参与，摸索文化产业的发展之路。学校也呼应这种趋势，开设了文化政策学、文化经营管理、文化资源学等科目，甚至还开始了文化形象设计资格证书的鉴定考试。同时，伴随世界遗产条约的实施，地方自治体以及居民组织的申报登录活动也是层出不穷。

此处所谓“传统文化”，可想而知主要是一直以来作为民俗学研究对象的“民俗文化”。显然，对于民俗学界来说，在这样的社会变化中如何对应、如何探讨已是一个紧迫的课题。日本学者在题为《文化政策·传统文化产业与民俗主义论——“民俗文化”的有效利用与地域振兴诸问题》的研究报告中，对此已有陈述。该报告对日本民俗学界的一些新的研究动向作了介绍，其中指出，日本民俗学在观光人类学等影响下，虽然积累了和故乡论·乡土论研究密切相关的、探讨民俗文化的客体化与地域开发之关系的研究成果，同时，除民俗艺能的领域以外，有关民俗学与文化政策·民俗文化财产的关系的研究也正在展开，但对目前激发着都市市民之怀旧心理的农村传统文化利用中出现的、和现行文化财产保护法及民俗学的基本理念不相符的各种问题，以及对这些问题给当地社会、当地居民带来的混乱，给民俗学研究带来的冲击等，还都没有进行深入探讨。另一方面，报告也认为，虽然20世纪90年代以后对传统创造论的研究很盛行，积累了“作为建构的传统文化”是怎样被构筑的以及有关构筑过

---

① 其列举的几项日本文化政策有：（1）“文化振兴基本计划”（1998年3月）；（2）“发挥传统文化，振兴地方”（1999年4月）；（3）“关于利用地方传统艺能，实施各种活动以振兴特定地域工商业和观光业的法律”（1992年）（简称“お祭り法”，本文译为“庙会法”）。

② 岩本通弥：《“文化立国”论的忧虑——来自民俗学的视点》（日文），载岩本通弥编《文化政策、传统文化产业与民俗主义——“民俗文化”的活用和地域振兴的有关问题》（2001～2003年度科学研究补助金基础研究B1研究成果报告书），2004年。

程等问题的研究成果，但这些讨论对于在现场承担“传统”的当事者来说毫无意义。因此，报告提出不仅应从以往的文化构成主义[①]去进行阐述，还应该对保持“传统”的当地居民的观念、认识及其追求和过去保持连续性的心理等进行分析和研究[②]。

日本民俗学界的这些动向给我们的启示，是在民俗学中探讨有关传统文化或民俗文化利用的时候，最终离不开保持“传统”和“民俗”的传承人这一问题。虽然民俗学者并不能成为当地人民的代言人，但研究民俗文化的民俗学从学术到应用，对此类问题都应有一些实际和深入的探讨。中国现在还处于呼应政府行为、探讨如何在地方经济文化开发中利用民俗文化资源的阶段，其中也不乏对“伪民俗”现象的议论，但在不久的将来，对于传承民俗文化的人们的意识和权益，应该是会越来越受到重视。

第三，民俗文化的保护、利用与民俗传承人。就江南地区的水乡古镇·古村落开发而言，以保护为前提，在有形的景观建设和环境布局等方面取得了一定的经验和成就，由此形成的江南水乡古镇旅游热，说明其初步成效已被社会所认可。对这些取得初步成效的古镇·古村落来说，如何维持现状、保持特色，继续吸引游客是必须考虑的问题；而对一些正在计划开发的古镇·古村落来说，如何总结已有经验，吸取前人的教训，也是至关重要的问题。值得欣慰的是，目前正在开展的非物质文化遗产保护活动，为解决这些问题提供了一个思路。可以成为非物质文化遗产保护对象的，大都是民俗学所研究的无形民俗文化，而孕育这些无形民俗文化的是当地人民，这就势必要把当地居民的生活、意识放在重要的位置来认真考虑。

例如，西塘镇用一句话——“生活着的千年古镇”，来展示他们还在延续着的当地居民的古镇生活，镇政府也以这句话表达他们保护古镇的宗旨。当地居民原本就是那样生活着的，但由于政府的各种保护或开发的行为总会影响到他们的生活状态，甚至把他们从祖祖辈辈生于斯、长于斯的自然的社会环境中分离出来，这样的现象，不仅是中国也是其他国家如日本曾走过的弯路。所以，西塘在古镇保护和旅游开发初期就以保持当地居民原有的生活状态为基

---

① “文化构成主义”是日本近几年来在对以传统文化进行地方建设的研究中使用的方法论之一。所谓“文化构成主义”，就是以这样一种研究视角来探讨问题，即迄今为止超越时代脉脉相承的、被认为是“具有真实的本质”的传统文化，实际上是处于各个时期的政治和经济的脉络之中，不断地被再构成和再创造的事物。以此来重新理解传统文化，那么，某项传统文化是如何通过地方居民、旅游观光客以及学术研究者被构建起来的问题，就成为文化构成主义所必须探讨的主要问题。参阅足立重和《传统文化的管理人——围绕郡上舞之保存的乡土史家的言说实践》（日文），载中和伸俊等编《社会建构主义解说》，Nakanisya 出版，2001 年，第 100—101 页。

② 岩本通弥：《“文化立国”论的忧虑——来自民俗学的视点》（日文）。

础，这是难能可贵的。正如西塘镇委书记沈国强说的那样，“尊重百姓生活，弘扬人文精神，是古城镇保护与发展的核心内容”①。事实上，某些水乡古镇在二期开发中，已把当地居民的生活问题作为一个课题了，如浙江乌镇在二期古镇保护工程中就考虑到古镇保护和当地居民生活现代化的问题，要让居民在安静的古镇景观中，鲜活地延续其民俗文化。乌镇镇委书记陈向宏在央视网站和网友交流时提到，他认为，古镇的发展应考虑三个方向，一是科学的发展观，二是如何传承历史的文化传统，三是如何使当地居民和谐地生活②。

已开发的古镇·古村落或正在开发的古镇·古村落，对当地居民生活等问题都已提到议事日程来讨论和贯彻了，尽管这还是以行政为主导的行为，也不知道在多大程度上符合当地民众的意愿，但至少让我们看到了一个良好的开端。从上面两个镇的例子来看，都把传承历史文化传统和尊重当地居民生活作为首要目标来考虑。这两个目标相辅相成，不能分割。关注当地民众，希望不仅在民俗学研究中，而且在政府行政策略上，也能从现在的保持生活现状层面进而发展到传承民俗文化的层面。

基于以上考虑，本文主要从民俗传承人的立场出发，具体地以市、镇、村三个层次的事例为基础，考察利用民俗文化资源开发地方文化经济，和地方政府的行政策略之间的关系及问题。对此问题的探讨，不仅是有关民俗学之实践性和应用性的新课题，对地方社会的民俗文化保护和利用来说，也具有一定的意义。

绍兴市位于浙东沿海杭州湾的南岸，现有面积 8256 平方公里，人口 433 万，其中市区面积 339 平方公里，人口 64 万。古城绍兴自古就是一个重信仰、重祭祀的地区，如《汉书·地理志》所说，“越人信巫鬼，重淫祀”，有关民风遗俗的记载都将此作为当地人民生活的特征之一。处于东南沿海有利地理位置的绍兴，历史开发较早，具有优越的自然生态环境，改革开放以来也在经济建设中处于先导地位。随着经济的率先发展，“文革”中禁压的信仰祭祀之风又在民间社会广泛普遍地出现，而政府部门也有以爱国主义教育和传统文化建设为名加以有效利用的趋势。以该地区为例进行考察，或许能够较好地反映改革开放以来国家与民俗之关系的动态。

景观的再现和民俗的传承

在都市开发及观光旅游开发中，最近虽开始重视非物质文化遗产，但最初

① 沈国强：《传承历史，开启未来》，载中国文联等编《“中国古村落保护”（西塘）国际高峰论坛资料汇编》，2006 年，第 9 页。

② 乌镇内容请参考“中国名镇网络杂志”，http：//www. mingzhen. com. cn/mag/Technology/2hyw2. htm。

的阶段基本上是以自然景观的建设为主，就是说有重视有形文化财产、轻视无形文化财产的现象。这里，不妨先把无形文化财产界定在无形民俗文化的领域来展开探讨。事实上，现阶段提出的非物质文化遗产，在很多方面是和民俗学研究的民俗文化相重叠的。忽视民俗文化特别是无形民俗文化，就会直接导致对民俗文化传承人的轻视，同时，也会产生另一种现象，用揶揄的话来说，就是创造“新的遗址”。当然，从历史上看，各地都有为纪念某人、某物建立新纪念物的情形，但历史积累至今，如何反映一种文化传统的延续性，如何反映当地民俗的传承性，则是历史赋予我们的任务。创造“新的遗址”在各地的都市开发和观光旅游开发中都会发生，这里，我们集中对在以自然景观为主的开发中出现的政府策略和民俗传承两者的关系进行考察。

1. 大禹祭祀和禹陵村

因为大禹的陵、庙、祠在绍兴，大禹对绍兴来说就具有特殊意义。当地的治水历史必从治水英雄大禹讲起，大禹陵（当地习惯把禹陵、禹庙、禹祠，并称为大禹陵）也是当地大禹治水精神和爱国主义教育的重要基地。为把大禹的治水精神发扬光大，以大禹陵为基础的景观建设已具一定规模。其中一个主要项目是恢复祭禹传统。1995年4月20日，浙江省绍兴市举行了恢复后的第一次大禹公祭，此后，2000年和2005年都举行过，基本上“每年一小祭、五年一公祭、十年一大祭”，除逢五当十的年份由市政府组织公祭外，每年的小祭基本上是由当地文联牵头的民祭。

历史上的祭禹，除每年有宗族祭祀、民间祭祀、地方政府公祭以外，还有皇帝亲临以及派遣官员到绍祭祀。最早有秦始皇到过会稽祭祀，后有清代皇帝的祭祀，如康熙皇帝亲祭一次，派遣特使十次，乾隆皇帝亲祭两次，派遣特使十八次[①]。1933～1934年曾大修禹庙、禹祠，1935年举行了有浙江省各界参加的民国时期最大规模的公祭，1936年有绍兴市的公祭。1995年的公祭，则是1936年以来相隔60年的官方祭祀活动。

禹祠本是大禹子孙祭祀的地方。在绍兴市东南部会稽山麓由禹陵、禹庙、禹祠组成的建筑群周围，有一个叫禹陵村的村落，那里生活着自称或被称为大禹姒姓的子孙，据说早在大禹被葬百年以后就有这个村名了。《史记·夏本纪》记载说，“禹于是遂即天位，南面朝天下，国号曰夏后，姓姒氏”，“十年，帝禹东巡狩，至舆会稽而崩”，“记功而崩，因葬焉，命曰会稽”。《吴越春秋》记载：“禹之子启即天子位，使使以岁时春秋而祭禹于越，立宗庙于南山之上”。据说为守护大禹宗庙，在4000年前姒氏遵启之命来到此地，现在的禹陵村大

① 沈建中：《大禹颂》，浙江人民出版社1995年版，第199页。

约有100多户400多人，被传为是当时姒氏的子孙。

有一种说法以农历三月五日为禹王华诞之期，三月六日为南镇会稽山神祭日，故以前每年都要举行盛大的“禹王庙会”和“南镇庙会”①。但2000年对禹陵村进行调查时，据被称为大禹姒氏142代、姒氏宗族现在的族长姒绍品说，姒氏宗族以农历六月六日为大禹生日，每年这天以及冬至、春节都要像一般家庭祭祀祖先那样，姒氏宗族也在禹祠祭祀大禹。祭祀时有很多规矩，如为让族人都能参加，有发给每户猪肉等食物的规定；女人不能参加祭祀，而新婚媳妇在第一年可用轿抬进祠堂。另外，在旱灾时，以神轿抬大禹像在各村巡回求雨，因大禹在当地被认为是最大的神，其他各村的神轿都要挤在大禹神轿之后，以沾禹神之光。现在的大禹像，两尊都是立像，一尊“帝皇”像，一尊手拿铁锹像。禹陵村民对现在的大禹像还有一些微词，认为大禹一辈子辛劳治水，而大禹是帝皇，应该如以前的坐像才对。

虽然有关大禹的传说有很多歧义，但从绍兴的情况看，无论大禹的生日还是大禹的祭祀，禹陵村的传承都具有独特的民俗文化价值，无疑，姒氏宗族是传承这种民俗文化的主体。但在利用大禹祭祀而不断扩大的旅游开发过程中，禹陵村却没能保存下来。1995年，在公祭墓道和广场的修建中，拆迁了村中50多户的住房；1996年又搬迁了姒氏宗族的一些墓穴；2001年公祭广场绿化时，又拆移了部分村民住房。被认为是中国具有最悠久历史的，且宗族的纯粹性保持较好的这个村落，就这样被分解了。由于“大禹陵风景区”的开发，在风景区前面修建了一片停车场，禹陵村在政府有关部门指导下，可以管理这片停车场，这成为他们当时和大禹陵保持联系的一种方式。

具有4000年历史，只为守禹陵而存在的这个村落，引起了学术界的关注。据报道，复旦大学生命科学学院现代人类学研究中心的研究人员，因“百越源流的遗传探索”课题，曾在2001年9月采集禹陵村的一些姒姓男性的血液，运用DNA鉴定技术进行“禹夏族属分析”②。其研究结果尚不得而知，但这个村落能引起学术界的关注自有其道理，而它所具有的独特的民俗文化其实更值得注意。学术界的关注促动了当地政府部门，为安定姒氏宗族的生活，计划重建禹陵村。“大禹陵风景区”被纳入规模更大的“会稽山旅游区”开发计划内，其中就有一个“大禹陵守陵村”的建设项目。2004年4月21日祭禹时，举行了“会稽山旅游区”竣工典礼及“大禹陵守陵村”的奠基仪式；2006年4月2日（农历三月五日）公祭，又举行了“大禹陵守陵村”即新的禹陵村的开村仪式。

当然，此“守陵村”已非彼“禹陵村”，但其先拆迁又复原这一转换的过

① 绍兴市文联：《绍兴百俗图赞》，百花文艺出版社1997年版，第264页。

② 报道题为《以基因技术破解禹身世争议》，《福州日报》2001年10月4日。

程值得我们深思。从旧有的村落到新建的村落这种有形景观的变化中，其内涵的无形民俗文化的消失和变化必然会发生，以后也将会出现一些民俗事象传承上的困难和问题。历史上由于自然灾害、环境变迁或人为的战争、开发等原因发生村落迁徙的情形很多，村落迁徙产生民俗文化的变异和传播也是传承的一种方式；现在当这种现象重现时，该村落以后在民俗文化的传承上可能发生哪些变化？这也许对民俗学研究来说也是一个绝好的案例，因为在田野调查的基础上或许可以验证已有的结论，并推测以后的变化。

在民间，人们以复活“民祭”的方式延续民俗的记忆。1998年，以外村一位老妇人为主，禹陵村及其他村的一些平时念经拜佛的人要求进禹庙祭祀大禹，通过当时的禹陵村村长（142代姒氏的儿子）和大禹陵管理部门交涉，没有得到许可，以致引起村民和管理部门的冲突。现在，民间祭祀大禹的情况有所改变，进禹庙祭祀已成为可能。2005年7月10日（农历六月六日）和12月21日（冬至），进行了由禹陵村为主的有绍兴当地一千多人参加的民祭活动。

禹陵、禹庙、禹祠，在新中国成立后已归属国家所有，特别是成为国家级文物保护单位以后，具体归当地文物保护管理局管辖，和禹陵村已没有什么必要的联系。所以，村里每年的祭祀虽还是按旧习以宗族各房轮番负责，但祭祀场所只能放在村里，以当年负责的房族为主举行简单的祭祀。禹陵村的生活虽然在拆迁之前并不是那么富足，其旧房也没有很高的可保存的有形文化价值，但从这个事例可以认为，其村落本身具有的无形民俗文化的价值不宜轻视。如果从祭禹的历史和民俗上来考虑，对传承人禹陵村姒氏宗族是不能够忽视的。

2. 治水广场的马臻像和民间的马臻庙

绍兴是江南著名水乡，但因在新中国成立后的城市建设中，为修建道路而填埋河流，因治水工程改变水路原状，以及各种原因导致自然生态结构的改观，水环境也发生了较大的变化①。改革开放以后，在经济建设飞跃发展的同时，水污染和水不足的问题日益严重，曾被人赞为“东方威尼斯”的水乡，当地人用发音相近的方言戏称为“东方污泥水”。对于水中有城、城中有水的绍兴水乡来说，水是关系发展的永恒课题，作为改变水质、再现水乡景观的第一步，从1999年起历时近3年，绍兴市投入12亿资金，对护城河进行了综合整治。以此为基础，现绍兴市政府正以“人文美、水乡美”为主题，对8.3平方公里的古城进行旅游都市建设，以求再现水乡景观的魅力。

在护城河综合整治的同时，沿河新建了八个新景点，其中之一是展现绍兴

① 据《绍兴市志》的“市政建设·道路”篇（1996年），从1950年到1978年，新开道路为61条，其中“填河筑路，扩大路幅”的有17条。

治水历史的“治水广场”，从大禹神话到东汉建设鉴湖的马臻、明代建设三江闸的汤绍恩，在弘扬大禹治水精神的这又一个场所为他们立碑塑像。治水广场正面是穿着官服的马臻全身立像，以纪念他对鉴湖开发作出的贡献。马臻在东汉永和五年（140）任会稽太守时，主持兴建了鉴湖水利设施，解决了绍兴农业开发史上治水利水的问题。鉴湖水利设施是江南水利开发史上最古老的大型蓄水灌溉设施，具有划时代的地位。

离治水广场不远的偏门跨湖桥边，有民间为纪念马臻而建的“太守墓”和“马太守庙”。据唐代韦瓘的《修汉太守马君庙记》，太守墓在元和九年（814）便已存在，而马太守庙始建于唐开元年间（713－714），在晚清时曾得以重建。太守墓是省级文物保护对象，在1979年11月由绍兴市文物管理委员会对其进行了修缮①。马太守庙在“文革”中被挪为他用，庙中的舞台曾遭破坏。但它还不属于正式被批准的文物保护对象，只是由地方文物保护部门代管的一个当地的文物保护点，政府部门没有拨出资金进行修缮。在这种情况下，如不违反一定的保护措施，当地居民或村民可自由使用。所以，在20世纪90年代初期，当地村民募集资金，重建了庙内的舞台，并对神像和庙也进行了修复。马太守庙虽在当地很有名，旅游地图上也表示得很明确，但因不属于文物保护对象，没有纳入旅游管理的范围，可以说是一种村庙的形态，现在还是不用花钱就可参观的。

马臻在当地被称为鉴湖的“湖神”，民间以农历三月十四日为马臻的生日，解放前在每年这一天举行的庙会历史悠久，曾是当时绍兴古城有影响的庙会之一，但它在新中国成立前后已开始消退。个中原因很多，如从民间信仰的角度考虑，可能和水神信仰的衰退有关。在水灾频发的年代，人们把祭祀水神当做一种防灾的精神策略，随着水利建设和开发水灾减少，人们对水灾的恐惧心理和防患意识自然也就变得淡薄，和水灾有关的单一性的水神信仰也就趋向于以“消灾招福”为目的多样性的民间信仰转变②。

对马臻的信仰也是如此。现在，村民们利用马太守庙这一信仰场所，在每年马臻生日那天还会聚集起来自发进行祭祀，但已是一般性的求神拜佛的形式了，就是说，已把马臻当做能保佑一切的菩萨，并不只是“湖神”了。村民还在每月的初一、十五在庙内念经，有时也利用庙台演戏。村民以传统的马臻信仰为基础进行的一些信仰活动，其实是起到了保护马太守庙和传承马臻信仰民俗的作用，自觉地延续着当地的民俗文化。像马太守庙那样没有成为正式的文

① 绍兴市文物管理处：《绍兴市文博大事记（1949－1989）》，1992年，第106页。

② 陈志勤：《中国江南地区绍兴周边的水神信仰——以关于治水的神话传说为中心》，载樱井龙彦编《东亚的民俗和环境》（日文），金寿堂出版，2002年，第177页。

物保护对象，但在地方上又具有较高历史文化价值，作为非正式的文物保护点的，在绍兴还有很多，如鉴湖边的“钟堰庙”也是这一类型，作为村庙它基本上靠当地村民自觉维护，由村民集资对庙和庙台进行修缮等。钟堰庙供奉地方神祇瘟神黄老相公，但现在庙内也请进了其他的道教神祇，村民把它作为一个多样性的民间信仰场所开展信仰活动，以此传承当地的信仰民俗。

马太守庙平时大门紧闭，显得非常冷清，村民念经拜佛时都由右侧的小门出入。太守庙内的马臻神坐像和治水广场正面的马臻官服立像，紧闭大门的马太守庙和公共开放的治水广场形成了鲜明的对照。这种对照不仅是传统性民俗文化和现代性正统文化之间的反差，其中反映的问题也和上文的大禹祭祀事例一样，即如何重视无形的民俗文化，如何尊重民俗文化的传承人。这些事例为民俗学研究提供了一个新的课题，亦即在有形的景观开发建设中怎样融入无形的民俗文化或者说是非物质文化，因为现在正在开展的非物质文化遗产的申报登录等活动，终究是要在地方文化经济的建设中发挥其作用的。

现在的庙会和过去的庙会

以上事例是在城市开发中利用民俗文化的现状，接下来将要考察以农村为中心的地方经济文化开发的事例。农村的情况可分两个层次，一是本节要介绍的以镇为主的事例，二是下一节将要介绍的以村为主的事例。

水乡绍兴在历史上曾有很多规模较大的庙会，随着时代变化，有的自然消失，有的因人为原因被禁止，在20世纪50年代初期基本上已销声匿迹。现在，伴随社会经济的发展，利用庙会弘扬传统文化、开发旅游事业的尝试很多。但从一些恢复的庙会来看，可了解到这些庙会并不是历史上传承下来的原貌，其信仰祭祀的意义已很淡薄，不过是冠以庙会名义的各种地方性活动而已。当然，民俗文化也和任何事物一样在发展变化，不可能一成不变，但从中我们可以看到政府策略和传承主体之间的认识差异，一方面是体现时代意识、为社会经济服务，另一方面则是在传承民俗文化、恢复信仰习俗。

舜王庙和曹娥庙是浙江省文物保护单位，由各地文物管理部门管辖，“文革”中遭受破坏，现经修复重整作为旅游点向公众开放。现在，每年的舜王庙会和曹娥庙会，一般都是在文物管理部门支持下，作为当地镇政府发展地方经济文化的一项活动而举办的。

1. 王坛镇的舜王庙

舜王庙位于王坛镇双江溪村，舜王庙会在当地叫做“舜王会”，因为它位于绍兴南部山区，所以是“陆会”，它在舜的生日农历九月二十七日前后的一个星期内举行，不仅绍兴南部山区一带，附近的嵊县和诸暨等地也都有很多人前来参加[①]。因为舜王庙以前归属嵊县，所以，嵊县人因旧习代代相传舜王信仰。诸暨人的舜王信仰，据说是因为当地的一则舜王传说和诸暨有关。在舜王庙正殿的两根大柱子上雕刻着两条巨龙，有一天，这两条龙无事生非来到诸暨，把当地的稻田搞得一塌糊涂，后来，舜王把这两条捣乱的龙抓回庙内监管，并砍断了龙翅膀，从此，诸暨就太平无事了，所以，人们为感谢舜王，庙会期间要成群结队来参拜[②]。

以前在庙会尚未正式恢复时，每年到庙会期间，舜王庙就会聚集很多各地来参拜和旅游的人。为提倡传统文化和发展地方经济，王坛镇镇政府就在舜王庙会期间举办“舜越文化节”，以一种新的活动方式利用庙会这种民俗文化。2000年，镇政府以“舜王庙·舜越文化·旅游”为主题举行了研讨会，从中可以了解镇政府利用传统民俗文化、振兴地域社会的意图。正如樱井龙彦指出的那样，在祭祀活动中介入政府行为进行指导和规制，是今天中国各地都能看到的一般现象[③]。

地方政府为发展地方经济利用地方特有的传统文化，但另一方面，可以看到当地居民还是把舜王庙作为一个信仰场所，把庙会作为祭祀的一种形式。庙会期间，很多信仰者来到舜王庙，也像一般旅游者一样买参观券进庙，在庙内求神拜佛。从舜王庙的参观券得来的收入，一般都上交文物管理部门，部分用于舜王庙的保护和修缮（大规模修缮，另有政府出资），部分作为临时管理人员的开支。所以，参观券的收入，直接关系到舜王庙的保护和管理人员的利益，在没有治安和火灾等特殊情况，他们一般不会干涉信仰者的行为，反倒希望更多的人来参拜。于是，地方政府在庙会期间开展文化节的同时，当地居民的信仰活动也就恢复如初，随着富裕阶层的出现，烧香的气势还越来越烈。庙会期间，地方政府是把舜王庙作为一个利用民俗文化、振兴地方经济的场所，当地居民则还是把舜王庙作为一个祈祷神灵保佑生活平安的信仰的场所，政府和居民以各自的目的关注庙会。

以前的舜王会是迎神赛会，这期间除参拜以外，有社戏在庙内外及各村演出，也有各种商贩汇集庙的附近，经营商业活动，而庙会最主要的内容还是当地称为“迎会”、“巡会”的祭祀活动。以前的舜王像有两尊，其中一尊是四肢都可以活动的木雕坐像，是专在“迎会”时被请上神轿用的。据说舜王的神轿

---

① 关于以前的舜王会，请参考顾希佳《绍兴舜王庙会之调查考察》，《民间文化》2001年第1期。也可参考樱井龙彦《绍兴舜王庙查考》，《名古屋大学中国语文学论集》第15辑，2003年。

② 《绍兴县故事卷》有“舜王和神龙的传说”（1989：21～23），是说两条龙在诸暨引起水患。

③ 樱井龙彦：《绍兴舜王庙查考》。

是豪华的八抬大轿，“迎会”时，在神轿后有各村不同类型的“会”相随，神轿在舜王庙周围20多个村巡回，所到之处都设有祭台。

因小舜江水库的建设，有很多村落已经搬迁，要恢复过去的迎神赛会也许已无可能，再说能够记忆起原貌的当地村人大多也已过世。但以舜王庙这个物质形态为基础的无形民俗文化即舜王信仰却仍然存在。对于舜王庙周围地区，顾希佳提出了“舜文化圈”，樱井龙彦提出了“舜的祭祀圈”概念①。无论是文化圈还是祭祀圈，这个地区拥有跨地域的广泛的舜王信仰的传承人，确实是值得引起注意。

值得一提的是，在距离双江溪村的舜王庙约10公里的车头村，曾经也有过一个舜王庙，现在只剩下大殿遗址。如从舜王信仰祭祀的传承人来考虑，进一步研究有关这两个舜王庙的民俗文化，也许会有更大的收获。此外，沿着双江溪村舜王庙边的双江溪经小舜江，再顺着曹娥江（舜江）到上虞县，还有一个大舜庙。双江溪的舜王庙、车头的舜王庙、上虞的大舜庙，这三个舜王庙被称为“越中三舜庙”。关于大舜庙，据《舜帝庙志》载，其为浙江两大祀庙之一，两大祀庙另一个就是绍兴禹庙。现在，绍兴以禹庙为中心开发“大禹陵风景区”、“会稽山旅游区”，强调治水精神，上虞则以大舜庙和曹娥庙为中心开发“曹娥景区”，强调孝文化。

各地的传统文化或者说民俗文化的利用，因政府部门管理的原因大都是以新的行政区划为界，这有意无意地切断了民俗传承的空间范围，如从尊重民俗传承人的角度考虑，也可以在实践中扩大民俗文化利用的空间范围，使之成为跨地域的文化事业。日本的“传承母体”概念，正和因社会变化而带来的新的地域概念有关。仅就世界遗产的登录申请来说，眼下也正在强调这种跨地域的概念。例如，有关非物质文化遗产涉及绍兴的，以前有诸暨和萧山的西施争议，现在有上虞和宁波的梁祝争议，范围广一点的还有中韩的端午争议等。以后的丝绸之路和大运河等遗产登录申请工作，都可能出现跨地域概念的必要性。

2. 百官镇的曹娥庙

曹娥庙现在是省级文物保护单位，1929年曾因火灾烧毁，后在1936年重建。因为要做旅游点向公众开放，在1984年及1987年由政府拨款进行了大规模的修缮。曹娥江是浙江第三条大河，曹娥庙面向曹娥江而建，位于上虞县百官镇。东汉汉安二年（143），为寻找溺水的父亲，14岁的曹娥投江而亡，人们为纪念她的孝心立庙祀之。以前在农历五月十五日到二十二日的一周内有“曹

① 顾希佳：《绍兴舜王庙会之调查考察》；樱井龙彦：《绍兴舜王庙查考》。

娥庙会”，1950年代举行过最后一次曹娥庙会之后，就再也没有举行了，据说当时的盛况在周围地区是屈指可数的。《绍兴市志》收录了1930年“曹娥娘娘出巡时迎神赛会队伍序列”图，其气势可见一斑①。

关于曹娥的孝女形象，先有东汉元嘉元年（151），上虞知县度尚奏请朝廷表曹娥为孝女，后有包括曹娥在内的宋辽金元时代的“二十四孝图”的流传。虽然在影响较大的被认为是元代的“二十四孝”中并没有曹娥，但从国家正统文化来讲，曹娥的孝女形象已确定无疑②。在民间社会的民俗文化中，受正统文化影响，曹娥的孝女形象也已定位，但另一方面，在信仰祭祀中作为水神的曹娥的神性却并未减弱。如《湖广志书·云梦县》记载，五月五日赛龙舟时，要把忠臣屈原、游江女神曹娥及瘟司水神请上神轿。另从曹娥庙前殿两侧关于曹娥一生的42幅壁画及有关曹娥的传说来看，也可知道民间其实是把曹娥作为曹娥江神供奉的，水神曹娥可以抵挡江涛，消减水患③。

曹娥庙会期间，不仅当地村民，附近的绍兴、余姚、宁波、上海等地，都有信仰者来参拜。在沪宁铁路未通的时代，余姚、宁波和上海之间往返必经曹娥江，当时的曹娥江受钱塘江潮汐影响水患频繁。除了靠曹娥江为生的江边人以外，经常出门的商人等，都非常信仰曹娥神，以求保佑平安。据说庙会期间每天一般有四五千人，最多达万人以上。

以前，除因袭绍兴一带的习惯有社戏以外，还有很多宿山念经的信仰者。通宵念经的习俗现已恢复，现在利用庙会期间开展活动时，曹娥庙管理部门为满足这些参拜者，会24小时开放。笔者去调查时，正好有很多人在大殿一边念经，一边用各种锡箔纸和花纸制作种种祭品，然后烧给曹娥娘娘，其中有的人是下午四点来直到第二天凌晨四点回去。参拜者念的都是佛经，已把曹娥作为佛教神了，或者就是不分何神，把平时念佛的习惯移到了曹娥庙。这种现象以前可能也有。庙会反映了曹娥祭祀的地方性，现在恢复了信仰活动，却没有恢复传统的庙会，参拜者就用这种在目前是最隆重的方式祭祀曹娥神，现在这已是随处可见的情景了。

虽然在民间恢复了参拜者通宵念经的旧俗，政府管理部门也开了方便之门，但和舜王庙的情况一样，庙会最精彩地反映当地特色的“迎神”、“巡会”

---

① 绍兴市地方志编纂委员会：《绍兴市志》，浙江省人民出版社1996年版，第2922—2923页。

② 有关“二十四孝”的内容，请参考江玉祥《元刊〈二十四孝〉之蠡测》，《中华孝道文化》，巴蜀书社2001年版。

③ 关于在弘扬孝女曹娥费之人性的同时，民间社会如何传承作为水神之神性的曹娥信仰，这在笔者的博士论文《中国江南地域における水の民俗志——绍兴の“水乡民俗”を中心として》（未刊）第二章“水害·治水と水神信仰”中有所探讨，此不详述。

却没有恢复的迹象。南方的迎神赛会，要花太多的资金和人力，即使解放前也要看收成年份，并不是每年都能举行得那么盛大，有些迎神赛会往往也是因财力人力的原因而自然消亡。顾颉刚早在1928年就指出过南北方庙会的差别，他说赛会是南方好，因为文化发达会斗心思；香会是北方好，因为长于社交，有团结力①。在庙会的恢复过程中，现在的情况南北方也还有很多不同，好像北方的庙会恢复得比较多，也受到官方重视，南方的赛会可能恢复比较困难，有的也只是借个名而已。

本文在前言中提到的日本的《庙会法》，乃是日本政府振兴地方文化经济的一项文化政策，各地恢复或新创了有地方特色的庙会，特别在夏天是庙会最多的季节，不仅各地的庙会组织者和参与者非常积极，还吸引了外地的庙会迷们成群结队地来参加，再加上观光客，一个庙会会聚集本地和外地的很多人。由此形成的庙会文化已成为日本一景，不失为利用民俗文化的一种策略。

上例介绍了利用舜王庙会期间举办的地方文化节，下面看看现在曹娥庙会的情形。2006年6月23日到7月2日（旧历五月十三日至二十二日）的曹娥庙会，有以下一些内容：

1. 演出越剧《孝女曹娥》；
2. 演出莲花落；
3. 第三届“庙会杯”摄影展览；
4.《曹娥碑史迹图》和《二十四孝图》展览；
5. 古越民间剪纸展览。

可以看出其主旨是孝文化，它体现了上虞政府部门把孝文化作为地方传统历史文化来建构的意图，是一种新策划的现代文化活动形式，而传统的庙会祭祀目的则由上面提到的那些民间信仰者来体现。

曹娥庙和舜王庙都是当地著名的旅游景点，同时也都被政府部门利用来进行地方文化经济的开发；另一方面，又因为拥有大量跨地域的信仰者，它们还保持了其作为信仰祭祀场所的地方民俗特色。政府文化策略的意图和民俗文化传承人的意识，两者之间的关系在现阶段似乎有点不相干，但又在同一庙会中得到反映，这似乎反映了中国在民俗文化利用中政府行为和传承人之间的微妙关系。今后，如何重视无形民俗文化，调动当地民俗传承人的积极性，并在政府策略中体现传承人的意识，对于眼下正在不断推进的非物质文化遗产的保护工作而言，将是一个全新的课题。

① 顾颉刚：《妙峰山的香会》，载顾颉刚编《妙峰山》，上海书店1928年影印版，第10—12页。

迷信遗风和信仰民俗

以上通过几个事例，考察了政府部门在民俗文化利用中的表现和民俗传承人之间的关系，揭示了目前存在的重物质文化、轻非物质文化；重正统文化宣传、轻民俗文化传承的倾向。这些问题的根源在于，没有从根本上重视民俗文化传承人的权益和意识。这几个事例都是以政府部门为主导的文化活动，民俗传承人始终处于被动。那么，民俗传承人根据自己的意志，积极地利用传统文化时，又会是怎样的一番情景呢？接下来的事例将对这一问题进行考察。

1. 红江村的“五圣堂”水会

北方的庙会作为传统民俗文化得以再现的情形，已有很多例证，如北京的庙会文化已成为北京的一个特色，而南方的赛会恢复的较少，即使有其名，也较少能保持其实，如上文介绍的现状那样。但在绍兴水乡地区的豆姜乡，却有一个由红江村周围村人发起的赛会①。这个赛会因在水乡地区，所以是水会。水会需要动用大量船只，利用水路进行，还有赛龙舟等水上技巧性表演，比陆会（绍兴也叫“旱会”）更复杂，即使解放前在水乡绍兴也不多见。

红江村附近有两个庙，以前都有过庙会，一个是“五圣堂”，庙会是水会，恢复后每年坚持举行；一个是“永乐庙”，庙会是陆会，虽重新请进了菩萨，但庙会没有恢复。五圣堂庙址，其实在红江村的邻村励家埭村，因为它主要是由红江村的人为主发起恢复的庙会，在庙会行进过程中红江村也是一个重要的停歇点，很多表演都在这里举行，所以，做田野调查时我就决定以红江村为主。五圣堂，顾名思义供奉的应是五圣神，也称五通神或五猖神，这在绍兴农村各地很多见，鲁迅的《五猖会》，写的就是上虞东关镇盛大的庙会场面。但励家埭村的五圣堂，据村人说供奉的是黄老相公，黄老相公是绍兴著名的瘟神，绍兴地区以前的水会很多都是迎黄老相公的，比较盛大的如偏门蒋家溇的“黄神会”。五圣堂的水会虽然规模没那么大，但现在是绍兴唯一一个被恢复的水会。

五圣堂的水会在每年农历五月二十三、二十四日举行，现在在庙会期间来观看的约有万人。水会时，红江村周围13个村落，每个村出一艘或两艘“泥鳅龙船”（红江村人也叫“花泥鳅龙船”），这样就可以有20多艘船。泥鳅龙船是绍兴特有的细细长长、画着龙纹的船，平时都被保管起来，专在庙会期间赛龙船用。请神的船和装祭品的船，则是用一般绍兴水乡农村常用的大小农用船。这些船只组成的祭祀队列，先沿水路绕13个村落而行，其路线如下：

① 现在因行政区域的调整，豆姜乡已被马山镇兼并，所属村落由马山镇管辖。

上午：励家埭→韩家溇→大皋埠→金家溇→东家弄→东岳留→东风→红江
下午：榆林→后堡→小库→上浒→柳家渡

举行庙会那天，早上6点，各村的参加者集合；8点，祭祀船队出发，经过8个村落到中午11点，刚好落脚红江村。在红江村，要把神像从神船请到村里的小庙，然后就在村里用午饭。下午的活动主要在红江村周围举行，所以，除了准备祭台、祭品，款待祭祀船队以外，招待各地来的亲戚朋友也是红江村的分内事。午饭以后，一些祭祀的主要活动及社戏等表演，就在村里村外的陆地和水面进行，最精彩的内容是比赛龙舟更有难度的当地称为“盘渡”的水上表演。各村的20多艘泥鳅龙船组成圆形状围绕着神船，看哪艘船最先接近神船。这些祭祀活动结束后，就从红江村出发经过5个村落回到五圣堂，称为“回殿”。然后，把神像从神船请下来，称为“落神”，再把神像请进庙里，称为“进殿”。

五圣堂水会的经费都是村人自行筹集的，其具体祭祀活动也由村人组织，除村办企业有一些资助以外，和当地政府部门没什么关系。前几年，由村人自行组织的信仰活动被当时的镇政府视为封建迷信，还拆毁了由村人集资新建的庙，这个庙建在河边，平时有村人在那里烧香拜佛，庙会那天中午用来作为神像停歇的场所。现在，这个庙已毁，原址只剩下横倒在地的几段粗大的柱子，庙会时就另选了一块村里的空地作为神像停歇的地方。近几年虽然情况有所缓和，但在我2005年调查时，据村人说已没有精力和财力再重建那个庙了。

五圣堂水会的恢复，只是当地村人基于信仰祭祀的需要，并没有考虑到利用传统文化发展村落文化经济的问题。但红江村在1980年代后期很有点名气，其谋求村落文化经济的几个阶段颇有些典型，从中可以看到农村发展中的矛盾和困惑。改革开放后，红江村拆旧建新，在村里建设了农民住宅、农民公园、敬老院等福利设施，成立了电视台、书法协会、龙舟队，还新建假山亭子、绿化环境。它还是绍兴第一个通公共汽车，有公共汽车站的村子，红江村三面环水，以前进城要坐船2个小时，通车后只需20分钟。红江村的农村文化生活建设开展得很红火，1987年被建设部指定为“全国村镇建设综合开发示范点”，同年，又被浙江省政府命名为“文明村”，成为绍兴地区有名的村子①。当时农村发展很多都以华西村为模式，追求城市化的意图很明显。

但在绍兴各地发展乡镇村企业的阶段，红江村的经济发展显得有点落后，并没有继续保持以前的辉煌；现阶段，若要利用传统水乡景观或古村落景观等方面，以前的城市化开发又成为了一种障碍。与此相同类型的村落发展之路，今后何去何从将是一种困难的选择。红江村有未被污染的三面环水的水乡环境

① 绍兴市地方志编纂委员会：《绍兴市志》，第448页。

资源，有水乡民俗特色的水会民俗资源，如何利用这些物质的和非物质的文化资源，也许是今后在村落发展中必须考虑的问题。

2. 尧郭村的“尧王殿”祭祀

在日本，由于人口高龄化和稀少化的不断进展，农村地区的社会活力正逐渐衰退，在如此不利的状况中，传统的民俗文化是农村和城市抗衡时所能利用的唯一有效资源[①]。这种状况在中国一些地区也已成为现实问题，农村的景况变得很萧条。即使在发达地区绍兴的南部山区，这种情况也很突出，年轻人离开农村，放弃农业外出打工，乡镇企业的发展也并不理想，政府部门没有开发计划，和经济文化发达的一些北部和中部地区的农村形成了鲜明的对比。在这样的背景下，有的村落就自觉地萌发了利用传统民俗文化，振兴村落经济的想法。

绍兴南部山区稽东镇有一个叫尧郭村的村落，其村名和一个流传在当地的传说有关。三圣尧舜禹中的舜和禹，有关他们来过绍兴的神话传说流传很广，与此相关的遗迹也到处可见，这也被反映在当地的地方志和民俗资料中，但相比之下，我们很少见到关于尧的传说、遗迹及记载。而在尧郭村一带却流传着尧和绍兴有关的一个传说，说的是尧把帝位禅让给舜以后，计划到现在的绍兴一带定住，于是，舜为尧在这一带建了一个城郭，但后来不知何故尧没有成行，可城郭已经建成，就在现在的尧郭村内。现在，尧郭村内有一个小庙叫“尧王殿”，据说就是为纪念尧而建。这个尧王殿已说不清是什么时候建的，庙中也不知什么时候早就没有了尧的神像，可直到现在，村人还是会指着小庙周围的一片农地说，这就是当年城郭的遗址。据说，它还与本文前面提到的车头村的舜王庙有关，人们为纪念尧，在尧郭村建了尧王殿，为纪念舜在邻村的车头村建了舜王庙，所以，车头村的舜王庙比双江溪村的舜王庙历史还要悠久[②]。

尧郭村处于农村经济发展的落后状态，为改变现状，振兴村落，村民中有人主张利用尧王殿开发旅游景点，村干部也在寻求行政支持和企业资助方面作了一些努力，但看来没什么进展。尧王殿不是文物保护单位，政府部门没有专项资金来投入，那一带也没有开发项目，让企业出资也很困难。于是，他们能想到的唯一办法是通过政协提议使其成为文物保护单位，但至今还没有下文。

那么，尧王殿现在处于一种什么样的状态呢？尧王殿前后只有一进正殿，并不很大，左右有厢房，还有一个庙台，和绍兴农村常见的普通村庙没什么两

---

① 菅丰：《日本的文化遗产政策与民俗学》，载中国文联等编《“中国古村落保护”（西塘）国际高峰论坛资料汇编》，2006年。

② 绍兴市文联：《绍兴百镇图赞》，百花文艺出版社1997年版，第79页。

样。但和绍兴一些经济发达地区看到的经过修缮的村庙相比，它显得很破旧，没有经过大幅度的整修。“文革”中庙里的神像被毁（并非尧的神像），庙因为作为生产队的仓库和农具房才得以保存下来。改革开放后，作为村里的信仰场所，村民们陆续在庙内请进了各种菩萨，除庙台一面，其他三面即正殿和左右两个厢房基本都已排满了。正殿有“海龙大王”、“玄怪菩萨”、“黄老相公”、“土地娘娘”等，两个厢房有“财神菩萨”、“朱天菩萨”、“地母娘娘”、“眼光娘娘”等，几乎包括绍兴民间流行的佛教、道教诸神和地方神祇，正如渡边欣雄指出的那样，犹如一个神祇的联合国[①]。渡边是根据台湾的调查提出这个观点的，但在绍兴农村也到处可见，本文提到的马太守庙和钟堰庙也都是如此。

尧王殿庙内的神像都是村民自主请进来的，如“眼光娘娘”像，就是一个患眼病的老人自己出钱请人塑造的。每月初一、十五（月初和月半），信神的村民就会集中在庙里念经拜佛，每年五月六日到八日这三天，还有定例的活动，六日念经，七日和八日在庙台演戏。村内一般都能理解这些信仰行为，但对政府部门来说，有时会把它视为一种迷信的遗风。据说前几年，每当村里有人传说上面要来人检查时，一些村民就会把自己出钱塑造的神像藏起来，所以，庙里的神像一会儿突然出现，一会儿又突然消失，很有意思。不是文物保护对象的这种小村庙，又不属于宗教管理部门的管辖内容，它也很难进入目前开展的非物质文化遗产的保护范围，不时地有被当做迷信遗风加以取缔的危机。在民俗学研究中，对这种反映村落信仰民俗的内容，也是一个很重要的课题，如何正视诸如此类的民俗文化财产已是一个问题。

像尧郭村这样有积极性去利用民俗资源的村落可能并不很多，即使有也会像尧郭村那样面临很多困境。和民俗文化有关的，对于有价值的历史文物遗址，在得到国家、省、县各级认定以后，会有一定政策和资金支持；非物质文化遗产的登录虽然目前刚开始，也将会促进和服务于地方文化经济的振兴。但尧郭村这样的情况，要从上述两个方面去努力的话，面临的困难程度可想而知。如仅从民俗学的学术研究上来考虑，大量的田野工作是必须的。因为这样的村庙不可能在地方历史文献上有大量记载，其历史价值、民俗价值只能通过田野调查才可能明确。另一方面，对于这种从振兴地方经济的实际目的出发的民俗文化利用，目前也没有什么政策可以参考。

结　语

以上通过绍兴地区利用传统文化资源的几个事例，对有关政府策略和民俗

---

① 渡边欣雄：《汉民族的宗教：社会人类学的研究》（日文），第一书房，1991年，第11页。

传承的关系进行了探讨，其中反映的几个问题可能对以后的研究和实践有所启示。

第一，对以市级政府部门为主的传统文化利用所进行的探讨，可以看到在对待大禹祭祀和马臻信仰的民俗文化上，政府策略和民俗传承的关系存在着以下几个问题：如何在旅游经济开发中重视和尊重民俗传承人，如何在自然景观建设中融入无形民俗文化的内涵，如何在"新的遗址"建造中结合传统民俗文化财产。

禹陵村的事例很典型，历经拆迁和复原的命运变化值得深思。在禹陵村变成守陵村的过程中，当地政府部门的文化策略经历了一番彻底的思想转换。近几年，当地政府投入两亿多资金，建设了包括祭禹广场、水上祭台、守陵村和夏禹文化园在内的"大禹陵景区"，以此为基础，从2006年开始，力争把公祭大禹升格为国家级祭祀活动，并准备实施每年一祭的惯例，最重要的是认识到祭禹活动的无形文化价值，正计划申报国家级非物质文化遗产。以后，作为民俗传承人的禹陵村的权益能否保证，其作用能否充分体现，其传承能否延续，都可拭目以待。

第二，通过舜王庙和曹娥庙的庙会文化事例，对以镇级政府部门为主的传统文化利用进行了分析，案例说明原来传统庙会的信仰祭祀特征基本消失，已转化为地方的文化节和旅游节之类的新式活动。原来的庙会具有祈求富饶、消灾除祸、祈雨等性质，现在从表面看其宗教性活动已经消退，变成一种"健康"的文化经济活动[①]。但另一方面，政府部门还是为参拜者开了方便之门，信仰民俗在尽可能的范围内得以传承，问题是它已失去地方色彩，成为千篇一律到处可见的情景。

如何在进行正统文化宣传的同时，也能兼顾传统民俗文化的传承，将是保持地方文化特色以与其他地区竞争的一个课题。以端午为例，毫无疑问中国是端午古俗的发祥地，但现在的端午习俗已变得简单，原来是祭祀活动之一部分的龙舟竞渡，也有被隔离开来成为一种体育表演的趋向。但在韩国，至今还保持着盛大的系列化的祭祀活动，让人眼花缭乱。所以，调动民俗传承人的积极性，恢复传统的庙会，也许是一个有意义的策略。

第三，与上述情形形成对比的是，村一级民俗文化利用的两个事例，都以村人的自主意识为主。从红江村的事例可以指出两点，一是村民向往都市生活，轻视农村传统文化的现状，二是村民对自己拥有的民俗文化的价值认识不足。作为传承民俗主体的村落和村民中存在这样的现状，对传统民俗的保护和维持都会产生影响。村落的发展方向是追求城市化，还是保持传统化，或在两

---

① 樱井龙彦：《绍兴舜王庙查考》，第 87 页。

者中求得平衡，以及是否认识到农村传统民俗的价值，确实关乎村落发展方向的选择。

尧郭村是一个目前还很少见的由村民自觉地利用民俗文化的事例，但调查发现其困难很大，在资金和政策上都得不到政府部门的支持。除已有的国家文物保护政策及刚刚开始的非物质文化遗产保护的举措，是否还可以寻求一条为振兴村落文化经济服务的村落民俗文化利用的新的途径呢？

本文以民间信仰和祭祀为例，从民俗文化利用的角度对政府行政行为和民俗传承人的关系及一些问题展开了探讨。从政府行政角度来说，主要是利用民俗文化促进地方文化的建设和经济发展，但不难看出在如何反映民俗传承性和尊重民俗传承人等问题上存在很多矛盾。究其原因，正如周星所指出的那样，中国民众生活中颇为普遍的民间信仰“目前并未被作为‘宗教’而成为国家宗教政策的保护对象”，他指出“在擅长于民间信仰研究的民俗学领域，大约自20世纪80年代以后逐渐出现了将其理解为‘民俗宗教’的倾向”，主张应对‘民俗宗教’予以界定，并将其纳入到国家宗教政策和法规的切实保护之下①。笔者认为，这一问题的解决乃是更好、更广泛地利用民俗文化资源的前提之一。

那么，在政府部门和民俗传承人都在积极地尝试利用民俗文化资源的同时，民俗学界的参与和研究具体地应该何去何从呢？

日本对民俗文化资源的利用已经历了一个阶段，并可看到当初一些策略和做法所带来的有益和不良的结果，对此，日本民俗学界认为，这是民俗学发挥社会性作用并可有所贡献的良机，应给予正面评价；但也有人认为，虽然重视传统本身并非坏事，但作为学术研究则须深思熟虑，一概地给予评价较为危险②。对于民俗学界的参与，日本民俗学者也是各有已见。如认为有必要认识和理解国家和地方政府实行的文化政策，把当地人民的价值观和见解反映在正确的文化政策上，并对具体的文化政策给地域社会带来的影响进行监督，进而对其进行适当的修正和补充，这是民俗学者必须承担的任务③。也就是说，在现代社会，作为文化资源的民俗文化被利用是不可避免的，搞清楚其利用的“是”或“非”并不重要，重要的是应该探讨如何去利用、如何以更好的方法和目的利用民俗文化资源的问题。也有学者认为，迄今为止只有民俗学界关心的问题现在已被全社会所注目，但这并不是民俗学界的研究和活动得到认可的

---

① 周星：《“民俗宗教”与国家的宗教政策》，《开放时代》2006年第3期。

② 岩本通弥：《民俗主义和文化民族主义——现代日本的文化政策与连续性希求》（日文），《日本民俗学》第236号（特集：民俗主义），日本民俗学会，2003年。

③ 菅丰：《日本的文化遗产政策与民俗学》。

表现，让人感到困惑和担心的是，虽然对周围生活文化的再发现是柳田国男以来民俗学的课题，但发现的未必一定是好的现象，也并不一定是传统，因此，揭示这些现象的背景和问题焦点，才是民俗学者应该发挥的作用[①]。岩本通弥虽然对地方居民组织的切实的民俗文化利用给予一定评价，但他对近年来的民俗主义倾向和国家的文化政策，却认为应持有一种批评的态度。

在对传统文化及民俗文化的利用方面，虽然对涉及传统、民俗、文化等概念的真实性和价值观上有很多分歧，但有一个考虑问题的共同的出发点，这就是是否对当地民众有益。有益和无益的衡量，会产生不同意见。同样，在政府策略中反映民俗传承性，尊重民俗传承人，也是中国民俗学应该研究的问题。就中国的国情而言，为丰富和挖掘至今尚无记载的民俗文化资源，以传承母体为基础，加强田野调查，进而确定民俗的价值，明确其传承的历史，这些都应是急需探讨和解决的课题。

① 岩本通弥“序文”（日文），载岩本通弥编《故乡资源化与民俗学》，吉川弘文馆，2006年。

历史与现实之间的大端午

——“西塞神舟会”田野考察

宋 颖

“西塞神舟会”作为鲜活的“大端午”形态，在2005年中国文化部的非物质文化遗产资源普查与国家级和省、市、县四级非物质文化遗产保护代表作名录体系的建设过程中，曾经申报中国国家级非物质文化遗产，却由于对其祭祀成分的争议，并未出现在2005年12月31日由文化部公示的501项国家首批非物质文化遗产的名单中。不过，在2006年6月2日，它终于通过评审，与“屈原故里”的秭归端午习俗、“屈原自沉处”的汨罗江畔端午习俗、纪念伍子胥的苏州端午习俗等，并列成为“端午节”的重要内容，成为中国人端午习俗的重要“代表作”。在此次名录的增补中，原来单独立项的端午节与秭归、汨罗、苏州的端午习俗，同时合并在“端午节”一项内。我们有理由认为，西塞神舟会之所以能够以“端午节”之一地方类型的形式列入国家非物质文化遗产的保护名录，应当与近年来韩国江陵端午祭申报世界非物质文化遗产的动向及其在国内引起的强烈刺激与社会反响有一定的关联①。

《端午礼俗史》中曾经提到祭祀屈原的问题，亦即湖北省大冶龙舟送瘟时所供奉的三闾大夫像的问题。黄石引证典籍中对湖北大冶端午风俗的记载说，在湖北大冶：五月十八日“送瘟”。纸作龙舟，长数丈，上为三闾大夫像，人物数十，皆衣锦绣彩绘，冠佩器用以银制，费近百金，送之至青龙堤焚之，其盛他处罕比。昔人沿送穷之遗制，船以茅，故至今谓之“茅船”，而实则侈也。江西湖口：五月十八日，为纸龙舟，形如真者，皆结彩装戏，游于市中。所过民家投以五谷盐茶，名曰“收瘟”。游毕，送之郊外焚之。山西阳曲：仲夏之月，五瘟庙僧，令人曳车作龙舟状，列五瘟神像，具铙钹，从朔日起，遍游街衢。人俱剪衣带少许，投钱米中施之，俗曰“送瘟船”。

黄石质疑道：“最可怪者，大冶送瘟，竟供‘三闾大夫’像于龙舟，以屈原为瘟神吗，抑或借他的‘忠魂’押送瘟神呢？”② 黄石曾拿这个例子质疑了

---

① 宋颖：《从文献、媒体到现代生活：端午节的讲述与变迁》，《中国非物质文化遗产》第十辑，中山大学出版社2006年版。

② 黄石：《端午礼俗史》，国立北京大学中国民俗学会民俗丛书，台北东方文化1963年重版，第55、59、66—67页。

吊屈原说法的荒诞无稽。他指出，“再细察希有的地方性风俗中，上文所举十多条事例，只大冶‘送瘟’的龙舟，设有三闾大夫像，杂于十数人物中，送到青龙堤焚化。请问他们把三闾大夫算作什么？是鬼是神，是招是逐，是敬是恶？说是‘招’，事实上是把他驱逐；说是‘敬’，事实上是把他焚化了。传说并没有把屈原说成神，也没有说成‘水鬼’，为什么用送瘟的龙舟把他放逐出海？主张吊屈说的人士，怎样强辩，也说不出个道理来。楚国遗民尚且把屈原置在瘟神之列，作出大不敬的法事来，真不知‘吊’字从何说起。”

在距离现在的湖北省黄石市西塞山区最近的大冶地区，地方志中曾经这样记载过当地的端午风俗，湖北黄石《大冶县志》①（十八卷，清同治六年刻本）记有：“五月，插蒲与艾，观竞渡之戏。午时，收采药物，屑丹砂、雄黄饮酒，并涂小儿耳鼻辟虫。十八日为龙舟之会。自四月即染纸造龙舟，长丈余，中像三闾大夫，冠、服、器用，绮绣、银锡，余亦尽饰。先期一日，罗列珍玩，远人来观，比屋餟饮，欢呼达旦，东西二舟，靡费各百余金。至期，迎至青龙堤火之，谓为送瘟云。（闻古缚茅为船，如送穷之制，故谓之茅船。后易以纸，寻易缯侈矣，且傅会五日投渊事，涣〔免〕香洁之性而坐以止疫可乎？得毋阴生于午，毒月郁蒸，借斯涤荡，亦所以节宣阴气与！）”

这种端午风俗是西塞神舟会的基本形态。祭祀屈原的问题、大端午形态的独特性以及对西塞神舟会的认识变化及随之而对中国端午节“代表作”的调整，都引起了我的关注。为此，我曾于2006年6月9日至13日（阴历五月十四至十八日）前往湖北省黄石市，对西塞神舟会的仪式、历史沿革及其相关情况进行了一次初步的调查②。

仪式诸阶段

“西塞神舟会”，在当地被称为“龙舟会”或“神舟会”。当地政府的文化部门和宣传部门，在申报时加上了地域名称，于是，“西塞神舟会”便成了它作为中国国家级非物质文化遗产的正式定名。“神舟会”，在狭义上讲，是指湖北黄石西塞山区道士洑村的一个民间组织，它有据可查的历史大约有百余年了，目前有40余位成员，都是常住本地的居民。在广义上，它又是指由该组织牵头，在每年的阴历四月初八到五月十八日期间所进行的为期长达40天之久的民间祭祀活动。整个祭祀活动包括送本子、扎匠进场、龙舟开光、搭戏

① 丁世良等编：《中国地方志民俗资料汇编·中南卷》，书目文献出版社1995年版，第325—326页。

② 以下调查内容部分已发表，见宋颖《民俗宗教的复合形态——西塞神舟会调查报告》，《民间文化论坛》2007年第2期。

台、请菩萨、游街、闹船、神舟下水等多个步骤。活动期间，通过道士打醮将龙舟和菩萨神圣化，并借助谨严有序的祭祀仪式，祈望神明能够带走令人不安的污秽、病痛和灾殃，为人们提供心理慰藉，保障一方百姓的平安幸福。

“送本子”是在阴历四月初八前三天，由神舟会组织派人到周边地区告知神舟会活动即将开始的信息。所送的本子都依次编号，收回来时上面记载着各处对神舟会活动的捐赠善款。这叫做“村走”。

三天后，便是“扎匠进场”，当天要摆所谓“进场酒”款待扎匠。扎匠会带来船上的总管“黑爷菩萨”，并开始在屈原宫扎制长7米、宽2米、高达5米的龙舟和40位正神菩萨以及其他菩萨。龙舟用竹篾扎好主体结构，船体内再充塞草秸。其余的部分和菩萨都是用纸糊制而成。所有图样均由神舟会提供，它依据的是村民珍藏的自民国期间一直流传至今的图谱。

五月初四晚上，要举行当地人所称的“点光”仪式，即为龙舟开光。65岁的SGZ对我介绍说，龙舟见“火”了，才可以开始接受香火，菩萨也因此就有了灵光。这是由道士主持的为龙舟开光的仪式，它旨在赋予龙舟以神性，经此之后，龙舟便可以接受人们的香火祭祀，进而成为“神舟”。道士用点燃的香，点破龙的喉咙，还要把一只公鸡的鸡冠子弄破，滴血在酒盅里，并依次在每个菩萨上蘸一点。

2006年6月9日（阴历五月十四）早晨，我到达黄石市的西塞山区，走在长江大堤上，眼前的西塞山是当地的风景游览区。据《西塞山志》记载，它南依90里黄荆山，北阻长江，占地约60公顷，海拔176.5米，自古是樊楚三大名山之一。这里曾是古战场、古城垒，也有不少古墓葬。主峰横阻江水，迫使江面陡然变窄，大堤右边的长江行流至此遇西塞山阻挡，遂迂山折流，呈“S”形，形成一大片回流区域，水势平缓，江面开阔，还有宽阔的沙滩。这里便是神舟下水的地点。大堤左边是神舟会的主要活动空间，有搭好的戏台和屈原宫。这活动空间向南延伸，就是面积近3平方公里的道士洑村。戏台和屈原宫是神舟会活动期间最重要的活动场所，也是具有特殊意义和价值的“文化空间”。

位居东侧的戏台，是在阴历五月十二日就搭建起来的。戏台上挂着条幅：“黄石市西塞地区纪念屈原送神舟戏曲演出”，左右两侧则分别写着：“弘扬故文化　重振古镇雄风，发展新经济　再创西塞辉煌”。位居西侧的屈原宫，是两三年前刚修葺过的，门前四根大柱，上有两幅长联：“古今宏文尚矣东流湘水谣比离骚十八篇　秦楚往事冠哉西望函关怕说商于六百里”，“爱国竟捐躯到今灵爽尚存一席应兮关壮缪　遇湘曾作赋对此波涛凭吊千秋犹学贾长沙”，它们全都是歌咏屈原精神的联句。宫门的两侧还写有：“神舟送意录取九歌慰忠魂　爱国忧民谪放三闾留青史”，上书横额“盛会纪神舟”。

屈原宫前面的东侧是香炉鞭炮堆，西侧是值班的神舟会成员和乡民，门边放有功德箱、热水缸；外墙上贴着村内个人捐献善资的名单。此外，墙上还贴有署名为“西塞道士洑神舟会”的告示，上面说“为了切实做好西塞神舟会活动期间的安全保卫工作，确保本次活动顺利进行圆满结束，让广大观众开心欢乐，让领导放心满意，把这次大会办成吉祥、平安的大会，经研究决定成立西塞神舟会安全保护工作领导小组”，并设立了防火组、治安组、后勤组、水上救护组等，公布了各组织成员的名单。神舟会的骨干基本上都榜上有名、各司其职，可见其组织是颇为严密的。

神舟会期间的戏曲演出，也贴出了场次曲目的安排表。会上请来的是云梦县楚剧团，担纲演出《桃花女》、《狸猫换太子》等剧目，演出时间从阴历五月十四下午开始，到十八龙舟下水的晚上结束。整个神舟会活动期间，道士洑本村的居民依照惯例，多要邀请周边地区的亲戚前来观戏，并在家摆酒席待客，一直要到龙舟下水或戏曲结束后，亲戚们才会陆续离开。唱戏期间，各家在每天下午5点左右要在戏台前给演员们送上荤菜、素菜等，当地称为“送幺台”。

神舟会组织的成员，从阴历五月初五开始到五月十八，要轮流在屈原宫值班。右侧宫门上贴有值班的安排表，每天三人，阴历十七、十八两天，则规定所有成员均必须在场，不得缺席。值班是从每天早七点到第二天早七点，要求“值班人员必须严守岗位”，“管好屈原宫里各种物品，指导香客焚香，确保安全”。

屈原宫内的东侧，停放着已经扎制好的龙舟。大大小小的纸扎菩萨，加起来有60多位，其中有名号、司职的为“正菩萨”，今年的“正菩萨”共有42位。“都天府”、屈原和“娘娘”居中供奉，靠在宫内南墙边；木头制成的“黑爷”雕像则单独供奉，此外，还有30余尊菩萨被供在南墙的西侧。扎好的黑爷，据说是船上的总管，他的位置是在船尾压船。都天府的貌样是三头六臂，据说他是“最能干的”，身旁还有军师、和尚（一说为先生、道士），被安置于龙舟前仓。前仓牌楼上，还有福、禄、寿三星。屈原，当地有人称其为“大夫”，其身旁有宫女、太监，被安置于龙舟中仓的主要位置。神舟会的长老SGY告诉我说，本来娘娘在中仓，后来屈原来了，就把位置让给他了。正在值班的LCM接着说，娘娘为了拯救屈原造了龙舟，还把自己的位子让给他坐。这里说的“娘娘”，当地有人称“三间娘娘”、“女娲娘娘”、“圣母”，但大多数人则称之为“送子娘娘”，她的身旁有金童、玉女（一说为宫娥、彩女），被安置于龙舟的后仓。

娘娘所处的后仓，已经有人先前放入了大大小小的鞋子，有买的，有做的，几乎都是童鞋。神舟会有个“摸娘娘鞋”的习俗，当地人称之为“偷鞋”。上香的妇女，背对着龙舟后仓，用手偷摸出一双鞋来，不许看是什么样的，将这鞋装在袋子里带回家中，据说就能生育子女，来年如愿后则要再来还愿。除了了却当初的许诺，她还要亲自或做或买一双童鞋放在后仓中，以供其他妇人摸取。有的人说，红色是男鞋，绿色是女鞋；也有人说，摸出来的鞋样子，一看就知道是男孩穿的，还是女孩穿的。

“杨泗将军”手持“遣送洛阳 回朝复令”的旗子，他的位置是在龙舟高扬的龙头之上，其状威武而勇猛。杨泗将军叫杨行密，唐末响应黄巢起义，后归顺朝廷，在武昌一带屡败朱温，阻其南下。当地流传着很多关于他的传说，还有祭祀他的庙会，认为他能看病治病。湖北孝感的《应城县志》[①]（十四卷，清光绪八年蒲阳书院刻本）载：“城市门首悬红绿纸旗，俗巫为禳祀杨泗将军，自初一日至十五日止，各敛资以醮。（《奚志》稿）”

其余的菩萨则居于船首甲板之上，有“张元柏”（当地人说，他就是这龙舟的船主）和舵公、“土地”、“黑、白无常”、“千里眼”、“顺风耳”以及鸡、鸭、虎、马“四瘟神”和红、黄、蓝、白、黑“五方神”等。此外，还有如戏台唱戏的排场一般制作的仪仗，包括“排希”四个、“皂班”四个、“文、武忠军”、“发鼓”、“打锣”、“放铳”各一个、“刀斧手”两个。另还有 24 个“水手”，被分别插在龙舟的两舷。船上有 7 米之高的桅杆，它暂时靠在屈原宫的墙上。桅杆上面挂着方形的旗斗，写着“代天宣化”、“收灾缉毒”等字样。

我到达的这天，即五月十四，从下午开始，戏剧就正式开锣了，一直唱到当天夜间 11 点。到了夜间 12 点，即五月十五日的子时，人们举行仪式，请菩萨上龙舟。这个仪式，是由道士主持法事，先让神舟会的长老上柏木香。长老将柏木香举在前额，敬拜之后，放入神案上的香炉内。道士为百姓打平安醮，唱完一段后，再逐一将 40 位正菩萨插到龙舟上，使其各就各位。40 位菩萨都请上龙舟后，神案就被抬到屈原宫正门的门内位置，烧上了高香。插满菩萨的龙舟，则由神舟会的人员搬到了屈原宫正中位置；道士结束了法事之后，守夜的人们则簇拥着，争抢着在神案上的香炉中那燃着的高香火头，引燃自己手中的香，供奉在神案上，给神舟上香火。

五月十六日的上午 8 时，龙舟和菩萨开始游街仪式。屈原宫门口一阵鞭炮声响，龙舟被青壮年抬在肩上，走出宫门。他们按照村内的道路走向，先把村里的老路——旧有的四条主街一一走到，然后顺着大路从南绕到北，北边有一条主要的街道，走遍后再到拆迁的新区绕过一遍，就这样，要走遍道士洑村近 3 平方公里的各个角落，前后持续约近 5 个小时。所到之处，各家均设香案、摆供品、放鞭炮、撒米茶（米茶并用，意在驱鬼）；有的人家还要烧用稻草或艾草制成的“烟包”，这大多是由于家中出现过特别不好的事情，比如说有人

---

① 丁世良等编：《中国地方志民俗资料汇编·中南卷》，第 345—346 页。

生病、去世或遭遇其他的不幸，故以这种方式祈望神舟能带走邪疫，留下安宁。各家户大多都有给神舟会的捐赠，水、食品之类，这要由会上组织人和车拉回屈原宫的仓库里存放，并有专人看管。神舟会的成员介绍说，以前都是要等各家的鞭炮声停落后，才能继续往前游走，后来道士洑慢慢发展起来了，住户较多，鞭炮都是上万响，这样，抬龙舟游街持续的时间就太久了，经过会员开会通过决议，可以把各家的鞭炮拉在一起燃响，为的是节省时间。于是，基本上到中午1点左右，游街就能结束了。

五月十七日晚，屈原宫内的人们，在龙舟周围一圈点起48盏油灯；并自梁上悬绳挂起金锣、摆好大鼓，由妇女们轮流同时敲响锣鼓，彻夜不息，此谓“闹船”或“吵船”。与此同时，神舟会和村民们则在庙前施舍白米粥和素包子。这天，人们一直要守到五月十八的早上。

五月十八日是神舟下水的日子。以前在龙舟游街、出庙、下水前都要放铳，现在因为不大安全也就都取消了。戏曲还在继续演唱着，2006年因为评上了国家级非物质文化遗产，市里的领导还专门来讲了话。早上7点多，人们都来到屈原宫里，争着抢着捐功德、带红布条，再将龙舟迎出庙门，举行最后的打醮祭祀仪式。道士将公鸡的鸡冠剁下，将鸡头抛入龙舟之中，用鸡血洒在神舟船体的各处，然后，他念词舞剑，围绕着神舟奔跑数圈。中午12时之前，道士和神舟会的长老为神舟开路，16名青壮年在长老的带领下，将神舟抬送到长江边，安放在早先已经准备好的稻草垛上，在将神舟固定好之后再推向深水区，接着再由轮船牵引它至长江中心。在神舟下水处的大堤上，很多民众摆设香案，鸣放鞭炮，祈求神舟带走一切疾病和灾难，并祈望一年的安乐祥和。这时，连江北的小渔船都赶来放鞭炮、设香火、绕神舟三圈，然后，目送它顺江而下。

从上文的叙述可以看出，西塞神舟会可能是目前我国端午期间所保存下来的较为完整的民间祭祀活动。秭归和汨罗两地是在历史记载中和屈原有着密切关系的地域，其端午习俗尤其以纪念屈原为主题，以祭祀屈原、文人诗会或龙舟竞渡为表现形式；相比之下，苏州的端午习俗则是以纪念伍子胥为主题。与其他几处纪念性的端午习俗有所不同的是，西塞神舟会则主要是通过净化、布施等手段达到祈福禳灾的一种规模较大的民间祭祀活动。

概括言之，西塞神舟会值得重视的特点，主要在于其仪式的主要内容是“龙舟圣化仪式”和“祝福禳灾礼仪”①，它表现了中国民俗宗教的基本主题和突出特征：亦即“祈福禳灾”，这也正是中国民间祭祀活动的重要内涵，具有

---

① 对端午节“龙舟圣化仪式”和“祝福禳灾礼仪”的描述和解释，参见渡边欣雄《汉族的民俗宗教——社会人类学的研究》，周星译，天津人民出版社1998年版，第174—184页。

颇为广泛的代表性。西塞神舟会持续活动的时间之长、历史之久、规模之大、组织之严密、仪式之完整，都是令人惊叹的。在其一系列的祭祀仪式过程中，表现出了人与宇宙秩序之间的互动，传达出了人对现世美满生活的向往，同时，它也维系着一方百姓的社会关系。这些也就是西塞神舟会的文化价值之所在。

神舟会组织的历史与现状

神舟会组织是道士洑村的一个自发的民间组织，由其会员牵头每年主办为期长达40余天的民间祭祀活动。西塞山脚下的道士洑村，取名为“洑”，即是河水回流的意思。在隋唐时期，这里就是一个镇子，又叫“楚雄关”。初唐以前，长江自回风矶从散花洲左右奔流而下，流经西塞山汇为一支，又与盆塘湖贯通，分出一条支流绕穿道士洑，再经风港与长江主河道汇合，于是就形成了一个半岛形的村落。历代皇朝都曾在此屯兵，前后设置有官府、粮仓、金库。这里还曾是盐仓的集中地。明清时期，这里约有居民1.7万户，建有长街，是繁华的商埠，又有所谓七仓（盐仓）、八典（当铺）、九庙（寺庙）、一观（道观）之称。自明万历二十六年（1598）起直至1967年的369年间，曾先后在这里发掘出土了不少金银钱窑，其中最大的银窑出土银锭270余斤，最大的铜钱窑藏约25万斤。后来因为战乱、水患等，古镇逐渐趋于没落。1949年以后，黄石市沿江发展重工业，它又成为鄂东地区长江边上的一个重镇[①]。现在的道士洑村，在行政单位上归属于黄石市西塞山区西塞街道，总面积近3平方公里，现有居民480户，户口在本地的约有2762人，主要从事蔬菜种植和商贸服务业。这里以前就是黄石市主要的蔬菜供应基地；目前，附近建有油库、煤矿码头、钢铁厂和据说投资30多亿元新建的西塞电厂，因此，空气污染较为严重。由于经常有大载重量的货车经过，道士洑村前连接市区的主路路面损毁较多，路况很差。2006年，为了在龙舟下水当天召开庆祝大会，迎接市区领导们参加，道路一直处在紧张的维护补修之中。

神舟会组织，在民国时期曾被叫做“厘头会”。这里的“厘头会”是个他称，而“神舟会”则是会内人员的自称。根据当地政府的申报资料介绍说，这里流传的说法是，因为屈原自投于汨罗江，当地的人们认为，屈原的尸体会从汨罗江经洞庭湖进入长江，再要经过十余日才能漂到西塞回流处。于是，人们捐银造船，要为屈原收敛尸身。造船银两每人需出一厘，为此成立的以筹集资金为主的民间组织就叫做“厘头会”。据说，当时从五月十四日起，建造的

---

① 概况介绍来自2004年3月，由黄石市西塞山旅游开发有限责任公司编纂的《西塞山志》。

“船”就日夜在江上游寻，后来听说上游已经追寻到了屈原的尸身，于是为纪念他，才又扎了龙舟，供奉起屈原的神像，最后再将他恭送入江，祈望屈原的灵魂经东海早日升天。关于屈原出现在神舟上，其实有不同说法。除了这个政府采用的版本外，还有的说当时造了两条船，看谁先找到屈原的尸身，赢的一方喝酒。也有的说，这龙舟上本来是女娲娘娘坐在船中间，后来屈原来了，才把位置让给了他，自己去坐在后仓了；还有的说是将原本供奉在头仓的“天府神”请出来让位给屈原，“天府神”亦即当地群众称呼的“都天府”[①]。

厘头会的故事，在口耳相传的讲述中不断得到了进一步的完善，逐渐补充上了当时道士洑的情况。相传那时候镇上有四条街，正街、三街头、盐店街、下街头，共有两三千户人家，以前每年造船唱戏的银两，都是用厘头会所收银两放贷的息租；此外，厘头会还组织16户人家负责制作神舟，每年每街出4户轮流坐庄。厘头会的活动一直延续到1949年，常设主持人员8人，每年以8人为首，率16户轮流主办。这个活动在1950年举办过之后即终止了，直到1984年才又恢复。这时，厘头会也改称为“龙舟会”了。据说，由于当时的组织者担心这样的活动迷信色彩太浓，怕政府干涉，于是放神舟的活动就以纪念屈原为名义，举办成“龙舟会”活动，但目的也同样是为了满足民众驱邪消灾的愿望。

在田野调查的过程中，我遇到有些当地民众对此有不同的说法。有的人认为，“我们本来叫龙舟会，现在叫什么神舟，会让外人认为我们是迷信的”。但神舟会组织内德高望重的长老却说，这会以前叫“神舟会”，后来恢复活动叫“龙舟会”，现在是又改回了原名，叫“神舟会”，并成为国家级非物质文化遗产。

神舟会的成员发展，有着比较清晰的脉络和记录，当地资料记载说，从光绪后期1885年至1912年间的主要成员有8位：杨如山、董三峰、李发智、黄朝贵、贾树春、刘正柏、黄治中、游绪玉。从1912年至1949年间的主要成员有8位：刘加和、游功申、李详元、黄煌开、黄朝经、卢万金、贾仁同、黄朝兴。这些人都是通过推荐的方式成为会员的。1984年恢复期间的12位成员，基本上是以自愿方式成为会员的，包括何国华、刘会元、游桂姣、肖宽心、袁作皇、游加宏、李远斌、黄细喜、李远和、王泽炳、游文卿、卢启发，其中有5人现已去世。1990年至今的成员，基本是通过推荐的方式成为会员，其中也包

① 这些都是访谈当地神舟会成员得来的说法。可以看出他们对神舟会的理解、对当地的传说故事等掌握和了解的情况不尽相同，有时还会出现差异颇大甚至相互矛盾的情况。这表明当地人知识和民间传承中的多样性。需要补充的是，他们的说法和西塞区政府掌握的说法之间也不尽相同。

括 1984 年以来健在的 7 位长老，约有 40 余人①。

那么，什么样的人才能够加入神舟会呢？我访谈了神舟会的一些成员，了解到神舟会的组织一直存在，该组织对成员是有入会的特别要求和发展会员的方式。上文提到的自愿方式是在特殊时期，即神舟会恢复时期，需要用人，只要愿意成为会员的就算是参加了这个组织。而一般的情况是采用推荐的方式，个人有加入意愿，有特长，经过会员中的长老推荐，由全体会员讨论通过就加入了神舟会。

据神舟会的一位资深成员 LB 介绍，加入还是有条件的，首先这人要多做好事，在村里得有较好的口碑；而且，他的家里经济状况也要比较好；最主要的是这个人要能干，有特长或专长，比如能写能画，有组织能力，或者在某一方面担任了一定的职务，能够对神舟会活动的推进和维持有所帮助的。十来年前，入会还需要个人先提出申请，声明是自愿加入，并服从安排，那时候的神舟会有 20 来人。现在也是要写申请，交给会长 JDS 或会中其他德高望重的长老等，再由负责入会事务的 HTZ 召集大家开会审议。例如，现在的会员 HYL，就是去年才加入的。一般入会的条件还包括去世一个、发展一个，但是也要看会上活动的需要。神舟会组织目前有 40 余人。2006 年去世了 3 位老人，所以又新加入了 3 人。

神舟会为了举办当年的活动，基本上要开三四次会议。通常是在阴历的正月初一、四月初八、五月二十左右举行。每年往各村送去的“本子”和活动期间所使用的捐资记录本，都是有编号的，2006 年到游街当天的夜间，已经用到第 38 号本子了。神舟会期间的基本花销约达六七万元，这些钱基本上都是来自群众的捐赠，但也有一些组织、社团的捐赠，当地村委会等部门也会给一些适当的资助。在整个活动期间，每天的功德善款捐赠情况，当天就有专人写在屈原宫墙上的告示单上予以公布。最后，则要在总结会上清点功德善款，将其存入银行账户，以作为来年的活动用资。所有的本子，都会作为清算账目的凭据。神舟会就是这样组织和运营的，每年请手工扎匠、请戏班子，为戏班子解决吃住问题，修缮屈原宫，搭盖厕所等，准备整个祭祀活动所需要的各种用具和开销等。有时候，神舟会还帮助村里的困难户，解决一些经济拮据的问题。

神舟会组织中，有专人负责专门与政府、媒体和其他村子保持来往与联

---

① 需要说明的是，本文对当地人姓名的记录，有的姓名是记音，有的人则有平时俗称的名字，但又与户籍记载的未必相同。同样的情况，也出现在神舟会期间所有的公开贴示单里。由于记录者往往不晓得捐资人的名字，只好记下谐音，或不晓得其户籍登记的名字，只能记下平时大家熟知的叫法。应该说，这是当地人“知识”的一部分，并不影响他们之间的辨识，也不会误解告示单上的捐资情况。有的是兄弟，写进家谱的名字带有标识辈分的同一个字，但记录的往往是平常叫唤的名字，看不出来是兄弟，局外人把一个人误认为是两个人，也是有可能发生的事。

系。现在负责此项工作的是HTZ，因为他年纪较大，已经70余岁了，神舟会便决定让他培养接班人LHL。LHL以前曾是村里的干部，现在退休了，2006年刚刚加入神舟会。

神舟会组织在整个祭祀活动的安排和管理上，发挥着非常重要的作用。正是这些人，保存了神舟制作的图谱，口耳相传地讲述着神舟会的历史、西塞山的传说以及各位菩萨的故事；也正是这些人，精心组织起神舟会每年前后长达40天的活动，并在相当程度上维系着道士洑村的经济、政治和各种复杂的社会关系。可以说，正是他们在当地社区中默默传承着神舟会烦琐而盛大的仪式，并尽力保持着神舟会鲜活的民间风貌和精神。

政府的保护规划与面临的问题

我的田野调查时间虽然很短，但不仅接触到神舟会的成员、道士洑村的民众，还接触到了在政府机关、报刊媒体等任职的相关人员，进而了解到在西塞神舟会申报为中国国家级非物质文化遗产的过程中，对于其性质的认定曾经有过好几种意见，其间也经过了反复的讨论。湖北省民间文化保护研究中心主任吴志坚在本地调查了好几年，他认为，西塞神舟会每年都有道士参与龙舟的开光、祭祀、下水等仪式，是带有浓郁道教文化色彩的民间文化，其与唐代崇尚老庄道学的张志和在这一带的活动有很大的关系。

当地的文化宣传部门在其最早的申报材料中认为："西塞龙舟会是以弘扬爱国主义精神，以送龙舟这一形式纪念屈原，具有2000多年悠久历史的群众自发性传统民间文化活动。"后来，经过民俗学者的批评和指导后，它被修改为："是民众自发自愿组织参加的，以驱瘟、除恶、消灾、祛病，以求平安健康、延年益寿为核心主题的传统民间文化活动。西塞神舟会借助'送龙舟'这一形式，为一方百姓消灾祈福，是端午节习俗中最壮观的一种民间盛会，至今已有2000多年的悠久历史。"

当地的报纸如《黄石日报》、《东丰晚报》、《楚天都市报》等，都对神舟会有很多报道，主要是以HTZ的说法为准。2005年神舟会安排的外联接班人LHL，也被作为"神舟会主持人"而见诸于媒体的报道，当地宣传资料称他对神舟会有新的理解，亦即"神舟会祈祷丰收、健康，悼念屈原，弘扬爱国主义精神的宗旨，与现在提出的'八荣八耻'中的第一项'以热爱祖国为荣'相符合，有现实意义，我们要办好今年的神舟会，让这个民俗瑰宝闪烁出新的光芒"①。

2006年度的"西塞神舟会"，由于它已经成为国家级的非物质文化遗产，

① 当地宣传资料，来自西塞山区政府，包括2005年申报国家级非物质文化遗产草稿、2006年当地媒体报道神舟会活动的新闻稿。

使得更多的人开始知晓并逐渐了解到黄石的这项活动。黄石市西塞区宣传部则希望，“借神舟会列为非物质文化遗产的契机，进一步挖掘这一民俗文化的内涵，逐步剔除封建迷信色彩，加强西塞龙舟会的管理，做好宣传保护工作，着力打造民俗文化特色品牌”。早在此前的 2005 年，西塞山区政府便已经制定出的“五年保护规划”，按照“政府主导、社会参与；长远规划、分步实施；明确职责、形成合力”的原则，由市政府追加 2 万元进行保护，街道和村组织也分别出资 5000 元表示支持，同时还要努力地培养神舟会的后续传人，并将神舟会纳入到西塞山区文化旅游产业发展的总体规划之中。地方政府的意愿之一，是通过申报非物质文化遗产，提高地方知名度，进而对西塞山风景区进行重新包装和对外推介，使之走上快速发展的道路。

制定于 2005 年的西塞神舟会“五年保护规划”，如下表所示。

时间	保护措施	预期目标
2005 年	挖掘民间文化内涵	挖掘保存龙舟会历史资料确保申报成功
2006 年	维修活动场馆	使屈原宫修缮一新
2007 年	整治沿江周边环境	违章码头和船舶得到清理
2008 年	将龙舟会作为西塞山文化节重要内容，扩大宣传声势	西塞山文化节的重要内容
2009 年	纳入西塞山旅游发展规划	成为西塞山的旅游项目

西塞神舟会在得到如此重视和被广泛关注的情况下，尤其是在它被批准为国家级非物质文化遗产之后，却似乎开始面临着很多的现实危机。这些濒危的状况主要有：

1. 经费问题，活动资金入不敷出。以前，历年活动的经费完全依靠群众自觉自愿的捐款，近年随着规模扩大，2006 年送神舟活动的经费开支已达 6 万元，可是活动的组织者却只能筹集到 3 万多元的活动经费，至于不足部分只能从以前历年的盈余和组织者自发的捐款来补充了。

2. 场所问题。用于制作神舟和举行主要的祭祀活动的场所“屈原宫”，为木质结构，百来平方米，阴暗潮湿，前两年刚募资修缮过其门面和厕所一次。戏台是神舟会活动的另一重要场所，为解决戏班子住宿和神舟会活动的问题，神舟会拿出多年积蓄购买了一栋住房。此外，江边码头和当地建设项目挤占土地和居民活动空间，也制约了大规模活动的开展。每年送神舟下水，长江岸边挤满了人，安全隐患犹在。

3. 人员问题。神舟会的主事人员，大都是年事已高的老人，而村里的年轻人对该项活动参与的热情并不是很高，且缺乏细致性和耐力，以扎制神舟和祭祀程序为例，其相当复杂的细节对参与者其实是有一定要求的，可主持、组织和制作的各个主要环节，均感到有些后继乏人。

我在实地调查中了解到，神舟会的多位成员都提到了经费紧张的问题，表示希望政府能够给予资助和支持。屈原宫和戏台这类活动的重要场所作为“文化空间”，也需要得到及时的维护和修缮。以前的四条街现已不复存在，道士洑也失去了往昔的繁华，并逐渐处于厂矿的包围之中。西塞电厂的修建，实际上改变了神舟游街的路线，也改变了放鞭炮、洒米茶的时间长度；长江大堤的修建工程，也迫使神舟下水的路线进行了调整和改变。可以说，周围的每一种建设，每一点变化，都有可能影响到神舟会相关活动的进行和维持。如果今后连仅存的这些空间也失去了，也就很难想象神舟会活动将能够如何进行。对于传统，人们有着不同的认识和价值判断。“倘若我们希望保护产生它们的信念，我们就要始终重视各种程式、象征、习俗，以及必须被不断重演和再现的仪式，这正是其原因所在”①。显然，对于类似西塞神舟会这样的地方民间传统，需要重视的除了那一系列传统的仪式，还应包括人群在其中活动所依存的文化空间的保护和维系。

在道士洑，自光绪十五年传下来的神舟制作图谱，乃是目前仅存的制作图谱，它也是现在每年扎制神舟时重要的参考依据。据说，光绪年间以艺人陈兴旺为首的人们曾扎制神舟，后传技艺于陈祖华、游宏思、叶本如等人，他们继续在民国期间保持了扎制神舟的传统。游宏思传给游宏安（已去世），叶本如传给了瞿学保（已去世），瞿学保再传给游仁喜和岳保汉。现在，是由 1975 年生人的游仁喜在制作，今年的神舟扎制花掉了不少钱，可还是有民众说，因为工匠太年轻，扎制的神舟没有往年的好看，菩萨也不够精美。

西塞神舟会大型民间祭祀活动主要展开的区域，是在西塞山区的道士洑村，但前来参加活动的还有黄石市周边的大冶、阳新、鄂州、蕲春、浠水等地的民众。当地的居民往往主动邀请周边地方的亲戚前来听戏和参与祭祀活动，他们吃住就在各自主人的家里，有的从阴历十四就来了，也有的在十七、十八来，吃饭时常坐满一两桌，像过年一样热闹。这期间是人们聚会、社交和联谊的重要时段，自然也是道士洑村维系各种社会关系的重要纽带。家家户户都会做出最拿手的菜式，或者用最流行的饮料、食品等，作为呈给戏班子的犒劳。这便是“送幺台”。唱得好的楚剧，被人们称作是能“站得住脚”的戏，到“送幺台”的时候，也就能够得到更多、更好的菜式。同时，“送幺台”本身，也成为当地村民显富、夸富、比富的主要途径。听戏时，老人们常回忆自己年

① ［法］莫里斯·哈布瓦赫：《论集体记忆》，毕然、郭金华译，上海人民出版社 2002 年版，第 207 页。

少时，大约在民国期间，戏台前的男女青年各聚一边，相互拥来挤去，呼喊嬉闹，促生情意。当年戏台前的火热情形，现在已不得而见了，因为听戏的大都是些老年人。2006年的楚剧团因为在唱戏之前还加上了流行歌曲的演唱，这才吸引了一些年轻人观看。

神舟会成员担心后继无人，这并非杞人忧天。他们想方设法培养较年轻的接班人，但这些接班人也大都是50岁以上的了。由于城市的发展和现代化的进程，很多男人都出外打工去了，留在本地的三四十岁的男人比较少，基本都是女人在家种地和照顾老人、孩子。其中不少的青壮年，大都也只是在抬神舟的时候才来帮一下忙而已。

还有另一个需要重视的问题，亦即政府对待神舟会组织及其活动的态度。从积极的方面讲，神舟会自1984年恢复以来，一直保持着发展的势头，政府并没有对它过多干涉和歧视。近些年来，政府逐渐地开始关注神舟会。当地村委会也通过可能的途径，给神舟会予一定的资助。慢慢地，当地的区政府也开始积极地从事神舟会的调查，并在申报非物质文化遗产的过程中具体地组织和实施申报工作，这对神舟会及其活动起到了很大的推动作用。政府实际上是试图通过把西塞山风景区和神舟会的活动结合起来，以便发展旅游业，提高当地的知名度和文化竞争力。在西塞神舟会终于入围中国国家级非物质文化遗产名录之后，更高一级的黄石市政府也给予了积极的支持。在2006年的神舟会活动期间，政府在组织警力和调动安全救护设施，动员社会力量，努力保障参加民众的人身财产和生命安全方面，应该说是花费了很大的气力。

但若是从消极的方面来讲，过多的关注也有可能会使神舟会组织及其活动面临一些前所未有的新问题。各种外力的加入，都会在当地的活动中表现出或大或小的影响，其中政府、媒体和学者们的影响均不可低估。中央政府的文化政策发生了调整和变化，有关非物质文化遗产的保护措施和实施细则，今后都将持续地影响到神舟会的对外宣传，甚至也会影响到它的发展走向。在申报非物质文化遗产名录的过程中，对于神舟会未来的保护与走向问题，实际是存在着两种截然不同的态度。一种是当地政府持有的态度，即希望积极地引导其发展，同时，把神舟会作为一种文化资源纳入到旅游参观的展示中，以及把神舟会作为文化遗产纳入到社会主义先进文化的建设之中。另一种则主要是一些学者的态度，他们较为冷静，希望保持神舟会的现状，认为不宜有过多的干涉和关注。

西塞神舟会从总体上说，应该属于一种复合形态的扎根于当地社会生活和民众信仰之中的“民俗宗教”，其内涵非常复杂且有多层次的积淀，既有民众驱除疫病和灾难，祈求幸福与安康的祈福禳灾仪式，也有旨在社区净化的仪式，还有道教的影响，纪念屈原的要素也不容忽视。对这样的民俗宗教，政府理应采取相应的宗教政策予以管理和对应[1]，但在民俗宗教暂时无法被认可的前提下，西塞神舟会却得到了“非物质文化遗产”的名分，从而使它有可能获得国家文化遗产行政的保护和支持。由此而来的问题是，相关的政策导向会不会趋向于不断“淡化”其中“民间信仰”、“祭祀”或被认定为“迷信”的那些因素呢？如果那些因素真的逐渐被淡化或稀释了，它还是当地社区里原先那个“神舟会”吗？如此看来，以“保护”为初衷的非物质文化遗产申报，或许却正是它面临巨大变迁的一个开端。

由于一些媒体的介入，使得当地民众所看到的神舟会镜头，大都是摆拍和安排的。但是，在特定的文化时空里具体进行或展开的祭祀仪式或活动中，实际上并不存在电视屏幕所展示的画面，显然，这就很有可能误导公众对于西塞神舟会的认识和理解。而且，在官方的倡导和当地民众的理解之间，也总是不可避免地会存在误差。例如，在五月十八神舟下水的前夜，政府重新布置了当地的戏台，临时把戏台改成了庆祝大会的会场，挂满了彩旗和标语，还把戏台两侧的对联换成了“尊重民间民俗文化传统　建设社会主义先进文化”，由于在更换对联之前，并没有和神舟会组织的成员及时沟通，结果造成了相持不下的场景，最终还是由双方的领导和长老们坐下来商谈，才使问题得以解决。政府在对联中说是要“尊重民间民俗文化传统”，其目的却是“建设社会主义先进文化”，至于政府在介入民间民俗活动时，往往难以避免行政手法的情形，应该说也并不鲜见。

显然，我们不得不认真思考，类似西塞神舟会这样的民间传统的祭祀活动，如何才能得到更好的保护和延续？眼下，政府应该积极、慎重地对待诸如神舟会那样的民间民俗活动，并适当地加强对此类民间活动项目的支持、服务和协助力度，进而做好信息的积累、宣传与保护工作。在当今互联网发达的时代，应尽快为西塞神舟会建立起网络信息基地，并制作神舟会的数字化信息，将神舟会历年来在媒体上的宣传文字、图片和光盘影像资料等整理归档，并上传互联网提供检索、浏览等服务。相信闻名遐迩、风景优美的西塞山和鲜活生动、接近于原生本真的神舟会，将吸引越来越多的人到黄石来参观、游览，因此，地方政府自然还需要逐渐完善住宿、接待等设施的建设。社会各界则要给予这项民间的民俗活动以理解和尊重，充分认识到它祈福禳灾的历史内涵和文化价值，意识到它作为国家非物质文化遗产的重要意义。当然，尤为根本的是，道士洑当地社区的居民和神舟会的成员们作为非物质文化遗产的传承人，需要继续保持该组织的活力和参与相关活动的热情，进一步他们也还需要认真地思考，如何才能更好地将西塞神舟会这项历史悠久的文化传统及其精神一代又一代地传递给子孙后世。

---

① 周星：《“民俗宗教”与国家的宗教政策》，《开放时代》2006年第4期。

国家权力、丧葬习俗与公共记忆空间

——以唐山大地震殉难者的埋葬与祭祀为例

王晓葵

引言：作为公共事件的“死亡”

在我们的生活中，死亡每天都在发生。但是，并非每个人的死都属于“公共事件”。对大部分人来说，死亡仅是一种自然生命的终结，它的影响局限在其“相识”或“相关”者的范围里，如亲友、同事等。与此相对，作为“公共事件”的死亡，指如著名政治家的死亡、战争，自然灾害引起的大规模死亡等。这些死亡事件往往对整个社会产生影响，比如政局的变动、社会构造的变化及某些民间习俗的消亡等。因此，对这类死亡事件的“后事”处理也就超越了死者的“私人”范围，成为公共事务的一部分。

公共死亡事件处理的焦点是对死者的评价、追悼和纪念，其方式包括：(1)建造纪念碑、纪念馆等纪念设施。(2）指定、保留、修复某些相关遗迹为历史纪念物或抹消某些遗迹[①]。(3）举行诸如公祭等纪念活动。(4）指定相关日期为纪念日等。在中国的历史传统中，追死悼亡不仅是表达对死者的哀思，更多的是对生者的一种价值宣示。特别是对公共人物的祭祀，常伴随围绕政治遗产的继承而引发的政治斗争[②]。因此，围绕这些纪念活动，不同层级的共同体如国家、村落、宗教结社、同业团体之间常存在一种紧张关系。它们都极力把自身对事件的理解评价通过立碑、祭祀等使死亡事件可视化、固定化的手段，唤起和重塑事件的记忆，来强化事件的某些侧面，并使之成为社会共同记忆的一部分，从而为自己的权威与地位服务。在这个过程中，作为死亡事件主体的死者家属，其存在形态是多样的。他们可能组成像日本的战争遗族会那样强有力的压力集团，通过参与公共事务如选举，反映他们的要求，争取他们的权力；也可能像本文讨论的唐山大地震的死难者家属，由于缺少地域共同体的连带意识和有效结合，也没有宗教、业缘等其他形成共同体的基础，面对强大

---

① 美国历史学家肯尼斯·福特（Kenneth E. Foote）把人类对历史遗迹的处理方式归类为以下四类：圣化、特化、复旧、抹消。参见《记念碑の语るアメリカ—暴力と追悼の风景》，名古屋大学出版会，2002年8月。

② 参见黄东兰编《身体　权力　心性》，浙江人民出版社2006年版。

的国家权力，完全处于孤立的弱势状态。

当然，国家权力、地域共同体、个人之间围绕公共死亡事件的处理，并非仅是对立的紧张关系。他们之间存在着合作、利用、对抗、融和等复杂的互动。在互动过程中，文化传统则成为三者角力的一个工具和场所。国家权力可以通过破除某些传统习俗来削弱地域共同体的连带，也可以容忍或鼓励某些习俗换取地域共同体成员的忠诚。而个人、地域共同体则既可能依靠文化传统形成某种连带关系来对抗国家权力，也可能放弃某些习俗换取国家权力的承认。文化传统在这个过程中不断发生变易。

1976年7月28日，中国唐山发生了一场里氏7.8级的大地震，造成24万多人死亡。30年来，围绕地震殉难者的纪念与祭祀，政府、死者家属、商业资本等采取了不同的态度和行为。本文希望通过对这个事例的分析，探讨当代中国社会祭祀文化的特征，并揭示围绕作为公共事件的死亡，国家权力、地域共同体、个人、文化传统之间的复杂关系。

唐山大地震后的复旧与记录

唐山大地震

唐山大地震是20世纪中国人灾害记忆中最惨痛的一页。据目前正式公布的资料，地震发生于1976年7月28日3时42分54秒，在河北省唐山、丰南一带（东经118.0度、北纬39.4度），震级7.8级，震中区烈度11度。遭受地震破坏的区域约21万多平方公里，其中严重破坏区3万多平方公里。区内民房大量倒塌，农田淤满泥沙，水渠、水井堵塞，公路、铁路、桥梁损毁。据京津唐地区累计，地震中死亡24.2万余人，重伤16.4万余人，轻伤者不计其数。

死者遗体的处理

震后，市政管理一时处于瘫痪状态，市民大多自己寻找地块埋葬死者。地点大多在当时唐山郊区的荒地，这种没有任何秩序的埋葬甚至导致为争夺墓穴发生争斗，有人刚挖好墓穴去抬送尸体的瞬间，墓穴就被别人占领①。有文献具体描述了当时的状况。

“凡有劳作能力的人都参加了葬埋活动。死难者家庭中幸存者较多的，大多还讲究体面，用崭新的棉被把尸体包扎好，两个人肩扛或用人力车运送到郊外的荒地上。死难者中幸存者较少的，多在原废墟地就地挖坑埋掉。作为死者的临时埋葬地。全家蒙难的除少数被邻居们挖出葬埋外，大多数的尸体仍然被

---

① 陈永弟：《回忆唐山大地震》，山西人民出版社2001年版，第224页。

埋在了废墟中。”[①] 这些埋在废墟里的尸体后经过清理，被集中埋葬。据后来出版的《唐山市志》记述，省政府要求埋葬的地点和深度要在“市区边界5公里以外，深度1. 4米以下”，由专业清尸队对尸体进行清理。

1976年11月21日，专业队清理出的尸体如能辨别男女者，分别集体埋葬。如遇难者家属愿意自己移葬，可按指定时间，埋葬在指定地点。清出的尸体用特大塑料口袋装殓。先是将距离水源和主要居民区100米以内的尸体全部迁出，然后将距离市区较近集体埋葬在交通要道附近的尸体用石灰消毒，盖上一米深的土，再用拖拉机碾压两遍。接下来，对压在房屋建筑物下仍未清理的尸体做进一步清理，做到全部清出。为避免对灾区人民感情造成新的损伤，清尸工作主要在夜间进行。12月26日，清尸工作基本完成，事后估计，共清出尸体52410具，分别埋入郊区果园公社王家坟、栗园公社朱家坟、老半壁店塌陷坑、梁屯公社石庄塌陷坑、白马山采石坑、无水庄采石坑、古治人民公墓、北范各庄采石坑等八个公墓。[②]

根据性别分别集体埋葬及后来的迁葬，使死者身份的鉴别已变得几乎不可能。这些尸骨被分别集体埋葬在八个公墓，死者的亲友根本无法知道亲人尸骨真正埋葬在哪处墓地。这使得按照传统民俗在坟茔、墓碑前举行祭祀仪式已不可能。因此，他们只好在十字路口用传统方式“烧纸”来悼念死者。

少数在医院死去的人留下了他们的遗骨。军人记者钱钢在《唐山大地震》中提到约有400名遇难者死在了陆军二五五医院，医院有一个小灵堂，保存着部分遇难者的骨灰盒。在一个小女孩的骨灰盒上，有一包剥开锡纸的巧克力，巧克力都化了。可怜的孩子！也许生前她并没有尽情地吃过她所爱吃的东西，但一切都已不能再挽回。这就是大自然强加给人间的悲剧！灵堂里还有一个特制的大骨灰盒，由一大三小四只骨灰盒组成，这真是一组特殊的图案，它出自一位父亲的手，象征着人间失去了一位母亲和她的三个孩子。[③]

能够通过这些可视化的“物品”，用个性化的形式表达哀悼之情的仅是极少数，对绝大多数死难者家属来说，只能借助某个虚拟的追悼空间来祭祀和纪念死者。

报道与记录

唐山大地震发生的1976年，也是中国政治的地震期。毛泽东、周恩来、朱德的逝世及“四人帮”的倒台，都使这一年成为中国历史上具有转折意义的

① 陈永弟：《回忆唐山大地震》，山西人民出版社2001年版，第224页。

② 唐山市地方志编纂委员会：《唐山市志》，方志出版社1999年版，第439页。

③ 钱钢：《唐山大地震》，当代中国出版社2005年版，第23页。

年份。和其他影响国家命运的大事比起来，唐山大地震并没有受到足够关注。在当时的氛围下，政治斗争总是优先于一切。就连有关地震这样纯粹的自然灾害的叙述，也被赋予了强烈的政治色彩。这一点，从关于地震的报道可以看出。在地震发生的第二天，《人民日报》发表的消息标题为：《河北省唐山、丰南一带发生强烈地震/灾区人民在毛主席革命路线指引下发扬人定胜天的革命精神抗震救灾》。报道没有发表灾难造成的破坏程度、伤亡人数、影响范围等，只有十几个字的概括陈述作为新闻，只有一句“震中地区遭到不同程度的损失”，重点却放在人与灾难作斗争上，放在毛主席、党中央和各级领导如何关怀灾区人民、如何带领灾区人民抗灾救灾方面。受灾状况直到事隔3年之后的1979年11月17日至22日召开的中国地震学会成立大会上才首次披露。11月23日《人民日报》刊登来自此次会议的新闻，说“唐山地震死亡24万多人”。

震后对地震的说明绝少提及灾害损失，各级干部向新闻记者介绍情况通常使用的语言有：“一次地震就是一次共产主义教育！”“我们以大批判开路，狠批‘阶级斗争熄灭论’、‘唯生产力论’、‘物质基础论’，促进了抗震救灾”，“感谢毛主席，感谢解放军，让咱们唐山人民吃上了‘友谊米’，喝上了‘感情水’，穿上了‘风格衣’”①。

从1985年前后开始，政府的媒体也开始刊载有关地震的文字。1986年7月，唐山地方政府主办的《唐山劳动日报》，开始登载有关地震的回忆录、文学作品和纪念活动的消息。1996年7月，该报开设了“我看震后20年新唐山”的征文栏目，刊载了一些回忆文章。其中某小学开展“听妈妈讲那过去的事情”的活动，发动小学生向父母了解震灾的体验，在课堂上讲述。这些个人体验虽在细节上有所不同，但其话语方式、行文结构及表达的主旨有共同的特征。

> 1.“地动山摇，花子扔瓢”，我在孩提时，每逢地震，奶奶就叨咕这句不知起于何时的俚语。……1976年7月28日，世所罕见的地震把唐山夷为平地。奶奶有幸早“走”了两年，没有赶上这场浩劫。我想，如果奶奶在世，她也绝不会再唠叨那句陈词的。因为非但“花子扔瓢”早已成为历史，而奶奶随着社会的进步，她的“信天命、畏鬼神”的思想也早已被信共产党所代替了。……夜幕降临了，沉浸在乔迁之喜的唐山人民，有时也会发出思念震亡亲人忧伤的梦呓，但我相信，更多的还是对新生活的憧憬和对共产党的称颂。（1986年）
>
> 2. 董瀚莲同学的妈妈是解放军从废墟中救出来的，为了清墟，有的

① 钱钢：《唐山大地震》，当代中国出版社2005年版，第146页。

战士指甲被掀掉了，晚上下起雨，解放军把受伤的妈妈抬进了部队的帐篷，妈妈常对瀚莲说："要牢记解放军的恩情。"（1996年）

3. 1976年唐山大地震时我11周岁，父母在地震中震亡，残酷的震灾在心头留下了极深的创伤，面对满目疮痍、残垣断壁，对生活前景失去了信心和勇气，但是，党中央、国务院迅速派来了解放军、医疗队，全国人民送来了大批救灾物资，使唐山市很快在震后恢复了生产和基本生活，使我幼小的心灵中对党和政府充满了感激之情，同时深深感受到了共产党的伟大和崇高。（2001年）

这些体验谈刊登在政府主办的媒体上，可以看做代表政府对事件的书写与叙述。在这些不同作者、不同写作时间的体验中，我们不难发现其共性。他们在叙述事件时都不约而同地遵守一个共同的话语规则。上述例子可以析出一个模式，即把地震这个自然灾害与特定的政党、社会制度联系在一起，通过对地震救灾过程的叙述，证明共产党、人民解放军、社会主义的伟大。

通过这些政府控制的媒体，一部分经过选择的个人记忆进入公共话语，形成为公共记忆的一部分。这些公共记忆的形成反过来又为后来的个人记忆创造了一个模式。从上面列举的跨越20多年的体验谈，不难看出后者对前者制定的话语模式的遵从。

公共记忆空间：
唐山抗震纪念碑、纪念馆、纪念碑广场

对于公共死亡事件，在公共空间建造纪念物，构筑公共记忆空间，将事件可视化和定型化，乃是惯常的做法。

唐山抗震纪念碑

在震后第8年的1984年，唐山市政府决定建造唐山抗震纪念碑。当时有142个方案应征，结果毕业于天津大学建筑系的李拱辰等人的方案入选。唐山抗震纪念碑建在市中心的纪念碑广场。广场东西长320米，南北宽170米，占地5.44公顷。广场东部是抗震纪念碑，西部是抗震纪念馆。两个主要建筑坐落在东西向同一轴线，纪念碑和纪念馆之间设有一座大型水池，并通过红色地砖铺砌的地面使两座建筑相连。

纪念碑由主碑和副碑组成。主碑碑座高3米，碑身高30米，由四根相互独立的梯形变截面钢筋混凝土碑柱组成，主体上端造型有四个收缩口，据解说，这四个收缩口象征人定胜天。碑身四周高1.5米处，为8幅花岗岩浮雕，主要描述地震灾害和抗震救灾场面。在碑身高8.5米处镶有一块长3.86米、宽1.6米的不锈钢匾额，上刻原中共中央总书记胡耀邦题写的"唐山抗震纪念

碑”七个大字。副碑位于主碑北侧33.5米处，碑宽9.5米，高2.96米，用花岗岩石块以废墟形式砌成，表现地震这一历史事件。碑身长4.3米，高1.6米，正面为磨光青花岗石镶嵌，上面镌刻碑文，记载地震时间、灾害及抢险救灾、建设新唐山等内容，由中国书协常务理事夏湘平书写。背面为磨光青花岗岩镶嵌，上镌刻英文碑文。主碑和副碑建在一个大型台基座上，台基四面有四组台阶，踏步均为四段，每段7步，共28步，象征“七·二八”这一难忘的时刻。

最能体现建筑意义的莫过于设计者本人的解释：“主碑设计为单元构件重复组成，构件间留出缝隙的形式……使人们产生裂缝——地震的联想。”“纪念碑为双重台基……第一层台基上是一座象征震害的残垣断壁形式的副碑。”“更上一层台基便是那突兀而起的主碑，四片碑身与地面以圆滑曲线相交，恰似从地面自然升起，象征新唐山鳞次栉比的楼房从废墟中拔地而起……”“顶端为抽象的手的造型，宣示着人定胜天的真理。……”①

从以上介绍可知，设计者的意匠包括两部分，一是再现地震造成的破坏，二是表现人恢复创伤的力量。我们很难判断设计者的理念在多大程度上为参观者所理解，以笔者实际考察的观感，主碑巨大的碑体形制给人一种压倒性的“力”的心理感受，相比之下，与“破坏”、“悲哀”、“思念”、“追忆”等心理感受相关的要素显得并不明显。碑身八幅浮雕的内容也主要是表现震后救灾的情形。这一切都和纪念碑的名字“抗震纪念碑”相吻合。

最直接表达这个空间意义的是纪念碑的碑文。唐山抗震纪念碑碑文共866字，由唐山市政府向全市征文，在众多应征稿件中经反复推敲，最后政府有关部门集体讨论决定②。全文如下：

> 唐山乃冀东一工业重镇，不幸于一九七六年七月二十八日凌晨三时四十二分发生强烈地震。震中东经一百一十八度十一分，北纬三十九度三十八分，震级七点八级，震中烈度十一度，震源深十一公里。是时，人正酣睡，万籁俱寂。突然，地光闪射，地声轰鸣，房倒屋塌，地裂山崩。数秒之内，百年城市建设夷为墟土，二十四万城乡居民殁于瓦砾，十六万多人顿成伤残，七千多家庭断门绝烟。此难使京津披创，全国震惊，盖有史以来为害最烈者。
>
> 然唐山不失为华夏之灵土，民众无愧于幽燕之英杰，虽遭灭顶之灾，

① 《思想的凝结　精神的象征——唐山抗震纪念碑、纪念碑广场设计随笔》，《建筑学报》1987年12期。

② 刘俊增：《谁是唐山抗震纪念碑碑文的作者?》人民网地方联报网，2001年7月25日。

终未渝回天之志。主震方止，余震频仍，幸存者即奋挣扎之力，移伤残之躯，匍匐互救，以沫相濡，谱成一章风雨同舟、生死与共、先人后己、公而忘私之共产主义壮曲悲歌。

地震之后，党中央、国务院急电全国火速救援。十余万解放军星夜驰奔，首抵市区，舍生忘死，排险救人，清墟建房，功高盖世。五万名医护人员及干部民工运送物资，解民倒悬，救死扶伤，恩重如山。四面八方捐物赠款，数十万吨物资运达灾区，唐山人民安然度过缺粮断水之绝境。与此同时，中央慰问团亲临视察，省市党政领导现场指挥，诸如外转伤员、清尸防疫、通水供电、发放救济等迅即展开，步步奏捷。震后十天，铁路通车，未及一月，学校相继开学，工厂先后复产，商店次第开业；冬前，百余万间简易住房起于废墟，所有灾民无一冻馁；灾后，疾病减少，瘟疫未萌，堪称救灾史上之奇迹。

自一九七九年，唐山重建全面展开。国家拨款五十多亿元，集设计施工队伍达十余万人，中央领导也多次亲临指导。经七年奋战，市区建成一千二百万平方米居民住宅，六百万平方米厂房及公用设施。震后新城，高楼丛立，通衢如织，翠荫夹道，春光融融。广大农村也瓦舍清新，五谷丰登，山海辟利，百业俱兴。今日唐山，如劫后再生之凤凰，奋翅于冀东之沃野。

抚今追昔，倏忽十年。此间一砖一石一草一木都宣示着如斯真理：中国共产党英明伟大，社会主义制度无比优越，人民解放军忠贞可靠，自主命运之人民不可折服。爰立此碑，以告慰震亡亲人，旌表献身英烈，鼓舞当代人民，教育后世子孙。特制此文，镌以永志。

唐山市人民政府

一九八六年七月二十八日

这篇碑文用现代汉语写成，但行文多用对仗及四字成句等仿古文体，用词也夹杂古语，格式上给人庄重、严肃的感觉。其内容先概述地震经过，然后唐山人民的自救，政府及全国人民的支援，唐山迅速恢复重建。文章重点落在如下结论："中国共产党英明伟大，社会主义制度无比优越，人民解放军忠贞可靠，自主命运之人民不可折服。"最后，表明了树立此碑的目的在于，"告慰震亡亲人，旌表献身英烈，鼓舞当代人民，教育后世子孙"。这里的"告慰"、"旌表"、"鼓舞"、"教育"的具体内容，则进一步通过抗震纪念馆来加以诠释。

唐山抗震纪念馆

唐山抗震纪念馆位于抗震纪念碑广场西侧，1986年刚建成时名为"唐山地震资料陈列馆"，建筑面积1488平方米。1996年为纪念抗震救灾20周年，政府对原馆进行改扩建，将其更名为“唐山抗震纪念馆”，扩建后的纪念馆建筑面积为5380平方米。

馆内展览总称为《今日唐山——唐山市建设成就展览》，共有9部分。其中第二部分直接和地震有关，展示了一些实物和照片，如停摆在地震发生时间的钟表，毁坏的建筑物照片等。内容除介绍地震造成的巨大损失，还记述了救灾重建的情况。其他的，如第一部分介绍唐山历史沿革、地理位置、资源分布及震后发展情况；第三部分至第九部分展示了震后唐山各行业的重建成就。

值得注意的是，在这个纪念空间中，地震造成的损失主要通过一些伤亡数字、财产损失的金额等来概括。以抗震为名的纪念馆只用了1/9的部分表现地震，馆内陈设更多的是展示唐山的历史地理、物产风貌，同时重点宣传震后唐山发展的成就。这也许和“抗震”的馆名相契合。但地震造成的重大人命伤亡及给这个城市带来的伤痛，在这个纪念空间里并没有作为重点加以介绍。换言之，24万人死亡、16万人重伤对那些家庭、亲属个人及社会造成的心理创伤，包括治愈这些创伤的过程是被淡化处理的。突出的是对政府、党及唐山人救灾成就的介绍和赞扬。

对于受灾者的体验和救灾过程，纪念馆是通过一本说明小册子来介绍的。这本由河北省爱国主义教育基地资料丛书编委会编写的《唐山抗震纪念纪念馆》一书，列举了如下一些例子：

> 1. 丰南南孙庄乡马新庄村党支部书记陈维强和他的孩子，地震时被压在倒塌的房屋下，他脱险后顾不上抢救自己的孩子，却首先抢救本村医生。医生得救了，他的孩子却因埋压时间过久窒息而死。他说：“救我的孩子只是救活一个，救活一个医生却能救活一大批人。”他的模范行动感动了全村所有的人。①
>
> 2. 北京军区某部一位副团长，不顾身患多种疾病，带领部队经过数百里的急行军，于地震当天下午赶到了唐山。他家在唐山，路过家门口时，得知妻子遇难，老母和两个孩子受重伤。团指挥所就设在他家附近，同志们都劝他回去照顾一下……但他坚定地说：“我是来救灾的，不是来救家的！”②
>
> 3. 一位70岁的老农转到湖北治疗，当有人问他多大年纪时，他流着热泪说：“刚一岁。是毛主席和共产党给了我第二次生命。要在旧社会，

---

① 河北省爱国主义教育基地资料丛书编委会编：《唐山抗震纪念纪念馆》，河北人民出版社1998年版，第19页。

② 同上书，第23页。

我不被砸死，也得饿死，饿不死也是病死，是社会主义救了我，我要从一岁开始算我的年纪。”有一个12岁的小伤员，别人问他家里几口人，他毫不犹豫地说：“八亿。”①

和纪念碑碑文的内容相配合，这些文字突出了抗震过程中的政治要素。强调了在抗震过程中特定的政党和社会制度的作用。从上面介绍的内容和9个展区的构成来看，介绍震后恢复的过程及唐山各行各业的发展成就，是唐山抗震纪念馆的主要内容。它与抗震纪念碑共同形成了以“抗震”为主旋律的公共记忆空间。

唐山抗震纪念碑广场

1986年纪念碑、纪念馆同时完工以后，这个纪念碑广场在2003年得到扩建，并逐步成为唐山市的中心广场。在这里举行各种不同性质的活动。纪念碑和纪念馆具体承载了对事件的书写与评价，抗震纪念碑广场则为纪念碑和纪念馆的存在提供了一个相对独立的空间。广场把“抗震纪念”空间与世俗的空间加以区隔。但另一方面，广场位于市中心，建设伊始，它就被赋予种种超出纪念抗震的功能。如政治的、文化的、社会的、娱乐的等。我们可根据在广场上举行的活动来分析这个广场的功能。

1. 7月28日是唐山大地震29周年纪念日，凌晨三点多，许多市民就不约而同地来到当地的抗震纪念碑广场，祭奠在那场旷世灾难中不幸离去的亲人。

凌晨3点42分，一队市民携带着花篮来到代表着唐山人民抗震精神的抗震纪念碑前，向地震中遇难的亲人和同胞致哀。邢福成是位地震孤儿，大地震时他只有15岁。市民焦女士老两口也是大地震的幸存者，地震中他们两家共有14位亲人遇难，到广场祭奠亲人成了每年7.28他们的重要活动。

对此，市民焦女士说：“这是一个纪念碑广场，想孩子和老人就到这里看看。”

在悼念的人群中，我们还看到了29年前第一个把大地震的消息报告给了党中央的开滦职工李玉林。如今的他已步入花甲之年。李玉林说：“每年到7月28日，心里就有对亲人的怀念，忘不了。现在人们生活安居乐业，看着比较欣慰。”（河北电视台《今日资讯》付丽茹报道。）

---

① 河北省爱国主义教育基地资料丛书编委会编：《唐山抗震纪念纪念馆》，河北人民出版社1998年版，第36页。

2. 唐山市在抗震纪念碑广场举行了“全国土地日大型科普法制宣传活动”。

6月25日，我市在抗震纪念碑广场举行了“全国土地日大型科普法制宣传活动”。副书记杨永山，市政府副市长于山，市人大、市政协有关领导，市土地局、市科协、土地学会、矿业学会，路南区、路北区、高新技术开发区国土资源分局以及路南第二实验小学、唐山科技干部进修学院等单位的领导和工作人员600余人参加了这次宣传活动。（网络2005年6月29日）

3. 雨从昨天就开始淅淅沥沥下个不停，给整个城市平添了几分安静肃穆，傍晚走过抗震纪念碑广场，广场上的人比平日少了许多，一个学步的孩子张着两只小手蹒跚着去追几只广场鸽，几个大一些的孩子快乐地尖声叫着在纪念碑的基座附近滑滑梯，附近的大人很安详地注视着他们。这个广场，像任何一个城市的中心广场一样，是人们休息娱乐散步的场所，随着时光流逝，它所承载的纪念使命正在慢慢淡化。白天，这个生机勃勃的城市看起来离多年前的那场灾难很远，离人们心目中的“7. 28”很远。（《北京晚报》2001年7月28日）

从以上在广场举行的活动中，有纪念哀悼、政府的普法宣传，还有市民的娱乐休闲。可以说广场已成为一个多功能的都市空间。在这里，中心耸立的纪念碑和纪念馆，使每一个无论以什么目的到此的人都自然而然地被“唤起”有关地震的记忆，意识到这个空间的“非日常性”。但各种日常的世俗活动又在不断地洗刷地震记忆中的某些因素。在反复“唤起记忆”与“忘却过去”的过程中，唐山大地震这个死亡事件在记忆中不断被重铸。

祭祀与纪念

随着震后恢复的进展，政府开始举行一些有关地震的仪式性活动，但这些活动大多是对先进人物的表彰和有关地震科学知识的普及，而不是追悼和纪念。简单列举如下：

1976年9月1日，唐山、丰南抗震救灾先进单位和模范人物代表会议在北京召开。

1976年12月17日，唐山市抗震救灾先进单位和模范人物代表大会召开。

1979年3月31日，日本日立公司、新日本通商株式会社代表及其在地震中遇难的三名日方技术人员的家属一行13人访问了唐山陡河电厂，举行了樱花树栽植仪式，在门前立日中友好之樱碑，为死者举行纪念会和祭奠活动。

1982年，中国地震学会主办全国首届地震科学青少年夏令营。

1983年9月，全国第二届青少年地质夏令营在唐山举行。

1986年7月11日，纪念唐山抗震10周年美术·摄影展览。

其中唯一纪念死者的活动是和在地震中殉难的日本技术人员有关。可以推测，之所以单独为这三位殉难者举行追悼仪式并树碑纪念，是由于他们“日本人”的身份及日本的丧葬风俗。对大多数死难的唐山人来说，正式的纪念活动是地震9年以后的1985年。

1985年7月28日，唐山市政府主持举行了大规模的公祭大会，这是震后第一次公共追悼仪式，由唐山市主要党政首长出席并致祭，并正式指定7月28日为“唐山抗震纪念日”。这次祭祀活动是对唐山大地震殉难者的第一次也是唯一的一次大规模的公祭。

据《唐山劳动日报》报道，公祭大会在唐山市工人文化宫露天剧场举行，公祭台中央悬挂着一个“奠”字。公祭台两侧有一幅公祭长联，上联是“回首丙辰震灾骤降忍对故土崩颓亲人离异子规啼血悲生死”，下联是“拭眸乙丑国运中兴欣凭桑梓重建万姓安居壮志回天慰阴阳”。悬挂挽联是中国传统祭祀方式的一部分，表明对死者或事件的评价，表达祭祀者的哀悼之情。文体也仿照了古汉语楹联的规范。这可以看做是1976年“文化大革命”结束后传统文化的回归。

公祭大会由当时的唐山市委书记宣读祭文。这个祭文和上述碑文的构造相近，先简述地震造成的牺牲和损害，悼念死难者。然后介绍抗震过程，突出强调社会制度对救灾的重要性。最长的篇幅是用来介绍九年来中国和唐山发生的变化，其中有一段述及当时的政治变动。“九年来，我们伟大的祖国，我们世代生息的唐山，都已发生了翻天覆地的变化：祸国殃民的‘四人帮’，在你们遇难不久就已被彻底粉碎；长达十年之久的‘文化大革命’，那场大动乱也早已结束。”这些带有非常强烈的政治宣示的词句，在传统的中国祭文中大概是看不到的。此外，祭文最后对祭祀和纪念的意义作了如下说明：“今天，我们沉痛悼念地震中不幸遇难的亲人和救灾中捐躯的英雄，就是要继承亲人们的遗志，继续发扬抗震救灾斗争中那种公而忘私、患难与共、百折不挠、勇往直前的抗震精神……”这里用“公而忘私、患难与共、百折不挠、勇往直前”来诠释的“唐山抗震精神”，成为后来官方纪念活动的指标性话语。

1986年，唐山地震10周年，唐山抗震纪念碑、抗震纪念馆、抗震纪念碑广场建成。7月28日政府举行了隆重的纪念大会，这次纪念大会和前一年的公祭相比，规格更高，由当时的国务院副总理和河北省党政首长出席。这次纪念大会是在“我市的抗震救灾和恢复建设已基本完成”时召开的，其宗旨为“检阅震后十年来的建设成就，感谢全国各个方面和亲人解放军的大力支援，告慰地震中不幸震亡的亲人，悼念为抗震救灾捐躯的烈士”[①]。

和前一年的公祭相比，这次纪念大会的最大目的已不是悼念和追忆，而是向外界宣示，唐山已从“震后”的非常状态摆脱出来，成为一个“正常的城市”。通过对各方面建设成就的宣传，社会主义、共产党的伟大进一步得到确认。

1996年，唐山举行了纪念唐山抗震20周年大会，当时的国家领导人江泽民和李鹏都出席了大会。江泽民为唐山题词：“弘扬公而忘私、患难与共、百折不挠、勇往直前的抗震精神，把新唐山建设得更繁荣、更美好。”江泽民的题词正式成为“唐山抗震精神”的一个标志性的存在。此外，1990年唐山获得联合国“人居奖”，在国际声誉的背景下，这次大会对唐山来说“庆祝”的意义更加明显[②]。

2001年7月，地震25周年之际，唐山市政府举行了座谈会，这个题为“弘扬抗震精神，建设繁荣美好现代化新唐山”的座谈会，参加者已不再是死难者亲属，而是人民日报社，河北省委宣传部门，省、市政府领导。和地震直接有关的是当年抗震救灾、恢复建设的老领导、各界代表等。会议的主旨是“回顾历史，展望未来，使唐山人民不忘党的恩情，牢记社会主义制度好，缅怀人民子弟兵的丰功伟绩，激励广大干部群众，大力弘扬抗震精神，更加紧密地团结在以江泽民同志为核心的党中央周围，按照‘三个代表’的要求，同心同德，开拓进取，不断把唐山改革开放和现代化事业推向前进”[③]。在这里，哀悼和纪念已经消失，政治性的话语也加入了新的时代要素如“三个代表”。

从1985年的公祭，经1986年、1996年两次大规模的纪念活动，有关唐山大地震的公共话语逐渐集约为“抗震精神”这个政治表述上。此后的各种纪念文字，大多集中于对“抗震精神”的诠释上。除了纪念活动，1985年7月25日，中共唐山市委、唐山市人民政府还将每年7月28日定为“唐山抗震纪念日”，要求“每到这一天，全市和各单位都要组织各种有意义的活动。要通过每年的纪念活动，对全市人民开展一次社会主义优越性的再教育，理想纪律教育和抗震精神的教育。要把每年的纪念活动同当年的中心工作目标结合起来，通过纪念活动，促使人们以实际行动去完成任务”。

然而，1991年11月13日，唐山市第九届人民代表大会常务委员会第25次

---

① 《唐山劳动日报》1986年7月29日。

② 有人对此表示不满，网络上有这样的留言：“可笑的是，唐山市政府竟然把它列为欢庆的日子，叫‘庆贺抗震×××周年×××大会’。最大的一次是地震20周年的时候，搞的是举市欢腾。”

③ 《唐山劳动日报》2001年7月28日。

会议，决定将7月28日定为“唐山市减灾日”。这项措施是响应联合国大会于1989年12月22日通过的44/236号决议，即指定10月的第二个星期三为国际减灾日，旨在全球范围内倡导减少自然灾害的文化，包括灾害的防止和减轻。从带有强烈政治色彩的“抗震纪念日”改为单纯人道意义的“减灾日”，可以看出中国政治文化的一种变化。

个体记忆与祭祀

在国家权力主导构筑的公共记忆空间和纪念仪式上，24万死者是作为一个整体被祭祀和纪念的。在纪念碑广场中、在纪念碑前、在纪念馆里，在公祭仪式上，追悼者通过对不幸遭遇的共有，相互产生连带意识，从而使失去亲人的孤独得到部分消解，心灵创伤得到慰藉。这可以说是公共祭祀的意义所在。但对一个具体的人来说，他们失去的不是抽象的二十四万分之一，而是慈爱的父母、可爱的儿女、情同手足的兄弟姐妹等。他们有自己的情感、生活、社交圈、人生理想。对每个个人来说，他们拥有一个生命的全部故事。每一个人都是一个世界，都有不可替代的价值。因此，对他们死亡的纪念与记忆并不是可以用一个数字、一个公共仪式、一个“抗震精神”所能全部包容的。他们需要个性化的、属于自己的祭祀、纪念。

一位因地震失去双亲的孤儿，用这样的诗表达了他对死去父母的怀念之情。

悼父母——写给7.28失去的双亲

目光又在凌晨三点四十二分瑟瑟
二十七年了你们游荡的魂灵在哪里烤火
记得你们走时衣不蔽体
塑料布是那个年代最美丽的衣衫
我的小手紧抓住你们远去的烟尘
却依然未探听到你们的方向
难道　我们从昆明启程
就是为了把属羊的我
变成唐山的孤儿
那一天我用一块手绢遮体
至今它还会在晾衣绳上哭泣
二十四个节气有干有湿
随手抓一个都能拧出泪滴
我猛烈抽打着四面来风
风早已呜咽无语

我已经不敢想象
那边的星光是否也是一片瓦砾
童年的泪水是悲伤吗
长大了的清明偏偏无雨
我年复一年在路口为你们缝制新衣
风鼓起崭新的衣架等候
你们要经过的每一个站点
告诉你们我的身影漂浮但脚掌踏实
并且在夜晚聆听你们的谈话
说你们仍然疼爱着我

2003. 4. 4

作者除传递给我们人性中真挚的亲子之爱以外，其中一句“我年复一年在路口为你们缝制新衣”，还使我们联想到中国北方的“送寒衣”习俗。据民俗志记载，在唐山地区，农历十月初一是上坟祭祖的日子，因季节已进入寒冷的冬季，人们要穿棉衣，联想起已故亲人也要穿棉衣御寒，就在这一天为已故三年以上的亲人到坟头上供烧纸，称为送寒衣，表示对亲人的悼念。据《唐山市志》记载，解放后，这个风俗已经消失，但这一天仍然有人在大门外或十字路口为已故的亲人烧纸悼念。我们无法知道作者是按照老习俗在阴历十月初一还是在7月28日祭祀他的父母。但在唐山，7月28日这一天市民在十字路口烧纸已经成为这个城市的一个独特习俗。有人这样描述他们在唐山的见闻：

(7月28日) 早上出门，只见所有的十字街头都是纸灰！老唐山告诉我们，那是半夜亲属在烧纸钱给去世的亲人，因为当时根本不知道亲人埋在哪里了，只能判断当时运尸体的军车是往哪个方向走的，然后每年就在路经的十字路口上烧纸钱，以慰哀思。(网络留言)

事实上在现在的唐山，已很难找到当时的街景，对大多数人来说，判断军车的走向几乎不可能。重要的是在十字路口烧纸这个行为本身的存在，使我们了解到公共纪念并没有取代个人的祭祀。对于很多死者的亲人来说，按照民间习俗“烧纸”，依然是他们唯一和死者对话的方式。

严格地说，烧纸是“送钱给阴间的亲人使用”，其功能和“送寒衣”并不完全一样，但其形式相同。解放后“送寒衣”习俗的基本消失，其原因和政府提倡的破除迷信、移风易俗有关。不过，在民间特别是农村，烧纸习俗一直保留着。民间习俗一般是清明节上坟时烧纸。唐山7月28日在十字路口烧纸的习俗，可以说是由震灾产生的新的丧葬习俗。这里的问题是为什么他们不去纪念碑广场在纪念碑前烧纸？要回答这个问题，我们必须回到前面对纪念碑性质的描述。从性质上说，抗震纪念碑纪念的是“抗震”，而不是“地震殉难者”，其最大的目的与其说是追悼，不如说是“彰显”，即彰显人力对抗自然的伟大。它的这种设计思想决定了它不可能成为表达“追悼”、“悲痛”这类情感的场所。与此相关，这个纪念空间是一个“公共场所”，这里纪念的是24万人，一个公共死亡事件，它在包括了每个死者的同时排除了他们个体的特殊性。它的“抽象性”体现在没有镌刻死者的名字，这一点和美国的越战纪念碑、日本阪神大地震纪念碑不同。对于追悼者来说，在这里他们无法找到将死者可视化（墓碑、雕像等）的存在。同时，抗震纪念碑广场的开放性、多功能性也妨碍了在这里举行任何民间的、个体的追悼仪式。除以上理由，政府的行政管理也是不可忽略的因素。唐山市政府在1996年7月1日颁布了“关于唐山抗震纪念碑广场、唐山火车站文明城市建设示范区规范化管理的通告”，其中规定在这两处场所“严禁赌博和封建迷信活动”。在中国正式出版的字典里，烧纸正属于“迷信活动”。

但是，本该在非日常的空间（如墓地、庙宇）举行的祭祀仪式在十字路口这种世俗空间举行，就产生了世俗生活与礼仪行为的冲突。如烟火造成的火灾危险、灰烬产生的空气污染等。更重要的是，对祭祀者来说，他们需要一个属于自己的安定的“祭祀空间”，而这一点依靠个人是无法实现的，而中国又缺乏介于国家与个人之间的社会性的地域共同体或宗教结社。于是，商业资本就开始试图填补这个空白。

2001年，唐山一家民营公司发布消息说，他们要修建一座“南湖科普纪念园”，其中除修建一些普及地震知识的场馆外，还有一个非常重要的设施，“抗震纪念墙”。据介绍，这组纪念墙由九栋墙组成，每栋墙平均能容纳2700个姓名。唐山大地震死难者家属可以在纪念墙上镌刻遇难者姓名，在正面刻一个姓名收费1000元，刻在背面收费800元。镌刻内容包括死者姓名、生辰和死亡时间。

纪念墙的建设得到了政府的支持，《唐山劳动日报》在发表消息时用了这样的题目：《地震纪念墙前的文明祭奠》，其中特别列举了几个报名在纪念墙上镌刻了死难者名字的家属的感受。

> “老头子这么多年了到这天就只能在路口烧烧纸，没一个固定的地方，这会可算了了这个心愿了。”
>
> “地震时，奶奶的尸首都没找到。现在看到奶奶的名字，仿佛又看到奶奶慈祥的面容了。这种形式非常好，非常文明，比烧纸强多了。”①

① 《地震纪念墙前的文明祭奠》，《唐山劳动日报》2004年7月29日。

在这家公司的大厅里，还悬挂了一些感谢锦旗，如“感亲人灵归有地，谢华盈千秋功德”。

“今年7月28日，我母亲的祭日，我们全家到南湖地震纪念墙前祭奠亡母之灵，不同往年的是使我们悲痛思亲之情平添了许多慰藉和感激。”（感谢信）

这些感谢的文字中出现最多的是感谢纪念墙为追悼者提供了一个“固定的地方”，在这里，祭祀者大多采用献花或花圈的方式悼念死者。他们有人含泪抚摸刻在墙上的名字，有人对着名字诉说着。可以说，这个工程满足了部分死者家属的心理需要，填补了国家权力主导的公共纪念空间和民间祭祀之间的空白。

但并非所有的人都赞同这样的做法，对于刻名字收取费用，据报道，有人表示不满，“一些唐山市民认为，‘7·28’大地震是唐山人心中难以抚平的一道伤口。既然是公益性事业，就应该让24万遇难同胞共同得到祭奠。像这样交了钱就能留个名，不交钱就没名字的纪念墙，实在太不严肃”。许多震亡者亲属提及此事更是义愤填膺，“工本费？在纪念墙的正面和反面刻一个名字能差200元成本？！”他们认为，拿灾难和在灾难中死去的人当噱头来赚钱，并以收费多少作“门槛”太不道德，此举极大伤害了唐山人的情感，无疑是在他们痛失亲人的伤口上又撒了一把盐。

反对者的最大理由是这个墙应该作为“公益性事业”来办，不应收取费用。报纸介绍一个批评者的意见：“唐山市地震史料研究会副会长葛昌秋认为，从某种角度上说，‘7·28’大地震是这座城市不可再生的文化资源，抗震精神的凝练是以失去了24万唐山人的生命为代价的。在这样一座城市中，针对24万同胞的纪念性建筑，应该由一级政府来建造，而不应该进行商业化运作。”①

利用公共死亡事件获取商业利润，在任何一种文化中恐怕都是被谴责的行为。这家公司并非没有预见到来自公共价值的这种压力，公司的解释是收取的费用仅是“工本费”。而且，在这个纪念园中，他们在显要位置设置了一座纪念碑，上面镌刻江泽民有关抗震精神的题词；在整体的设计介绍中，特别强调普及地震知识，保留地震史料的目的，在此基础上的商业开发也是对唐山“宝贵的地震文化资源”的深度开发，有助于“提升唐山的城市知名度”。

我们既可以把这些行为看做对国家权力的某种妥协，也可理解为民间资本试图以此实现对国家权力的利用。他们通过在纪念园这个私人空间加入象征国

① 《燕赵晚报》2004年4月21日。

家权力的符号，来获取官方及公众认同，实现公共价值和商业运作的对接。这可以说是改革开放的中国出现的新现象。这一点和日本阪神大地震的追悼与纪念空间的构筑相比较，有非常大的差异①。由于这个项目尚在建设中，其最后结果和反响如何，尚有待进一步观察。

结　语

通过以上分析，不难看出围绕唐山大地震死难者的纪念与祭祀，国家权力通过构筑公共纪念空间、举行祭祀和纪念仪式及有选择性地"征用"某些个人体验，把这个公共死亡事件的书写与叙述定形化。其特征是淡化灾害本身的记录与记忆，强化救灾和恢复建设的成就，以体现特定政党和社会制度的"优越性"。由于它无法满足个性化祭祀的心理需求，民间则依然保留了"烧纸"的传统祭祀方式。此外，由于中共建政以来，对民间社会组织采取弱化、取缔政策，特别是在城市，所有人都属于某个"单位"，单位不但是工作场所，也是医疗、出产、住房、教育等的提供者，同时还负责提供丧葬服务，遂使建立在地缘和血缘基础上传统意义的地域社会被切割成为纵向的关系，并使原来在某种程度上能够传承民间丧葬习俗的主体丧失了社会基础。在唐山，我们找不到类似日本阪神大地震后各种民间团体承担祭祀与纪念事业的主要工作的例子。民间社会组织的缺位，正好为商业资本的进入提供了机会。民营公司收费建造地震纪念墙，既反映了当代中国市场化进程所产生的资本对某些公共价值的侵蚀，由此引起的争论也说明地域社会组织的某些功能是商业资本无法替代的。祭祀习俗在国家权力和商业资本的双重作用下也发生了变化。现在的唐山，"7·28"在十字路口烧纸和在纪念墙前献花、献花圈两种做法并行存在，政府以"文明祭奠"的表述对后者表示明确支持。可以预见，如果纪念墙完成，24万死难者的名字都刻在了上面，或许在十字街头烧纸这个因地震产生的特异民俗将会慢慢消失。

今年是唐山地震30周年，据报道，唐山市政府要举行一个"纪念晚会"，以文艺表演的形式纪念这场灾难。这或许是国家权力对这一事件的一系列政治、文化的作为的一个终结点。与此相对，当地一家报纸开始以"我的1976"为题征集民间个人体验。同时，网络上也逐渐开始有一些和过去登载在政府报纸上的不同的地震体验谈。随着尘封在民间的大量记录和记忆被挖掘，我们或许能更加完整地把握这场大地震本身以及我们的社会、政治和文化传统。

---

① 介于国家权力和个人之间的地域社会，是民间习俗传承的主体。在阪神地区，纪念空间的构筑是由地域社会组织主持完成的。

“民俗宗教”与国家的宗教政策*

周　星

在讨论中国民众的宗教信仰生活时，最常见的理解是把人们区分为佛教徒、基督教徒或天主教徒、伊斯兰教徒、道教徒等。这在一定程度上当然是有道理的分类，中国确实有上述那些宗教存在，它们也都是被中国政府承认的具有合法性的“宗教”。然而，那些无法划归上述宗教之信徒的为数更多的人，难道就全都是无神论者、迷信者或完全没有宗教性的信仰生活吗？事实绝非如此。在中国官方的宗教统计中，往往难以见到佛教徒和道教徒的具体数字，而只能大略地统计出僧侣（约20万）和道士（2万多）的人数以及寺院、道观的数字①。这确实是一个非常意味深长的现象，它主要是由民众信仰生活的一系列特点所致。坚持在阴历的每月初一、十五去寺庙烧香拜佛的人，就算是佛教徒吗？他若时不时还去道观抽签呢？那么，在大年三十或正月初一，逐一祭拜列祖列宗和门神、仓神、土地公等家宅诸神的民众，又该属于什么教呢？显然，上述简单的宗教分类并不能很好地回答这些质疑。

本文作者拟以实例说明中国民众宗教生活的基本特征、中国宗教问题的复杂性以及国家对人民宗教生活的深刻介入。在对“民俗宗教”的相关问题予以阐明的基础上，作者还将进一步讨论“民俗宗教”与国家宗教政策的关系。

河北某村的狐仙庙会和“奉教的”

若干年前，笔者曾带领博士生在河北省宁晋县某村进行过有关“四大门”之一“狐仙”信仰的调查②。我们在该村发现了形态尚颇为完整的狐仙庙和狐仙庙会，进而在访谈中还发现周围农村至今仍然可以听到大量的有关狐仙如何灵验、怎样帮人发财之类的口碑传闻。正如刘正爱博士所指出的那样③，关于

---

* 本文原载《开放时代》2006年第4期。

① 国家宗教局政策法规司编：《中国宗教法规政策读本》，宗教文化出版社2002年版，第4～5页。

② 周星：《四大门——北方民众生活里的几种灵异动物》，ISA工作论文，2000年006号。

③ 刘正爱：《动物信仰——民间信仰的另一个现实》（日文），《亚洲游学》第58号，勉诚出版，2003年12月。

狐仙或黄鼬之类“动物信仰”的民间信仰形态，实际上在华北和东北地区至今依然以令人吃惊的普遍性广泛地存在着，至今仍在一定程度上构成了当地民众信仰生活的重要组成部分①。虽然华北和东北地区的狐仙信仰可以说是各有地方特色，但又有很多要素是共通或共享的，例如关于“修炼”成精、成仙的俗信，关于狐狸的各种“仙话”，关于“仙”的种类及其与“神”相比稍低一等的神格，等等。此外，“狐仙”的神格还以个别性为特点②，在“狐仙”崇信特别发达的地方，甚至一人即奉一狐仙，它们各具神格，甚至有所谓“本身狐仙”之说③。

狐仙之类的民间信仰在中国有绵长悠久的历史传承，姑且不说中古及上古，至少在清朝的时候，确实是已经形成了颇为发达的狐仙观念和狐仙崇拜④。然而，狐仙信仰长期以来却始终受到国家（朝廷）体制和主流意识形态的贬低、压制，甚至禁止。中国古代王朝大都尊崇儒教（或道教、佛教），很多民间信仰往往被作为“怪力乱神”和“淫祀”而遭到冷遇或禁毁。朝廷为了把民间诸多杂神及其信众尽可能均纳入一元化的管制之下，遂经常汲取或“升格”民间杂神，把那些被认为对社稷有好处、对民众有恩泽的神祇，经由地方官上奏，由朝廷赐予封号或匾额之类，使之有选择地纳入朝廷“祀典”，但即便如此，狐仙之类的信仰也往往因为“荒诞不经”而绝难入流⑤。进入中华民国时代，“四大门”之类的狐仙信仰更是直接地被致力于现代国家建设和提倡“现代性”的官方宣判为“迷信”，“在现代警察系统和卫生体系的双重监控下”遭致取缔⑥。然而，现实的状况却是，代表国家权威的警察机关对于狐仙之类

---

① 旧时某些特殊的行业如河南等地的戏班子、女巫、娼妓等，往往也把狐狸等据信有“道行”的经“修炼”可以“成精”，进而能够“附体”和“迷惑”人的动物视为自己的行业神。参见任骋《中国民间禁忌》，作家出版社 1990 年版，第 310～311、360～361 页。

② 山民指出，各家所奉之“狐仙”并不具有统一的神格。参阅山民《狐狸信仰形成的文化背景与表现》，上海民间文艺家协会、上海民俗学会编《中国民间文化——民间俗神信仰》，学林出版社 1994 年版。

③ 《万全县志·迷信》，1934 年。

④ 吴廷燮总纂：《北京市志稿·七礼俗志》，北京燕山出版社 1998 年版，第 417～418 页。李剑国：《中国狐文化》，人民文学出版社 2002 年版，第 199～294 页。

⑤ 狐仙之类的民间信仰过去和官府的关系实际上要更为复杂。例如，在被列为世界遗产的平遥古城的县衙里，就有所谓“大仙楼”。其神龛有“供奉守印大仙之神位”，两边分别写有“仙佑紫印仕途广，楼集灵气境界宽”的对联，横批“守印大仙”。“守印大仙”就是狐狸，清代各官署多供之，其职一护印信，二佑前程。相传知县上任第一天，便要进香、叩拜，以求官运亨通。据清徐珂《清稗类钞》记述，陕西宜君县署亦曾有过狐狸的木牌位，新来县令都要对牌位参谒祭祀一番。另据传说，东北的“胡三太爷”，曾得到过努尔哈赤的“皇封”。

⑥ 杨念群：《昨日之我与今日之我——当代史学的反思与阐释》，北京师范大学出版社 2005 年版，第 353～354 页。

民间信仰的严厉处置，并没能彻底根除其草根般的顽强存续[①]。20世纪50年代以后，大规模的和急风暴雨式的革命及意识形态运动，似乎把此类堪称“四旧”的民间信仰彻底破除或摧毁了，但其实它们只是隐藏或暂时蛰伏地下，改革开放后狐仙庙会的死灰复燃再次说明了此类民间信仰的根深蒂固。

60多年前，著名民俗学家杨堃教授指导燕京大学社会学系学生李慰祖完成的一篇调查报告，曾详尽介绍了北平西北郊区（现北京大学周边）当时颇为盛行的“四大门”宗教[②]。现在，那些地方已经成为北京市海淀区高等院校和高科技企业云集的繁华街区，很难想象几十年前这里曾有以狐狸、蛇、刺猬、黄鼠狼等野生动物为“大仙”、“保家神”或“财神”的农民信仰流传。都市化和剧烈的社会变迁似乎早已把60多年前的那些民众信仰淹没殆尽了，但我们走出京城到不远的乡下，依然可见那类信仰在鲜活地存续着[③]。

尤其令我们感到震撼的是，就在河北省宁晋县的这个村落里，由于出现了一部分“奉教的”亦即天主教徒，遂在狐仙庙会的信仰者和“奉教的”村民之间形成了种种有形或无形的裂痕与对峙。“奉教的”村民通常多倾向于认为，狐仙信仰没什么好说的，它纯粹就是“迷信”，因此，他们多是不会去光顾那庙会的。而热衷于承办、组织或参与狐仙庙会的更多的村民，则是狐仙等“仙家”的虔诚信仰者，他们去庙会上香礼拜、许愿还愿，并眉飞色舞地讲述各种灵验故事，把对“现世利益”的很多期许和祈愿寄托于仙家的眷顾和护佑。在他们看来，“奉教的”多是一些不懂事的人，父母死了也不哭，实属不敬（神）不孝（亲）。村落社区内部因为信仰的不同，导致出现了深刻的裂痕和潜在的紧张关系。值得指出的是，那些分别被称为“老胡仙”、“白长仙”、“青龙仙”的“仙明”们，经由各种乡土口碑和灵异故事的中介而具备了与村民日常生活颇为亲近的属性，尽管该村同时还有其他“奶奶庙”、“药王庙”、“灵官庙”、“虫王庙”等，狐仙信仰只是村民多神信仰中的一部分，但它的香火却更盛，这是因为它更为“灵验”的缘故。此外，特别重要的还有这个狐仙庙会又是当地超越村落层面的地域社会以庙会“轮值”方式所建构的“祭祀圈”的一环。

---

① 关于国民政府及其意识形态对于“民间信仰”的态度，可以参考潘淑华《“建构”政权，“解构”迷信？——1929年至1930年广州市风俗改革委员会的个案研究》一文，载郑振满、陈春声主编《民间信仰与社会空间》，福建人民出版社2003年版。

② 李慰祖：《四大门》，燕京大学法学院社会学系学士毕业论文，1941年。

③ 据《中国青年报》2001年12月18日报道，河北晋州市东紫村的狐仙庙恢复后，香火很盛，每逢农历十五，前来祭拜的人很多，香头们因此收入颇丰。另据《北京晨报》2002年5月25日报道，密云县新城子乡一带，一直有“兔子精”附体会致人生病，治病得通过“半仙儿”驱魔之类的俗信。

与此相对比，“奉教的”则另有自己的教会组织和其他社交网络，他们尽量不和狐仙庙会发生关系。

无论按照我们的“常识”来看，农民们的狐仙信仰有多么“离谱”，我们也应该从他们信仰生活的实际情形亦即需要从他们的现实生活出发去予以理解，而不是简单地像很多记者那样居高临下地断言它们为应被取缔的“迷信”。在文化人类学家和民俗学家看来，这些由动物“修炼成精”而来的诸神或诸仙，其实是汉人民间信仰的神祇谱系中堪称独特的一个分类[①]，同时，它们在乡村的民俗分类中也自有合乎其逻辑的位置。例如，和“天仙”或“上方仙”（玉皇大帝、太上老君等）、“人仙”（关公等）、“鬼仙”（阎王、土地等）相比，它们属于“地仙”，因为具有家宅保护神的属性，故又称“保家仙”。“仙明”这一类超自然存在，实际上并不能被以前由西方人类学家提出的有关中国人信仰世界中“神”、“鬼”和“祖先”的分类所解释。不少地方例如在旧时的北京，“四大门”诸仙据说是要接受东大山、妙峰山、天台山等几处大庙“娘娘”的总管，换言之，它们也可能会构成某个道教或佛教庙宇信仰体系中的次级结构。也有研究者将“狐仙”、“黄仙”之类看做巫觋等民俗宗教职能者的“守护神”或“辅助灵”[②]，民俗宗教的职能者只有借助它们的力量，才能够发挥沟通神人的作用。

在我们访问过的这个村落，尽管“奉教的”人们多少表现出疏离于地域社会的倾向，但他们的信仰却被承认是“宗教”，并得到了国家宗教政策的明确支持和保障。与此相对比，扎根于地域社会民众生活的狐仙庙会之类的民间信仰，却一直缺少理直气壮的“合法性”，始终面临着被定义为“迷信”的危险。在调查时，村民们很担心我们是不是国家媒体的记者，他们深知记者拥有定义“迷信”的话语权，对狐仙庙会可能被曝光怀有很深的戒心。若是从村落社会生活的层面看，现实状况显然是社区中的两种信仰并未得到同等程度的保护，这确实不是很公平。笔者认为，这正是中国民众信仰生活的一幅典型的现实场景。

正如我们不能站在某一个宗教的立场去判断另一宗教，否则，就可能形成宗教偏见一样，我们当然也不应该用所谓“世界宗教”去判断和贬低民间信仰，因为在民间信仰中不仅包含着广大民众的道德价值观（如“善有善报”、“行好”[③]）、解释体系（看香与香谱、扶乩、风水判断、神判、解签等）、生活逻辑（生活节奏、与超自然存在建立拟制的亲属关系、馈赠与互惠、许愿和还

---

① 聂莉莉：《诸神的儒教》（日文），《亚洲游学》第58号，勉诚出版，2003年12月。

② 黄强、色音：《萨满教图说》，民族出版社2002年版，第203～243页。

③ “行好”就是指敬拜神仙和参与有关庙会的事务，这在农村被认为是做善事、好事和功德之事。

愿、庙会轮值与地域社会的构成等),还深深地蕴涵着他们对人生幸福的追求、对社会秩序的期待以及可以使他们感到安心的乡土的宇宙观[①](如"阴阳"、"和合"、"天人合一"、平安是福等)。

"民族宗教":本主、东巴、毕摩、萨满等

现当代中国宗教问题的复杂性,还特别突出地表现为所谓"民族宗教"的多样性上,在中国的具体场景下,它主要是指少数民族的宗教信仰生活。多民族和多宗教的现代中国经过长期的努力,在经历了不少挫折之后,终于基本上确立了较为有效和体系化的民族政策,其中也包括民族宗教政策,因此,中国少数民族的宗教信仰自由,除过"文化大革命"等非常极端的时期之外,基本上可以得到来自国家民族政策和宗教政策的双重保护。

但是,中国少数民族的宗教信仰生活,因为情况极其复杂而难以一概而论。大体来说,那些几乎是全民信仰伊斯兰教或藏传佛教的若干少数民族,像维吾尔族、回族、撒拉族、保安族、东乡族、藏族、土族等,由于他们的宗教信仰被认为是"合法的",被列入了国家民族政策和宗教政策的保护对象之中,故通常而言其信仰自由是能够得到保障的。不过,即便是在这些少数民族中,在其社会的内部或底层,仍然会或多或少地存在着一些被认为"原始"的信仰,诸如萨满教、"本教"的一些要素等。

值得指出的是,中国更多的少数民族的宗教信仰生活,往往和汉族一样,也具有诸如多神信仰或诸教并信的特点,与此同时,其各种社区节庆仪式或人生礼仪等通常也是构成其信仰生活的重要组成部分。也就是说,他们信仰生活的特点往往和汉族的"民俗宗教"有很多类似性。

以满族为例,除了以萨满教为其文化的底流之外,满族还将儒教、喇嘛教、道教以及各种杂神包括"狐仙"崇拜等都糅合了起来,形成了几乎和汉族差不多的"民俗宗教"[②]。蒙古族在崇信喇嘛教的同时,还有对成吉思汗的英雄崇拜以及萨满教等很多富有民族特色的信仰形式。白族民众在部分地信仰佛教、道教的同时,还崇信他们各个村落或地方的保护神"本主","本主"的神格多种多样,但大都和当地民众现实的世俗生活密切相关。纳西族在部分地信仰藏传佛教和道教的同时,还曾经受到儒教文化的很多影响,并一直信仰着他们自己传统的东巴教和自然崇拜[③]。

---

① 郑振满、陈春声"导言",郑振满、陈春声主编《民间信仰与社会空间》,福建人民出版社 2003 年版。

② 周虹:《满族妇女与信仰民俗》,《民间文化论坛》2004 年第 6 期。

③ 夫巴:《自然崇拜是纳西族最本质的原始信仰》,白庚胜、和自兴主编《玉振金声探东巴——国际东巴文化艺术学术研讨会论文集》,社会科学文献出版社 2002 年版。

此外，中国像佤族、苗族、傈僳族、景颇族、拉祜族、独龙族等山地民族或其部分支系，在部分地接受了早年传教士的布教而成为基督教或天主教信仰者的同时，却依然不同程度地保留着祖先崇拜的祭奠、对大自然精灵的信仰以及传统的祭鬼仪式等①。实际上，他们往往是以本民族"原生宗教"的宇宙模式来理解"外教"的教义，并无一例外地均未放弃本民族的多神信仰②。显然，在上述所有这些情形下，少数民族的信仰生活中，既有被现行的国家宗教政策承认是"宗教"的部分，也有不被国家宗教政策所认可的部分，像基于"万物有灵"观念而形成的自然精灵崇拜、祖先祭祀、各种形态的鬼魂观念及崇拜、各种形态的巫术，还有上述那些本主信仰、土家族的巫师"梯玛"、羌族的巫师"释比"、东巴/达巴教、毕摩教、萨满教等。严格地说来，它们在现行的国家宗教分类体系中无法得到确认，这也就意味着少数民族的此类独具民族传统的信仰形态，并不能够从现行的国家宗教政策中获得合法性的依据，而往往只是由于民族政策发挥了一定的保护作用，才没有使"问题"变得像前述河北省某村落的情形那样尖锐。

中国还有一些少数民族基本上没有或很少信仰佛教、道教或基督教、伊斯兰教等被国家宗教政策所认可的体系化或制度化的"宗教"，他们的信仰生活往往被定义为"原始宗教"，像怒族的自然精灵信仰，羌族的白石崇拜，彝族的祖灵信仰和毕摩教，东北鄂伦春族和鄂温克族的萨满教等等。"原始宗教"一词，原本具有"低级"、"原初"和"落伍"等多种负面含义，它实际上是在以"西方中心主义"为背景的古典进化理论的文脉中对民族和宗教的形态进行了高低排序，其中隐藏着对"原始宗教"之属于"前宗教"或"非宗教"（异教）、"原始宗教"的信仰者之不属于"文明"或其处于"野蛮"状态的价值判断。现在，基于很多重视田野调查的经验性学科对于人类宗教行为的更为深入的研究和更为宽泛的理解，已经颠覆了任何既有的关于"宗教"的定义及其分类体系，也已经使得上述"世界宗教"和"原始宗教"的分类日趋相对化而不再能够成立了③。但遗憾的是，尽管"原始宗教"这种过时的概念已被大多数研究者所摈弃，目前却仍然没有更好、更合适的称谓用来概括地指称这些很难被各种官方的宗教分类或统计体系所包容无遗的内涵庞杂的信仰。不久前，中

---

① 刘刚、石锐、王皎：《景颇族文化史》，云南民族出版社 2002 年版，第 133～165 页。

② 史波：《神鬼之祭——西南少数民族传统宗教文化研究》，云南教育出版社 1992 年版，第 155～156 页 。参阅秦和平《基督宗教在西南民族地区的传播史》，四川民族出版社 2003 年版。

③ 菲奥纳·鲍伊（Fiona Bowie）：《宗教人类学导论》，金泽、何其敏译，中国人民大学出版社 2004 年版，第 27～31 页。

国国内出版的《中国各民族原始宗教资料集成》[①]，正好说明了这个问题乃是无法回避的。即便采取所谓"沙里淘金"的方法剥离阶级社会的"附加品"，有可能筛选出原始宗教的"沉积物"，进而有助于研究者探讨宗教的起源问题或理解宗教学的基本原理，但是，把少数民族社会里除了各种"世界宗教"之外的信仰生活均理解为"原始宗教"[②]，恐怕很有可质疑之处。例如，把傣族所有非佛教的信仰全部理解为"原始宗教"，实际上就是难以解释的。无论如何，我们对少数民族社会的这些信仰生活的正当性是不应该存疑的，可令人遗憾的是，在现行的国家宗教政策中，并没有给予它们以明晰的认定和作出保护的承诺。

显而易见，把少数民族的包括各种传统信仰形式在内的宗教生活，理解为"现当代"的而非"原始"的，同时，也把它们理解为"宗教"的而非"前宗教"、"非宗教"或"迷信"的，进而对其予以法律和政策的界定与保护，乃是非常必要的。在国家主流或主导的社会意识形态（这里主要是指"现代化"意识形态和"无神论"意识形态）很容易对它们作出负面判断的大背景下，各级政府尤其应该注意要非常慎重地对待少数民族社会中各种传统的信仰形式。

"民俗宗教"也具有宗教的本质

包括部分少数民族在内，中国民众生活中颇为普遍的民间信仰，如上所述，目前并未被作为"宗教"而成为国家宗教政策的保护对象。虽然宪法和有关宗教的法规政策，均秉持宗教信仰自由和各种宗教一律平等的原则，但是，由于没有把民间信仰或不能为官方既定的宗教分类所接纳的诸多信仰形式或事象也视为具有正当性的"宗教"，因而也就无法为其提供合法性的保护。显然，这首先需要我们研究者放弃对于"宗教"的教条主义理解，进而基于民众实际的信仰生活情形对"宗教"作出重新的定义。在中国，诸如道教的民间性[③]、道教和佛教的世俗化或佛教的中国化[④]，都使得宗教与生活往往难以区分，类

① 吕大吉、何耀华总主编，中国社会科学出版社出版的《中国各民族原始宗教资料集成》，分别由《考古卷》（1996）、《彝族卷、白族卷、基诺族卷》（1996）、《土家族卷、瑶族卷、壮族卷、黎族卷》（1998）、《傣族卷、哈尼族卷、景颇族卷、孟－高棉语族群体卷、普米族卷、珞巴族卷、阿昌族卷》（1999）、《鄂伦春族卷、鄂温克族卷、赫哲族卷、达斡尔族卷、锡伯族卷、满族卷、蒙古族卷、藏族卷》（1999）、《纳西族卷、羌族卷、独龙族卷、傈僳族卷、怒族卷》（2000）等组成。

② 吕大吉"总序"，吕大吉、何耀华总主编《中国原始宗教资料丛编》，上海人民出版社 1993 年版。

③ 韩秉方：《论道教的民间性》，龚鹏程主编《海峡两岸道教文化学术研讨会论文集》（上册），台湾学生书局 1996 年版。

④ 参阅李林《梵国俗世原一家——汉传佛教与民俗》，学苑出版社 2003 年版。

似旧历七月十五的各种节祭，就既与汉族的祖先祭祀，又与道教的中元、佛教的盂兰盆的混合的结合体。还有涉及婚丧嫁娶的各种生命礼俗，均有道教和佛教争先恐后的深刻渗透①。丧葬的祭场，更是儒道释基于生活原理的结合。具体而言，笔者认为，可以考虑把包括祖先祭祀、表现为各种庙会形态的民间杂神崇拜（如关帝、妈祖、龙王、娘娘、老母、王爷、刘猛将、家宅六神等）、各种形态的民间道教、民间佛教以及基于泛灵论的自然精灵崇拜和鬼魂崇拜等在内的民间信仰，概括地定义为“民俗宗教”，进而对相当于“民俗宗教”的上述少数民族社会中各种不能为官方宗教分类所包罗或容纳的信仰和崇拜现象，则可以对应地称之为“民族宗教”②。然后，再进一步修订官方现行的宗教分类体系，把此类“民俗宗教”和“民族宗教”均纳入到国家宗教政策和法规的切实保护之下。

在擅长于民间信仰研究的民俗学领域，大约自20世纪80年代以后逐渐出现了将其理解为“民俗宗教”的倾向。形成这一趋势的原因在于，和哲学、宗教学（包括神学）对于人类宗教现象的偏重于文本和教条的价值论式的研究形成鲜明对比的是，社会学、文化人类学（民族学）以及民俗学等实证性学科偏重于田野的认识论式的研究，已经在对于人类极具多样性的信仰行为的认识和理解方面取得了很大的成就。基于田野调查和实证研究的上述学科发现，即便是所谓“世界宗教”，也和它们所分别存在的社会世俗生活无法分割，世俗生活才是宗教实践的主要场所。日本民俗学在20世纪80年代以前主要流行柳田国男的“民间信仰论”③，柳田认为，民间信仰应被包括在“民间传承”之内，它主要是指与知识阶级对应的俗间凡人及农村、山村、渔村的各种具体的崇信习俗和心意事象。但他倾向于通过“民间信仰”去发现日本民族的“固有信仰”，亦即佛教、儒教传来之前未受其影响或“污染”的特有信仰。为此，他先后提出了祖灵一元论、“常民”的共同体信仰即氏神信仰等理论。后来的一

---

① 参阅龚鹏程主编《宗教与生命礼俗》，灵鹫山般若文教基金会国际佛学研究中心，1994年。

② 和“民俗宗教”一词含义相近的学术概念，还有“民间信仰”、“民间宗教”、“民众宗教”等。此处所谓“民族宗教”，和“民俗宗教”的实际内涵并无根本区别，如把汉族的民俗宗教理解为汉族的民族宗教也未尝不可。但是，考虑到涉及国内少数民族的现行的学术概念体系，“民族宗教”这一用语或许也是必要的。在某些情形下，“民族宗教”往往不是涵盖该民族全部宗教生活的概念，而是指称其传统或固有信仰形态的用语。在多民族社会的具体场景下，“民族宗教”也具有族际识别的意义，如在藏族、汉族和回族杂居的地区，藏传佛教、汉传佛教和伊斯兰教就可以被认为是各自不同的“民族宗教”。同时，彝族的祖灵信仰和毕摩教也堪称“民族宗教”，不能因为它们不是所谓“世界宗教”，就不承认它们也是宗教。

③ 池上良正：《民俗宗教的复合性与灵威的层次》（日文），载山折哲雄、川村邦光编《写给学习民俗宗教的人们》，世界思想社1999年版，第127～144页。

些研究者对柳田学说曾有尖锐的批评，认为他实际上是在致力于日本民族的认同作业。与此同时，包括巫女研究、妖怪研究等在内的民俗学成果，也都证明日本民族的信仰生活是复合的，于是便逐渐出现了从静态、一元的“民间信仰论”向多元、复合的“民俗宗教论”的范式转换。

渡边欣雄教授在谈到汉民族的宗教问题时，也使用了“民俗宗教”这一概念。他解释说：“民俗宗教”是民众基于其生活的惯例性行为和信条而成立的宗教，它通常并不是由教祖、经典及教义来规范，有关的宗教仪式也多不统一，并且多不依托教会组织而主要是依托地域社会中现存的各种生活组织，其信仰与其说是基于某种抽象的宇宙观，倒不如说是基于对现世利益（诸如迎福、禳灾、转运等）的祈愿。此种“民俗宗教”，通常以宗族、地域社会等为背景而自发地产生，是沿着人民的生活脉络而编成，并且往往集中地表现为年节岁时祭典或人生关节的通过礼仪及相关的各种俗信①。

台湾人类学家李亦园教授也曾提出“中国人信什么教?”的问题，他认为，如果一定要回答这个问题，则是所谓“普化的宗教”②。在谈到台湾民间宗教时，李亦园也曾非常明确地指出，行政当局核准、分类或许可登记的宗教分类方法只是一种便于管理与登记的形式分类，实质上并不能包容绝大多数台湾居民的信仰内容。因为80%以上的台湾居民的宗教都是“扩散式”的信仰，亦即一种综合了阴阳宇宙、祖先崇拜、多神泛灵论、符箓咒法等在内的复合体，其成分包括了儒家、道家和佛家的部分思想教义，但又分别在不同的生活范畴中表现出来，因此，很难用什么“教”去概括它们③。另一位台湾学者林美容教授也认为，汉人社会的宗教信仰原本就与其生活密切相关，举凡衣食住行、生老病死、年头年尾，民众生活中处处都可以观察到宗教信仰的点点滴滴，时时都可以体察到宗教信仰者的心思和活动④。这类“民间信仰”或“民间宗教”，正是本文所谓的“民俗宗教”。中国内地的情况和台湾基本上一样，即便是那些自称无神论或无信仰的人，也都或多或少地具备“民俗宗教”的一些观念或行为。在中国各地，这样的宗教意识普遍地存在于那些没有特定教派信仰和宗教组织的普通人群中间，并具有“无事不登三宝殿”的实用功利性⑤。然而，

① 参阅渡边欣雄：《汉族的民俗宗教》，周星译，天津人民出版社1998年版，第3、18页等。

② 李亦园：《宗教与神话论集》，立绪文化事业有限公司1998年版，第168～199页。

③ 李亦园：《台湾民间宗教的现代趋势——对彼得·柏格教授东亚文化发展因素论的回应》，见李亦园《田野图像——我的人类学研究生涯》，山东画报出版社1999年版。

④ 林美容“导论”，见林美容主编《信仰、仪式与社会》，台湾中研院民族学研究所，2003年。

⑤ 侯杰、范丽珠：《中国民众宗教意识》，天津人民出版社1994年版，第7～11页。

正是因为它扎根或渗透于民众的日常生活之中，故往往不被当做“宗教”来认知。

笔者认为，“民俗宗教”这一界定之所以非常重要，首先是因为文化人类学和民俗学通过大量的田野调查和实证研究已经揭示出来的基本事实是，“民俗宗教”乃是中国最大多数民众之信仰生活的基本形态。尽管“民俗宗教”内涵庞杂，富于地域或族群的多样性，尤其是因地域社会的不同其具体信仰的内容或形式也常多有差异，但它们无非都是各地方民众实实在在的信仰。其次，“民俗宗教”基本上都是本土起源的，它的多样性根本无法被官方所认可的“道教”或“佛教”概括无遗。最后，“民俗宗教”虽然并不那么精致，或许还有些粗糙，往往也有不成体系的，但它们和所有那些具有外来属性却又被官方所认可的宗教如基督教、伊斯兰教等一样，同样地具有“宗教”的本质。

宗教的本质何在？这是一个难以回答的问题。但若是从宗教的对象来理解其本质，则无非有“超自然的存在”、“神圣和世俗的交替”、“终极价值”以及某种形态的“他界”观念。李亦园教授曾指出，中国包括民间宗教在内的文化，实际上具有“致中和”的宇宙观；渡边欣雄教授也曾分析说，汉族的民俗宗教所追求的终极性价值无非就是“天人合一”或“天人感应”。换言之，看起来极其功利主义的“民俗宗教”，其实也有自己的“终极价值”追求。我们相信，“民俗宗教”在上述涉及宗教本质的各个主要方面，基本上也都是和其他所谓的“世界宗教”或“普遍宗教”彼此相通的。不仅如此，在宗教行为的功能方面，包括所谓解释的、消解紧张与不安的、建构象征权力的、维持现状或否定现状的、使世界呈现出连续性的等诸多方面，“民俗宗教”也都和“世界宗教”没有本质上的区别。和“世界宗教”一样，“民俗宗教”也无非是一种文化象征体系或有关信仰的制度。“民俗宗教”虽然未必具有完备的教会组织和大部头的经典，但它们依然堪称“宗教”，“民俗宗教”和所有已经被官方认可的“宗教”在本质上并无二致。

完善和调整宗教政策的必要性

和其他大多数现代民族国家一样，中国政府也是通过其宣示的宗教政策来管理人民的宗教生活及相关活动的。不同的是，中国执政党的意识形态以“无神论”和“现代化”为特点，鉴于其对社会生活巨大的影响力，有关宗教政策的落实至少在意识形态极端化的地区和时期，往往就容易受到干扰乃至于破坏。从无神论立场看待宗教尤其是“民俗宗教”，经常会有“封建”或“执迷不悟”之类的价值判断；即便是从现代化的立场看“民俗宗教”，也常会倾向于把“民俗宗教”看做现代化的对立面，将其界定为阻碍现代化或使之遭遇挫折的“迷信”。当官方媒体时不时地指责某个村落的小庙香火兴盛而村办小学却破落凋敝时，我们就能深刻地体会到国家对"民俗宗教"的态度[①]。这在一定程度上，也解释了我们在调查狐仙庙会时何以会遭遇到村民们心有余悸的警惕性和不信感。

然而，果真现代化的实现必须要以涤荡或否定"民俗宗教"为前提或代价吗？答案是未必。亚洲儒教文化圈的许多国家和地区相继迈向现代化的现实，已经说明马克斯·韦伯的宗教理论存在着缺陷。也正是在这些国家和地区，形态多样的"民俗宗教"非常发达，它们不仅已经适应了现代化的社会，还在其中获得了持续延伸的社会空间。以早已实现了现代化的日本为例，国民多不固执于特定宗教，信徒总数超过国民总数的统计结果表明，很多日本人往往同时崇信几个不同的宗教或教派[②]，若是再从人生礼仪等生活层面分析，其很多情形也都可以称作"民俗宗教"。在台湾地区，内容复杂多样的民间信仰远远超过了官方许可登记的11种宗教，它们大都可以划入"民俗宗教"的范畴，其在台湾民众的实际生活中发挥着难以替代的功能，也并不和所谓的"现代性"相矛盾。社会学家彼得·柏格（Peter L. Berger）教授和人类学家李亦园教授在讨论东亚经济文化发展的文化因素时，曾对民间宗教的实用功利主义给予了很正面的评价，他们认为，在"民俗宗教"中完全可以找得到亚洲现代性的"精神"；甚至包括儒家和大乘佛教等所谓"大传统"，也都是深深地根植于较不精致的民间宗教的宇宙观里的[③]。

"民俗宗教"因为扎根于地域社会的民间生活，即便它和国家主导的意识形态未必一致或相去甚远，在现实中通常也并不会和地方政府形成尖锐的对抗[④]。在我们调查的狐仙庙会上，公布捐助庙会活动者的"黄榜"，开宗明义先要歌颂党政领导的正确，而村镇政府对狐仙信仰也是熟视无睹，睁一只眼闭一只眼，甚至积极地要把庙会同时操作或定义成"物资交流会"。地方政府和"民俗宗教"相互之间的默契，实际意味着彼此的兼容性。来自其他庙会如河北省赵县"龙牌会"的案例[⑤]，也都一再说明村民们在经营自己的信仰生活时总是会对国家的存在有所顾虑，并力图不与之发生正面冲突。在中国的大多数

① 《河北晋州迷信活动盛行，神庙林立香客不断》，《中国青年报》2001年12月18日。

② 今野敏彦、小川浩一、田中康夫：《生活的社会学》（日文），八千代出版，1981年，第173～179页。

③ 李亦园：《台湾民间宗教的现代趋势——对彼得·柏格教授东亚文化发展因素论的回应》，载李亦园《田野图像——我的人类学研究生涯》，山东画报出版社1999年版。

④ 中国社会除得到法律和政策保护的"宗教"、某种程度上既被贬斥又被默许的"民俗宗教"，往往还会出现一些多少具有反体制属性的"秘密宗教"及"新兴宗教"。本文因篇幅所限，暂不讨论"秘密宗教"和"新兴宗教"的问题，但值得指出的是，"秘密宗教"和"新兴宗教"，有时候会以民间信仰或其某种形式为基础而展开。

⑤ 高丙中：《民间的仪式与国家的在场》，载郭于华主编《仪式与社会变迁》，社会科学文献出版社2000年版；高丙中：《知识分子、民间与一个寺庙博物馆的诞生》，《民间文化论坛》2004年第6期。

地区，庙会和集市往往具有共生关系，融宗教性集会、社区娱乐、男女交际、经济贸易等于一体的“庙市”①，实际上是构成地方社会稳定的集贸市场体系的重要组成部分，它们历来都得到了朝廷和官府的宽容与保护，即便在进入民族国家时代之后，其经济功能也是它们面对国家干预时最理直气壮的理由之一，同时，这也是地方政府“文化搭台、经济唱戏”的直接依据。当僵硬的官方宗教分类体系不能包容各种民间信仰或“民俗宗教”时，民众中最常见的规避方法之一就是“戴帽子”，亦即对国家认可的制度性宗教加以利用，把地方信仰的杂神或“民俗宗教”的各种小庙小祠，在形式上纳入已被国家承认的宗教如佛教或道教的体系之内，有时还会找一位被认可的主神如“观音菩萨”之类，但实际祭祀的则仍然是人们心目中认为更灵验的杂神。类似的对于合法宗教的模仿或改造等，事实上还能够不断地创造出“民俗宗教”的一些新形式。

长期以来，中国内地的福建、广东等省，还有一些少数民族自治地方或少数民族较为集中分布的省份，在如何妥善管理民间信仰或“民族宗教”等方面，已经有不少值得认真总结的实践；与此同时，台湾行政当局在管理“民间宗教”方面也有一些值得借鉴之处。政府应该非常清醒地认识到，试图消灭或全面抑制各种民间信仰的行政成本将是极其巨大的，其收效也很可疑，故不如因势利导，认真地探讨如何把它们纳入有效管理的途径、方式和政策。笔者认为，结合和借鉴上述种种经验，对于现行国家宗教政策中尚较为欠缺的“民俗宗教”部分予以补充或调整，实现“脱离”意识形态的政策性突破，乃是眼下和今后亟待解决的重大课题。不久前，台湾政治家连战和宋楚瑜相继访问大陆时祭祖仪式的电视现场转播，意味着对于祖先祭祀之类的民间信仰，无论官方意识形态、媒体的态度和公众心理层面，均已经达到了完全可以接受的程度，换言之，围绕着“民俗宗教”的政策调整，确实正在迎来水到渠成的时机。

中国现行国家宗教政策的最大悖论是，相对于对基督教、天主教等具有外来属性的宗教和佛教、道教、伊斯兰教等所谓“世界宗教”的法律和政策保护而言，对本土的最具有广大社会基础的“民俗宗教”则基本上不予保护。不视“民俗宗教”为宗教，实为一种偏见，它多少是受到了西方宗教观的影响，即把非西方定义的信仰看做“前宗教”、“非宗教”或“异教”的。诚如美国学者理查德·麦迪逊（Richard Madsen）所指出的那样②，从欧洲现代化与世俗化

---

① 陈支平：《闽北建瓯厚山村的三圣公王庙会》，载庄英章主编《华南农村社会文化研究论文集》，台湾“中研院”民族学研究所，1998年；段玉明：《西南寺庙文化》，云南教育出版社1992年版，第249～288页。

② 理查德·麦迪逊：《更恰当地理解宗教、文化与中国人的方法论》，载中国南开大学历史学院、日本爱知大学国际中国学研究中心编《“现代中国学方法论及其文化视角”国际学术讨论会论文集》，天津，2005年12月2～4日。

经验中抽象出来的宗教研究与中国现实之间缺乏一种适当性。自从对中国的学术研究被欧洲模式所主宰，也就很难得出对中国文化历史的准确理解。由于中国知识界和政府已经接受宗教研究的西方模式，他们也就难以了解自身的社会，有时甚至会导致悲剧性的后果。19世纪中期至20世纪初叶，西方基督教和天主教伴随着洋枪、洋炮和鸦片大举传入中国，曾经以“义和团”为代表的本土宗教形态有限的抵抗基本上以失败而告终。此后的历届中国政府，似乎是为了减少和西方世界就宗教问题发生的摩擦，一般都承认宗教信仰的自由，但遗憾的是“反客为主”地接受了西方的宗教观和宗教定义，结果是把人家的宗教当做宗教，反倒把本国人民中最具有普遍性的“民俗宗教”排除在了“宗教”之外。尽管那些被国家承认的“宗教”常被认为是“世界宗教”或是具有“普遍性”的宗教，但应该指出的是，在中国的具体场景下真正具有“普遍性”的则是“民俗宗教”。

结　语

国家宗教政策的意义在于为人民正常的宗教生活提供明确的规范和切实的保护。国家当然有必要确定诸如宗教不得干预政治和公共事务、宗教不得干预教育、不得借“宗教”之名行各种非法之实等一系列具体的规范。在实践中，尤其是需要明确“民俗宗教”和“迷信”、民间信仰组织和非法“会道门”之间的界限。一个成熟的现代社会和现代国家，理想的状态应该是政府依法确保各种宗教的自由与平等，信徒和民众则在法律、法规和政策允许的范围之内经营各自的信仰生活。显然，要实现这种状态，就不应该将执政党的意识形态和各种不同宗教包括“民俗宗教”的世界观之间的差异看做是绝对不可调和的。如果能够把“民俗宗教”界定为人民正常的宗教生活，则国家宗教政策自然也就应该对“民俗宗教”作出相应的明确规范，并将其纳入国家认可的宗教分类体系予以保护。“民俗宗教”是深深扎根于民众生活文化土壤之中的信仰形态，它大面积地存在于大多数中国民众的现实生活之中，但“民俗宗教”的复杂性也导致了制定政策的难度。显然，如何基于对“民俗宗教”的更为深入的调查和研究，进而展开相关政策、法规的规范和设计已是当务之急。眼下，不视“民俗宗教”为宗教的不正常现象，终于到了应该予以纠正的时候。

“为人”与“懂事”

——从乡村的民俗概念看中国法治之“本土资源”

张百庆

问题的提出

费孝通《乡土中国》中曾有关于“礼治”秩序和法治秩序的对比。当前，依法治国已写入宪法作为官方意识形态和政府治国战略，但仍有学者指出中国社会依旧是伦理社会而非“理性主义社会”①。有人反对“礼治”与“法治”的二元观点，希冀寻求其间的结合点②。中国传统社会的“礼治”和源于西方的“法治”都是特定社会情境下的秩序状态③，“法治”不仅是一种政治制度，其“合法性”获得还意味着它是一种市民生活。依法治国，就须搞清当前中国多大程度上是“法治”的？如果和“法治”社会有差距，那中国当前的社会基础是什么？它和西方的“法治”有何差距？虽有学者提出法治的“本土资源”理论，注意到国家法与民间法的碰撞、冲突，却往往忽略了纠纷当事人行为取向的社区背景，忽略了社区村民和法庭当事人角色的区别和关联，故难以发现纠纷解决和制度设计的根基所在。农民如何在乡村建构自己的社区秩序？社区生活交往的原则是什么？村民如何应对国家政策？何时会求助国家法律手段？在社区村民和国家政策互动中，政策的实施出现了什么问题？村民交往原则在应对国家政策中有何变化？就是说，“乡土中国”、礼治秩序和伦理社会的论断还有无社会基础？法治的本土资源是什么或有多少？

笔者选择鲁西南的张村作为田野调查对象，它距孔子故乡曲阜约60公里，全村在2000年有村民1400余人，其中同一宗族的人占约80%。1999年以来累计半年多的田野调查，最大收获是在社区发现了“为人”和“懂事”等乡土民俗概念。本文希望通过分析此类乡土概念的社区意义，进而对中国乡村社会研究及法治的制度设计提供一些思考。

---

① 谢遐龄：《中国社会是伦理社会》，《社会学研究》1996年第6期。

② 梁治平：《从“礼治”到“法治”?》，《开放时代》1999年第1期。

③ 参见费孝通《乡土中国 生育制度》，北京大学出版社1998年版；R. M. 昂格尔：《现代社会中的法律》，吴玉章、周汉华译，译林出版社2001年版。

"为人"

"为人"的概念

"为人"一词在张村是耳熟能详的日常用语，社区里的人自己解释什么是"为人"，或说是"送礼"，或说是"处关系"，也有人说是"搞好关系"、"接触人"。它的首要含义是指一个人参与别人的活动中（"场域"以别人为中心定义，主要是重大的仪式性活动，如红白喜事等），与人交往的行为表现（送礼是重要内容）。其第二层含义是对一个人在社区中人际关系的评价，这是对第一层含义中"为人者"的判断，说谁"为人"好，表示他人好，因为他人缘好。某人的仪式性活动参与者很多，便是他平日"为人"的结果，这时会有"这都是人家平时'为'得好"的社区评价。这个词可体现哈贝马斯生活世界中交往行动的"主体间性"意义[①]，"为"兼有 being、behave 和 for 的意义，"人"兼指别人和自己，"为人"既表现他人，也表现自己，以他人为行为取向，在与他人的交往中表现自己的品行。

"为人"的场合

"为人"突出表现在一些重大事件和节日上，日常生活中的"为人"也重要，但往往隐而不显。重大事件主要是婚、丧、嫁、娶和生小孩，重大节日主要是春节和中秋。红白喜事是"为人"最重要的集中表现的场合，"为人"者参加主家的活动并要送贺礼或礼金。重要场合下主家都有礼单保存，这是为以后在别人家有事件时看礼单来"为"别人。"为人"在村里最直观的含义是送礼。笔者收集了几份礼单，参与观察了礼单反映的几个重要事件，可通过分析来揭示数字后面隐含的社区意义。

结婚是社区中隆重的事件，届时很多人来"喝喜酒"，同时交贺礼，这是"为人"的重要场合。一般人家的结婚酒席在四五十桌（每桌坐 7 人，也就是 300 人左右），多的七八十桌。以 2000 年 1 月的一个结婚事件为例，下面是对礼单的总结：

表 1　　婚礼的礼单

客人分类	不同的礼金						人数总计	礼金总计
	50 元	100 元	200 元	300 元	500 元	2000 元		
街坊人数	31	57	9	1	3		101 人	10850 元
朋友人数	3	51	14		1		69 人	8550 元
亲戚人数	13	9	8		4	1	35 人	7150 元

① ［德］哈贝马斯：《交往行动理论》二卷，洪佩郁、蔺青译，重庆出版社 1994 年版。

从礼单可知参加婚礼并送礼金的“为人”者有205人，准确地说是代表了205个家庭。参加者按村民说法分为“街坊”（地域概念，指本村人）、朋友（主要是本村以外，多业缘关系）和亲戚。亲戚是指和结婚者的家庭因姻亲（多是外村人）和血缘（包括本村“五服”以内）而相关的人。值得注意的是，三种人交钱方式不同，街坊是“暗交”，是在结婚仪式前几天把钱各自直接送达主家，他们不需要请帖，根据以往和主家的关系自己决定是否参与，提前几天是方便主家准备饭菜。请帖主要给朋友和亲戚，朋友有的也是“暗交”，即私下把礼金交与主人。朋友多、场面大的，便设“服务处”，专人负责收钱，但这种“明交”也和亲戚不同。亲戚交钱在结婚时有专门仪式叫做“磕头”，这也是婚礼中主要的仪式，由专人把所有亲戚召集到场，一个个按事先写好的名单叫称谓，叫到某人，他当场把钱交给主持，主持大声宣布钱数，新娘则“磕头”示谢。名为“磕头”，但据说真正跪倒磕头是很久以前的事，不知从什么时候改为鞠躬了。

村里死人特别是老年人故去时，三天后才埋葬，一旦死人，全村很快都知道了，当天和埋葬前几天有络绎不绝的街坊到丧主家吊唁，称为“吊往”。到埋葬那天，村里举行“发丧”仪式，很多街坊“随礼”（交较少的礼金）。这时，丧主的亲戚朋友也都来，除礼金外，他们还要带供菜、帐子、花圈、“火纸”（纸钱）等。关系不同，所带东西也就不同。下面是2001年2月21日参与观察一个丧礼后，据丧主家的礼单整理的结果：

表2　　葬礼的礼单

客人分类	不同的礼金											人数总计	礼金总计
	2元	3元	5元	10元	20元	30元	50元	100元	200元	500元	1000元		
街坊人数	12	3	37	22	11	2	6					93人	1018元
朋友人数								18	5			23人	2800元
亲戚人数			12	14	6	5	12	13	8	1	2	73人	6470元

以上礼金共计10288元，参与者153人代表153家。和结婚不同的是，这里把“街坊”里的朋友不作为街坊而作为朋友与外村朋友放在一起，因为葬礼通过仪式、服装等清楚地区分了“街坊”和朋友。表格为简洁过滤了很多其他信息，真正的礼单所记录的项目除礼金外，还有祭品（当地称“供菜”）、“本平”（纸钱的雅称）、“帐子”、花圈四项。帐子分白、蓝和青三种颜色，颜色越淡，关系越紧密，“孝”也越重。祭品也是“三牲一案”、“三腥一案”、“荤供一案”、“果供一盒”等，有好几等级，由荤到素表示关系远近。和汉代一样，送葬“以客多为尚”①，乡村依然如此。丧葬的酒席数远超过吃喜酒，最多的有

① 杨树达：《汉代婚丧礼俗考》，上海古籍出版社2000年版，第72页。

200多桌，按当地风俗每桌7人，就有一千多人参加。

本村女子出嫁，会有街坊和亲朋送钱到她家，让她买些嫁妆，是为“添箱”；某家生了小孩办酒席，称为“吃喜面”，亲朋好友及邻居也送礼到主家祝贺。传统节日亲戚和朋友都要走动，特别是大年初一，村里大部分人要到辈分高的人家里“磕头”（跪倒磕头）贺岁。村里人不看重生日，但人生有两个年龄非常重要，即66岁和73岁。某人66岁时，亲戚、朋友要送“肉”，73岁时送鲤鱼。此外，哪家有了病重的人，街坊、亲戚和朋友也都拿礼物去看望。总之，一个村民的生、婚、老（66、73岁）、病、死等重要阶段，都是“为人”的重要场合，除春节和中秋等节日外，其他时间都和某人一生中的重要时刻联系在一起。并且是你“为”我，参与了我家的仪式，我也去“为”你，参与你家的仪式，大家互相成就，完成一生的重要历程。从社区整体意义看，“为”别人才能“为”自己，帮助别人成为“人”的同时，也完成自己一生的历程。“为人”的重要不仅体现在礼单和礼物上，正是大家对人生仪式互相参与的过程和这种“在场”（恰如英文present兼有“在场”和“礼物”的意义）的知识共享和情感共鸣，使每个人的人生有了内容和意义。

“为人”的原则

根据田野调查及对收集资料的分析，村民“为人”主要有如下几个原则：

（1）自由原则。“为人”是各人的自由，这表现为可对原有人际关系作“质”的改变和“量”的改变。“质”的改变是指在村里他人没参加自己的活动并送礼的情况下，即别人没有“为”你时，你可主动选择“为”或不“为”别人及“为”的程度。当别人已经“为”了你，到别人活动的时候，你不去“为”他，这违背基本的互惠原则，村中非常少见。“量”的改变是指改变原先对方“为”自己的程度，如别人在你结婚时拿100元礼金，他结婚时你拿200元。“质”变更多地体现在朋友和街坊之间，作为先赋性关系的亲戚之间选择空间稍小，但可有“量”的改变。

（2）互惠原则。“为人”的自由是相对的，一旦对方“为”了你，你就有义务“为”别人，这是互惠原则。“为人”并非都是主动的结果。村民保留礼单，是为在别人仪式的时候，参考他给自己的礼金数来回赠。无论先赋性关系还是朋友之间，互惠都是重要和基本的原则。对此原则的违背恰是自由原则的发挥，可从正面加强原有关系，也可从负面导致原有关系的弱化或中断。互惠原则并不绝对，关系好的人斤斤计较反会受到耻笑。

（3）差序原则。这是对费孝通“差序格局”的延伸使用。“为人”除“主客间”的互惠原则外，在“为人”的客人之间即以主家为中心的关系网络中存在着差序排列。礼金也不是随便想拿多少就拿多少，在互惠原则基础上，既要考虑“主客间”先赋性的关系，也要考虑以往日常交往如何。要有一个关系基础，以此为据决定礼金多少。表 2 中参与活动的人很多，礼金数额档次却清晰地分为几个，死者的两个女婿各交礼金 1000 元，孙女婆家拿 500 元，两个孙媳的娘家各拿 200 元，5 个外孙女婆家各拿 200 元。就是说，就与死者的关系而言，女儿最近，孙女次之，孙媳和外孙女再次。不仅先赋性关系，后天的朋友关系也在这时定位为一个程度，定位以平日交往为据，也靠平日交往维持。差序体现在亲戚、朋友和街坊之间，差序不仅是“主客间”互动关系的自然衍生，也是“客人间”互动关照的结果。

（4）平等原则。这是差序原则中的相对平等。这种平等针对某人或以某事为中心时才存在，一旦脱离这个中心，在另外的中心，平等就可能变为不平等。村民对这种相对的平等看得较重，在任何仪式中，即使参与者在经济条件上有较大差距，也不能完全由此决定礼金多少。婚礼和葬礼中为数不多的礼金档次是大家基本认同并便于表达关系的级别，如表 1 中拿 500 元的 4 个亲戚，其实是结婚者的 3 个姑妈和 1 个叔叔，他们和结婚者处于等距离关系圈，即使 4 家经济条件差别很大，仍一致同意每家交 500 元。就是说，“为人”时不仅要考虑自己的条件及主家和自己的关系，还要考虑第三方参与者的情况，这是基于社区地方性知识和整个关系网络的全面考虑。平等原则在婚礼“明交”礼金的亲戚间体现得最明显，不同的亲戚无论血亲还是姻亲，都有一个和主人较固定的关系等级，婚礼“磕头”时众目睽睽下交钱并大声宣读钱数充分显示了某人在关系网络中的地位。葬礼中也设“账桌”由专人负责“明交”礼金，经济条件好的人可采取“暗交”方式，除和别人一样“明交”一定礼金外，再私下把一部分钱交给主家，这样既维护了第三方的面子，也加强了与主家的关系。

（5）动态原则。“为人”中的“人”不只是单数，且有复数的意义，其间往往没有明确的界限。很多个人的事务和行为都体现了单数和复数的意义，社区中婚礼上送礼的人，有的“为人”是为自己，有的是为儿子，有的“为人”则是为了家庭。这就把不同年龄的人联系在一起，你今天“为”了我，我可能明年“为”你，也可能要 10 年后才“为”你。长时段体现的互惠原则，从某个短时段看是不平衡的，又特别是由于自由原则对原来关系的不断加强，使得建立在互惠原则上的人们之间的互动绵延不绝。“为人”很重要的一点是对“为”的强调，村里关系的好坏都以“为”为基础，关系处于动态，且会发生变化，正所谓“事在人为”。张村人喜欢用“走”这个词表示交往，同样的亲戚、朋友，有的“走”得近，有的“走”得远，关系或被强化，或也有弱化甚至中断的可能。

以上“为人”原则不是孤立的。自由原则受互惠、平等、差序等原则的限制；互惠原则、平等原则又是差序里的互惠与平等；差序原则、互惠原则基础上的关系，可因自由原则上的行为来改变。"为人"有主动也有被动。一个人"为人"时，要看自己的条件和意愿（自由原则），要看和对方的以往关系（互惠原则），还要关注对方关系网络中第三方、第四方的情况（平等原则）。互惠、差序和平等诸原则维持一种关系网络，自由原则则创设和改变原有的关系网络，即使在前三个原则限制下，"为"的自由能动性依然很大，通过自由原则可跨越差序关系中的过渡性边界，改变自己在这一关系中的定位，正是这种有规范限制的自由使原有规范充满了活力。

"懂事"

问一般村民什么是"为人"，他们还可说出直觉感受上的定义，如问他什么是"懂事"，则难以回答，除非让他以具体的人和事来说明。对"Dongshi"一词的写法，"懂"没问题，但对"事"却有不同说法。大部分村民认为是"事情"的"事"（笔者在 Dongshi 书写上采此通说），但恰是村里几个"有学问"的"懂事的人"认为是"识"，即"懂识"。笔者曾对此感到疑惑，考察后则发觉这种争议本身包含着重要的意义。分析"懂事"在社区中被人运用的场合，该词的运用包含"识"、"事"、"情"三个层面的含义。"识"即社区的"礼"，是社区地方性知识，是超越具体事件的一般非正式规范，"懂识"即"明礼"，是对关于在不同情境下应如何举止行为和如何不行为等"识"的记忆共享和肯定；"事"指具体的事件，"懂事"即"讲理"，是把地方性知识和具体事件合理关联，是在具体情境中对"识"或"礼"合理与适当地运用，以便在涉及双方或多方的事件当事人之间达成一种和谐。"情"指人情，这个层次的"懂事"即"讲人情"，是指具体情境中一方当事人揣摩另一方当事人的愿望并以行为尽力满足对方心意。"懂事"包含了"明礼"、"讲理"和"讲人情"三个层次的认可。日常生活中这往往是同一事件的不同层面，只是因分析的必要才分别予以说明。

在"礼"的层面，"懂事"是"懂识"或"明礼"，是对已有习惯、原则的认识和认可

"礼"在中国有悠久传统，《礼记》说明了礼在国家、社会及人生的作用。近代以前，礼作为大传统的意识形态不仅有"道"的体现，且由虚变实，表现为各式各样的礼仪，如冠、婚、丧、祭、朝、聘、射、餐之规及揖让进退、饮食起居之节。除上层礼仪外，礼更多地与民间生活联系在一起，通过民间日常生活来实现。田野调查显示，乡村中依然有不少"百姓日用而不知"的"礼"，特别在冠、婚、葬、祭方面。如今的张村，依然有新郎结婚仪式上戴顶帽子的习惯，即使夏天也一样，这应是冠礼和婚礼的结合。婚礼和葬礼依然非常隆

重，仪式上也保留了较多传统，是“为人”的重要场合，交“礼金”和“礼”之间应有内在的关联。笔者把“礼”作为一种地方性的“识”，超越狭义所指的仪式性行为规范，扩大应用于饮食起居等生活中的各方面。在社区中，“明礼”首先是对先赋性关系和其他已有规范的认同，特别是对诸多“差别”的尊重，既包括角色地位的差别，也包括性别差别和其他情境的差别。在角色定位上，人和人之间长幼有序、辈分有高低、男女有分别。知道血缘和家族关系的远近是非常重要的知识，小孩开始“懂事”的重要标志就是见到村里其他人知道按辈分称呼什么。同时，“懂识”或“明礼”还包括对上述几个“为人”原则的认同。

在实践情境中，“懂事”是对已有规范原则的合理运用，即“讲理”

仅仅是对已有规范的记忆或认同还不够，“懂事”还须“讲理”，必须做到对“礼”的合理运用，不顾情境对“礼”的坚持或歪曲被称为“认死理”或“讲歪理”，也就是“不懂事”。“礼”的知识可于日常生活中慢慢习得，一般不需要专门“讲”，但在具体实践中，如何做到“讲理”，亦即对“礼”的合理遵循和运用，则是个复杂的问题。

如按现象学的说法把社区情境依照行为原则划分为诸多“意义域”，不同的意义域有不同的行为原则，那么，一个社区百姓如何生活在诸多意义域编织的文化网络中呢？不同意义域冲突时，特别是在原则和生活的具体情境冲突时该怎么解决呢？调查显示，“懂事”是个复杂的过程，它要求行为者首先界定当前情境（喜事、白事，还是“添箱”），在记忆的情境知识中作出选择，找出适合此情境的所有规范（互惠、差序原则等），再根据当下事件在特定情况与普遍规范间建立联结，采取行为并使之外表看来符合以往的前例或规范，赢得“懂事”的赞誉。“理”更多地是和“讲理”联系起来，往往是碰到“不讲理”时才有必要去“讲理”，否则，合情合理就没有必要专门去讲。出现“不讲理”，往往是社区中某人的行为侵犯了社区规范或社区他人的利益，是说某人胡搅蛮缠、自私自利，对社区规范、大家利益或他人利益置之不顾。“不讲理”往往伴随着公说公有理、婆说婆有理的双方或多方争端，这正是需要“讲理”的时候。特别是涉及重大事件的“讲理”，往往要到村子的大街上甚至“隅首”（张村对街道十字路口的称谓）人最多的地方去，那里人多，可让大家“评理”。小事件的“讲理”多是请村里的“嘹亮人”（张村对“懂事的人”的称谓）给双方评理，此时争执各方的“讲理”往往变成“解释”，是一个不断援引先例和当前事实连接的过程，“解释”在使自己行为合理化中扮演着重要角色。各方的利益多用符合社区公义的解释来维护，要举证自己的理由说明对方“不懂事”、“不讲理”而自己“讲理”又“懂事”。由于乡村近百年来社会变迁巨大，从私营经济到集体经济再到市场经济，价值规范变化显著，开阔了农民的理据储备，面对同一事例，往往援引不同理据支持自己的行为[①]。更重要的是在大庭广众或"嘹亮人"在场之时，一种想象的社区正义标准会发生作用，讲理者的"解释"往往反过来对解释者自身产生约束限制，使其不得不部分克制一己私欲以将就对方意图或符合社区先例，这类"良性解释"的行为在社区中经常出现。

"懂事"还指在具体情境中揣摩他人心意，并以符合具体"人情"的方式作出行为

除具有社区规范评价维度（"懂识"——社区一般人超越具体情境的跨时空评价）和具体情境评价维度（"讲理"——结合特定事件和特定时空背景的评价）以外，"懂事"另一重要的评价维度来自具体事件中行为者的行为对象，亦即关于是否符合行为对象心意、愿望的评价，这种评价对行为者而言常具有超越前两种评价的重要性，因为行为者的行为目的和意义往往与行为对象的反应密切相关，这是"人情"的基础和意义所在。行为者在行动时对三个层次的评价会根据具体情境的不同而有不同预期和侧重，这使社区对具体事件中某人的表现是否"懂事"有了不同评价的可能，至少在社区一般人、事件当事人和行为对象之间容易产生此种评价的差距或分歧。

"懂识"、"明礼"重在社区规范知识层面，"懂事"作为"讲理"是知识和实践层面的结合，作为讲"人情"是对具体事件中"人"的重视。村里人对"Dongshi"的"shi"应该是"事"还是"识"的争议不无原因。多数村民在很多事件中被评价为"懂事"，但超越具体事件被称为"懂事的人"（也称作"嘹亮人"或"明白人"）张村却只有六七个，这几人也是"问事的人"，谁家有红白喜事等往往要请他们组织、主持。这些人脑子里不仅是"事"，他们即使不识字也颇具抽象能力，可把不同事件进行比较、联系、概括、抽象，能脱离实践情境来"讲礼"，所以，他们说"dongshi"应是"懂识"。一般村民则缺少这种抽象能力，只在具体事件中见分晓，其"讲理"很少在抽象层次，更多地是把"懂事"和"事"联系起来。当然，区分是相对而言的，即使是平常人在某事件中表现出"懂事"，也需要把当下情境和以往生活知识或习惯相联系。平常人更看重眼前利益，故在很多时候表现为"懂事"，也在不少情境中表现为"不懂事"。呆板的"礼"的遵循是"认死理"，运用得太灵活了又是"讲歪理"。"懂事的人"是能在"懂事"和"不懂事"、"讲理"和"不讲理"之间进

① 张德胜等：《论中庸理性：工具理性、价值理性和沟通理性之外》，《社会学研究》2001年第2期。

行平衡，对“礼”运用的原则性和灵活性结合较好。所以，日常生活出现纠纷时，大家要找这些“明白人”评理。“明白人”熟练掌握各种情境下的原则，能在具体事件中，在规范、情境和人情冲突中综合考虑事件各方当事人的利益，并结合社区先例作出评判，协调当事人之间达成妥协，从而维持社区的和谐。

“为人”、“懂事”与“社区人”

“嘹亮人”与“魔道”——“社区人”的质量

“为人”和“懂事”概念可说明社区个体的关系性，个体的“人”通过社区和他人相互定义，只有“为”别人才能“为”自己，只有照顾到社区规范和事件中其他当事人才是“懂事”。在各种具体事件中，“为人”、“懂事”的存在使人格产生并存在，事情消失后仍有品质留下，各种关系及其评价不断积淀为“人”的品质或“人的质量”，不同的关系和评价积淀为不同的人。“社区人”的定义有不可缺少的社会性，但因各种关系的不同，这种社会性又有其特殊性。“为人”、“懂事”都可积淀为人的品格，“为人”体现了个体行为的关系取向，“懂事”更侧重行为的情境取向。社会心理学研究提出“关系支配性”论断有其道理，强调了个体建构的社会取向，但“关系支配性这个概念本身并没有说明哪种关系是支配性的”①，这是因为社区行为主体有足够的主动和能动，使自我中心的社会性关系网络带有难以替代的特色。伦理学和心理学就其研究方法而言，往往不易察觉“人”之建构的多层性，特别是“人”与规范间的微妙互动。因此，笔者采用“社区人”概念而非“社会人”和“个体人”的概念，把“人”放到社区中考察其定义，通过“为人”和“懂事”这两个概念来说明。“社区人”是有社区记忆和社区知识共享的人，他们了解社区的生存和生活规则并在实践中或遵守、或变通、或违背，社区人个体在建构自身社会性的同时，也建构了社区社会。“为人”在村中之所以重要，是因为一个“社区人”人生的意义体现在生老病死这些关键性的转折点，正是大家参与了对方的活动，才互相成就了对方；而“懂事”则使大家在日常交往中免于冲突，和谐共处。说到底，有他人才有自己，自己的记忆也是大家的记忆，参与过程与共享“知识”包含了“社区人”重要的生活与生命意义。

根据“社区人”在社区中“为人”和“懂事”的具体情况，其质量是有差别的。

（1）“嘹亮人”通晓社区规范知识，能以这些知识组织仪式或解决纠纷，

---

① 何友晖、彭泗清：《方法论的关系论及其在中西文化中的应用》，《社会学研究》1998年第5期。

他们也被称为"问事的"、"明白人"或"懂识的"。称作"嘹亮人",大概是他们在指挥仪式时多声音嘹亮的缘故①。作为社区红白喜事等仪式活动的组织者或主持者,"问事的"虽和一般村民一样侧重"讲理",但二者的"理"却不一样,前者比后者"讲理"的语境(context)更深远,"理"所包含的时空背景更广阔,以至超越具体时空而成为"礼"。于是,"问事"的"嘹亮人"比一般村民"讲理"更公正、更全面、更易获得村民认同。"嘹亮人"不仅组织整个仪式活动,还有对外的功能,在仪式性场合调解不同村子之间的习俗,接待外村贵宾。

社区有两种"嘹亮人",他们"嘹亮"的地方不一样,一种侧重"懂识",一般都博闻强记或能说能写,掌握仪礼细节或对生活有较抽象的思考;另一种称为"问事的",一般说来,他们"为人"好,无论在家庭事务还是公共事务中都表现出公正和一般村民欠缺的分析和解决问题的能力与魄力,见多识广,热心公共事务,其"懂事"更多的是体现在处理纠纷和组织事件。在丧葬事件中可清楚地看出两种"嘹亮人"的不同。"懂识"的"嘹亮人"负责账桌、写礼单和吊文以及负责仪式;"问事的"则是总指挥,负责整个仪式上"忙人"(义务帮忙的村民)的确定、分工和临场指挥。两种"嘹亮人"的区别非常明显,"懂识"的人多体现在社区仪礼知识上,其面对的多是仪礼细节;"问事的"面对更多的是"人"与"事",更擅长"讲理"与解决各种纠纷,前者好似理论家,后者好似实干家,很难互相代替。"问事的"不像"懂识"的人那样看重礼仪原则,而以"讲理"为特点,侧重特定事件,以解决问题为宗旨,关键时候不惜违背原则。"问事的"可借鉴和总结"不懂事"的人在不同情境中得出的教训,而后借助自己的知名度和权威变通甚至是创设新的规范。

(2)一般村民,常作为"忙人"参与别人的仪式活动及义务劳动,虽努力"懂事",也常有"不懂事"的时候。张村把在某个事件中"不懂事"的人往往称为"半熟"或"半吊子",有类似傻瓜之意,显示其对社区规范的不熟悉或是不遵守。社区中的"不懂事"也有不同层次。从不讲"人情"、不"讲理"到"不要脸"、"伤天害理",不同行为在"情"、"理"、"礼"三个层面上体现了不同的态度,"懂事"是在这三个层面的肯定,"不懂事"则是在这三个层面上不同程度的否定,最低层次是对"懂事"三个层次的全盘否定,即"伤天害理"。"不懂事"如表现在"礼"的层次,多体现在仪式活动中,这种不"懂事"常只带来一种设想的不吉祥,被评价者往往无主观恶意,地方性知识的无知虽会获得社区的否定性评价,但一般不会有大的具体影响;不"讲人情"损害的是双方感情,其行为可能是"明礼"也"合理"的;更进一步的"不懂

① 村民有时也称心灵手巧为"嘹亮"。

事”，是不“讲理”，也就是“认死理”或“讲歪理”，一个是不顾及具体环境和条件，但坚持社区规范原则，一个是不顾及社区规范及“人情”而以过时情境和条件为自己的行为辩解；“说人话，不办人事”是只把社区规范停留在口头，言行不一，长此以往将失去社区他人的信任；“不要脸”和“伤天害理”相似，其不顾及道德、情境的行为会受全村人唾弃，稍有区别的是，“不要脸”的人还可能是为个人间的感情违背社区常规和自己家庭环境，虽“丢人”、“丢面子”但还可勉强为人，而“伤天害理”是对“情”、“理”、“礼”的全盘否定，其行为包含行为者积极的主观恶意，将面临在社区失去“做人”资格沦为“不是人”。

（3）如果一个人几乎总“不为人”也“不懂事”，又会怎样呢？张村真有这种人。他们被“社区人”称为比“半熟”更严重的“魔道”，类似于疯子、神经病。如果说“半熟”还是人，那“魔道”在社区中已非完整意义的“人”。一次或多次“不懂事”，顶多只是“半熟”。但一直“不懂事”则非常可怕。张村的两个“魔道”，一个是老单身汉，象棋下得好，智力无碍，村里几个和他下过棋的人认为他下得不错。但他最大的与众不同是几乎不参加社区中任何他人的活动，就是说他不“为人”，连最基本的小孩都懂得的长辈称谓，他也从没称呼过别人。并没有说他“不懂事”，只说他是“魔道”，“不懂事”是用来称呼正常人的不正常，而他已非常人。另一“魔道”是位妇女，访谈中别人举例说她“魔道”，最大的毛病是直接表现自己的好吃懒做和贪婪，不顾及他人与常理。她的动机也许是很多人的欲望，但多数人因文化原因都表现出要照顾或迁就对方，要“明礼”、“懂事”，她却毫不在意地总是违背这些，这也许是她被定义为“魔道”的主要原因。

（4）张村还有一种“不嘹亮”的边缘人。笔者调查了村里其中的一位，46岁，腿有残疾仍可走路，但他完全靠父母养活，村民对他颇为轻视。他对村中长幼辈分了然于胸，每次老远看到别人，几乎无一例外地热情打招呼，“三叔”、“四爷”喊得亲切，可大家仍认为他不是一个正常人，虽然他就辈分来说“懂识”，甚至就打招呼来说“懂事”，但因能力所限及懒惰，作为成年人他无法“为人”，连“忙人”也没资格做，除称谓谈不上其他。从他称呼人的热情可知，他一直努力想摆脱边缘地位，引起大家重视，可惜这是他唯一可为“人”和“懂事”的途径。综上所述，在张村“社区人”是有“质量”的，且有不同的“质量等级”。“为人”、“懂事”和“社区人”的“质量”密切相关，“为人”、“懂事”建构了社区秩序，也建构了“社区人”的不同质量。“懂事”是关于“社区人”对待“情”、“理”、“礼”的不同态度和行为，是社区规范在日常生活中的应用。“社区人”人之为人的基础是在行为时，要在自我（自由、动态原则）——行为对象（互惠原则，“讲人情”）——其他当事人（差序、平等原则，“讲理”）——社区传统（“明礼”）之间进行协调与平衡。因协调、平衡的不同能力与态度形成了“社区人”不同的“质量”：“嘹亮人”不仅自己“懂事”，还通过“问事”兼及他人；一般村民参与别人活动“为人”和做“忙人”，偶尔也有“半熟”、“不懂事”的时候；“不嘹亮”的人连“忙人”也不是，沦为“社区人”边缘而勉强为人；只有“自我”全然不顾及他人的是“魔道”，他已从人事边缘到了人事之外，很少涉及“为人”与“懂事”。下表显示了“为人”、“懂事”和“社区人”质量之间的关联：

表 3 “社区人”的质量

				自我	行为对象	事件情境	社区规范
“为人”				自由原则	互惠原则	平等原则	差序原则
“懂事”					讲“人情”	讲理	“明礼”
社区人	1		“嘹亮人”	+	+	+	+
	2 一般人	不懂事、半熟	A 不“懂识”	+	+	+	−
			B 不讲“人情”	+	−	+	+
			C 认死理	+	+	−	+
			D 讲歪理	+	−	+	−
			E 说人话不办人事	+	−	−	+
			F 不要脸	+	+	−	−
			G 伤天害理	+	−	−	−
	3		不嘹亮	+	−	−	−（+）
	4		魔道	+	−	−	−

注：“+”表示肯定，“−”表示否定，（−）+表示二者均有可能。

“为人”主要体现在一生中重要的场合，“懂事”则是“为人”等原则在日常生活的应用，这两个概念都和人的“质量”建构相关。以往许多关于“关系”、“人情”、“面子”、“礼物”的研究，虽使用中国本土概念，底层隐含的却是“权力”与“资源”的西方逻辑预设。不少学者的分析往往比乡村社区的生活实际更具西方工具理性的火药味，主要是对以上概念分析时过于功利或强调手段、目的的分野，而对“人”的本质价值及其“质量”建构有所忽略。“为人”和“关系”密切相关，社区中的人也认为“为人”就是搞好关系，也就是安德鲁·开普耐（Andrew B. Kipnis）所谓的“Pruduing guanxi”[①]。“为人”和“懂事”的过程也正是“面子”和“人情”的建构过程，“为人”的差序原则使“社区人”具有以个体和家庭为中心向外扩展的趋向，“为人”产生的差序关系

① Andrew B. Kipnis *Producing Guanxi Sentiment，Self，and Subculture in a North China Village*，Duke University Press，1997。

网络，正是“面子”存在的基础。“关系”、“面子”、“人情”、“礼物”都涉及人与事，却难以反映“为人”和“懂事”中“为”和“懂”所包含的动态性和复杂性，因此，研究者不得不关注“礼物的流动”①、关系的生产（producing Guanxi）和面子的维护。村民之所以“为人”和“懂事”，不仅是为在日常交往中获得所需资源，这也是个体建构自我质量、自我价值的过程。就是说，村民行为常无法用分立的价值理性和工具理性来解释，也难怪有学者提出过“中庸理性”的概念。

“门面”与“香火”——“社区人”的复数

“懂事”侧重于建构“社区人”的单数人格，“为人”更侧重于建构“社区人”的复数含义。参与一个仪式活动不仅代表自己，“为人”建构了一个以自我为中心的不断扩散、延续的具有复数含义的“社区人”人格，它一方面以个体为中心在家庭内以至家族内部扩散，另一方面在纵向上通过子孙延续而使个体生命意义绵延不绝。复数人格在横向扩展和纵向延续中体现了一种“关系”的不均衡性，使此种“关系”需要不断努力去维持。

“社区人”重视“门面”。从“门面”也可看出“社区人”的复数含义。“门”在社区中首先指院落大门，也用来代指这个家庭（户），同时也代指和这个家庭相关的宗族，社区中用“门”指宗族的“支”，常说“我们是哪一门”的。五服内关系较近的同族人，社区称为“自己”，这一既表达个体又表达集体的词汇，体现了“社区人”个体与家庭以至家族常不加区分的复数含义。“面子”在社区中不只是个人的，而是和“门”联系在一起，常是以一个人为中心不断向外扩展，一个人在事件中没有“面子”，这个“门户”中其他人也没有“面子”，一个人“丢人”，他所属那个“门”的其他人也“丢人”。“社区人”一方面“面子”共享，人格互相关联，另一方面，根据各自“质量”的不同，个体“面子”也有大小，个人“质量”高，“面子”就大，涉及的关系也深远。社区对“门面”的重视，使家庭院落的大门获得了象征意义。曾发生过几次这样的事，即大年初一早晨，有人发现有粪便涂抹在自己家大门上，也有一家两次早晨发现有人用柴烧他家的门，这两种对门的毁坏或涂抹都使主家“丢人”，因为“门”、“面”联系在一起，“门”有时就是“面子”的代表，而秽物体现的是肮脏。涂秽物（unpurity）在大门，等于涂在他脸上，是要说他道德肮脏，使他无脸见人，烧门也是破“脸”。在村子里，门面非常重要，每家盖房子时都重点装饰大门，大门看起来都比较气派，像一间房子似的有一个

① 阎云翔：《礼物的流动——一个中国村庄中的互惠原则与社会网络》，李放春、刘瑜译，上海人民出版社 2000 年版。

过道，过道后面是很大的屏风墙，墙后是院落和房间，房间里却简单得没什么家具。社区还有一个不成文规矩，就是街道对门邻居的大门，宽窄高低应该相等，否则门小的那家人不吉利，正如一方"脸大"，一方"面子"小。"门面"使"社区人"获得复数含义的同时，也使"社区人"的人格有了象征性。这种象征性的极端表现是行为和表面人格之间反差巨大，这使"社区人"不仅生活在现实中，还生活在一种营造的表面人格中。表面人格有时候甚至比真实人格还重要。村中有"打人不打脸，骂人不揭短"的说法，正因为表面人格重要，故即使是那些实际行为背离社区规范的人，也要在表面上努力维持着形象。这说明"社区人"同时生活在大家共同建构的符号象征世界，甚至象征世界有着比实际生活更重要的意义。和西方的宗教非常不同，此种象征世界的超然性与彼岸相去甚远，是无法脱离生活的象征世界。它是"社区人"在日常生活中不断积累和建构的，无法脱离社区的"礼"和个人的实践生活。正如"面子"不仅是自己的，也是家人的，每个人的行为和自己的家族有较大联系。一个人生活的意义在根本上必须通过其他人来认同，至少是表面的认同。除了以"门面"方式扩展到家庭或家族，"社区人"的复数含义还有纵向的延伸，通过"香火"不断、子孙延续体现人格意义的绵延。社区中像重视"声誉"一样重视"生育"，没有家庭的人意味着其人格是单数，在社区中声誉地位往往不高。没有儿子同样意味着人格无法延续扩展，在村中抬不起头，是"丢人"的。没有子女的"绝户头"很难在村中获得较高声誉，"绝户头"是村里一句刻薄的骂人话。婚礼上作为女主持的"亲家客"①，一般妇女没资格当，须是儿女双全且比较"懂事"的才有资格。一个家庭举行丧事时，如家里有年轻人近年要结婚，往往在大门上挂红，称为"倒喜"，白事、红事的联结体现了死者去矣、生者延续的意义。

"人"、"事"、"识"——"社区人"行为的横向原则

"为人"、"懂事"在建构"社区人"的同时，也建构了社区秩序。在"情"、"理"、"礼"所对应的"人"、"事"、"识"三者中，"人"和"识"都具有跨越时空的抽象含义，但两种抽象不同。"社区人"的抽象以具体的个体为基础，"面子"、"人情"等使单个个体获得象征性的复数意义；而社区的"识"在更宽深的时空背景下以社区全体人的行为、事件为基础，其抽象脱离了具体的人。"理"在具体的事件情境中联结了"人"与"识"，"讲理"者也最有情境的压迫感，所以，社区中更多地是在"讲人情"和"讲理"过程中变迁社区规范"识"，而非相反。社区的"礼"并非不重要，没有"礼"就没有事件情

---

① 村中称婚礼女主持为"亲家客"，负责新娘"进门"时"火燎轿"，给新娘"开脸"、铺床，陪新娘吃饭。

境与规范的联结，就无法“讲理”。“社区人”常说“没有规矩不成方圆”，但这绝不意味着有了规矩必须成方圆。

“为人”、“懂事”对“社区人”具有本体论的价值，它们体现了“社区人”生命意义的取向，体现了个体生命意义的根源在于他者的认同，就是说，个体生命意义的扩展以参与他人活动和与他人和谐相处为基础。正是这种在“为人”、“懂事”中表现出的不同能力、态度与行为，使“社区人”质量不同，这些不同质量的人在社区互动中建构了社区秩序。

“为人”和“懂事”都是“社区人”在社会化过程中的个体化和个体化中的社会化。“为人”以具体的他人为取向，是面对面的特殊化的人际交往，其特定状况对人的行动结构的重要影响就是规则的具体化和情境化，这就必然强化“懂事”这种弹性概念的重要性，亦即行为规范和具体的人、具体的情境结合的重要性，也就难免出现“不懂事”的情况和“讲理”的结果，使人在“懂事”层面上也各不相同。社区中的人际关系不是普遍化，而是不断特定化。人和人直接面对面，差序原则的作用在于大家都是以自我为中心地在规则限制中选择性的遵循和运用，选择时要特别关注行为对方，因为社区中不存在人和人平等的假设。正如村里妇孺的一句口头禅“五个手指头还不一般长呢，人和人就更不同了”，非常强调人和人之间的差别，这就需要大量有关地方性知识特别是有关行为对象知识的记忆。村民共享了大量关于别人和社区事件的地方性知识。这即使没有效率，却比较可靠，强化了村民行为的差序原则，强调每人以自我和家庭为中心，通过这一原则自我肯定或否定，行为取向具有社会性，但不具有普遍性，关系时刻无法脱离其中心特定的人和家庭，普遍性的关系不易形成，外来的普遍规则也往往被其渗透和弱化。

“为人”、“懂事”的行为都立足于社会结构，同时又超越了一般的社会结构，其间包含着情感和记忆的积淀，既“明礼”以关照差序原则，又讲“人情”而重视自由原则。“为人”、“懂事”可使一个人的生命意义在社区结构内扩展。一个人在行为中同时做到和他人、情境及社区规范的和谐是最理想的，这种理想状态并不限制和损害个体能动性，“讲理”和“讲人情”及行为的自由原则给“社区人”的能动性提供了很大空间。“为人”、“懂事”背后的“人”与“事”，都隐含了超越规范结构的倾向和可能。即使是从社区“嘹亮人”的行为看，他们“嘹亮”之处恰恰不是对社区规范的严格遵守，其贡献是在“情”、“理”、“礼”间的调节，调节在不同情况下往往会对“情”、“理”、“礼”三个层次造成不同程度的损益与变迁，不“讲人情”，不论情境的坚持原则，社区是以“认死理”作否定评价的。在“情”、“理”、“礼”冲突时，对“情”与“理”的选择常具有社区认同的优先性，合情合理比合乎社区规范与先例更重要。

因此，“为人”和“懂事”同时包含了行为的结构和反结构性质，差序原则/自由原则、懂识/"懂事"、明礼/讲理/讲人情这些概念也充分体现了社区秩序的结构原则和个体超越结构的能动性。"为人"以血缘、姻缘、地缘、业缘为基础，但"为"同时有足够的自由和能动性可超越甚至否定这些结构原则。不同结构关系本身的互相制约、差序关系边界的模糊性和互惠关系在时间上的不均衡性，为这种能动提供了足够条件和空间。"懂事"的不同评价层次给行为者较大的选择和侧重余地，使人在某事件中不是简单地套用社区规范，而是就事论事看情境，或就人论事看人情。"社区人"行为有自己的原则，但不否定甚至鼓励行为超越社会结构和原则，其基础是对可穿越时空背景的"人"的重视，"社区人"在各种时空背景下被建构同时又具有超越具体时空情境的意义，"人"是本体，是行为的出发点和归宿，"面子"则是社区人的一种抽象特征，某人"懂事"不仅是"要面子"（照顾社区对自己的评价），而且要"给面子"，即超越规范以符合事件行为对象的心意，讲人情比"懂识"要根本和重要，使个体行为具有超越不同意义域和结构原则的能动性。

"为人"、"懂事"是"社区人"在社区内部的行为，主要涉及"情"、"理"、"礼"之间的协调与互动。"社区人"一般发乎"情"止乎"礼"，其行为以社区地方性知识为基础，"讲人情"与"讲理"也蕴涵了超越原则的能动性和可能性。"人"、"事"、"识"三者互相依存，互相影响和渗透，统一于社区秩序中。差序原则的根深蒂固，在于"为人"和"懂事"具有关于"人"的本体论意义，这不仅是一种工具理性行为，更多的是对"传统知识"与价值理性的重构与创造，行为本身就是建构"人"，而非仅为某个理性目标。这种对"社区人"的建构虽以社区个体为载体，但在建构自身的同时也不断强调甚至重构了社区规范与原则。"情"、"理"、"礼"的互动更多地体现了"社区人"的横向行为原则，但当"社区人"遭遇国家层次的"法"时，横向原则便有了纵向的意义，并出现"情"、"理"、"礼"、"法"之间的冲突与融合。

社区与国家："情"、"理"、"礼"、"法"

无论历史上还是当今的中国乡村社区都无法脱离国家独自发展，社区田野调查可发现国家意义的"法"①和社区层次的"礼"之间的断裂和冲突，也可看出"情"、"理"、"礼"、"法"之间的关联与互动。

"礼"、"法"的限制与冲突

笔者曾访问过村里近 80 岁的老支书，新中国成立前他就是老党员，支援

① 本文重点探讨国家政策、行为与社区的关系，此处的"法"泛指新中国成立后一切由国家各级人大和政府制定的法律、法规、方针和政策。

过淮海战役，新中国成立后任支书曾两次挨批斗，一次罪名是他和村里的大地主在解放前“双保险”，解放前夕，解放军和国民党拉锯战，解放军来了，支书保护地主，国民党军队来了，地主保护支书。支书解释说：“我们是‘双保险’，但我们没合同，因为我们是‘自己’，是一家子，况且地主也没罪，我包庇他什么啊，他没有人命。”另一次罪名是“阶级路线不清”，“文革”末期，村里一位老人（成分富农）去世，支书晚上去“吊往”，因为是“自己”（一个家族），第二天管区领导开大会斗他，说共产党员不能和有成分的人“搭腔”（打招呼），更不能到他家去。以上例子说明，政治上划分阶级立场和阶级成分对社区村民的确产生重大影响，但仍难免“双保险”和“吊往”的存在，它们建立在社区“为人”和“懂事”基础上，如果连“自己”人也出卖，同族本家死了人，都不去“吊往”，那就太不“懂事”，那还是“人”吗？在政府干部看来极具工具理性的“双保险”行为，底层有其深刻牢固地决定“人”之本质的价值理性基础存在。格尔兹（Geertz，Clifford）曾指出，法律事实是社会的产物，认为“任何一种企望可行的法律制度，都必须力图把具有地方性想象意义的条件的存在结构与具有地方性认识意义的因果的经验过程勾连起来，才能显示出似乎是对同一事物所作出的深浅不同的描述”①。法律及其实施都是一种“地方性知识”，只有在地方性情境中才能理解它、施行它。老支书的例子部分显示了社区知识和国家政策法律间的关系，其实在社区中，至少几十年来，国家权力的渗透和社区“人事”的扩张从没有停止过，而“为人”和“懂事”的行为结构不仅和村民作为“社区人”的质的规定性相关，也和国家权力在乡村的渗透密切相关，双方互动不仅使行为者的行为倾向发生微妙变化，还使国家政策表述和具体行政行为之间出现断裂。

改革开放后，情况发生变化，但“法”、“礼”冲突依然存在。田野资料说明，国家政策法律恰是在最关键的问题上即涉及村民的生、死、结婚等生命转折点及生产收入等方面和社区的“礼”发生联系与冲突。社区的“礼”鼓励早婚早育且生男孩，这些都和国家晚婚晚育、男女平等的提倡和规定有冲突；“为人”“懂事”的重要场合丧葬仪式，也和国家规定相左。当“社区人”无法依赖社区“情”、“理”而不得不求助于“法”时，在法庭上，“社区人”与“公民”的身份定义就有了区别，法庭内外出现了“情”、“理”、“礼”、“法”的公开与潜在的冲突、抗拒与融合。

从在法庭和法院查阅到的几个和张村有关的案例中可知，“情”、“理”、“礼”、“法”在法庭内外交织。“法”、“礼”的诸多伦理基础相同，不同的是社区中可“讲理”和“讲人情”，当无情理可讲时，人们才求助于法庭。法庭以

---

① 梁治平：《法律的文化解释》，三联书店1994年版，第83页。

抽象的、人人平等的、单数的"公民"身份，部分承继、部分掩饰和忽略了社区的"理"与"情"，剥离了当事人的复数和质量含义，这一剥离社区情境和嵌入国家法律语境的转换过程非常值得重视。从法院调查的和社区村民相关的几个案卷，从起诉书、调解书、判决书到执行书，诉讼过程中的原告或被告都难以始终一致，常是多次转换人名，因为在"社区人"看来两个甚至多个关系密切的人都是"自己"，区分没有意义，但在法庭却必须分出你、我、他。

对"社区人"而言，只有当纠纷一方不"讲人情"或不"讲理"，即无情无义以至"嘹亮人"也无法处理，在社区内部不能解决时，才会诉诸法律解决。法律似乎是感情之外的，是仁至义尽后的救济。从行政调解到司法调解，其中相同的是，且往往是在社区纠纷中一方常不"懂事"，常不"为人"时，才容易把事闹大"经官"。"经官"和社区调解的最大不同在于，告官意味着没有回旋余地的对抗，意味着"撕破脸皮"。但法庭中也不是必然如此，法庭程序之下仍有"人情"发挥作用，法庭往往也利用这点，将就社区习惯，使"脸皮"不至撕破得那么厉害，"嘹亮人"参与的"讲人情"、"讲理"往往在法庭外发挥重要作用，国家法律和社区知识在法庭上和法庭下互相利用。调查中查阅的和张村相关的非刑事案例，几乎都是调解处理，而非直接判决。

无论讲阶级斗争的年代还是改革开放，都可看出国家的"法"对社区的"礼"带来的冲击。党派对立、阶级成分划定给村民原有的身份、角色定义增加了不同甚至冲突的内容，在社区"为人"就不能计较国民党与共产党，也不能区分地主与贫农，但国家的"法"以强力楔入，迫使"社区人"在冲突间作出选择。于是，就出现了或做好"公民"而不"懂事"，或"懂事"而违法，甚至既违法也没机会"为人"、"懂事"，成为国家在社区定义的"异类"和边缘人。

"为人"和"懂事"的原则建立在小型社区亦即"熟人社会"的基础上，作为国家的"法"具有外在性、形式性，和"礼"属于不同意义域，它们各有局限与边界。"为人"、"懂事"包含的"情"、"理"、"礼"在"社区人"日常交往中非常重要，但并非生活的全部。国家的"法"很久已对社区产生了重要影响，改革开放后随着"社区人"交往空间不断扩大，国家对社区影响也日益频繁，"情"、"理"、"礼"、"法"间的纠缠和互动也越来越强烈。

"讲人情"与"拉关系"：从横向原则到纵向原则

调查中曾亲见一村民到村长家送礼，开始时他和村长谈论许多陈年旧事（共享知识），后切入正题，他有一个女儿，为要儿子想生二胎，求村长帮忙。走时拿出两瓶家乡酒留给村长，村长执意不要，推托半天，村民说："大叔，论辈分您也喝得着，晚辈孝敬您，您难道看不上眼吗？"村长便收下了。村民巧妙地把送礼这一工具理性行为，转化为孝敬长辈的价值理性行为，此时再拒绝就是对他人格和社区正义的否定。许多人把搞好关系等“为人”和“懂事”的行为原则转化为升官发财的理性策略，因为这两个概念包含的温情脉脉的价值还被人们所认同。中国社会存在情、理、礼、法诸多意义域，人又是生活在多重意义域的人，不同领域之间规则的转换对依法治国有重大影响。

关于中国社会结构和行动者之间的关系，有学者提出“个人地位”概念，“中国日常社会的真实建构是行动者同社会结构相权宜的结果。而中国人所讲究的‘关系、面子、人情’等则是获得这一结果的具体途径”[①]。这种说法和笔者的田野调查有许多契合，仔细分析，发觉“权宜”和“途径”等工具理性的说法用在社区内部远不如用在社区和国家之间那么贴切，因为就社区人看来，国家和法都是外在的。社区人和国家间的权宜性其实和中国近代以来的政治变迁分不开，有学者指出，“我们长期以来倾向于将法律视为社会变革的工具，而忽视法律的一个最重要的特点是保持稳定，是一种保守的社会力量”，而“要建立法治，在一个维度上看，就是要重新建立人们在社会生活中对他人行为的确定预期（政府行为也还是通过一个个具体的他人的行为完成的）”[②]。社会的剧烈变迁特别是政治变迁，从解放前土地私有到土改公有，到人民公社再到家庭承包，政治、政策的变动使平民百姓除社区内部相关的人之外，对“外人”特别是国家政策、政府行为难有一个稳定预期，老百姓无力应对时事变迁，他们所能做的也是唯一可行的办法，就是把建立在社区知识共享基础上“为人”和“懂事”的行为原则进行“人事扩张”，通过“熟人”等熟化方式，把外部的人和政策转化为自己可接受的不再是陌生的东西。

外在的法律政策“熟化”以后才容易被村民接受，外在的国家法律规范往往要和本村的人结合才会有人遵守。张村所在乡镇的提留 2001 年只收到 30%，尽管周围很多村好几年都拒交农业税，但张村多年来都比较积极，两三天就完成任务。调查发现，村民也感到交提留不合理，但又感觉不交就是和村干部过不去，以后不好处，是看在村干部面子上才交的。调查显示，张村干部的“为人”和“懂事”都比较突出，村长和书记都是“懂事的人”。资料也显示该村在全镇计划生育最落后，村民说这是村干部比较“懂事”、“为人”好，从中保护才使他们多子多福。交农业税的进步和计划生育的落后都和干部的“为人”、“懂事”有关，而周围几村不交农业税都和村委会的无力相关，这显示了村干部在社区和国家之间、在政治领域和生活领域之间调节作用的重要。

---

① 翟学伟：《个人地位：一个概念及其分析框架——中国日常社会的真实建构》，《中国社会科学》1999 年第 4 期。

② 苏力：《变法、法治建设及其本土资源》，《中外法学》1995 年第 5 期。

在应对国家层次"法"的过程中，"为人"、"懂事"得到不断强化，但越来越脱离社区"礼"和"理"的层次，脱离了社区原有的结构形式。"为人"送礼脱离了差序原则、互惠原则，"讲人情"也脱离了"明礼"和"讲理"，强化的是工具理性成分，弱化了"为人"和"懂事"的价值理性意义，难怪"面子"、"人情"、"关系"在很多人看来是"资本"和"权力"了。"为人"关注面对面交往，"懂事"也很有情境性，二者的权宜性是放弃对易变的制度规范的预期，以牺牲效率换取安全，寄希望于个人，原本"为人"也"为自己"的行为结构，此时从功能上成为一种以不变应万变的策略，"为人"送礼和"懂事"中的讲"人情"变成了脱离价值含义的"拉关系"。

这种策略行动不直接反对或抵抗国家的某项法律政策，却以把政府官员"熟人"化、生活化的方式，把生活领域的"为人"规则带入法律政策的决策和执行领域，使国家政策的表述和实行出现断裂。这些变化的基础是因为无论官员还是村民，都有活在不同世界、不同意义域的"人"的丰富性。作为策略的"为人"和"懂事"的工具理性化，不仅可应对政治变迁，缓冲政策执行，有的还由应付外在环境的被动抵抗演化为"人情炮弹"的主动进攻，打着价值理性的幌子行工具理性之实。"社区人"以行为的横向原则应对国家权力控制，使纵向的权力关系具有了横向意义而被弱化。

社区的横向交往有远近厚薄的层次，这种关系层次同样可说明和塑造不同的"人"，当应对外在冲击时，"社区人"直接反应和能使用的也只有这种原则。这种原则的使用是一种不得已的反抗或反应，没有了社区"为人"中那种自由和先在的差序格局。社区中包含较多工具理性成分的行为被称作"现眼子"的事，难以得到大家认同，甚至受到鄙夷，但在应对国家政策的行为中，"现眼子"的表现却越来越得到村民认同。在"情"、"理"、"礼"、"法"4种不同层次或场域中，随着抽象程度不断增加，人的思维、行为方式也在发生变化。正如由于地理空间和社会复杂性的增加，必然要求社区知识"礼"进一步抽象为"法"一般，"社区人"也在不断地理性化。"情"、"理"、"礼"、"法"的层次与互动如下表所示：

表 4　"情"、"理"、"礼"、"法"的层次与互动

个人之间	事件情境	社区	国家
情			
——→ 理			
——→ 礼			
←——→ 法			

在国家与社区遭遇的过程中，“为人”和“懂事”的横向关系原则越来越渗透到社区以外，特别是国家纵向的管理体制中，体现了社区“人事原则”的扩张，这种扩张与渗透不仅使国家政策的实践与表述发生断裂，也使社区中“礼”的表述和“社区人”的实践出现裂缝，社区为人处世的原则也在发生变化。

“法治”之“本土资源”：“社区人”与公民

“礼治”的合法性是以“道统”为意识形态，由民间礼仪生活提供社会基础，以科举取士等国家制度提供上下贯通、大小传统结合的组织保障而合力维持的一个稳定秩序系统。鸦片战争以降，“礼治”出现合法性危机，中国愈来愈面临着“法治”的合法化道路[①]。

调查显示，中国民间生活中保留了较多传统的为人处世方式，它在应对甚至弱化国家法律政策的同时自身也发生变化。法治之路的法律移植论和本土资源论分歧，是法治合法化（韦伯意义上“合法性”的建构）问题的两个层面，其现实基础是法治秩序在国家意识形态层面和乡村社会层面两个向度间某种程度的错位。法治在意识形态上已确立，在国家结构上日益占据上风，体现为依法行政、司法独立的改革和努力，礼治合法性虽已失去国家组织制度（科举）和意识形态两大支柱，但在民间生活和信仰层次还有余地。于是，移植论的制度创设理想和“本土资源论”的法律社会学便各执一端。在西方“自然演进”的法治是不可分离的同一过程，在“后发法治”的中国则成了“问题”，因为中国“礼治”的合法性危机及法治合法化的必要与以往其他秩序合法性问题的不同，主要不是礼治本身自然丧失其合法性要素，而是系统外部冲击使变迁势在必行。使几千年的礼治统治合法性出现危机的直接动力，是来自另一重要秩序形态法治秩序的冲击。礼治与法治两个不同的秩序形态曾如平行线般各自发展，但近代以来两条线的碰撞却带来了中国的礼治合法性危机和法治合法化道路。

“中国法治”无论在学术研究还是在政策制定上，都同时具有经验研究与规范研究、规范合法性与经验合法性的差别，法治的“合法化”也许最能表达这一困境。在不同秩序状态的背后，我们看到“社区人”和“公民”概念的区别，西方法治建立在市民社会基础上，因此，许多学者呼吁建构市民社会的必要性，困难是中国占人口多数的是农民而非市民，所以，王斯福反对把农民和市民、农民和民主传统简单看成一对反义词，试图解答在中国农村，是否存在市民社会可以建立于其上的或者正在建立于其上的某些传统，但其研究却局限于类似于民间“公共领域”的庙会仪式表演。比较前述“为人”、“懂事”和国

---

① 张百庆：《“礼治”、“法治”与“合法性”》，《学术论坛》2002年第2期。

家的关系会发现，所调查社区缺少"公共领域"，甚至连体现力量的仪式性表演也没有。他们虽不能监督政府，却并非不能影响政策，民间生活原则对国家政策历来有软化或抵抗甚至进攻，只是这主要不是通过社团公开进行，而是通过生活世界中个人关系网络潜移默化地进行，缺少正面对话或冲突的秩序下隐藏着无数小溪汇集的暗流，这是谙熟西方民主政治的学者容易忽略之处。

法律条文好制定，法治作为制度也好体现，但法治作为生活却要有较长过程。玛丽·道格拉斯曾指出一种观念和思维方式对秩序的维持最终起着决定性作用，观念制度稳定性的渊源是社会范畴分类的自然化，即通过类比（analogy）将关键的社会关系结构建筑在自然或超自然的世界中隐而不显。① 张村有几个信仰基督教的人在村中备受冷落，采访时多数村民说他们神经有问题。访谈信教者时，他们最大的困苦在于每当劝其他村民信教时，村民会问"主（指耶稣）能帮你看孩子、做饭吗？能帮你到田里锄草吗？"实用理性和人生态度由此可见。或许没有超验性的宗教基础、超验性的世界观与没有"法治"确有某种相关性，社区中难有超然的上帝，只有生活中建构人之质量差别的"为人"和具体情境下灵活应用不同原则的"懂事"，这和法律面前人人平等及程序正义的法治有不少差距。正是在法治精神方面，本土资源论者受到批评，有学者认为他们闭口不谈法律制度的价值问题②，其实本土资源论并非不关注价值，只是关注民间秩序的价值；之所以忽略法治精神和法律价值，大概因为法治合法性的许多要素可借鉴，唯信仰和价值理性不易借鉴，难以期望两种价值的并存，只能寄希望于生活中的浸淫和培养，此远非一日之功。

本土资源论同时认同西方的法治（should be）和中国民间习惯（what is），虽然其中有许多矛盾。中国不可能建设等同西方的法治，法治概念也是在概括西方各国法治的基础上学术智识建立的理想型。本土资源论者更多地是认为，民间习惯法和国家强调的法治有差别，这不仅是一种乡愁表达，更是席卷全球的现代化所必然包含的认同悖论，这一悖论带来的困惑又何止中国。但本土资源论者"从上到下"的研究视角，忽略了乡村社区这一广大的"本土"背景，便难以说清"资源"之所在。而"为人"、"懂事"所建构的"民俗系统"，为挖掘"资源"提供了深广的"本土"语境。"为人"、"懂事"等社区实践所建构的"民俗系统"，说明"人"的建构与"规范"建构密切相关，正如"公民"和"法治"密不可分一样，"社区人"和民间秩序也同时建构。以此为基础，可知"礼"、"法"各自的限制与边缘。就是说，社区研究可发现"社区人"和"公民"的区别，也可发现"礼"、"法"的冲突、断裂与融合。忽略"人"的

① 参见周雪光《制度如何思考》，《读书》2001年第4期。

② 徐忠明：《解读本土资源与中国法治建设》，《中外法学》2000年第2期。

建构的层次性，也就忽略了规范的多重性与复杂性，那么，制度创设也就不易切中要害，因为作为习惯法的“礼”不仅是一种规范，它也和“法治”一样，其深层都有对“人”的本质的终极关怀。

“社区人”的质量差别、复数含义和现世态度区别于法治下单数、平等、面对抽象规范的“公民”。在社区中，“情”、“理”、“礼”融为一体，“人”、“事”、“识”难以分离，人与制度、制度与秩序处于边界模糊状态。“社区人”形成于社区规范原则，又有超越社区规范原则的能动性，既包含着民主、自由的动因，也有悖于其形式原则。这既是“法治”的“本土资源”，也是“法治”的“本土限制”。“为人”、“懂事”是社区意义上的“礼治”，它是农业经济和乡土社会的产物；依法治国则是市场经济发展及与世界接轨的必然要求，历史实践证明二者必有冲突。就像社区面临国家挑战一样，中国也面临世界的挑战，与其说是“法治”的挑战，不如说是现代化的挑战。即便说各类秩序系统在价值上难分优劣，却不能说无效率之高低。中国近代史已尽显现代化工具理性之强悍，在认同其效率的同时，也不能忽略其背后的价值观念。

“法治”的规范研究和经验研究不同，“法治”的意识形态宣传、制度设计和“法治”的具体实施之间也有差距，“民间系统”、“分析系统”与“政策系统”三者属不同语境[①]，不同语境间的对话与交流对各方都非常重要。对中国法治的“合法化”而言，也许真正作用重大的是那支看不见的手，市场经济推动理性思维发展，它在建构新的价值观念的同时，也构筑了整个的抽象社会[②]。无论工具理性如何扩张，都难以否定“人之为人”的价值理性；价值理性面对挑战，也不得不借助工具理性的保障实现自身升华和超越，这也许正是“情”、“理”、“礼”、“法”的冲突与融合才能铸造出中国特有“法治之路”的理由。

---

① Bohannan，Paul Justice and Judgment Among the TIV Waveland Press，Inc. 1989.

② 李猛：《论抽象社会》，《社会学研究》1999 年第 1 期。

民俗、习惯法与国家法制*

——以凉山彝族社会的调查为例

周　星

引　言

虽然对现代化及相关问题的理解，正像“四个现代化”的提法中隐含的那样，它更多地被界定为物质、技术和某些基本产业的现代化，但越来越多的人逐渐把国家法制建设也看做中国现代化的重要组成部分。无论怎样看待国家法制与现代化的关系，无论视法制为现代化的工具，抑或视为现代化的目的，或现代化的题中应有之义，都不能回避国家一统的法制建设与地方民俗文化尤其是与地方习惯法等传统的法文化之间的关系问题。中国的地域和民族文化的多样性特点十分突出，并每每反映在民俗及其习惯法的传统上，在这种情形下，人民的法律生活实际上就具备了双重或多重属性。要推进包括国家法制建设在内的中国现代化进程，就应处理好在国家法制建设和地方法文化传统间发生的各种问题。

本文以笔者在四川省凉山彝区所作实地调查获得的资料为基础，参考前学的调查成果及相关研究文献，主要讨论凉山彝族社会的传统民俗、习惯法及其与国家法制之间的关系现状，包括实际存在着的冲突、结合、困扰等，提出在“民族区域自治”的背景下，通过地方性法规和基层行政的具体实践，而在习惯法和国家法制间建立互补性联系的可能性。本文的主要关键语中，“民俗”是指民众之生活传统及生活习惯，但在对凉山社会进行描述时，更多侧重那些可能与现行国家法制存在直接的契合、抵触或冲突的部分；“习惯法”是指于国家法制之下或之外，依据某种社会权威和社会组织，具有一定强制性的行为规范的总和①，这个概念并不包含价值较低的意思；“法制”是指包括立法、司法和执法等系统在内的国家法律法规制度及其体系的总和；“凉山彝族社会”是指四川省凉山彝族自治州腹心地区的彝族社会，而“旧凉山社会”特指民主

---

* 本文原载乔健、李沛良主编《社会科学的应用与中国现代化》（丽文文化事业股份有限公司，1999年），收入本书时文字有改动。

① 高其才：《中国习惯法论》，湖南出版社1995年版，第4页。

改革以前的凉山彝族社会。

旧凉山社会的基本结构

在中国民族学与人类学界中，主流的意见认为，凉山彝族社会在1956—1958年的“民主改革”前，一直处于“奴隶社会”的发展阶段，通常对凉山彝族社会的研究，多采用马克思主义阶级分析方法来展开。本文主要关心现阶段的凉山彝族社会，但对民主改革前的旧凉山社会的结构、组织及有关民俗，还有其习惯法传统，也有稍作归纳的必要。根据前学们的研究成果，大体上可以说，旧凉山社会的一系列特点，诸如等级、阶级、奴隶制、家支、习惯法等，形成了该社会最主要的架构和最基本的面貌。

首先重要的是等级。旧凉山社会约有五个等级，即兹莫（土司）、诺伙（黑彝）、曲诺（白彝）、阿加（成家的奴隶）和呷西（家内奴隶）。由于在其社会中，社会结构的基本原理是按血缘或血统把人群细分出不同的级别，如阿加、呷西两个等级，还常被进一步区分为“彝根”与“汉根”等，其社会的等级结构实际上要更为复杂[①]，同一等级内往往也能进一步细分为不同层次。旧凉山社会的等级制度以血缘、血统为基础[②]，不同等级的人被区分“黑骨头”（黑彝）、“白骨头”（白彝）和“黄骨头”（汉人娃子），黑骨头被认为最硬、最高，黄骨头被认为最软、最低。就这一点说，旧凉山社会颇有些类似于印度的“种姓制”。由于历史上的多次等级革命，主要是黑彝反抗土司，截至20世纪50年代，在凉山多数地方，土司势力已经衰落，所以也有将五个等级合并为四个等级，即把土司和黑彝合称为贵族的情形。

其次，与等级制度相关的是阶级。讨论等级问题时，研究者们采用的是本地概念或民俗用语；但在分析阶级构成时，则主要采用研究者自身的分析概念，这里的“阶级”，主要是依马克思主义的阶级斗争学说界定的。考虑到旧凉山社会在民主改革时曾有数十万之多的娃子奴隶得到解救，奴隶的劳动和奴隶制生产方式在旧凉山彝族社会里具有重要的意义，所以，将其界定为奴隶社会也是成立的，但这个奴隶社会未必像以前人们理解的那样可被看做是人类历史早期发展的某个必经阶段。据民主改革时的阶级划分，绝大多数的土司、土目和黑彝，少数曲诺和极个别的阿加，属于奴隶主（约占总人口的5%）；全部呷西、大多数阿加和少部分曲诺，属于奴隶和半奴隶（约占总人口的70%）；

---

① 胡庆均：《凉山彝族奴隶制社会形态》，中国社会科学出版社1985年版，第94～96页。

② 杨怀英主编：《凉山彝族奴隶社会法律制度研究》，四川民族出版社1994年版，第54～58页。

另有半数左右的曲诺属于劳动者（而非自由民，约占总人口的25%）。当时的阶级划分主要以对土地和奴隶的人身占有关系为依据。旧凉山社会里等级与阶级关系，有一点很值得注意，即不同等级间往往存在着人身层层占有的倾向，如某户曲诺可能占有若干呷西，他同时却可能又是某户诺伙主子的属民；甚至少数自身被主子占有的阿加，也有占有若干呷西的情形。人身隶属的不同程度与层层占有，是旧凉山社会里等级与阶级关系的一个特点。人身占有和被占有及其相关的权利义务关系，基本上是世袭的，主要是由血缘或血统论的社会结构原理规定。此外，基于暴力掠夺和投保的人身占有或隶属关系，也是奴隶制关系再生产的途径。当地汉语中的“主子”和“娃子”，基本反映了旧凉山社会的人身隶属关系。娃子或奴隶中“彝根”和“非彝根”的区别，在旧凉山社会的等级与阶级构成中也具有重要意义。非彝根娃子的来源，除配婚所生外[①]，主要来自对凉山周边汉区的人口劫掠。因而对旧凉山的奴隶社会，与其从“社会发展史”的进化阶段去理解，不如首先从凉山与周边的关系及其互动过程去理解。

再次，旧凉山社会的基本结构，除等级与阶级，还有家支。家支（彝语称为“茨伟”，意为“骨根”，七代以内为“茨”，七代以外为“伟”）是以血缘为基础的经由父子联名的谱系联系和结合起来的外婚制集团。家支由父子联名确定其父系的属性，并拥有几乎是可以真实追溯的某位共同祖先。家支的特点，在于该社会的几乎每一位男子，只要能背诵父子联名谱系，就可在血缘上确定和其他男子的亲疏远近关系，它使每个男子得以确定自己在社会谱系和网络中的位置与身份，也使每个男人都有可能成为某个家支分叉的祖先。在凉山，通常的情形是两个素不相识或初次见面的男人，互相询问并背诵各自的家支谱系，往往就能找到双方共同的祖先，或至少确定彼此的亲疏远近关系。所以，谚语就有“彝区重系谱，汉区重印信”的说法。不会背诵父亲系谱，家支就不认你，不会背诵舅舅的系谱，亲戚就不认你[②]。在传说中，所有彝人都是古侯、曲涅的子孙，父子联名的家支谱系有的便可追溯到这两位始祖。若从家支构成出发，完全可将凉山彝族社会看做一个树形的血缘谱系的系统，其中大、小家支及家户犹如树干和树枝乃至枝叶的关系。吴恒教授于1984年10月整理的《凉山彝族家支表》，包括土司黑彝家支、民主改革前凉山白彝家支等共计526个[③]。旧凉山社会没有形成统一的地方政权，主要是由大大小小的黑彝家

① 周星：《民族学新论》，陕西人民出版社1992年版，第135—145页。

② 曲木约质：《凉山白彝曲木氏族世家》，云南人民出版社1993年版，第3页。

③ 吴恒：《凉山彝族家支表》（1984），载云南省编辑组《四川贵州彝族社会历史调查》，云南人民出版社1986年版。

支和白彝家支分而治之，每个家支都是一个基于父系继嗣原理的政治系统。尽管白彝家支往往隶属于黑彝主子的家支，但它也有某些自治的属性，并常借助家支团结的力量反抗黑彝主子及其家支的压迫。家支林立，互不统属，冤家迭起，使旧凉山社会事实上处于支离破碎的状况。

与家支相关的社会及民俗活动，主要有家支互助、家支救援、寻找骨根和摆联家支谱系等。在凉山，家支提供了几乎一切社会保障。同一家支中的各房（小家支）或个体家庭，若遇婚丧大事、赔偿他人命金等所需经济费用时，全家支成员有义务分摊；对本家支内的孤寡老人和孤儿，也都有义务赡养和抚养①。实际上，旧凉山几乎没有乞丐现象，因为任何人在生活困难时，都可从其他家支成员处获得帮助，在彝人看来，本家支若有人沦为乞丐是家支的耻辱。彝族谚语说："猴靠树林生存，人靠家支生存"，在凉山这是十分贴切的写照，没有家支可以攀缘的个人或家庭，恰是早年被抢来的"汉根"奴隶或其后裔。

最后，旧凉山社会还形成了独特的意识形态及习惯法体系。其习惯法既是根源于社会生活方方面面的需求而成立，又是为维持等级和阶级的统治而被强化。旧凉山社会里频繁的主要以家支为背景的几乎是结构性的冤家械斗，不断促成着习惯法的进一步复杂化。林耀华教授早年曾指出，冤家是旧凉山社会的特点之一，是凉山彝族文化的一个枢纽，它贯联到社会生活的各部门；打冤家甚至是法律的一种实施方法②。林教授的观点耐人寻味，它至少指出在旧凉山社会，家支间的冤家械斗和家支习惯法的形成具有某种共生互动的结构关系。正如谚语所说"孙子长大报爷仇，这种孙子算第一；儿子长大报父仇，这种儿子算第二"，旧凉山彝族社会的价值观鼓励牢记世仇和报仇雪恨，因此，冤冤相报，世代为仇的恶性械斗，甚至成为旧凉山社会一种独特的社会与民俗现象。

旧凉山社会的习惯法体系

如果只就旧凉山彝族社会来讨论问题，将习惯法从该社会传统的民俗中划分出来予以界定和分析，确实是有足够理由的，因为其复杂和完整的程度，堪称有一套习惯法体系③。1957年少数民族社会历史大调查时，研究者曾在凉山美姑县巴普区，就当地几个乡的资料，整理出习惯法达113条④。1956—1957年，研究者还先后在凉山普雄地区、昭觉县竹核乡、滥坝乡及布拖县木耳乡等

---

① 彭玉章主编：《美姑县志·社会风俗志》，四川省美姑县志编纂委员会编纂，油印本，1992年。

② 林耀华：《凉山彝家的巨变》，商务印书馆1995年版，第81、89页。

③ 海乃拉莫：《略论凉山彝族习惯法》，《彝族文史研究》1994年总第4期。

④ 四川民族调查组巴普小组：《美姑县巴普区社会调查》（1957），载四川省编写组《四川省凉山彝族社会调查资料选编》，四川省社会科学院出版社1987年版。

地，调查和整理出大量的习惯法条款。

或许是因为毕摩和德古的职能分别有神圣与世俗之分，尽管凉山彝族社会不能说是“无文字”社会，但彝文主要为当地神职人员毕摩所掌握用以举行各种仪式，而所有习惯法的条文则主要保存于彝族民众的口承谚语、流传案例及主要职责在于调解纠纷和作出判决的德古的记忆中。因此，它们属于不成文法，是存在于社会生活里的活的法律①；它们不是由某个中央权力机构颁布的特定法律条文，也没有类似法院之类正式的司法机关，但在旧凉山社会的确有很多规则要人们遵循，事实上也被人们遵守着。通过条文整理和描述的方法，体现了调查者对规范的追求，这多少忽视了旧凉山社会习惯法中“判例”的重要性，但也能够给出一个比较完整的有关当地法律生活的轮廓。从这些整理出来的条文看，它们涉及“土地财产”的所有和继承、“等级关系”、“租佃关系”、“债务”、“投保”（当地一种社会习俗，即寻求保护，建立“名投主子”和“名投娃子”间的人身隶属关系）、“刑法”、“婚姻”、“司法”等十多个方面，几乎涵盖了旧凉山社会的所有主要的方面。

这些条文基本上是按调查者的分类整理的，但从中可知旧凉山彝族社会遵循着许多独特的习惯法规则，他们对犯罪行为及处罚的分类也很有特点。如根据情节轻重、前因后果和有意无意等原则，习惯法将犯罪行为分为若干程度等级：黑、黑花、花、花白、白等，与此对应的赔偿档次也可分为黑、花、白等若干级别。由于等级不同及人身隶属关系的存在，赔偿命价的规定也就不尽平等。在土地买卖、财产继承、租赁、债务及命价赔偿等方面，都存在着家支内优先、家支外次之、冤家则被断然排斥或视为势不两立的递进或递减关系，所以，凉山彝族社会的习惯法又可被理解为家支习惯法。如家支内的犯罪，包括偷盗、强奸、拐妻、乱伦及人命案件等，都是重罪。有些行为如偷窃、抢掠，在家支内是重罪，是黑案，但若是针对冤家，则被视为了不起的光荣行为。家支间的伤害及人命案件，虽在一定区域内有涉及赔偿的具体规则或惯例，但处理往往取决于家支间基于实力的力学关系，以及参与调解的双方德古们之谈判及妥协的结果。

旧凉山社会中的各种纠纷，除以暴力即冤家械斗甚至战争方式来解决之外，最通常的解决途径，是由德古们调解。“德古”常被汉译为调解人、头人、能人等，但许多彝族认为不妥，所以现多直接音译。在当地社会，人们普遍把头脑智慧、看问题尖锐准确、善于处理民间纠纷、为大家信任的人称作德古。所有德古都是在其社区里，以其经验、能力与公正而逐渐和自发形成的。“彝

① 罗致平：《法律民俗学》，见张紫晨编《民俗学讲演集》，书目文献出版社 1986 年版。

区是德古管事，汉区是官吏管事，藏区是喇嘛管事”，这条谚语形象地说明了德古在凉山彝区的地位和作用。一般情形下，家支内纠纷由本家支德古调解，家支间的纠纷由双方德古或邀请第三方德古出面调解。习惯法的条文每每是在争议、诉讼甚至冲突中，被德古们灵活运用和变通的。它们或以民间谚语（彝语称为“尔比尔吉”）的形式被援引，或以德古们记忆中的某个案例的形式被参照。德古们遵循习惯法解决问题，主要依靠说服、舆论压力和家支关系的权衡等，经常是多人协商，而不能像法官那样判决。德古们的调解，实际上是以当事人的家支间可能发生的恶性冲突为背景展开的。德古们自身通常也都有不同的家支背景，即多为某家支的德古，但有些由于调解有方或办事公正，受到相邻诸家支景仰和推举的某家支的德古，会成为区域性德古①。纠纷或当事双方，无论矛盾多大，只要有某德古出面劝阻，一般都会采取克制态度听其调解，至少绝不对德古采取暴力行为。这不仅因为德古的命金更贵，还因为那样就违背了习惯法的基本规则。德古们了解和掌握习惯法及有关案例的途径，主要有参观和旁听别人调解、来自民间流传的口承案例、相关的歌谣或谚语等。遇到较大的案子或疑难案件，如何定性、量刑及作出如何赔偿之类的决定，一般是由几位德古共同商量，不过，调解通常还是有一位核心的德古发挥主导作用。德古们彼此间可互相评论，当对同一案子有不同看法时，则通过协商得出相同或接近的结论。

在旧凉山彝族社会的传统习惯法中，除等级、人身占有、投保、家支、冤家等之外，还有一些观念值得特别予以关注，如“命价”与“死给”等。从主子到娃子，人都有命价，原则上都可用货币或财产换算。人身完全被占有的娃子，相对于主子而言虽没有命价，但若被别人打死，就得给主子赔命金。黑彝命价高贵无比，有时其家支会拒绝对方赔偿，而倾向于以血还血；同样，家支内命案必须以命抵偿等，但这都是因为无法计算命价，而不是没有命价。实际上，大多数伤害事件或人命案件，都可采用赔偿命金方式来解决。在其习惯法体系里，有关命金赔偿事宜的规矩十分详尽而具体，当然，在具体的调解实践中，变通的可能性也十分多样。所谓死给，即是“死给某人”的简称，这是一个本地概念或一个民俗用语②。若按我们社会的说法，死给就是自杀，但在凉山，多因某种纠纷引发的死给事件却具有非常严重的性质，甚至常被认为具有和杀人案件相同或接近的属性③。根据当地彝人的看法，被死给的对方，也就

① 马尔子：《浅谈凉山彝族德古》，《凉山民族研究》1992年创刊号。

② 周星：《死给、死给案与凉山社会》，见马戎、周星主编《田野工作与文化自觉》，群言出版社1998年版，第701—792页。

③ 曲比石美、马尔子：《旧凉山彝族家支、姻亲人命案及案例》，《凉山民族研究》1995年年刊。

是导致某人死给的人，一定意义上就是凶手，他或他的家支必须为死给的人偿命或付出为当地习惯法认可的代价如赔偿命金。彝族社会对死给并不完全认为属于自杀，而有一种认定死给为他杀的倾向。

说旧凉山社会中的习惯法具有家支习惯法的属性，除上述家支内犯罪与家支外犯罪区别对待的特点外，还有家支背景下的血族复仇、同态复仇、家支集体承担连带责任，家支间的冤家械斗以及由家支出面实行制裁等理由。此外，构成旧凉山社会习惯法特色的还有黑巫术、诅咒和神明裁判。旧凉山社会习惯法，也有其道德、伦理及民俗方面的依据；习惯法的贯彻和实行，除家支背景的压力、暴力冲突、德古发挥的作用等之外，还有社会生活中口碑舆论、讥笑嘲讽和社会贬斥之类机制的促成。类似于旧凉山彝族社会习惯法的上述一些特点，诸如集团连带责任、血族复仇、赔偿命金、团体内犯罪与团体外犯罪处理不同等，在有的文化人类学著作里，常被看做是“原始社会”或“原始人”法律的共性①。我们在理解旧凉山彝族社会习惯法时，除关注其某些独特性以外，不能忘记旧凉山社会的确曾是一个奴隶社会。

社会变革与传统的延续和再生

20世纪50年代的“民主改革”，伴随着剧烈的社会与文化变迁，彻底摧毁了旧凉山社会的奴隶制度，其社会形态发生了巨变。现在，凉山奴隶社会早已成为历史，但由于它距离现在不过是50年前的事，自然会有一些遗产至今仍有影响。正如单纯的阶级划分未必能完全概括旧凉山社会的所有层面，革除奴隶制也不能一夜之间彻底消灭该社会的所有传统。目前在凉山，一些没有家支的或非彝根的人们依然遭受歧视，他们正是早年被抢掠进山的娃子奴隶们的后裔。

等级作为一种政治制度虽已被同时废除，但事实证明，等级及骨根观念至今在当地民间生活和社会现实里仍根深蒂固。在凉山，黑彝和白彝的区别目前依旧有重要意义，血缘和血统划分依然被人们十分看重，至少在农村，几乎每个人都十分清楚地意识到其社区里黑彝和白彝及不同等级间血统的差别。

50年代当新政权在凉山初建时，曾对几乎所有主要家支的较有影响的约1000多位德古、苏易（也可译为“头人”）发出过邀请，与之合作团结，给他们以颇为优厚的待遇。但后来在取缔奴隶制过程中，黑彝奴隶主们在其德古、苏易带领下抗拒废奴运动，借助家支力量，以家支活动方式发动暴乱，并最终被击败。与民主改革前后这段历史有一定关联，家支尤其是黑彝家支因而遭到压抑；黑彝、德古、家支及其活动，从此不再被信任，在极“左”年代更被全

① 陈国钧：《文化人类学》，三民书局印行，1977年，第189—192页。

盘否定，直到70年代末改革开放以后。但家支作为凉山彝族传统的社会组织，实际上始终发挥着重要作用，甚至在它蛰伏的岁月里，它依然在基层支撑着彝人的日常生活。虽说至今依然有人对家支集会和德古活动感到疑虑和心有余悸，可家支在政治环境宽松后的重新和迅速崛起，丝毫也不奇怪。现在凉山大约500个“凉山彝族百家姓”①，几乎都是“民主改革”前凉山家支的直接延伸。

在剧烈的社会变革过程中，家支组织自然也发生了不少变化，如家支武装不复存在；黑彝家支完全失去曾经有过的控制属民和镇压奴隶的职能；家支间冲突虽时有发生，但通常并不导致战争状态或大规模的冤家械斗，家支间的冲突也不再具有“阶级斗争”属性。同时，家支组织的另一些基本社会功能依然如故，如在生产和生活中救危扶困、相互帮助，亲情联姻、婚丧大事中互相来往、社会交际及弥合纠纷等。截至目前，家支仍是当地彝人生活最重要的组织形式；家支在当代凉山依然是贫困人家的唯一依靠；家支为人们的社会生活提供了基本的保障、空间、形式和认同的价值。值得注意的是，家支在组织形态上有自我修复能力，近些年来，凉山彝人们相互寻根认同，连宗续谱，由家支出面整顿家规、家法之类的现象比较普遍。人们通过父子联名，恢复和继续了原来的世系，弥补了20世纪50年代以来缺漏或疏离的部分家支谱系。在人们认为必要时，一般是在社区发生重大事件的时候，就会由德古、苏易召集，并主持召开家支议事会（彝语称“蒙格”）。议事会的规模多以村寨为范围，有时也会有远近同家支的人赶来，通常是各户派代表参加。在议事会上除讨论问题、作出相关决定外，也常常互认家门，既满足人们对家支认同的情感，又重申不能错开亲的外婚制原则。家支在使习惯法复活和再生方面的作用很突出。1981年美姑县新桥乡吉列家支召开了400多人参加的家支大会，决定把已发生婚姻关系的吉列家支下属8个分支重新联合，规定今后彼此不得通婚，而只能与外家支同等级的家支联姻。这是家支及习惯法再生的典型一例。家支及其习惯法有顽强的再生能力，这与改革开放以来某些汉人地区宗族组织复活的现象很相似。

旧凉山社会习惯法体系中的相当一部分内容，显然已变得不合时宜。那些涉及奴隶和属民的人身关系、涉及主子特权、涉及冤家械斗及残酷处罚等方面的条文都已废止。凉山社会传统习惯法里，也有一些内容可与现行国家法制相互契合，如对故意杀人罪，习惯法与现行国家刑法的定罪与量刑基本一致，因此，发生杀人案时，人们较容易接受由政府公安部门及法院来处理。但习惯法体系中许多基本传统，在当代凉山彝族社会依然延续不断，有相当部分至今仍不同程度地在凉山社会发挥着作用，尤其是有关家支、继承、婚姻、死给、赔偿命金、德古调解等方面的习惯法，目前仍不同程度地通行于凉山基层社区。

① 王昌富：《凉山彝族礼俗》，四川民族出版社1994年版，第74～83页。

家支、德古和习惯法，在经过若干变通后得以延续和再生，其在当代凉山社会结构中依然举足轻重，这个基本事实，十分值得深思。50多年来，伴随着国家法制的逐渐进入和各种形式的社会动员与政治运动，传统习惯法也只是暂且蛰伏，以种种私下变通方式存在。70年代末期以来，随着整个中国的改革开放，习惯法及相关各种社会现象，又开始再度活跃于凉山。一些在极“左”年代不被承认的案例，到80年代又被旧事重提，再由德古们重新予以追审；甚至还出现由德古和家支出面重新调解和审理早在民主改革及平定反乱中发生伤亡的案件，并予以赔偿命金的情形。

激烈的社会变革，没能彻底改变凉山彝人的民俗即他们的生活方式，以传承为基本存续方式的民俗及其观念，不会因为社会革命的发生而迅速彻底地完全改观。凉山彝人长期在高寒山区生存与发展，既与周边的汉、藏及其他民族发生过千丝万缕的文化关联，也形成和积累了具有独特传统的民族民俗文化。以某种变通为前提，长期在该社会传承不断的民俗文化，在当代凉山基本得以延续。若以涉及婚姻、家庭的民俗而论，至今人们依然普遍信守等级内婚、家支外婚、早婚、早育、多育、订婚、转房、姑舅表优先婚、姨表不婚等民俗习惯。

在上述婚俗中，存在着不能适应甚至一定程度上直接与国家法制相抵触，例如与婚姻法冲突的情形。“转房”再嫁，常导致出现事实上是多妻制的家庭。有时，当按习俗该转房而未能转房，女方父母或其家支还会兴师问罪；有时，当寡妇面临因转房而形成“夫兄弟婚”的处境时，常有遭致强迫的情形，若不从自杀反抗，又会被娘家认为是迫害致死，并前来滋生事端或讨人命，进而酿成更大纠纷①。等级内婚事实上依然为民间遵从，据统计，昭觉县某乡1957—1976年缔结的563对婚姻中，93.6%是等级内婚②；当等级和经济状况不同但又相近时，人们在议定女方身价钱时会有所区别，以示血统贵贱。甚至当地的国家干部，也每每有受到家支压力因等级不同而离婚的情形，昭觉县法院的有关资料显示，近年来由于等级不同导致离婚的约占全部离婚案的30%。尤其当不同等级间出现恋情时，青年男女的婚姻自主权及择偶权常受到父亲、母舅，甚至家支的严重干涉。妇女因婚权不能自主，是导致自杀率（多为死给）较高的重要原因，这种情形在90年代仍较为严重③。订婚依然在民间具有决定性意义，“订婚即是妻”④，具有习惯法的约束力，一经订婚任何一方就不得轻易改变，违者须加倍偿还或赔偿聘礼。初婚年龄由于早婚习俗的缘故，大大低于国

① 伍精忠：《凉山彝族风俗》，四川民族出版社1993年版，第153—154页。

② 高其才：《中国习惯法论》，湖南出版社1995年版，第438页。

③ 冯敏：《凉山彝族农村妇女的婚权及其实现的障碍》，《民族论丛》第11辑，1993年。

④ 马尔子、曲比石美：《旧凉山彝族拐妻案及案例》，《凉山民族研究》1996年年刊。

家规定的法定年龄，据说让女子在17岁前后出嫁或订婚是父母的义务。结婚多有不行合法登记手续，离婚也多有不经法院，而由家支德古调解及作出决定的情形。妇女连生女婴，常成为导致男方提出离婚的原因。姑舅表优先婚的存在，还在不断导致事实上的近亲结婚。1987年一项调查显示，凉山边缘区彝族妇女的近亲结婚比例高达21.70%，自80年代以来近亲结婚更呈上升趋势，而存活的不健康子女又多是由近亲联姻者所生育①。“身价钱”的观念，使得促成婚姻实现的聘礼，呈现出逐渐涨价的趋势②。此外，还有生育观念中的重男轻女、对无子户的歧视等。

上述婚俗，如果只就凉山彝族社会内部的范围而言，未必构成特别的问题。但如果考虑到凉山地方社会与国家统一的法制建设的关系，考虑到凉山一定程度上已成为一个多民族的族际社会而存在的实际，考虑到一系列剧烈的革命和动荡带来的社会变迁，考虑到现阶段在改革开放大背景下出现的文化涵化和变迁趋势以及由此引发或可能引发的种种问题，对于这些婚姻和家庭方面的民俗，就应予以高度重视。上述民俗及相关问题，实际上常在凉山社会里引致某种程度的混乱，如在信守传统民俗和敢于冲破传统民俗的人们之间，往往出现冲突或摩擦。凉山目前的婚姻观念，一般情形下，长辈们喜欢选择血缘、等级和家支，年轻人则喜欢长相好、有才干等，现实存在的包办和对年轻人婚权的干预，仍常是导致纠纷和发生重大案件的重要原因③。针对这类情形，地方政府曾分别在1960年、1977年和1987—1989年，先后进行过3次“婚姻改革”。婚姻改革的基本内容是贯彻婚姻法，推行地方政府多少具有一些变通性的有关规定及《婚姻登记办法》④，虽也有一定成效，但上述问题至今仍没能完全解决。

法律多元的社会

如果把“法”理解为包括由国家支持的规范性秩序如国家法制和各种非国家形式的规范性秩序如习惯法，那么，像很多社会一样，当代凉山也是一个多元法制或法律多元的社会。法律多元是指两种或其以上的法律制度在同一个社会里共存的状况⑤。“民主改革”以后，国家法制逐渐被推行到凉山地区。相

---

① 王端玉、张朴：《凉山边缘区彝族妇女婚姻、生育状况的调查分析》，四川省民族研究所编《民族研究论文选》第2辑，1992年。

② 冯敏：《凉山彝族妇女婚权状况的考察》，见严汝娴主编《民族妇女：传统与发展》，云南人民出版社1995年版。

③ 吉觉拉莫惹：《当代凉山彝族的家支问题》，《彝族文化》1996年年刊。

④ 马林英：《彝族妇女文化》，四川民族出版社1995年版，第25—27页。

⑤ 朱苏力：《文化多元与法律多元：人类学研究对法学研究的启发》，见周星、王铭铭主编《社会文化人类学讲演集》，天津人民出版社1996年版。

对于长期以来一直封闭的大凉山而言，国家法制同时还多少具有一些自上而下或外来之法文化的属性。国家法制自上而下和由外而内推行，一定程度上可以说是跨文化的法律移植。正是国家法制的推进和移植，直接形成了法律多元格局，形成了当地彝族民众法律生活的多重性现实，并在凉山地方或彝族传统法文化与正在推进的国家法制建设之间引发了若干特殊重要的问题。在这个法律多元的社会，实际上存在着双重的合法性。凉山目前的现实是，人们不同程度地生活在具有多重性特点的由习惯法和国家法制相互纠葛而形成的多元法制的社会现实中，越是在基层社区，人们就越是倾向于由传统习惯法处理他们面临的问题。如果把习惯法理解为一种法文化，则可以说凉山彝族的法文化传统与国家法制间的相互关系，多少具有不同文化间关系的属性，其问题具有文化间冲突、摩擦、涵化和交流等方面的意义。尽管社会变革使旧凉山社会崩溃瓦解，但在国家法制之前，该社会已历史地形成了一套规范，于是，在它和国家法制之间就出现了吸收和被吸收，抵制和被抵制，相互抵消、相互重叠或相互合作等多种关系状态。

截至目前，在凉山民间，习惯法传统依然顽强存在，并在相当程度规范着人们的行为，而国家法制在当地也不得不为习惯法留出一定空间。凉山彝族社会虽与外部发生着各种联系，接受来自外部的种种渗透，但依然能够生产和再生产独特的社会组织和习惯法传统，因此，凉山彝族社会乃是一种半自治社会。国家法制的介入，使人们在选择哪种法律途径或方式上有了更多的余地，当然也带来了不少紊乱。

根据一项问卷调查①，在凉山农村，当家庭出现自己不能解决的矛盾时，大约 50% 的人愿意找家支解决，22. 5% 的人愿意找村、乡干部，27. 5% 的人两者都找；当家庭与别人发生矛盾或纠纷时，37. 5% 的人愿意找家支解决，17. 5% 的人愿意找基层干部，45% 的人既找家支又找干部；当村里发生纠纷或违法事件，约有 42. 5% 要找家支，17. 5% 找干部，40% 左右既找家支又找干部。在凉山腹心地区，60% —80% 的纠纷甚至案件主要是由家支在民间调解的，而在那些有基层社区干部参与调解的纠纷中，还有不少实际上是由干部与家支合作解决的。这种情形，使能在当地法院受理的案件数十分有限②，显然，它并不反映实际发案率。人们倾向于通过家支与德古解决问题，尽量不去法院的原因是多方面的，如至少在凉山部分地方，法院使用的工作语文是汉语文，相比

① 袁亚愚主编：《当代凉山彝族的社会和家庭》，四川大学出版社 1992 年版，第 44 页。

② 马德龙：《凉山彝族习惯法在彝区的影响及其利弊》，《凉山民族研究》1995 年年刊。

之下，山区不少彝族民众则更相信使用他们母语从事调解的德古。

在凉山，双重选择行为已颇为普遍，受害者常是两种选择都有，既报案、投诉，又依靠家支；丢东西时，既“放报口”（悬赏告发）、打鸡赌咒，然后也有向政府报案的。在很多情形下，即便办了离婚手续，还得再有一个彝族式的离婚仪式。昭觉县城西乡坛加村八且××与妻子瓦渣××婚后感情不和，瓦渣四次自杀未遂，1992年10月法院判决离婚，但事后两个家支又请德古重新判决，八且家杀了1头牛，打了100斤酒，并赔偿瓦渣家5000元钱后才能离婚①。1983年，昭觉县竹核乡农民甲八××与妻子曲比××因等级不同离婚，乡法庭调解决定由男方付给女方700元子女抚养费以作经济补偿，男方不肯，结果双方置法庭调解书于不顾，请家支中的尼弟××调解，最后，男方付给女方1000斤谷子和30元钱，双方按习惯法“打羊”不悔。这样，在法庭看来棘手的案子，由民间自行调解，不出一个月便顺利解决。至少在一些基层社区，家支调解的结果要比政府司法执行机关的裁决更具有现实约束力。

根据笔者1995年9月和1996年9月在美姑县几个区乡的初步调查，类似情形确实不少。1995年××乡发生了一起扒车摔死案，经公安局处理后当事人不服，只好找德古重新解决。扒车摔死者的家属认为责任在司机，司机不服，双方都坐在乡政府说理，公安局没有办法，就派人叫德古调解。死者家属要求司机赔偿1万元以上，司机只愿出3500元以下，双方谈不拢，死者家支就去了男女30多人示威，去司机家宰了一只羊，并强行做了很多米饭吃。后由德古调解三天，由司机以4500元赔偿给死者家属，此案才算了结。

能够调解连政府、法院和公安局也难以解决的案件，常是德古们引以为自豪的。造成这种情形的原因主要有两个：一是司法机关的处理，由于只能以国家法律为准，很难照顾到当事人，尤其是被害人及其家属和其他家支成员的心理接受程度。凉山彝人认为，依国家法律将加害人送进监狱，虽是惩罚，但于受害方并无实际利益，习惯法让加害一方公开赔礼道歉，赔偿命金，受害方不仅捞回面子，还有赔偿金的实际好处。二是根据凉山社会习惯法原则，个人冲突的背后存在着家支关系，如双方家支间没有就赔偿等事宜达成最终妥协，家支间就会一直处于公开或潜在的紧张关系，只有按传统习惯法使双方和解，社会秩序才能真正得到恢复。德古调解纠纷或处理案件，一般是追究加害人一方家属及家支的连带责任，现行国家法律则不承认这种连带责任。如某罪犯本人被法院判刑，但受害人一方仍不平衡，于是就再由德古追究其家属或家支连带责任，用以给受害人或其亲属与家支支付赔偿，只有这样，双方家支间的紧张

---

① 史金波、罗布合机：《重视彝族家支问题，吸收德古参政议政》，《凉山民族研究》1996年年刊。

关系才能缓解。有些处理意见或判决结果，在公安局、法院盖了章，按了手印，当事人却常常反悔翻案；但由德古以习惯法解决的案子，便不能反悔，因为调解结束时，还多伴随有打鸡和解及立誓仪式，打鸡表示此案结束，是终审，不再反悔，若反悔同此鸡一样下场。一旦打鸡，无论对或错都得结束，民间有“打一只鸡，可管九代人”的说法。案件已处理，虽不能反悔，但处理的怎样，后人却可评论，然后才能成为后人援引的案例。德古及其助手们作为调解者，通常与当事人双方都有某种关系，甚至包括无论远近亲疏总可拉在一起的亲戚关系，他们与当事人处于相同的环境或社区，非常理解事件对当事人的意义。由于事关调解者的口碑声誉，调解者和当事人几乎是在相同或相近社区里一起生活的，调解者还得为此案的最终结局承担见证和担保责任，因此，德古们都很负责任。与此相关，经德古处理的案件不仅不能翻案，而且，凡别的德古已处理过的，其他德古就会拒绝再为此案重新调解。德古若身在事中，要请别的德古调解，他们认为自己替自己说，矛盾会更加突出。

那些已由国家司法机关处理过的案件，当事人依然要求依家支习惯法清算命金及安排赔偿事宜，若从习惯法立场看，正是由于现行国家法制常不能满足受害者及家属乃至家支对赔偿和面子两方面的强烈要求。据美姑县有关统计，1982年以来截至1988年前后，该县私下“算人命”的事件多达700多起，索要命金总数达24万元，在算人命过程中，作为赔礼吃掉的猪约达1600头，牛180条，羊600多只。1990年美姑县公开“算人命”的案件中，参与人数达7000多人，所算金额达17000多元。近几年，索赔人命之风仍然盛行，并出现了清算四五十年前祖辈们所欠人命的情形，一些从政府机关离、退休的人员，现在在有些社区，还得为他们在50多年前“民主改革”中的公务行为赔偿人命金。

可认定为死给的案件，在凉山农村较为突出，只要自杀者生前说过一句“我死给你”，被死给者照样得赔人命钱。当子女拒绝父母干预其婚姻自主权时，有的父母会以死给威胁，或死给以挽回面子，这样，子女会被家支开除族籍①。××村的庄稼被偷，但没人敢说，主要是怕偷窃者被揭发后害羞上吊（死给），自己得赔命金，于是，只好打鸡打狗诅咒，据说诅咒后庄稼才能减少一些损失。为习惯法认可的家支内、外不同的行为规范，在新的背景下也产生了一些变通。如至少有一部分青少年的刑事犯罪，是由于在他们中间存在着认为偷抢本族、本家为不道德，而偷抢外族如汉人则很了不起的观念，甚至还有“偷汉不偷彝，抢汉不抢彝”之类的说法②。

在不同的具体社区，情况可能并不一致。据我们在巴普镇三合村金曲比俄

---

① 米正国：《浅谈当代凉山彝族的婚姻形态》，《凉山民族研究》1996年年刊。

② 马勤：《观念变革与彝族经济发展》，《凉山民族研究》1992年创刊号。

家调查时了解，其家支内部分歧，除婚丧外，大的纠纷和案件现已由政府管，即便有人死给人家，也不去找人家要人命钱。家支习惯法及其体现者德古，能够经常介入那些不为国家法制看重，同时也是它所力不能及的许多日常生活中的琐事，如土地田埂被侵犯，按习惯法要恢复原样；牲畜吃了别人庄稼，习惯法要求向对方打酒道歉；孩子间的纠纷，习惯法要家长各自管好孩子，若发生伤害，家长应主动支付医药费用等。在处理类似这样的日常生活的种种问题上，民间习惯法和德古如鱼得水，而那些算得上“大传统”的官方法律、法规则鞭长莫及。正是由于习惯法原本来自社会生活，在一定意义上，可以说这些作为社会生活之规则的习惯法，实际也就是凉山彝人有关其社会生活的知识及智慧的体现。

如站在国家统一的法制建设的立场看，自然有论者认为，目前凉山社会的法制程度依然很低①，认为家支及习惯法乃是现代法制的障碍。例如说，国家现行法律在凉山一定程度上受到家支及习惯法干扰，由家支及德古包揽民事纠纷的情形普遍存在，实际上，家支、德古及习惯法在国家法制和彝族民众之间形成了按习惯法解决民事纠纷甚至某些刑事案件的仲裁力量。至少相当一部分案件，当事人倾向于家支出面，而不是诉诸法律，甚至还有一些案件在经法院判决后，因与家支意见不合，又重新由家支再行处理的情形。又例如说，家支按习惯法调解和处理婚姻纠纷及许多其他民事、刑事纠纷，显然与现行国家法制有明显冲突②。不过，如果我们把凉山彝族社会看做一个法律多元的社会，如充分意识到家支及习惯法在凉山彝人社会生活中目前尚无法取代这样一个基本的社会现实，那就有可能来重新审视习惯法传统和国家法制间的关系，而不至于视其为水火不容了③。

地方法规、调解委员会和家支约法的可能性

凉山彝族自治州，在中国属“民族自治地方”，根据宪法和民族区域自治法有关条款，享有一定的立法权，享有以地方法规形式对中央政府的政策及全国统一的法律予以某些变通的权利，这实际上也就为从立法角度协调民俗、习惯法和国家法制的关系提供了一定的空间及可能性。凉山州的地方立法权，一定意义上也应当是当地社会之法律多元格局中重要的组成部分。

针对凉山一些民俗如婚俗中程度不同地存在着与现行婚姻法相抵触的方

---

① 袁亚愚主编：《当代凉山彝族的社会和家庭》，四川大学出版社 1992 年版，第 43—44 页。

② 李绍明：《李绍明民族学文选》，成都出版社 1995 年版，第 209、214—215 页。

③ 徐铭：《凉山彝族传统法律文化研究思辨》，《凉山民族研究》1996 年年刊。

面，致使国家法律的某些条款难以在当地施行的情况，早在1978年就曾有过《凉山州婚姻变通条例》出台。后经1983年2月26日四川省第五届人大常委会第十九次会议通过批准，《凉山彝族自治州施行〈中华人民共和国婚姻法〉的规定》自1983年10月1日起，由凉山彝族自治州人大常委会公布施行。根据婚姻法第三十六条制定的这个规定，首先在与国家法制保持一致的前提下，尝试通过地方法规形式以缩短地方民俗和国家法制间的距离，多少表现出在两者间寻求妥协的努力。规定强调了“婚姻自由”、“一夫一妻”和“男女平等的婚姻制度”，宣布废除旧的等级婚姻制度，禁止利用等级、家支、宗教和其他形式干涉婚姻自由，禁止重婚，禁止干涉丧偶妇女的婚姻自由，不允许强迫丧偶妇女转房等。规定还禁止直系血亲及三代以内的旁系血亲结婚。规定重申订婚不是结婚的法定程序，不产生任何法律效力；强调结婚、离婚须履行法律手续。显然，规定针对凉山实际存在的问题，首先强调了国家法制的一系列基本原则。但规定对结婚年龄，要求男不得早于20周岁，女不得早于18周岁，分别比婚姻法低了2周岁；对境内少数民族传统的婚嫁仪式，规定表示在不违反现行婚姻法基本原则的前提下，应予尊重。这里涉及的婚嫁仪式，可能是针对“抢婚”而言，即对当事人自愿的抢婚予以尊重。为防止规定施行后一些案件的反复，还特意声明以前根据婚姻法已处理的婚姻纠纷案件继续有效。自治州人大主任瓦扎木基在有关该规定的说明中，明确指出本规定针对的现象主要有：以论等级、讲骨头的方式干涉婚姻自由；不同等级间的婚恋受到歧视、非难和打击；强迫转房往往造成重婚；借婚姻索取财物甚有造成人命案的情形；姑舅表婚比较普遍；不办理结婚登记手续，等等。

除这个规定，自治州的“自治条例”，也要求州内各族互相尊重彼此的风俗习惯。以地方法规的形式，对民俗予以限制、革除或保留，使之符合国家法制的一些基本要求，或在有限的方面对国家法制稍作变通，是基于民族区域自治法有关原则确定的。自治地方的地方法规尽管有可能构成当地多元法律中的一元，但更多地还是属于国家法制的组成部分。但地方法规中存在的在民间习惯法和国家法制间建立联系的可能性，值得引起我们注意。

尽管尚无明文规定，但在基层行政的一些实践中，也有将德古纳入乡村的村民委员会及调解委员会的一些尝试。村民委员会及调解委员会虽被要求按国家现行法律为依据，以调解各种民间纠纷，但使德古参加其中工作却意味深长，因为在现阶段的凉山，德古的调解与仲裁实际上更多地是依据传统的条文和案例即习惯法。有些德古可能会避免介入一些他们认为该由政府管的案件，往往只调解一般的民事纠纷，遇到刑事大案，有的会回避，不插手，不介入，德古们调解涉及的命案更多是一些自杀死给案。

调解委员会在不同社区发挥的作用不尽一致。在我们调查过的洛觉村，调解委员会于 1985 年成立，主任由村长担任，委员会里有一位德古。村级调解委员会的人选要在乡里备案，他们主要负责村民中有关婚姻、土地、牲畜吃了庄稼、树木遭到砍伐等琐事纠纷，有时，离婚也不用去法院，通过德古或村委会就可解决。如有人找调解委员会，其调解据说也算数，但村民有事还是多找德古，甚至调解委员会的委员也找德古。在这个村落，调解委员会的实际作用并不很大，它与德古间只是偶尔相互介入，但德古实际影响更大，从而在最基层的社区形成了双重的政治与法律生活。至少在基层社区，德古和干部往往形成双重权力（影响力）关系。看来，考虑选择一些有威信的德古作为基层调解组织的成员或治保人员，甚至吸收一些德古参政议政，确实不失为明智的见解[①]。

德古的存在并不只与现行国家法制有矛盾，实际上在由德古代表或体现的家支习惯法与国家法制之间，常存在某种程度的合作及互补关系。例如，有些德古在调解实践中，每每新旧变通，对国家法律和习惯法规矩相互援引，相互参证。下面的案例可说明德古与司法机关的合作关系：1986 年 4 月，属凉山黑彝巴且家支中茨布吉思一支的女儿巴且作姑，与本村另一姑娘瓮姑各各打架后上吊自杀，死给了对方，事发后，喜得县人民法院及时赶到，但调解无效。后由村里的德古阿莱略拉等人以彝族习惯法调解，结果以抚养被害人家属的名义，由翁姑家付给巴且家 1500 元人民币，付给其舅舅家 500 元，并承办丧礼一切花费。双方就此写了调解字据，经由德古和当事人双方签名按了手印，字据一式三份，双方及德古各一，德古的那份则交由县人民法院保管[②]。

存在德古及家支习惯法活跃的空间，并不只构成问题，其在当地社会里也有一定贡献，尤其是基层干部和基层司法执法机关多愿意承认这一点，他们多倾向于对那些违反“治安管理条例”或交通规则之类的事，不妨按彝族规矩，由德古处理，只要当事人双方认可就行。甘洛县普昌镇的一位镇长认为，凉山农村离不开德古的调解，正是由于德古存在，由于他们的协同、配合及调解等帮助，镇里的民事纠纷、治安事件及刑事案件的发案率才有所降低。显然，乡村干部和民间德古之间，确实存在相互合作的关系。美姑县巴普镇一位德古，自称他对土地、经济、死给命案、婚姻、财产、偷摸、打架及家庭纠纷等，都能作调解，效果也很好，因为办事公正，不说偏心话。只要有人带口信来，他就去，但若是触犯国法刑律，就叫找政府解决。他认为自己所做的事是为国分忧，为民解愁。

---

① 吴国清：《略论凉山彝族地区的法制建设》，《凉山民族研究》1992 年创刊号。

② 巴且乌撒：（巴且乌撒口述，巴且克迪记录）：《凉山黑彝巴且氏族世家》，云南人民出版社 1995 年版，第 49—50 页。

然而，据1994年4月昭觉县政协和语委进行的调查，不少德古也有顾虑。只有那些曾处理过连区、乡派出所、法庭及行政机关也无法调解的民事纠纷，并使双方当事人均感满意，同时，赔偿合理，化解了大案爆发的苗头，协助政府办了很多事，同时也为区乡政府或执法、司法机关认可的个别德古，才敢于或乐于去登记。对很多德古来说，在1956—1982年，由于政府干预，他们只能私下调解一些小的纠纷或案子，直到1982年以后才又有一些较大的案子给他们调解，可对此政府的态度或是否定性的，或暧昧不明。目前在凉山，人们对德古和家支的看法，的确存在严重分歧。有些干部、知识分子和研究者，对德古及家支参与民事纠纷的调解，召集和组织一些活动持否定意见，认为这种状况有碍国家法制，也阻碍彝族社会进步，有时还以“家支干政”、“家支活动”等说法予以批评；另外一些干部尤其是基层干部和本地知识分子，则认为家支及德古都是彝族的社会与文化传统，有助于社会安定，应予以肯定。

上述两种意见，分别强调了家支问题的不同侧面。从社会控制角度说，凉山的德古、家支及习惯法具有两面性。一方面，家支能对其成员有效约束，正如布拖县特木里镇一位老德古所说，现在的“阿土”（指白粉、海洛因等毒品）对彝族毒害很大，比以前的黑鸦片凶得多，本来家支可以管，又不敢管，结果吸的人越来越多。他认为只靠政府管不过来，如果依靠家支力量能减轻政府负担，效果或许更好。有一种意见相信在家支废弛与犯罪率增加之间存在着一定的相关，因而主张发挥家支的正面作用，利用家支形式实现社会的秩序，如请德古在家支议事会上宣传政府的政策法令，帮助“普法”，重申约法等。另一方面，家支活跃确实也带来一些问题，正像谚语所说：“想家支想的流泪，怕家支怕得要命”，“暴雨是乌云带来的，人祸是家支带来的”。在凉山，起于民事纠纷，但因家支介入而以强凌弱、以众暴寡的大案时有发生；家支间的冲突，往往还有事态失控只好由公安机关介入的情形。1986年8月，巴普区××村××家的银子和衣物被盗，失主请毕摩咒骂盗贼，几天后邻居××××的妻子暴病死亡，遂认为她是被咒死的，结果组织本家支上百人对××××家的房屋、牲口实行打、砸、烧，使其损失达7000多元。类似这样，当本家支某成员与外家支某人发生纠纷，同家支其他成员集体出动，抄家示威，威胁甚至损毁对方生命与财产的事件，目前在凉山社会仍时有所闻。较典型的案例，还有家支成员触犯法律，被政府处罚，整个家支则代为集资，如昭觉县某干部有贪污罪，案发后退赔不了，家支遂帮助垫付退赔，结果免于刑事处分①。从这类案例中，可以看到民俗、习惯法和现代法制的距离。据统计，全州近年来的刑事大案，约15%是由家支及习惯法的传统逻辑引起的，在凉山腹心地区，这个

① 高其才：《中国习惯法论》，湖南出版社1995年版，第435页。

比例则高达40%左右。

不管怎么理解和评价家支，凉山彝族社会尤其在基层社区，现阶段人们还离不开它，其在社会组织和社会规范方面的功能，不宜忽视。在当代凉山社会，家支及习惯法传统的存在，虽然有与国家法制建设相抵触的一面，但在特定条件下，家支约法或依然在凉山“活”着的习惯法的文化传统，也完全可能对国家现行的法律、法规，对国家法制构成建设性补充。现阶段的家支约法，可被看做是习惯法传统的新来源。如越西马赫家支新立的规矩，就有爬车摔死不接济、政府判刑不接济、超生罚款不接济等条文。布拖县吉伙家支内部则有更详细的“十四准”和“六不准”规定，主要有：家支内的人被别人杀害，家支该出面；家支内出嫁妇女被夫家害死，家支该出面；家支内困难户死人，家支必须资助；家支内老年人死亡，必须资助；对家支内丧失劳动力的鳏寡孤独，家支应出粮出钱接济；对无耕牛户，家支应借给；家支女人被休，家支该出面讲理；家支内女人被外人拐骗，家支要出面；遭了偷劫，家支该出面；家支内部产生矛盾，由家支出面解决；同家支互相残杀致死，必须以命抵命；同家支人互相拐骗妻子，家支出面按习惯法解决；别人强占同家支人私有财产时，家支该出面干涉；死人杀100头牲口的习惯要改，不准强行要家支出牛、出羊；不准联合本家支欺负小家支、无家支的人；不准联合本家支的人强占别人财产或殴打别人；有婚姻纠纷不准合伙掠夺夫家财产；本家支女人出嫁后，与其夫发生摩擦自行死亡的，家支不能不讲理而把死者抬到夫家敲诈钱财；不得强行偷劫小家支人的牛羊财物等。显然，从凉山社会实际出发，若将家支习惯法传统里的家支约法看做是一种可以借重的资源，那它就有可能发挥建设性作用。

从目前凉山社会的实际状况看，迫切需要实际工作者和研究者密切合作，致力于探讨和寻求有可能促成地方法文化传统与国家法制建设相互在一定程度上有所结合的空间与途径。在凉山这样的民族自治地方，通过地方立法及基层行政的调解委员会等多种方式的实践，实际上已多少存在着使地方法文化传统有可能被纳入国家法制体系之中的前景，或至少有可能通过此类途径降低及减少民俗、习惯法及国家法制间的冲突以及因为这些冲突而给当地民众带来的不安与不幸。就已有实践来说，地方法规和基层行政的尝试尚有继续拓展的余地，至少从地方法规及乡村调解委员会两个角度出发，其中的可能性很值得总结和发展。至于如何将家支约法引导到不是与国家法制对抗，而是与国家法制配合，甚或成为国家法制在凉山基层的有效补充，尚是今后一个重要的课题。

结　语

从习惯法及国家法制在既定社会的人们现实生活中的具体实践看，民俗、习惯法和国家法制间的关系非常复杂。法不是孤立存在于社会生活和民俗文化之外，法律、法规的条款，也总是在介入人们生活的过程中被加以变通，得到重新解释乃至调整。在对与中国现代化相关的国家法制建设问题发表意见时，应尽可能避免把问题简单化，因为在像中国这样一个文化多样性和地域多样性都十分突出的国度实现现代化，建设法治国家，自然是一个艰巨的过程。现代化的法制建设不能指望确定一些条文便轻而易举地得以实现。中国将会长期存在的一个问题，便是地方民俗文化包括民间某些传统习惯法在内，它们与国家法制间存在着许多一时难以理顺的问题，正如“公了”、“私了”之类说法及事实将会长期存在一样。

很久以来，人类不同社会之法文化的多样性，已被从人类学角度有了越来越多的揭示，有关中国少数民族社会之特殊法律问题的研究，近年也有了较大进展[①]。在中国，类似凉山彝族社会这样，不同文化间或少数民族法文化传统与国家的政治法律体制间的关系问题是普遍存在的，它也是与各自地方或民族的社会密切相关，且是必须予以解决的一个实践问题。多元法律并存，它们在同一个社会里的对立与合作、摩擦与交流，几乎在中国各地的地方社会，尤其是在少数民族聚居地方的社会，都是必须面对和给予尊重的一个基本现实，一定意义上，这也是中国最重要的基本国情之一。我们不宜简单化地把少数民族的传统民俗或习惯法，还有汉族社会乡规民约之类的传统，一概看做是实现国家法制的障碍，而应对国家法制不得不给其留出一定余地的现实予以重视。尤其在少数民族聚居地域，传统法文化与国家法制间的关系，还有可能同时具有族群关系的属性，甚至具有少数民族与国家、地方与中央之间政治关系的属性。中国现已通过建立民事调解制度，较为成功地将民间的部分法文化传统纳入到了国家法制体系内，类似本文讨论的凉山彝族社会的习惯法，至少也应该能够部分地在当地推进法制建设过程中，得到吸纳、结合、利用或认可。

---

① 方慧：《九十年代以来我国民族法学研究综述》，《民族研究动态》1996年第2期。

编、著、译者简介

（以在文集中出现的先后为序）

周　星，日本爱知大学国际交流学部教授、中国民俗学会顾问。

刘晓春，中山大学中国非物质文化遗产研究中心副教授。

吕　微，中国社会科学院文学研究所研究员。

刘锡诚，中国文学艺术界联合会研究员。

彭伟文，日本神奈川大学历史民俗资料学研究科博士课程。

加治宏基，日本爱知大学国际中国学研究中心（ICCS）研究员。

祁惠君，中央民族大学民族学与社会学学院副教授。

田村和彦，日本福冈大学人文学部副教授。

宗晓莲，日本福冈女子大学非常勤讲师、民族学博士。

杰伊·梅克林（Jay Mechling），美国加利福尼亚大学戴维斯分校美国研究系教授。

宋　颖，中国社会科学院民族文学研究所助理研究员，民俗学博士。

安德明，中国社会科学院文学研究所副研究员。

杨利慧，北京师范大学人文学院民俗学与文化人类学研究所教授。

左玉河，中国社会科学院近代史研究所研究员。

高丙中，北京大学社会学人类学研究所教授、中国民俗学会副理事长。

马　潇，广州网易信息科技有限公司，文学硕士。

徐赣丽，广西师范大学文学院教授。

松冈正子，日本爱知大学现代中国学部教授。

李　昱，日本爱知淑德大学讲师，中国研究博士。

张长植，韩国国立民俗博物馆学艺研究官。

理查德·鲍曼（Richard Bauman），美国印第安纳大学杰出教授，美国民俗学会前主席。

樱井龙彦，日本名古屋大学国际开发研究科教授、亚细亚民俗学会副会长。

於　芳，华南师范大学日语系讲师，民俗学博士。

徐素娟，日本京都文教大学非常勤讲师。
刘祖云，南京农业大学公共管理学院教授。
陈志勤，上海大学社会学系副教授。
王晓葵，日本爱知县立大学多文化共生研究所研究员。
张百庆，中央政法委员会，社会学博士。

后记/鸣谢

本书的选编工作自2005年夏天启动，至今历时近4年，由于编者其他诸多杂事缠身而影响了它的及时出版。对于本书所收论文的各位作者和译（校）者的大力支持及理解，编者深为感念，在此谨致谢忱。有关本书的构想，曾得到海内外民俗学界同行友人的鼓励，尤其是从事文化出版事业、并对民俗学深有造诣的乔继堂先生，对于本书的选编工作更是给予了很多的关注和协助。中国社会科学出版社任明先生，也为本书的出版尽心尽责。编者在此谨向两位先生表示由衷的敬意，并恳请广大读者多多指教。

编　者

2009年4月1日